最新法律政策全书系列

最新
建设工程
法律政策全书

ZUI XIN JIANSHE GONGCHENG
FALÜ ZHENGCE QUANSHU

·第六版·

中国法制出版社
CHINA LEGAL PUBLISHING HOUSE

导　读

建设工程，是由固定资产再生产的相关单位，通过固定资产再生产活动创造的符合原定生产目的、用途的固定资产或固定资产体系。建设工程包括土木工程、建筑工程、线路管道工程、设备安装工程和装修工程等。为进一步完善项目决策、规划审批、土地审批和出让、工程招标投标、物资资金管理使用、工程建设实施等方面的法律制度，国家及时出台并适时修订完善了关于建设工程领域的法律、法规和政策性文件。这些法律法规文件的制定，不仅为解决专项治理工作提供了法律依据，从源头上解决工程建设领域的突出问题，而且为规范权力运行、健全市场机制提供了法律保障，真正将制度建设与深化改革结合起来，把专项治理工作中行之有效的实践经验转化为法律制度，促进了社会主义市场经济的平稳健康发展。本书根据2011年1月8日《国务院关于废止和修改部分行政法规的决定》（国务院令第588号）、2011年1月26日《住房和城乡建设部公告第894号——关于公布住房和城乡建设部规范性文件清理结果目录的公告》（住房和城乡建设部公告第894号）、2011年1月26日《住房和城乡建设部关于废止和修改部分规章的决定》（住房和城乡建设部令第9号）、2012年11月9日《国务院关于修改和废止部分行政法规的决定》（国务院令第628号），2017年3月1日《国务院关于修改和废止部分行政法规的决定》（国务院令第676号）、2018年3月19日《国务院关于修改和废止部分行政法规的决定》（国务院令第698号）、2018年12月22日《住房和城乡建设部关于修改〈建筑业企业资质管理规定〉等部门规章的决定》（住房和城乡建设部令第45号）、2020年3月27日《国务院关于修改和废止部分行政法规的决定》（国务院令第726号）等相关法律规范，全面系统地梳理建设工程领域的常用规范性文件，通过合理明晰的分类，分专题予以收录，方便读者查考建设工程方面的法律政策文件。

本书分为十个部分：

第一部分**“综合”**。本部分收录了建设工程领域的综合性法律文件及政策文件。《中华人民共和国建筑法》（以下简称《建筑法》）是我国建设工程法律制度的主要依据。适用于在我国境内从事的建筑活动，以及对建筑活动进行监督管理的行为。所谓建筑活动，是指各类房屋建筑及其附属设施的建造和与其配套的线路、管道、设备的安装活动。建设工程质量问题属于本法调整的对象，但建设工程使用的经过加工、制作的用于销售的建筑材料、建筑构配件和设备的质量问题，则受《中华人民共和国产品质量法》调整。《中华人民共和国城乡规划法》对于加强城乡规划管理，协调城乡空间布局，改善人居环境，促进城乡经济社会全面协调可持续发展起到了保障作用。《中华人民共和国民法典》（以下简称《民法典》）物权编是调整财产归属和利用关系的法律，是对财产进行占有、使用、收益和处分的基本准则，建筑物的取得、转让等行为都要受到物权编的规范。《民法典》合同编是调整和规制平等主体之间的合同法律关系的，工程建设过程中经常会遇到的国有土地使用权出让合同、建设工程施工合同等都要受到合同编总则部分关于合同的订立、解除、履行和变更等一般性条文的规范与调整。合同编第九章和第十三章、第十六章还有专门关于买卖合同、租赁合同和建设工程合同的详细规定，均为适用于建设工程领域的合同。

第二部分**“建设工程招标投标及发包承包”**。建设工程的发包与承包涉及的问题就是建设工程合同的订立过程。这方面的规定，主要有《民法典》合同编、《建筑法》以及建设工程相关司法解释中的具体规定，根据《建筑法》的规定，建筑工程依法实行招标发包，对不适于招标发包的，可以直接发包。建筑工程实行招标发包的，发包单位应当依照法定程序和方式进行。招标投标的程序有招标投标法等一般性规定，也有建设领域的专门性规定。例如，《必须招标的工程项目规定》对应当实行招标发包的工程项目范围作了规定，此外，建筑工程设计、施工、货物招标投标程序等也有相应的规定。

第三部分**“建设工程勘察设计”**。建设工程勘察，是指根据建设工程的要求，查明、分析、评价建设场地的地质地理环境特征和岩土工程条件，编制建设工程勘察文件的活动。本条例所称建设工程设计，是指根据建设工程的要求，对建设工程所需的技术、经济、资源、环境等条件进行综合分析、论证，编制建设工程设计文件的活动。《建设工程勘察设计管理条例》的实施为加强对建设工程勘察、设计活动的管理，保证建设工程勘察、设计质量，保护人民生命和财产安全提供法律依据。

第四部分**“建筑施工”**。建筑施工是指工程建设实施阶段的生产活动，是各类建筑物的建造过程，即，把设计图纸上的各种线条，在指定的地点，变成实物的过程。它包括基础工程施工、主体结构施工、屋面工程施工、装饰工程施工等。该部分主要收录了《建筑工程施工许可管理办法》《建设工程项目管理试行办法》等。

第五部分**“建设工程监理”**。工程建设监理是指监理单位受项目法人的委托，依据国家批准的工程项目建设文件、有关工程建设的法律、法规和工程建设监理合同及其他工程建设合同，对工程建设实施的监督管理。《建设工程监理规范》明确了工程建设监理的管理机构及职责，对工程建设监理范围及内容、工程建设监理合同与监理程序、工程建设监理单位与监理工程师以及外资、中外合资和国外贷款、赠款、捐款建设的工程建设监理等方面的内容进行规制。

第六部分**“资质管理”**。该部分共分为两个方面：

第一，企业资质管理。设立建筑企业必须符合一定的资质，只有按照核定的资质等级才能承担相应的开发项目。该方面主要收录了关于建筑业各类企业的资质管理规定，从事建筑活动的企业、专业技术人员都必须具备相应的资质或从业资格，并且应当在其资质许可的范围内订立各种建设工程合同。建筑业企业应当根据《建筑业企业资质管理规定》办理申请和审批。建筑领域的其他企业，诸如勘察设计企业、工程监理企业、工程咨询单位以及各种代理企业的资质管理，有相应的专门规章予以规范。

第二，专业人员资格管理。该部分主要收录了注册建筑师、注册建造师、注册造价工程师、注册监理工程师等有关资质管理方面的规定。

第七部分**“建设工程质量安全管理”**。该部分共分为三个方面：

第一，建设工程质量管理。建筑工程勘察、设计、施工的质量都必须符合国家有关建筑工程安全标准的要求。国家对从事建筑活动的单位推行质量体系认证制度。建筑工程所涉单位必须依法行事，确保建筑工程质量。建筑工程竣工验收后方可交付使用。此外，建筑工程还实行质量保修制度，保修的期限根据保证建筑物合理寿命年限内正常使用，维护使用者合法权益的原则确定。在建筑物的合理使用寿命内，因建筑工程质量不合格受到损害的，有权向责任者要求赔偿。《建设工程质量管理条例》对建设单位、勘察设计单位、施工单位、工程监理单位的责任和义务进行了明确规定。

第二，安全生产管理。该部分主要收录了《中华人民共和国安全生产法》《建设工程安全生产管理条例》《生产安全事故报告和调查处理条例》等相关法律、法规和政策。

第三，其他。该部分主要收录了建设工程中有关节能、环保、防震等方面的法律、法规。

第八部分**“造价与结算”**。建设工程价款结算，是指对建设工程的发承包合同价款进行约定和依据合同约定进行工程预付款、工程进度款、工程竣工价款结算的活动。从事工程价款结算活动，应当遵循合法、平等、诚信的原则，并符合国家有关法律、法规和政策。本部分主要收录了《建设工程价款结算暂行办法》《建筑工程施工发包与承包计价管理办法》等相关法律政策。

第九部分**“建设项目公开及诚信体系建设”**。为加快建立完善建筑市场监管体系，严格企业和人员市场准入和清出，实行市场准入清出与工程质量安全、诚信体系建设相结合，形成各部门监管合力；实现资质资格许可、动态监管、信用管理等各环节的联动；保障建设工程质量安全，维护统一、规范、公开、有序的建筑市场秩序，促进建筑业健康协调可持续发展，《建筑市场诚信行为信息管理办法》明确规定：各级建设行政主管部门有权对包括建设、勘察、设计、监理、招标等在内的各类建筑市场主体的诚信行为信息，进行采集、审核、汇总和发布，并对各有关方面开放和供其利用。同时，该《办法》将诚信行为信息分为“良好行为记录”和“不良行为记录”。该部分主要收录了关于政府诚信体系建设的相关文件以及有关需要公开的建设项目相关法律条文。

第十部分**“执法监督”**。该部分主要收录了《建筑市场稽查暂行办法》《建设领域违法违规行为稽查工作管理办法》等有关建设工程领域稽查工作的法律文件，以及针对违法违规行为处理的相关法律和政策性文件。

目　　录

一、综　　合

二、建设工程招标投标及发包承包

（一）招标、投标

（二）发包、承包

三、建设工程勘察设计

四、建筑施工

五、建设工程监理

六、资质管理

（一）企业资质管理

（二）专业人员资格管理

七、建设工程质量安全管理

（一）建设工程质量管理

（二）安全生产管理

（三）其　　他

八、造价与结算

九、建设项目公开及诚信体系建设

十、执法监督

附　录

中华人民共和国建筑法

（1997年11月1日第八届全国人民代表大会常务委员会第二十八次会议通过　根据2011年4月22日第十一届全国人民代表大会常务委员会第二十次会议《关于修改〈中华人民共和国建筑法〉的决定》第一次修正　根据2019年4月23日第十三届全国人民代表大会常务委员会第十次会议《关于修改〈中华人民共和国建筑法〉等八部法律的决定》第二次修正）

第一章　总　　则

第一条　【立法目的】为了加强对建筑活动的监督管理，维护建筑市场秩序，保证建筑工程的质量和安全，促进建筑业健康发展，制定本法。

第二条　【适用范围】在中华人民共和国境内从事建筑活动，实施对建筑活动的监督管理，应当遵守本法。

本法所称建筑活动，是指各类房屋建筑及其附属设施的建造和与其配套的线路、管道、设备的安装活动。

第三条　【建设活动要求】建筑活动应当确保建筑工程质量和安全，符合国家的建筑工程安全标准。

第四条　【国家扶持】国家扶持建筑业的发展，支持建筑科学技术研究，提高房屋建筑设计水平，鼓励节约能源和保护环境，提倡采用先进技术、先进设备、先进工艺、新型建筑材料和现代管理方式。

第五条　【从业要求】从事建筑活动应当遵守法律、法规，不得损害社会公共利益和他人的合法权益。

任何单位和个人都不得妨碍和阻挠依法进行的建筑活动。

第六条　【管理部门】国务院建设行政主管部门对全国的建筑活动实施统一监督管理。

第二章　建 筑 许 可

第一节　建筑工程施工许可

第七条　【许可证的领取】建筑工程开工前，建设单位应当按照国家有关规定向工程所在地县级以上人民政府建设行政主管部门申请领取施工许可证；但是，国务院建设行政主管部门确定的限额以下的小型工程除外。

按照国务院规定的权限和程序批准开工报告的建筑工程，不再领取施工许可证。

第八条　【申领条件】申请领取施工许可证，应当具备下列条件：

（一）已经办理该建筑工程用地批准手续；

（二）依法应当办理建设工程规划许可证的，已经取得建设工程规划许可证；

（三）需要拆迁的，其拆迁进度符合施工要求；

（四）已经确定建筑施工企业；

（五）有满足施工需要的资金安排、施工图纸及技术资料；

（六）有保证工程质量和安全的具体措施。

建设行政主管部门应当自收到申请之日起七日内，对符合条件的申请颁发施工许可证。

第九条　【开工期限】建设单位应当自领取施工许可证之日起三个月内开工。因故不能按期开工的，应当向发证机关申请延期；延期以两次为限，每次不超过三个月。既不开工又不申请延期或者超过延期时限的，施工许可证自行废止。

第十条　【施工中止与恢复】在建的建筑工程因故中止施工的，建设单位应当自中止施工之日起一个月内，向发证机关报告，并按照规定做好建筑工程的维护管理工作。

建筑工程恢复施工时，应当向发证机关报告；中止施工满一年的工程恢复施工前，建设单位应当报发证机关核验施工许可证。

第十一条　【不能按期施工处理】按照国务院有关规定批准开工报告的建筑工程，因故不能按期开工或者中止施工的，应当及时向批准机关报告情况。因故不能按期开工超过六个月的，应当重新办理开工报告的批准手续。

第二节　从业资格

第十二条　【从业条件】从事建筑活动的建筑施工企业、勘察单位、设计单位和工程监理单位，应当具备下列条件：

（一）有符合国家规定的注册资本；

（二）有与其从事的建筑活动相适应的具有法定执业资格的专业技术人员；

（三）有从事相关建筑活动所应有的技术装备；

（四）法律、行政法规规定的其他条件。

第十三条　【资质等级】从事建筑活动的建筑施工企业、勘察单位、设计单位和工程监理单位，按照其拥有的注册资本、专业技术人员、技术装备和已完成的建筑工程业绩等资质条件，划分为不同的资质等级，经资质审查合格，取得相应等级的资质证书后，方可在其资质等级许可的范围内从事建筑活动。

第十四条　【执业资格的取得】从事建筑活动的专业技术人员，应当依法取得相应的执业资格证书，并在执业资格证书许可的范围内从事建筑活动。

第三章　建筑工程发包与承包

第一节　一般规定

第十五条　【承包合同】建筑工程的发包单位与承包单位应当依法订立书面合同，明确双方的权利和义务。

发包单位和承包单位应当全面履行合同约定的义务。不按照合同约定履行义务的，依法承担违约责任。

第十六条　【活动原则】建筑工程发包与承包的招标投标活动，应当遵循公开、公正、平等竞争的原则，择优选择承包单位。

建筑工程的招标投标，本法没有规定的，适用有关招标投标法律的规定。

第十七条　【禁止行贿、索贿】发包单位及其工作人员在建筑工程发包中不得收受贿赂、回扣或者索取其他好处。

承包单位及其工作人员不得利用向发包单位及其工作人员行贿、提供回扣或者给予其他好处等不正当手段承揽工程。

第十八条　【造价约定】建筑工程造价应当按照国家有关规定，由发包单位与承包单位在合同中约定。公开招标发包的，其造价的约定，须遵守招标投标法律的规定。

发包单位应当按照合同的约定，及时拨付工程款项。

第二节　发　　包

第十九条　【发包方式】建筑工程依法实行招标发包，对不适于招标发包的可以直接发包。

第二十条　【公开招标、开标方式】建筑工程实行公开招标的，发包单位应当依照法定程序和方式，发布招标公告，提供载有招标工程的主要技术要求、主要的合同条款、评标的标准和方法以及开标、评标、定标的程序等内容的招标文件。

开标应当在招标文件规定的时间、地点公开进行。开标后应当按照招标文件规定的评标标准和程序对标书进行评价、比较，在具备相应资质条件的投标者中，择优选定中标者。

第二十一条　【招标组织和监督】建筑工程招标的开标、评标、定标由建设单位依法组织实施，并接受有关行政主管部门的监督。

第二十二条　【发包约束】建筑工程实行招标发包的，发包单位应当将建筑工程发包给依法中标的承包单位。建筑工程实行直接发包的，发包单位应当将建筑工程发包给具有相应资质条件的承包单位。

第二十三条　【禁止限定发包】政府及其所属部门不得滥用行政权力，限定发包单位将招标发包的建筑工程发包给指定的承包单位。

第二十四条　【总承包原则】提倡对建筑工程实行总承包，禁止将建筑工程肢解发包。

建筑工程的发包单位可以将建筑工程的勘察、设计、施工、设备采购一并发包给一个工程总承包单位，也可以将建筑工程勘察、设计、施工、设备采购的一项或者多项发包给一个工程总承包单位；但是，不得将应当由一个承包单位完成的建筑工程肢解成若干部分发包给几个承包单位。

第二十五条　【建筑材料采购】按照合同约定，建筑材料、建筑构配件和设备由工程承包单位采购的，发包单位不得指定承包单位购入用于工程的建筑材料、建筑构配件和设备或者指定生产厂、供应商。

第三节　承　　包

第二十六条　【资质等级许可】承包建筑工程的单位应当持有依法取得的资质证书，并在其资质等级许可的业务范围内承揽工程。

禁止建筑施工企业超越本企业资质等级许可的业务范围或者以任何形式用其他建筑施工企业的名义承揽工程。禁止建筑施工企业以任何形式允许其他单位或者个人使用本企业的资质证书、营业执照，以本企业的名义承揽工程。

第二十七条　【共同承包】大型建筑工程或者结构复杂的建筑工程，可以由两个以上的承包单位联合共同承包。共同承包的各方对承包合同的履行承担连带责任。

两个以上不同资质等级的单位实行联合共同承包的，应当按照资质等级低的单位的业务许可范围承揽工程。

第二十八条　【禁止转包、分包】禁止承包单位将其承包的全部建筑工程转包给他人，禁止承包单位将其承包的全部建筑工程肢解以后以分包的名义分别转包给他人。

第二十九条　【分包认可和责任制】建筑工程总承包单位可以将承包工程中的部分工程发包给具有相应资质条件的分包单位；但是，除总承包合同中约定的分包外，必须经建设单位认可。施工总承包的，建筑工程主体结构的施工必须由总承包单位自行完成。

建筑工程总承包单位按照总承包合同的约定对建设单位负责；分包单位按照分包合同的约定对总承包单位负责。总承包单位和分包单位就分包工程对建设单位承担连带责任。

禁止总承包单位将工程分包给不具备相应资质条件的单位。禁止分包单位将其承包的工程再分包。

第四章　建筑工程监理

第三十条　【监理制度推行】国家推行建筑工程监理制度。

国务院可以规定实行强制监理的建筑工程的范围。

第三十一条　【监理委托】实行监理的建筑工程，由建设单位委托具有相应资质条件的工程监理单位监理。建设单位与其委托的工程监理单位应当订立书面委托监理合同。

第三十二条　【监理监督】建筑工程监理应当依照法律、行政法规及有关的技术标准、设计文件和建筑工程承包合同，对承包单位在施工质量、建设工期和建设资金使用等方面，代表建设单位实施监督。

工程监理人员认为工程施工不符合工程设计要求、施工技术标准和合同约定的，有权要求建筑施工企业改正。

工程监理人员发现工程设计不符合建筑工程质量标准或者合同约定的质量要求的，应当报告建设单位要求设计单位改正。

第三十三条　【监理事项通知】实施建筑工程监理前，建设单位应当将委托的工程监理单位、监理的内容及监理权限，书面通知被监理的建筑施工企业。

第三十四条　【监理范围与职责】工程监理单位应当在其资质等级许可的监理范围内，承担工程监理业务。

工程监理单位应当根据建设单位的委托，客观、公正地执行监理任务。

工程监理单位与被监理工程的承包单位以及建筑材料、建筑构配件和设备供应单位不得有隶属关系或者其他利害关系。

工程监理单位不得转让工程监理业务。

第三十五条　【违约责任】工程监理单位不按照委托监理合同的约定履行监理义务，对应当监督检查的项目不检查或者不按照规定检查，给建设单位造成损失的，应当承担相应的赔偿责任。

工程监理单位与承包单位串通，为承包单位谋取非法利益，给建设单位造成损失的，应当与承包单位承担连带赔偿责任。

第五章　建筑安全生产管理

第三十六条　【管理方针、目标】建筑工程安全生产管理必须坚持安全第一、预防为主的方针，建立健全安全生产的责任制度和群防群治制度。

第三十七条　【工程设计要求】建筑工程设计应当符合按照国家规定制定的建筑安全规程和技术规范，保证工程的安全性能。

第三十八条　【安全措施编制】建筑施工企业在编制施工组织设计时，应当根据建筑工程的特点制定相应的安全技术措施；对专业性较强的工程项目，应当编制专项安全施工组织设计，并采取安全技术措施。

第三十九条　【现场安全防范】建筑施工企业应当在施工现场采取维护安全、防范危险、预防火灾等措施；有条件的，应当对施工现场实行封闭管理。

施工现场对毗邻的建筑物、构筑物和特殊作业环境可能造成损害的，建筑施工企业应当采取安全防护措施。

第四十条　【地下管线保护】建设单位应当向建筑施工企业提供与施工现场相关的地下管线资料，建筑施工企业应当采取措施加以保护。

第四十一条　【污染控制】建筑施工企业应当遵守有关环境保护和安全生产的法律、法规的规定，采取控制和处理施工现场的各种粉尘、废气、废水、固体废物以及噪声、振动对环境的污染和危害的措施。

第四十二条　【须审批事项】有下列情形之一的，建设单位应当按照国家有关规定办理申请批准手续：

（一）需要临时占用规划批准范围以外场地的；

（二）可能损坏道路、管线、电力、邮电通讯等公共设施的；

（三）需要临时停水、停电、中断道路交通的；

（四）需要进行爆破作业的；

（五）法律、法规规定需要办理报批手续的其他情形。

第四十三条　【安全生产管理部门】建设行政主管部门负责建筑安全生产的管理，并依法接受劳动行政主管部门对建筑安全生产的指导和监督。

第四十四条　【施工企业安全责任】建筑施工企业必须依法加强对建筑安全生产的管理，执行安全生产责任制度，采取有效措施，防止伤亡和其他安全生产事故的发生。

建筑施工企业的法定代表人对本企业的安全生产负责。

第四十五条　【现场安全责任单位】施工现场安全由建筑施工企业负责。实行施工总承包的，由总承包单位负责。分包单位向总承包单位负责，服从总承包单位对施工现场的安全生产管理。

第四十六条　【安全生产教育培训】建筑施工企业应当建立健全劳动安全生产教育培训制度，加强对职工安全生产的教育培训；未经安全生产教育培训的人员，不得上岗作业。

第四十七条　【施工安全保障】建筑施工企业和作业人员在施工过程中，应当遵守有关安全生产的法律、法规和建筑行业安全规章、规程，不得违章指挥或者违章作业。作业人员有权对影响人身健康的作业程序和作业条件提出改进意见，有权获得安全生产所需的防护用品。作业人员对危及生命安全和人身健康的行为有权提出批评、检举和控告。

第四十八条　【企业承保】建筑施工企业应当依法为职工参加工伤保险缴纳工伤保险费。鼓励企业为从事危险作业的职工办理意外伤害保险，支付保险费。

第四十九条　【变动设计方案】涉及建筑主体和承重结构变动的装修工程，建设单位应当在施工前委托原设计单位或者具有相应资质条件的设计单位提出设计方案；没有设计方案的，不得施工。

第五十条　【房屋拆除安全】房屋拆除应当由具备保证安全条件的建筑施工单位承担，由建筑施工单位负责人对安全负责。

第五十一条　【事故应急处理】施工中发生事故时，建筑施工企业应当采取紧急措施减少人员伤亡和事故损失，并按照国家有关规定及时向有关部门报告。

第六章　建筑工程质量管理

第五十二条　【工程质量管理】建筑工程勘察、设计、施工的质量必须符合国家有关建筑工程安全标准的要求，具体管理办法由国务院规定。

有关建筑工程安全的国家标准不能适应确保建筑安全的要求时，应当及时修订。

第五十三条　【质量体系认证】国家对从事建筑活动的单位推行质量体系认证制度。从事建筑活动的单位根据自愿原则可以向国务院产品质量监督管理部门或者国务院产品质量监督管理部门授权的部门认可的认证机构申请质量体系认证。经认证合格的，由认证机构颁发质量体系认证证书。

第五十四条　【工程质量保证】建设单位不得以任何理由，要求建筑设计单位或者建筑施工企业在工程设计或者施工作业中，违反法律、行政法规和建筑工程质量、安全标准，降低工程质量。

建筑设计单位和建筑施工企业对建设单位违反前款规定提出的降低工程质量的要求，应当予以拒绝。

第五十五条　【工程质量责任制】建筑工程实行总承包的，工程质量由工程总承包单位负责，总承包单位将建筑工程分包给其他单位的，应当对分包工程的质量与分包单位承担连带责任。分包单位应当接受总承包单位的质量管理。

第五十六条　【工程勘察、设计职责】建筑工程的勘察、设计单位必须对其勘察、设计的质量负责。勘察、设计文件应当符合有关法律、行政法规的规定和建筑工程质量、安全标准、建筑工程勘察、设计技术规范以及合同的约定。设计文件选用的建筑材料、建筑构配件和设备，应当注明其规格、型号、性能等技术指标，其质量要求必须符合国家规定的标准。

第五十七条　【建筑材料供给】建筑设计单位对设计文件选用的建筑材料、建筑构配件和设备，不得指定生产厂、供应商。

第五十八条　【施工质量责任制】建筑施工企业对工程的施工质量负责。

建筑施工企业必须按照工程设计图纸和施工技术标准施工，不得偷工减料。工程设计的修改由原设计单位负责，建筑施工企业不得擅自修改工程设计。

第五十九条　【建设材料设备检验】建筑施工企业必须按照工程设计要求、施工技术标准和合同的约定，对建筑材料、建筑构配件和设备进行检验，不合格的不得使用。

第六十条　【地基和主体结构质量保证】建筑物在合理使用寿命内，必须确保地基基础工程和主体结构的质量。

建筑工程竣工时，屋顶、墙面不得留有渗漏、开裂等质量缺陷；对已发现的质量缺陷，建筑施工企业应当修复。

第六十一条　【工程验收】交付竣工验收的建筑工程，必须符合规定的建筑工程质量标准，有完整的工程技术经济资料和经签署的工程保修书，并具备国家规定的其他竣工条件。

建筑工程竣工经验收合格后，方可交付使用；未经验收或者验收不合格的，不得交付使用。

第六十二条　【工程质量保修】建筑工程实行质量保修制度。

建筑工程的保修范围应当包括地基基础工程、主体结构工程、屋面防水工程和其他土建工程，以及电气管线、上下水管线的安装工程，供热、供冷系统工程等项目；保修的期限应当按照保证建筑物合理寿命年限内正常使用，维护使用者合法权益的原则确定。具体的保修范围和最低保修期限由国务院规定。

第六十三条　【质量投诉】任何单位和个人对建筑工程的质量事故、质量缺陷都有权向建设行政主管部门或者其他有关部门进行检举、控告、投诉。

第七章　法 律 责 任

第六十四条　【擅自施工处罚】违反本法规定，未取得施工许可证或者开工报告未经批准擅自施工的，责令改正，对不符合开工条件的责令停止施工，可以处以罚款。

第六十五条　【非法发包、承揽处罚】发包单位将工程发包给不具有相应资质条件的承包单位的，或者违反本法规定将建筑工程肢解发包的，责令改正，处以罚款。

超越本单位资质等级承揽工程的，责令停止违法行为，处以罚款，可以责令停业整顿，降低资质等级；情节严重的，吊销资质证书；有违法所得的，予以没收。

未取得资质证书承揽工程的，予以取缔，并处罚款；有违法所得的，予以没收。

以欺骗手段取得资质证书的，吊销资质证书，处以罚款；构成犯罪的，依法追究刑事责任。

第六十六条　【非法转让承揽工程处罚】建筑施工企业转让、出借资质证书或者以其他方式允许他人以本企业的名义承揽工程的，责令改正，没收违法所得，并处罚款，可以责令停业整顿，降低资质等级；情节严重的，吊销资质证书。对因该项承揽工程不符合规定的质量标准造成的损失，建筑施工企业与使用本企业名义的单位或者个人承担连带赔偿责任。

第六十七条　【转包处罚】承包单位将承包的工程转包的，或者违反本法规定进行分包的，责令改正，没收违法所得，并处罚款，可以责令停业整顿，降低资质等级；情节严重的，吊销资质证书。

承包单位有前款规定的违法行为的，对因转包工程或者违法分包的工程不符合规定的质量标准造成的损失，与接受转包或者分包的单位承担连带赔偿责任。

第六十八条　【行贿、索贿刑事责任】在工程发包与承包中索贿、受贿、行贿，构成犯罪的，依法追究刑事责任；不构成犯罪的，分别处以罚款，没收贿赂的财物，对直接负责的主管人员和其他直接责任人员给予处分。

对在工程承包中行贿的承包单位，除依照前款规定处罚外，可以责令停业整顿，降低资质等级或者吊销资质证书。

第六十九条　【非法监理处罚】工程监理单位与建设单位或者建筑施工企业串通，弄虚作假、降低工程质量的，责令改正，处以罚款，降低资质等级或者吊销资质证书；有违法所得的，予以没收；造成损失的，承担连带赔偿责任；构成犯罪的，依法追究刑事责任。

工程监理单位转让监理业务的，责令改正，没收违法所得，可以责令停业整顿，降低资质等级；情节严重的，吊销资质证书。

第七十条　【擅自变动施工处罚】违反本法规定，涉及建筑主体或者承重结构变动的装修工程擅自施工的，责令改正，处以罚款；造成损失的，承担赔偿责任；构成犯罪的，依法追究刑事责任。

第七十一条　【安全事故处罚】建筑施工企业违反本法规定，对建筑安全事故隐患不采取措施予以消除的，责令改正，可以处以罚款；情节严重的，责令停业整顿，降低资质等级或者吊销资质证书；构成犯罪的，依法追究刑事责任。

建筑施工企业的管理人员违章指挥、强令职工冒险作业，因而发生重大伤亡事故或者造成其他严重后果的，依法追究刑事责任。

第七十二条　【质量降低处罚】建设单位违反本法规定，要求建筑设计单位或者建筑施工企业违反建筑工程质量、安全标准，降低工程质量的，责令改正，可以处以罚款；构成犯罪的，依法追究刑事责任。

第七十三条　【非法设计处罚】建筑设计单位不按照建筑工程质量、安全标准进行设计的，责令改正，处以罚款；造成工程质量事故的，责令停业整顿，降低资质等级或者吊销资质证书，没收违法所得，并处罚款；造成损失的，承担赔偿责任；构成犯罪的，依法追究刑事责任。

第七十四条　【非法施工处罚】建筑施工企业在施工中偷工减料的，使用不合格的建筑材料、建筑构配件和设备的，或者有其他不按照工程设计图纸或者施工技术标准施工的行为的，责令改正，处以罚款；情节严重的，责令停业整顿，降低资质等级或者吊销资质证书；造成建筑工程质量不符合规定的质量标准的，负责返工、修理，并赔偿因此造成的损失；构成犯罪的，依法追究刑事责任。

第七十五条　【不保修处罚及赔偿】建筑施工企业违反本法规定，不履行保修义务或者拖延履行保修义务的，责令改正，可以处以罚款，并对在保修期内因屋顶、墙面渗漏、开裂等质量缺陷造成的损失，承担赔偿责任。

第七十六条　【行政处罚机关】本法规定的责令停业整顿、降低资质等级和吊销资质证书的行政处罚，由颁发资质证书的机关决定；其他行政处罚，由建设行政主管部门或者有关部门依照法律和国务院规定的职权范围决定。

依照本法规定被吊销资质证书的，由工商行政管理部门吊销其营业执照。

第七十七条　【非法颁证处罚】违反本法规定，对不具备相应资质等级条件的单位颁发该等级资质证书的，由其上级机关责令收回所发的资质证书，对直接负责的主管人员和其他直接责任人员给予行政处分；构成犯罪的，依法追究刑事责任。

第七十八条　【限包处罚】政府及其所属部门的工作人员违反本法规定，限定发包单位将招标发包的工程发包给指定的承包单位的，由上级机关责令改正；构成犯罪的，依法追究刑事责任。

第七十九条　【非法颁证、验收处罚】负责颁发建筑工程施工许可证的部门及其工作人员对不符合施工条件的建筑工程颁发施工许可证的，负责工程质量监督检查或者竣工验收的部门及其工作人员对不合格的建筑工程出具质量合格文件或者按合格工程验收的，由上级机关责令改正，对责任人员给予行政处分；构成犯罪的，依法追究刑事责任；造成损失的，由该部门承担相应的赔偿责任。

第八十条　【损害赔偿】在建筑物的合理使用寿命内，因建筑工程质量不合格受到损害的，有权向责任者要求赔偿。

第八章　附　　则

第八十一条　【适用范围补充】本法关于施工许可、建筑施工企业资质审查和建筑工程发包、承包、禁止转包，以及建筑工程监理、建筑工程安全和质量管理的规定，适用于其他专业建筑工程的建筑活动，具体办法由国务院规定。

第八十二条　【监管收费】建设行政主管部门和其他有关部门在对建筑活动实施监督管理中，除按照国务院有关规定收取费用外，不得收取其他费用。

第八十三条　【适用范围特别规定】省、自治区、直辖市人民政府确定的小型房屋建筑工程的建筑活动，参照本法执行。

依法核定作为文物保护的纪念建筑物和古建筑等的修缮，依照文物保护的有关法律规定执行。

抢险救灾及其他临时性房屋建筑和农民自建低层住宅的建筑活动，不适用本法。

第八十四条　【军用工程特别规定】军用房屋建筑工程建筑活动的具体管理办法，由国务院、中央军事委员会依据本法制定。

第八十五条　【施行日期】本法自1998年3月1日起施行。

中华人民共和国
城乡规划法（节录）

（2007年10月28日第十届全国人民代表大会常务委员会第三十次会议通过　根据2015年4月24日第十二届全国人民代表大会常务委员会第十四次会议《关于修改〈中华人民共和国港口法〉等七部法律的决定》第一次修正　根据2019年4月23日第十三届全国人民代表大会常务委员会第十次会议《关于修改〈中华人民共和国建筑法〉等八部法律的决定》第二次修正）

第一章　总　　则

第一条　【立法宗旨】为了加强城乡规划管理，协调城乡空间布局，改善人居环境，促进城乡经济社会全面协调可持续发展，制定本法。

第二条　【城乡规划的制定和实施】制定和实施城乡规划，在规划区内进行建设活动，必须遵守本法。

本法所称城乡规划，包括城镇体系规划、城市规划、镇规划、乡规划和村庄规划。城市规划、镇规划分为总体规划和详细规划。详细规划分为控制性详细规划和修建性详细规划。

本法所称规划区，是指城市、镇和村庄的建成区以及因城乡建设和发展需要，必须实行规划控制的区域。规划区的具体范围由有关人民政府在组织编制的城市总体规划、镇总体规划、乡规划和村庄规划中，根据城乡经济社会发展水平和统筹城乡发展的需要划定。

第三条　【城乡建设活动与制定城乡规划关系】城市和镇应当依照本法制定城市规划和镇规划。城市、镇规划区内的建设活动应当符合规划要求。

县级以上地方人民政府根据本地农村经济社会发展水平，按照因地制宜、切实可行的原则，确定应当制定乡规划、村庄规划的区域。在确定区域内的乡、村庄，应当依照本法制定规划，规划区内的乡、村庄建设应当符合规划要求。

县级以上地方人民政府鼓励、指导前款规定以外的区域的乡、村庄制定和实施乡规划、村庄规划。

第四条　【城乡规划制定、实施原则】制定和实施城乡规划，应当遵循城乡统筹、合理布局、节约土地、集约发展和先规划后建设的原则，改善生态环境，促进资源、能源节约和综合利用，保护耕地等自然资源和历史文化遗产，保持地方特色、民族特色和传统风貌，防止污染和其他公害，并符合区域人口发展、国防建设、防灾减灾和公共卫生、公共安全的需要。

在规划区内进行建设活动，应当遵守土地管理、自然资源和环境保护等法律、法规的规定。

县级以上地方人民政府应当根据当地经济社会发展的实际，在城市总体规划、镇总体规划中合理确定城市、镇的发展规模、步骤和建设标准。

第五条　【城乡规划与国民经济和社会发展规划、土地利用总体规划衔接】城市总体规划、镇总体规划以及乡规划和村庄规划的编制，应当依据国民经济和社会发展规划，并与土地利用总体规划相衔接。

第六条　【城乡规划经费保障】各级人民政府应当将城乡规划的编制和管理经费纳入本级财政预算。

第七条　【城乡规划修改】经依法批准的城乡规划，是城乡建设和规划管理的依据，未经法定程序不得修改。

第八条　【城乡规划公开公布】城乡规划组织编制机关应当及时公布经依法批准的城乡规划。但是，法律、行政法规规定不得公开的内容除外。

第九条　【单位和个人的权利义务】任何单位和个人都应当遵守经依法批准并公布的城乡规划，服从规划管理，并有权就涉及其利害关系的建设活动是否符合规划的要求向城乡规划主管部门查询。

任何单位和个人都有权向城乡规划主管部门或者其他有关部门举报或者控告违反城乡规划的行为。城乡规划主管部门或者其他有关部门对举报或者控告，应当及时受理并组织核查、处理。

第十条　【采用先进科学技术】国家鼓励采用先进的科学技术，增强城乡规划的科学性，提高城乡规划实施及监督管理的效能。

第十一条　【城乡规划管理体制】国务院城乡规划主管部门负责全国的城乡规划管理工作。

县级以上地方人民政府城乡规划主管部门负责本行政区域内的城乡规划管理工作。

第二章　城乡规划的制定

……

第十七条　【城市、镇总体规划内容和期限】城市总体规划、镇总体规划的内容应当包括：城市、镇的发展布局，功能分区，用地布局，综合交通体系，禁止、限制和适宜建设的地域范围，各类专项规划等。

规划区范围、规划区内建设用地规模、基础设施和公共服务设施用地、水源地和水系、基本农田和绿化用地、环境保护、自然与历史文化遗产保护以及防灾减灾等内容，应当作为城市总体规划、镇总体规划的强制性内容。

城市总体规划、镇总体规划的规划期限一般为二十年。城市总体规划还应当对城市更长远的发展作出预测性安排。

第十八条　【乡规划和村庄规划的内容】乡规划、村庄规划应当从农村实际出发，尊重村民意愿，体现地方和农村特色。

乡规划、村庄规划的内容应当包括：规划区范围，住宅、道路、供水、排水、供电、垃圾收集、畜禽养殖场所等农村生产、生活服务设施、公益事业等各项建设的用地布局、建设要求，以及对耕地等自然资源和历史文化遗产保护、防灾减灾等的具体安排。乡规划还应当包括本行政区域内的村庄发展布局。

……

第三章　城乡规划的实施

第二十八条　【政府实施城乡规划】地方各级人民政府应当根据当地经济社会发展水平，量力而行，尊重群众意愿，有计划、分步骤地组织实施城乡规划。

第二十九条　【城市、镇和乡、村庄建设和发展实施城乡规划】城市的建设和发展，应当优先安排基础设施以及公共服务设施的建设，妥善处理新区开发与旧区改建的关系，统筹兼顾进城务工人员生活和周边农村经济社会发展、村民生产与生活的需要。

镇的建设和发展，应当结合农村经济社会发展和产业结构调整，优先安排供水、排水、供电、供气、道路、通信、广播电视等基础设施和学校、卫生院、文化站、幼儿园、福利院等公共服务设施的建设，为周边农村提供服务。

乡、村庄的建设和发展，应当因地制宜、节约用地，发挥村民自治组织的作用，引导村民合理进行建设，改善农村生产、生活条件。

第三十条　【城市新区开发和建设实施城乡规划】城市新区的开发和建设，应当合理确定建设规模和时序，充分利用现有市政基础设施和公共服务设施，严格保护自然资源和生态环境，体现地方特色。

在城市总体规划、镇总体规划确定的建设用地范围以外，不得设立各类开发区和城市新区。

第三十一条　【旧城区改造实施城乡规划】旧城区的改建，应当保护历史文化遗产和传统风貌，合理确定拆迁和建设规模，有计划地对危房集中、基础设施落后等地段进行改建。

历史文化名城、名镇、名村的保护以及受保护建筑物的维护和使用，应当遵守有关法律、行政法规和国务院的规定。

第三十二条　【城乡建设和发展实施城乡规划】城乡建设和发展，应当依法保护和合理利用风景名胜资源，统筹安排风景名胜区及周边乡、镇、村庄的建设。

风景名胜区的规划、建设和管理，应当遵守有关法律、行政法规和国务院的规定。

第三十三条　【城市地下空间的开发和利用遵循的原则】城市地下空间的开发和利用，应当与经济和技术发展水平相适应，遵循统筹安排、综合开发、合理利用的原则，充分考虑防灾减灾、人民防空和通信等需要，并符合城市规划，履行规划审批手续。

第三十四条　【城市、县、镇人民政府制定近期建设规划】城市、县、镇人民政府应当根据城市总体规划、镇总体规划、土地利用总体规划和年度计划以及国民经济和社会发展规划，制定近期建设规划，报总体规划审批机关备案。

近期建设规划应当以重要基础设施、公共服务设施和中低收入居民住房建设以及生态环境保护为重点内容，明确近期建设的时序、发展方向和空间布局。近期建设规划的规划期限为五年。

第三十五条　【禁止擅自改变城乡规划确定的重要用地用途】城乡规划确定的铁路、公路、港口、机场、道路、绿地、输配电设施及输电线路走廊、通信设施、广播电视设施、管道设施、河道、水库、水源地、自然保护区、防汛通道、消防通道、核电站、垃圾填埋场及焚烧厂、污水处理厂和公共服务设施的用地以及其他需要依法保护的用地，禁止擅自改变用途。

第三十六条　【申请核发选址意见书】按照国家规定需要有关部门批准或者核准的建设项目，以划拨方式提供国有土地使用权的，建设单位在报送有关部门批准或者核准前，应当向城乡规划主管部门申请核发选址意见书。

前款规定以外的建设项目不需要申请选址意见书。

第三十七条　【划拨建设用地程序】在城市、镇规划区内以划拨方式提供国有土地使用权的建设项目，经有关部门批准、核准、备案后，建设单位应当向城市、县人民政府城乡规划主管部门提出建设用地规划许可申请，由城市、县人民政府城乡规划主管部门依据控制性详细规划核定建设用地的位置、面积、允许建设的范围，核发建设用地规划许可证。

建设单位在取得建设用地规划许可证后，方可向县级以上地方人民政府土地主管部门申请用地，经县级以上人民政府审批后，由土地主管部门划拨土地。

第三十八条　【国有土地使用权出让合同】在城市、镇规划区内以出让方式提供国有土地使用权的，在国有土地使用权出让前，城市、县人民政府城乡规划主管部门应当依据控制性详细规划，提出出让地块的位置、使用性质、开发强度等规划条件，作为国有土地使用权出让合同的组成部分。未确定规划条件的地块，不得出让国有土地使用权。

以出让方式取得国有土地使用权的建设项目，建设单位在取得建设项目的批准、核准、备案文件和签订国有土地使用权出让合同后，向城市、县人民政府城乡规划主管部门领取建设用地规划许可证。

城市、县人民政府城乡规划主管部门不得在建设用地规划许可证中，擅自改变作为国有土地使用权出让合同组成部分的规划条件。

第三十九条　【规划条件未纳入出让合同的法律后果】规划条件未纳入国有土地使用权出让合同的，该国有土地使用权出让合同无效；对未取得建设用地规划许可证的建设单位批准用地的，由县级以上人民政府撤销有关批准文件；占用土地的，应当及时退回；给当事人造成损失的，应当依法给予赔偿。

第四十条　【建设单位和个人领取建设工程规划许可证】在城市、镇规划区内进行建筑物、构筑物、道路、管线和其他工程建设的，建设单位或者个人应当向城市、县人民政府城乡规划主管部门或者省、自治区、直辖市人民政府确定的镇人民政府申请办理建设工程规划许可证。

申请办理建设工程规划许可证，应当提交使用土地的有关证明文件、建设工程设计方案等材料。需要建设单位编制修建性详细规划的建设项目，还应当提交修建性详细规划。对符合控制性详细规划和规划条件的，由城市、县人民政府城乡规划主管部门或者省、自治区、直辖市人民政府确定的镇人民政府核发建设工程规划许可证。

城市、县人民政府城乡规划主管部门或者省、自治区、直辖市人民政府确定的镇人民政府应当依法将经审定的修建性详细规划、建设工程设计方案的总平面图予以公布。

第四十一条　【乡村建设规划许可证】 在乡、村庄规划区内进行乡镇企业、乡村公共设施和公益事业建设的，建设单位或者个人应当向乡、镇人民政府提出申请，由乡、镇人民政府报城市、县人民政府城乡规划主管部门核发乡村建设规划许可证。

在乡、村庄规划区内使用原有宅基地进行农村村民住宅建设的规划管理办法，由省、自治区、直辖市制定。

在乡、村庄规划区内进行乡镇企业、乡村公共设施和公益事业建设以及农村村民住宅建设，不得占用农用地；确需占用农用地的，应当依照《中华人民共和国土地管理法》有关规定办理农用地转用审批手续后，由城市、县人民政府城乡规划主管部门核发乡村建设规划许可证。

建设单位或者个人在取得乡村建设规划许可证后，方可办理用地审批手续。

第四十二条　【不得超出范围作出规划许可】 城乡规划主管部门不得在城乡规划确定的建设用地范围以外作出规划许可。

第四十三条　【建设单位按照规划条件建设】 建设单位应当按照规划条件进行建设；确需变更的，必须向城市、县人民政府城乡规划主管部门提出申请。变更内容不符合控制性详细规划的，城乡规划主管部门不得批准。城市、县人民政府城乡规划主管部门应当及时将依法变更后的规划条件通报同级土地主管部门并公示。

建设单位应当及时将依法变更后的规划条件报有关人民政府土地主管部门备案。

第四十四条　【临时建设】 在城市、镇规划区内进行临时建设的，应当经城市、县人民政府城乡规划主管部门批准。临时建设影响近期建设规划或者控制性详细规划的实施以及交通、市容、安全等的，不得批准。

临时建设应当在批准的使用期限内自行拆除。

临时建设和临时用地规划管理的具体办法，由省、自治区、直辖市人民政府制定。

第四十五条　【城乡规划主管部门核实符合规划条件情况】 县级以上地方人民政府城乡规划主管部门按照国务院规定对建设工程是否符合规划条件予以核实。未经核实或者经核实不符合规划条件的，建设单位不得组织竣工验收。

建设单位应当在竣工验收后六个月内向城乡规划主管部门报送有关竣工验收资料。

……

第六章　法律责任

……

第六十条　【城乡规划主管部门违法行为的法律责任】 镇人民政府或者县级以上人民政府城乡规划主管部门有下列行为之一的，由本级人民政府、上级人民政府城乡规划主管部门或者监察机关依据职权责令改正，通报批评；对直接负责的主管人员和其他直接责任人员依法给予处分：

（一）未依法组织编制城市的控制性详细规划、县人民政府所在地镇的控制性详细规划的；

（二）超越职权或者对不符合法定条件的申请人核发选址意见书、建设用地规划许可证、建设工程规划许可证、乡村建设规划许可证的；

（三）对符合法定条件的申请人未在法定期限内核发选址意见书、建设用地规划许可证、建设工程规划许可证、乡村建设规划许可证的；

（四）未依法对经审定的修建性详细规划、建设工程设计方案的总平面图予以公布的；

（五）同意修改修建性详细规划、建设工程设计方案的总平面图前未采取听证会等形式听取利害关系人的意见的；

（六）发现未依法取得规划许可或者违反规划许可的规定在规划区内进行建设的行为，而不予查处或者接到举报后不依法处理的。

第六十一条　【县级以上人民政府有关部门的法律责任】县级以上人民政府有关部门有下列行为之一的，由本级人民政府或者上级人民政府有关部门责令改正，通报批评；对直接负责的主管人员和其他直接责任人员依法给予处分：

（一）对未依法取得选址意见书的建设项目核发建设项目批准文件的；

（二）未依法在国有土地使用权出让合同中确定规划条件或者改变国有土地使用权出让合同中依法确定的规划条件的；

（三）对未依法取得建设用地规划许可证的建设单位划拨国有土地使用权的。

第六十二条　【城乡规划编制单位违法的法律责任】城乡规划编制单位有下列行为之一的，由所在地城市、县人民政府城乡规划主管部门责令限期改正，处合同约定的规划编制费一倍以上二倍以下的罚款；情节严重的，责令停业整顿，由原发证机关降低资质等级或者吊销资质证书；造成损失的，依法承担赔偿责任：

（一）超越资质等级许可的范围承揽城乡规划编制工作的；

（二）违反国家有关标准编制城乡规划的。

未依法取得资质证书承揽城乡规划编制工作的，由县级以上地方人民政府城乡规划主管部门责令停止违法行为，依照前款规定处以罚款；造成损失的，依法承担赔偿责任。

以欺骗手段取得资质证书承揽城乡规划编制工作的，由原发证机关吊销资质证书，依照本条第一款规定处以罚款；造成损失的，依法承担赔偿责任。

第六十三条　【城乡规划编制单位不符合资质的处理】城乡规划编制单位取得资质证书后，不再符合相应的资质条件的，由原发证机关责令限期改正；逾期不改正的，降低资质等级或者吊销资质证书。

第六十四条　【违规建设的法律责任】未取得建设工程规划许可证或者未按照建设工程规划许可证的规定进行建设的，由县级以上地方人民政府城乡规划主管部门责令停止建设；尚可采取改正措施消除对规划实施的影响的，限期改正，处建设工程造价百分之五以上百分之十以下的罚款；无法采取改正措施消除影响的，限期拆除，不能拆除的，没收实物或者违法收入，可以并处建设工程造价百分之十以下的罚款。

第六十五条　【违规进行乡村建设的法律责任】在乡、村庄规划区内未依法取得乡村建设规划许可证或者未按照乡村建设规划许可证的规定进行建设的，由乡、镇人民政府责令停止建设、限期改正；逾期不改正的，可以拆除。

第六十六条　【违规进行临时建设的法律责任】建设单位或者个人有下列行为之一的，由所在地城市、县人民政府城乡规划主管部门责令限期拆除，可以并处临时建设工程造价一倍以下的罚款：

（一）未经批准进行临时建设的；

（二）未按照批准内容进行临时建设的；

（三）临时建筑物、构筑物超过批准期限不拆除的。

第六十七条　【建设单位竣工未报送验收材料的法律责任】建设单位未在建设工程竣工验收后六个月内向城乡规划主管部门报送有关竣工验收资料的，由所在地城市、县人民政府城乡规划主管部门责令限期补报；逾期不补报的，处一万元以上五万元以下的罚款。

第六十八条　【查封施工现场、强制拆除措施】城乡规划主管部门作出责令停止建设或者限期拆除的决定后，当事人不停止建设或者逾期不拆除的，建设工程所在地县级以上地方人民政府可以责成有关部门采取查封施工现场、强制拆除等措施。

第六十九条　**【刑事责任】**违反本法规定，构成犯罪的，依法追究刑事责任。

第七章　附　　则

第七十条　**【实施日期】**本法自2008年1月1日起施行。《中华人民共和国城市规划法》同时废止。

中华人民共和国民法典（节录）

（2020年5月28日第十三届全国人民代表大会第三次会议通过　2020年5月28日中华人民共和国主席第45号公布　自2021年1月1日起施行）

第二编　物　　权

第一分编　通　　则

第一章　一般规定

第二百零五条　本编调整因物的归属和利用产生的民事关系。

第二百零六条　国家坚持和完善公有制为主体、多种所有制经济共同发展，按劳分配为主体、多种分配方式并存，社会主义市场经济体制等社会主义基本经济制度。

国家巩固和发展公有制经济，鼓励、支持和引导非公有制经济的发展。

国家实行社会主义市场经济，保障一切市场主体的平等法律地位和发展权利。

第二百零七条　国家、集体、私人的物权和其他权利人的物权受法律平等保护，任何组织或者个人不得侵犯。

第二百零八条　不动产物权的设立、变更、转让和消灭，应当依照法律规定登记。动产物权的设立和转让，应当依照法律规定交付。

第二章　物权的设立、变更、转让和消灭

第一节　不动产登记

第二百零九条　不动产物权的设立、变更、转让和消灭，经依法登记，发生效力；未经登记，不发生效力，但是法律另有规定的除外。

依法属于国家所有的自然资源，所有权可以不登记。

第二百一十条　不动产登记，由不动产所在地的登记机构办理。

国家对不动产实行统一登记制度。统一登记的范围、登记机构和登记办法，由法律、行政法规规定。

第二百一十一条　当事人申请登记，应当根据不同登记事项提供权属证明和不动产界址、面积等必要材料。

第二百一十二条　登记机构应当履行下列职责：

（一）查验申请人提供的权属证明和其他必要材料；

（二）就有关登记事项询问申请人；

（三）如实、及时登记有关事项；

（四）法律、行政法规规定的其他职责。

申请登记的不动产的有关情况需要进一步证明的，登记机构可以要求申请人补充材料，必要时可以实地查看。

第二百一十三条　登记机构不得有下列行为：

（一）要求对不动产进行评估；

（二）以年检等名义进行重复登记；

（三）超出登记职责范围的其他行为。

第二百一十四条　不动产物权的设立、变更、转让和消灭，依照法律规定应当登记

的，自记载于不动产登记簿时发生效力。

第二百一十五条 当事人之间订立有关设立、变更、转让和消灭不动产物权的合同，除法律另有规定或者当事人另有约定外，自合同成立时生效；未办理物权登记的，不影响合同效力。

第二百一十六条 不动产登记簿是物权归属和内容的根据。

不动产登记簿由登记机构管理。

第二百一十七条 不动产权属证书是权利人享有该不动产物权的证明。不动产权属证书记载的事项，应当与不动产登记簿一致；记载不一致的，除有证据证明不动产登记簿确有错误外，以不动产登记簿为准。

第二百一十八条 权利人、利害关系人可以申请查询、复制不动产登记资料，登记机构应当提供。

第二百一十九条 利害关系人不得公开、非法使用权利人的不动产登记资料。

第二百二十条 权利人、利害关系人认为不动产登记簿记载的事项错误的，可以申请更正登记。不动产登记簿记载的权利人书面同意更正或者有证据证明登记确有错误的，登记机构应当予以更正。

不动产登记簿记载的权利人不同意更正的，利害关系人可以申请异议登记。登记机构予以异议登记，申请人自异议登记之日起十五日内不提起诉讼的，异议登记失效。异议登记不当，造成权利人损害的，权利人可以向申请人请求损害赔偿。

第二百二十一条 当事人签订买卖房屋的协议或者签订其他不动产物权的协议，为保障将来实现物权，按照约定可以向登记机构申请预告登记。预告登记后，未经预告登记的权利人同意，处分该不动产的，不发生物权效力。

预告登记后，债权消灭或者自能够进行不动产登记之日起九十日内未申请登记的，预告登记失效。

第二百二十二条 当事人提供虚假材料申请登记，造成他人损害的，应当承担赔偿责任。

因登记错误，造成他人损害的，登记机构应当承担赔偿责任。登记机构赔偿后，可以向造成登记错误的人追偿。

第二百二十三条 不动产登记费按件收取，不得按照不动产的面积、体积或者价款的比例收取。

第二节 动产交付

第二百二十四条 动产物权的设立和转让，自交付时发生效力，但是法律另有规定的除外。

第二百二十五条 船舶、航空器和机动车等的物权的设立、变更、转让和消灭，未经登记，不得对抗善意第三人。

第二百二十六条 动产物权设立和转让前，权利人已经占有该动产的，物权自民事法律行为生效时发生效力。

第二百二十七条 动产物权设立和转让前，第三人占有该动产的，负有交付义务的人可以通过转让请求第三人返还原物的权利代替交付。

第二百二十八条 动产物权转让时，当事人又约定由出让人继续占有该动产的，物权自该约定生效时发生效力。

第三节 其他规定

第二百二十九条 因人民法院、仲裁机构的法律文书或者人民政府的征收决定等，导致物权设立、变更、转让或者消灭的，自法律文书或者征收决定等生效时发生效力。

第二百三十条 因继承取得物权的，自继承开始时发生效力。

第二百三十一条 因合法建造、拆除房屋等事实行为设立或者消灭物权的，自事实行为成就时发生效力。

第二百三十二条 处分依照本节规定享有的不动产物权，依照法律规定需要办理登记的，未经登记，不发生物权效力。

第三章　物权的保护

第二百三十三条　物权受到侵害的，权利人可以通过和解、调解、仲裁、诉讼等途径解决。

第二百三十四条　因物权的归属、内容发生争议的，利害关系人可以请求确认权利。

第二百三十五条　无权占有不动产或者动产的，权利人可以请求返还原物。

第二百三十六条　妨害物权或者可能妨害物权的，权利人可以请求排除妨害或者消除危险。

第二百三十七条　造成不动产或者动产毁损的，权利人可以依法请求修理、重作、更换或者恢复原状。

第二百三十八条　侵害物权，造成权利人损害的，权利人可以依法请求损害赔偿，也可以依法请求承担其他民事责任。

第二百三十九条　本章规定的物权保护方式，可以单独适用，也可以根据权利被侵害的情形合并适用。

第二分编　所　有　权

第四章　一 般 规 定

第二百四十条　所有权人对自己的不动产或者动产，依法享有占有、使用、收益和处分的权利。

第二百四十一条　所有权人有权在自己的不动产或者动产上设立用益物权和担保物权。用益物权人、担保物权人行使权利，不得损害所有权人的权益。

第二百四十二条　法律规定专属于国家所有的不动产和动产，任何组织或者个人不能取得所有权。

第二百四十三条　为了公共利益的需要，依照法律规定的权限和程序可以征收集体所有的土地和组织、个人的房屋以及其他不动产。

征收集体所有的土地，应当依法及时足额支付土地补偿费、安置补助费以及农村村民住宅、其他地上附着物和青苗等的补偿费用，并安排被征地农民的社会保障费用，保障被征地农民的生活，维护被征地农民的合法权益。

征收组织、个人的房屋以及其他不动产，应当依法给予征收补偿，维护被征收人的合法权益；征收个人住宅的，还应当保障被征收人的居住条件。

任何组织或者个人不得贪污、挪用、私分、截留、拖欠征收补偿费等费用。

第二百四十四条　国家对耕地实行特殊保护，严格限制农用地转为建设用地，控制建设用地总量。不得违反法律规定的权限和程序征收集体所有的土地。

第二百四十五条　因抢险救灾、疫情防控等紧急需要，依照法律规定的权限和程序可以征用组织、个人的不动产或者动产。被征用的不动产或者动产使用后，应当返还被征用人。组织、个人的不动产或者动产被征用或者征用后毁损、灭失的，应当给予补偿。

第五章　国家所有权和集体所有权、私人所有权

第二百四十六条　法律规定属于国家所有的财产，属于国家所有即全民所有。

国有财产由国务院代表国家行使所有权。法律另有规定的，依照其规定。

第二百四十七条　矿藏、水流、海域属于国家所有。

第二百四十八条　无居民海岛属于国家所有，国务院代表国家行使无居民海岛所有权。

第二百四十九条　城市的土地，属于国家所有。法律规定属于国家所有的农村和城市郊区的土地，属于国家所有。

第二百五十条　森林、山岭、草原、荒地、滩涂等自然资源，属于国家所有，但是法

律规定属于集体所有的除外。

第二百五十一条 法律规定属于国家所有的野生动植物资源，属于国家所有。

第二百五十二条 无线电频谱资源属于国家所有。

第二百五十三条 法律规定属于国家所有的文物，属于国家所有。

第二百五十四条 国防资产属于国家所有。

铁路、公路、电力设施、电信设施和油气管道等基础设施，依照法律规定为国家所有的，属于国家所有。

第二百五十五条 国家机关对其直接支配的不动产和动产，享有占有、使用以及依照法律和国务院的有关规定处分的权利。

第二百五十六条 国家举办的事业单位对其直接支配的不动产和动产，享有占有、使用以及依照法律和国务院的有关规定收益、处分的权利。

第二百五十七条 国家出资的企业，由国务院、地方人民政府依照法律、行政法规规定分别代表国家履行出资人职责，享有出资人权益。

第二百五十八条 国家所有的财产受法律保护，禁止任何组织或者个人侵占、哄抢、私分、截留、破坏。

第二百五十九条 履行国有财产管理、监督职责的机构及其工作人员，应当依法加强对国有财产的管理、监督，促进国有财产保值增值，防止国有财产损失；滥用职权，玩忽职守，造成国有财产损失的，应当依法承担法律责任。

违反国有财产管理规定，在企业改制、合并分立、关联交易等过程中，低价转让、合谋私分、擅自担保或者以其他方式造成国有财产损失的，应当依法承担法律责任。

第二百六十条 集体所有的不动产和动产包括：

（一）法律规定属于集体所有的土地和森林、山岭、草原、荒地、滩涂；

（二）集体所有的建筑物、生产设施、农田水利设施；

（三）集体所有的教育、科学、文化、卫生、体育等设施；

（四）集体所有的其他不动产和动产。

第二百六十一条 农民集体所有的不动产和动产，属于本集体成员集体所有。

下列事项应当依照法定程序经本集体成员决定：

（一）土地承包方案以及将土地发包给本集体以外的组织或者个人承包；

（二）个别土地承包经营权人之间承包地的调整；

（三）土地补偿费等费用的使用、分配办法；

（四）集体出资的企业的所有权变动等事项；

（五）法律规定的其他事项。

第二百六十二条 对于集体所有的土地和森林、山岭、草原、荒地、滩涂等，依照下列规定行使所有权：

（一）属于村农民集体所有的，由村集体经济组织或者村民委员会依法代表集体行使所有权；

（二）分别属于村内两个以上农民集体所有的，由村内各该集体经济组织或者村民小组依法代表集体行使所有权；

（三）属于乡镇农民集体所有的，由乡镇集体经济组织代表集体行使所有权。

第二百六十三条 城镇集体所有的不动产和动产，依照法律、行政法规的规定由本集体享有占有、使用、收益和处分的权利。

第二百六十四条 农村集体经济组织或者村民委员会、村民小组应当依照法律、行政法规以及章程、村规民约向本集体成员公布集体财产的状况。集体成员有权查阅、复制相关资料。

第二百六十五条 集体所有的财产受法律保护，禁止任何组织或者个人侵占、哄抢、私分、破坏。

农村集体经济组织、村民委员会或者

其负责人作出的决定侵害集体成员合法权益的，受侵害的集体成员可以请求人民法院予以撤销。

第二百六十六条 私人对其合法的收入、房屋、生活用品、生产工具、原材料等不动产和动产享有所有权。

第二百六十七条 私人的合法财产受法律保护，禁止任何组织或者个人侵占、哄抢、破坏。

第二百六十八条 国家、集体和私人依法可以出资设立有限责任公司、股份有限公司或者其他企业。国家、集体和私人所有的不动产或者动产投到企业的，由出资人按照约定或者出资比例享有资产收益、重大决策以及选择经营管理者等权利并履行义务。

第二百六十九条 营利法人对其不动产和动产依照法律、行政法规以及章程享有占有、使用、收益和处分的权利。

营利法人以外的法人，对其不动产和动产的权利，适用有关法律、行政法规以及章程的规定。

第二百七十条 社会团体法人、捐助法人依法所有的不动产和动产，受法律保护。

第六章 业主的建筑物区分所有权

第二百七十一条 业主对建筑物内的住宅、经营性用房等专有部分享有所有权，对专有部分以外的共有部分享有共有和共同管理的权利。

第二百七十二条 业主对其建筑物专有部分享有占有、使用、收益和处分的权利。业主行使权利不得危及建筑物的安全，不得损害其他业主的合法权益。

第二百七十三条 业主对建筑物专有部分以外的共有部分，享有权利，承担义务；不得以放弃权利为由不履行义务。

业主转让建筑物内的住宅、经营性用房，其对共有部分享有的共有和共同管理的权利一并转让。

第二百七十四条 建筑区划内的道路，属于业主共有，但是属于城镇公共道路的除外。建筑区划内的绿地，属于业主共有，但是属于城镇公共绿地或者明示属于个人的除外。建筑区划内的其他公共场所、公用设施和物业服务用房，属于业主共有。

第二百七十五条 建筑区划内，规划用于停放汽车的车位、车库的归属，由当事人通过出售、附赠或者出租等方式约定。

占用业主共有的道路或者其他场地用于停放汽车的车位，属于业主共有。

第二百七十六条 建筑区划内，规划用于停放汽车的车位、车库应当首先满足业主的需要。

第二百七十七条 业主可以设立业主大会，选举业主委员会。业主大会、业主委员会成立的具体条件和程序，依照法律、法规的规定。

地方人民政府有关部门、居民委员会应当对设立业主大会和选举业主委员会给予指导和协助。

第二百七十八条 下列事项由业主共同决定：

（一）制定和修改业主大会议事规则；

（二）制定和修改管理规约；

（三）选举业主委员会或者更换业主委员会成员；

（四）选聘和解聘物业服务企业或者其他管理人；

（五）使用建筑物及其附属设施的维修资金；

（六）筹集建筑物及其附属设施的维修资金；

（七）改建、重建建筑物及其附属设施；

（八）改变共有部分的用途或者利用共有部分从事经营活动；

（九）有关共有和共同管理权利的其他重大事项。

业主共同决定事项，应当由专有部分

面积占比三分之二以上的业主且人数占比三分之二以上的业主参与表决。决定前款第六项至第八项规定的事项，应当经参与表决专有部分面积四分之三以上的业主且参与表决人数四分之三以上的业主同意。决定前款其他事项，应当经参与表决专有部分面积过半数的业主且参与表决人数过半数的业主同意。

第二百七十九条 业主不得违反法律、法规以及管理规约，将住宅改变为经营性用房。业主将住宅改变为经营性用房的，除遵守法律、法规以及管理规约外，应当经有利害关系的业主一致同意。

第二百八十条 业主大会或者业主委员会的决定，对业主具有法律约束力。

业主大会或者业主委员会作出的决定侵害业主合法权益的，受侵害的业主可以请求人民法院予以撤销。

第二百八十一条 建筑物及其附属设施的维修资金，属于业主共有。经业主共同决定，可以用于电梯、屋顶、外墙、无障碍设施等共有部分的维修、更新和改造。建筑物及其附属设施的维修资金的筹集、使用情况应当定期公布。

紧急情况下需要维修建筑物及其附属设施的，业主大会或者业主委员会可以依法申请使用建筑物及其附属设施的维修资金。

第二百八十二条 建设单位、物业服务企业或者其他管理人等利用业主的共有部分产生的收入，在扣除合理成本之后，属于业主共有。

第二百八十三条 建筑物及其附属设施的费用分摊、收益分配等事项，有约定的，按照约定；没有约定或者约定不明确的，按照业主专有部分面积所占比例确定。

第二百八十四条 业主可以自行管理建筑物及其附属设施，也可以委托物业服务企业或者其他管理人管理。

对建设单位聘请的物业服务企业或者其他管理人，业主有权依法更换。

第二百八十五条 物业服务企业或者其他管理人根据业主的委托，依照本法第三编有关物业服务合同的规定管理建筑区划内的建筑物及其附属设施，接受业主的监督，并及时答复业主对物业服务情况提出的询问。

物业服务企业或者其他管理人应当执行政府依法实施的应急处置措施和其他管理措施，积极配合开展相关工作。

第二百八十六条 业主应当遵守法律、法规以及管理规约，相关行为应当符合节约资源、保护生态环境的要求。对于物业服务企业或者其他管理人执行政府依法实施的应急处置措施和其他管理措施，业主应当依法予以配合。

业主大会或者业主委员会，对任意弃置垃圾、排放污染物或者噪声、违反规定饲养动物、违章搭建、侵占通道、拒付物业费等损害他人合法权益的行为，有权依照法律、法规以及管理规约，请求行为人停止侵害、排除妨碍、消除危险、恢复原状、赔偿损失。

业主或者其他行为人拒不履行相关义务的，有关当事人可以向有关行政主管部门报告或者投诉，有关行政主管部门应当依法处理。

第二百八十七条 业主对建设单位、物业服务企业或者其他管理人以及其他业主侵害自己合法权益的行为，有权请求其承担民事责任。

第七章 相邻关系

第二百八十八条 不动产的相邻权利人应当按照有利生产、方便生活、团结互助、公平合理的原则，正确处理相邻关系。

第二百八十九条 法律、法规对处理相邻关系有规定的，依照其规定；法律、法规没有规定的，可以按照当地习惯。

第二百九十条 不动产权利人应当为相邻

权利人用水、排水提供必要的便利。

对自然流水的利用，应当在不动产的相邻权利人之间合理分配。对自然流水的排放，应当尊重自然流向。

第二百九十一条　不动产权利人对相邻权利人因通行等必须利用其土地的，应当提供必要的便利。

第二百九十二条　不动产权利人因建造、修缮建筑物以及铺设电线、电缆、水管、暖气和燃气管线等必须利用相邻土地、建筑物的，该土地、建筑物的权利人应当提供必要的便利。

第二百九十三条　建造建筑物，不得违反国家有关工程建设标准，不得妨碍相邻建筑物的通风、采光和日照。

第二百九十四条　不动产权利人不得违反国家规定弃置固体废物，排放大气污染物、水污染物、土壤污染物、噪声、光辐射、电磁辐射等有害物质。

第二百九十五条　不动产权利人挖掘土地、建造建筑物、铺设管线以及安装设备等，不得危及相邻不动产的安全。

第二百九十六条　不动产权利人因用水、排水、通行、铺设管线等利用相邻不动产的，应当尽量避免对相邻的不动产权利人造成损害。

第八章　共　　有

第二百九十七条　不动产或者动产可以由两个以上组织、个人共有。共有包括按份共有和共同共有。

第二百九十八条　按份共有人对共有的不动产或者动产按照其份额享有所有权。

第二百九十九条　共同共有人对共有的不动产或者动产共同享有所有权。

第三百条　共有人按照约定管理共有的不动产或者动产；没有约定或者约定不明确的，各共有人都有管理的权利和义务。

第三百零一条　处分共有的不动产或者动产以及对共有的不动产或者动产作重大修缮、变更性质或者用途的，应当经占份额三分之二以上的按份共有人或者全体共同共有人同意，但是共有人之间另有约定的除外。

第三百零二条　共有人对共有物的管理费用以及其他负担，有约定的，按照其约定；没有约定或者约定不明确的，按份共有人按照其份额负担，共同共有人共同负担。

第三百零三条　共有人约定不得分割共有的不动产或者动产，以维持共有关系的，应当按照约定，但是共有人有重大理由需要分割的，可以请求分割；没有约定或者约定不明确的，按份共有人可以随时请求分割，共同共有人在共有的基础丧失或者有重大理由需要分割时可以请求分割。因分割造成其他共有人损害的，应当给予赔偿。

第三百零四条　共有人可以协商确定分割方式。达不成协议，共有的不动产或者动产可以分割且不会因分割减损价值的，应当对实物予以分割；难以分割或者因分割会减损价值的，应当对折价或者拍卖、变卖取得的价款予以分割。

共有人分割所得的不动产或者动产有瑕疵的，其他共有人应当分担损失。

第三百零五条　按份共有人可以转让其享有的共有的不动产或者动产份额。其他共有人在同等条件下享有优先购买的权利。

第三百零六条　按份共有人转让其享有的共有的不动产或者动产份额的，应当将转让条件及时通知其他共有人。其他共有人应当在合理期限内行使优先购买权。

两个以上其他共有人主张行使优先购买权的，协商确定各自的购买比例；协商不成的，按照转让时各自的共有份额比例行使优先购买权。

第三百零七条　因共有的不动产或者动产产生的债权债务，在对外关系上，共有人享有连带债权、承担连带债务，但是法律另有规定或者第三人知道共有人不具有连带债权债务关系的除外；在共有人内部关系上，除共有人另有约定外，按份共有人按照份额享有债权、承担债务，共同共有人共同享有债权、承担债务。偿还债务超过自己应当承担份额的按份共有人，有权向其他共有人追偿。

第三百零八条 共有人对共有的不动产或者动产没有约定为按份共有或者共同共有，或者约定不明确的，除共有人具有家庭关系等外，视为按份共有。

第三百零九条 按份共有人对共有的不动产或者动产享有的份额，没有约定或者约定不明确的，按照出资额确定；不能确定出资额的，视为等额享有。

第三百一十条 两个以上组织、个人共同享有用益物权、担保物权的，参照适用本章的有关规定。

……

第三分编 用 益 物 权

第十章 一 般 规 定

第三百二十三条 用益物权人对他人所有的不动产或者动产，依法享有占有、使用和收益的权利。

第三百二十四条 国家所有或者国家所有由集体使用以及法律规定属于集体所有的自然资源，组织、个人依法可以占有、使用和收益。

第三百二十五条 国家实行自然资源有偿使用制度，但是法律另有规定的除外。

第三百二十六条 用益物权人行使权利，应当遵守法律有关保护和合理开发利用资源、保护生态环境的规定。所有权人不得干涉用益物权人行使权利。

第三百二十七条 因不动产或者动产被征收、征用致使用益物权消灭或者影响用益物权行使的，用益物权人有权依据本法第二百四十三条、第二百四十五条的规定获得相应补偿。

第三百二十八条 依法取得的海域使用权受法律保护。

第三百二十九条 依法取得的探矿权、采矿权、取水权和使用水域、滩涂从事养殖、捕捞的权利受法律保护。

第十一章 土地承包经营权

第三百三十条 农村集体经济组织实行家庭承包经营为基础、统分结合的双层经营体制。

农民集体所有和国家所有由农民集体使用的耕地、林地、草地以及其他用于农业的土地，依法实行土地承包经营制度。

第三百三十一条 土地承包经营权人依法对其承包经营的耕地、林地、草地等享有占有、使用和收益的权利，有权从事种植业、林业、畜牧业等农业生产。

第三百三十二条 耕地的承包期为三十年。草地的承包期为三十年至五十年。林地的承包期为三十年至七十年。

前款规定的承包期限届满，由土地承包经营权人依照农村土地承包的法律规定继续承包。

第三百三十三条 土地承包经营权自土地承包经营权合同生效时设立。

登记机构应当向土地承包经营权人发放土地承包经营权证、林权证等证书，并登记造册，确认土地承包经营权。

第三百三十四条 土地承包经营权人依照法律规定，有权将土地承包经营权互换、转让。未经依法批准，不得将承包地用于非农建设。

第三百三十五条 土地承包经营权互换、转让的，当事人可以向登记机构申请登记；未经登记，不得对抗善意第三人。

第三百三十六条 承包期内发包人不得调整承包地。

因自然灾害严重毁损承包地等特殊情形，需要适当调整承包的耕地和草地的，应当依照农村土地承包的法律规定办理。

第三百三十七条　承包期内发包人不得收回承包地。法律另有规定的，依照其规定。

第三百三十八条　承包地被征收的，土地承包经营权人有权依据本法第二百四十三条的规定获得相应补偿。

第三百三十九条　土地承包经营权人可以自主决定依法采取出租、入股或者其他方式向他人流转土地经营权。

第三百四十条　土地经营权人有权在合同约定的期限内占有农村土地，自主开展农业生产经营并取得收益。

第三百四十一条　流转期限为五年以上的土地经营权，自流转合同生效时设立。当事人可以向登记机构申请土地经营权登记；未经登记，不得对抗善意第三人。

第三百四十二条　通过招标、拍卖、公开协商等方式承包农村土地，经依法登记取得权属证书的，可以依法采取出租、入股、抵押或者其他方式流转土地经营权。

第三百四十三条　国家所有的农用地实行承包经营的，参照适用本编的有关规定。

第十二章　建设用地使用权

第三百四十四条　建设用地使用权人依法对国家所有的土地享有占有、使用和收益的权利，有权利用该土地建造建筑物、构筑物及其附属设施。

第三百四十五条　建设用地使用权可以在土地的地表、地上或者地下分别设立。

第三百四十六条　设立建设用地使用权，应当符合节约资源、保护生态环境的要求，遵守法律、行政法规关于土地用途的规定，不得损害已经设立的用益物权。

第三百四十七条　设立建设用地使用权，可以采取出让或者划拨等方式。

工业、商业、旅游、娱乐和商品住宅等经营性用地以及同一土地有两个以上意向用地者的，应当采取招标、拍卖等公开竞价的方式出让。

严格限制以划拨方式设立建设用地使用权。

第三百四十八条　通过招标、拍卖、协议等出让方式设立建设用地使用权的，当事人应当采用书面形式订立建设用地使用权出让合同。

建设用地使用权出让合同一般包括下列条款：

（一）当事人的名称和住所；

（二）土地界址、面积等；

（三）建筑物、构筑物及其附属设施占用的空间；

（四）土地用途、规划条件；

（五）建设用地使用权期限；

（六）出让金等费用及其支付方式；

（七）解决争议的方法。

第三百四十九条　设立建设用地使用权的，应当向登记机构申请建设用地使用权登记。建设用地使用权自登记时设立。登记机构应当向建设用地使用权人发放权属证书。

第三百五十条　建设用地使用权人应当合理利用土地，不得改变土地用途；需要改变土地用途的，应当依法经有关行政主管部门批准。

第三百五十一条　建设用地使用权人应当依照法律规定以及合同约定支付出让金等费用。

第三百五十二条　建设用地使用权人建造的建筑物、构筑物及其附属设施的所有权属于建设用地使用权人，但是有相反证据证明的除外。

第三百五十三条　建设用地使用权人有权将建设用地使用权转让、互换、出资、赠与或者抵押，但是法律另有规定的除外。

第三百五十四条　建设用地使用权转让、互换、出资、赠与或者抵押的，当事人应当采用书面形式订立相应的合同。使用期限由当事人约定，但是不得超过建设用地使用权的剩余期限。

第三百五十五条　建设用地使用权转让、

互换、出资或者赠与的，应当向登记机构申请变更登记。

第三百五十六条 建设用地使用权转让、互换、出资或者赠与的，附着于该土地上的建筑物、构筑物及其附属设施一并处分。

第三百五十七条 建筑物、构筑物及其附属设施转让、互换、出资或者赠与的，该建筑物、构筑物及其附属设施占用范围内的建设用地使用权一并处分。

第三百五十八条 建设用地使用权期限届满前，因公共利益需要提前收回该土地的，应当依据本法第二百四十三条的规定对该土地上的房屋以及其他不动产给予补偿，并退还相应的出让金。

第三百五十九条 住宅建设用地使用权期限届满的，自动续期。续期费用的缴纳或者减免，依照法律、行政法规的规定办理。

非住宅建设用地使用权期限届满后的续期，依照法律规定办理。该土地上的房屋以及其他不动产的归属，有约定的，按照约定；没有约定或者约定不明确的，依照法律、行政法规的规定办理。

第三百六十条 建设用地使用权消灭的，出让人应当及时办理注销登记。登记机构应当收回权属证书。

第三百六十一条 集体所有的土地作为建设用地的，应当依照土地管理的法律规定办理。

第十三章　宅基地使用权

第三百六十二条 宅基地使用权人依法对集体所有的土地享有占有和使用的权利，有权依法利用该土地建造住宅及其附属设施。

第三百六十三条 宅基地使用权的取得、行使和转让，适用土地管理的法律和国家有关规定。

第三百六十四条 宅基地因自然灾害等原因灭失的，宅基地使用权消灭。对失去宅基地的村民，应当依法重新分配宅基地。

第三百六十五条 已经登记的宅基地使用权转让或者消灭的，应当及时办理变更登记或者注销登记。

第十四章　居　住　权

第三百六十六条 居住权人有权按照合同约定，对他人的住宅享有占有、使用的用益物权，以满足生活居住的需要。

第三百六十七条 设立居住权，当事人应当采用书面形式订立居住权合同。

居住权合同一般包括下列条款：

（一）当事人的姓名或者名称和住所；

（二）住宅的位置；

（三）居住的条件和要求；

（四）居住权期限；

（五）解决争议的方法。

第三百六十八条 居住权无偿设立，但是当事人另有约定的除外。设立居住权的，应当向登记机构申请居住权登记。居住权自登记时设立。

第三百六十九条 居住权不得转让、继承。设立居住权的住宅不得出租，但是当事人另有约定的除外。

第三百七十条 居住权期限届满或者居住权人死亡的，居住权消灭。居住权消灭的，应当及时办理注销登记。

第三百七十一条 以遗嘱方式设立居住权的，参照适用本章的有关规定。

第十五章　地　役　权

第三百七十二条 地役权人有权按照合同约定，利用他人的不动产，以提高自己的不动产的效益。

前款所称他人的不动产为供役地，自己的不动产为需役地。

第三百七十三条 设立地役权，当事人应当采用书面形式订立地役权合同。

地役权合同一般包括下列条款：

（一）当事人的姓名或者名称和住所；

（二）供役地和需役地的位置；
（三）利用目的和方法；
（四）地役权期限；
（五）费用及其支付方式；
（六）解决争议的方法。

第三百七十四条　地役权自地役权合同生效时设立。当事人要求登记的，可以向登记机构申请地役权登记；未经登记，不得对抗善意第三人。

第三百七十五条　供役地权利人应当按照合同约定，允许地役权人利用其不动产，不得妨害地役权人行使权利。

第三百七十六条　地役权人应当按照合同约定的利用目的和方法利用供役地，尽量减少对供役地权利人物权的限制。

第三百七十七条　地役权期限由当事人约定；但是，不得超过土地承包经营权、建设用地使用权等用益物权的剩余期限。

第三百七十八条　土地所有权人享有地役权或者负担地役权的，设立土地承包经营权、宅基地使用权等用益物权时，该用益物权人继续享有或者负担已经设立的地役权。

第三百七十九条　土地上已经设立土地承包经营权、建设用地使用权、宅基地使用权等用益物权的，未经用益物权人同意，土地所有权人不得设立地役权。

第三百八十条　地役权不得单独转让。土地承包经营权、建设用地使用权等转让的，地役权一并转让，但是合同另有约定的除外。

第三百八十一条　地役权不得单独抵押。土地经营权、建设用地使用权等抵押的，在实现抵押权时，地役权一并转让。

第三百八十二条　需役地以及需役地上的土地承包经营权、建设用地使用权等部分转让时，转让部分涉及地役权的，受让人同时享有地役权。

第三百八十三条　供役地以及供役地上的土地承包经营权、建设用地使用权等部分转让时，转让部分涉及地役权的，地役权对受让人具有法律约束力。

第三百八十四条　地役权人有下列情形之一的，供役地权利人有权解除地役权合同，地役权消灭：

（一）违反法律规定或者合同约定，滥用地役权；

（二）有偿利用供役地，约定的付款期限届满后在合理期限内经两次催告未支付费用。

第三百八十五条　已经登记的地役权变更、转让或者消灭的，应当及时办理变更登记或者注销登记。

第四分编　担 保 物 权

第十六章　一 般 规 定

第三百八十六条　担保物权人在债务人不履行到期债务或者发生当事人约定的实现担保物权的情形，依法享有就担保财产优先受偿的权利，但是法律另有规定的除外。

第三百八十七条　债权人在借贷、买卖等民事活动中，为保障实现其债权，需要担保的，可以依照本法和其他法律的规定设立担保物权。

第三人为债务人向债权人提供担保的，可以要求债务人提供反担保。反担保适用本法和其他法律的规定。

第三百八十八条　设立担保物权，应当依照本法和其他法律的规定订立担保合同。担保合同包括抵押合同、质押合同和其他具有担保功能的合同。担保合同是主债权债务合同的从合同。主债权债务合同无效的，担保合同无效，但是法律另有规定的除外。

担保合同被确认无效后，债务人、担保人、债权人有过错的，应当根据其过错各自承担相应的民事责任。

第三百八十九条 担保物权的担保范围包括主债权及其利息、违约金、损害赔偿金、保管担保财产和实现担保物权的费用。当事人另有约定的，按照其约定。

第三百九十条 担保期间，担保财产毁损、灭失或者被征收等，担保物权人可以就获得的保险金、赔偿金或者补偿金等优先受偿。被担保债权的履行期限未届满的，也可以提存该保险金、赔偿金或者补偿金等。

第三百九十一条 第三人提供担保，未经其书面同意，债权人允许债务人转移全部或者部分债务的，担保人不再承担相应的担保责任。

第三百九十二条 被担保的债权既有物的担保又有人的担保的，债务人不履行到期债务或者发生当事人约定的实现担保物权的情形，债权人应当按照约定实现债权；没有约定或者约定不明确，债务人自己提供物的担保的，债权人应当先就该物的担保实现债权；第三人提供物的担保的，债权人可以就物的担保实现债权，也可以请求保证人承担保证责任。提供担保的第三人承担担保责任后，有权向债务人追偿。

第三百九十三条 有下列情形之一的，担保物权消灭：

（一）主债权消灭；

（二）担保物权实现；

（三）债权人放弃担保物权；

（四）法律规定担保物权消灭的其他情形。

第十七章 抵 押 权

第一节 一般抵押权

第三百九十四条 为担保债务的履行，债务人或者第三人不转移财产的占有，将该财产抵押给债权人的，债务人不履行到期债务或者发生当事人约定的实现抵押权的情形，债权人有权就该财产优先受偿。

前款规定的债务人或者第三人为抵押人，债权人为抵押权人，提供担保的财产为抵押财产。

第三百九十五条 债务人或者第三人有权处分的下列财产可以抵押：

（一）建筑物和其他土地附着物；

（二）建设用地使用权；

（三）海域使用权；

（四）生产设备、原材料、半成品、产品；

（五）正在建造的建筑物、船舶、航空器；

（六）交通运输工具；

（七）法律、行政法规未禁止抵押的其他财产。

抵押人可以将前款所列财产一并抵押。

第三百九十六条 企业、个体工商户、农业生产经营者可以将现有的以及将有的生产设备、原材料、半成品、产品抵押，债务人不履行到期债务或者发生当事人约定的实现抵押权的情形，债权人有权就抵押财产确定时的动产优先受偿。

第三百九十七条 以建筑物抵押的，该建筑物占用范围内的建设用地使用权一并抵押。以建设用地使用权抵押的，该土地上的建筑物一并抵押。

抵押人未依据前款规定一并抵押的，未抵押的财产视为一并抵押。

第三百九十八条 乡镇、村企业的建设用地使用权不得单独抵押。以乡镇、村企业的厂房等建筑物抵押的，其占用范围内的建设用地使用权一并抵押。

第三百九十九条 下列财产不得抵押：

（一）土地所有权；

（二）宅基地、自留地、自留山等集体所有土地的使用权，但是法律规定可以抵押的除外；

（三）学校、幼儿园、医疗机构等为公益目的成立的非营利法人的教育设施、医疗卫生设施和其他公益设施；

（四）所有权、使用权不明或者有争

议的财产；

（五）依法被查封、扣押、监管的财产；

（六）法律、行政法规规定不得抵押的其他财产。

第四百条　设立抵押权，当事人应当采用书面形式订立抵押合同。

抵押合同一般包括下列条款：

（一）被担保债权的种类和数额；

（二）债务人履行债务的期限；

（三）抵押财产的名称、数量等情况；

（四）担保的范围。

第四百零一条　抵押权人在债务履行期限届满前，与抵押人约定债务人不履行到期债务时抵押财产归债权人所有的，只能依法就抵押财产优先受偿。

第四百零二条　以本法第三百九十五条第一款第一项至第三项规定的财产或者第五项规定的正在建造的建筑物抵押的，应当办理抵押登记。抵押权自登记时设立。

第四百零三条　以动产抵押的，抵押权自抵押合同生效时设立；未经登记，不得对抗善意第三人。

第四百零四条　以动产抵押的，不得对抗正常经营活动中已经支付合理价款并取得抵押财产的买受人。

第四百零五条　抵押权设立前，抵押财产已经出租并转移占有的，原租赁关系不受该抵押权的影响。

第四百零六条　抵押期间，抵押人可以转让抵押财产。当事人另有约定的，按照其约定。抵押财产转让的，抵押权不受影响。

抵押人转让抵押财产的，应当及时通知抵押权人。抵押权人能够证明抵押财产转让可能损害抵押权的，可以请求抵押人将转让所得的价款向抵押权人提前清偿债务或者提存。转让的价款超过债权数额的部分归抵押人所有，不足部分由债务人清偿。

第四百零七条　抵押权不得与债权分离而单独转让或者作为其他债权的担保。债权转让的，担保该债权的抵押权一并转让，但是法律另有规定或者当事人另有约定的除外。

第四百零八条　抵押人的行为足以使抵押财产价值减少的，抵押权人有权请求抵押人停止其行为；抵押财产价值减少的，抵押权人有权请求恢复抵押财产的价值，或者提供与减少的价值相应的担保。抵押人不恢复抵押财产的价值，也不提供担保的，抵押权人有权请求债务人提前清偿债务。

第四百零九条　抵押权人可以放弃抵押权或者抵押权的顺位。抵押权人与抵押人可以协议变更抵押权顺位以及被担保的债权数额等内容。但是，抵押权的变更未经其他抵押权人书面同意的，不得对其他抵押权人产生不利影响。

债务人以自己的财产设定抵押，抵押权人放弃该抵押权、抵押权顺位或者变更抵押权的，其他担保人在抵押权人丧失优先受偿权益的范围内免除担保责任，但是其他担保人承诺仍然提供担保的除外。

第四百一十条　债务人不履行到期债务或者发生当事人约定的实现抵押权的情形，抵押权人可以与抵押人协议以抵押财产折价或者以拍卖、变卖该抵押财产所得的价款优先受偿。协议损害其他债权人利益的，其他债权人可以请求人民法院撤销该协议。

抵押权人与抵押人未就抵押权实现方式达成协议的，抵押权人可以请求人民法院拍卖、变卖抵押财产。

抵押财产折价或者变卖的，应当参照市场价格。

第四百一十一条　依据本法第三百九十六条规定设定抵押的，抵押财产自下列情形之一发生时确定：

（一）债务履行期限届满，债权未实现；

（二）抵押人被宣告破产或者解散；

（三）当事人约定的实现抵押权的情形；

（四）严重影响债权实现的其他情形。

第四百一十二条 债务人不履行到期债务或者发生当事人约定的实现抵押权的情形，致使抵押财产被人民法院依法扣押的，自扣押之日起，抵押权人有权收取该抵押财产的天然孳息或者法定孳息，但是抵押权人未通知应当清偿法定孳息义务人的除外。

前款规定的孳息应当先充抵收取孳息的费用。

第四百一十三条 抵押财产折价或者拍卖、变卖后，其价款超过债权数额的部分归抵押人所有，不足部分由债务人清偿。

第四百一十四条 同一财产向两个以上债权人抵押的，拍卖、变卖抵押财产所得的价款依照下列规定清偿：

（一）抵押权已经登记的，按照登记的时间先后确定清偿顺序；

（二）抵押权已经登记的先于未登记的受偿；

（三）抵押权未登记的，按照债权比例清偿。

其他可以登记的担保物权，清偿顺序参照适用前款规定。

第四百一十五条 同一财产既设立抵押权又设立质权的，拍卖、变卖该财产所得的价款按照登记、交付的时间先后确定清偿顺序。

第四百一十六条 动产抵押担保的主债权是抵押物的价款，标的物交付后十日内办理抵押登记的，该抵押权人优先于抵押物买受人的其他担保物权人受偿，但是留置权人除外。

第四百一十七条 建设用地使用权抵押后，该土地上新增的建筑物不属于抵押财产。该建设用地使用权实现抵押权时，应当将该土地上新增的建筑物与建设用地使用权一并处分。但是，新增建筑物所得的价款，抵押权人无权优先受偿。

第四百一十八条 以集体所有土地的使用权依法抵押的，实现抵押权后，未经法定程序，不得改变土地所有权的性质和土地用途。

第四百一十九条 抵押权人应当在主债权诉讼时效期间行使抵押权；未行使的，人民法院不予保护。

第二节 最高额抵押权

第四百二十条 为担保债务的履行，债务人或者第三人对一定期间内将要连续发生的债权提供担保财产的，债务人不履行到期债务或者发生当事人约定的实现抵押权的情形，抵押权人有权在最高债权额限度内就该担保财产优先受偿。

最高额抵押权设立前已经存在的债权，经当事人同意，可以转入最高额抵押担保的债权范围。

第四百二十一条 最高额抵押担保的债权确定前，部分债权转让的，最高额抵押权不得转让，但是当事人另有约定的除外。

第四百二十二条 最高额抵押担保的债权确定前，抵押权人与抵押人可以通过协议变更债权确定的期间、债权范围以及最高债权额。但是，变更的内容不得对其他抵押权人产生不利影响。

第四百二十三条 有下列情形之一的，抵押权人的债权确定：

（一）约定的债权确定期间届满；

（二）没有约定债权确定期间或者约定不明确，抵押权人或者抵押人自最高额抵押权设立之日起满二年后请求确定债权；

（三）新的债权不可能发生；

（四）抵押权人知道或者应当知道抵押财产被查封、扣押；

（五）债务人、抵押人被宣告破产或者解散；

（六）法律规定债权确定的其他情形。

第四百二十四条 最高额抵押权除适用本节规定外，适用本章第一节的有关规定。

第十八章　质　　权

第一节　动产质权

第四百二十五条　为担保债务的履行，债务人或者第三人将其动产出质给债权人占有的，债务人不履行到期债务或者发生当事人约定的实现质权的情形，债权人有权就该动产优先受偿。

前款规定的债务人或者第三人为出质人，债权人为质权人，交付的动产为质押财产。

第四百二十六条　法律、行政法规禁止转让的动产不得出质。

第四百二十七条　设立质权，当事人应当采用书面形式订立质押合同。

质押合同一般包括下列条款：

（一）被担保债权的种类和数额；

（二）债务人履行债务的期限；

（三）质押财产的名称、数量等情况；

（四）担保的范围；

（五）质押财产交付的时间、方式。

第四百二十八条　质权人在债务履行期限届满前，与出质人约定债务人不履行到期债务时质押财产归债权人所有的，只能依法就质押财产优先受偿。

第四百二十九条　质权自出质人交付质押财产时设立。

第四百三十条　质权人有权收取质押财产的孳息，但是合同另有约定的除外。

前款规定的孳息应当先充抵收取孳息的费用。

第四百三十一条　质权人在质权存续期间，未经出质人同意，擅自使用、处分质押财产，造成出质人损害的，应当承担赔偿责任。

第四百三十二条　质权人负有妥善保管质押财产的义务；因保管不善致使质押财产毁损、灭失的，应当承担赔偿责任。

质权人的行为可能使质押财产毁损、灭失的，出质人可以请求质权人将质押财产提存，或者请求提前清偿债务并返还质押财产。

第四百三十三条　因不可归责于质权人的事由可能使质押财产毁损或者价值明显减少，足以危害质权人权利的，质权人有权请求出质人提供相应的担保；出质人不提供的，质权人可以拍卖、变卖质押财产，并与出质人协议将拍卖、变卖所得的价款提前清偿债务或者提存。

第四百三十四条　质权人在质权存续期间，未经出质人同意转质，造成质押财产毁损、灭失的，应当承担赔偿责任。

第四百三十五条　质权人可以放弃质权。债务人以自己的财产出质，质权人放弃该质权的，其他担保人在质权人丧失优先受偿权益的范围内免除担保责任，但是其他担保人承诺仍然提供担保的除外。

第四百三十六条　债务人履行债务或者出质人提前清偿所担保的债权的，质权人应当返还质押财产。

债务人不履行到期债务或者发生当事人约定的实现质权的情形，质权人可以与出质人协议以质押财产折价，也可以就拍卖、变卖质押财产所得的价款优先受偿。

质押财产折价或者变卖的，应当参照市场价格。

第四百三十七条　出质人可以请求质权人在债务履行期限届满后及时行使质权；质权人不行使的，出质人可以请求人民法院拍卖、变卖质押财产。

出质人请求质权人及时行使质权，因质权人怠于行使权利造成出质人损害的，由质权人承担赔偿责任。

第四百三十八条　质押财产折价或者拍卖、变卖后，其价款超过债权数额的部分归出质人所有，不足部分由债务人清偿。

第四百三十九条　出质人与质权人可以协议设立最高额质权。

最高额质权除适用本节有关规定外，

参照适用本编第十七章第二节的有关规定。

第二节　权利质权

第四百四十条　债务人或者第三人有权处分的下列权利可以出质：

（一）汇票、本票、支票；

（二）债券、存款单；

（三）仓单、提单；

（四）可以转让的基金份额、股权；

（五）可以转让的注册商标专用权、专利权、著作权等知识产权中的财产权；

（六）现有的以及将有的应收账款；

（七）法律、行政法规规定可以出质的其他财产权利。

第四百四十一条　以汇票、本票、支票、债券、存款单、仓单、提单出质的，质权自权利凭证交付质权人时设立；没有权利凭证的，质权自办理出质登记时设立。法律另有规定的，依照其规定。

第四百四十二条　汇票、本票、支票、债券、存款单、仓单、提单的兑现日期或者提货日期先于主债权到期的，质权人可以兑现或者提货，并与出质人协议将兑现的价款或者提取的货物提前清偿债务或者提存。

第四百四十三条　以基金份额、股权出质的，质权自办理出质登记时设立。

基金份额、股权出质后，不得转让，但是出质人与质权人协商同意的除外。出质人转让基金份额、股权所得的价款，应当向质权人提前清偿债务或者提存。

第四百四十四条　以注册商标专用权、专利权、著作权等知识产权中的财产权出质的，质权自办理出质登记时设立。

知识产权中的财产权出质后，出质人不得转让或者许可他人使用，但是出质人与质权人协商同意的除外。出质人转让或者许可他人使用出质的知识产权中的财产权所得的价款，应当向质权人提前清偿债务或者提存。

第四百四十五条　以应收账款出质的，质权自办理出质登记时设立。

应收账款出质后，不得转让，但是出质人与质权人协商同意的除外。出质人转让应收账款所得的价款，应当向质权人提前清偿债务或者提存。

第四百四十六条　权利质权除适用本节规定外，适用本章第一节的有关规定。

第十九章　留　置　权

第四百四十七条　债务人不履行到期债务，债权人可以留置已经合法占有的债务人的动产，并有权就该动产优先受偿。

前款规定的债权人为留置权人，占有的动产为留置财产。

第四百四十八条　债权人留置的动产，应当与债权属于同一法律关系，但是企业之间留置的除外。

第四百四十九条　法律规定或者当事人约定不得留置的动产，不得留置。

第四百五十条　留置财产为可分物的，留置财产的价值应当相当于债务的金额。

第四百五十一条　留置权人负有妥善保管留置财产的义务；因保管不善致使留置财产毁损、灭失的，应当承担赔偿责任。

第四百五十二条　留置权人有权收取留置财产的孳息。

前款规定的孳息应当先充抵收取孳息的费用。

第四百五十三条　留置权人与债务人应当约定留置财产后的债务履行期限；没有约定或者约定不明确的，留置权人应当给债务人六十日以上履行债务的期限，但是鲜活易腐等不易保管的动产除外。债务人逾期未履行的，留置权人可以与债务人协议以留置财产折价，也可以就拍卖、变卖留置财产所得的价款优先受偿。

留置财产折价或者变卖的，应当参照市场价格。

第四百五十四条　债务人可以请求留置权人在债务履行期限届满后行使留置权；留置权人不行使的，债务人可以请求人民法院拍卖、变卖留置财产。

第四百五十五条　留置财产折价或者拍卖、变卖后，其价款超过债权数额的部分归债务人所有，不足部分由债务人清偿。

第四百五十六条　同一动产上已经设立抵押权或者质权，该动产又被留置的，留置权人优先受偿。

第四百五十七条　留置权人对留置财产丧失占有或者留置权人接受债务人另行提供担保的，留置权消灭。

第五分编　占　有

第二十章　占　有

第四百五十八条　基于合同关系等产生的占有，有关不动产或者动产的使用、收益、违约责任等，按照合同约定；合同没有约定或者约定不明确的，依照有关法律规定。

第四百五十九条　占有人因使用占有的不动产或者动产，致使该不动产或者动产受到损害的，恶意占有人应当承担赔偿责任。

第四百六十条　不动产或者动产被占有人占有的，权利人可以请求返还原物及其孳息；但是，应当支付善意占有人因维护该不动产或者动产支出的必要费用。

第四百六十一条　占有的不动产或者动产毁损、灭失，该不动产或者动产的权利人请求赔偿的，占有人应当将因毁损、灭失取得的保险金、赔偿金或者补偿金等返还给权利人；权利人的损害未得到足够弥补的，恶意占有人还应当赔偿损失。

第四百六十二条　占有的不动产或者动产被侵占的，占有人有权请求返还原物；对妨害占有的行为，占有人有权请求排除妨害或者消除危险；因侵占或者妨害造成损害的，占有人有权依法请求损害赔偿。

占有人返还原物的请求权，自侵占发生之日起一年内未行使的，该请求权消灭。

第三编　合　同

第一分编　通　则

第一章　一般规定

第四百六十三条　本编调整因合同产生的民事关系。

第四百六十四条　合同是民事主体之间设立、变更、终止民事法律关系的协议。

婚姻、收养、监护等有关身份关系的协议，适用有关该身份关系的法律规定；没有规定的，可以根据其性质参照适用本编规定。

第四百六十五条　依法成立的合同，受法律保护。

依法成立的合同，仅对当事人具有法律约束力，但是法律另有规定的除外。

第四百六十六条　当事人对合同条款的理解有争议的，应当依据本法第一百四十二条第一款的规定，确定争议条款的含义。

合同文本采用两种以上文字订立并约定具有同等效力的，对各文本使用的词句推定具有相同含义。各文本使用的词句不一致的，应当根据合同的相关条款、性质、目的以及诚信原则等予以解释。

第四百六十七条　本法或者其他法律没有明文规定的合同，适用本编通则的规定，并可以参照适用本编或者其他法律最相类似合同的规定。

在中华人民共和国境内履行的中外合资经营企业合同、中外合作经营企业合同、中外合作勘探开发自然资源合同，适用中华人民共和国法律。

第四百六十八条　非因合同产生的债权债务关系，适用有关该债权债务关系的法律规定；没有规定的，适用本编通则的有关规定，但是根据其性质不能适用的除外。

第二章　合同的订立

第四百六十九条　当事人订立合同，可以采用书面形式、口头形式或者其他形式。

书面形式是合同书、信件、电报、电传、传真等可以有形地表现所载内容的形式。

以电子数据交换、电子邮件等方式能够有形地表现所载内容，并可以随时调取查用的数据电文，视为书面形式。

第四百七十条　合同的内容由当事人约定，一般包括下列条款：

（一）当事人的姓名或者名称和住所；

（二）标的；

（三）数量；

（四）质量；

（五）价款或者报酬；

（六）履行期限、地点和方式；

（七）违约责任；

（八）解决争议的方法。

当事人可以参照各类合同的示范文本订立合同。

……

第十七章　承揽合同

第七百七十条　承揽合同是承揽人按照定作人的要求完成工作，交付工作成果，定作人支付报酬的合同。

承揽包括加工、定作、修理、复制、测试、检验等工作。

第七百七十一条　承揽合同的内容一般包括承揽的标的、数量、质量、报酬，承揽方式，材料的提供，履行期限，验收标准和方法等条款。

第七百七十二条　承揽人应当以自己的设备、技术和劳力，完成主要工作，但是当事人另有约定的除外。

承揽人将其承揽的主要工作交由第三人完成的，应当就该第三人完成的工作成果向定作人负责；未经定作人同意的，定作人也可以解除合同。

第七百七十三条　承揽人可以将其承揽的辅助工作交由第三人完成。承揽人将其承揽的辅助工作交由第三人完成的，应当就该第三人完成的工作成果向定作人负责。

第七百七十四条　承揽人提供材料的，应当按照约定选用材料，并接受定作人检验。

第七百七十五条　定作人提供材料的，应当按照约定提供材料。承揽人对定作人提供的材料应当及时检验，发现不符合约定时，应当及时通知定作人更换、补齐或者采取其他补救措施。

承揽人不得擅自更换定作人提供的材料，不得更换不需要修理的零部件。

第七百七十六条　承揽人发现定作人提供的图纸或者技术要求不合理的，应当及时通知定作人。因定作人怠于答复等原因造成承揽人损失的，应当赔偿损失。

第七百七十七条　定作人中途变更承揽工作的要求，造成承揽人损失的，应当赔偿损失。

第七百七十八条　承揽工作需要定作人协助的，定作人有协助的义务。定作人不履行协助义务致使承揽工作不能完成的，承揽人可以催告定作人在合理期限内履行义务，并可以顺延履行期限；定作人逾期不履行的，承揽人可以解除合同。

第七百七十九条　承揽人在工作期间，应当接受定作人必要的监督检验。定作人不得因监督检验妨碍承揽人的正常工作。

第七百八十条　承揽人完成工作的，应当向定作人交付工作成果，并提交必要的技术资料和有关质量证明。定作人应当验收该工作成果。

第七百八十一条　承揽人交付的工作成果不符合质量要求的，定作人可以合理选择请求承揽人承担修理、重作、减少报酬、赔偿损失等违约责任。

第七百八十二条　定作人应当按照约定的期限支付报酬。对支付报酬的期限没有约定或者约定不明确，依据本法第五百一十条的规定仍不能确定的，定作人应当在承揽人交付工作成果时支付；工作成果部分交付的，定作人应当相应支付。

第七百八十三条　定作人未向承揽人支付报酬或者材料费等价款的，承揽人对完成的工作成果享有留置权或者有权拒绝交付，但是当事人另有约定的除外。

第七百八十四条　承揽人应当妥善保管定作人提供的材料以及完成的工作成果，因保管不善造成毁损、灭失的，应当承担赔偿责任。

第七百八十五条　承揽人应当按照定作人的要求保守秘密，未经定作人许可，不得留存复制品或者技术资料。

第七百八十六条　共同承揽人对定作人承担连带责任，但是当事人另有约定的除外。

第七百八十七条　定作人在承揽人完成工作前可以随时解除合同，造成承揽人损失的，应当赔偿损失。

第十八章　建设工程合同

第七百八十八条　建设工程合同是承包人进行工程建设，发包人支付价款的合同。

建设工程合同包括工程勘察、设计、施工合同。

第七百八十九条　建设工程合同应当采用书面形式。

第七百九十条　建设工程的招标投标活动，应当依照有关法律的规定公开、公平、公正进行。

第七百九十一条　发包人可以与总承包人订立建设工程合同，也可以分别与勘察人、设计人、施工人订立勘察、设计、施工承包合同。发包人不得将应当由一个承包人完成的建设工程支解成若干部分发包给数个承包人。

总承包人或者勘察、设计、施工承包人经发包人同意，可以将自己承包的部分工作交由第三人完成。第三人就其完成的工作成果与总承包人或者勘察、设计、施工承包人向发包人承担连带责任。承包人不得将其承包的全部建设工程转包给第三人或者将其承包的全部建设工程支解以后以分包的名义分别转包给第三人。

禁止承包人将工程分包给不具备相应资质条件的单位。禁止分包单位将其承包的工程再分包。建设工程主体结构的施工必须由承包人自行完成。

第七百九十二条　国家重大建设工程合同，应当按照国家规定的程序和国家批准的投资计划、可行性研究报告等文件订立。

第七百九十三条　建设工程施工合同无效，但是建设工程经验收合格的，可以参照合同关于工程价款的约定折价补偿承包人。

建设工程施工合同无效，且建设工程经验收不合格的，按照以下情形处理：

（一）修复后的建设工程经验收合格的，发包人可以请求承包人承担修复费用；

（二）修复后的建设工程经验收不合格的，承包人无权请求参照合同关于工程价款的约定折价补偿。

发包人对因建设工程不合格造成的损失有过错的，应当承担相应的责任。

第七百九十四条　勘察、设计合同的内容一般包括提交有关基础资料和概预算等文件的期限、质量要求、费用以及其他协作条件等条款。

第七百九十五条　施工合同的内容一般包括工程范围、建设工期、中间交工工程的开工和竣工时间、工程质量、工程造价、技术资料交付时间、材料和设备供应责任、拨款和结算、竣工验收、质量保修范围和质量保证期、相互协作等条款。

第七百九十六条　建设工程实行监理的，发包人应当与监理人采用书面形式订立委托监理合同。发包人与监理人的权利和义务以及法律责任，应当依照本编委托合同以及其他有关法律、行政法规的规定。

第七百九十七条 发包人在不妨碍承包人正常作业的情况下，可以随时对作业进度、质量进行检查。

第七百九十八条 隐蔽工程在隐蔽以前，承包人应当通知发包人检查。发包人没有及时检查的，承包人可以顺延工程日期，并有权请求赔偿停工、窝工等损失。

第七百九十九条 建设工程竣工后，发包人应当根据施工图纸及说明书、国家颁发的施工验收规范和质量检验标准及时进行验收。验收合格的，发包人应当按照约定支付价款，并接收该建设工程。

建设工程竣工经验收合格后，方可交付使用；未经验收或者验收不合格的，不得交付使用。

第八百条 勘察、设计的质量不符合要求或者未按照期限提交勘察、设计文件拖延工期，造成发包人损失的，勘察人、设计人应当继续完善勘察、设计，减收或者免收勘察、设计费并赔偿损失。

第八百零一条 因施工人的原因致使建设工程质量不符合约定的，发包人有权请求施工人在合理期限内无偿修理或者返工、改建。经过修理或者返工、改建后，造成逾期交付的，施工人应当承担违约责任。

第八百零二条 因承包人的原因致使建设工程在合理使用期限内造成人身损害和财产损失的，承包人应当承担赔偿责任。

第八百零三条 发包人未按照约定的时间和要求提供原材料、设备、场地、资金、技术资料的，承包人可以顺延工程日期，并有权请求赔偿停工、窝工等损失。

第八百零四条 因发包人的原因致使工程中途停建、缓建的，发包人应当采取措施弥补或者减少损失，赔偿承包人因此造成的停工、窝工、倒运、机械设备调迁、材料和构件积压等损失和实际费用。

第八百零五条 因发包人变更计划，提供的资料不准确，或者未按照期限提供必需的勘察、设计工作条件而造成勘察、设计的返工、停工或者修改设计，发包人应当按照勘察人、设计人实际消耗的工作量增付费用。

第八百零六条 承包人将建设工程转包、违法分包的，发包人可以解除合同。

发包人提供的主要建筑材料、建筑构配件和设备不符合强制性标准或者不履行协助义务，致使承包人无法施工，经催告后在合理期限内仍未履行相应义务的，承包人可以解除合同。

合同解除后，已经完成的建设工程质量合格的，发包人应当按照约定支付相应的工程价款；已经完成的建设工程质量不合格的，参照本法第七百九十三条的规定处理。

第八百零七条 发包人未按照约定支付价款的，承包人可以催告发包人在合理期限内支付价款。发包人逾期不支付的，除根据建设工程的性质不宜折价、拍卖外，承包人可以与发包人协议将该工程折价，也可以请求人民法院将该工程依法拍卖。建设工程的价款就该工程折价或者拍卖的价款优先受偿。

第八百零八条 本章没有规定的，适用承揽合同的有关规定。

……

第二十三章 委托合同

第九百一十九条 委托合同是委托人和受托人约定，由受托人处理委托人事务的合同。

第九百二十条 委托人可以特别委托受托人处理一项或者数项事务，也可以概括委托受托人处理一切事务。

第九百二十一条 委托人应当预付处理委托事务的费用。受托人为处理委托事务垫付的必要费用，委托人应当偿还该费用并支付利息。

第九百二十二条　受托人应当按照委托人的指示处理委托事务。需要变更委托人指示的，应当经委托人同意；因情况紧急，难以和委托人取得联系的，受托人应当妥善处理委托事务，但是事后应当将该情况及时报告委托人。

第九百二十三条　受托人应当亲自处理委托事务。经委托人同意，受托人可以转委托。转委托经同意或者追认的，委托人可以就委托事务直接指示转委托的第三人，受托人仅就第三人的选任及其对第三人的指示承担责任。转委托未经同意或者追认的，受托人应当对转委托的第三人的行为承担责任；但是，在紧急情况下受托人为了维护委托人的利益需要转委托第三人的除外。

第九百二十四条　受托人应当按照委托人的要求，报告委托事务的处理情况。委托合同终止时，受托人应当报告委托事务的结果。

第九百二十五条　受托人以自己的名义，在委托人的授权范围内与第三人订立的合同，第三人在订立合同时知道受托人与委托人之间的代理关系的，该合同直接约束委托人和第三人；但是，有确切证据证明该合同只约束受托人和第三人的除外。

第九百二十六条　受托人以自己的名义与第三人订立合同时，第三人不知道受托人与委托人之间的代理关系的，受托人因第三人的原因对委托人不履行义务，受托人应当向委托人披露第三人，委托人因此可以行使受托人对第三人的权利。但是，第三人与受托人订立合同时如果知道该委托人就不会订立合同的除外。

受托人因委托人的原因对第三人不履行义务，受托人应当向第三人披露委托人，第三人因此可以选择受托人或者委托人作为相对人主张其权利，但是第三人不得变更选定的相对人。

委托人行使受托人对第三人的权利的，第三人可以向委托人主张其对受托人的抗辩。第三人选定委托人作为其相对人的，委托人可以向第三人主张其对受托人的抗辩以及受托人对第三人的抗辩。

第九百二十七条　受托人处理委托事务取得的财产，应当转交给委托人。

第九百二十八条　受托人完成委托事务的，委托人应当按照约定向其支付报酬。

因不可归责于受托人的事由，委托合同解除或者委托事务不能完成的，委托人应当向受托人支付相应的报酬。当事人另有约定的，按照其约定。

第九百二十九条　有偿的委托合同，因受托人的过错造成委托人损失的，委托人可以请求赔偿损失。无偿的委托合同，因受托人的故意或者重大过失造成委托人损失的，委托人可以请求赔偿损失。

受托人超越权限造成委托人损失的，应当赔偿损失。

第九百三十条　受托人处理委托事务时，因不可归责于自己的事由受到损失的，可以向委托人请求赔偿损失。

第九百三十一条　委托人经受托人同意，可以在受托人之外委托第三人处理委托事务。因此造成受托人损失的，受托人可以向委托人请求赔偿损失。

第九百三十二条　两个以上的受托人共同处理委托事务的，对委托人承担连带责任。

第九百三十三条　委托人或者受托人可以随时解除委托合同。因解除合同造成对方损失的，除不可归责于该当事人的事由外，无偿委托合同的解除方应当赔偿因解除时间不当造成的直接损失，有偿委托合同的解除方应当赔偿对方的直接损失和合同履行后可以获得的利益。

第九百三十四条　委托人死亡、终止或者受托人死亡、丧失民事行为能力、终止的，委托合同终止；但是，当事人另有约定或者根据委托事务的性质不宜终止的除外。

第九百三十五条　因委托人死亡或者被宣

告破产、解散，致使委托合同终止将损害委托人利益的，在委托人的继承人、遗产管理人或者清算人承受委托事务之前，受托人应当继续处理委托事务。

第九百三十六条 因受托人死亡、丧失民事行为能力或者被宣告破产、解散，致使委托合同终止的，受托人的继承人、遗产管理人、法定代理人或者清算人应当及时通知委托人。因委托合同终止将损害委托人利益的，在委托人作出善后处理之前，受托人的继承人、遗产管理人、法定代理人或者清算人应当采取必要措施。

……

中华人民共和国
城市房地产管理法（节录）

（1994年7月5日第八届全国人民代表大会常务委员会第八次会议通过　根据2007年8月30日第十届全国人民代表大会常务委员会第二十九次会议《关于修改〈中华人民共和国城市房地产管理法〉的决定》第一次修正　根据2009年8月27日第十一届全国人民代表大会常务委员会第十次会议《关于修改部分法律的决定》第二次修正　根据2019年8月26日第十三届全国人民代表大会常务委员会第十二次会议《关于修改〈中华人民共和国土地管理法〉、〈中华人民共和国城市房地产管理法〉的决定》第三次修正）

第一章　总　　则

第一条　【立法宗旨】为了加强对城市房地产的管理，维护房地产市场秩序，保障房地产权利人的合法权益，促进房地产业的健康发展，制定本法。

第二条　【适用范围】在中华人民共和国城市规划区国有土地（以下简称国有土地）范围内取得房地产开发用地的土地使用权，从事房地产开发、房地产交易，实施房地产管理，应当遵守本法。

本法所称房屋，是指土地上的房屋等建筑物及构筑物。

本法所称房地产开发，是指在依据本法取得国有土地使用权的土地上进行基础设施、房屋建设的行为。

本法所称房地产交易，包括房地产转让、房地产抵押和房屋租赁。

第三条　【国有土地有偿、有限期使用制度】国家依法实行国有土地有偿、有限期使用制度。但是，国家在本法规定的范围内划拨国有土地使用权的除外。

第四条　【国家扶持居民住宅建设】国家根据社会、经济发展水平，扶持发展居民住宅建设，逐步改善居民的居住条件。

第五条　【房地产权利人的义务和权益】房地产权利人应当遵守法律和行政法规，依法纳税。房地产权利人的合法权益受法律保护，任何单位和个人不得侵犯。

第六条　【房屋征收】为了公共利益的需要，国家可以征收国有土地上单位和个人的房屋，并依法给予拆迁补偿，维护被征收人的合法权益；征收个人住宅的，还应当保障被征收人的居住条件。具体办法由国务院规定。

第七条　【房地产管理机构设置】国务院建设行政主管部门、土地管理部门依照国务院规定的职权划分，各司其职，密切配合，管理全国房地产工作。

县级以上地方人民政府房产管理、土地管理部门的机构设置及其职权由省、自治区、直辖市人民政府确定。

……

第三章　房地产开发

第二十五条　【房地产开发基本原则】房地产开发必须严格执行城市规划，按照经济效益、社会效益、环境效益相统一的原则，实行全面规划、合理布局、综合开发、配套建设。

第二十六条　【开发土地期限】以出让方式取得土地使用权进行房地产开发的，必须按照土地使用权出让合同约定的土地用途、动工开发期限开发土地。超过出让合同约定的动工开发日期满一年未动工开发的，可以征收相当于土地使用权出让金百分之二十以下的土地闲置费；满二年未动工开发的，可以无偿收回土地使用权；但是，因不可抗力或者政府、政府有关部门的行为或者动工开发必需的前期工作造成动工开发迟延的除外。

第二十七条　【房地产开发项目设计、施工和竣工】房地产开发项目的设计、施工，必须符合国家的有关标准和规范。

房地产开发项目竣工，经验收合格后，方可交付使用。

第二十八条　【土地使用权作价】依法取得的土地使用权，可以依照本法和有关法律、行政法规的规定，作价入股，合资、合作开发经营房地产。

第二十九条　【开发居民住宅的鼓励和扶持】国家采取税收等方面的优惠措施鼓励和扶持房地产开发企业开发建设居民住宅。

第三十条　【房地产开发企业的设立】房地产开发企业是以营利为目的，从事房地产开发和经营的企业。设立房地产开发企业，应当具备下列条件：

（一）有自己的名称和组织机构；

（二）有固定的经营场所；

（三）有符合国务院规定的注册资本；

（四）有足够的专业技术人员；

（五）法律、行政法规规定的其他条件。

设立房地产开发企业，应当向工商行政管理部门申请设立登记。工商行政管理部门对符合本法规定条件的，应当予以登记，发给营业执照；对不符合本法规定条件的，不予登记。

设立有限责任公司、股份有限公司，从事房地产开发经营的，还应当执行公司法的有关规定。

房地产开发企业在领取营业执照后的一个月内，应当到登记机关所在地的县级以上地方人民政府规定的部门备案。

第三十一条　【房地产开发企业注册资本与投资总额的比例】房地产开发企业的注册资本与投资总额的比例应当符合国家有关规定。

房地产开发企业分期开发房地产的，分期投资额应当与项目规模相适应，并按照土地使用权出让合同的约定，按期投入资金，用于项目建设。

……

村庄和集镇规划建设管理条例

（1993年6月29日中华人民共和国国务院令第116号发布　自1993年11月1日起施行）

第一章　总　　则

第一条　为加强村庄、集镇的规划建设管理，改善村庄、集镇的生产、生活环境，促进农村经济和社会发展，制定本条例。

第二条　制定和实施村庄、集镇规划，在村庄、集镇规划区内进行居民住宅、乡（镇）村企业、乡（镇）村公共设施和公益事业等的建设，必须遵守本条例。但是，国家征用集体所有的土地进行的建设除外。

在城市规划区内的村庄、集镇规划的制定和实施，依照城市规划法及其实施条例执行。

第三条　本条例所称村庄，是指农村村民居住和从事各种生产的聚居点。

本条例所称集镇，是指乡、民族乡人

民政府所在地和经县级人民政府确认由集市发展而成的作为农村一定区域经济、文化和生活服务中心的非建制镇。

本条例所称村庄、集镇规划区，是指村庄、集镇建成区和因村庄、集镇建设及发展需要实行规划控制的区域。村庄、集镇规划区的具体范围，在村庄、集镇总体规划中划定。

第四条 村庄、集镇规划建设管理，应当坚持合理布局、节约用地的原则，全面规划，正确引导，依靠群众，自力更生，因地制宜，量力而行，逐步建设，实现经济效益、社会效益和环境效益的统一。

第五条 地处洪涝、地震、台风、滑坡等自然灾害易发地区的村庄和集镇，应当按照国家和地方的有关规定，在村庄、集镇总体规划中制定防灾措施。

第六条 国务院建设行政主管部门主管全国的村庄、集镇规划建设管理工作。

县级以上地方人民政府建设行政主管部门主管本行政区域的村庄、集镇规划建设管理工作。

乡级人民政府负责本行政区域的村庄、集镇规划建设管理工作。

第七条 国家鼓励村庄、集镇规划建设管理的科学研究，推广先进技术，提倡在村庄和集镇建设中，结合当地特点，采用新工艺、新材料、新结构。

第二章　村庄和集镇规划的制定

第八条 村庄、集镇规划由乡级人民政府负责组织编制，并监督实施。

第九条 村庄、集镇规划的编制，应当遵循下列原则：

（一）根据国民经济和社会发展计划，结合当地经济发展的现状和要求，以及自然环境、资源条件和历史情况等，统筹兼顾，综合部署村庄和集镇的各项建设；

（二）处理好近期建设与远景发展、改造与新建的关系，使村庄、集镇的性质和建设的规模、速度和标准，同经济发展和农民生活水平相适应；

（三）合理用地，节约用地，各项建设应当相对集中，充分利用原有建设用地，新建、扩建工程及住宅应当尽量不占用耕地和林地；

（四）有利生产，方便生活，合理安排住宅、乡（镇）村企业、乡（镇）村公共设施和公益事业等的建设布局，促进农村各项事业协调发展，并适当留有发展余地；

（五）保护和改善生态环境，防治污染和其他公害，加强绿化和村容镇貌、环境卫生建设。

第十条 村庄、集镇规划的编制，应当以县域规划、农业区划、土地利用总体规划为依据，并同有关部门的专业规划相协调。

县级人民政府组织编制的县域规划，应当包括村庄、集镇建设体系规划。

第十一条 编制村庄、集镇规划，一般分为村庄、集镇总体规划和村庄、集镇建设规划两个阶段进行。

第十二条 村庄、集镇总体规划，是乡级行政区域内村庄和集镇布点规划及相应的各项建设的整体部署。

村庄、集镇总体规划的主要内容包括：乡级行政区域的村庄、集镇布点，村庄和集镇的位置、性质、规模和发展方向，村庄和集镇的交通、供水、供电、邮电、商业、绿化等生产和生活服务设施的配置。

第十三条 村庄、集镇建设规划，应当在村庄、集镇总体规划指导下，具体安排村庄、集镇的各项建设。

集镇建设规划的主要内容包括：住宅、乡（镇）村企业、乡（镇）村公共设施、公益事业等各项建设的用地布局、用地规模，有关的技术经济指标，近期建设工程以及重点地段建设具体安排。

村庄建设规划的主要内容，可以根据本地区经济发展水平，参照集镇建设规划的编制内容，主要对住宅和供水、供电、道路、绿化、环境卫生以及生产配套设施作出具体安排。

第十四条　村庄、集镇总体规划和集镇建设规划，须经乡级人民代表大会审查同意，由乡级人民政府报县级人民政府批准。

村庄建设规划，须经村民会议讨论同意，由乡级人民政府报县级人民政府批准。

第十五条　根据社会经济发展需要，依照本条例第十四条的规定，经乡级人民代表大会或者村民会议同意，乡级人民政府可以对村庄、集镇规划进行局部调整，并报县级人民政府备案。涉及村庄、集镇的性质、规模、发展方向和总体布局重大变更的，依照本条例第十四条规定的程序办理。

第十六条　村庄、集镇规划期限，由省、自治区、直辖市人民政府根据本地区实际情况规定。

第十七条　村庄、集镇规划经批准后，由乡级人民政府公布。

第三章　村庄和集镇规划的实施

第十八条　农村村民在村庄、集镇规划区内建住宅的，应当先向村集体经济组织或者村民委员会提出建房申请，经村民会议讨论通过后，按照下列审批程序办理：

（一）需要使用耕地的，经乡级人民政府审核、县级人民政府建设行政主管部门审查同意并出具选址意见书后，方可依照《土地管理法》向县级人民政府土地管理部门申请用地，经县级人民政府批准后，由县级人民政府土地管理部门划拨土地；

（二）使用原有宅基地、村内空闲地和其他土地的，由乡级人民政府根据村庄、集镇规划和土地利用规划批准。

城镇非农业户口居民在村庄、集镇规划区内需要使用集体所有的土地建住宅的，应当经其所在单位或者居民委员会同意后，依照前款第（一）项规定的审批程序办理。

回原籍村庄、集镇落户的职工、退伍军人和离休、退休干部以及回乡定居的华侨、港澳台同胞，在村庄、集镇规划区内需要使用集体所有的土地建住宅的，依照本条第一款第（一）项规定的审批程序办理。

第十九条　兴建乡（镇）村企业，必须持县级以上地方人民政府批准的设计任务书或者其他批准文件，向县级人民政府建设行政主管部门申请选址定点，县级人民政府建设行政主管部门审查同意并出具选址意见书后，建设单位方可依法向县级人民政府土地管理部门申请用地，经县级以上人民政府批准后，由土地管理部门划拨土地。

第二十条　乡（镇）村公共设施、公益事业建设，须经乡级人民政府审核、县级人民政府建设行政主管部门审查同意并出具选址意见书后，建设单位方可依法向县级人民政府土地管理部门申请用地，经县级以上人民政府批准后，由土地管理部门划拨土地。

第四章　村庄和集镇建设的设计、施工管理

第二十一条　在村庄、集镇规划区内，凡建筑跨度、跨径或者高度超出规定范围的乡（镇）村企业、乡（镇）村公共设施和公益事业的建筑工程，以及二层（含二层）以上的住宅，必须由取得相应的设计资质证书的单位进行设计，或者选用通用设计、标准设计。

跨度、跨径和高度的限定，由省、自治区、直辖市人民政府或者其授权的部门规定。

第二十二条　建筑设计应当贯彻适用、经济、安全和美观的原则，符合国家和地方有关节约资源、抗御灾害的规定，保持地

方特色和民族风格，并注意与周围环境相协调。

农村居民住宅设计应当符合紧凑、合理、卫生和安全的要求。

第二十三条 承担村庄、集镇规划区内建筑工程施工任务的单位，必须具有相应的施工资质等级证书或者资质审查证书，并按照规定的经营范围承担施工任务。

在村庄、集镇规划区内从事建筑施工的个体工匠，除承担房屋修缮外，须按有关规定办理施工资质审批手续。

第二十四条 施工单位应当按照设计图纸施工。任何单位和个人不得擅自修改设计图纸；确需修改的，须经原设计单位同意，并出具变更设计通知单或者图纸。

第二十五条 施工单位应当确保施工质量，按照有关的技术规定施工，不得使用不符合工程质量要求的建筑材料和建筑构件。

第二十六条 乡（镇）村企业、乡（镇）村公共设施、公益事业等建设，在开工前，建设单位和个人应当向县级以上人民政府建设行政主管部门提出开工申请，经县级以上人民政府建设行政主管部门对设计、施工条件予以审查批准后，方可开工。

农村居民住宅建设开工的审批程序，由省、自治区、直辖市人民政府规定。

第二十七条 县级人民政府建设行政主管部门，应当对村庄、集镇建设的施工质量进行监督检查。村庄、集镇的建设工程竣工后，应当按照国家的有关规定，经有关部门竣工验收合格后，方可交付使用。

第五章 房屋、公共设施、村容镇貌和环境卫生管理

第二十八条 县级以上人民政府建设行政主管部门，应当加强对村庄、集镇房屋的产权、产籍的管理，依法保护房屋所有人对房屋的所有权。具体办法由国务院建设行政主管部门制定。

第二十九条 任何单位和个人都应当遵守国家和地方有关村庄、集镇的房屋、公共设施的管理规定，保证房屋的使用安全和公共设施的正常使用，不得破坏或者损毁村庄、集镇的道路、桥梁、供水、排水、供电、邮电、绿化等设施。

第三十条 从集镇收取的城市维护建设税，应当用于集镇公共设施的维护和建设，不得挪作他用。

第三十一条 乡级人民政府应当采取措施，保护村庄、集镇饮用水源；有条件的地方，可以集中供水，使水质逐步达到国家规定的生活饮用水卫生标准。

第三十二条 未经乡级人民政府批准，任何单位和个人不得擅自在村庄、集镇规划区内的街道、广场、市场和车站等场所修建临时建筑物、构筑物和其他设施。

第三十三条 任何单位和个人都应当维护村容镇貌和环境卫生，妥善处理粪堆、垃圾堆、柴草堆，养护树木花草，美化环境。

第三十四条 任何单位和个人都有义务保护村庄、集镇内的文物古迹、古树名木和风景名胜、军事设施、防汛设施，以及国家邮电、通信、输变电、输油管道等设施，不得损坏。

第三十五条 乡级人民政府应当按照国家有关规定，对村庄、集镇建设中形成的具有保存价值的文件、图纸、资料等及时整理归档。

第六章 罚 则

第三十六条 在村庄、集镇规划区内，未按规划审批程序批准而取得建设用地批准文件，占用土地的，批准文件无效，占用的土地由乡级以上人民政府责令退回。

第三十七条 在村庄、集镇规划区内，未按规划审批程序批准或者违反规划的规定进行建设，严重影响村庄、集镇规划的，由县级人民政府建设行政主管部门责令停

止建设，限期拆除或者没收违法建筑物、构筑物和其他设施；影响村庄、集镇规划，尚可采取改正措施的，由县级人民政府建设行政主管部门责令限期改正，处以罚款。

农村居民未经批准或者违反规划的规定建住宅的，乡级人民政府可以依照前款规定处罚。

第三十八条　有下列行为之一的，由县级人民政府建设行政主管部门责令停止设计或者施工、限期改正，并可处以罚款：

（一）未取得设计资质证书，承担建筑跨度、跨径和高度超出规定范围的工程以及二层以上住宅的设计任务或者未按设计资质证书规定的经营范围，承担设计任务的；

（二）未取得施工资质等级证书或者资质审查证书或者未按规定的经营范围，承担施工任务的；

（三）不按有关技术规定施工或者使用不符合工程质量要求的建筑材料和建筑构件的；

（四）未按设计图纸施工或者擅自修改设计图纸的。

取得设计或者施工资质证书的勘察设计、施工单位，为无证单位提供资质证书，超过规定的经营范围，承担设计、施工任务或者设计、施工的质量不符合要求，情节严重的，由原发证机关吊销设计或者施工的资质证书。

第三十九条　有下列行为之一的，由乡级人民政府责令停止侵害，可以处以罚款；造成损失的，并应当赔偿：

（一）损坏村庄和集镇的房屋、公共设施的；

（二）乱堆粪便、垃圾、柴草，破坏村容镇貌和环境卫生的。

第四十条　擅自在村庄、集镇规划区内的街道、广场、市场和车站等场所修建临时建筑物、构筑物和其他设施的，由乡级人民政府责令限期拆除，并可处以罚款。

第四十一条　损坏村庄、集镇内的文物古迹、古树名木和风景名胜、军事设施、防汛设施，以及国家邮电、通信、输变电、输油管道等设施的，依照有关法律、法规的规定处罚。

第四十二条　违反本条例，构成违反治安管理行为的，依照治安管理处罚条例的规定处罚；构成犯罪的，依法追究刑事责任。

第四十三条　村庄、集镇建设管理人员玩忽职守、滥用职权、徇私舞弊的，由所在单位或者上级主管部门给予行政处分；构成犯罪的，依法追究刑事责任。

第四十四条　当事人对行政处罚决定不服的，可以自接到处罚决定通知之日起十五日内，向作出处罚决定机关的上一级机关申请复议；对复议决定不服的，可以自接到复议决定之日起十五日内，向人民法院提起诉讼。当事人也可以自接到处罚决定通知之日起十五日内，直接向人民法院起诉。当事人逾期不申请复议，也不向人民法院提起诉讼，又不履行处罚决定的，作出处罚决定的机关可以申请人民法院强制执行或者依法强制执行。

第七章　附　　则

第四十五条　未设镇建制的国营农场场部、国营林场场部及其基层居民点的规划建设管理，分别由国营农场、国营林场主管部门负责，参照本条例执行。

第四十六条　省、自治区、直辖市人民政府可以根据本条例制定实施办法。

第四十七条　本条例由国务院建设行政主管部门负责解释。

第四十八条　本条例自一九九三年十一月一日起施行。

城市房地产开发经营管理条例（节录）

（1998 年 7 月 20 日中华人民共和国国务院令第 248 号发布　根据 2011 年 1 月 8 日《国务院关于废止和修改部分行政法规的决定》第一次修订　根据 2018 年 3 月 19 日《国务院关于修改和废止部分行政法规的决定》第二次修订　根据 2019 年 3 月 24 日《国务院关于修改部分行政法规的决定》第三次修订　根据 2020 年 3 月 27 日《国务院关于修改和废止部分行政法规的决定》第四次修订）

……

第三章　房地产开发建设

第十条　确定房地产开发项目，应当符合土地利用总体规划、年度建设用地计划和城市规划、房地产开发年度计划的要求；按照国家有关规定需要经计划主管部门批准的，还应当报计划主管部门批准，并纳入年度固定资产投资计划。

第十一条　确定房地产开发项目，应当坚持旧区改建和新区建设相结合的原则，注重开发基础设施薄弱、交通拥挤、环境污染严重以及危旧房屋集中的区域，保护和改善城市生态环境，保护历史文化遗产。

第十二条　房地产开发用地应当以出让方式取得；但是，法律和国务院规定可以采用划拨方式的除外。

土地使用权出让或者划拨前，县级以上地方人民政府城市规划行政主管部门和房地产开发主管部门应当对下列事项提出书面意见，作为土地使用权出让或者划拨的依据之一：

（一）房地产开发项目的性质、规模和开发期限；

（二）城市规划设计条件；

（三）基础设施和公共设施的建设要求；

（四）基础设施建成后的产权界定；

（五）项目拆迁补偿、安置要求。

第十三条　房地产开发项目应当建立资本金制度，资本金占项目总投资的比例不得低于 20%。

第十四条　房地产开发项目的开发建设应当统筹安排配套基础设施，并根据先地下、后地上的原则实施。

第十五条　房地产开发企业应当按照土地使用权出让合同约定的土地用途、动工开发期限进行项目开发建设。出让合同约定的动工开发期限满 1 年未动工开发的，可以征收相当于土地使用权出让金 20% 以下的土地闲置费；满 2 年未动工开发的，可以无偿收回土地使用权。但是，因不可抗力或者政府、政府有关部门的行为或者动工开发必需的前期工作造成动工迟延的除外。

第十六条　房地产开发企业开发建设的房地产项目，应当符合有关法律、法规的规定和建筑工程质量、安全标准、建筑工程勘察、设计、施工的技术规范以及合同的约定。

房地产开发企业应当对其开发建设的房地产开发项目的质量承担责任。

勘察、设计、施工、监理等单位应当依照有关法律、法规的规定或者合同的约定，承担相应的责任。

第十七条　房地产开发项目竣工，依照《建设工程质量管理条例》的规定验收合格后，方可交付使用。

第十八条　房地产开发企业应当将房地产开发项目建设过程中的主要事项记录在房地产开发项目手册中，并定期送房地产开发主管部门备案。

……

第五章　法律责任

第三十三条　违反本条例规定，未取得营业执照，擅自从事房地产开发经营的，由县级以上人民政府工商行政管理部门责令停止房地产开发经营活动，没收违法所得，可以并处违法所得5倍以下的罚款。

第三十四条　违反本条例规定，未取得资质等级证书或者超越资质等级从事房地产开发经营的，由县级以上人民政府房地产开发主管部门责令限期改正，处5万元以上10万元以下的罚款；逾期不改正的，由工商行政管理部门吊销营业执照。

第三十五条　违反本条例规定，擅自转让房地产开发项目的，由县级以上人民政府负责土地管理工作的部门责令停止违法行为，没收违法所得，可以并处违法所得5倍以下的罚款。

第三十六条　违反本条例规定，擅自预售商品房的，由县级以上人民政府房地产开发主管部门责令停止违法行为，没收违法所得，可以并处已收取的预付款1%以下的罚款。

……

第六章　附　　则

第三十八条　在城市规划区外国有土地上从事房地产开发经营，实施房地产开发经营监督管理，参照本条例执行。

第三十九条　城市规划区内集体所有的土地，经依法征收转为国有土地后，方可用于房地产开发经营。

第四十条　本条例自发布之日起施行。

住房和城乡建设部《关于进一步加强建筑市场监管工作的意见》

（2011年6月24日　建市〔2011〕86号　根据2019年3月18日《住房城乡建设部关于修改有关文件的通知》修改）

当前，我国建筑市场运行机制初步建立，建筑业规模不断扩大，为我国经济社会发展做出了积极贡献。但是，目前建筑市场仍然存在着一些突出问题，尤其是市场各方主体行为不规范，影响了建筑业的健康发展。为维护建筑市场秩序，保障工程质量安全，现就进一步加强建筑市场监管工作提出如下意见：

一、落实建设单位责任，严格依法发包工程

（一）不具备建设条件的项目一律不得发包。建设单位要严格遵守国家有关建设工程基本程序、工期、造价、质量、安全、节能与环境保护等方面的法律法规和强制性标准，依法进行项目发包，不得以任何名义不履行法定建设程序或者擅自简化法定建设程序。建设工程发包应当具备以下条件：

1. 已经履行工程立项审批、核准或备案手续；

2. 发包人为法人或依法成立的其他组织；

3. 有满足工程发包所需的资料或文件；

4. 工程建设资金已经落实；

5. 法律法规规定的其他条件。

（二）禁止设置不合理的招标条件。建设单位要严格依法进行工程招标，不得设置不合理条款排斥或限制潜在投标人，不得将所有制形式、企业注册地、过高资质等级要求、特定地域业绩及奖项等设置为招标条件，严禁政府投资项目使用带资承包方式进行建设。

（三）禁止肢解发包工程。建设单位要将工程发包给具备相应资质条件的承包单位，不得将应当由一个承包单位完成的建设工程肢解成若干部分发包给不同的承包单位。建设单位将施工总承包单位资质范围内的工程发包给两个及以上单位的，视为肢解发包，有关部门要依法进行查处。

建设单位直接向施工总承包单位的分

包单位支付分包工程款，或者要求承包单位将已经承包的部分建设工程分包给指定单位的，有关部门应当依法进行查处。

（四）禁止建设单位指定工程分包单位。承包单位对其承包范围内的部分专业工程依法进行分包时，建设单位不得指定分包单位，不得要求承包单位购入其指定的建筑材料、构配件和设备，不得采用与总承包单位、分包单位签订“三方协议”的方式变相指定分包单位。

二、规范工程承包行为，严禁转包和违法分包

（五）禁止转包工程。承包单位要严格履行合同约定的责任和义务，不得转包工程。工程勘察、设计、施工单位不履行合同约定的责任和义务，将其承包的全部建设工程转给他人或者以分包名义分别转给他人的；分包工程的发包单位未在施工现场设立项目管理机构、派驻项目经理及配备项目管理人员的，视为转包工程，有关部门要依法进行查处。

实行施工总承包的工程，施工总承包单位与施工总承包范围内分包工程的发包单位是两个独立法人单位的；主体工程使用的主要建筑材料或设备由分包单位购买或租赁的，有关部门应当依法进行查处。

（六）禁止违法分包工程。承包单位要严格按照法律法规的规定进行工程分包。承包单位不得将承接工程的主体工程进行分包，分包单位不得将分包工程再分包。承包单位存在下列情形之一的视为违法分包，有关部门要依法进行查处：

1. 承包单位将建设工程分包给不具备相应资质条件的单位或个人的；

2. 承包合同中没有约定，又未经建设单位书面认可，承包单位将其承包的部分建设工程交由其他单位完成的；

3. 劳务企业将承包的劳务作业再分包的；

4. 法律法规规定的其他情形。

建筑工程设计单位将建筑专业的全部设计业务分包给其他单位的，建筑、结构、机电工程设计事务所将本专业的设计业务分包给其他单位的，其他专业工程设计单位将全部工艺设计业务分包给其他单位的，有关部门应当依法进行查处。

三、加强合同管理，规范合同履约行为

（七）规范合同订立。建设工程合同双方要在合同中明确约定承包范围、质量安全要求、工期、价款及支付方式、变更要求、验收与结算以及合同争议的解决方式等内容，避免因双方责任、权利、义务约定不明确造成合同纠纷。建设单位不得任意压低造价和压缩工期。合同双方要依据国家和建设项目所在地的有关规定，合理确定工程预付款、进度款的数额和支付方式，工程变更的调整方式，工程量清单错漏项的认定方式，人工及材料 价格大幅变化所致风险的承担方式，竣工结算款的支付期限等。各地造价管理机构要依据市场实际价格情况及时发布建设工程造价信息，指导和推进合同双方规范工程计价行为。

（八）落实合同履约责任。合同双方应当按照合同约定，全面履行各自义务和责任，协商处理合同履行中出现的问题和争议。建设单位要及时跟踪工程质量安全、工程进展等情况，按时支付工程预付款、安全防护费、进度款和办理竣工结算，并督促承包单位落实质量安全防护措施。建设单位未按合同约定支付工程款，致使承包单位无法施工的，由建设单位承担工期延误的责任，并按照合同约定向承包单位赔偿经济损失。承包单位要按照合同约定认真履行工程质量安全、工期等义务，按时支付劳务费和办理竣工结算。

（九）建立合同履约风险防范机制。在工程建设项目特别是房地产开发项目中，要积极推行以业主工程款支付担保、承包商履约担保为主要内容的工程担保制度，完善相关措施，落实担保人保后监管责任，促进合同履约，防范和化解合同争议。要积极推行工程质量保险制度，防范和降低工程质量风险。

四、加强施工现场管理，保障工程质量安全

（十）强化施工总承包单位负责制。施工总承包单位对工程施工的质量、安全、工期、造价以及执行强制性标准等负总责。施工总承包单位的责任不因工程分包行为而转移。分包单位责任导致的工程质量安全事故，施工总承包单位承担连带责任。专业分包或劳务分包单位应当接受施工总承包单位的施工现场统一管理。建设单位依法直接发包的专业工程，建设单位、专业承包单位要与施工总承包单位签订施工现场统一管理协议，明确各方的责任、权利、义务。

（十一）健全施工现场管理制度。施工单位要制定工程项目现场管理办法并严格执行，配备与项目规模技术要求相适应的项目管理班子。项目经理、施工、技术、质量、安全、劳资等管理人员应为本企业人员且持有相应资格的上岗证书。施工单位要切实履行职责，定期对本单位和分包单位的现场管理人员和作业人员到位和持证上岗、质量安全保证体系、技术交底、教育培训等实施情况进行检查。

（十二）强化设计单位的现场设计服务。建设单位和设计单位要明确约定现场设计服务的内容及费用。设计单位要加强工程项目建设过程中的现场设计服务，在项目施工前应对审查合格的施工图文件向施工单位做出详细说明，并及时解决施工过程中与设计有关的问题。设计单位要对参加现场设计服务情况做出记录并予以保存。

（十三）严格履行监理单位职责。监理单位要严格依照法律法规以及有关技术标准、设计文件和建设工程承包合同实施监理，对建设工程的施工质量安全依法承担监理责任。监理单位要落实项目总监负责制，建立项目监理机构，配备足够的、专业配套的监理人员，严格按程序开展监理工作。监理工程师要按照工程监理规范的要求，采取旁站、巡视、平行检验等多种形式，及时到位进行监督检查，对达不到规定要求的建筑材料、构配件、设备以及不符合要求的施工组织设计、施工方案不得签字放行。发现存在质量安全隐患的，应当要求施工单位整改；情况严重的，应当要求施工单位暂停施工，并及时报告建设单位。施工单位拒不整改或者不停止施工的，监理单位要及时向有关主管部门报告。

（十四）严格执行工程建设标准。建设工程的建设、勘察、设计、施工、监理、检测等单位要严格执行工程建设标准，督促从业人员认真掌握并严格执行相关工程建设标准。各地要加强对工程建设标准的培训和宣传，并将市场各方主体不执行工程建设强制性标准的情况及时在建筑市场诚信信息平台上公布。

五、加强建筑劳务管理，提高作业人员素质

（十五）落实用工单位责任。施工总承包单位对劳务分包单位的日常管理、劳务作业和用工情况负有监督管理责任，对监管不到位以及因转包、违法分包工程造成拖欠劳务人员工资的，依法承担相应责任。施工总承包单位不得要求劳务分包单位垫资承包，不得拖欠劳务分包单位的劳务费用。用工单位要依法与劳务人员签订规范的劳动合同。用工单位对内部用工管理、持证上岗作业和劳务人员工资发放负直接责任，并要按月或按合同约定及时支付劳务人员工资，不得以任何理由拖欠劳务人员工资。

（十六）加大农民工培训力度。要利

用各类职业培训资源，充分发挥职业院校和社会化职业培训机构作用，建立政府部门、行业协会、施工单位多层次培训体系，多渠道筹集培训经费，加大对农民工的培训力度。进一步落实持证上岗制度，特殊工种人员严禁无证上岗。大力开展职业技能培训与鉴定工作，普通技术工人在“十二五”期间推行持证上岗。营造职业技能等级与劳动报酬挂钩的市场环境，增强农民工参加培训、提升技术水平的积极性，全面提高建筑劳务人员素质。

（十七）推行建筑劳务人员实名制管理。施工总承包单位要以工程项目为单位落实劳务人员实名管理制度，要配置专人对劳务分包单位的劳动统计、出工考勤、工资发放进行监管，并处理劳务人员的举报投诉。用工单位要设置专人对劳务人员身份信息、劳动合同、工资发放、持证上岗、工伤保险、意外伤害险等情况进行规范管理。各地要总结试点地区的经验，扩大建筑劳务人员信息化管理试点范围，实行建筑劳务人员从业档案电子化管理。

六、加强诚信体系建设，提高监管信息化水平

（十八）建立完善建筑市场监管信息系统。要加快行业注册人员数据库、企业数据库、工程项日数据库的建设步伐。住房城乡建设部将尽快制定全国建筑市场监管信息系统基础数据库的数据标准。各地要健全和完善省级建筑市场监管信息系统的基础数据库，实现与中央数据库的对接和互联互通，在全国范围内建立覆盖建设、勘察、设计、施工、监理等各方主体，以及招标投标、施工许可、工程施工、质量安全各环节的监管信息系统。

（十九）加强信用信息的采集和录入。各地要建立由企业资质、人员资格、招标投标、施工许可、合同备案、设计、施工、监理、造价、质量、安全、行政执法等多部门组成的联席办公机制，建立综合与专业相结合、上下对口联动的信用信息采集体系，落实工作职责，按照《全国建筑市场责任主体不良行为记录基本标准》，及时录入和上报不良信用信息。住房城乡建设部将继续完善全国建筑市场诚信信息平台，尽快出台注册执业人员不良行为记录基本标准，并建立信息报送通报制度，对不按期报送、瞒报信用信息的地区进行通报批评。

（二十）实现市场主体行为信息公开。各级住房城乡建设主管部门要充分利用全国建筑市场诚信信息平台，向社会公布工程项目、承包企业及注册人员的基本情况、招投标、施工许可、质量安全、合同备案、合同履约等各类信息，尽快制定不良行为信息分级分类管理办法，公示市场主体的不良行为，公布发生较大及以上质量安全事故、转包工程、违法分包工程、拖欠农民工工资、以讨要工资为名扰乱正常生产生活秩序等违法违规行为的企业和人员，接受社会监督。要逐步建立失信惩戒、守信激励制度，通过约谈、公示、公告等方式进行信用惩戒和社会监督，通报表彰诚实守信的企业和人员，引导建设单位在发包中选用遵纪守法、重视质量安全的企业和人员，不用不遵纪守法、不重视质量安全的企业和人员。

七、加大市场清出力度，严肃查处违法违规行为

（二十一）强化质量安全事故“一票否决制”。各地要积极主动参与质量安全事故的调查处理，建立事故统计通报制度，及时将事故情况及涉及企业和个人信息通报上级住房城乡建设主管部门。对事故涉及的企业和个人，要暂停其资质资格的升级、增项。要加强事故责任认定后的处罚，对事故负有责任的企业和个人，要按照有关法律法规和《规范住房城乡建设部工程建设行政处罚裁量权实施办法》、《住房城乡建设部工程建设行政处罚裁量基准》，予以严肃查处。

（二十二）加强资质资格动态监管。要严格资质资格的审批，适度提高准入标准，调控各类企业数量规模。各级住房城乡建设主管部门要明确职责、严格把关，认真核实企业的工程业绩，严厉打击资质资格申报过程中弄虚作假行为。要认真落实《关于加强建筑市场资质资格动态监管完善企业和人员准入清出制度的指导意见》，对企业取得资质后是否符合资质标准进行动态核查，依法清理一批不再符合资质资格条件的企业和个人，逐步扭转建筑市场供大于求的局面。省级住房城乡建设主管部门每年要将本行政区域内对企业和从业人员违法违规行为的处罚情况书面报送住房城乡建设部，住房城乡建设部汇总后向全国通报。

（二十三）严肃查处建设单位违法违规行为。各地要及时纠正建设单位在招标时设置不合理条件，任意压缩工期和工程造价，或者政府投资工程要求带资承包等违法违规行为，建设单位拒不改正的，应依法进行处理。要依法查处建设单位肢解发包工程，指定分包单位或材料设备生产厂、供应商，强迫承包单位签订“阴阳合同”等违法违规行为，造成工程质量安全事故或重大隐患的，应依法追究建设单位的责任。要按照有关法律法规，严肃处理建设单位不按合同约定及时支付工程款，或质量保证金等到期不及时返还的问题，对造成农民工工资拖欠以及群体性事件的，应依法追究其责任。各地要严格施工许可管理，不符合法定条件的不得颁发施工许可证；对于违法开工的工程，要依法责令停工。建设单位发生上述行为的，各地应将其作为不良行为在建筑市场诚信信息平台上进行公布。

（二十四）严肃查处勘察、设计、施工单位的违法违规行为。对勘察、设计、施工单位转包、违法分包、转让、出借资质证书或者以其他方式允许他人以本单位名义承揽工程的，要责令改正，依法给予没收违法所得、罚款等行政处罚；对勘察设计单位不按照建设工程质量安全标准进行勘察设计，施工单位在施工中偷工减料的，或者使用不合格的材料、构配件和设备的，要责令改正，依法给予罚款等行政处罚。施工单位未将其承包的工程进行分包，但在施工现场所设项目管理机构的项目经理及项目管理人员与承包单位之间无注册执业关系和劳动合同及社会保险关系的，视同允许他人以本企业名义承揽工程进行查处。勘察、设计、施工单位的不良行为要在建筑市场诚信信息平台上向社会公布。对因拖欠农民工工资造成群体性事件的，要记入建筑市场诚信信息平台并向全国通报。对于造成工程质量安全事故的，依法给予停业整顿、降低资质等级、吊销资质证书的行政处罚；构成犯罪的，依法追究刑事责任。

（二十五）严肃查处工程监理等单位违法违规行为。各地要结合实际，对工程监理单位以及招标代理、造价咨询、工程检测、施工图审查等中介机构开展专项治理。对工程监理单位转让监理业务、不按《建设工程监理规范》规定和合同约定配备监理人员、超越资质等级承接业务、出卖或转让资质证书的，招标代理机构与招标人或投标人串通搞虚假招标的，造价咨询机构违法违规编审工程造价的，工程检测机构出具虚假检测报告的，施工图审查单位在审查中发生重大失误或弄虚作假的，要依法追究其责任，给委托方造成损失的，要承担相应赔偿责任。上述行为要作为不良行为在建筑市场诚信信息平台上向社会公布。对于造成工程质量安全事故的，要依法降低其资质资格等级直至吊销资质资格证书；构成犯罪的，依法追究刑事责任。

（二十六）严肃查处从业人员违法违规行为。各地要按照“企业和人员并重”

的监管方针，切实加强对注册建筑师、勘察设计注册工程师、注册监理工程师、注册建造师等注册人员的监管，落实其法定责任和签章制度。要严肃查处注册人员出租出借资格证书、出卖印章、人证分离、重复注册、不执行有关法律法规与强制性标准等违法违规行为，造成工程质量安全事故，情节严重的，要依法吊销其执业资格直至终身禁止执业，并在建筑市场诚信信息平台上向社会公布；构成犯罪的，依法追究刑事责任。

八、创建良好市场环境，促进建筑业健康发展

（二十七）加强组织领导。各地要高度重视加强建筑市场监管工作，认真落实党中央、国务院关于开展工程建设领域突出问题专项治理的有关要求，坚持以科学发展观为指导，切实增强紧迫感和使命感，充分运用法律、经济、行政以及信用约束等手段，维护公平竞争、依法诚信的建筑市场秩序，保障工程质量安全和人民群众切身利益，维护社会和谐稳定。

各地要规范外地企业进入本地的告知性备案制度，取消强制要求外地企业在当地注册独立子公司，将本地区、本系统业绩作为评标加分条件等不合理的限制措施，维护全国建筑市场的统一。政府部门要加快与其所属企业脱钩，严禁利用自身监管权力违法违规干预工程招投标，为其下属或本地企业承接工程，努力构建公平竞争、合理流动的市场环境。

（二十八）健全监督执法机制。从2011年开始，住房城乡建设部将定期组织全国建筑市场专项检查活动，对建筑市场中的突出问题进行集中执法检查。市（县）级住房城乡建设主管部门要对本地所有在建工程项目进行全面检查，省级住房城乡建设主管部门要进行重点巡查，住房城乡建设部进行抽查，通过强化对市场主体违法违规行为的打击力度，将建筑市场专项检查活动常态化、制度化。各地要加强对开发区、保税区、工业园区等区域内工程建设的管理，不允许以加快建设、营造良好软环境为借口，不履行法定建设程序，不遵守相关法律制度，逃避监督执法。各地要充分发挥部门联动执法的作用，加强与工商、税务、司法、银行等相关行业主管部门的协调配合，完善沟通渠道，健全信息共享、联动执法等制度，形成建筑市场监管合力。

（二十九）加强监管队伍建设。各级住房城乡建设主管部门要加强建筑市场监管队伍建设，充实监管人员，落实必要的工作条件和经费。上级住房城乡建设主管部门要加强对基层建筑市场监管工作的指导，针对突出问题组织专题调研，强化对基层监管人员的业务培训和工作监督，提高基层建筑市场监管工作对政策的掌握水平和依法行政能力。各地要加强对建筑市场执法情况的检查，对有法不依、执法不严、违法不究的单位和人员，要依法追究责任。

（三十）促进行业发展。各地要督促企业落实“绿色建筑、节能减排”要求，推动企业技术进步，提升企业自主创新能力，鼓励企业开发具有自主知识产权的专利和专有技术，鼓励企业制定具有自身特点的技术标准和工法，提高大型现代化机械设备装备能力，增强企业的核心竞争力。要加大支持力度，在一些大型公共建筑和基础设施建设中推行工程总承包，引导大型设计、施工企业发展成为具有设计、采购、施工管理等全过程服务能力的龙头企业，全面提升建筑企业的技术与管理水平，促进建筑业健康发展。

住房和城乡建设部关于印发建筑业发展“十二五”规划的通知（节录）

（2011 年 7 月 6 日）

……

二、指导思想、基本原则和发展目标

（一）指导思想

以邓小平理论和“三个代表”重要思想为指导，深入贯彻落实科学发展观，以保障工程质量安全为核心，以加快建筑业发展方式转变和产业结构调整为主线，以建筑节能减排为重点，以继续深化建筑业体制机制改革为动力，以完善法规制度和标准体系为着力点，以技术进步和创新为支撑，加大政府监管力度，加强行业发展指导，促进建筑业可持续发展。

（二）基本原则

——坚持市场调节与政府监管相结合。在工程建设的全过程遵循市场经济规律，充分发挥市场配置资源的基础作用；加强政府对建筑市场秩序、质量安全的监管，形成统一开放、竞争有序的建筑市场环境。

——坚持行业科技进步与规模增长相结合。转变建筑业发展方式，逐步改变建筑业单纯依靠规模扩张的发展模式，注重提高队伍人员素质，提升建筑业的科技、管理、标准化水平，使行业科技进步与产业规模同步发展。

——坚持国内与国际两个市场发展相结合。适应国家调整优化投资结构发展需要，引导企业合理调整经营布局和业务结构，拓展国内市场；加快实施“走出去”发展战略，充分发挥工程建设标准的支撑引导作用和工程设计咨询的龙头作用，进一步提高建筑企业的对外工程承包能力，积极开拓国际市场。

——坚持节能减排与科技创新相结合。发展绿色建筑，加强工程建设全过程的节能减排，实现低耗、环保、高效生产；大力推进建筑业技术创新、管理创新，推进绿色施工，发展现代工业化生产方式，使节能减排成为建筑业发展新的增长点。

——坚持深化改革与稳定发展相结合。继续推进国有大型勘察设计、施工企业的改制重组，建立健全现代企业制度，支持非公有制企业发展；完善工程建设法规制度，健全市场机制，保障建筑从业人员合法权益，促进建筑业稳定发展。

（三）发展目标

至“十二五”期末，努力实现如下目标：

1. 产业规模目标。以完成全社会固定资产投资建设任务为基础，全国建筑业总产值、建筑业增加值年均增长 15% 以上；全国工程勘察设计企业营业收入年均增长 15% 以上；全国工程监理、造价咨询、招标代理等工程咨询服务企业营业收入年均增长 20% 以上；全国建筑企业对外承包工程营业额年均增长 20% 以上。巩固建筑业支柱产业地位。

2. 人才队伍建设目标。基本实施勘察设计注册工程师执业资格管理制度，健全注册建造师、注册监理工程师、注册造价工程师执业制度。培养造就一批满足工程建设需要的专业技术人才、复合型人才和高技能人才。加强劳务人员培训考核，提高劳务人员技能和标准化意识，施工现场建筑工人持证上岗率达到 90% 以上。调整优化队伍结构，促进大型企业做强做大，中小企业做专做精，形成一批具有较强国际竞争力的国际型工程公司和工程咨询设计公司。

3. 技术进步目标。在高层建筑、地下工程、高速铁路、公路、水电、核电等重要工程建设领域的勘察设计、施工技术、标准规范达到国际先进水平。加大科技投入，大型骨干工程勘察设计单位的年度科技经费支出占企业年度勘察设计营业收入的比例不低于3%，其他工程勘察设计单位年度科技经费支出占企业年度营业收入的比例不低于1.5%；施工总承包特级企业年度科技经费支出占企业年度营业收入的比例不低于0.5%。特级及一级建筑施工企业，甲级勘察、设计、监理、造价咨询、招标代理等工程咨询服务企业建立和运行内部局域网及管理信息平台。施工总承包特级企业实现施工项目网络实时监控的比例达到60%以上。大型骨干工程设计企业基本建立协同设计、三维设计的设计集成系统，大型骨干勘察企业建立三维地层信息系统。

4. 建筑节能目标。绿色建筑、绿色施工评价体系基本确立；建筑产品施工过程的单位增加值能耗下降10%，C60以上的混凝土用量达到总用量10%，HRB400以上钢筋用量达到总用量45%，钢结构工程比例增加。新建工程的工程设计符合国家建筑节能标准要达到100%，新建工程的建筑施工符合国家建筑节能标准要求；全行业对资源节约型社会的贡献率明显提高。

5. 建筑市场监管目标。建筑市场监管法规进一步完善；市场准入清出、工程招标投标、工程监理、合同管理和工程造价管理等制度基本健全；工程担保、保险制度逐步推行；个人注册执业制度进一步推进；全国建筑市场监管信息系统基本完善；有效的行政执法联动、行业自律、社会监督相结合的建筑市场监管体系基本形成；市场各方主体行为基本规范，建筑市场秩序明显好转。

6. 质量安全监管目标。质量安全法规制度体系进一步完善，工程建设标准体系进一步健全；全国建设工程质量整体水平保持稳中有升，国家重点工程质量达到国际先进水平，工程质量通病治理取得显著进步，建筑工程安全性、耐久性普遍增强；住宅工程质量投诉率逐年下降，住宅品质的满意度大幅度提高；安全生产形势保持稳定好转，有效遏制房屋建筑和市政工程安全较大事故，坚决遏制重大及以上生产安全事故，到2015年，房屋建筑和市政工程生产安全事故死亡人数比2010年下降11%以上。

三、主要任务及政策措施

（一）调整优化产业结构

1. 支持大型企业提高核心竞争力。通过推进政府投资工程组织实施方式的改革，出台有关政策，引导推动有条件的大型设计、施工企业向开发与建造、资本运作与生产经营、设计与施工相结合方向转变；鼓励有条件的大型企业从单一业务领域向多业务领域发展，增强综合竞争实力。

2. 促进中小建筑企业向专、特、精方向发展。通过完善市场准入制度，规范各方主体市场行为，拓宽中小建筑企业发展的市场空间。通过给予中小建筑企业相应扶持政策，提供融资、信息、政府采购优惠、培训等公共服务，促进中小型建筑企业向专、特、精方向发展，大力发展建筑劳务企业，积极引导建筑周转材料、设备、机具等租赁市场发展。

3. 大力发展专业工程咨询服务。营造有利于工程咨询服务业发展的政策和体制环境，推进工程勘察、设计、监理、造价、招标代理等工程咨询服务企业规模化、品牌化、网络化经营，创新服务产品，提高服务品质，为业主或委托方提供专业化增值服务。

（二）加强技术进步和创新

1. 健全建筑业技术政策体系。建立工程关键技术目录，完善技术成果评价奖励制度，总结、推广先进技术成果，继续加大“建筑业10项新技术”等先进适用技术的推广力度。加快制定推进和鼓励企业技术创新相关政策，完善相关激励机制。

2. 建立完善建筑业技术创新体系。加快建立以企业为主体、市场为导向、产学研相结合的行业技术创新体系。引导企业通过开展战略联盟、战略合作、校企合作、技术转让、技术参股等方式，加大技术研发投入，加快技术改造，形成专利、专有技术、标准规范、工法的技术储备，在工程建设中积极应用先进技术，提高工程科技含量，推进建筑业技术更新与创新。

3. 积极推动建筑工业化。研究和推动结构件、部品、部件、门窗的标准化，丰富标准件的种类、通用性、可置换性，以标准化推动建筑工业化；提高建筑构配件的工业化制造水平，促进结构构件集成化、模块化生产；鼓励建设工程制造、装配技术发展，鼓励有能力的企业在一些适用工程上采用制造、装配方式，进一步提高施工机械化水平；鼓励和推动新建保障性住房和商品住宅菜单式全装修交房。

4. 全面提高行业信息化水平。加强引导，统筹规划，分类指导，重点推进建筑企业管理与核心业务信息化建设和专项信息技术的应用。建立涵盖设计、施工全过程的信息化标准体系，加快关键信息化标准的编制，促进行业信息共享。运用信息技术强化项目过程管理、企业集约化管理、协同工作，提高项目管理、设计、建造、工程咨询服务等方面的信息化技术应用水平，促进行业管理的技术进步。

5. 组织重点领域和关键技术的研究。重点加强对建筑节能、环保、抗震、安全监控、既有建筑改造和智能化等关键技术的研究。推动重大工程、地下工程、超高层钢结构工程和住宅工程关键技术的基础研究。鼓励行业骨干企业建立技术研究机构和试验室，成为国家或地方某工程领域专项技术研发基地。

（三）推进建筑节能减排

1. 严格履行节能减排责任。政府部门要认真履行建筑执行节能标准的监管责任，着力抓好设计、施工阶段执行节能标准的监管和稽查。各类企业应当自觉履行节能减排社会责任，严格执行国家、地方的各项节能减排标准，确保节能减排标准落实到位。

2. 鼓励采用先进的节能减排技术和材料。建立有利于建筑业低碳发展的激励机制，鼓励先进成熟的节能减排技术、工艺、工法、产品向工程建设标准、应用转化，降低碳排放量大的建材产品使用，逐步提高高强度、高性能建材使用比例。推动建筑垃圾有效处理和再利用，控制建筑过程噪声、水污染，降低建筑物建造过程对环境的不良影响。开展绿色施工示范工程等节能减排技术集成项目试点，全面建立房屋建筑的绿色标识制度。

（四）强化质量安全监管

1. 完善法规制度和标准规范。建立健全施工图审查、质量监督、质量检测、竣工验收备案、质量保修、质量保险、质量评价等工程质量法规制度。研究建立建筑施工企业和项目部负责人带班、隐患排查治理和挂牌督查等安全监管法规制度。逐步形成适应当前经济社会发展、满足工程建设需求的工程质量安全监管和技术管理的法规制度体系。不断完善工程质量、安全生产标准体系。加快技术创新成果向技术标准转化，不断完善建设工程安全性、耐久性以及抗震设防、节能环保的工程建设标准。

2. 严格落实质量安全责任。严格落实工程建设各方主体及质量检测、施工图审查等有关机构的质量责任，落实注册执业人员的质量责任，健全责任追究制度，强化工程质量终身责任制。政府主管部门及质量监督机构要加强质量监督队伍建设，切实履行质量监管职责，督促企业认真执行工程质量法规制度。强化政府部门安全生产的监管责任，严格落实安全生产的企业主体责任，加强层级的监督检查，确保建筑施工安全。

3. 提高质量安全监管效能。全面推行

质量安全巡查制度，逐步建立以质量安全巡查为主要手段、以行政执法为基本特征的工程质量安全监管模式。建立市场与现场联动的监管机制，实行市场监管和质量安全监管部门的联合执法机制。积极推行分类监管和差别化监管，突出对质量安全管理较薄弱项目的监管，突出对重点工程和民生工程的监管，突出对质量安全行为不规范和社会信用较差的责任主体的监管。积极推进工程质量安全监督管理信息系统建设，研究建立工程质量评价指标体系，科学评价工程质量现状及存在问题，增强质量安全监管工作的针对性。

（五）规范建筑市场秩序

1. 加快法规建设步伐。出台《建筑市场管理条例》等法规，明确建筑市场各方主体的责任，遏制建设单位违反法定建设程序、任意压缩工期、压低造价等违法违规行为，依法严厉打击承包单位转包、违法分包行为。推进勘察设计注册工程师、注册建造师、注册监理工程师、注册造价工程师等执业制度建设，落实执业责任，确保工程质量安全。

2. 进一步健全市场监管制度。进一步完善工程招投标制度，制定招标代理机构及从业人员考核管理办法，推行电子化招投标。加强合同管理，修订出台工程勘察、设计、施工、监理、工程总承包、项目管理服务等标准合同范本，出台施工承包合同监管指导意见。完善企业市场准入标准，强化企业的现场管理能力、质量安全和技术水平等指标考核，修订出台建筑业企业、工程勘察资质标准。进一步完善工程监理制度，修订工程监理规范，开展工程监理项目标准化试点。加强施工许可管理，修订《建筑工程施工许可管理办法》。加强信用体系建设，完善全国统一的企业和注册人员诚信行为标准，健全诚信信息采集、报送、发布、使用制度。积极稳妥推进建设工程担保、保险制度。

3. 加大市场动态监管力度。制定全国统一的数据标准，健全企业、注册人员、工程项目数据库，实现互联互通，建立建筑市场综合监管信息系统。对不满足资质标准、存在违法违规行为、发生重大质量安全事故的企业和个人，依法及时实施处罚，直至清出建筑市场。加强建筑市场监管队伍建设，提高监管效能。督促地方有关部门加强对建筑市场的动态监管，定期汇总通报各地监管情况，加强对地方检查执法情况的监督。

（六）提升从业人员素质

1. 优化行业人才发展环境。积极引导企业制订人才发展规划，重视对建筑业人才的培养和引进，建立健全人才培养、引进、使用的激励机制，鼓励各类专业技术人才以专利技术和发明或其他科技成果等要素参与分配。充分发挥企业主体作用，组织开展从业人员岗位培训。加强企业与高等学校、职业院校的合作，引导和支持后备人才的培养，鼓励和支持专业培训机构为企业培养经营管理和专业技术人才。

2. 加强注册执业人员队伍建设。严格落实注册执业人员的法律责任，增强其执行法律法规、工程建设标准的自觉性，发挥其在控制质量安全、规范市场行为中的独立性及中坚作用。加强注册执业人员法律法规、业务知识、职业操守等方面的继续教育，不断提升执业人员素质和执业水平。

3. 加强施工现场专业人员队伍建设。制定发布建筑工程、市政工程等专业工程施工现场专业人员职业标准，明确施工现场专业人员职位要求，加大培训力度，先培训后上岗，提升专业人员职业素质和业务能力。

4. 建设稳定的建筑产业骨干工人队伍。建立健全建筑业农民工培训工作长效机制，加强建筑农民工培训工作，构建适应建筑业行业特点和要求的农民工培训体系。充分发挥企业主体作用，组织开展建筑业从业人员岗位培训；重点依托建设类中等职业学校、技工学校、建筑劳务基地，开展职业技能培训；依托建筑工地农民工业余学校，开展安全生产、职业道德、标准规范培训；推进建筑行业职业技能证书、培训证书的持证上岗制度。推行建筑劳务人员实名管理制度，完善农民工工资支付保障制度，落实农民工的工伤保险、医疗保险、意外伤害保险等政策，探索解决农民工养老保险问题，形成稳定的新型建筑产业骨干工人队伍。

（七）深化企业体制机制改革

1. 推进国有建筑企业改制重组。加强对国有建筑企业改革的指导、协调和服务，引导企业通过产权转让、增资扩股、资产剥离、主辅分离等方式推动改制。全面落实国家有关国有企业改革改制的各项优惠政策，努力创造条件，促进大型建筑企业重组，实现强强联合。推进中小国有建筑企业股份制改革，优化和完善产权结构，增强企业活力。国有工程勘察设计单位基本完成由事业单位改制为企业，建立体现技术要素、管理要素参与分配的企业产权制度。

2. 大力发展非公有制建筑企业。进一步落实国家扶持非公有制经济发展的相关政策，引导非公有制建筑企业创新发展理念，推进企业文化建设，改进经营方式，提高管理水平。将非公有制建筑企业纳入创业带动就业的政策支持体系，给予相应的扶持政策。按照产业化发展、企业化经营、社会化服务的思路，鼓励非公有制建筑企业以投资、建设、运营等方式进入基础设施和重大产业等领域。鼓励集体建筑企业在界定产权的基础上改制为非公有制企业。

（八）加快“走出去”步伐

1. 完善相关政策。会同有关部门共同研究制订《对外承包工程管理条例》配套政策，规范对外承包工程企业市场行为，推动对外承包工程有关税收、信贷、保险、担保等扶持政策落实。加快中国工程建设标准的翻译，加强和国际标准化组织的交流合作，推动中国工程建设标准国际化进程，为加快对外承包工程发展奠定基础。

2. 加大市场开拓力度。引导企业选择优势领域、重点区域，大力开拓对外承包工程市场，加快工程设计企业“走出去”步伐，形成资金、设计、建造、设备综合优势，带动设备、建材出口。鼓励我国建筑企业以合资、合作或者投资收购等方式，在当地成立企业，有效利用当地资源拓展业务领域。

（九）发挥行业协会作用

充分发挥行业协会组织、服务、沟通、自律作用，支持行业协会加强行业自律机制建设，通过行业自律公约、信用档案、信用评价等措施，大力倡导企业的诚实守信行为准则，形成有效的行业自律机制。鼓励行业协会积极向政府部门反映行业、企业诉求，参与相关法律法规、宏观调控和产业政策的制定，参与有关标准和行业发展规划、行业准入条件的制定。支持行业协会开展培训、科技推广、经验交流、国际合作等活动。引导协会加强自身建设，提高服务质量和工作水平，增强凝聚力，提高社会公信力，使行业协会成为符合时代发展要求的新型社团组织。

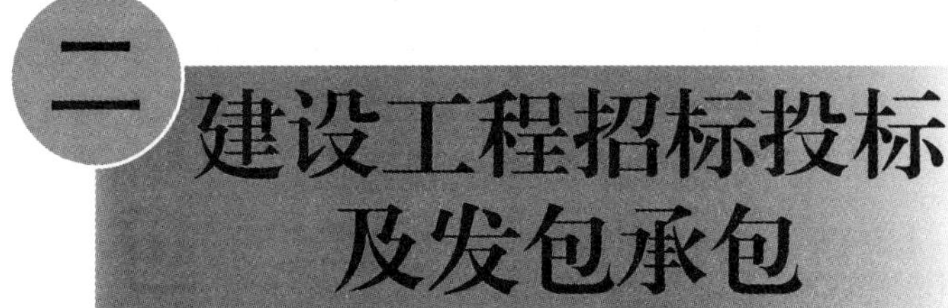

二 建设工程招标投标及发包承包

（一）招标、投标

中华人民共和国招标投标法

（1999年8月30日第九届全国人民代表大会常务委员会第十一次会议通过　根据2017年12月27日第十二届全国人民代表大会常务委员会第三十一次会议《关于修改〈中华人民共和国招标投标法〉、〈中华人民共和国计量法〉的决定》修正）

第一章　总　则

第一条　【立法目的】为了规范招标投标活动，保护国家利益、社会公共利益和招标投标活动当事人的合法权益，提高经济效益，保证项目质量，制定本法。

第二条　【适用范围】在中华人民共和国境内进行招标投标活动，适用本法。

第三条　【必须进行招标的工程建设项目】在中华人民共和国境内进行下列工程建设项目包括项目的勘察、设计、施工、监理以及与工程建设有关的重要设备、材料等的采购，必须进行招标：

（一）大型基础设施、公用事业等关系社会公共利益、公众安全的项目；

（二）全部或者部分使用国有资金投资或者国家融资的项目；

（三）使用国际组织或者外国政府贷款、援助资金的项目。

前款所列项目的具体范围和规模标准，由国务院发展计划部门会同国务院有关部门制订，报国务院批准。

法律或者国务院对必须进行招标的其他项目的范围有规定的，依照其规定。

第四条　【禁止规避招标】任何单位和个人不得将依法必须进行招标的项目化整为零或者以其他任何方式规避招标。

第五条　【招投标活动的原则】招标投标活动应当遵循公开、公平、公正和诚实信用的原则。

第六条　【招投标活动不受地区或部门的限制】依法必须进行招标的项目，其招标投标活动不受地区或者部门的限制。任何单位和个人不得违法限制或者排斥本地区、本系统以外的法人或者其他组织参加投标，不得以任何方式非法干涉招标投标活动。

第七条　【对招投标活动的监督】招标投标活动及其当事人应当接受依法实施的监督。

有关行政监督部门依法对招标投标活动实施监督，依法查处招标投标活动中的违法行为。

对招标投标活动的行政监督及有关部门的具体职权划分，由国务院规定。

第二章 招 标

第八条 【招标人】招标人是依照本法规定提出招标项目、进行招标的法人或者其他组织。

第九条 【招标项目应具备的主要条件】招标项目按照国家有关规定需要履行项目审批手续的，应当先履行审批手续，取得批准。

招标人应当有进行招标项目的相应资金或者资金来源已经落实，并应当在招标文件中如实载明。

第十条 【公开招标和邀请招标】招标分为公开招标和邀请招标。

公开招标，是指招标人以招标公告的方式邀请不特定的法人或者其他组织投标。

邀请招标，是指招标人以投标邀请书的方式邀请特定的法人或者其他组织投标。

第十一条 【适用邀请招标的情形】国务院发展计划部门确定的国家重点项目和省、自治区、直辖市人民政府确定的地方重点项目不适宜公开招标的，经国务院发展计划部门或者省、自治区、直辖市人民政府批准，可以进行邀请招标。

第十二条 【代理招标和自行招标】招标人有权自行选择招标代理机构，委托其办理招标事宜。任何单位和个人不得以任何方式为招标人指定招标代理机构。

招标人具有编制招标文件和组织评标能力的，可以自行办理招标事宜。任何单位和个人不得强制其委托招标代理机构办理招标事宜。

依法必须进行招标的项目，招标人自行办理招标事宜的，应当向有关行政监督部门备案。

第十三条 【招标代理机构及条件】招标代理机构是依法设立、从事招标代理业务并提供相关服务的社会中介组织。

招标代理机构应当具备下列条件：

（一）有从事招标代理业务的营业场所和相应资金；

（二）有能够编制招标文件和组织评标的相应专业力量。

第十四条 【招标代理机构不得与国家机关存在利益关系】招标代理机构与行政机关和其他国家机关不得存在隶属关系或者其他利益关系。

第十五条 【招标代理机构的代理范围】招标代理机构应当在招标人委托的范围内办理招标事宜，并遵守本法关于招标人的规定。

第十六条 【招标公告】招标人采用公开招标方式的，应当发布招标公告。依法必须进行招标的项目的招标公告，应当通过国家指定的报刊、信息网络或者其他媒介发布。

招标公告应当载明招标人的名称和地址、招标项目的性质、数量、实施地点和时间以及获取招标文件的办法等事项。

第十七条 【投标邀请书】招标人采用邀请招标方式的，应当向3个以上具备承担招标项目的能力、资信良好的特定的法人或者其他组织发出投标邀请书。

投标邀请书应当载明本法第十六条第二款规定的事项。

第十八条 【对潜在投标人的资格审查】招标人可以根据招标项目本身的要求，在招标公告或者投标邀请书中，要求潜在投标人提供有关资质证明文件和业绩情况，并对潜在投标人进行资格审查；国家对投标人的资格条件有规定的，依照其规定。

招标人不得以不合理的条件限制或者排斥潜在投标人，不得对潜在投标人实行歧视待遇。

第十九条 【招标文件】招标人应当根据招标项目的特点和需要编制招标文件。招标文件应当包括招标项目的技术要求、对投标人资格审查的标准、投标报价要求和评标标准等所有实质性要求和条件以及拟签订合同的主要条款。

国家对招标项目的技术、标准有规定的，招标人应当按照其规定在招标文件中提出相应要求。

招标项目需要划分标段、确定工期的，招标人应当合理划分标段、确定工期，并在招标文件中载明。

第二十条 【招标文件的限制】 招标文件不得要求或者标明特定的生产供应者以及含有倾向或者排斥潜在投标人的其他内容。

第二十一条 【潜在投标人对项目现场的踏勘】 招标人根据招标项目的具体情况，可以组织潜在投标人踏勘项目现场。

第二十二条 【招标人的保密义务】 招标人不得向他人透露已获取招标文件的潜在投标人的名称、数量以及可能影响公平竞争的有关招标投标的其他情况。

招标人设有标底的，标底必须保密。

第二十三条 【招标文件的澄清或修改】 招标人对已发出的招标文件进行必要的澄清或者修改的，应当在招标文件要求提交投标文件截止时间至少15日前，以书面形式通知所有招标文件收受人。该澄清或者修改的内容为招标文件的组成部分。

第二十四条 【编制投标文件的时间】 招标人应当确定投标人编制投标文件所需要的合理时间；但是，依法必须进行招标的项目，自招标文件开始发出之日起至投标人提交投标文件截止之日止，最短不得少于20日。

第三章 投　　标

第二十五条 【投标人】 投标人是响应招标、参加投标竞争的法人或者其他组织。

依法招标的科研项目允许个人参加投标的，投标的个人适用本法有关投标人的规定。

第二十六条 【投标人的资格条件】 投标人应当具备承担招标项目的能力；国家有关规定对投标人资格条件或者招标文件对投标人资格条件有规定的，投标人应当具备规定的资格条件。

第二十七条 【投标文件的编制】 投标人应当按照招标文件的要求编制投标文件。投标文件应当对招标文件提出的实质性要求和条件作出响应。

招标项目属于建设施工的，投标文件的内容应当包括拟派出的项目负责人与主要技术人员的简历、业绩和拟用于完成招标项目的机械设备等。

第二十八条 【投标文件的送达】 投标人应当在招标文件要求提交投标文件的截止时间前，将投标文件送达投标地点。招标人收到投标文件后，应当签收保存，不得开启。投标人少于3个的，招标人应当依照本法重新招标。

在招标文件要求提交投标文件的截止时间后送达的投标文件，招标人应当拒收。

第二十九条 【投标文件的补充、修改、撤回】 投标人在招标文件要求提交投标文件的截止时间前，可以补充、修改或者撤回已提交的投标文件，并书面通知招标人。补充、修改的内容为投标文件的组成部分。

第三十条 【投标文件对拟分包情况的说明】 投标人根据招标文件载明的项目实际情况，拟在中标后将中标项目的部分非主体、非关键性工作进行分包的，应当在投标文件中载明。

第三十一条 【联合体投标】 两个以上法人或者其他组织可以组成一个联合体，以一个投标人的身份共同投标。

联合体各方均应当具备承担招标项目的相应能力；国家有关规定或者招标文件对投标人资格条件有规定的，联合体各方均应当具备规定的相应资格条件。由同一专业的单位组成的联合体，按照资质等级较低的单位确定资质等级。

联合体各方应当签订共同投标协议，明确约定各方拟承担的工作和责任，并将共同投标协议连同投标文件一并提交招标人。联合体中标的，联合体各方应当共同与招标人签订合同，就中标项目向招标人承担连带责任。

招标人不得强制投标人组成联合体共同投标，不得限制投标人之间的竞争。

第三十二条　【串通投标的禁止】投标人不得相互串通投标报价，不得排挤其他投标人的公平竞争，损害招标人或者其他投标人的合法权益。

投标人不得与招标人串通投标，损害国家利益、社会公共利益或者他人的合法权益。

禁止投标人以向招标人或者评标委员会成员行贿的手段谋取中标。

第三十三条　【低于成本的报价竞标与骗取中标的禁止】投标人不得以低于成本的报价竞标，也不得以他人名义投标或者以其他方式弄虚作假，骗取中标。

第四章　开标、评标和中标

第三十四条　【开标的时间与地点】开标应当在招标文件确定的提交投标文件截止时间的同一时间公开进行；开标地点应当为招标文件中预先确定的地点。

第三十五条　【开标参加人】开标由招标人主持，邀请所有投标人参加。

第三十六条　【开标方式】开标时，由投标人或者其推选的代表检查投标文件的密封情况，也可以由招标人委托的公证机构检查并公证；经确认无误后，由工作人员当众拆封，宣读投标人名称、投标价格和投标文件的其他主要内容。

招标人在招标文件要求提交投标文件的截止时间前收到的所有投标文件，开标时都应当当众予以拆封、宣读。

开标过程应当记录，并存档备查。

第三十七条　【评标委员会】评标由招标人依法组建的评标委员会负责。

依法必须进行招标的项目，其评标委员会由招标人的代表和有关技术、经济等方面的专家组成，成员人数为5人以上单数，其中技术、经济等方面的专家不得少于成员总数的2/3。

前款专家应当从事相关领域工作满8年并具有高级职称或者具有同等专业水平，由招标人从国务院有关部门或者省、自治区、直辖市人民政府有关部门提供的专家名册或者招标代理机构的专家库内的相关专业的专家名单中确定；一般招标项目可以采取随机抽取方式，特殊招标项目可以由招标人直接确定。

与投标人有利害关系的人不得进入相关项目的评标委员会；已经进入的应当更换。

评标委员会成员的名单在中标结果确定前应当保密。

第三十八条　【评标的保密】招标人应当采取必要的措施，保证评标在严格保密的情况下进行。

任何单位和个人不得非法干预、影响评标的过程和结果。

第三十九条　【投标人对投标文件的澄清或说明】评标委员会可以要求投标人对投标文件中含义不明确的内容作必要的澄清或者说明，但是澄清或者说明不得超出投标文件的范围或者改变投标文件的实质性内容。

第四十条　【评标】评标委员会应当按照招标文件确定的评标标准和方法，对投标文件进行评审和比较；设有标底的，应当参考标底。评标委员会完成评标后，应当向招标人提出书面评标报告，并推荐合格的中标候选人。

招标人根据评标委员会提出的书面评标报告和推荐的中标候选人确定中标人。招标人也可以授权评标委员会直接确定中标人。

国务院对特定招标项目的评标有特别规定的，从其规定。

第四十一条　【中标条件】中标人的投标

应当符合下列条件之一：

（一）能够最大限度地满足招标文件中规定的各项综合评价标准；

（二）能够满足招标文件的实质性要求，并且经评审的投标价格最低；但是投标价格低于成本的除外。

第四十二条　【否决所有投标和重新招标】评标委员会经评审，认为所有投标都不符合招标文件要求的，可以否决所有投标。

依法必须进行招标的项目的所有投标被否决的，招标人应当依照本法重新招标。

第四十三条　【禁止与投标人进行实质性谈判】在确定中标人前，招标人不得与投标人就投标价格、投标方案等实质性内容进行谈判。

第四十四条　【评标委员会成员的义务】评标委员会成员应当客观、公正地履行职务，遵守职业道德，对所提出的评审意见承担个人责任。

评标委员会成员不得私下接触投标人，不得收受投标人的财物或者其他好处。

评标委员会成员和参与评标的有关工作人员不得透露对投标文件的评审和比较、中标候选人的推荐情况以及与评标有关的其他情况。

第四十五条　【中标通知书的发出】中标人确定后，招标人应当向中标人发出中标通知书，并同时将中标结果通知所有未中标的投标人。

中标通知书对招标人和中标人具有法律效力。中标通知书发出后，招标人改变中标结果的，或者中标人放弃中标项目的，应当依法承担法律责任。

第四十六条　【订立书面合同和提交履约保证金】招标人和中标人应当自中标通知书发出之日起30日内，按照招标文件和中标人的投标文件订立书面合同。招标人和中标人不得再行订立背离合同实质性内容的其他协议。

招标文件要求中标人提交履约保证金的，中标人应当提交。

第四十七条　【招投标情况的报告】依法必须进行招标的项目，招标人应当自确定中标人之日起15日内，向有关行政监督部门提交招标投标情况的书面报告。

第四十八条　【禁止转包和有条件分包】中标人应当按照合同约定履行义务，完成中标项目。中标人不得向他人转让中标项目，也不得将中标项目肢解后分别向他人转让。

中标人按照合同约定或者经招标人同意，可以将中标项目的部分非主体、非关键性工作分包给他人完成。接受分包的人应当具备相应的资格条件，并不得再次分包。

中标人应当就分包项目向招标人负责，接受分包的人就分包项目承担连带责任。

第五章　法律责任

第四十九条　【必须进行招标的项目不招标的责任】违反本法规定，必须进行招标的项目而不招标的，将必须进行招标的项目化整为零或者以其他任何方式规避招标的，责令限期改正，可以处项目合同金额5‰以上10‰以下的罚款；对全部或者部分使用国有资金的项目，可以暂停项目执行或者暂停资金拨付；对单位直接负责的主管人员和其他直接责任人员依法给予处分。

第五十条　【招标代理机构的责任】招标代理机构违反本法规定，泄露应当保密的与招标投标活动有关的情况和资料的，或者与招标人、投标人串通损害国家利益、社会公共利益或者他人合法权益的，处五万元以上二十五万元以下的罚款，对单位直接负责的主管人员和其他直接责任人员处单位罚款数额百分之五以上百分之十以下的罚款；有违法所得的，并处没收违法所得；情节严重的，禁止其一年至二年内代理依法必须进行招标的项目并予以公告，直至由工商行政管理机关吊销营业执照；构成犯罪的，依法追究刑事责任。给他人造成损失的，依法承担赔偿责任。

前款所列行为影响中标结果的，中标无效。

第五十一条　【限制或排斥潜在投标人的责任】招标人以不合理的条件限制或者排斥潜在投标人的，对潜在投标人实行歧视待遇的，强制要求投标人组成联合体共同投标的，或者限制投标人之间竞争的，责令改正，可以处1万元以上5万元以下的罚款。

第五十二条　【泄露招投标活动有关秘密的责任】依法必须进行招标的项目的招标人向他人透露已获取招标文件的潜在投标人的名称、数量或者可能影响公平竞争的有关招标投标的其他情况的，或者泄露标底的，给予警告，可以并处1万元以上10万元以下的罚款；对单位直接负责的主管人员和其他直接责任人员依法给予处分；构成犯罪的，依法追究刑事责任。

前款所列行为影响中标结果的，中标无效。

第五十三条　【串通投标的责任】投标人相互串通投标或者与招标人串通投标的，投标人以向招标人或者评标委员会成员行贿的手段谋取中标的，中标无效，处中标项目金额5‰以上10‰以下的罚款，对单位直接负责的主管人员和其他直接责任人员处单位罚款数额5%以上10%以下的罚款；有违法所得的，并处没收违法所得；情节严重的，取消其1年至2年内参加依法必须进行招标的项目的投标资格并予以公告，直至由工商行政管理机关吊销营业执照；构成犯罪的，依法追究刑事责任。给他人造成损失的，依法承担赔偿责任。

第五十四条　【骗取中标的责任】投标人以他人名义投标或者以其他方式弄虚作假，骗取中标的，中标无效，给招标人造成损失的，依法承担赔偿责任；构成犯罪的，依法追究刑事责任。

依法必须进行招标的项目的投标人有前款所列行为尚未构成犯罪的，处中标项目金额5‰以上10‰以下的罚款，对单位直接负责的主管人员和其他直接责任人员处单位罚款数额5%以上10%以下的罚款；有违法所得的，并处没收违法所得；情节严重的，取消其1年至3年内参加依法必须进行招标的项目的投标资格并予以公告，直至由工商行政管理机关吊销营业执照。

第五十五条　【招标人违规谈判的责任】依法必须进行招标的项目，招标人违反本法规定，与投标人就投标价格、投标方案等实质性内容进行谈判的，给予警告，对单位直接负责的主管人员和其他直接责任人员依法给予处分。

前款所列行为影响中标结果的，中标无效。

第五十六条　【评标委员会成员违法行为的责任】评标委员会成员收受投标人的财物或者其他好处的，评标委员会成员或者参加评标的有关工作人员向他人透露对投标文件的评审和比较、中标候选人的推荐以及与评标有关的其他情况的，给予警告，没收收受的财物，可以并处3000元以上5万元以下的罚款，对有所列违法行为的评标委员会成员取消担任评标委员会成员的资格，不得再参加任何依法必须进行招标的项目的评标；构成犯罪的，依法追究刑事责任。

第五十七条　【招标人在中标候选人之外确定中标人的责任】招标人在评标委员会依法推荐的中标候选人以外确定中标人的，依法必须进行招标的项目在所有投标被评标委员会否决后自行确定中标人的，中标无效。责令改正，可以处中标项目金额5‰以上10‰以下的罚款；对单位直接负责的主管人员和其他直接责任人员依法给予处分。

第五十八条　【中标人违法转包、分包的责任】中标人将中标项目转让给他人的，将中标项目肢解后分别转让给他人的，违反本法规定将中标项目的部分主体、关键性工作分包给他人的，或者分包人再次分包的，转让、分包无效，处转让、分包项目金额5‰以上10‰以下的罚款；有违法所得的，并处没收违法所得；可以责令停业整顿；情节严重的，由工商行政管理机关吊销营业执照。

第五十九条　【不按招投标文件订立合同的责任】招标人与中标人不按照招标文件和中标人的投标文件订立合同的，或者招标人、中标人订立背离合同实质性内容的协议的，责令改正；可以处中标项目金额5‰以上10‰以下的罚款。

第六十条　【中标人不履行合同或不按合同履行义务的责任】中标人不履行与招标人订立的合同的，履约保证金不予退还，给招标人造成的损失超过履约保证金数额的，还应当对超过部分予以赔偿；没有提交履约保证金的，应当对招标人的损失承担赔偿责任。

中标人不按照与招标人订立的合同履行义务，情节严重的，取消其2年至5年内参加依法必须进行招标的项目的投标资格并予以公告，直至由工商行政管理机关吊销营业执照。

因不可抗力不能履行合同的，不适用前两款规定。

第六十一条　【行政处罚的决定】本章规定的行政处罚，由国务院规定的有关行政监督部门决定。本法已对实施行政处罚的机关作出规定的除外。

第六十二条　【干涉招投标活动的责任】任何单位违反本法规定，限制或者排斥本地区、本系统以外的法人或者其他组织参加投标的，为招标人指定招标代理机构的，强制招标人委托招标代理机构办理招标事宜的，或者以其他方式干涉招标投标活动的，责令改正；对单位直接负责的主管人员和其他直接责任人员依法给予警告、记过、记大过的处分，情节较重的，依法给予降级、撤职、开除的处分。

个人利用职权进行前款违法行为的，依照前款规定追究责任。

第六十三条　【行政监督机关工作人员的责任】对招标投标活动依法负有行政监督职责的国家机关工作人员徇私舞弊、滥用职权或者玩忽职守，构成犯罪的，依法追究刑事责任；不构成犯罪的，依法给予行政处分。

第六十四条　【中标无效的处理】依法必须进行招标的项目违反本法规定，中标无效的，应当依照本法规定的中标条件从其余投标人中重新确定中标人或者依照本法重新进行招标。

第六章　附　　则

第六十五条　【异议或投诉】投标人和其他利害关系人认为招标投标活动不符合本法有关规定的，有权向招标人提出异议或者依法向有关行政监督部门投诉。

第六十六条　【不进行招标的项目】涉及国家安全、国家秘密、抢险救灾或者属于利用扶贫资金实行以工代赈、需要使用农民工等特殊情况，不适宜进行招标的项目，按照国家有关规定可以不进行招标。

第六十七条　【适用除外】使用国际组织或者外国政府贷款、援助资金的项目进行招标，贷款方、资金提供方对招标投标的具体条件和程序有不同规定的，可以适用其规定，但违背中华人民共和国的社会公共利益的除外。

第六十八条　【施行日期】本法自2000年1月1日起施行。

中华人民共和国
招标投标法实施条例

（2011年12月20日中华人民共和国国务院令第613号公布　根据2017年3月1日《国务院关于修改和废止部分行政法规的决定》第一次修订　根据2018年3月19日《国务院关于修改和废止部分行政法规的决定》第二次修订　根据2019年3月2日《国务院关于修改部分行政法规的决定》第三次修订）

第一章　总　　则

第一条　为了规范招标投标活动，根据《中华人民共和国招标投标法》（以下简称招标投标法），制定本条例。

第二条　招标投标法第三条所称工程建设项目，是指工程以及与工程建设有关的货物、服务。

前款所称工程，是指建设工程，包括建筑物和构筑物的新建、改建、扩建及其相关的装修、拆除、修缮等；所称与工程建设有关的货物，是指构成工程不可分割的组成部分，且为实现工程基本功能所必需的设备、材料等；所称与工程建设有关的服务，是指为完成工程所需的勘察、设计、监理等服务。

第三条　依法必须进行招标的工程建设项目的具体范围和规模标准，由国务院发展改革部门会同国务院有关部门制订，报国务院批准后公布施行。

第四条　国务院发展改革部门指导和协调全国招标投标工作，对国家重大建设项目的工程招标投标活动实施监督检查。国务院工业和信息化、住房城乡建设、交通运输、铁道、水利、商务等部门，按照规定的职责分工对有关招标投标活动实施监督。

县级以上地方人民政府发展改革部门指导和协调本行政区域的招标投标工作。县级以上地方人民政府有关部门按照规定的职责分工，对招标投标活动实施监督，依法查处招标投标活动中的违法行为。县级以上地方人民政府对其所属部门有关招标投标活动的监督职责分工另有规定的，从其规定。

财政部门依法对实行招标投标的政府采购工程建设项目的政府采购政策执行情况实施监督。

监察机关依法对与招标投标活动有关的监察对象实施监察。

第五条　设区的市级以上地方人民政府可以根据实际需要，建立统一规范的招标投标交易场所，为招标投标活动提供服务。招标投标交易场所不得与行政监督部门存在隶属关系，不得以营利为目的。

国家鼓励利用信息网络进行电子招标投标。

第六条　禁止国家工作人员以任何方式非法干涉招标投标活动。

第二章　招　　标

第七条　按照国家有关规定需要履行项目审批、核准手续的依法必须进行招标的项目，其招标范围、招标方式、招标组织形式应当报项目审批、核准部门审批、核准。项目审批、核准部门应当及时将审批、核准确定的招标范围、招标方式、招标组织形式通报有关行政监督部门。

第八条　国有资金占控股或者主导地位的依法必须进行招标的项目，应当公开招标；但有下列情形之一的，可以邀请招标：

（一）技术复杂、有特殊要求或者受自然环境限制，只有少量潜在投标人可供选择；

（二）采用公开招标方式的费用占项目合同金额的比例过大。

有前款第二项所列情形，属于本条例第七条规定的项目，由项目审批、核准部门在审批、核准项目时作出认定；其他项目由招标人申请有关行政监督部门作出认定。

第九条 除招标投标法第六十六条规定的可以不进行招标的特殊情况外，有下列情形之一的，可以不进行招标：

（一）需要采用不可替代的专利或者专有技术；

（二）采购人依法能够自行建设、生产或者提供；

（三）已通过招标方式选定的特许经营项目投资人依法能够自行建设、生产或者提供；

（四）需要向原中标人采购工程、货物或者服务，否则将影响施工或者功能配套要求；

（五）国家规定的其他特殊情形。

招标人为适用前款规定弄虚作假的，属于招标投标法第四条规定的规避招标。

第十条 招标投标法第十二条第二款规定的招标人具有编制招标文件和组织评标能力，是指招标人具有与招标项目规模和复杂程度相适应的技术、经济等方面的专业人员。

第十一条 国务院住房城乡建设、商务、发展改革、工业和信息化等部门，按照规定的职责分工对招标代理机构依法实施监督管理。

第十二条 招标代理机构应当拥有一定数量的具备编制招标文件、组织评标等相应能力的专业人员。

第十三条 招标代理机构在招标人委托的范围内开展招标代理业务，任何单位和个人不得非法干涉。

招标代理机构代理招标业务，应当遵守招标投标法和本条例关于招标人的规定。招标代理机构不得在所代理的招标项目中投标或者代理投标，也不得为所代理的招标项目的投标人提供咨询。

第十四条 招标人应当与被委托的招标代理机构签订书面委托合同，合同约定的收费标准应当符合国家有关规定。

第十五条 公开招标的项目，应当依照招标投标法和本条例的规定发布招标公告、编制招标文件。

招标人采用资格预审办法对潜在投标人进行资格审查的，应当发布资格预审公告、编制资格预审文件。

依法必须进行招标的项目的资格预审公告和招标公告，应当在国务院发展改革部门依法指定的媒介发布。在不同媒介发布的同一招标项目的资格预审公告或者招标公告的内容应当一致。指定媒介发布依法必须进行招标的项目的境内资格预审公告、招标公告，不得收取费用。

编制依法必须进行招标的项目的资格预审文件和招标文件，应当使用国务院发展改革部门会同有关行政监督部门制定的标准文本。

第十六条 招标人应当按照资格预审公告、招标公告或者投标邀请书规定的时间、地点发售资格预审文件或者招标文件。资格预审文件或者招标文件的发售期不得少于5日。

招标人发售资格预审文件、招标文件收取的费用应当限于补偿印刷、邮寄的成本支出，不得以营利为目的。

第十七条 招标人应当合理确定提交资格预审申请文件的时间。依法必须进行招标的项目提交资格预审申请文件的时间，自资格预审文件停止发售之日起不得少于5日。

第十八条 资格预审应当按照资格预审文件载明的标准和方法进行。

国有资金占控股或者主导地位的依法必须进行招标的项目，招标人应当组建资格审查委员会审查资格预审申请文件。资格审查委员会及其成员应当遵守招标投标法和本条例有关评标委员会及其成员的规定。

第十九条 资格预审结束后，招标人应当及时向资格预审申请人发出资格预审结果通知书。未通过资格预审的申请人不具有投标资格。

通过资格预审的申请人少于3个的，应当重新招标。

第二十条 招标人采用资格后审办法对投标人进行资格审查的，应当在开标后由评标委员会按照招标文件规定的标准和方法对投标人的资格进行审查。

第二十一条 招标人可以对已发出的资格预审文件或者招标文件进行必要的澄清或者修改。澄清或者修改的内容可能影响资格预审申请文件或者投标文件编制的，招标人应当在提交资格预审申请文件截止时间至少3日前，或者投标截止时间至少15日前，以书面形式通知所有获取资格预审文件或者招标文件的潜在投标人；不足3日或者15日的，招标人应当顺延提交资格预审申请文件或者投标文件的截止时间。

第二十二条 潜在投标人或者其他利害关系人对资格预审文件有异议的，应当在提交资格预审申请文件截止时间2日前提出；对招标文件有异议的，应当在投标截止时间10日前提出。招标人应当自收到异议之日起3日内作出答复；作出答复前，应当暂停招标投标活动。

第二十三条 招标人编制的资格预审文件、招标文件的内容违反法律、行政法规的强制性规定，违反公开、公平、公正和诚实信用原则，影响资格预审结果或者潜在投标人投标的，依法必须进行招标的项目的招标人应当在修改资格预审文件或者招标文件后重新招标。

第二十四条 招标人对招标项目划分标段的，应当遵守招标投标法的有关规定，不得利用划分标段限制或者排斥潜在投标人。依法必须进行招标的项目的招标人不得利用划分标段规避招标。

第二十五条 招标人应当在招标文件中载明投标有效期。投标有效期从提交投标文件的截止之日起算。

第二十六条 招标人在招标文件中要求投标人提交投标保证金的，投标保证金不得超过招标项目估算价的2%。投标保证金有效期应当与投标有效期一致。

依法必须进行招标的项目的境内投标单位，以现金或者支票形式提交的投标保证金应当从其基本账户转出。

招标人不得挪用投标保证金。

第二十七条 招标人可以自行决定是否编制标底。一个招标项目只能有一个标底。标底必须保密。

接受委托编制标底的中介机构不得参加受托编制标底项目的投标，也不得为该项目的投标人编制投标文件或者提供咨询。

招标人设有最高投标限价的，应当在招标文件中明确最高投标限价或者最高投标限价的计算方法。招标人不得规定最低投标限价。

第二十八条 招标人不得组织单个或者部分潜在投标人踏勘项目现场。

第二十九条 招标人可以依法对工程以及与工程建设有关的货物、服务全部或者部分实行总承包招标。以暂估价形式包括在总承包范围内的工程、货物、服务属于依法必须进行招标的项目范围且达到国家规定规模标准的，应当依法进行招标。

前款所称暂估价，是指总承包招标时不能确定价格而由招标人在招标文件中暂时估定的工程、货物、服务的金额。

第三十条 对技术复杂或者无法精确拟定技术规格的项目，招标人可以分两阶段进行招标。

第一阶段，投标人按照招标公告或者投标邀请书的要求提交不带报价的技术建议，招标人根据投标人提交的技术建议确定技术标准和要求，编制招标文件。

第二阶段，招标人向在第一阶段提交技术建议的投标人提供招标文件，投标人按照招标文件的要求提交包括最终技术方案和投标报价的投标文件。

招标人要求投标人提交投标保证金的，应当在第二阶段提出。

第三十一条 招标人终止招标的，应当及时发布公告，或者以书面形式通知被邀请的或者已经获取资格预审文件、招标文件的潜在投标人。已经发售资格预审文件、招标文件或者已经收取投标保证金的，招标人应当及时退还所收取的资格预审文件、招标文件的费用，以及所收取的投标保证金及银行同期存款利息。

第三十二条 招标人不得以不合理的条件限制、排斥潜在投标人或者投标人。

招标人有下列行为之一的，属于以不合理条件限制、排斥潜在投标人或者投标人：

（一）就同一招标项目向潜在投标人或者投标人提供有差别的项目信息；

（二）设定的资格、技术、商务条件与招标项目的具体特点和实际需要不相适应或者与合同履行无关；

（三）依法必须进行招标的项目以特定行政区域或者特定行业的业绩、奖项作为加分条件或者中标条件；

（四）对潜在投标人或者投标人采取不同的资格审查或者评标标准；

（五）限定或者指定特定的专利、商标、品牌、原产地或者供应商；

（六）依法必须进行招标的项目非法限定潜在投标人或者投标人的所有制形式或者组织形式；

（七）以其他不合理条件限制、排斥潜在投标人或者投标人。

第三章 投 标

第三十三条 投标人参加依法必须进行招标的项目的投标，不受地区或者部门的限制，任何单位和个人不得非法干涉。

第三十四条 与招标人存在利害关系可能影响招标公正性的法人、其他组织或者个人，不得参加投标。

单位负责人为同一人或者存在控股、管理关系的不同单位，不得参加同一标段投标或者未划分标段的同一招标项目投标。

违反前两款规定的，相关投标均无效。

第三十五条 投标人撤回已提交的投标文件，应当在投标截止时间前书面通知招标人。招标人已收取投标保证金的，应当自收到投标人书面撤回通知之日起5日内退还。

投标截止后投标人撤销投标文件的，招标人可以不退还投标保证金。

第三十六条 未通过资格预审的申请人提交的投标文件，以及逾期送达或者不按照招标文件要求密封的投标文件，招标人应当拒收。

招标人应当如实记载投标文件的送达时间和密封情况，并存档备查。

第三十七条 招标人应当在资格预审公告、招标公告或者投标邀请书中载明是否接受联合体投标。

招标人接受联合体投标并进行资格预审的，联合体应当在提交资格预审申请文件前组成。资格预审后联合体增减、更换成员的，其投标无效。

联合体各方在同一招标项目中以自己名义单独投标或者参加其他联合体投标的，相关投标均无效。

第三十八条 投标人发生合并、分立、破产等重大变化的，应当及时书面告知招标人。投标人不再具备资格预审文件、招标文件规定的资格条件或者其投标影响招标公正性的，其投标无效。

第三十九条 禁止投标人相互串通投标。

有下列情形之一的，属于投标人相互串通投标：

（一）投标人之间协商投标报价等投标文件的实质性内容；

（二）投标人之间约定中标人；

（三）投标人之间约定部分投标人放

弃投标或者中标；

（四）属于同一集团、协会、商会等组织成员的投标人按照该组织要求协同投标；

（五）投标人之间为谋取中标或者排斥特定投标人而采取的其他联合行动。

第四十条 有下列情形之一的，视为投标人相互串通投标：

（一）不同投标人的投标文件由同一单位或者个人编制；

（二）不同投标人委托同一单位或者个人办理投标事宜；

（三）不同投标人的投标文件载明的项目管理成员为同一人；

（四）不同投标人的投标文件异常一致或者投标报价呈规律性差异；

（五）不同投标人的投标文件相互混装；

（六）不同投标人的投标保证金从同一单位或者个人的账户转出。

第四十一条 禁止招标人与投标人串通投标。

有下列情形之一的，属于招标人与投标人串通投标：

（一）招标人在开标前开启投标文件并将有关信息泄露给其他投标人；

（二）招标人直接或者间接向投标人泄露标底、评标委员会成员等信息；

（三）招标人明示或者暗示投标人压低或者抬高投标报价；

（四）招标人授意投标人撤换、修改投标文件；

（五）招标人明示或者暗示投标人为特定投标人中标提供方便；

（六）招标人与投标人为谋求特定投标人中标而采取的其他串通行为。

第四十二条 使用通过受让或者租借等方式获取的资格、资质证书投标的，属于招标投标法第三十三条规定的以他人名义投标。

投标人有下列情形之一的，属于招标投标法第三十三条规定的以其他方式弄虚作假的行为：

（一）使用伪造、变造的许可证件；

（二）提供虚假的财务状况或者业绩；

（三）提供虚假的项目负责人或者主要技术人员简历、劳动关系证明；

（四）提供虚假的信用状况；

（五）其他弄虚作假的行为。

第四十三条 提交资格预审申请文件的申请人应当遵守招标投标法和本条例有关投标人的规定。

第四章 开标、评标和中标

第四十四条 招标人应当按照招标文件规定的时间、地点开标。

投标人少于 3 个的，不得开标；招标人应当重新招标。

投标人对开标有异议的，应当在开标现场提出，招标人应当当场作出答复，并制作记录。

第四十五条 国家实行统一的评标专家专业分类标准和管理办法。具体标准和办法由国务院发展改革部门会同国务院有关部门制定。

省级人民政府和国务院有关部门应当组建综合评标专家库。

第四十六条 除招标投标法第三十七条第三款规定的特殊招标项目外，依法必须进行招标的项目，其评标委员会的专家成员应当从评标专家库内相关专业的专家名单中以随机抽取方式确定。任何单位和个人不得以明示、暗示等任何方式指定或者变相指定参加评标委员会的专家成员。

依法必须进行招标的项目的招标人非因招标投标法和本条例规定的事由，不得更换依法确定的评标委员会成员。更换评标委员会的专家成员应当依照前款规定进行。

评标委员会成员与投标人有利害关系

的，应当主动回避。

有关行政监督部门应当按照规定的职责分工，对评标委员会成员的确定方式、评标专家的抽取和评标活动进行监督。行政监督部门的工作人员不得担任本部门负责监督项目的评标委员会成员。

第四十七条 招标投标法第三十七条第三款所称特殊招标项目，是指技术复杂、专业性强或者国家有特殊要求，采取随机抽取方式确定的专家难以保证胜任评标工作的项目。

第四十八条 招标人应当向评标委员会提供评标所必需的信息，但不得明示或者暗示其倾向或者排斥特定投标人。

招标人应当根据项目规模和技术复杂程度等因素合理确定评标时间。超过三分之一的评标委员会成员认为评标时间不够的，招标人应当适当延长。

评标过程中，评标委员会成员有回避事由、擅离职守或者因健康等原因不能继续评标的，应当及时更换。被更换的评标委员会成员作出的评审结论无效，由更换后的评标委员会成员重新进行评审。

第四十九条 评标委员会成员应当依照招标投标法和本条例的规定，按照招标文件规定的评标标准和方法，客观、公正地对投标文件提出评审意见。招标文件没有规定的评标标准和方法不得作为评标的依据。

评标委员会成员不得私下接触投标人，不得收受投标人给予的财物或者其他好处，不得向招标人征询确定中标人的意向，不得接受任何单位或者个人明示或者暗示提出的倾向或者排斥特定投标人的要求，不得有其他不客观、不公正履行职务的行为。

第五十条 招标项目设有标底的，招标人应当在开标时公布。标底只能作为评标的参考，不得以投标报价是否接近标底作为中标条件，也不得以投标报价超过标底上下浮动范围作为否决投标的条件。

第五十一条 有下列情形之一的，评标委员会应当否决其投标：

（一）投标文件未经投标单位盖章和单位负责人签字；

（二）投标联合体没有提交共同投标协议；

（三）投标人不符合国家或者招标文件规定的资格条件；

（四）同一投标人提交两个以上不同的投标文件或者投标报价，但招标文件要求提交备选投标的除外；

（五）投标报价低于成本或者高于招标文件设定的最高投标限价；

（六）投标文件没有对招标文件的实质性要求和条件作出响应；

（七）投标人有串通投标、弄虚作假、行贿等违法行为。

第五十二条 投标文件中有含义不明确的内容、明显文字或者计算错误，评标委员会认为需要投标人作出必要澄清、说明的，应当书面通知该投标人。投标人的澄清、说明应当采用书面形式，并不得超出投标文件的范围或者改变投标文件的实质性内容。

评标委员会不得暗示或者诱导投标人作出澄清、说明，不得接受投标人主动提出的澄清、说明。

第五十三条 评标完成后，评标委员会应当向招标人提交书面评标报告和中标候选人名单。中标候选人应当不超过3个，并标明排序。

评标报告应当由评标委员会全体成员签字。对评标结果有不同意见的评标委员会成员应当以书面形式说明其不同意见和理由，评标报告应当注明该不同意见。评标委员会成员拒绝在评标报告上签字又不书面说明其不同意见和理由的，视为同意评标结果。

第五十四条 依法必须进行招标的项目，招标人应当自收到评标报告之日起3日内公示中标候选人，公示期不得少于3日。

投标人或者其他利害关系人对依法必须进行招标的项目的评标结果有异议的，应当在中标候选人公示期间提出。招标人应当自收到异议之日起3日内作出答复；作出答复前，应当暂停招标投标活动。

第五十五条 国有资金占控股或者主导地位的依法必须进行招标的项目，招标人应当确定排名第一的中标候选人为中标人。排名第一的中标候选人放弃中标、因不可抗力不能履行合同、不按照招标文件要求提交履约保证金，或者被查实存在影响中标结果的违法行为等情形，不符合中标条件的，招标人可以按照评标委员会提出的中标候选人名单排序依次确定其他中标候选人为中标人，也可以重新招标。

第五十六条 中标候选人的经营、财务状况发生较大变化或者存在违法行为，招标人认为可能影响其履约能力的，应当在发出中标通知书前由原评标委员会按照招标文件规定的标准和方法审查确认。

第五十七条 招标人和中标人应当依照招标投标法和本条例的规定签订书面合同，合同的标的、价款、质量、履行期限等主要条款应当与招标文件和中标人的投标文件的内容一致。招标人和中标人不得再行订立背离合同实质性内容的其他协议。

招标人最迟应当在书面合同签订后5日内向中标人和未中标的投标人退还投标保证金及银行同期存款利息。

第五十八条 招标文件要求中标人提交履约保证金的，中标人应当按照招标文件的要求提交。履约保证金不得超过中标合同金额的10%。

第五十九条 中标人应当按照合同约定履行义务，完成中标项目。中标人不得向他人转让中标项目，也不得将中标项目肢解后分别向他人转让。

中标人按照合同约定或者经招标人同意，可以将中标项目的部分非主体、非关键性工作分包给他人完成。接受分包的人应当具备相应的资格条件，并不得再次分包。

中标人应当就分包项目向招标人负责，接受分包的人就分包项目承担连带责任。

第五章 投诉与处理

第六十条 投标人或者其他利害关系人认为招标投标活动不符合法律、行政法规规定的，可以自知道或者应当知道之日起10日内向有关行政监督部门投诉。投诉应当有明确的请求和必要的证明材料。

就本条例第二十二条、第四十四条、第五十四条规定事项投诉的，应当先向招标人提出异议，异议答复期间不计算在前款规定的期限内。

第六十一条 投诉人就同一事项向两个以上有权受理的行政监督部门投诉的，由最先收到投诉的行政监督部门负责处理。

行政监督部门应当自收到投诉之日起3个工作日内决定是否受理投诉，并自受理投诉之日起30个工作日内作出书面处理决定；需要检验、检测、鉴定、专家评审的，所需时间不计算在内。

投诉人捏造事实、伪造材料或者以非法手段取得证明材料进行投诉的，行政监督部门应当予以驳回。

第六十二条 行政监督部门处理投诉，有权查阅、复制有关文件、资料，调查有关情况，相关单位和人员应当予以配合。必要时，行政监督部门可以责令暂停招标投标活动。

行政监督部门的工作人员对监督检查过程中知悉的国家秘密、商业秘密，应当依法予以保密。

第六章 法律责任

第六十三条 招标人有下列限制或者排斥潜在投标人行为之一的，由有关行政监督部门依照招标投标法第五十一条的规定处罚：

（一）依法应当公开招标的项目不按照规定在指定媒介发布资格预审公告或者招标公告；

（二）在不同媒介发布的同一招标项目的资格预审公告或者招标公告的内容不一致，影响潜在投标人申请资格预审或者投标。

依法必须进行招标的项目的招标人不按照规定发布资格预审公告或者招标公告，构成规避招标的，依照招标投标法第四十九条的规定处罚。

第六十四条　招标人有下列情形之一的，由有关行政监督部门责令改正，可以处10万元以下的罚款：

（一）依法应当公开招标而采用邀请招标；

（二）招标文件、资格预审文件的发售、澄清、修改的时限，或者确定的提交资格预审申请文件、投标文件的时限不符合招标投标法和本条例规定；

（三）接受未通过资格预审的单位或者个人参加投标；

（四）接受应当拒收的投标文件。

招标人有前款第一项、第三项、第四项所列行为之一的，对单位直接负责的主管人员和其他直接责任人员依法给予处分。

第六十五条　招标代理机构在所代理的招标项目中投标、代理投标或者向该项目投标人提供咨询的，接受委托编制标底的中介机构参加受托编制标底项目的投标或者为该项目的投标人编制投标文件、提供咨询的，依照招标投标法第五十条的规定追究法律责任。

第六十六条　招标人超过本条例规定的比例收取投标保证金、履约保证金或者不按照规定退还投标保证金及银行同期存款利息的，由有关行政监督部门责令改正，可以处5万元以下的罚款；给他人造成损失的，依法承担赔偿责任。

第六十七条　投标人相互串通投标或者与招标人串通投标的，投标人向招标人或者评标委员会成员行贿谋取中标的，中标无效；构成犯罪的，依法追究刑事责任；尚不构成犯罪的，依照招标投标法第五十三条的规定处罚。投标人未中标的，对单位的罚款金额按照招标项目合同金额依照招标投标法规定的比例计算。

投标人有下列行为之一的，属于招标投标法第五十三条规定的情节严重行为，由有关行政监督部门取消其1年至2年内参加依法必须进行招标的项目的投标资格：

（一）以行贿谋取中标；

（二）3年内2次以上串通投标；

（三）串通投标行为损害招标人、其他投标人或者国家、集体、公民的合法利益，造成直接经济损失30万元以上；

（四）其他串通投标情节严重的行为。

投标人自本条第二款规定的处罚执行期限届满之日起3年内又有该款所列违法行为之一的，或者串通投标、以行贿谋取中标情节特别严重的，由工商行政管理机关吊销营业执照。

法律、行政法规对串通投标报价行为的处罚另有规定的，从其规定。

第六十八条　投标人以他人名义投标或者以其他方式弄虚作假骗取中标的，中标无效；构成犯罪的，依法追究刑事责任；尚不构成犯罪的，依照招标投标法第五十四条的规定处罚。依法必须进行招标的项目的投标人未中标的，对单位的罚款金额按照招标项目合同金额依照招标投标法规定的比例计算。

投标人有下列行为之一的，属于招标投标法第五十四条规定的情节严重行为，由有关行政监督部门取消其1年至3年内参加依法必须进行招标的项目的投标资格：

（一）伪造、变造资格、资质证书或者其他许可证件骗取中标；

（二）3年内2次以上使用他人名义投标；

（三）弄虚作假骗取中标给招标人造成直接经济损失30万元以上；

（四）其他弄虚作假骗取中标情节严重的行为。

投标人自本条第二款规定的处罚执行期限届满之日起3年内又有该款所列违法行为之一的，或者弄虚作假骗取中标情节特别严重的，由工商行政管理机关吊销营业执照。

第六十九条 出让或者出租资格、资质证书供他人投标的，依照法律、行政法规的规定给予行政处罚；构成犯罪的，依法追究刑事责任。

第七十条 依法必须进行招标的项目的招标人不按照规定组建评标委员会，或者确定、更换评标委员会成员违反招标投标法和本条例规定的，由有关行政监督部门责令改正，可以处10万元以下的罚款，对单位直接负责的主管人员和其他直接责任人员依法给予处分；违法确定或者更换的评标委员会成员作出的评审结论无效，依法重新进行评审。

国家工作人员以任何方式非法干涉选取评标委员会成员的，依照本条例第八十条的规定追究法律责任。

第七十一条 评标委员会成员有下列行为之一的，由有关行政监督部门责令改正；情节严重的，禁止其在一定期限内参加依法必须进行招标的项目的评标；情节特别严重的，取消其担任评标委员会成员的资格：

（一）应当回避而不回避；

（二）擅离职守；

（三）不按照招标文件规定的评标标准和方法评标；

（四）私下接触投标人；

（五）向招标人征询确定中标人的意向或者接受任何单位或者个人明示或者暗示提出的倾向或者排斥特定投标人的要求；

（六）对依法应当否决的投标不提出否决意见；

（七）暗示或者诱导投标人作出澄清、说明或者接受投标人主动提出的澄清、说明；

（八）其他不客观、不公正履行职务的行为。

第七十二条 评标委员会成员收受投标人的财物或者其他好处的，没收收受的财物，处3000元以上5万元以下的罚款，取消担任评标委员会成员的资格，不得再参加依法必须进行招标的项目的评标；构成犯罪的，依法追究刑事责任。

第七十三条 依法必须进行招标的项目的招标人有下列情形之一的，由有关行政监督部门责令改正，可以处中标项目金额10‰以下的罚款；给他人造成损失的，依法承担赔偿责任；对单位直接负责的主管人员和其他直接责任人员依法给予处分：

（一）无正当理由不发出中标通知书；

（二）不按照规定确定中标人；

（三）中标通知书发出后无正当理由改变中标结果；

（四）无正当理由不与中标人订立合同；

（五）在订立合同时向中标人提出附加条件。

第七十四条 中标人无正当理由不与招标人订立合同，在签订合同时向招标人提出附加条件，或者不按照招标文件要求提交履约保证金的，取消其中标资格，投标保证金不予退还。对依法必须进行招标的项目的中标人，由有关行政监督部门责令改正，可以处中标项目金额10‰以下的罚款。

第七十五条 招标人和中标人不按照招标文件和中标人的投标文件订立合同，合同的主要条款与招标文件、中标人的投标文件的内容不一致，或者招标人、中标人订立背离合同实质性内容的协议的，由有关行政监督部门责令改正，可以处中标项目金额5‰以上10‰以下的罚款。

第七十六条 中标人将中标项目转让给他人的，将中标项目肢解后分别转让给他人的，违反招标投标法和本条例规定将中标项目的部分主体、关键性工作分包给他人的，或者分包人再次分包的，转让、分包无效，处转让、分包项目金额5‰以上10‰以下的罚款；有违法所得的，并处没收违法所得；可以责令停业整顿；情节严重的，由工商行政管理机关吊销营业执照。

第七十七条 投标人或者其他利害关系人捏造事实、伪造材料或者以非法手段取得证明材料进行投诉，给他人造成损失的，依法承担赔偿责任。

招标人不按照规定对异议作出答复，继续进行招标投标活动的，由有关行政监督部门责令改正，拒不改正或者不能改正并影响中标结果的，依照本条例第八十一条的规定处理。

第七十八条 国家建立招标投标信用制度。有关行政监督部门应当依法公告对招标人、招标代理机构、投标人、评标委员会成员等当事人违法行为的行政处理决定。

第七十九条 项目审批、核准部门不依法审批、核准项目招标范围、招标方式、招标组织形式的，对单位直接负责的主管人员和其他直接责任人员依法给予处分。

有关行政监督部门不依法履行职责，对违反招标投标法和本条例规定的行为不依法查处，或者不按照规定处理投诉、不依法公告对招标投标当事人违法行为的行政处理决定的，对直接负责的主管人员和其他直接责任人员依法给予处分。

项目审批、核准部门和有关行政监督部门的工作人员徇私舞弊、滥用职权、玩忽职守，构成犯罪的，依法追究刑事责任。

第八十条 国家工作人员利用职务便利，以直接或者间接、明示或者暗示等任何方式非法干涉招标投标活动，有下列情形之一的，依法给予记过或者记大过处分；情节严重的，依法给予降级或者撤职处分；情节特别严重的，依法给予开除处分；构成犯罪的，依法追究刑事责任：

（一）要求对依法必须进行招标的项目不招标，或者要求对依法应当公开招标的项目不公开招标；

（二）要求评标委员会成员或者招标人以其指定的投标人作为中标候选人或者中标人，或者以其他方式非法干涉评标活动，影响中标结果；

（三）以其他方式非法干涉招标投标活动。

第八十一条 依法必须进行招标的项目的招标投标活动违反招标投标法和本条例的规定，对中标结果造成实质性影响，且不能采取补救措施予以纠正的，招标、投标、中标无效，应当依法重新招标或者评标。

第七章 附 则

第八十二条 招标投标协会按照依法制定的章程开展活动，加强行业自律和服务。

第八十三条 政府采购的法律、行政法规对政府采购货物、服务的招标投标另有规定的，从其规定。

第八十四条 本条例自2012年2月1日起施行。

必须招标的工程项目规定

（2018年3月27日国家发展和改革委员会令第16号公布 自2018年6月1日起施行）

第一条 为了确定必须招标的工程项目，规范招标投标活动，提高工作效率、降低企业成本、预防腐败，根据《中华人民共和国招标投标法》第三条的规定，制定本规定。

第二条 全部或者部分使用国有资金投资或者国家融资的项目包括：

（一）使用预算资金200万元人民币以上，并且该资金占投资额10%以上的项目；

（二）使用国有企业事业单位资金，并且该资金占控股或者主导地位的项目。

第三条 使用国际组织或者外国政府贷款、援助资金的项目包括：

（一）使用世界银行、亚洲开发银行等国际组织贷款、援助资金的项目；

（二）使用外国政府及其机构贷款、援助资金的项目。

第四条 不属于本规定第二条、第三条规定情形的大型基础设施、公用事业等关系社会公共利益、公众安全的项目，必须招标的具体范围由国务院发展改革部门会同国务院有关部门按照确有必要、严格限定的原则制订，报国务院批准。

第五条 本规定第二条至第四条规定范围内的项目，其勘察、设计、施工、监理以及与工程建设有关的重要设备、材料等的采购达到下列标准之一的，必须招标：

（一）施工单项合同估算价在400万元人民币以上；

（二）重要设备、材料等货物的采购，单项合同估算价在200万元人民币以上；

（三）勘察、设计、监理等服务的采购，单项合同估算价在100万元人民币以上。

同一项目中可以合并进行的勘察、设计、施工、监理以及与工程建设有关的重要设备、材料等的采购，合同估算价合计达到前款规定标准的，必须招标。

第六条 本规定自2018年6月1日起施行。

建筑工程设计招标投标管理办法

（2017年1月24日住房和城乡建设部令第33号发布　自2017年5月1日起施行）

第一条 为规范建筑工程设计市场，提高建筑工程设计水平，促进公平竞争，繁荣建筑创作，根据《中华人民共和国建筑法》、《中华人民共和国招标投标法》、《建设工程勘察设计管理条例》和《中华人民共和国招标投标法实施条例》等法律法规，制定本办法。

第二条 依法必须进行招标的各类房屋建筑工程，其设计招标投标活动，适用本办法。

第三条 国务院住房城乡建设主管部门依法对全国建筑工程设计招标投标活动实施监督。

县级以上地方人民政府住房城乡建设主管部门依法对本行政区域内建筑工程设计招标投标活动实施监督，依法查处招标投标活动中的违法违规行为。

第四条 建筑工程设计招标范围和规模标准按照国家有关规定执行，有下列情形之一的，可以不进行招标：

（一）采用不可替代的专利或者专有技术的；

（二）对建筑艺术造型有特殊要求，并经有关主管部门批准的；

（三）建设单位依法能够自行设计的；

（四）建筑工程项目的改建、扩建或者技术改造，需要由原设计单位设计，否则将影响功能配套要求的；

（五）国家规定的其他特殊情形。

第五条 建筑工程设计招标应当依法进行公开招标或者邀请招标。

第六条 建筑工程设计招标可以采用设计

方案招标或者设计团队招标，招标人可以根据项目特点和实际需要选择。

设计方案招标，是指主要通过对投标人提交的设计方案进行评审确定中标人。

设计团队招标，是指主要通过对投标人拟派设计团队的综合能力进行评审确定中标人。

第七条 公开招标的，招标人应当发布招标公告。邀请招标的，招标人应当向3个以上潜在投标人发出投标邀请书。

招标公告或者投标邀请书应当载明招标人名称和地址、招标项目的基本要求、投标人的资质要求以及获取招标文件的办法等事项。

第八条 招标人一般应当将建筑工程的方案设计、初步设计和施工图设计一并招标。确需另行选择设计单位承担初步设计、施工图设计的，应当在招标公告或者投标邀请书中明确。

第九条 鼓励建筑工程实行设计总包。实行设计总包的，按照合同约定或者经招标人同意，设计单位可以不通过招标方式将建筑工程非主体部分的设计进行分包。

第十条 招标文件应当满足设计方案招标或者设计团队招标的不同需求，主要包括以下内容：

（一）项目基本情况；

（二）城乡规划和城市设计对项目的基本要求；

（三）项目工程经济技术要求；

（四）项目有关基础资料；

（五）招标内容；

（六）招标文件答疑、现场踏勘安排；

（七）投标文件编制要求；

（八）评标标准和方法；

（九）投标文件送达地点和截止时间；

（十）开标时间和地点；

（十一）拟签订合同的主要条款；

（十二）设计费或者计费方法；

（十三）未中标方案补偿办法。

第十一条 招标人应当在资格预审公告、招标公告或者投标邀请书中载明是否接受联合体投标。采用联合体形式投标的，联合体各方应当签订共同投标协议，明确约定各方承担的工作和责任，就中标项目向招标人承担连带责任。

第十二条 招标人可以对已发出的招标文件进行必要的澄清或者修改。澄清或者修改的内容可能影响投标文件编制的，招标人应当在投标截止时间至少15日前，以书面形式通知所有获取招标文件的潜在投标人，不足15日的，招标人应当顺延提交投标文件的截止时间。

潜在投标人或者其他利害关系人对招标文件有异议的，应当在投标截止时间10日前提出。招标人应当自收到异议之日起3日内作出答复；作出答复前，应当暂停招标投标活动。

第十三条 招标人应当确定投标人编制投标文件所需要的合理时间，自招标文件开始发出之日起至投标人提交投标文件截止之日止，时限最短不少于20日。

第十四条 投标人应当具有与招标项目相适应的工程设计资质。境外设计单位参加国内建筑工程设计投标的，按照国家有关规定执行。

第十五条 投标人应当按照招标文件的要求编制投标文件。投标文件应当对招标文件提出的实质性要求和条件作出响应。

第十六条 评标由评标委员会负责。

评标委员会由招标人代表和有关专家组成。评标委员会人数为5人以上单数，其中技术和经济方面的专家不得少于成员总数的2/3。建筑工程设计方案评标时，建筑专业专家不得少于技术和经济方面专家总数的2/3。

评标专家一般从专家库随机抽取，对于技术复杂、专业性强或者国家有特殊要求的项目，招标人也可以直接邀请相应专业的中国科学院院士、中国工程院院士、全国工程勘察设计大师以及境外具有相应资历的专家参加评标。

投标人或者与投标人有利害关系的人员不得参加评标委员会。

第十七条 有下列情形之一的，评标委员会应当否决其投标：

（一）投标文件未按招标文件要求经投标人盖章和单位负责人签字；

（二）投标联合体没有提交共同投标协议；

（三）投标人不符合国家或者招标文件规定的资格条件；

（四）同一投标人提交两个以上不同的投标文件或者投标报价，但招标文件要求提交备选投标的除外；

（五）投标文件没有对招标文件的实质性要求和条件作出响应；

（六）投标人有串通投标、弄虚作假、行贿等违法行为；

（七）法律法规规定的其他应当否决投标的情形。

第十八条 评标委员会应当按照招标文件确定的评标标准和方法，对投标文件进行评审。

采用设计方案招标的，评标委员会应当在符合城乡规划、城市设计以及安全、绿色、节能、环保要求的前提下，重点对功能、技术、经济和美观等进行评审。

采用设计团队招标的，评标委员会应当对投标人拟从事项目设计的人员构成、人员业绩、人员从业经历、项目解读、设计构思、投标人信用情况和业绩等进行评审。

第十九条 评标委员会应当在评标完成后，向招标人提出书面评标报告，推荐不超过3个中标候选人，并标明顺序。

第二十条 招标人应当公示中标候选人。采用设计团队招标的，招标人应当公示中标候选人投标文件中所列主要人员、业绩等内容。

第二十一条 招标人根据评标委员会的书面评标报告和推荐的中标候选人确定中标人。招标人也可以授权评标委员会直接确定中标人。

采用设计方案招标的，招标人认为评标委员会推荐的候选方案不能最大限度满足招标文件规定的要求的，应当依法重新招标。

第二十二条 招标人应当在确定中标人后及时向中标人发出中标通知书，并同时将中标结果通知所有未中标人。

第二十三条 招标人应当自确定中标人之日起15日内，向县级以上地方人民政府住房城乡建设主管部门提交招标投标情况的书面报告。

第二十四条 县级以上地方人民政府住房城乡建设主管部门应当自收到招标投标情况的书面报告之日起5个工作日内，公开专家评审意见等信息，涉及国家秘密、商业秘密的除外。

第二十五条 招标人和中标人应当自中标通知书发出之日起30日内，按照招标文件和中标人的投标文件订立书面合同。

第二十六条 招标人、中标人使用未中标方案的，应当征得提交方案的投标人同意并付给使用费。

第二十七条 国务院住房城乡建设主管部门，省、自治区、直辖市人民政府住房城乡建设主管部门应当加强建筑工程设计评标专家和专家库的管理。

建筑专业专家库应当按建筑工程类别细化分类。

第二十八条 住房城乡建设主管部门应当加快推进电子招标投标，完善招标投标信息平台建设，促进建筑工程设计招标投标信息化监管。

第二十九条 招标人以不合理的条件限制或者排斥潜在投标人的，对潜在投标人实行歧视待遇的，强制要求投标人组成联合体共同投标的，或者限制投标人之间竞争的，由县级以上地方人民政府住房城乡建设主管部门责令改正，可以处1万元以上5万元以下的罚款。

第三十条 招标人澄清、修改招标文件的时限，或者确定的提交投标文件的时限不符合本办法规定的，由县级以上地方人民政府住房城乡建设主管部门责令改正，可以处10万元以下的罚款。

第三十一条 招标人不按照规定组建评标委员会，或者评标委员会成员的确定违反本办法规定的，由县级以上地方人民政府住房城乡建设主管部门责令改正，可以处10万元以下的罚款，相应评审结论无效，依法重新进行评审。

第三十二条 招标人有下列情形之一的，由县级以上地方人民政府住房城乡建设主管部门责令改正，可以处中标项目金额10‰以下的罚款；给他人造成损失的，依法承担赔偿责任；对单位直接负责的主管人员和其他直接责任人员依法给予处分：

（一）无正当理由未按本办法规定发出中标通知书；

（二）不按照规定确定中标人；

（三）中标通知书发出后无正当理由改变中标结果；

（四）无正当理由未按本办法规定与中标人订立合同；

（五）在订立合同时向中标人提出附加条件。

第三十三条 投标人以他人名义投标或者以其他方式弄虚作假，骗取中标的，中标无效，给招标人造成损失的，依法承担赔偿责任；构成犯罪的，依法追究刑事责任。

投标人有前款所列行为尚未构成犯罪的，由县级以上地方人民政府住房城乡建设主管部门处中标项目金额5‰以上10‰以下的罚款，对单位直接负责的主管人员和其他直接责任人员处单位罚款数额5%以上10%以下的罚款；有违法所得的，并处没收违法所得；情节严重的，取消其1年至3年内参加依法必须进行招标的建筑工程设计招标的投标资格，并予以公告，直至由工商行政管理机关吊销营业执照。

第三十四条 评标委员会成员收受投标人的财物或者其他好处的，评标委员会成员或者参加评标的有关工作人员向他人透露对投标文件的评审和比较、中标候选人的推荐以及与评标有关的其他情况的，由县级以上地方人民政府住房城乡建设主管部门给予警告，没收收受的财物，可以并处3000元以上5万元以下的罚款。

评标委员会成员有前款所列行为的，由有关主管部门通报批评并取消担任评标委员会成员的资格，不得再参加任何依法必须进行招标的建筑工程设计招标投标的评标；构成犯罪的，依法追究刑事责任。

第三十五条 评标委员会成员违反本办法规定，对应当否决的投标不提出否决意见的，由县级以上地方人民政府住房城乡建设主管部门责令改正；情节严重的，禁止其在一定期限内参加依法必须进行招标的建筑工程设计招标投标的评标；情节特别严重的，由有关主管部门取消其担任评标委员会成员的资格。

第三十六条 住房城乡建设主管部门或者有关职能部门的工作人员徇私舞弊、滥用职权或者玩忽职守，构成犯罪的，依法追究刑事责任；不构成犯罪的，依法给予行政处分。

第三十七条 市政公用工程及园林工程设计招标投标参照本办法执行。

第三十八条 本办法自2017年5月1日起施行。2000年10月18日建设部颁布的《建筑工程设计招标投标管理办法》（建设部令第82号）同时废止。

评标委员会和评标方法暂行规定

（2001年7月5日国家发展计划委员会、国家经济贸易委员会、建设部、铁道部、交通部、信息产业部、水利部令第12号发布　根据2013年3月11日国家发展和改革委员会、工业和信息化部、财政部、住房和城乡建设部、交通运输部、铁道部、水利部、国家广播电影电视总局、中国民用航空局《关于废止和修改部分招标投标规章和规范性文件的决定》修订）

第一章　总　　则

第一条　为了规范评标活动，保证评标的公平、公正，维护招标投标活动当事人的合法权益，依照《中华人民共和国招标投标法》、《中华人民共和国招标投标法实施条例》，制定本规定。

第二条　本规定适用于依法必须招标项目的评标活动。

第三条　评标活动遵循公平、公正、科学、择优的原则。

第四条　评标活动依法进行，任何单位和个人不得非法干预或者影响评标过程和结果。

第五条　招标人应当采取必要措施，保证评标活动在严格保密的情况下进行。

第六条　评标活动及其当事人应当接受依法实施的监督。

有关行政监督部门依照国务院或者地方政府的职责分工，对评标活动实施监督，依法查处评标活动中的违法行为。

第二章　评标委员会

第七条　评标委员会依法组建，负责评标活动，向招标人推荐中标候选人或者根据招标人的授权直接确定中标人。

第八条　评标委员会由招标人负责组建。

评标委员会成员名单一般应于开标前确定。评标委员会成员名单在中标结果确定前应当保密。

第九条　评标委员会由招标人或其委托的招标代理机构熟悉相关业务的代表，以及有关技术、经济等方面的专家组成，成员人数为五人以上单数，其中技术、经济等方面的专家不得少于成员总数的三分之二。

评标委员会设负责人的，评标委员会负责人由评标委员会成员推举产生或者由招标人确定。评标委员会负责人与评标委员会的其他成员有同等的表决权。

第十条　评标委员会的专家成员应当从依法组建的专家库内的相关专家名单中确定。

按前款规定确定评标专家，可以采取随机抽取或者直接确定的方式。一般项目，可以采取随机抽取的方式；技术复杂、专业性强或者国家有特殊要求的招标项目，采取随机抽取方式确定的专家难以保证胜任的，可以由招标人直接确定。

第十一条　评标专家应符合下列条件：

（一）从事相关专业领域工作满八年并具有高级职称或者同等专业水平；

（二）熟悉有关招标投标的法律法规，并具有与招标项目相关的实践经验；

（三）能够认真、公正、诚实、廉洁地履行职责。

第十二条　有下列情形之一的，不得担任评标委员会成员：

（一）投标人或者投标人主要负责人的近亲属；

（二）项目主管部门或者行政监督部门的人员；

（三）与投标人有经济利益关系，可能影响对投标公正评审的；

（四）曾因在招标、评标以及其他与招标投标有关活动中从事违法行为而受过行政处罚或刑事处罚的。

评标委员会成员有前款规定情形之一

的，应当主动提出回避。

第十三条 评标委员会成员应当客观、公正地履行职责，遵守职业道德，对所提出的评审意见承担个人责任。

评标委员会成员不得与任何投标人或者与招标结果有利害关系的人进行私下接触，不得收受投标人、中介人、其他利害关系人的财物或者其他好处，不得向招标人征询其确定中标人的意向，不得接受任何单位或者个人明示或者暗示提出的倾向或者排斥特定投标人的要求，不得有其他不客观、不公正履行职务的行为。

第十四条 评标委员会成员和与评标活动有关的工作人员不得透露对投标文件的评审和比较、中标候选人的推荐情况以及与评标有关的其他情况。

前款所称与评标活动有关的工作人员，是指评标委员会成员以外的因参与评标监督工作或者事务性工作而知悉有关评标情况的所有人员。

第三章 评标的准备与初步评审

第十五条 评标委员会成员应当编制供评标使用的相应表格，认真研究招标文件，至少应了解和熟悉以下内容：

（一）招标的目标；

（二）招标项目的范围和性质；

（三）招标文件中规定的主要技术要求、标准和商务条款；

（四）招标文件规定的评标标准、评标方法和在评标过程中考虑的相关因素。

第十六条 招标人或者其委托的招标代理机构应当向评标委员会提供评标所需的重要信息和数据，但不得带有明示或者暗示倾向或者排斥特定投标人的信息。

招标人设有标底的，标底在开标前应当保密，并在评标时作为参考。

第十七条 评标委员会应当根据招标文件规定的评标标准和方法，对投标文件进行系统地评审和比较。招标文件中没有规定的标准和方法不得作为评标的依据。

招标文件中规定的评标标准和评标方法应当合理，不得含有倾向或者排斥潜在投标人的内容，不得妨碍或者限制投标人之间的竞争。

第十八条 评标委员会应当按照投标报价的高低或者招标文件规定的其他方法对投标文件排序。以多种货币报价的，应当按照中国银行在开标日公布的汇率中间价换算成人民币。

招标文件应当对汇率标准和汇率风险作出规定。未作规定的，汇率风险由投标人承担。

第十九条 评标委员会可以书面方式要求投标人对投标文件中含义不明确、对同类问题表述不一致或者有明显文字和计算错误的内容作必要的澄清、说明或者补正。澄清、说明或者补正应以书面方式进行并不得超出投标文件的范围或者改变投标文件的实质性内容。

投标文件中的大写金额和小写金额不一致的，以大写金额为准；总价金额与单价金额不一致的，以单价金额为准，但单价金额小数点有明显错误的除外；对不同文字文本投标文件的解释发生异议的，以中文文本为准。

第二十条 在评标过程中，评标委员会发现投标人以他人的名义投标、串通投标、以行贿手段谋取中标或者以其他弄虚作假方式投标的，应当否决该投标人的投标。

第二十一条 在评标过程中，评标委员会发现投标人的报价明显低于其他投标报价或者在设有标底时明显低于标底，使得其投标报价可能低于其个别成本的，应当要求该投标人作出书面说明并提供相关证明材料。投标人不能合理说明或者不能提供相关证明材料的，由评标委员会认定该投标人以低于成本报价竞标，应当否决其投标。

第二十二条 投标人资格条件不符合国家

有关规定和招标文件要求的，或者拒不按照要求对投标文件进行澄清、说明或者补正的，评标委员会可以否决其投标。

第二十三条 评标委员会应当审查每一投标文件是否对招标文件提出的所有实质性要求和条件作出响应。未能在实质上响应的投标，应当予以否决。

第二十四条 评标委员会应当根据招标文件，审查并逐项列出投标文件的全部投标偏差。

投标偏差分为重大偏差和细微偏差。

第二十五条 下列情况属于重大偏差：

（一）没有按照招标文件要求提供投标担保或者所提供的投标担保有瑕疵；

（二）投标文件没有投标人授权代表签字和加盖公章；

（三）投标文件载明的招标项目完成期限超过招标文件规定的期限；

（四）明显不符合技术规格、技术标准的要求；

（五）投标文件载明的货物包装方式、检验标准和方法等不符合招标文件的要求；

（六）投标文件附有招标人不能接受的条件；

（七）不符合招标文件中规定的其他实质性要求。

投标文件有上述情形之一的，为未能对招标文件作出实质性响应，并按本规定第二十三条规定作否决投标处理。招标文件对重大偏差另有规定的，从其规定。

第二十六条 细微偏差是指投标文件在实质上响应招标文件要求，但在个别地方存在漏项或者提供了不完整的技术信息和数据等情况，并且补正这些遗漏或者不完整不会对其他投标人造成不公平的结果。细微偏差不影响投标文件的有效性。

评标委员会应当书面要求存在细微偏差的投标人在评标结束前予以补正。拒不补正的，在详细评审时可以对细微偏差作不利于该投标人的量化，量化标准应当在招标文件中规定。

第二十七条 评标委员会根据本规定第二十条、第二十一条、第二十二条、第二十三条、第二十五条的规定否决不合格投标后，因有效投标不足 3 个使得投标明显缺乏竞争的，评标委员会可以否决全部投标。

投标人少于 3 个或者所有投标被否决的，招标人在分析招标失败的原因并采取相应措施后，应当依法重新招标。

第四章 详细评审

第二十八条 经初步评审合格的投标文件，评标委员会应当根据招标文件确定的评标标准和方法，对其技术部分和商务部分作进一步评审、比较。

第二十九条 评标方法包括经评审的最低投标价法、综合评估法或者法律、行政法规允许的其他评标方法。

第三十条 经评审的最低投标价法一般适用于具有通用技术、性能标准或者招标人对其技术、性能没有特殊要求的招标项目。

第三十一条 根据经评审的最低投标价法，能够满足招标文件的实质性要求，并且经评审的最低投标价的投标，应当推荐为中标候选人。

第三十二条 采用经评审的最低投标价法的，评标委员会应当根据招标文件中规定的评标价格调整方法，对所有投标人的投标报价以及投标文件的商务部分作必要的价格调整。

采用经评审的最低投标价法的，中标人的投标应当符合招标文件规定的技术要求和标准，但评标委员会无需对投标文件的技术部分进行价格折算。

第三十三条 根据经评审的最低投标价法完成详细评审后，评标委员会应当拟定一份“标价比较表”，连同书面评标报告提交招标人。“标价比较表”应当载明投标人的投标报价、对商务偏差的价格调整和说明以及经评审的最终投标价。

第三十四条 不宜采用经评审的最低投标价法的招标项目，一般应当采取综合评估法进行评审。

第三十五条 根据综合评估法，最大限度地满足招标文件中规定的各项综合评价标准的投标，应当推荐为中标候选人。

衡量投标文件是否最大限度地满足招标文件中规定的各项评价标准，可以采取折算为货币的方法、打分的方法或者其他方法。需量化的因素及其权重应当在招标文件中明确规定。

第三十六条 评标委员会对各个评审因素进行量化时，应当将量化指标建立在同一基础或者同一标准上，使各投标文件具有可比性。

对技术部分和商务部分进行量化后，评标委员会应当对这两部分的量化结果进行加权，计算出每一投标的综合评估价或者综合评估分。

第三十七条 根据综合评估法完成评标后，评标委员会应当拟定一份“综合评估比较表”，连同书面评标报告提交招标人。“综合评估比较表”应当载明投标人的投标报价、所作的任何修正、对商务偏差的调整、对技术偏差的调整、对各评审因素的评估以及对每一投标的最终评审结果。

第三十八条 根据招标文件的规定，允许投标人投备选标的，评标委员会可以对中标人所投的备选标进行评审，以决定是否采纳备选标。不符合中标条件的投标人的备选标不予考虑。

第三十九条 对于划分有多个单项合同的招标项目，招标文件允许投标人为获得整个项目合同而提出优惠的，评标委员会可以对投标人提出的优惠进行审查，以决定是否将招标项目作为一个整体合同授予中标人。将招标项目作为一个整体合同授予的，整体合同中标人的投标应当最有利于招标人。

第四十条 评标和定标应当在投标有效期内完成。不能在投标有效期内完成评标和定标的，招标人应当通知所有投标人延长投标有效期。拒绝延长投标有效期的投标人有权收回投标保证金。同意延长投标有效期的投标人应当相应延长其投标担保的有效期，但不得修改投标文件的实质性内容。因延长投标有效期造成投标人损失的，招标人应当给予补偿，但因不可抗力需延长投标有效期的除外。

招标文件应当载明投标有效期。投标有效期从提交投标文件截止日起计算。

第五章 推荐中标候选人与定标

第四十一条 评标委员会在评标过程中发现的问题，应当及时作出处理或者向招标人提出处理建议，并作书面记录。

第四十二条 评标委员会完成评标后，应当向招标人提出书面评标报告，并抄送有关行政监督部门。评标报告应当如实记载以下内容：

（一）基本情况和数据表；

（二）评标委员会成员名单；

（三）开标记录；

（四）符合要求的投标一览表；

（五）否决投标的情况说明；

（六）评标标准、评标方法或者评标因素一览表；

（七）经评审的价格或者评分比较一览表；

（八）经评审的投标人排序；

（九）推荐的中标候选人名单与签订合同前要处理的事宜；

（十）澄清、说明、补正事项纪要。

第四十三条 评标报告由评标委员会全体成员签字。对评标结论持有异议的评标委员会成员可以书面方式阐述其不同意见和理由。评标委员会成员拒绝在评标报告上签字且不陈述其不同意见和理由的，视为同意评标结论。评标委员会应当对此作出书面说明并记录在案。

第四十四条 向招标人提交书面评标报告后，评标委员会应将评标过程中使用的文件、表格以及其他资料应当即时归还招标人。

第四十五条 评标委员会推荐的中标候选人应当限定在一至三人，并标明排列顺序。

第四十六条 中标人的投标应当符合下列条件之一：

（一）能够最大限度满足招标文件中规定的各项综合评价标准；

（二）能够满足招标文件的实质性要求，并且经评审的投标价格最低；但是投标价格低于成本的除外。

第四十七条 招标人不得与投标人就投标价格、投标方案等实质性内容进行谈判。

第四十八条 国有资金占控股或者主导地位的项目，招标人应当确定排名第一的中标候选人为中标人。排名第一的中标候选人放弃中标、因不可抗力提出不能履行合同，或者招标文件规定应当提交履约保证金而在规定的期限内未能提交，或者被查实存在影响中标结果的违法行为等情形，不符合中标条件的，招标人可以按照评标委员会提出的中标候选人名单排序依次确定其他中标候选人为中标人。依次确定其他中标候选人与招标人预期差距较大，或者对招标人明显不利的，招标人可以重新招标。

招标人可以授权评标委员会直接确定中标人。

国务院对中标人的确定另有规定的，从其规定。

第四十九条 中标人确定后，招标人应当向中标人发出中标通知书，同时通知未中标人，并与中标人在投标有效期内以及中标通知书发出之日起30日之内签订合同。

第五十条 中标通知书对招标人和中标人具有法律约束力。中标通知书发出后，招标人改变中标结果或者中标人放弃中标的，应当承担法律责任。

第五十一条 招标人应当与中标人按照招标文件和中标人的投标文件订立书面合同。招标人与中标人不得再行订立背离合同实质性内容的其他协议。

第五十二条 招标人与中标人签订合同后5日内，应当向中标人和未中标的投标人退还投标保证金。

第六章　罚　则

第五十三条 评标委员会成员有下列行为之一的，由有关行政监督部门责令改正；情节严重的，禁止其在一定期限内参加依法必须进行招标的项目的评标；情节特别严重的，取消其担任评标委员会成员的资格：（一）应当回避而不回避；（二）擅离职守；（三）不按照招标文件规定的评标标准和方法评标；（四）私下接触投标人；（五）向招标人征询确定中标人的意向或者接受任何单位或者个人明示或者暗示提出的倾向或者排斥特定投标人的要求；（六）对依法应当否决的投标不提出否决意见；（七）暗示或者诱导投标人作出澄清、说明或者接受投标人主动提出的澄清、说明；（八）其他不客观、不公正履行职务的行为。

第五十四条 评标委员会成员收受投标人的财物或者其他好处的，评标委员会成员或者与评标活动有关的工作人员向他人透露对投标文件的评审和比较、中标候选人的推荐以及与评标有关的其他情况的，给予警告，没收收受的财物，可以并处三千元以上五万元以下的罚款；对有所列违法行为的评标委员会成员取消担任评标委员会成员的资格，不得再参加任何依法必须进行招标项目的评标；构成犯罪的，依法追究刑事责任。

第五十五条 招标人有下列情形之一的，责令改正，可以处中标项目金额千分之十以下的罚款；给他人造成损失的，依法承担赔偿责任；对单位直接负责的主管人员和其他直接责任人员依法给予处分：（一）无正当理由不发出中标通知书；（二）不按照规定确定中标人；（三）中标通知书发出后无正当理由改变中标结果；（四）无正当理由不与中标人订立合同；（五）在订立合同时向中标人提出附加条件。

第五十六条 招标人与中标人不按照招标文件和中标人的投标文件订立合同的，合同的主要条款与招标文件、中标人的投标文件的内容不一致，或者招标人、中标人订立背离合同实质性内容的协议的，由有关行政监督部门责令改正，可以处中标项目金额千分之五以上千分之十以下的罚款。

第五十七条 中标人无正当理由不与招标人订立合同，在签订合同时向招标人提出附加条件，或者不按照招标文件要求提交履约保证金的，取消其中标资格，投标保证金不予退还。对依法必须进行招标的项目的中标人，由有关行政监督部门责令改正，可以处中标项目金额10‰以下的罚款。

第七章 附　　则

第五十八条 依法必须招标项目以外的评标活动，参照本规定执行。

第五十九条 使用国际组织或者外国政府贷款、援助资金的招标项目的评标活动，贷款方、资金提供方对评标委员会与评标方法另有规定的，适用其规定，但违背中华人民共和国的社会公共利益的除外。

第六十条 本规定颁布前有关评标机构和评标方法的规定与本规定不一致的，以本规定为准。法律或者行政法规另有规定的，从其规定。

第六十一条 本规定由国家发展计划委员会会同有关部门负责解释。

第六十二条 本规定自发布之日起施行。

房屋建筑和市政基础设施工程施工招标投标管理办法

（2001年6月1日建设部令第89号发布　根据2018年9月28日《住房城乡建设部关于修改〈房屋建筑和市政基础设施工程施工招标投标管理办法〉的决定》第一次修正　根据2019年3月13日《住房和城乡建设部关于修改部分部门规章的决定》第二次修正）

第一章 总　　则

第一条 为了规范房屋建筑和市政基础设施工程施工招标投标活动，维护招标投标当事人的合法权益，依据《中华人民共和国建筑法》、《中华人民共和国招标投标法》等法律、行政法规，制定本办法。

第二条 依法必须进行招标的房屋建筑和市政基础设施工程（以下简称工程），其施工招标投标活动，适用本办法。

本办法所称房屋建筑工程，是指各类房屋建筑及其附属设施和与其配套的线路、管道、设备安装工程及室内外装修工程。

本办法所称市政基础设施工程，是指城市道路、公共交通、供水、排水、燃气、热力、园林、环卫、污水处理、垃圾处理、防洪、地下公共设施及附属设施的土建、管道、设备安装工程。

第三条 国务院建设行政主管部门负责全国工程施工招标投标活动的监督管理。

县级以上地方人民政府建设行政主管部门负责本行政区域内工程施工招标投标活动的监督管理。具体的监督管理工作，可以委托工程招标投标监督管理机构负责实施。

第四条 任何单位和个人不得违反法律、行政法规规定，限制或者排斥本地区、本系统以外的法人或者其他组织参加投标，不得以任何方式非法干涉施工招标投标活动。

第五条 施工招标投标活动及其当事人应当依法接受监督。

建设行政主管部门依法对施工招标投标活动实施监督，查处施工招标投标活动中的违法行为。

第二章 招 标

第六条 工程施工招标由招标人依法组织实施。招标人不得以不合理条件限制或者排斥潜在投标人，不得对潜在投标人实行歧视待遇，不得对潜在投标人提出与招标工程实际要求不符的过高的资质等级要求和其他要求。

第七条 工程施工招标应当具备下列条件：

（一）按照国家有关规定需要履行项目审批手续的，已经履行审批手续；

（二）工程资金或者资金来源已经落实；

（三）有满足施工招标需要的设计文件及其他技术资料；

（四）法律、法规、规章规定的其他条件。

第八条 工程施工招标分为公开招标和邀请招标。

依法必须进行施工招标的工程，全部使用国有资金投资或者国有资金投资占控股或者主导地位的，应当公开招标，但经国家计委或者省、自治区、直辖市人民政府依法批准可以进行邀请招标的重点建设项目除外；其他工程可以实行邀请招标。

第九条 工程有下列情形之一的，经县级以上地方人民政府建设行政主管部门批准，可以不进行施工招标：

（一）停建或者缓建后恢复建设的单位工程，且承包人未发生变更的；

（二）施工企业自建自用的工程，且该施工企业资质等级符合工程要求的；

（三）在建工程追加的附属小型工程或者主体加层工程，且承包人未发生变更的；

（四）法律、法规、规章规定的其他情形。

第十条 依法必须进行施工招标的工程，招标人自行办理施工招标事宜的，应当具有编制招标文件和组织评标的能力：

（一）有专门的施工招标组织机构；

（二）有与工程规模、复杂程度相适应并具有同类工程施工招标经验、熟悉有关工程施工招标法律法规的工程技术、概预算及工程管理的专业人员。

不具备上述条件的，招标人应当委托工程招标代理机构代理施工招标。

第十一条 招标人自行办理施工招标事宜的，应当在发布招标公告或者发出投标邀请书的5日前，向工程所在地县级以上地方人民政府建设行政主管部门备案，并报送下列材料：

（一）按照国家有关规定办理审批手续的各项批准文件；

（二）本办法第十条所列条件的证明材料，包括专业技术人员的名单、职称证书或者执业资格证书及其工作经历的证明材料；

（三）法律、法规、规章规定的其他材料。

招标人不具备自行办理施工招标事宜条件的，建设行政主管部门应当自收到备案材料之日起5日内责令招标人停止自行办理施工招标事宜。

第十二条 全部使用国有资金投资或者国有资金投资占控股或者主导地位，依法必须进行施工招标的工程项目，应当进入有形建筑市场进行招标投标活动。

政府有关管理机关可以在有形建筑市场集中办理有关手续，并依法实施监督。

第十三条 依法必须进行施工公开招标的工程项目，应当在国家或者地方指定的报刊、信息网络或者其他媒介上发布招标公告，并同时在中国工程建设和建筑业信息网上发布招标公告。

招标公告应当载明招标人的名称和地址，招标工程的性质、规模、地点以及获取招标文件的办法等事项。

第十四条 招标人采用邀请招标方式的，应当向3个以上符合资质条件的施工企业发出投标邀请书。

投标邀请书应当载明本办法第十三条第二款规定的事项。

第十五条 招标人可以根据招标工程的需要，对投标申请人进行资格预审，也可以委托工程招标代理机构对投标申请人进行资格预审。实行资格预审的招标工程，招标人应当在招标公告或者投标邀请书中载明资格预审的条件和获取资格预审文件的办法。

资格预审文件一般应当包括资格预审申请书格式、申请人须知，以及需要投标申请人提供的企业资质、业绩、技术装备、财务状况和拟派出的项目经理与主要技术人员的简历、业绩等证明材料。

第十六条 经资格预审后，招标人应当向资格预审合格的投标申请人发出资格预审合格通知书，告知获取招标文件的时间、地点和方法，并同时向资格预审不合格的投标申请人告知资格预审结果。

在资格预审合格的投标申请人过多时，可以由招标人从中选择不少于7家资格预审合格的投标申请人。

第十七条 招标人应当根据招标工程的特点和需要，自行或者委托工程招标代理机构编制招标文件。招标文件应当包括下列内容：

（一）投标须知，包括工程概况，招标范围，资格审查条件，工程资金来源或者落实情况，标段划分，工期要求，质量标准，现场踏勘和答疑安排，投标文件编制、提交、修改、撤回的要求，投标报价要求，投标有效期，开标的时间和地点，评标的方法和标准等；

（二）招标工程的技术要求和设计文件；

（三）采用工程量清单招标的，应当提供工程量清单；

（四）投标函的格式及附录；

（五）拟签订合同的主要条款；

（六）要求投标人提交的其他材料。

第十八条 依法必须进行施工招标的工程，招标人应当在招标文件发出的同时，将招标文件报工程所在地的县级以上地方人民政府建设行政主管部门备案，但实施电子招标投标的项目除外。建设行政主管部门发现招标文件有违反法律、法规内容的，应当责令招标人改正。

第十九条 招标人对已发出的招标文件进行必要的澄清或者修改的，应当在招标文件要求提交投标文件截止时间至少15日前，以书面形式通知所有招标文件收受人，并同时报工程所在地的县级以上地方人民政府建设行政主管部门备案，但实施电子招标投标的项目除外。该澄清或者修改的内容为招标文件的组成部分。

第二十条 招标人设有标底的，应当依据国家规定的工程量计算规则及招标文件规定的计价方法和要求编制标底，并在开标前保密。一个招标工程只能编制一个标底。

第二十一条 招标人对于发出的招标文件可以酌收工本费。其中的设计文件，招标人可以酌收押金。对于开标后将设计文件退还的，招标人应当退还押金。

第三章 投 标

第二十二条 施工招标的投标人是响应施工招标、参与投标竞争的施工企业。

投标人应当具备相应的施工企业资质，并在工程业绩、技术能力、项目经理资格条件、财务状况等方面满足招标文件提出的要求。

第二十三条 投标人对招标文件有疑问需要澄清的，应当以书面形式向招标人提出。

第二十四条 投标人应当按照招标文件的要求编制投标文件，对招标文件提出的实质性要求和条件作出响应。

招标文件允许投标人提供备选标的，投标人可以按照招标文件的要求提交替代方案，并作出相应报价作备选标。

第二十五条 投标文件应当包括下列内容：

（一）投标函；

（二）施工组织设计或者施工方案；

（三）投标报价；

（四）招标文件要求提供的其他材料。

第二十六条 招标人可以在招标文件中要求投标人提交投标担保。投标担保可以采用投标保函或者投标保证金的方式。投标保证金可以使用支票、银行汇票等，一般不得超过投标总价的2%，最高不得超过50万元。

投标人应当按照招标文件要求的方式和金额，将投标保函或者投标保证金随投标文件提交招标人。

第二十七条 投标人应当在招标文件要求提交投标文件的截止时间前，将投标文件密封送达投标地点。招标人收到投标文件后，应当向投标人出具标明签收人和签收时间的凭证，并妥善保存投标文件。在开标前，任何单位和个人均不得开启投标文件。在招标文件要求提交投标文件的截止时间后送达的投标文件，为无效的投标文件，招标人应当拒收。

提交投标文件的投标人少于3个的，招标人应当依法重新招标。

第二十八条 投标人在招标文件要求提交投标文件的截止时间前，可以补充、修改或者撤回已提交的投标文件。补充、修改的内容为投标文件的组成部分，并应当按照本办法第二十七条第一款的规定送达、签收和保管。在招标文件要求提交投标文件的截止时间后送达的补充或者修改的内容无效。

第二十九条 两个以上施工企业可以组成一个联合体，签订共同投标协议，以一个投标人的身份共同投标。联合体各方均应当具备承担招标工程的相应资质条件。相同专业的施工企业组成的联合体，按照资质等级低的施工企业的业务许可范围承揽工程。

招标人不得强制投标人组成联合体共同投标，不得限制投标人之间的竞争。

第三十条 投标人不得相互串通投标，不得排挤其他投标人的公平竞争，损害招标人或者其他投标人的合法权益。

投标人不得与招标人串通投标，损害国家利益、社会公共利益或者他人的合法权益。

禁止投标人以向招标人或者评标委员会成员行贿的手段谋取中标。

第三十一条 投标人不得以低于其企业成本的报价竞标，不得以他人名义投标或者以其他方式弄虚作假，骗取中标。

第四章 开标、评标和中标

第三十二条 开标应当在招标文件确定的提交投标文件截止时间的同一时间公开进行；开标地点应当为招标文件中预先确定的地点。

第三十三条 开标由招标人主持，邀请所有投标人参加。开标应当按照下列规定进行：

由投标人或者其推选的代表检查投标文件的密封情况，也可以由招标人委托的公证机构进行检查并公证。经确认无误后，由有关工作人员当众拆封，宣读投标人名称、投标价格和投标文件的其他主要内容。

招标人在招标文件要求提交投标文件的截止时间前收到的所有投标文件，开标时都应当当众予以拆封、宣读。

开标过程应当记录，并存档备查。

第三十四条 在开标时，投标文件出现下列情形之一的，应当作为无效投标文件，不得进入评标：

（一）投标文件未按照招标文件的要求予以密封的；

（二）投标文件中的投标函未加盖投标人的企业及企业法定代表人印章的，或者企业法定代表人委托代理人没有合法、有效的委托书（原件）及委托代理人印章的；

（三）投标文件的关键内容字迹模糊、无法辨认的；

（四）投标人未按照招标文件的要求提供投标保函或者投标保证金的；

（五）组成联合体投标的，投标文件未附联合体各方共同投标协议的。

第三十五条 评标由招标人依法组建的评标委员会负责。

依法必须进行施工招标的工程，其评标委员会由招标人的代表和有关技术、经济等方面的专家组成，成员人数为 5 人以上单数，其中招标人、招标代理机构以外的技术、经济等方面专家不得少于成员总数的 2/3。评标委员会的专家成员，应当由招标人从建设行政主管部门及其他有关政府部门确定的专家名册或者工程招标代理机构的专家库内相关专业的专家名单中确定。确定专家成员一般应当采取随机抽取的方式。

与投标人有利害关系的人不得进入相关工程的评标委员会。评标委员会成员的名单在中标结果确定前应当保密。

第三十六条 建设行政主管部门的专家名册应当拥有一定数量规模并符合法定资格条件的专家。省、自治区、直辖市人民政府建设行政主管部门可以将专家数量少的地区的专家名册予以合并或者实行专家名册计算机联网。

建设行政主管部门应当对进入专家名册的专家组织有关法律和业务培训，对其评标能力、廉洁公正等进行综合评估，及时取消不称职或者违法违规人员的评标专家资格。被取消评标专家资格的人员，不得再参加任何评标活动。

第三十七条 评标委员会应当按照招标文件确定的评标标准和方法，对投标文件进行评审和比较，并对评标结果签字确认；设有标底的，应当参考标底。

第三十八条 评标委员会可以用书面形式要求投标人对投标文件中含义不明确的内容作必要的澄清或者说明。投标人应当采用书面形式进行澄清或者说明，其澄清或者说明不得超出投标文件的范围或者改变投标文件的实质性内容。

第三十九条 评标委员会经评审，认为所有投标文件都不符合招标文件要求的，可以否决所有投标。

依法必须进行施工招标工程的所有投标被否决的，招标人应当依法重新招标。

第四十条 评标可以采用综合评估法、经评审的最低投标价法或者法律法规允许的其他评标方法。

采用综合评估法的，应当对投标文件提出的工程质量、施工工期、投标价格、施工组织设计或者施工方案、投标人及项目经理业绩等，能否最大限度地满足招标文件中规定的各项要求和评价标准进行评审和比较。以评分方式进行评估的，对于各种评比奖项不得额外计分。

采用经评审的最低投标价法的，应当在投标文件能够满足招标文件实质性要求的投标人中，评审出投标价格最低的投标人，但投标价格低于其企业成本的除外。

第四十一条 评标委员会完成评标后，应当向招标人提出书面评标报告，阐明评标委员会对各投标文件的评审和比较意见，并按照招标文件中规定的评标方法，推荐不超过 3 名有排序的合格的中标候选人。招标人根据评标委员会提出的书面评标报告和推荐的中标候选人确定中标人。

使用国有资金投资或者国家融资的工程项目，招标人应当按照中标候选人的排序确定中标人。当确定中标的中标候选人放弃中标或者因不可抗力提出不能履行合同的，招标人可以依序确定其他中标候选人为中标人。

招标人也可以授权评标委员会直接确定中标人。

第四十二条 有下列情形之一的，评标委员会可以要求投标人作出书面说明并提供相关材料：

（一）设有标底的，投标报价低于标底合理幅度的；

（二）不设标底的，投标报价明显低于其他投标报价，有可能低于其企业成本的。

经评标委员会论证，认定该投标人的报价低于其企业成本的，不能推荐为中标候选人或者中标人。

第四十三条 招标人应当在投标有效期截止时限30日前确定中标人。投标有效期应当在招标文件中载明。

第四十四条 依法必须进行施工招标的工程，招标人应当自确定中标人之日起15日内，向工程所在地的县级以上地方人民政府建设行政主管部门提交施工招标投标情况的书面报告。书面报告应当包括下列内容：

（一）施工招标投标的基本情况，包括施工招标范围、施工招标方式、资格审查、开评标过程和确定中标人的方式及理由等。

（二）相关的文件资料，包括招标公告或者投标邀请书、投标报名表、资格预审文件、招标文件、评标委员会的评标报告（设有标底的，应当附标底）、中标人的投标文件。委托工程招标代理的，还应当附工程施工招标代理委托合同。

前款第二项中已按照本办法的规定办理了备案的文件资料，不再重复提交。

第四十五条 建设行政主管部门自收到书面报告之日起5日内未通知招标人在招标投标活动中有违法行为的，招标人可以向中标人发出中标通知书，并将中标结果通知所有未中标的投标人。

第四十六条 招标人和中标人应当自中标通知书发出之日起30日内，按照招标文件和中标人的投标文件订立书面合同；招标人和中标人不得再行订立背离合同实质性内容的其他协议。

中标人不与招标人订立合同的，投标保证金不予退还并取消其中标资格，给招标人造成的损失超过投标保证金数额的，应当对超过部分予以赔偿；没有提交投标保证金的，应当对招标人的损失承担赔偿责任。

招标人无正当理由不与中标人签订合同，给中标人造成损失的，招标人应当给予赔偿。

第四十七条 招标文件要求中标人提交履约担保的，中标人应当提交。招标人应当同时向中标人提供工程款支付担保。

第五章 罚 则

第四十八条 有违反《招标投标法》行为的，县级以上地方人民政府建设行政主管部门应当按照《招标投标法》的规定予以处罚。

第四十九条 招标投标活动中有《招标投标法》规定中标无效情形的，由县级以上地方人民政府建设行政主管部门宣布中标无效，责令重新组织招标，并依法追究有关责任人责任。

第五十条 应当招标未招标的，应当公开招标未公开招标的，县级以上地方人民政府建设行政主管部门应当责令改正，拒不改正的，不得颁发施工许可证。

第五十一条 招标人不具备自行办理施工招标事宜条件而自行招标的，县级以上地方人民政府建设行政主管部门应当责令改正，处1万元以下的罚款。

第五十二条 评标委员会的组成不符合法律、法规规定的，县级以上地方人民政府建设行政主管部门应当责令招标人重新组织评标委员会。

第五十三条 招标人未向建设行政主管部门提交施工招标投标情况书面报告的，县级以上地方人民政府建设行政主管部门应当责令改正。

第六章 附 则

第五十四条 工程施工专业分包、劳务分包采用招标方式的，参照本办法执行。

第五十五条 招标文件或者投标文件使用两种以上语言文字的，必须有一种是中文；如对不同文本的解释发生异议的，以中文文本为准。用文字表示的金额与数字表示的金额不一致的，以文字表示的金额为准。

第五十六条 涉及国家安全、国家秘密、抢险救灾或者属于利用扶贫资金实行以工代赈、需要使用农民工等特殊情况，不适宜进行施工招标的工程，按照国家有关规定可以不进行施工招标。

第五十七条 使用国际组织或者外国政府贷款、援助资金的工程进行施工招标，贷款方、资金提供方对招标投标的具体条件和程序有不同规定的，可以适用其规定，但违背中华人民共和国的社会公共利益的除外。

第五十八条 本办法由国务院建设行政主管部门负责解释。

第五十九条 本办法自发布之日起施行。1992年12月30日建设部颁布的《工程建设施工招标投标管理办法》（建设部令第23号）同时废止。

国家重大建设项目招标投标监督暂行办法

（2002年1月10日国家发展计划委员会令第18号发布 根据2013年3月11日国家发展和改革委员会、工业和信息化部、财政部、住房和城乡建设部、交通运输部、铁道部、水利部、国家广播电影电视总局、中国民用航空局《关于废止和修改部分招标投标规章和规范性文件的决定》修订）

第一条 为了加强国家重大建设项目招标投标活动的监督，保证招标投标活动依法进行，根据《中华人民共和国招标投标法》、《中华人民共和国招标投标法实施条例》、《国务院办公厅印发国务院有关部门实施招标投标活动行政监督职责分工意见的通知》（国办发〔2000〕34号）和《国家重大建设项目稽察办法》（国办发〔2000〕54号、2000年国家计委令第6号），制定本办法。

第二条 国家发展改革委根据国务院授权，负责组织国家重大建设项目稽察特派员及其助理（以下简称稽察人员），对国家重大建设项目的招标投标活动进行监督检查。

第三条 本办法所称国家重大建设项目，是指国家出资融资的，经国家发展改革委审批或审核后报国务院审批的建设项目。

第四条 国家重大建设项目的招标范围、规模标准及评标方法，按《工程建设项目招标范围和规模标准规定》（2000年国家计委令第3号）、《评标委员会和评标方法暂行规定》（2001年国家计委、经贸委、建设部、铁道部、交通部、信息产业部、水利部令第12号）执行。

国家重大建设项目招标公告的发布，按《招标公告发布暂行办法》（2000年国家计委令第4号）执行。

依法必须招标的国家重大建设项目，

必须在报送可行性研究报告或者资金申请报告中增加有关招标内容，具体办法按《建设项目可行性研究报告增加招标内容以及核准招标事项暂行规定》（2001年国家计委令第9号）执行。

招标人自行招标的，必须符合《工程建设项目自行招标试行办法》（2000年国家计委令第5号）有关规定。

第五条 招标人和中标人应按照《中华人民共和国招标投标法》、《中华人民共和国招标投标法实施条例》和《中华人民共和国合同法》规定签订书面合同。合同中确定的建设标准、建设内容、合同价格必须控制在批准的设计及概算文件范围内。

第六条 通过招标节省的概算投资，不得擅自挪作他用。

第七条 投标人或者其他利害关系人认为国家重大建设项目招标投标活动不符合国家规定的，可以自知道或者应当知道之日起10日内向国家发展改革委投诉。国家发展改革委应当自收到投诉之日起3个工作日内决定是否受理，并自受理投诉之日起30个工作日内作出书面处理决定；需要检验、检测、鉴定、专家评审的，所需时间不计算在内。

第八条 稽察人员对国家重大建设项目的招标投标活动进行监督检查可以采取经常性稽察和专项性稽察的方式。经常性稽察方式是对建设项目所有招标投标活动进行全过程的跟踪监控；专项性稽察方式是对建设项目招标投标活动实施抽查。经常性稽察项目名单由国家发展改革委确定。

第九条 列入经常性稽察的项目，招标人应当根据核准的招标事项编制招标文件，并在发售前15日将招标文件、资格预审情况和时间安排及相关文件一式三份报国家发展改革委备案。

招标人应当自确定中标人之日起15日内向国家计委提交招标投标情况报告。报告内容依照《评标委员会和评标方法暂行规定》（2001年国家计委、经贸委、建设部、铁道部、交通部、信息产业部、水利部令第12号）第四十二条规定执行。

第十条 稽察人员对国家重大建设项目贯彻执行国家有关招标投标的法律、法规、规章和政策情况以及招标投标活动进行监督检查，履行下列职责：

（一）监督检查招标投标当事人和其他行政监督部门有关招标投标的行为是否符合法律、法规规定的权限、程序。

（二）监督检查招标投标的有关文件、资料，对其合法性、真实性进行核实。

（三）监督检查资格预审、开标、评标、定标过程是否合法以及是否符合招标文件、资格预审文件规定，并可进行相关的调查核实。

（四）监督检查招标投标结果的执行情况。

第十一条 稽察人员对招标投标活动进行监督检查，可以采取下列方式：

（一）检查项目审批程序、资金拨付等资料和文件；

（二）检查招标公告、投标邀请书、招标文件、投标文件，核查投标单位的资质等级和资信等情况；

（三）监督开标、评标，并可以旁听与招标投标事项有关的重要会议；

（四）向招标人、投标人、招标代理机构、有关行政主管部门、招标公证机构调查了解情况，听取意见；

（五）审阅招标投标情况报告、合同及其有关文件；

（六）现场查验，调查、核实招标结果执行情况。

根据需要，可以联合国务院其他行政监督部门、地方发展改革部门开展工作，并可以聘请有关专业技术人员参加检查。

稽察人员在监督检查过程中不得泄漏知悉的保密事项，不得作为评标委员会成员直接参与评标。

第十二条 稽察人员与被监督单位的权力、义务，依照《国家重大建设项目稽察办法》（国办发〔2000〕54号、2000年国家计委令第6号）的有关规定执行。

第十三条 对招标投标活动监督检查中发现的招标人、招标代理机构、投标人、评标委员会成员和相关工作人员违反《中华人民共和国招标投标法》、《中华人民共和国招标投标法实施条例》及相关配套法规、规章的，国家发展改革委视情节依法给予以下处罚：

（一）警告。

（二）责令限期改正。

（三）罚款。

（四）没收违法所得。

（五）取消在一定时期参加国家重大建设项目投标、评标资格。

（六）暂停安排国家建设资金或暂停审批有关地区、部门建设项目。

第十四条 对需要暂停或取消招标代理资质、吊销营业执照、责令停业整顿、给予行政处分、依法追究刑事责任的，移交有关部门、地方人民政府或者司法机关处理。

第十五条 对国家重大建设项目招标投标过程中发生的各种违法行为进行处罚时，也可以依据职责分工由国家发展改革委会同有关部门共同实施。

重大处理决定，应当报国务院批准。

第十六条 国家发展改革委和有关部门做出处罚之前，应告知当事人。当事人对处罚有异议的，国家发展改革委及其他有关行政监督部门应予核实。

对处罚决定不服的，可以依法申请行政复议。

第十七条 各省、自治区、直辖市人民政府发展改革部门可依据《中华人民共和国招标投标法》、《中华人民共和国招标投标法实施条例》及相关配套法规、规章，结合当地实际，参照本办法制定本地区招标投标监督办法。

第十八条 本办法由国家发展改革委负责解释。

第十九条 本办法自2002年2月1日起施行。

工程建设项目施工招标投标办法

（2003年3月8日国家发展计划委员会、建设部、铁道部、交通部、信息产业部、水利部、中国民用航空总局第30号令发布　根据2013年3月11日国家发展和改革委员会、工业和信息化部、财政部、住房和城乡建设部、交通运输部、铁道部、水利部、国家广播电影电视总局、中国民用航空局《关于废止和修改部分招标投标规章和规范性文件的决定》修订）

第一章　总　　则

第一条 为规范工程建设项目施工（以下简称工程施工）招标投标活动，根据《中华人民共和国招标投标法》、《中华人民共和国招标投标法实施条例》和国务院有关部门的职责分工，制定本办法。

第二条 在中华人民共和国境内进行工程施工招标投标活动，适用本办法。

第三条 工程建设项目符合《工程建设项目招标范围和规模标准规定》（国家计委令第3号）规定的范围和标准的，必须通过招标选择施工单位。

任何单位和个人不得将依法必须进行招标的项目化整为零或者以其他任何方式规避招标。

第四条 工程施工招标投标活动应当遵循公开、公平、公正和诚实信用的原则。

第五条 工程施工招标投标活动，依法由招标人负责。任何单位和个人不得以任何方式非法干涉工程施工招标投标活动。

施工招标投标活动不受地区或者部门的限制。

第六条 各级发展改革、工业和信息化、住房城乡建设、交通运输、铁道、水利、商务、民航等部门依照《国务院办公厅印发国务院有关部门实施招标投标活动行政监督的职责分工意见的通知》（国办发〔2000〕34号）和各地规定的职责分工，对工程施工招标投标活动实施监督，依法查处工程施工招标投标活动中的违法行为。

第二章 招 标

第七条 工程施工招标人是依法提出施工招标项目、进行招标的法人或者其他组织。

第八条 依法必须招标的工程建设项目，应当具备下列条件才能进行施工招标：

（一）招标人已经依法成立；

（二）初步设计及概算应当履行审批手续的，已经批准；

（三）有相应资金或资金来源已经落实；

（四）有招标所需的设计图纸及技术资料。

第九条 工程施工招标分为公开招标和邀请招标。

第十条 按照国家有关规定需要履行项目审批、核准手续的依法必须进行施工招标的工程建设项目，其招标范围、招标方式、招标组织形式应当报项目审批部门审批、核准。项目审批、核准部门应当及时将审批、核准确定的招标内容通报有关行政监督部门。

第十一条 依法必须进行公开招标的项目，有下列情形之一的，可以邀请招标：

（一）项目技术复杂或有特殊要求，或者受自然地域环境限制，只有少量潜在投标人可供选择；

（二）涉及国家安全、国家秘密或者抢险救灾，适宜招标但不宜公开招标；

（三）采用公开招标方式的费用占项目合同金额的比例过大。

有前款第二项所列情形，属于本办法第十条规定的项目，由项目审批、核准部门在审批、核准项目时作出认定；其他项目由招标人申请有关行政监督部门作出认定。

全部使用国有资金投资或者国有资金投资占控股或者主导地位的并需要审批的工程建设项目的邀请招标，应当经项目审批部门批准，但项目审批部门只审批立项的，由有关行政监督部门批准。

第十二条 依法必须进行施工招标的工程建设项目有下列情形之一的，可以不进行施工招标：

（一）涉及国家安全、国家秘密、抢险救灾或者属于利用扶贫资金实行以工代赈需要使用农民工等特殊情况，不适宜进行招标；

（二）施工主要技术采用不可替代的专利或者专有技术；

（三）已通过招标方式选定的特许经营项目投资人依法能够自行建设；

（四）采购人依法能够自行建设；

（五）在建工程追加的附属小型工程或者主体加层工程，原中标人仍具备承包能力，并且其他人承担将影响施工或者功能配套要求；

（六）国家规定的其他情形。

第十三条 采用公开招标方式的，招标人应当发布招标公告，邀请不特定的法人或者其他组织投标。依法必须进行施工招标项目的招标公告，应当在国家指定的报刊和信息网络上发布。

采用邀请招标方式的，招标人应当向三家以上具备承担施工招标项目的能力、资信良好的特定的法人或者其他组织发出投标邀请书。

第十四条 招标公告或者投标邀请书应当至少载明下列内容：

（一）招标人的名称和地址；

（二）招标项目的内容、规模、资金来源；

（三）招标项目的实施地点和工期；

（四）获取招标文件或者资格预审文件的地点和时间；

（五）对招标文件或者资格预审文件收取的费用；

（六）对投标人的资质等级的要求。

第十五条 招标人应当按招标公告或者投标邀请书规定的时间、地点出售招标文件或资格预审文件。自招标文件或者资格预审文件出售之日起至停止出售之日止，最短不得少于五日。

招标人可以通过信息网络或者其他媒介发布招标文件，通过信息网络或者其他媒介发布的招标文件与书面招标文件具有同等法律效力，出现不一致时以书面招标文件为准，国家另有规定的除外。

对招标文件或者资格预审文件的收费应当限于补偿印刷、邮寄的成本支出，不得以营利为目的。对于所附的设计文件，招标人可以向投标人酌收押金；对于开标后投标人退还设计文件的，招标人应当向投标人退还押金。

招标文件或者资格预审文件售出后，不予退还。除不可抗力原因外，招标人在发布招标公告、发出投标邀请书后或者售出招标文件或资格预审文件后不得终止招标。

第十六条 招标人可以根据招标项目本身的特点和需要，要求潜在投标人或者投标人提供满足其资格要求的文件，对潜在投标人或者投标人进行资格审查；国家对潜在投标人或者投标人的资格条件有规定的，依照其规定。

第十七条 资格审查分为资格预审和资格后审。

资格预审，是指在投标前对潜在投标人进行的资格审查。

资格后审，是指在开标后对投标人进行的资格审查。

进行资格预审的，一般不再进行资格后审，但招标文件另有规定的除外。

第十八条 采取资格预审的，招标人应当发布资格预审公告。资格预审公告适用本办法第十三条、第十四条有关招标公告的规定。

采取资格预审的，招标人应当在资格预审文件中载明资格预审的条件、标准和方法；采取资格后审的，招标人应当在招标文件中载明对投标人资格要求的条件、标准和方法。

招标人不得改变载明的资格条件或者以没有载明的资格条件对潜在投标人或者投标人进行资格审查。

第十九条 经资格预审后，招标人应当向资格预审合格的潜在投标人发出资格预审合格通知书，告知获取招标文件的时间、地点和方法，并同时向资格预审不合格的潜在投标人告知资格预审结果。资格预审不合格的潜在投标人不得参加投标。

经资格后审不合格的投标人的投标应予否决。

第二十条 资格审查应主要审查潜在投标人或者投标人是否符合下列条件：

（一）具有独立订立合同的权利；

（二）具有履行合同的能力，包括专业、技术资格和能力，资金、设备和其他物质设施状况，管理能力，经验、信誉和相应的从业人员；

（三）没有处于被责令停业，投标资格被取消，财产被接管、冻结，破产状态；

（四）在最近三年内没有骗取中标和严重违约及重大工程质量问题；

（五）国家规定的其他资格条件。

资格审查时，招标人不得以不合理的条件限制、排斥潜在投标人或者投标人，不得对潜在投标人或者投标人实行歧视待遇。任何单位和个人不得以行政手段或者其他不合理方式限制投标人的数量。

第二十一条 招标人符合法律规定的自行招标条件的，可以自行办理招标事宜。任何单位和个人不得强制其委托招标代理机构办理招标事宜。

第二十二条 招标代理机构应当在招标人委托的范围内承担招标事宜。招标代理机构可以在其资格等级范围内承担下列招标事宜：

（一）拟订招标方案，编制和出售招标文件、资格预审文件；

（二）审查投标人资格；

（三）编制标底；

（四）组织投标人踏勘现场；

（五）组织开标、评标，协助招标人定标；

（六）草拟合同；

（七）招标人委托的其他事项。

招标代理机构不得无权代理、越权代理，不得明知委托事项违法而进行代理。

招标代理机构不得在所代理的招标项目中投标或者代理投标，也不得为所代理的招标项目的投标人提供咨询；未经招标人同意，不得转让招标代理业务。

第二十三条 工程招标代理机构与招标人应当签订书面委托合同，并按双方约定的标准收取代理费；国家对收费标准有规定的，依照其规定。

第二十四条 招标人根据施工招标项目的特点和需要编制招标文件。招标文件一般包括下列内容：

（一）招标公告或投标邀请书；

（二）投标人须知；

（三）合同主要条款；

（四）投标文件格式；

（五）采用工程量清单招标的，应当提供工程量清单；

（六）技术条款；

（七）设计图纸；

（八）评标标准和方法；

（九）投标辅助材料。

招标人应当在招标文件中规定实质性要求和条件，并用醒目的方式标明。

第二十五条 招标人可以要求投标人在提交符合招标文件规定要求的投标文件外，提交备选投标方案，但应当在招标文件中作出说明，并提出相应的评审和比较办法。

第二十六条 招标文件规定的各项技术标准应符合国家强制性标准。

招标文件中规定的各项技术标准均不得要求或标明某一特定的专利、商标、名称、设计、原产地或生产供应者，不得含有倾向或者排斥潜在投标人的其他内容。如果必须引用某一生产供应者的技术标准才能准确或清楚地说明拟招标项目的技术标准时，则应当在参照后面加上“或相当于”的字样。

第二十七条 施工招标项目需要划分标段、确定工期的，招标人应当合理划分标段、确定工期，并在招标文件中载明。对工程技术上紧密相联、不可分割的单位工程不得分割标段。

招标人不得以不合理的标段或工期限制或者排斥潜在投标人或者投标人。依法必须进行施工招标的项目的招标人不得利用划分标段规避招标。

第二十八条 招标文件应当明确规定所有评标因素，以及如何将这些因素量化或者据以进行评估。

在评标过程中，不得改变招标文件中规定的评标标准、方法和中标条件。

第二十九条 招标文件应当规定一个适当的投标有效期，以保证招标人有足够的时间完成评标和与中标人签订合同。投标有效期从投标人提交投标文件截止之日起计算。

在原投标有效期结束前，出现特殊情况的，招标人可以书面形式要求所有投标人延长投标有效期。投标人同意延长的，不得要求或被允许修改其投标文件的实质性内容，但应当相应延长其投标保证金的有效期；投标人拒绝延长的，其投标失效，但投标人有权收回其投标保证金。因延长投标有效期造成投标人损失的，招标人应当给予补偿，但因不可抗力需要延长投标有效期的除外。

第三十条 施工招标项目工期较长的，招标文件中可以规定工程造价指数体系、价格调整因素和调整方法。

第三十一条 招标人应当确定投标人编制投标文件所需要的合理时间；但是，依法必须进行招标的项目，自招标文件开始发出之日起至投标人提交投标文件截止之日止，最短不得少于二十日。

第三十二条 招标人根据招标项目的具体情况，可以组织潜在投标人踏勘项目现场，向其介绍工程场地和相关环境的有关情况。潜在投标人依据招标人介绍情况作出的判断和决策，由投标人自行负责。

招标人不得单独或者分别组织任何一个投标人进行现场踏勘。

第三十三条 对于潜在投标人在阅读招标文件和现场踏勘中提出的疑问，招标人可以书面形式或召开投标预备会的方式解答，但需同时将解答以书面方式通知所有购买招标文件的潜在投标人。该解答的内容为招标文件的组成部分。

第三十四条 招标人可根据项目特点决定是否编制标底。编制标底的，标底编制过程和标底在开标前必须保密。

招标项目编制标底的，应根据批准的初步设计、投资概算，依据有关计价办法，参照有关工程定额，结合市场供求状况，综合考虑投资、工期和质量等方面的因素合理确定。

标底由招标人自行编制或委托中介机构编制。一个工程只能编制一个标底。

任何单位和个人不得强制招标人编制或报审标底，或干预其确定标底。

招标项目可以不设标底，进行无标底招标。

招标人设有最高投标限价的，应当在招标文件中明确最高投标限价或者最高投标限价的计算方法。招标人不得规定最低投标限价。

第三章　投　　标

第三十五条 投标人是响应招标、参加投标竞争的法人或者其他组织。招标人的任何不具独立法人资格的附属机构（单位），或者为招标项目的前期准备或者监理工作提供设计、咨询服务的任何法人及其任何附属机构（单位），都无资格参加该招标项目的投标。

第三十六条 投标人应当按照招标文件的要求编制投标文件。投标文件应当对招标文件提出的实质性要求和条件作出响应。

投标文件一般包括下列内容：

（一）投标函；

（二）投标报价；

（三）施工组织设计；

（四）商务和技术偏差表。

投标人根据招标文件载明的项目实际情况，拟在中标后将中标项目的部分非主体、非关键性工作进行分包的，应当在投标文件中载明。

第三十七条 招标人可以在招标文件中要求投标人提交投标保证金。投标保证金除现金外，可以是银行出具的银行保函、保兑支票、银行汇票或现金支票。

投标保证金不得超过项目估算价的百分之二，但最高不得超过八十万元人民币。投标保证金有效期应当与投标有效期一致。

招标人或其委托的招标代理机构应当按照招标文件要求的方式和金额，将投标保证金随投标文件提交给招标人。

依法必须进行施工招标的项目的境内投标单位，以现金或者支票形式提交的投标保证金应当从其基本账户转出。

第三十八条 投标人应当在招标文件要求提交投标文件的截止时间前，将投标文件密封送达投标地点。招标人收到投标文件后，应当向投标人出具标明签收人和签收时间的凭证，在开标前任何单位和个人不得开启投标文件。

在招标文件要求提交投标文件的截止时间后送达的投标文件，招标人应当拒收。

依法必须进行施工招标的项目提交投标文件的投标人少于三个的，招标人在分析招标失败的原因并采取相应措施后，应当依法重新招标。重新招标后投标人仍少于三个的，属于必须审批、核准的工程建设项目，报经原审批、核准部门审批、核准后可以不再进行招标；其他工程建设项目，招标人可自行决定不再进行招标。

第三十九条 投标人在招标文件要求提交投标文件的截止时间前，可以补充、修改、替代或者撤回已提交的投标文件，并书面通知招标人。补充、修改的内容为投标文件的组成部分。

第四十条 在提交投标文件截止时间后到招标文件规定的投标有效期终止之前，投标人不得撤销其投标文件，否则招标人可以不退还其投标保证金。

第四十一条 在开标前，招标人应妥善保管好已接收的投标文件、修改或撤回通知、备选投标方案等投标资料。

第四十二条 两个以上法人或者其他组织可以组成一个联合体，以一个投标人的身份共同投标。

联合体各方签订共同投标协议后，不得再以自己名义单独投标，也不得组成新的联合体或参加其他联合体在同一项目中投标。

第四十三条 招标人接受联合体投标并进行资格预审的，联合体应当在提交资格预审申请文件前组成。资格预审后联合体增减、更换成员的，其投标无效。

第四十四条 联合体各方应当指定牵头人，授权其代表所有联合体成员负责投标和合同实施阶段的主办、协调工作，并应当向招标人提交由所有联合体成员法定代表人签署的授权书。

第四十五条 联合体投标的，应当以联合体各方或者联合体中牵头人的名义提交投标保证金。以联合体中牵头人名义提交的投标保证金，对联合体各成员具有约束力。

第四十六条 下列行为均属投标人串通投标报价：

（一）投标人之间相互约定抬高或压低投标报价；

（二）投标人之间相互约定，在招标项目中分别以高、中、低价位报价；

（三）投标人之间先进行内部竞价，内定中标人，然后再参加投标；

（四）投标人之间其他串通投标报价的行为。

第四十七条 下列行为均属招标人与投标人串通投标：

（一）招标人在开标前开启投标文件并将有关信息泄露给其他投标人，或者授意投标人撤换、修改投标文件；

（二）招标人向投标人泄露标底、评标委员会成员等信息；

（三）招标人明示或者暗示投标人压低或抬高投标报价；

（四）招标人明示或者暗示投标人为特定投标人中标提供方便；

（五）招标人与投标人为谋求特定中标人中标而采取的其他串通行为。

第四十八条 投标人不得以他人名义投标。

前款所称以他人名义投标，指投标人挂靠其他施工单位，或从其他单位通过受让或租借的方式获取资格或资质证书，或者由其他单位及其法定代表人在自己编制的投标文件上加盖印章和签字等行为。

第四章 开标、评标和定标

第四十九条 开标应当在招标文件确定的

提交投标文件截止时间的同一时间公开进行；开标地点应当为招标文件中确定的地点。

投标人对开标有异议的，应当在开标现场提出，招标人应当当场作出答复，并制作记录。

第五十条 投标文件有下列情形之一的，招标人应当拒收：

（一）逾期送达；

（二）未按招标文件要求密封。

有下列情形之一的，评标委员会应当否决其投标：

（一）投标文件未经投标单位盖章和单位负责人签字；

（二）投标联合体没有提交共同投标协议；

（三）投标人不符合国家或者招标文件规定的资格条件；

（四）同一投标人提交两个以上不同的投标文件或者投标报价，但招标文件要求提交备选投标的除外；

（五）投标报价低于成本或者高于招标文件设定的最高投标限价；

（六）投标文件没有对招标文件的实质性要求和条件作出响应；

（七）投标人有串通投标、弄虚作假、行贿等违法行为。

第五十一条 评标委员会可以书面方式要求投标人对投标文件中含义不明确、对同类问题表述不一致或者有明显文字和计算错误的内容作必要的澄清、说明或补正。评标委员会不得向投标人提出带有暗示性或诱导性的问题，或向其明确投标文件中的遗漏和错误。

第五十二条 投标文件不响应招标文件的实质性要求和条件的，评标委员会不得允许投标人通过修正或撤销其不符合要求的差异或保留，使之成为具有响应性的投标。

第五十三条 评标委员会在对实质上响应招标文件要求的投标进行报价评估时，除招标文件另有约定外，应当按下述原则进行修正：

（一）用数字表示的数额与用文字表示的数额不一致时，以文字数额为准；

（二）单价与工程量的乘积与总价之间不一致时，以单价为准。若单价有明显的小数点错位，应以总价为准，并修改单价。

按前款规定调整后的报价经投标人确认后产生约束力。

投标文件中没有列入的价格和优惠条件在评标时不予考虑。

第五十四条 对于投标人提交的优越于招标文件中技术标准的备选投标方案所产生的附加收益，不得考虑进评标价中。符合招标文件的基本技术要求且评标价最低或综合评分最高的投标人，其所提交的备选方案方可予以考虑。

第五十五条 招标人设有标底的，标底在评标中应当作为参考，但不得作为评标的唯一依据。

第五十六条 评标委员会完成评标后，应向招标人提出书面评标报告。评标报告由评标委员会全体成员签字。

依法必须进行招标的项目，招标人应当自收到评标报告之日起三日内公示中标候选人，公示期不得少于三日。

中标通知书由招标人发出。

第五十七条 评标委员会推荐的中标候选人应当限定在一至三人，并标明排列顺序。招标人应当接受评标委员会推荐的中标候选人，不得在评标委员会推荐的中标候选人之外确定中标人。

第五十八条 国有资金占控股或者主导地位的依法必须进行招标的项目，招标人应当确定排名第一的中标候选人为中标人。排名第一的中标候选人放弃中标、因不可抗力提出不能履行合同、不按照招标文件的要求提交履约保证金，或者被查实存在影响中标结果的违法行为等情形，不符合中标条件的，招标人可以按照评标委员会提出的中标候选人名单排序依次确定其他中标候选人为中标人。依次确定其他中标候选人与招标人预期差距较大，或者对招标人明显不利的，招标人可以重新招标。

招标人可以授权评标委员会直接确定中标人。

国务院对中标人的确定另有规定的，从其规定。

第五十九条 招标人不得向中标人提出压低报价、增加工作量、缩短工期或其他违背中标人意愿的要求，以此作为发出中标通知书和签订合同的条件。

第六十条 中标通知书对招标人和中标人具有法律效力。中标通知书发出后，招标人改变中标结果的，或者中标人放弃中标项目的，应当依法承担法律责任。

第六十一条 招标人全部或者部分使用非中标单位投标文件中的技术成果或技术方案时，需征得其书面同意，并给予一定的经济补偿。

第六十二条 招标人和中标人应当在投标有效期内并在自中标通知书发出之日起三十日内，按照招标文件和中标人的投标文件订立书面合同。招标人和中标人不得再行订立背离合同实质性内容的其他协议。

招标人要求中标人提供履约保证金或其他形式履约担保的，招标人应当同时向中标人提供工程款支付担保。

招标人不得擅自提高履约保证金，不得强制要求中标人垫付中标项目建设资金。

第六十三条 招标人最迟应当在与中标人签订合同后五日内，向中标人和未中标的投标人退还投标保证金及银行同期存款利息。

第六十四条 合同中确定的建设规模、建设标准、建设内容、合同价格应当控制在批准的初步设计及概算文件范围内；确需超出规定范围的，应当在中标合同签订前，报原项目审批部门审查同意。凡应报经审查而未报的，在初步设计及概算调整时，原项目审批部门一律不予承认。

第六十五条 依法必须进行施工招标的项目，招标人应当自发出中标通知书之日起十五日内，向有关行政监督部门提交招标投标情况的书面报告。

前款所称书面报告至少应包括下列内容：

（一）招标范围；

（二）招标方式和发布招标公告的媒介；

（三）招标文件中投标人须知、技术条款、评标标准和方法、合同主要条款等内容；

（四）评标委员会的组成和评标报告；

（五）中标结果。

第六十六条 招标人不得直接指定分包人。

第六十七条 对于不具备分包条件或者不符合分包规定的，招标人有权在签订合同或者中标人提出分包要求时予以拒绝。发现中标人转包或违法分包时，可要求其改正；拒不改正的，可终止合同，并报请有关行政监督部门查处。

监理人员和有关行政部门发现中标人违反合同约定进行转包或违法分包的，应当要求中标人改正，或者告知招标人要求其改正；对于拒不改正的，应当报请有关行政监督部门查处。

第五章　法律责任

第六十八条 依法必须进行招标的项目而不招标的，将必须进行招标的项目化整为零或者以其他任何方式规避招标的，有关行政监督部门责令限期改正，可以处项目合同金额千分之五以上千分之十以下的罚款；对全部或者部分使用国有资金的项目，项目审批部门可以暂停项目执行或者暂停资金拨付；对单位直接负责的主管人员和其他直接责任人员依法给予处分。

第六十九条 招标代理机构违法泄露应当保密的与招标投标活动有关的情况和资料

的，或者与招标人、投标人串通损害国家利益、社会公共利益或者他人合法权益的，由有关行政监督部门处五万元以上二十五万元以下罚款，对单位直接负责的主管人员和其他直接责任人员处单位罚款数额百分之五以上百分之十以下罚款；有违法所得的，并处没收违法所得；情节严重的，有关行政监督部门可停止其一定时期内参与相关领域的招标代理业务，资格认定部门可暂停直至取消招标代理资格；构成犯罪的，由司法部门依法追究刑事责任。给他人造成损失的，依法承担赔偿责任。

前款所列行为影响中标结果的，中标无效。

第七十条 招标人以不合理的条件限制或者排斥潜在投标人的，对潜在投标人实行歧视待遇的，强制要求投标人组成联合体共同投标的，或者限制投标人之间竞争的，有关行政监督部门责令改正，可处一万元以上五万元以下罚款。

第七十一条 依法必须进行招标项目的招标人向他人透露已获取招标文件的潜在投标人的名称、数量或者可能影响公平竞争的有关招标投标的其他情况的，或者泄露标底的，有关行政监督部门给予警告，可以并处一万元以上十万元以下的罚款；对单位直接负责的主管人员和其他直接责任人员依法给予处分；构成犯罪的，依法追究刑事责任。

前款所列行为影响中标结果的，中标无效。

第七十二条 招标人在发布招标公告、发出投标邀请书或者售出招标文件或资格预审文件后终止招标的，应当及时退还所收取的资格预审文件、招标文件的费用，以及所收取的投标保证金及银行同期存款利息。给潜在投标人或者投标人造成损失的，应当赔偿损失。

第七十三条 招标人有下列限制或者排斥潜在投标人行为之一的，由有关行政监督部门依照招标投标法第五十一条的规定处罚；其中，构成依法必须进行施工招标的项目的招标人规避招标的，依照招标投标法第四十九条的规定处罚：

（一）依法应当公开招标的项目不按照规定在指定媒介发布资格预审公告或者招标公告；

（二）在不同媒介发布的同一招标项目的资格预审公告或者招标公告的内容不一致，影响潜在投标人申请资格预审或者投标。

招标人有下列情形之一的，由有关行政监督部门责令改正，可以处十万元以下的罚款：

（一）依法应当公开招标而采用邀请招标；

（二）招标文件、资格预审文件的发售、澄清、修改的时限，或者确定的提交资格预审申请文件、投标文件的时限不符合招标投标法和招标投标法实施条例规定；

（三）接受未通过资格预审的单位或者个人参加投标；

（四）接受应当拒收的投标文件。

招标人有前款第一项、第三项、第四项所列行为之一的，对单位直接负责的主管人员和其他直接责任人员依法给予处分。

第七十四条 投标人相互串通投标或者与招标人串通投标的，投标人以向招标人或者评标委员会成员行贿的手段谋取中标的，中标无效，由有关行政监督部门处中标项目金额千分之五以上千分之十以下的罚款，对单位直接负责的主管人员和其他直接责任人员处单位罚款数额百分之五以上百分之十以下的罚款；有违法所得的，并处没收违法所得；情节严重的，取消其一至二年的投标资格，并予以公告，直至由工商行政管理机关吊销营业执照；构成犯罪的，依法追究刑事责任。给他人造成损失的，依法承担赔偿责任。投标人未中标的，对单位的罚款金额按照招标项目合同金额依照招标投标法规定的比例计算。

第七十五条 投标人以他人名义投标或者以其他方式弄虚作假，骗取中标的，中标无效，给招标人造成损失的，依法承担赔偿责任；构成犯罪的，依法追究刑事责任。

依法必须进行招标项目的投标人有前款所列行为尚未构成犯罪的，有关行政监督部门处中标项目金额千分之五以上千分之十以下的罚款，对单位直接负责的主管人员和其他直接责任人员处单位罚款数额百分之五以上百分之十以下的罚款；有违法所得的，并处没收违法所得；情节严重的，取消其一至三年投标资格，并予以公告，直至由工商行政管理机关吊销营业执照。投标人未中标的，对单位的罚款金额按照招标项目合同金额依照招标投标法规定的比例计算。

第七十六条 依法必须进行招标的项目，招标人违法与投标人就投标价格、投标方案等实质性内容进行谈判的，有关行政监督部门给予警告，对单位直接负责的主管人员和其他直接责任人员依法给予处分。

前款所列行为影响中标结果的，中标无效。

第七十七条 评标委员会成员收受投标人的财物或者其他好处的，没收收受的财物，可以并处三千元以上五万元以下的罚款，取消担任评标委员会成员的资格并予以公告，不得再参加依法必须进行招标的项目的评标；构成犯罪的，依法追究刑事责任。

第七十八条 评标委员会成员应当回避而不回避，擅离职守，不按照招标文件规定的评标标准和方法评标，私下接触投标人，向招标人征询确定中标人的意向或者接受任何单位或者个人明示或者暗示提出的倾向或者排斥特定投标人的要求，对依法应当否决的投标不提出否决意见，暗示或者诱导投标人作出澄清、说明或者接受投标人主动提出的澄清、说明，或者有其他不能客观公正地履行职责行为的，有关行政监督部门责令改正；情节严重的，禁止其在一定期限内参加依法必须进行招标的项目的评标；情节特别严重的，取消其担任评标委员会成员的资格。

第七十九条 依法必须进行招标的项目的招标人不按照规定组建评标委员会，或者确定、更换评标委员会成员违反招标投标法和招标投标法实施条例规定的，由有关行政监督部门责令改正，可以处10万元以下的罚款，对单位直接负责的主管人员和其他直接责任人员依法给予处分；违法确定或者更换的评标委员会成员作出的评审决定无效，依法重新进行评审。

第八十条 依法必须进行招标的项目的招标人有下列情形之一的，由有关行政监督部门责令改正，可以处中标项目金额千分之十以下的罚款；给他人造成损失的，依法承担赔偿责任；对单位直接负责的主管人员和其他直接责任人员依法给予处分：

（一）无正当理由不发出中标通知书；

（二）不按照规定确定中标人；

（三）中标通知书发出后无正当理由改变中标结果；

（四）无正当理由不与中标人订立合同；

（五）在订立合同时向中标人提出附加条件。

第八十一条 中标通知书发出后，中标人放弃中标项目的，无正当理由不与招标人签订合同的，在签订合同时向招标人提出附加条件或者更改合同实质性内容的，或者拒不提交所要求的履约保证金的，取消其中标资格，投标保证金不予退还；给招标人的损失超过投标保证金数额的，中标人应当对超过部分予以赔偿；没有提交投标保证金的，应当对招标人的损失承担赔偿责任。对依法必须进行施工招标的项目的中标人，由有关行政监督部门责令改正，可以处中标金额千分之十以下罚款。

第八十二条 中标人将中标项目转让给他

人的，将中标项目肢解后分别转让给他人的，违法将中标项目的部分主体、关键性工作分包给他人的，或者分包人再次分包的，转让、分包无效，有关行政监督部门处转让、分包项目金额千分之五以上千分之十以下的罚款；有违法所得的，并处没收违法所得；可以责令停业整顿；情节严重的，由工商行政管理机关吊销营业执照。

第八十三条 招标人与中标人不按照招标文件和中标人的投标文件订立合同的，合同的主要条款与招标文件、中标人的投标文件的内容不一致，或者招标人、中标人订立背离合同实质性内容的协议的，有关行政监督部门责令改正；可以处中标项目金额千分之五以上千分之十以下的罚款。

第八十四条 中标人不履行与招标人订立的合同的，履约保证金不予退还，给招标人造成的损失超过履约保证金数额的，还应当对超过部分予以赔偿；没有提交履约保证金的，应当对招标人的损失承担赔偿责任。

中标人不按照与招标人订立的合同履行义务，情节严重的，有关行政监督部门取消其二至五年参加招标项目的投标资格并予以公告，直至由工商行政管理机关吊销营业执照。

因不可抗力不能履行合同的，不适用前两款规定。

第八十五条 招标人不履行与中标人订立的合同的，应当返还中标人的履约保证金，并承担相应的赔偿责任；没有提交履约保证金的，应当对中标人的损失承担赔偿责任。

因不可抗力不能履行合同的，不适用前款规定。

第八十六条 依法必须进行施工招标的项目违反法律规定，中标无效的，应当依照法律规定的中标条件从其余投标人中重新确定中标人或者依法重新进行招标。

中标无效的，发出的中标通知书和签订的合同自始没有法律约束力，但不影响合同中独立存在的有关解决争议方法的条款的效力。

第八十七条 任何单位违法限制或者排斥本地区、本系统以外的法人或者其他组织参加投标的，为招标人指定招标代理机构的，强制招标人委托招标代理机构办理招标事宜的，或者以其他方式干涉招标投标活动的，有关行政监督部门责令改正；对单位直接负责的主管人员和其他直接责任人员依法给予警告、记过、记大过的处分，情节较重的，依法给予降级、撤职、开除的处分。

个人利用职权进行前款违法行为的，依照前款规定追究责任。

第八十八条 对招标投标活动依法负有行政监督职责的国家机关工作人员徇私舞弊、滥用职权或者玩忽职守，构成犯罪的，依法追究刑事责任；不构成犯罪的，依法给予行政处分。

第八十九条 投标人或者其他利害关系人认为工程建设项目施工招标投标活动不符合国家规定的，可以自知道或者应当知道之日起10日内向有关行政监督部门投诉。投诉应当有明确的请求和必要的证明材料。

第六章　附　　则

第九十条 使用国际组织或者外国政府贷款、援助资金的项目进行招标，贷款方、资金提供方对工程施工招标投标活动的条件和程序有不同规定的，可以适用其规定，但违背中华人民共和国社会公共利益的除外。

第九十一条 本办法由国家发展改革委会同有关部门负责解释。

第九十二条 本办法自2003年5月1日起施行。

工程建设项目勘察设计招标投标办法

（2003 年 6 月 12 日国家发改委、建设部、铁道部、交通部、信息产业部、水利部、中国民航总局、国家广电总局令第 2 号发布　根据 2013 年 3 月 11 日国家发展和改革委员会、工业和信息化部、财政部、住房和城乡建设部、交通运输部、铁道部、水利部、国家广播电影电视总局、中国民用航空局《关于废止和修改部分招标投标规章和规范性文件的决定》修订）

第一章　总　　则

第一条　为规范工程建设项目勘察设计招标投标活动，提高投资效益，保证工程质量，根据《中华人民共和国招标投标法》、《中华人民共和国招标投标法实施条例》制定本办法。

第二条　在中华人民共和国境内进行工程建设项目勘察设计招标投标活动，适用本办法。

第三条　工程建设项目符合《工程建设项目招标范围和规模标准规定》（国家计委令第 3 号）规定的范围和标准的，必须依据本办法进行招标。

任何单位和个人不得将依法必须进行招标的项目化整为零或者以其他任何方式规避招标。

第四条　按照国家规定需要履行项目审批、核准手续的依法必须进行招标的项目，有下列情形之一的，经项目审批、核准部门审批、核准，项目的勘察设计可以不进行招标：

（一）涉及国家安全、国家秘密、抢险救灾或者属于利用扶贫资金实行以工代赈、需要使用农民工等特殊情况，不适宜进行招标；

（二）主要工艺、技术采用不可替代的专利或者专有技术，或者其建筑艺术造型有特殊要求；

（三）采购人依法能够自行勘察、设计；

（四）已通过招标方式选定的特许经营项目投资人依法能够自行勘察、设计；

（五）技术复杂或专业性强，能够满足条件的勘察设计单位少于三家，不能形成有效竞争；

（六）已建成项目需要改、扩建或者技术改造，由其他单位进行设计影响项目功能配套性；

（七）国家规定其他特殊情形。

第五条　勘察设计招标工作由招标人负责。任何单位和个人不得以任何方式非法干涉招标投标活动。

第六条　各级发展改革、工业和信息化、住房城乡建设、交通运输、铁道、水利、商务、广电、民航等部门依照《国务院办公厅印发国务院有关部门实施招标投标活动行政监督的职责分工意见的通知》（国办发〔2000〕34 号）和各地规定的职责分工，对工程建设项目勘察设计招标投标活动实施监督，依法查处招标投标活动中的违法行为。

第二章　招　　标

第七条　招标人可以依据工程建设项目的不同特点，实行勘察设计一次性总体招标；也可以在保证项目完整性、连续性的前提下，按照技术要求实行分段或分项招标。

招标人不得利用前款规定限制或者排斥潜在投标人或者投标。依法必须进行招标的项目的招标人不得利用前款规定规避招标。

第八条　依法必须招标的工程建设项目，招标人可以对项目的勘察、设计、施工以及与工程建设有关的重要设备、材料的采购，实行总承包招标。

第九条　依法必须进行勘察设计招标的工

程建设项目，在招标时应当具备下列条件：

（一）招标人已经依法成立；

（二）按照国家有关规定需要履行项目审批、核准或者备案手续的，已经审批、核准或者备案；

（三）勘察设计有相应资金或者资金来源已经落实；

（四）所必需的勘察设计基础资料已经收集完成；

（五）法律法规规定的其他条件。

第十条 工程建设项目勘察设计招标分为公开招标和邀请招标。

国有资金投资占控股或者主导地位的工程建设项目，以及国务院发展和改革部门确定的国家重点项目和省、自治区、直辖市人民政府确定的地方重点项目，除符合本办法第十一条规定条件并依法获得批准外，应当公开招标。

第十一条 依法必须进行公开招标的项目，在下列情况下可以进行邀请招标：

（一）技术复杂、有特殊要求或者受自然环境限制，只有少量潜在投标人可供选择；

（二）采用公开招标方式的费用占项目合同金额的比例过大。

有前款第二项所列情形，属于按照国家有关规定需要履行项目审批、核准手续的项目，由项目审批、核准部门在审批、核准项目时作出认定；其他项目由招标人申请有关行政监督部门作出认定。

招标人采用邀请招标方式的，应保证有三个以上具备承担招标项目勘察设计的能力，并具有相应资质的特定法人或者其他组织参加投标。

第十二条 招标人应当按照资格预审公告、招标公告或者投标邀请书规定的时间、地点出售招标文件或者资格预审文件。自招标文件或者资格预审文件出售之日起至停止出售之日止，最短不得少于五日。

第十三条 进行资格预审的，招标人只向资格预审合格的潜在投标人发售招标文件，并同时向资格预审不合格的潜在投标人告知资格预审结果。

第十四条 凡是资格预审合格的潜在投标人都应被允许参加投标。

招标人不得以抽签、摇号等不合理条件限制或者排斥资格预审合格的潜在投标人参加投标。

第十五条 招标人应当根据招标项目的特点和需要编制招标文件。

勘察设计招标文件应当包括下列内容：

（一）投标须知；

（二）投标文件格式及主要合同条款；

（三）项目说明书，包括资金来源情况；

（四）勘察设计范围，对勘察设计进度、阶段和深度要求；

（五）勘察设计基础资料；

（六）勘察设计费用支付方式，对未中标人是否给予补偿及补偿标准；

（七）投标报价要求；

（八）对投标人资格审查的标准；

（九）评标标准和方法；

（十）投标有效期。

投标有效期，从提交投标文件截止日起计算。

对招标文件的收费应仅限于补偿印刷、邮寄的成本支出，招标人不得通过出售招标文件谋取利益。

第十六条 招标人负责提供与招标项目有关的基础资料，并保证所提供资料的真实性、完整性。涉及国家秘密的除外。

第十七条 对于潜在投标人在阅读招标文件和现场踏勘中提出的疑问，招标人可以书面形式或召开投标预备会的方式解答，但需同时将解答以书面方式通知所有招标文件收受人。该解答的内容为招标文件的组成部分。

第十八条 招标人可以要求投标人在提交符合招标文件规定要求的投标文件外，提交备选投标文件，但应当在招标文件中做出说明，并提出相应的评审和比较办法。

第十九条 招标人应当确定潜在投标人编制投标文件所需要的合理时间。

依法必须进行勘察设计招标的项目，自招标文件开始发出之日起至投标人提交投标文件截止之日止，最短不得少于二十日。

第二十条 除不可抗力原因外，招标人在发布招标公告或者发出投标邀请书后不得终止招标，也不得在出售招标文件后终止招标。

第三章 投 标

第二十一条 投标人是响应招标、参加投标竞争的法人或者其他组织。

在其本国注册登记，从事建筑、工程服务的国外设计企业参加投标的，必须符合中华人民共和国缔结或者参加的国际条约、协定中所作的市场准入承诺以及有关勘察设计市场准入的管理规定。

投标人应当符合国家规定的资质条件。

第二十二条 投标人应当按照招标文件或者投标邀请书的要求编制投标文件。投标文件中的勘察设计收费报价，应当符合国务院价格主管部门制定的工程勘察设计收费标准。

第二十三条 投标人在投标文件有关技术方案和要求中不得指定与工程建设项目有关的重要设备、材料的生产供应者，或者含有倾向或者排斥特定生产供应者的内容。

第二十四条 招标文件要求投标人提交投标保证金的，保证金数额不得超过勘察设计估算费用的百分之二，最多不超过十万元人民币。

依法必须进行招标的项目的境内投标单位，以现金或者支票形式提交的投标保证金应当从其基本账户转出。

第二十五条 在提交投标文件截止时间后到招标文件规定的投标有效期终止之前，投标人不得撤销其投标文件，否则招标人可以不退还投标保证金。

第二十六条 投标人在投标截止时间前提交的投标文件，补充、修改或撤回投标文件的通知，备选投标文件等，都必须加盖所在单位公章，并且由其法定代表人或授权代表签字，但招标文件另有规定的除外。

招标人在接收上述材料时，应检查其密封或签章是否完好，并向投标人出具标明签收人和签收时间的回执。

第二十七条 以联合体形式投标的，联合体各方应签订共同投标协议，连同投标文件一并提交招标人。

联合体各方不得再单独以自己名义，或者参加另外的联合体投同一个标。

招标人接受联合体投标并进行资格预审的，联合体应当在提交资格预审申请文件前组成。资格预审后联合体增减、更换成员的，其投标无效。

第二十八条 联合体中标的，应指定牵头人或代表，授权其代表所有联合体成员与招标人签订合同，负责整个合同实施阶段的协调工作。但是，需要向招标人提交由所有联合体成员法定代表人签署的授权委托书。

第二十九条 投标人不得以他人名义投标，也不得利用伪造、转让、无效或者租借的资质证书参加投标，或者以任何方式请其他单位在自己编制的投标文件代为签字盖章，损害国家利益、社会公共利益和招标人的合法权益。

第三十条 投标人不得通过故意压低投资额、降低施工技术要求、减少占地面积，或者缩短工期等手段弄虚作假，骗取中标。

第四章 开标、评标和中标

第三十一条 开标应当在招标文件确定的提交投标文件截止时间的同一时间公开进行；除不可抗力原因外，招标人不得以任何理由拖延开标，或者拒绝开标。

投标人对开标有异议的，应当在开标现场提出，招标人应当当场作出答复，并制作记录。

第三十二条 评标工作由评标委员会负责。评标委员会的组成方式及要求，按《中华人民共和国招标投标法》、《中华人民共和国招标投标法实施条例》及《评标委员会和评标方法暂行规定》（国家计委等七部委联合令第12号）的有关规定执行。

第三十三条 勘察设计评标一般采取综合评估法进行。评标委员会应当按照招标文件确定的评标标准和方法，结合经批准的项目建议书、可行性研究报告或者上阶段设计批复文件，对投标人的业绩、信誉和勘察设计人员的能力以及勘察设计方案的优劣进行综合评定。

招标文件中没有规定的标准和方法，不得作为评标的依据。

第三十四条 评标委员会可以要求投标人对其技术文件进行必要的说明或介绍，但不得提出带有暗示性或诱导性的问题，也不得明确指出其投标文件中的遗漏和错误。

第三十五条 根据招标文件的规定，允许投标人投备选标的，评标委员会可以对中标人所提交的备选标进行评审，以决定是否采纳备选标。不符合中标条件的投标人的备选标不予考虑。

第三十六条 投标文件有下列情况之一的，评标委员会应当否决其投标：

（一）未经投标单位盖章和单位负责人签字；

（二）投标报价不符合国家颁布的勘察设计取费标准，或者低于成本，或者高于招标文件设定的最高投标限价；

（三）未响应招标文件的实质性要求和条件。

第三十七条 投标人有下列情况之一的，评标委员会应当否决其投标：

（一）不符合国家或者招标文件规定的资格条件；

（二）与其他投标人或者与招标人串通投标；

（三）以他人名义投标，或者以其他方式弄虚作假；

（四）以向招标人或者评标委员会成员行贿的手段谋取中标；

（五）以联合体形式投标，未提交共同投标协议；

（六）提交两个以上不同的投标文件或者投标报价，但招标文件要求提交备选投标的除外。

第三十八条 评标委员会完成评标后，应当向招标人提出书面评标报告，推荐合格的中标候选人。

评标报告的内容应当符合《评标委员会和评标方法暂行规定》第四十二条的规定。但是，评标委员会决定否决所有投标的，应在评标报告中详细说明理由。

第三十九条 评标委员会推荐的中标候选人应当限定在一至三人，并标明排列顺序。

能够最大限度地满足招标文件中规定的各项综合评价标准的投标人，应当推荐为中标候选人。

第四十条 国有资金占控股或者主导地位的依法必须招标的项目，招标人应当确定排名第一的中标候选人为中标人。

排名第一的中标候选人放弃中标、因不可抗力提出不能履行合同，不按照招标文件要求提交履约保证金，或者被查实存在影响中标结果的违法行为等情形，不符合中标条件的，招标人可以按照评标委员会提出的中标候选人名单排序依次确定其他中标候选人为中标人。依次确定其他中标候选人与招标人预期差距较大，或者对招标人明显不利的，招标人可以重新招标。

招标人可以授权评标委员会直接确定中标人。

国务院对中标人的确定另有规定的，从其规定。

第四十一条 招标人应在接到评标委员会

的书面评标报告之日起三日内公示中标候选人，公示期不少于三日。

第四十二条 招标人和中标人应当在投标有效期内并在自中标通知书发出之日起三十日内，按照招标文件和中标人的投标文件订立书面合同。

中标人履行合同应当遵守《合同法》以及《建设工程勘察设计管理条例》中勘察设计文件编制实施的有关规定。

第四十三条 招标人不得以压低勘察设计费、增加工作量、缩短勘察设计周期等作为发出中标通知书的条件，也不得与中标人再行订立背离合同实质性内容的其他协议。

第四十四条 招标人与中标人签订合同后五日内，应当向中标人和未中标人一次性退还投标保证金及银行同期存款利息。招标文件中规定给予未中标人经济补偿的，也应在此期限内一并给付。

招标文件要求中标人提交履约保证金的，中标人应当提交；经中标人同意，可将其投标保证金抵作履约保证金。

第四十五条 招标人或者中标人采用其他未中标人投标文件中技术方案的，应当征得未中标人的书面同意，并支付合理的使用费。

第四十六条 评标定标工作应当在投标有效期内完成，不能如期完成的，招标人应当通知所有投标人延长投标有效期。

同意延长投标有效期的投标人应当相应延长其投标担保的有效期，但不得修改投标文件的实质性内容。

拒绝延长投标有效期的投标人有权收回投标保证金。招标文件中规定给予未中标人补偿的，拒绝延长的投标人有权获得补偿。

第四十七条 依法必须进行勘察设计招标的项目，招标人应当在确定中标人之日起15日内，向有关行政监督部门提交招标投标情况的书面报告。

书面报告一般应包括以下内容：

（一）招标项目基本情况；

（二）投标人情况；

（三）评标委员会成员名单；

（四）开标情况；

（五）评标标准和方法；

（六）否决投标情况；

（七）评标委员会推荐的经排序的中标候选人名单；

（八）中标结果；

（九）未确定排名第一的中标候选人为中标人的原因；

（十）其他需说明的问题。

第四十八条 在下列情况下，依法必须招标项目的招标人在分析招标失败的原因并采取相应措施后，应当依照本办法重新招标：

（一）资格预审合格的潜在投标人不足三个的；

（二）在投标截止时间前提交投标文件的投标人少于三个的；

（三）所有投标均被否决的；

（四）评标委员会否决不合格投标后，因有效投标不足三个使得投标明显缺乏竞争，评标委员会决定否决全部投标的；

（五）根据第四十六条规定，同意延长投标有效期的投标人少于三个的。

第四十九条 招标人重新招标后，发生本办法第四十八条情形之一的，属于按照国家规定需要政府审批、核准的项目，报经原项目审批、核准部门审批、核准后可以不再进行招标；其他工程建设项目，招标人可自行决定不再进行招标。

第五章　罚　　则

第五十条 招标人有下列限制或者排斥潜在投标人行为之一的，由有关行政监督部门依照招标投标法第五十一条的规定处罚；其中，构成依法必须进行勘察设计招标的项目的招标人规避招标的，依照招标投标法第四十九条的规定处罚：

（一）依法必须公开招标的项目不按照规定在指定媒介发布资格预审公告或者招标公告；

（二）在不同媒介发布的同一招标项目的资格预审公告或者招标公告的内容不一致，影响潜在投标人申请资格预审或者投标。

第五十一条 招标人有下列情形之一的，由有关行政监督部门责令改正，可以处10万元以下的罚款：

（一）依法应当公开招标而采用邀请招标；

（二）招标文件、资格预审文件的发售、澄清、修改的时限，或者确定的提交资格预审申请文件、投标文件的时限不符合招标投标法和招标投标法实施条例规定；

（三）接受未通过资格预审的单位或者个人参加投标；

（四）接受应当拒收的投标文件。

招标人有前款第一项、第三项、第四项所列行为之一的，对单位直接负责的主管人员和其他直接责任人员依法给予处分。

第五十二条 依法必须进行招标的项目的投标人以他人名义投标，利用伪造、转让、租借、无效的资质证书参加投标，或者请其他单位在自己编制的投标文件上代为签字盖章，弄虚作假，骗取中标的，中标无效。尚未构成犯罪的，处中标项目金额千分之五以上千分之十以下的罚款，对单位直接负责的主管人员和其他直接责任人员处单位罚款数额百分之五以上百分之十以下的罚款；有违法所得的，并处没收违法所得；情节严重的，取消其一年至三年内参加依法必须进行招标的项目的投标资格并予以公告，直至由工商行政管理机关吊销营业执照。

第五十三条 招标人以抽签、摇号等不合理的条件限制或者排斥资格预审合格的潜在投标人参加投标，对潜在投标人实行歧视待遇的，强制要求投标人组成联合体共同投标的，或者限制投标人之间竞争的，责令改正，可以处一万元以上五万元以下的罚款。

依法必须进行招标的项目的招标人不按照规定组建评标委员会，或者确定、更换评标委员会成员违反招标投标法和招标投标法实施条例规定的，由有关行政监督部门责令改正，可以处十万元以下的罚款，对单位直接负责的主管人员和其他直接责任人员依法给予处分；违法确定或者更换的评标委员会成员作出的评审结论无效，依法重新进行评审。

第五十四条 评标委员会成员有下列行为之一的，由有关行政监督部门责令改正；情节严重的，禁止其在一定期限内参加依法必须进行招标的项目的评标；情节特别严重的，取消其担任评标委员会成员的资格：

（一）不按照招标文件规定的评标标准和方法评标；

（二）应当回避而不回避；

（三）擅离职守；

（四）私下接触投标人；

（五）向招标人征询确定中标人的意向或者接受任何单位或者个人明示或者暗示提出的倾向或者排斥特定投标人的要求；

（六）对依法应当否决的投标不提出否决意见；

（七）暗示或者诱导投标人作出澄清、说明或者接受投标人主动提出的澄清、说明；

（八）其他不客观、不公正履行职务的行为。

第五十五条 招标人与中标人不按照招标文件和中标人的投标文件订立合同，责令改正，可以处中标项目金额千分之五以上千分之十以下的罚款。

第五十六条 本办法对违法行为及其处罚措施未做规定的，依据《中华人民共和国招标投标法》、《中华人民共和国招标投标法实施条例》和有关法律、行政法规的规定执行。

第六章　附　　则

第五十七条　使用国际组织或者外国政府贷款、援助资金的项目进行招标，贷款方、资金提供方对工程勘察设计招标投标活动的条件和程序另有规定的，可以适用其规定，但违背中华人民共和国社会公共利益的除外。

第五十八条　本办法发布之前有关勘察设计招标投标的规定与本办法不一致的，以本办法为准。法律或者行政法规另有规定的，从其规定。

第五十九条　本办法由国家发展和改革委员会会同有关部门负责解释。

第六十条　本办法自2003年8月1日起施行。

工程建设项目招标投标活动投诉处理办法

（2004年6月21日国家发展和改革委员会、建设部、铁道部、交通部、信息产业部、水利部、中国民用航空总局令第11号发布　根据2013年3月11日国家发展和改革委员会、工业和信息化部、财政部、住房和城乡建设部、交通运输部、铁道部、水利部、国家广播电影电视总局、中国民用航空局《关于废止和修改部分招标投标规章和规范性文件的决定》修订）

第一条　为保护国家利益、社会公共利益和招标投标当事人的合法权益，建立公平、高效的工程建设项目招标投标活动投诉处理机制，根据《中华人民共和国招标投标法》、《中华人民共和国招标投标法实施条例》，制定本办法。

第二条　本办法适用于工程建设项目招标投标活动的投诉及其处理活动。

前款所称招标投标活动，包括招标、投标、开标、评标、中标以及签订合同等各阶段。

第三条　投标人或者其他利害关系人认为招标投标活动不符合法律、法规和规章规定的，有权依法向有关行政监督部门投诉。

前款所称其他利害关系人是指投标人以外的，与招标项目或者招标活动有直接和间接利益关系的法人、其他组织和自然人。

第四条　各级发展改革、工业和信息化、住房城乡建设、水利、交通运输、铁道、商务、民航等招标投标活动行政监督部门，依照《国务院办公厅印发国务院有关部门实施招标投标活动行政监督的职责分工的意见的通知》（国办发〔2000〕34号）和地方各级人民政府规定的职责分工，受理投诉并依法做出处理决定。

对国家重大建设项目（含工业项目）招标投标活动的投诉，由国家发展改革委受理并依法做出处理决定。对国家重大建设项目招标投标活动的投诉，有关行业行政监督部门已经收到的，应当通报国家发展改革委，国家发展改革委不再受理。

第五条　行政监督部门处理投诉时，应当坚持公平、公正、高效原则，维护国家利益、社会公共利益和招标投标当事人的合法权益。

第六条　行政监督部门应当确定本部门内部负责受理投诉的机构及其电话、传真、电子信箱和通讯地址，并向社会公布。

第七条　投诉人投诉时，应当提交投诉书。投诉书应当包括下列内容：

（一）投诉人的名称、地址及有效联系方式；

（二）被投诉人的名称、地址及有效联系方式；

（三）投诉事项的基本事实；

（四）相关请求及主张；

（五）有效线索和相关证明材料。

对招标投标法实施条例规定应先提出异议的事项进行投诉的，应当附提出异议的证明文件。已向有关行政监督部门投诉的，应当一并说明。

投诉人是法人的，投诉书必须由其法定代表人或者授权代表签字并盖章；其他组织或者自然人投诉的，投诉书必须由其主要负责人或者投诉人本人签字，并附有效身份证明复印件。

投诉书有关材料是外文的，投诉人应当同时提供其中文译本。

第八条 投诉人不得以投诉为名排挤竞争对手，不得进行虚假、恶意投诉，阻碍招标投标活动的正常进行。

第九条 投诉人认为招标投标活动不符合法律行政法规规定的，可以在知道或者应当知道之日起十日内提出书面投诉。依照有关行政法规提出异议的，异议答复期间不计算在内。

第十条 投诉人可以自己直接投诉，也可以委托代理人办理投诉事务。代理人办理投诉事务时，应将授权委托书连同投诉书一并提交给行政监督部门。授权委托书应当明确有关委托代理权限和事项。

第十一条 行政监督部门收到投诉书后，应当在三个工作日内进行审查，视情况分别做出以下处理决定：

（一）不符合投诉处理条件的，决定不予受理，并将不予受理的理由书面告知投诉人；

（二）对符合投诉处理条件，但不属于本部门受理的投诉，书面告知投诉人向其他行政监督部门提出投诉；

对于符合投诉处理条件并决定受理的，收到投诉书之日即为正式受理。

第十二条 有下列情形之一的投诉，不予受理：

（一）投诉人不是所投诉招标投标活动的参与者，或者与投诉项目无任何利害关系；

（二）投诉事项不具体，且未提供有效线索，难以查证的；

（三）投诉书未署具投诉人真实姓名、签字和有效联系方式的；以法人名义投诉的，投诉书未经法定代表人签字并加盖公章的；

（四）超过投诉时效的；

（五）已经作出处理决定，并且投诉人没有提出新的证据的；

（六）投诉事项应先提出异议没有提出异议、已进入行政复议或行政诉讼程序的。

第十三条 行政监督部门负责投诉处理的工作人员，有下列情形之一的，应当主动回避：

（一）近亲属是被投诉人、投诉人，或者是被投诉人、投诉人的主要负责人；

（二）在近三年内本人曾经在被投诉人单位担任高级管理职务；

（三）与被投诉人、投诉人有其他利害关系，可能影响对投诉事项公正处理的。

第十四条 行政监督部门受理投诉后，应当调取、查阅有关文件，调查、核实有关情况。

对情况复杂、涉及面广的重大投诉事项，有权受理投诉的行政监督部门可以会同其他有关的行政监督部门进行联合调查，共同研究后由受理部门做出处理决定。

第十五条 行政监督部门调查取证时，应当由两名以上行政执法人员进行，并做笔录，交被调查人签字确认。

第十六条 在投诉处理过程中，行政监督部门应当听取被投诉人的陈述和申辩，必要时可通知投诉人和被投诉人进行质证。

第十七条 行政监督部门负责处理投诉的人员应当严格遵守保密规定，对于在投诉处理过程中所接触到的国家秘密、商业秘密应当予以保密，也不得将投诉事项透露给与投诉无关的其他单位和个人。

第十八条 行政监督部门处理投诉，有权查阅、复制有关文件、资料，调查有关情况，相关单位和人员应当予以配合。必要时，行政监督部门可以责令暂停招标投标活动。

对行政监督部门依法进行的调查，投诉人、被投诉人以及评标委员会成员等与投诉事项有关的当事人应当予以配合，如实提供有关资料及情况，不得拒绝、隐匿或者伪报。

第十九条 投诉处理决定做出前，投诉人要求撤回投诉的，应当以书面形式提出并说明理由，由行政监督部门视以下情况，决定是否准予撤回：

（一）已经查实有明显违法行为的，应当不准撤回，并继续调查直至做出处理决定；

（二）撤回投诉不损害国家利益、社会公共利益或者其他当事人合法权益的，应当准予撤回，投诉处理过程终止。投诉人不得以同一事实和理由再提出投诉。

第二十条 行政监督部门应当根据调查和取证情况，对投诉事项进行审查，按照下列规定做出处理决定：

（一）投诉缺乏事实根据或者法律依据的，或者投诉人捏造事实、伪造材料或者以非法手段取得证明材料进行投诉的，驳回投诉；

（二）投诉情况属实，招标投标活动确实存在违法行为的，依据《中华人民共和国招标投标法》、《中华人民共和国招标投标法实施条例》及其他有关法规、规章做出处罚。

第二十一条 负责受理投诉的行政监督部门应当自受理投诉之日起三十个工作日内，对投诉事项做出处理决定，并以书面形式通知投诉人、被投诉人和其他与投诉处理结果有关的当事人。需要检验、检测、鉴定、专家评审的，所需时间不计算在内。

第二十二条 投诉处理决定应当包括下列主要内容：

（一）投诉人和被投诉人的名称、住址；

（二）投诉人的投诉事项及主张；

（三）被投诉人的答辩及请求；

（四）调查认定的基本事实；

（五）行政监督部门的处理意见及依据。

第二十三条 行政监督部门应当建立投诉处理档案，并做好保存和管理工作，接受有关方面的监督检查。

第二十四条 行政监督部门在处理投诉过程中，发现被投诉人单位直接负责的主管人员和其他直接责任人员有违法、违规或者违纪行为的，应当建议其行政主管机关、纪检监察部门给予处分；情节严重构成犯罪的，移送司法机关处理。

对招标代理机构有违法行为，且情节严重的，依法暂停直至取消招标代理资格。

第二十五条 当事人对行政监督部门的投诉处理决定不服或者行政监督部门逾期未做处理的，可以依法申请行政复议或者向人民法院提起行政诉讼。

第二十六条 投诉人故意捏造事实、伪造证明材料或者以非法手段取得证明材料进行投诉，给他人造成损失的，依法承担赔偿责任。

第二十七条 行政监督部门工作人员在处理投诉过程中徇私舞弊、滥用职权或者玩忽职守，对投诉人打击报复的，依法给予行政处分；构成犯罪的，依法追究刑事责任。

第二十八条 行政监督部门在处理投诉过程中，不得向投诉人和被投诉人收取任何费用。

第二十九条 对于性质恶劣、情节严重的投诉事项，行政监督部门可以将投诉处理结果在有关媒体上公布，接受舆论和公众监督。

第三十条 本办法由国家发展改革委会同国务院有关部门解释。

第三十一条 本办法自2004年8月1日起施行。

工程建设项目货物招标投标办法

（2005年1月18日国家发展和改革委员会、建设部、铁道部、交通部、信息产业部、水利部、中国民用航空总局令第27号发布 根据2013年3月11日国家发展和改革委员会、工业和信息化部、财政部、住房和城乡建设部、交通运输部、铁道部、水利部、国家广播电影电视总局、中国民用航空局《关于废止和修改部分招标投标规章和规范性文件的决定》修订）

第一章 总 则

第一条 为规范工程建设项目的货物招标投标活动，保护国家利益、社会公共利益和招标投标活动当事人的合法权益，保证工程质量，提高投资效益，根据《中华人民共和国招标投标法》、《中华人民共和国招标投标法实施条例》和国务院有关部门的职责分工，制定本办法。

第二条 本办法适用于在中华人民共和国境内工程建设项目货物招标投标活动。

第三条 工程建设项目符合《工程建设项目招标范围和规模标准规定》（原国家计委令第3号）规定的范围和标准的，必须通过招标选择货物供应单位。

任何单位和个人不得将依法必须进行招标的项目化整为零或者以其他任何方式规避招标。

第四条 工程建设项目货物招标投标活动应当遵循公开、公平、公正和诚实信用的原则。货物招标投标活动不受地区或者部门的限制。

第五条 工程建设项目货物招标投标活动，依法由招标人负责。

工程建设项目招标人对项目实行总承包招标时，未包括在总承包范围内的货物属于依法必须进行招标的项目范围且达到国家规定规模标准的，应当由工程建设项目招标人依法组织招标。

工程建设项目实行总承包招标时，以暂估价形式包括在总承包范围内的货物属于依法必须进行招标的项目范围且达到国家规定规模标准的，应当依法组织招标。

第六条 各级发展改革、工业和信息化、住房城乡建设、交通运输、铁道、水利、民航等部门依照国务院和地方各级人民政府关于工程建设项目行政监督的职责分工，对工程建设项目中所包括的货物招标投标活动实施监督，依法查处货物招标投标活动中的违法行为。

第二章 招 标

第七条 工程建设项目招标人是依法提出招标项目、进行招标的法人或者其他组织。本办法第五条总承包中标人单独或者共同招标时，也为招标人。

第八条 依法必须招标的工程建设项目，应当具备下列条件才能进行货物招标：

（一）招标人已经依法成立；

（二）按照国家有关规定应当履行项目审批、核准或者备案手续的，已经审批、核准或者备案；

（三）有相应资金或者资金来源已经落实；

（四）能够提出货物的使用与技术要求。

第九条 依法必须进行招标的工程建设项目，按国家有关规定需要履行审批、核准手续的，招标人应当在报送的可行性研究报告、资金申请报告或者项目申请报告中将货物招标范围、招标方式（公开招标或邀请招标）、招标组织形式（自行招标或委托招标）等有关招标内容报项目审批、核准部门审批、核准。项目审批、核准部门应当将审批、核准的招标内容通报有关行政监督部门。

第十条 货物招标分为公开招标和邀请招标。

第十一条 依法应当公开招标的项目，有下列情形之一的，可以邀请招标：

（一）技术复杂、有特殊要求或者受自然环境限制，只有少量潜在投标人可供选择；

（二）采用公开招标方式的费用占项目合同金额的比例过大；

（三）涉及国家安全、国家秘密或者抢险救灾，适宜招标但不宜公开招标。

有前款第二项所列情形，属于按照国家有关规定需要履行项目审批、核准手续的依法必须进行招标的项目，由项目审批、核准部门认定；其他项目由招标人申请有关行政监督部门作出认定。

第十二条 采用公开招标方式的，招标人应当发布资格预审公告或者招标公告。依法必须进行货物招标的资格预审公告或者招标公告，应当在国家指定的报刊或者信息网络上发布。

采用邀请招标方式的，招标人应当向三家以上具备货物供应的能力、资信良好的特定的法人或者其他组织发出投标邀请书。

第十三条 招标公告或者投标邀请书应当载明下列内容：

（一）招标人的名称和地址；

（二）招标货物的名称、数量、技术规格、资金来源；

（三）交货的地点和时间；

（四）获取招标文件或者资格预审文件的地点和时间；

（五）对招标文件或者资格预审文件收取的费用；

（六）提交资格预审申请书或者投标文件的地点和截止日期；

（七）对投标人的资格要求。

第十四条 招标人应当按照资格预审公告、招标公告或者投标邀请书规定的时间、地点发售招标文件或者资格预审文件。自招标文件或者资格预审文件发售之日起至停止发售之日止，最短不得少于五日。

招标人可以通过信息网络或者其他媒介发布招标文件，通过信息网络或者其他媒介发布的招标文件与书面招标文件具有同等法律效力，出现不一致时以书面招标文件为准，但国家另有规定的除外。

对招标文件或者资格预审文件的收费应当限于补偿印刷、邮寄的成本支出，不得以营利为目的。

除不可抗力原因外，招标文件或者资格预审文件发出后，不予退还；招标人在发布招标公告、发出投标邀请书后或者发出招标文件或资格预审文件后不得终止招标。招标人终止招标的，应当及时发布公告，或者以书面形式通知被邀请的或者已经获取资格预审文件、招标文件的潜在投标人。已经发售资格预审文件、招标文件或者已经收取投标保证金的，招标人应当及时退还所收取的资格预审文件、招标文件的费用，以及所收取的投标保证金及银行同期存款利息。

第十五条 招标人可以根据招标货物的特点和需要，对潜在投标人或者投标人进行资格审查；国家对潜在投标人或者投标人的资格条件有规定的，依照其规定。

第十六条 资格审查分为资格预审和资格后审。

资格预审，是指招标人出售招标文件或者发出投标邀请书前对潜在投标人进行的资格审查。资格预审一般适用于潜在投标人较多或者大型、技术复杂货物的招标。

资格后审，是指在开标后对投标人进行的资格审查。资格后审一般在评标过程中的初步评审开始时进行。

第十七条 采取资格预审的，招标人应当发布资格预审公告。资格预审公告适用本办法第十二条、第十三条有关招标公告的规定。

第十八条 资格预审文件一般包括下列内容：

（一）资格预审公告；

（二）申请人须知；

（三）资格要求；

（四）其他业绩要求；

（五）资格审查标准和方法；

（六）资格预审结果的通知方式。

第十九条 采取资格预审的，招标人应当在资格预审文件中详细规定资格审查的标准和方法；采取资格后审的，招标人应当在招标文件中详细规定资格审查的标准和方法。

招标人在进行资格审查时，不得改变或补充载明的资格审查标准和方法或者以没有载明的资格审查标准和方法对潜在投标人或者投标人进行资格审查。

第二十条 经资格预审后，招标人应当向资格预审合格的潜在投标人发出资格预审合格通知书，告知获取招标文件的时间、地点和方法，并同时向资格预审不合格的潜在投标人告知资格预审结果。依法必须招标的项目通过资格预审的申请人不足三个的，招标人在分析招标失败的原因并采取相应措施后，应当重新招标。

对资格后审不合格的投标人，评标委员会应当否决其投标。

第二十一条 招标文件一般包括下列内容：

（一）招标公告或者投标邀请书；

（二）投标人须知；

（三）投标文件格式；

（四）技术规格、参数及其他要求；

（五）评标标准和方法；

（六）合同主要条款。

招标人应当在招标文件中规定实质性要求和条件，说明不满足其中任何一项实质性要求和条件的投标将被拒绝，并用醒目的方式标明；没有标明的要求和条件在评标时不得作为实质性要求和条件。对于非实质性要求和条件，应规定允许偏差的最大范围、最高项数，以及对这些偏差进行调整的方法。

国家对招标货物的技术、标准、质量等有规定的，招标人应当按照其规定在招标文件中提出相应要求。

第二十二条 招标货物需要划分标包的，招标人应合理划分标包，确定各标包的交货期，并在招标文件中如实载明。

招标人不得以不合理的标包限制或者排斥潜在投标人或者投标人。依法必须进行招标的项目的招标人不得利用标包划分规避招标。

第二十三条 招标人允许中标人对非主体货物进行分包的，应当在招标文件中载明。主要设备、材料或者供货合同的主要部分不得要求或者允许分包。

除招标文件要求不得改变标准货物的供应商外，中标人经招标人同意改变标准货物的供应商的，不应视为转包和违法分包。

第二十四条 招标人可以要求投标人在提交符合招标文件规定要求的投标文件外，提交备选投标方案，但应当在招标文件中作出说明。不符合中标条件的投标人的备选投标方案不予考虑。

第二十五条 招标文件规定的各项技术规格应当符合国家技术法规的规定。

招标文件中规定的各项技术规格均不得要求或标明某一特定的专利技术、商标、名称、设计、原产地或供应者等，不得含有倾向或者排斥潜在投标人的其他内容。如果必须引用某一供应者的技术规格才能准确或清楚地说明拟招标货物的技术规格时，则应当在参照后面加上“或相当于”的字样。

第二十六条 招标文件应当明确规定评标

时包含价格在内的所有评标因素，以及据此进行评估的方法。

在评标过程中，不得改变招标文件中规定的评标标准、方法和中标条件。

第二十七条 招标人可以在招标文件中要求投标人以自己的名义提交投标保证金。投标保证金除现金外，可以是银行出具的银行保函、保兑支票、银行汇票或现金支票，也可以是招标人认可的其他合法担保形式。依法必须进行招标的项目的境内投标单位，以现金或者支票形式提交的投标保证金应当从其基本账户转出。

投标保证金不得超过项目估算价的百分之二，但最高不得超过八十万元人民币。投标保证金有效期应当与投标有效期一致。

投标人应当按照招标文件要求的方式和金额，在提交投标文件截止时间前将投标保证金提交给招标人或其委托的招标代理机构。

第二十八条 招标文件应当规定一个适当的投标有效期，以保证招标人有足够的时间完成评标和与中标人签订合同。投标有效期从招标文件规定的提交投标文件截止之日起计算。

在原投标有效期结束前，出现特殊情况的，招标人可以书面形式要求所有投标人延长投标有效期。投标人同意延长的，不得要求或被允许修改其投标文件的实质性内容，但应当相应延长其投标保证金的有效期；投标人拒绝延长的，其投标失效，但投标人有权收回其投标保证金及银行同期存款利息。

依法必须进行招标的项目同意延长投标有效期的投标人少于三个的，招标人在分析招标失败的原因并采取相应措施后，应当重新招标。

第二十九条 对于潜在投标人在阅读招标文件中提出的疑问，招标人应当以书面形式、投标预备会方式或者通过电子网络解答，但需同时将解答以书面方式通知所有购买招标文件的潜在投标人。该解答的内容为招标文件的组成部分。

除招标文件明确要求外，出席投标预备会不是强制性的，由潜在投标人自行决定，并自行承担由此可能产生的风险。

第三十条 招标人应当确定投标人编制投标文件所需的合理时间。依法必须进行招标的货物，自招标文件开始发出之日起至投标人提交投标文件截止之日止，最短不得少于二十日。

第三十一条 对无法精确拟定其技术规格的货物，招标人可以采用两阶段招标程序。

在第一阶段，招标人可以首先要求潜在投标人提交技术建议，详细阐明货物的技术规格、质量和其他特性。招标人可以与投标人就其建议的内容进行协商和讨论，达成一个统一的技术规格后编制招标文件。

在第二阶段，招标人应当向第一阶段提交了技术建议的投标人提供包含统一技术规格的正式招标文件，投标人根据正式招标文件的要求提交包括价格在内的最后投标文件。

招标人要求投标人提交投标保证金的，应当在第二阶段提出。

第三章　投　　标

第三十二条 投标人是响应招标、参加投标竞争的法人或者其他组织。

法定代表人为同一个人的两个及两个以上法人，母公司、全资子公司及其控股公司，都不得在同一货物招标中同时投标。

违反前两款规定的，相关投标均无效。

一个制造商对同一品牌同一型号的货物，仅能委托一个代理商参加投标。

第三十三条 投标人应当按照招标文件的要求编制投标文件。投标文件应当对招标文件提出的实质性要求和条件作出响应。

投标文件一般包括下列内容：

（一）投标函；

（二）投标一览表；

（三）技术性能参数的详细描述；

（四）商务和技术偏差表；

（五）投标保证金；

（六）有关资格证明文件；

（七）招标文件要求的其他内容。

投标人根据招标文件载明的货物实际情况，拟在中标后将供货合同中的非主要部分进行分包的，应当在投标文件中载明。

第三十四条 投标人应当在招标文件要求提交投标文件的截止时间前，将投标文件密封送达招标文件中规定的地点。招标人收到投标文件后，应当向投标人出具标明签收人和签收时间的凭证，在开标前任何单位和个人不得开启投标文件。

在招标文件要求提交投标文件的截止时间后送达的投标文件，为无效的投标文件，招标人应当拒收，并将其原封不动地退回投标人。

在招标文件要求提交投标文件的截止时间后送达的投标文件，招标人应当拒收。

依法必须进行招标的项目，提交投标文件的投标人少于三个的，招标人在分析招标失败的原因并采取相应措施后，应当重新招标。重新招标后投标人仍少于三个，按国家有关规定需要履行审批、核准手续的依法必须进行招标的项目，报项目审批、核准部门审批、核准后可以不再进行招标。

第三十五条 投标人在招标文件要求提交投标文件的截止时间前，可以补充、修改、替代或者撤回已提交的投标文件，并书面通知招标人。补充、修改的内容为投标文件的组成部分。

第三十六条 在提交投标文件截止时间后，投标人不得撤销其投标文件，否则招标人可以不退还其投标保证金。

第三十七条 招标人应妥善保管好已接收的投标文件、修改或撤回通知、备选投标方案等投标资料，并严格保密。

第三十八条 两个以上法人或者其他组织可以组成一个联合体，以一个投标人的身份共同投标。

联合体各方签订共同投标协议后，不得再以自己名义单独投标，也不得组成或参加其他联合体在同一项目中投标；否则相关投标均无效。

联合体中标的，应当指定牵头人或代表，授权其代表所有联合体成员与招标人签订合同，负责整个合同实施阶段的协调工作。但是，需要向招标人提交由所有联合体成员法定代表人签署的授权委托书。

第三十九条 招标人接受联合体投标并进行资格预审的，联合体应当在提交资格预审申请文件前组成。资格预审后联合体增减、更换成员的，其投标无效。

招标人不得强制资格预审合格的投标人组成联合体。

第四章 开标、评标和定标

第四十条 开标应当在招标文件确定的提交投标文件截止时间的同一时间公开进行；开标地点应当为招标文件中确定的地点。

投标人或其授权代表有权出席开标会，也可以自主决定不参加开标会。

投标人对开标有异议的，应当在开标现场提出，招标人应当当场作出答复，并制作记录。

第四十一条 投标文件有下列情形之一的，招标人应当拒收：

（一）逾期送达；

（二）未按招标文件要求密封。

有下列情形之一的，评标委员会应当否决其投标：

（一）投标文件未经投标单位盖章和单位负责人签字；

（二）投标联合体没有提交共同投标协议；

（三）投标人不符合国家或者招标文件规定的资格条件；

（四）同一投标人提交两个以上不同的投标文件或者投标报价，但招标文件要求提交备选投标的除外；

（五）投标标价低于成本或者高于招标文件设定的最高投标限价；

（六）投标文件没有对招标文件的实质性要求和条件作出响应；

（七）投标人有串通投标、弄虚作假、行贿等违法行为。

依法必须招标的项目评标委员会否决所有投标的，或者评标委员会否决一部分投标后其他有效投标不足三个使得投标明显缺乏竞争，决定否决全部投标的，招标人在分析招标失败的原因并采取相应措施后，应当重新招标。

第四十二条 评标委员会可以书面方式要求投标人对投标文件中含义不明确、对同类问题表述不一致或者有明显文字和计算错误的内容作必要的澄清、说明或补正。评标委员会不得向投标人提出带有暗示性或诱导性的问题，或向其明确投标文件中的遗漏和错误。

第四十三条 投标文件不响应招标文件的实质性要求和条件的，评标委员会不得允许投标人通过修正或撤销其不符合要求的差异或保留，使之成为具有响应性的投标。

第四十四条 技术简单或技术规格、性能、制作工艺要求统一的货物，一般采用经评审的最低投标价法进行评标。技术复杂或技术规格、性能、制作工艺要求难以统一的货物，一般采用综合评估法进行评标。

第四十五条 符合招标文件要求且评标价最低或综合评分最高而被推荐为中标候选人的投标人，其所提交的备选投标方案方可予以考虑。

第四十六条 评标委员会完成评标后，应向招标人提出书面评标报告。评标报告由评标委员会全体成员签字。

第四十七条 评标委员会在书面评标报告中推荐的中标候选人应当限定在一至三人，并标明排列顺序。招标人应当接受评标委员会推荐的中标候选人，不得在评标委员会推荐的中标候选人之外确定中标人。

依法必须进行招标的项目，招标人应当自收到评标报告之日起三日内公示中标候选人，公示期不得少于三日。

第四十八条 国有资金占控股或者主导地位的依法必须进行招标的项目，招标人应当确定排名第一的中标候选人为中标人。排名第一的中标候选人放弃中标、因不可抗力提出不能履行合同、不按照招标文件要求提交履约保证金，或者被查实存在影响中标结果的违法行为等情形，不符合中标条件的，招标人可以按照评标委员会提出的中标候选人名单排序依次确定其他中标候选人为中标人。依次确定其他中标候选人与招标人预期差距较大，或者对招标人明显不利的，招标人可以重新招标。

招标人可以授权评标委员会直接确定中标人。

国务院对中标人的确定另有规定的，从其规定。

第四十九条 招标人不得向中标人提出压低报价、增加配件或者售后服务量以及其他超出招标文件规定的违背中标人意愿的要求，以此作为发出中标通知书和签订合同的条件。

第五十条 中标通知书对招标人和中标人具有法律效力。中标通知书发出后，招标人改变中标结果的，或者中标人放弃中标项目的，应当依法承担法律责任。

中标通知书由招标人发出，也可以委托其招标代理机构发出。

第五十一条 招标人和中标人应当在投标有效期内并在自中标通知书发出之日起三十日内，按照招标文件和中标人的投标文件订立书面合同。招标人和中标人不得再行订立背离合同实质性内容的其他协议。

招标文件要求中标人提交履约保证金或者其他形式履约担保的，中标人应当提交；拒绝提交的，视为放弃中标项目。招标人要求中标人提供履约保证金或其他形式履约担保的，招标人应当同时向中标人提供货物款支付担保。

履约保证金不得超过中标合同金额的10%。

第五十二条 招标人最迟应当在书面合同签订后五日内，向中标人和未中标的投标人一次性退还投标保证金及银行同期存款利息。

第五十三条 必须审批的工程建设项目，货物合同价格应当控制在批准的概算投资范围内；确需超出范围的，应当在中标合同签订前，报原项目审批部门审查同意。项目审批部门应当根据招标的实际情况，及时作出批准或者不予批准的决定；项目审批部门不予批准的，招标人应当自行平衡超出的概算。

第五十四条 依法必须进行货物招标的项目，招标人应当自确定中标人之日起十五日内，向有关行政监督部门提交招标投标情况的书面报告。

前款所称书面报告至少应包括下列内容：

（一）招标货物基本情况；

（二）招标方式和发布招标公告或者资格预审公告的媒介；

（三）招标文件中投标人须知、技术条款、评标标准和方法、合同主要条款等内容；

（四）评标委员会的组成和评标报告；

（五）中标结果。

第五章 罚 则

第五十五条 招标人有下列限制或者排斥潜在投标行为之一的，由有关行政监督部门依照招标投标法第五十一条的规定处罚；其中，构成依法必须进行招标的项目的招标人规避招标的，依照招标投标法第四十九条的规定处罚：

（一）依法应当公开招标的项目不按照规定在指定媒介发布资格预审公告或者招标公告；

（二）在不同媒介发布的同一招标项目的资格预审公告或者招标公告内容不一致，影响潜在投标人申请资格预审或者投标。

第五十六条 招标人有下列情形之一的，由有关行政监督部门责令改正，可以处10万元以下的罚款：

（一）依法应当公开招标而采用邀请招标；

（二）招标文件、资格预审文件的发售、澄清、修改的时限，或者确定的提交资格预审申请文件、投标文件的时限不符合招标投标法和招标投标法实施条例规定；

（三）接受未通过资格预审的单位或者个人参加投标；

（四）接受应当拒收的投标文件。招标人有前款第一项、第三项、第四项所列行为之一的，对单位直接负责的主管人员和其他直接责任人员依法给予处分。

第五十七条 评标委员会成员有下列行为之一的，由有关行政监督部门责令改正；情节严重的，禁止其在一定期限内参加依法必须进行招标的项目的评标；情节特别严重的，取消其担任评标委员会成员的资格：

（一）应当回避而不回避；

（二）擅离职守；

（三）不按照招标文件规定的评标标准和方法评标；

（四）私下接触投标人；

（五）向招标人征询确定中标人的意向或者接受任何单位或者个人明示或者暗示提出的倾向或者排斥特定投标人的要求；

（六）对依法应当否决的投标不提出否决意见；

（七）暗示或者诱导投标人作出澄清、说明或者接受投标人主动提出的澄清、说明；

（八）其他不客观、不公正履行职务的行为。

第五十八条 依法必须进行招标的项目的招标人有下列情形之一的，由有关行政监督部门责令改正，可以处中标项目金额千分之十以下的罚款；给他人造成损失的，依法承担赔偿责任；对单位直接负责的主管人员和其他直接责任人员依法给予处分：

（一）无正当理由不发出中标通知书；

（二）不按照规定确定中标人；

（三）中标通知书发出后无正当理由改变中标结果；

（四）无正当理由不与中标人订立合同；

（五）在订立合同时向中标人提出附加条件。

中标通知书发出后，中标人放弃中标项目的，无正当理由不与招标人签订合同的，在签订合同时向招标人提出附加条件或者更改合同实质性内容的，或者拒不提交所要求的履约保证金的，取消其中标资格，投标保证金不予退还；给招标人的损失超过投标保证金数额的，中标人应当对超过部分予以赔偿；没有提交投标保证金的，应当对招标人的损失承担赔偿责任。对依法必须进行招标的项目的中标人，由有关行政监督部门责令改正，可以处中标金额千分之十以下罚款。

第五十九条 招标人不履行与中标人订立的合同的，应当返还中标人的履约保证金，并承担相应的赔偿责任；没有提交履约保证金的，应当对中标人的损失承担赔偿责任。

因不可抗力不能履行合同的，不适用前款规定。

第六十条 中标无效的，发出的中标通知书和签订的合同自始没有法律约束力，但不影响合同中独立存在的有关解决争议方法的条款的效力。

第六章 附 则

第六十一条 不属于工程建设项目，但属于固定资产投资的货物招标投标活动，参照本办法执行。

第六十二条 使用国际组织或者外国政府贷款、援助资金的项目进行招标，贷款方、资金提供方对货物招标投标活动的条件和程序有不同规定的，可以适用其规定，但违背中华人民共和国社会公共利益的除外。

第六十三条 本办法由国家发展和改革委员会会同有关部门负责解释。

第六十四条 本办法自2005年3月1日起施行。

经营性公路建设项目投资人招标投标管理规定

（2007年10月16日交通部令2007年第8号公布　根据2015年6月24日交通运输部《关于修改〈经营性公路建设项目投资人招标投标管理规定〉的决定》修订）

第一章 总 则

第一条 为规范经营性公路建设项目投资人招标投标活动，根据《中华人民共和国公路法》、《中华人民共和国招标投标法》和《收费公路管理条例》，制定本规定。

第二条 在中华人民共和国境内的经营性公路建设项目投资人招标投标活动，适用本规定。

本规定所称经营性公路是指符合《收费公路管理条例》的规定，由国内外经济组织投资建设，经批准依法收取车辆通行费的公路（含桥梁和隧道）。

第三条 经营性公路建设项目投资人招标投标活动应当遵循公开、公平、公正、诚信、择优的原则。

任何单位和个人不得非法干涉招标投标活动。

第四条 国务院交通主管部门负责全国经营性公路建设项目投资人招标投标活动的监督管理工作。主要职责是：

（一）根据有关法律、行政法规，制定相关规章和制度，规范和指导全国经营性公路建设项目投资人招标投标活动；

（二）监督全国经营性公路建设项目投资人招标投标活动，依法受理举报和投诉，查处招标投标活动中的违法行为；

（三）对全国经营性公路建设项目投资人进行动态管理，定期公布投资人信用情况。

第五条 省级人民政府交通主管部门负责本行政区域内经营性公路建设项目投资人招标投标活动的监督管理工作。主要职责是：

（一）贯彻执行有关法律、行政法规、规章，结合本行政区域内的实际情况，制定具体管理制度；

（二）确定下级人民政府交通主管部门对经营性公路建设项目投资人招标投标活动的监督管理职责；

（三）发布本行政区域内经营性公路建设项目投资人招标信息；

（四）负责组织对列入国家高速公路网规划和省级人民政府确定的重点经营性公路建设项目的投资人招标工作；

（五）指导和监督本行政区域内的经营性公路建设项目投资人招标投标活动，依法受理举报和投诉，查处招标投标活动中的违法行为。

第六条 省级以下人民政府交通主管部门的主要职责是：

（一）贯彻执行有关法律、行政法规、规章和相关制度；

（二）负责组织本行政区域内除第五条第（四）项规定以外的经营性公路建设项目投资人招标工作；

（三）按照省级人民政府交通主管部门的规定，对本行政区域内的经营性公路建设项目投资人招标投标活动进行监督管理。

第二章 招　　标

第七条 需要进行投资人招标的经营性公路建设项目应当符合下列条件：

（一）符合国家和省、自治区、直辖市公路发展规划；

（二）符合《收费公路管理条例》第十八条规定的技术等级和规模；

（三）已经编制项目可行性研究报告。

第八条 招标人是依照本规定提出经营性公路建设项目、组织投资人招标工作的交通主管部门。

招标人可以自行组织招标或委托具有相应资格的招标代理机构代理有关招标事宜。

第九条 经营性公路建设项目投资人招标应当采用公开招标方式。

第十条 经营性公路建设项目投资人招标实行资格审查制度。资格审查方式采取资格预审或资格后审。

资格预审，是指招标人在投标前对潜在投标人进行资格审查。

资格后审，是指招标人在开标后对投标人进行资格审查。

实行资格预审的，一般不再进行资格后审，但招标文件另有规定的除外。

第十一条 资格审查的基本内容应当包括投标人的财务状况、注册资本、净资产、投融资能力、初步融资方案、从业经验和商业信誉等情况。

第十二条 经营性公路建设项目招标工作应当按照以下程序进行：

（一）发布招标公告；

（二）潜在投标人提出投资意向；

（三）招标人向提出投资意向的潜在

投标人推介投资项目；

（四）潜在投标人提出投资申请；

（五）招标人向提出投资申请的潜在投标人详细介绍项目情况，可以组织潜在投标人踏勘项目现场并解答有关问题；

（六）实行资格预审的，由招标人向提出投资申请的潜在投标人发售资格预审文件；实行资格后审的，由招标人向提出投资申请的投标人发售招标文件；

（七）实行资格预审的，潜在投标人编制资格预审申请文件，并递交招标人；招标人应当对递交资格预审申请文件的潜在投标人进行资格审查，并向资格预审合格的潜在投标人发售招标文件；

（八）投标人编制投标文件，并提交招标人；

（九）招标人组织开标，组建评标委员会；

（十）实行资格后审的，评标委员会应当在开标后首先对投标人进行资格审查；

（十一）评标委员会进行评标，推荐中标候选人；

（十二）招标人确定中标人，并发出中标通知书；

（十三）招标人与中标人签订投资协议。

第十三条 招标人应通过国家指定的全国性报刊、信息网络等媒介发布招标公告。

采用国际招标的，应通过相关国际媒介发布招标公告。

第十四条 招标人应当参照国务院交通主管部门制定的经营性公路建设项目投资人招标资格预审文件范本编制资格预审文件，并结合项目特点和需要确定资格审查标准。

招标人应当组建资格预审委员会对递交资格预审申请文件的潜在投标人进行资格审查。资格预审委员会由招标人代表和公路、财务、金融等方面的专家组成，成员人数为七人以上单数。

第十五条 招标人应当参照国务院交通主管部门制定的经营性公路建设项目投资人招标文件范本，并结合项目特点和需要编制招标文件。

招标人编制招标文件时，应当充分考虑项目投资回收能力和预期收益的不确定性，合理分配项目的各类风险，并对特许权内容、最长收费期限、相关政策等予以说明。招标人编制的可行性研究报告应当作为招标文件的组成部分。

第十六条 招标人应当合理确定资格预审申请文件和投标文件的编制时间。

编制资格预审申请文件时间，自资格预审文件开始发售之日起至潜在投标人提交资格预审申请文件截止之日止，不得少于三十个工作日。

编制投标文件的时间，自招标文件开始发售之日起至投标人提交投标文件截止之日止，不得少于四十五个工作日。

第十七条 列入国家高速公路网规划和需经国务院投资主管部门核准的经营性公路建设项目投资人招标投标活动，应当按照招标工作程序，及时将招标文件、资格预审结果、评标报告报国务院交通主管部门备案。国务院交通主管部门应当在收到备案文件七个工作日内，对不符合法律、法规规定的内容提出处理意见，及时行使监督职责。

其他经营性公路建设项目投资人招标投标活动的备案工作按照省级人民政府交通主管部门的有关规定执行。

第三章　投　　标

第十八条 投标人是响应招标、参加投标竞争的国内外经济组织。

采用资格预审方式招标的，潜在投标人通过资格预审后，方可参加投标。

第十九条 投标人应当具备以下基本条件：

（一）总资产六亿元人民币以上，净资产二亿五千万元人民币以上；

（二）最近连续三年每年均为盈利，

且年度财务报告应当经具有法定资格的中介机构审计；

（三）具有不低于项目估算的投融资能力，其中净资产不低于项目估算投资的百分之三十五；

（四）商业信誉良好，无重大违法行为。

招标人可以根据招标项目的实际情况，提高对投标人的条件要求。

第二十条 两个以上的国内外经济组织可以组成一个联合体，以一个投标人的身份共同投标。联合体各方均应符合招标人对投标人的资格审查标准。

以联合体形式参加投标的，应提交联合体各方签订的共同投标协议。共同投标协议应当明确约定联合体各方的出资比例、相互关系、拟承担的工作和责任。联合体中标的，联合体各方应当共同与招标人签订项目投资协议，并向招标人承担连带责任。

联合体的控股方为联合体主办人。

第二十一条 投标人应当按照招标文件的要求编制投标文件，投标文件应当对招标文件提出的实质性要求和条件作出响应。

第二十二条 招标文件明确要求提交投标担保的，投标人应按照招标文件要求的额度、期限和形式提交投标担保。投标人未按照招标文件的要求提交投标担保的，其提交的投标文件为废标。

投标担保的额度一般为项目投资的千分之三，但最高不得超过五百万元人民币。

第二十三条 投标人参加投标，不得弄虚作假，不得与其他投标人串通投标，不得采取商业贿赂以及其他不正当手段谋取中标，不得妨碍其他投标人投标。

第四章 开标与评标

第二十四条 开标应当在招标文件确定的提交投标文件截止时间的同一时间公开进行。

开标由招标人主持，邀请所有投标人代表参加。招标人对开标过程应当记录，并存档备查。

第二十五条 评标由招标人依法组建的评标委员会负责。评标委员会由招标人代表和公路、财务、金融等方面的专家组成，成员人数为七人以上单数。招标人代表的人数不得超过评标委员会总人数的三分之一。

与投标人有利害关系以及其他可能影响公正评标的人员不得进入相关项目的评标委员会，已经进入的应当更换。

评标委员会成员的名单在中标结果确定前应当保密。

第二十六条 评标委员会可以直接或者通过招标人以书面方式要求投标人对投标文件中含义不明确、对同类问题表述不一致或者有明显文字错误的内容作出必要的澄清或者说明，但是澄清或者说明不得超出或者改变投标文件的范围或者改变投标文件的实质性内容。

第二十七条 经营性公路建设项目投资人招标的评标办法应当采用综合评估法或者最短收费期限法。

采用综合评估法的，应当在招标文件中载明对收费期限、融资能力、资金筹措方案、融资经验、项目建设方案、项目运营、移交方案等评价内容的评分权重，根据综合得分由高到低推荐中标候选人。

采用最短收费期限法的，应当在投标人实质性响应招标文件的前提下，推荐经评审的收费期限最短的投标人为中标候选人，但收费期限不得违反国家有关法规的规定。

第二十八条 评标委员会完成评标后，应当向招标人提出书面评标报告，推荐一至三名中标候选人，并标明排名顺序。

评标报告需要由评标委员会全体成员签字。

第五章　中标与协议的签订

第二十九条　招标人应当确定排名第一的中标候选人为中标人。招标人也可以授权评标委员会直接确定中标人。

排名第一的中标候选人有下列情形之一的，招标人可以确定排名第二的中标候选人为中标人：

（一）自动放弃中标；

（二）因不可抗力提出不能履行合同；

（三）不能按照招标文件要求提交履约保证金；

（四）存在违法行为被有关部门依法查处，且其违法行为影响中标结果的。

如果排名第二的中标候选人存在上述情形之一，招标人可以确定排名第三的中标候选人为中标人。

三个中标候选人都存在本条第二款所列情形的，招标人应当依法重新招标。

招标人不得在评标委员会推荐的中标候选人之外确定中标人。

第三十条　提交投标文件的投标人少于三个或者因其他原因导致招标失败的，招标人应当依法重新招标。重新招标前，应当根据前次的招标情况，对招标文件进行适当调整。

第三十一条　招标人确定中标人后，应当在十五个工作日内向中标人发出中标通知书，同时通知所有未中标的投标人。

第三十二条　招标文件要求中标人提供履约担保的，中标人应当提供。担保的金额一般为项目资本金出资额的百分之十。

履约保证金应当在中标人履行项目投资协议后三十日内予以退还。其他形式的履约担保，应当在中标人履行项目投资协议后三十日内予以撤销。

第三十三条　招标人和中标人应当自中标通知书发出之日起三十个工作日内按照招标文件和中标人的投标文件订立书面投资协议。投资协议应包括以下内容：

（一）招标人与中标人的权利义务；

（二）履约担保的有关要求；

（三）违约责任；

（四）免责事由；

（五）争议的解决方式；

（六）双方认为应当规定的其他事项。

招标人应当在与中标人签订投资协议后五个工作日内向所有投标人退回投标担保。

第三十四条　中标人应在签订项目投资协议后九十日内到工商行政管理部门办理项目法人的工商登记手续，完成项目法人组建。

第三十五条　招标人与项目法人应当在完成项目核准手续后签订项目特许权协议。特许权协议应当参照国务院交通主管部门制定的特许权协议示范文本并结合项目的特点和需要制定。特许权协议应当包括以下内容：

（一）特许权的内容及期限；

（二）双方的权利及义务；

（三）项目建设要求；

（四）项目运营管理要求；

（五）有关担保要求；

（六）特许权益转让要求；

（七）违约责任；

（八）协议的终止；

（九）争议的解决；

（十）双方认为应规定的其他事项。

第六章　附　　则

第三十六条　对招投标活动中的违法行为，应当按照国家有关法律、法规的规定予以处罚。

第三十七条　招标人违反本办法规定，以不合理的条件限制或者排斥潜在投标人，对潜在投标人实行歧视待遇的，由上级交通主管部门责令改正。

第三十八条　本规定自2008年1月1日起施行。

建筑工程方案设计招标投标管理办法

（2008 年 3 月 21 日建市〔2008〕63 号公布　根据 2019 年 3 月 18 日《住房和城乡建设部关于修改有关文件的通知》修正）

第一章　总　　则

第一条　为规范建筑工程方案设计招标投标活动，提高建筑工程方案设计质量，体现公平有序竞争，根据《中华人民共和国建筑法》、《中华人民共和国招标投标法》及相关法律、法规和规章，制定本办法。

第二条　在中华人民共和国境内从事建筑工程方案设计招标投标及其管理活动的，适用本办法。

学术性的项目方案设计竞赛或不对某工程项目下一步设计工作的承接具有直接因果关系的“创意征集”等活动，不适用本办法。

第三条　本办法所称建筑工程方案设计招标投标，是指在建筑工程方案设计阶段，按照有关招标投标法律、法规和规章等规定进行的方案设计招标投标活动。

第四条　按照国家规定需要政府审批的建筑工程项目，有下列情形之一的，经有关部门批准，可以不进行招标：

（一）涉及国家安全、国家秘密的；

（二）涉及抢险救灾的；

（三）主要工艺、技术采用特定专利、专有技术，或者建筑艺术造型有特殊要求的；

（四）技术复杂或专业性强，能够满足条件的设计机构少于三家，不能形成有效竞争的；

（五）项目的改、扩建或者技术改造，由其他设计机构设计影响项目功能配套性的；

（六）法律、法规规定可以不进行设计招标的其他情形。

第五条　国务院建设主管部门负责全国建筑工程方案设计招标投标活动统一监督管理。县级以上人民政府建设主管部门依法对本行政区域内建筑工程方案设计招标投标活动实施监督管理。

建筑工程方案设计招标投标管理流程图详见附件一。

第六条　建筑工程方案设计应按照科学发展观，全面贯彻适用、经济，在可能条件下注意美观的原则。建筑工程设计方案要与当地经济发展水平相适应，积极鼓励采用节能、节地、节水、节材、环保技术的建筑工程设计方案。

第七条　建筑工程方案设计招标投标活动应遵循公开、公平、公正、择优和诚实信用的原则。

第八条　建筑工程方案设计应严格执行《建设工程质量管理条例》、《建设工程勘察设计管理条例》和国家强制性标准条文；满足现行的建筑工程建设标准、设计规范（规程）和本办法规定的相应设计文件编制深度要求。

第二章　招　　标

第九条　建筑工程方案设计招标方式分为公开招标和邀请招标。

全部使用国有资金投资或者国有资金投资占控股或者主导地位的建筑工程项目，以及国务院发展和改革部门确定的国家重点项目和省、自治区、直辖市人民政府确定的地方重点项目，除符合本办法第四条及第十条规定条件并依法获得批准外，应当公开招标。

第十条　依法必须进行公开招标的建筑工程项目，在下列情形下可以进行邀请招标：

（一）项目的技术性、专业性强，或者环境资源条件特殊，符合条件的潜在投标人数量有限的；

（二）如采用公开招标，所需费用占建筑工程项目总投资额比例过大的；

（三）受自然因素限制，如采用公开招标，影响建筑工程项目实施时机的；

（四）法律、法规规定不宜公开招标的。

招标人采用邀请招标的方式，应保证有三个以上具备承担招标项目设计能力，并具有相应资质的机构参加投标。

第十一条 根据设计条件及设计深度，建筑工程方案设计招标类型分为建筑工程概念性方案设计招标和建筑工程实施性方案设计招标两种类型。

招标人应在招标公告或者投标邀请函中明示采用何种招标类型。

第十二条 建筑工程方案设计招标时应当具备下列条件：

（一）按照国家有关规定需要履行项目审批手续的，已履行审批手续，取得批准；

（二）设计所需要资金已经落实；

（三）设计基础资料已经收集完成；

（四）符合相关法律、法规规定的其他条件。

建筑工程概念性方案设计招标和建筑工程实施性方案设计招标的招标条件详见本办法附件二。

第十三条 公开招标的项目，招标人应当在指定的媒介发布招标公告。大型公共建筑工程的招标公告应当按照有关规定在指定的全国性媒介发布。

第十四条 招标人填写的招标公告或投标邀请函应当内容真实、准确和完整。

招标公告或投标邀请函的主要内容应当包括：工程概况、招标方式、招标类型、招标内容及范围、投标人承担设计任务范围、对投标人资质、经验及业绩的要求、投标人报名要求、招标文件工本费收费标准、投标报名时间、提交资格预审申请文件的截止时间、投标截止时间等。

建筑工程方案设计招标公告和投标邀请函样本详见本办法附件三。

第十五条 招标人应当按招标公告或者投标邀请函规定的时间、地点发出招标文件或者资格预审文件。自招标文件或者资格预审文件发出之日起至停止发出之日止，不得少于5个工作日。

第十六条 大型公共建筑工程项目或投标人报名数量较多的建筑工程项目招标可以实行资格预审。采用资格预审的，招标人应在招标公告中明示，并发出资格预审文件。招标人不得通过资格预审排斥潜在投标人。

对于投标人数量过多，招标人实行资格预审的情形，招标人应在招标公告中明确进行资格预审所需达到的投标人报名数量。招标人未在招标公告中明确或实际投标人报名数量未达到招标公告中规定的数量时，招标人不得进行资格预审。

资格预审必须由专业人员评审。资格预审不采用打分的方式评审，只有“通过”和“未通过”之分。如果通过资格预审投标人的数量不足三家，招标人应修订并公布新的资格预审条件，重新进行资格预审，直至三家或三家以上投标人通过资格预审为止。特殊情况下，招标人不能重新制定新的资格预审条件的，必须依据国家相关法律、法规规定执行。

建筑工程方案设计招标资格预审文件样本详见本办法附件四。

第十七条 招标人应当根据建筑工程特点和需要编制招标文件。招标文件包括以下方面内容：

（一）投标须知

（二）投标技术文件要求

（三）投标商务文件要求

（四）评标、定标标准及方法说明

（五）设计合同授予及投标补偿费用说明

招标人应在招标文件中明确执行国家

规定的设计收费标准或提供投标人设计收费的统一计算基价。

对政府或国有资金投资的大型公共建筑工程项目，招标人应当在招标文件中明确参与投标的设计方案必须包括有关使用功能、建筑节能、工程造价、运营成本等方面的专题报告。

设计招标文件中的投标须知样本、招标技术文件编写内容及深度要求、投标商务文件内容等分别详见本办法附件五、附件六和附件七。

第十八条 各级建设主管部门对招标投标活动实施监督。

第十九条 概念性方案设计招标或者实施性方案设计招标的中标人应按招标文件要求承担方案及后续阶段的设计和服务工作。但中标人为中华人民共和国境外企业的，若承担后续阶段的设计和服务工作应按照《关于外国企业在中华人民共和国境内从事建设工程设计活动的管理暂行规定》（建市［2004］78号）执行。

如果招标人只要求中标人承担方案阶段设计，而不再委托中标人承接或参加后续阶段工程设计业务的，应在招标公告或投标邀请函中明示，并说明支付中标人的设计费用。采用建筑工程实施性方案设计招标的，招标人应按照国家规定方案阶段设计付费标准支付中标人。采用建筑工程概念性方案设计招标的，招标人应按照国家规定方案阶段设计付费标准的80%支付中标人。

第三章 投 标

第二十条 参加建筑工程项目方案设计的投标人应具备下列主体资格：

（一）在中华人民共和国境内注册的企业，应当具有建设主管部门颁发的建筑工程设计资质证书或建筑专业事务所资质证书，并按规定的等级和范围参加建筑工程项目方案设计投标活动。

（二）注册在中华人民共和国境外的企业，应当是其所在国或者所在地区的建筑设计行业协会或组织推荐的会员。其行业协会或组织的推荐名单应由建设单位确认。

（三）各种形式的投标联合体各方应符合上述要求。招标人不得强制投标人组成联合体共同投标，不得限制投标人组成联合体参与投标。

招标人可以根据工程项目实际情况，在招标公告或投标邀请函中明确投标人其他资格条件。

第二十一条 采用国际招标的，不应人为设置条件排斥境内投标人。

第二十二条 投标人应按照招标文件确定的内容和深度提交投标文件。

第二十三条 招标人要求投标人提交备选方案的，应当在招标文件中明确相应的评审和比选办法。

凡招标文件中未明确规定允许提交备选方案的，投标人不得提交备选方案。如投标人擅自提交备选方案的，招标人应当拒绝该投标人提交的所有方案。

第二十四条 建筑工程概念性方案设计投标文件编制一般不少于二十日，其中大型公共建筑工程概念性方案设计投标文件编制一般不少于四十日；建筑工程实施性方案设计投标文件编制一般不少于四十五日。招标文件中规定的编制时间不符合上述要求的，建设主管部门对招标文件不予备案。

第四章 开标、评标、定标

第二十五条 开标应在招标文件规定提交投标文件截止时间的同一时间公开进行；除不可抗力外，招标人不得以任何理由拖延开标，或者拒绝开标。

建筑工程方案设计招标开标程序详见本办法附件八。

第二十六条 投标文件出现下列情形之一的，其投标文件作为无效标处理，招标人不予受理：

（一）逾期送达的或者未送达指定地点的；

（二）投标文件未按招标文件要求予以密封的；

（三）违反有关规定的其他情形。

第二十七条 招标人或招标代理机构根据招标建筑工程项目特点和需要组建评标委员会，其组成应当符合有关法律、法规和本办法的规定：

（一）评标委员会的组成应包括招标人以及与建筑工程项目方案设计有关的建筑、规划、结构、经济、设备等专业专家。大型公共建筑工程项目应增加环境保护、节能、消防专家。评委应以建筑专业专家为主，其中技术、经济专家人数应占评委总数的三分之二以上；

（二）评标委员会人数为5人以上单数组成，其中大型公共建筑工程项目评标委员会人数不应少于9人；

（三）大型公共建筑工程或具有一定社会影响的建筑工程，以及技术特别复杂、专业性要求特别高的建筑工程，采取随机抽取确定的专家难以胜任的，经主管部门批准，招标人可以从设计类资深专家库中直接确定，必要时可以邀请外地或境外资深专家参加评标。

第二十八条 评标委员会必须严格按照招标文件确定的评标标准和评标办法进行评审。评委应遵循公平、公正、客观、科学、独立、实事求是的评标原则。

评审标准主要包括以下方面：

（一）对方案设计符合有关技术规范及标准规定的要求进行分析、评价；

（二）对方案设计水平、设计质量高低、对招标目标的响应度进行综合评审；

（三）对方案社会效益、经济效益及环境效益的高低进行分析、评价；

（四）对方案结构设计的安全性、合理性进行分析、评价；

（五）对方案投资估算的合理性进行分析、评价；

（六）对方案规划及经济技术指标的准确度进行比较、分析；

（七）对保证设计质量、配合工程实施，提供优质服务的措施进行分析、评价；

（八）对招标文件规定废标或被否决的投标文件进行评判。

评标方法主要包括记名投票法、排序法和百分制综合评估法等，招标人可根据项目实际情况确定评标方法。评标方法及实施步骤详见本办法附件九。

第二十九条 设计招标投标评审活动应当符合以下规定：

（一）招标人应确保评标专家有足够时间审阅投标文件，评审时间安排应与工程的复杂程度、设计深度、提交有效标的投标人数量和投标人提交设计方案的数量相适应。

（二）评审应由评标委员会负责人主持，负责人应从评标委员会中确定一名资深技术专家担任，并从技术评委中推荐一名评标会议纪要人。

（三）评标应严格按照招标文件中规定的评标标准和办法进行，除了有关法律、法规以及国家标准中规定的强制性条文外，不得引用招标文件规定以外的标准和办法进行评审。

（四）在评标过程中，当评标委员会对投标文件有疑问，需要向投标人质疑时，投标人可以到场解释或澄清投标文件有关内容。

（五）在评标过程中，一旦发现投标人有对招标人、评标委员会成员或其他有关人员施加不正当影响的行为，评标委员会有权拒绝该投标人的投标。

（六）投标人不得以任何形式干扰评标活动，否则评标委员会有权拒绝该投标人的投标。

（七）对于国有资金投资或国家融资

的有重大社会影响的标志性建筑，招标人可以邀请人大代表、政协委员和社会公众代表列席，接受社会监督。但列席人员不发表评审意见，也不得以任何方式干涉评标委员会独立开展评标工作。

第三十条 大型公共建筑工程项目如有下列情况之一的，招标人可以在评标过程中对其中有关规划、安全、技术、经济、结构、环保、节能等方面进行专项技术论证：

（一）对于重要地区主要景观道路沿线，设计方案是否适合周边地区环境条件兴建的；

（二）设计方案中出现的安全、技术、经济、结构、材料、环保、节能等有重大不确定因素的；

（三）有特殊要求，需要进行设计方案技术论证的。

一般建筑工程项目，必要时，招标人也可进行涉及安全、技术、经济、结构、材料、环保、节能中的一个或多个方面的专项技术论证，以确保建筑方案的安全性和合理性。

第三十一条 投标文件有下列情形之一的，经评标委员会评审后按废标处理或被否决：

（一）投标文件中的投标函无投标人公章（有效签署）、投标人的法定代表人有效签章及未有相应资格的注册建筑师有效签章的；或者投标人的法定代表人授权委托人没有经有效签章的合法、有效授权委托书原件的；

（二）以联合体形式投标，未向招标人提交共同签署的联合体协议书的；

（三）投标联合体通过资格预审后在组成上发生变化的；

（四）投标文件中标明的投标人与资格预审的申请人在名称和组织结构上存在实质性差别的；

（五）未按招标文件规定的格式填写，内容不全，未响应招标文件的实质性要求和条件的，经评标委员会评审未通过的；

（六）违反编制投标文件的相关规定，可能对评标工作产生实质性影响的；

（七）与其他投标人串通投标，或者与招标人串通投标的；

（八）以他人名义投标，或者以其他方式弄虚作假的；

（九）未按招标文件的要求提交投标保证金的；

（十）投标文件中承诺的投标有效期短于招标文件规定的；

（十一）在投标过程中有商业贿赂行为的；

（十二）其他违反招标文件规定实质性条款要求的。

评标委员会对投标文件确认为废标的，应当由三分之二以上评委签字确认。

第三十二条 有下列情形之一的，招标人应当依法重新招标：

（一）所有投标均做废标处理或被否决的；

（二）评标委员会界定为不合格标或废标后，因有效投标人不足3个使得投标明显缺乏竞争，评标委员会决定否决全部投标的；

（三）同意延长投标有效期的投标人少于3个的。

符合前款第一种情形的，评标委员会应在评标纪要上详细说明所有投标均做废标处理或被否决的理由。

招标人依法重新招标的，应对有串标、欺诈、行贿、压价或弄虚作假等违法或严重违规行为的投标人取消其重新投标的资格。

第三十三条 评标委员会按如下规定向招标人推荐合格的中标候选人：

（一）采取公开和邀请招标方式的，推荐1至3名；

（二）招标人也可以委托评标委员会直接确定中标人。

（三）经评标委员会评审，认为各投

标文件未最大程度响应招标文件要求，重新招标时间又不允许的，经评标委员会同意，评委可以以记名投票方式，按自然多数票产生3名或3名以上投标人进行方案优化设计。评标委员会重新对优化设计方案评审后，推荐合格的中标候选人。

第三十四条 各级建设主管部门应在评标结束后15天内在指定媒介上公开排名顺序，并对推荐中标方案、评标专家名单及各位专家评审意见进行公示，公示期为5个工作日。

第三十五条 推荐中标方案在公示期间没有异议、异议不成立、没有投诉或投诉处理后没有发现问题的，招标人应当根据招标文件中规定的定标方法从评标委员会推荐的中标候选方案中确定中标人。定标方法主要包括：

（一）招标人委托评标委员会直接确定中标人；

（二）招标人确定评标委员会推荐的排名第一的中标候选人为中标人。排名第一的中标候选人放弃中标、因不可抗力提出不能履行合同、招标文件规定应当提交履约保证金而在规定的期限内未提交的，或者存在违法行为被有关部门依法查处，且其违法行为影响中标结果的，招标人可以确定排名第二的中标候选人为中标人。如排名第二的中标候选人也发生上述问题，依次可确定排名第三的中标候选人为中标人。

（三）招标人根据评标委员会的书面评标报告，组织审查评标委员会推荐的中标候选方案后，确定中标人。

第三十六条 依法必须进行设计招标的项目，招标人应当在确定中标人之日起15日内，向有关建设主管部门提交招标投标情况的书面报告。

建筑工程方案设计招标投标情况书面报告的主要内容详见本办法附件十。

第五章 其 他

第三十七条 招标人和中标人应当自中标通知书发出之日起30日内，依据《中华人民共和国合同法》及有关工程设计合同管理规定的要求，按照不违背招标文件和中标人的投标文件内容签订设计委托合同，并履行合同约定的各项内容。合同中确定的建设标准、建设内容应当控制在经审批的可行性报告规定范围内。

国家制定的设计收费标准上下浮动20%是签订建筑工程设计合同的依据。招标人不得以压低设计费、增加工作量、缩短设计周期等作为发出中标通知书的条件，也不得与中标人再订立背离合同实质性内容的其他协议。如招标人违反上述规定，其签订的合同效力按《中华人民共和国合同法》有关规定执行，同时建设主管部门对设计合同不予备案，并依法予以处理。

招标人应在签订设计合同起7个工作日内，将设计合同报项目所在地建设或规划主管部门备案。

第三十八条 对于达到设计招标文件要求但未中标的设计方案，招标人应给予不同程度的补偿。

（一）采用公开招标，招标人应在招标文件中明确其补偿标准。若投标人数量过多，招标人可在招标文件中明确对一定数量的投标人进行补偿。

（二）采用邀请招标，招标人应给予每个未中标的投标人经济补偿，并在投标邀请函中明确补偿标准。

招标人可根据情况设置不同档次的补偿标准，以便对评标委员会评选出的优秀设计方案给予适当鼓励。

第三十九条 境内外设计企业在中华人民共和国境内参加建筑工程设计招标的设计收费，应按照同等国民待遇原则，严格执行中华人民共和国的设计收费标准。

工程设计中采用投标人自有专利或者

专有技术的，其专利和专有技术收费由招标人和投标人协商确定。

第四十条 招标人应保护投标人的知识产权。投标人拥有设计方案的著作权（版权）。未经投标人书面同意，招标人不得将交付的设计方案向第三方转让或用于本招标范围以外的其他建设项目。

招标人与中标人签署设计合同后，招标人在该建设项目中拥有中标方案的使用权。中标人应保护招标人一旦使用其设计方案不能受到来自第三方的侵权诉讼或索赔，否则中标人应承担由此而产生的一切责任。

招标人或者中标人使用其他未中标人投标文件中的技术成果或技术方案的，应当事先征得该投标人的书面同意，并按规定支付使用费。未经相关投标人书面许可，招标人或者中标人不得擅自使用其他投标人投标文件中的技术成果或技术方案。

联合体投标人合作完成的设计方案，其知识产权由联合体成员共同所有。

第四十一条 设计单位应对其提供的方案设计的安全性、可行性、经济性、合理性、真实性及合同履行承担相应的法律责任。

由于设计原因造成工程项目总投资超出预算的，建设单位有权依法对设计单位追究责任。但设计单位根据建设单位要求，仅承担方案设计，不承担后续阶段工程设计业务的情形除外。

第四十二条 各级建设主管部门应加强对建设单位、招标代理机构、设计单位及取得执业资格注册人员的诚信管理。在设计招标投标活动中对招标代理机构、设计单位及取得执业资格注册人员的各种失信行为和违法违规行为记录在案，并建立招标代理机构、设计单位及取得执业资格注册人员的诚信档案。

第四十三条 各级政府部门不得干预正常的招标投标活动和无故否决依法按规定程序评出的中标方案。

各级政府相关部门应加强监督国家和地方建设方针、政策、标准、规范的落实情况，查处不正当竞争行为。

在建筑工程方案设计招标投标活动中，对违反《中华人民共和国招标投标法》、《工程建设项目勘察设计招标投标办法》和本办法规定的，建设主管部门应当依法予以处理。

第六章 附 则

第四十四条 本办法所称大型公共建筑工程一般指建筑面积 2 万平方米以上的办公建筑、商业建筑、旅游建筑、科教文卫建筑、通信建筑以及交通运输用房等。

第四十五条 使用国际组织或者外国政府贷款、援助资金的建筑工程进行设计招标时，贷款方、资金提供方对招标投标的条件和程序另有规定的，可以适用其规定，但违背中华人民共和国社会公共利益的除外。

第四十六条 各省、自治区、直辖市建设主管部门可依据本办法制定实施细则。

第四十七条 本办法自 2008 年 5 月 1 日起施行。

附件一：建筑工程方案设计招标管理流程图（略）

附件二：建筑工程方案设计招标条件（略）

附件三：建筑工程方案设计公开招标公告样本和建筑工程方案设计投标邀请函样本（略）

附件四：建筑工程方案设计招标资格预审文件样本（略）

附件五：建筑工程方案设计投标须知内容（略）

附件六：建筑工程方案设计招标技术文件编制内容及深度要求（略）

附件七：建筑工程方案设计投标商务示范文件（略）

附件八：建筑工程方案设计招标开标程序（略）

附件九：建筑工程方案设计招标评标方法（略）

附件十：建筑工程方案设计投标评审结果公示样本（略）

附件十一：建筑工程方案设计招标投标情况书面报告（略）

住房和城乡建设部关于进一步加强房屋建筑和市政工程项目招标投标监督管理工作的指导意见

（2012年4月18日）

各省、自治区住房和城乡建设厅，直辖市建委（建设交通委），新疆生产建设兵团建设局：

为全面贯彻《招标投标法实施条例》，深入落实工程建设领域突出问题专项治理有关要求，进一步规范房屋建筑和市政工程项目（以下简称房屋市政工程项目）招标投标活动，严厉打击招标投标过程中存在的规避招标、串通投标、以他人名义投标、弄虚作假等违法违规行为，维护建筑市场秩序，保障工程质量和安全，现就加强房屋市政工程项目招标投标监管有关重点工作提出如下意见。

一、依法履行招标投标监管职责，做好招标投标监管工作

招标投标活动是房屋市政工程项目建设的重要环节，加强招标投标监管是住房城乡建设主管部门履行建筑市场监管职责，规范建筑市场秩序，确保工程质量安全的重要手段。各地住房城乡建设主管部门要认真贯彻落实《招标投标法实施条例》，在全面清理现有规定的同时，抓紧完善配套法规和相关制度。按照法律法规等规定，依法履行房屋市政工程项目招标投标监管职责，合理配置监管资源，重点加强政府和国有投资房屋市政工程项目招标投标监管，探索优化非国有投资房屋市政工程项目的监管方式。加强招标投标过程监督和标后监管，形成“两场联动”监管机制，依法查处违法违规行为。加强有形市场（招标投标交易场所）建设，推进招标投标监管工作的规范化、标准化和信息化。加强与纪检监察部门的联动，加强管理、完善制度、堵塞漏洞。探索引入社会监督机制，建立招标投标特邀监督员、社会公众旁听等制度，提高招标投标工作的透明度。

二、加快推行电子招标投标，提高监管效率

电子招标投标是一种新型工程交易方式，有利于降低招标投标成本，方便各方当事人，提高评标效率，减少人为因素干扰，遏制弄虚作假行为，增加招标投标活动透明度，保证招标投标活动的公开、公平和公正，预防和减少腐败现象的发生。各省级住房城乡建设主管部门要充分认识推行电子招标投标的重要意义，统一规划，稳步推进，避免重复建设。可依托有形市场，按照科学、安全、高效、透明的原则，健全完善房屋市政工程项目电子招标投标系统。通过推行电子招标投标，实现招标投标交易、服务、监管和监察的全过程电子化。电子招标投标应当包括招标投标活动各类文件无纸化、工作流程网络化、计算机辅助评标、异地远程评标、招标投标档案电子化管理、电子监察等。各地住房城乡建设主管部门在积极探索完善电子招标投标系统的同时，应当逐步实现与行业注册人员、企业和房屋市政工程项目等数据库对接，不断提高监管效率。

各地住房城乡建设主管部门应当在电子招标投标系统功能建设、维护等方面给予政策、资金、人员和设施等支持，确保电子招标投标系统建设稳步推进。

三、建立完善综合评标专家库，探索开展标后评估制度

住房城乡建设部在2012年底前建立全国房屋市政工程项目综合评标专家库，研究制定评标专家特别是资深和稀缺专业评标专家标准及管理使用办法。各省级住房城乡建设主管部门应当按照我部的统一部署和要求，在2013年6月底前将本地区的房屋市政工程项目评标专家库与全国房屋市政工程项目综合评标专家库对接，逐步实现评标专家资源共享和评标专家异地远程评标，为招标人跨地区乃至在全国范围内选择评标专家提供服务。

各地住房城乡建设主管部门要研究出台评标专家管理和使用办法，健全完善对评标专家的入库审查、考核培训、动态监管和抽取监督等管理制度，加强对评标专家的管理，严格履行对评标专家的监管职责。研究建立住房城乡建设系统标后评估制度，推选一批"品德正、业务精、经验足、信誉好"的资深评标专家，对评标委员会评审情况和评标报告进行抽查和后评估，查找分析专家评标过程中存在的突出问题，提出评价建议，不断提高评标质量。对于不能胜任评标工作或者有不良行为记录的评标专家，应当暂停或者取消其评标专家资格；对于有违法违规行为、不能公正履行职责的评标专家，应当依法从严查处、清出。

四、利用好现有资源，充分发挥有形市场作用

招标投标监管是建筑市场监管的源头，有形市场作为房屋市政工程项目交易服务平台，对于加强建筑市场交易活动管理和施工现场质量安全行为管理，促进"两场联动"具有重要意义。各地住房城乡建设主管部门要从实际出发，充分利用有形市场现有场地、人员、设备、信息及专业管理经验等资源，进一步完善有形市场服务功能，加强有形市场设施建设，为房屋市政工程项目招标投标活动和建筑市场监管、工程项目建设实施和质量安全监督、诚信体系建设等提供数据信息支持，为建设工程招标投标活动提供优良服务。各地住房城乡建设主管部门要按照《关于开展工程建设领域突出问题专项治理工作的意见》（中办发〔2009〕27号）提出的"统一进场、集中交易、行业监管、行政监察"要求，加强对有形市场的管理，创新考核机制，强化对有形市场建设的监督、指导，严格规范有形市场的收费，坚决取消不合理的收费项目，及时研究、解决实际工作中遇到的困难和问题，继续做好与纪检监察及其他有关部门的协调配合工作。

五、加强工程建设项目招标代理机构资格管理，规范招标投标市场秩序

依据《招标投标法》及相关规定，从事工程建设项目招标代理业务的机构，应当依法取得国务院住房城乡建设主管部门或者省级人民政府住房城乡建设主管部门认定的工程建设项目招标代理机构资格，并在其资格许可的范围内从事相应的工程建设项目招标代理业务。各地住房城乡建设主管部门要依法严格执行工程建设项目招标代理机构资格市场准入和清出制度，加强对工程建设项目招标代理机构及其从业人员的动态监管，严肃查处工程建设项目招标代理机构挂靠出让资格、泄密、弄虚作假、串通投标等违法行为。对于有违法违规行为的工程建设项目招标代理机构和从业人员，要按照《关于印发〈建筑市场诚信行为信息管理办法〉的通知》（建市〔2007〕9号）和《关于印发〈全国建筑市场注册执业人员不良行为记录认定标准〉（试行）的通知》（建办市〔2011〕38号）要求，及时记入全国建筑市场主体不良行为记录，通过全国建筑市场诚信信息平台向全社会公布，营造"诚信激励、失信惩戒”的市场氛围。

各地住房城乡建设主管部门要加强工程建设项目招标代理合同管理。工程建设项目招标代理机构与招标人签订的书面委托代理合同应当明确招标代理项目负责人，项目负责人应当是具有工程建设类注册执业资格的本单位在职人员。工程建设项目招标代理机构从业人员应当具备相应能力，办理工程建设项目招标代理业务应当实行实名制，并对所代理业务承担相应责任。工程建设项目招标代理合同应当报当地住房城乡建设主管部门备案。

六、加强招标公告管理，加大招标投标过程公开公示力度

公开透明是从源头预防和遏制腐败的治本之策，是实现招标投标“公开、公平、公正”的重要途径。各地住房城乡建设主管部门应当加强招标公告管理，房屋市政工程项目招标人应当通过有形市场发布资格预审公告或者招标公告。有形市场应当建立与法定招标公告发布媒介的有效链接。资格预审公告或招标公告内容应当真实合法，不得设定与招标项目的具体特点和实际需要不相适应的不合理条件限制和排斥潜在投标人。

各地住房城乡建设主管部门要进一步健全中标候选人公示制度，依法必须进行招标的项目，招标人应当在有形市场公示中标候选人。公示应当包括以下内容：评标委员会推荐的中标候选人名单及其排序；采用资格预审方式的，资格预审的结果；唱标记录；投标文件被判定为废标的投标人名称、废标原因及其依据；评标委员会对投标报价给予修正的原因、依据和修正结果；评标委员会成员对各投标人投标文件的评分；中标价和中标价中包括的暂估价、暂列金额等。

各地住房城乡建设主管部门要认真执行《招标投标法》、《招标投标法实施条例》等法律法规和本指导意见，不断总结完善招标投标监管成熟经验做法，狠抓制度配套落实，切实履行好房屋市政工程招标投标监管职责，不断规范招标投标行为，促进建筑市场健康发展。

（二）发包、承包

最高人民法院关于审理建设工程施工合同纠纷案件适用法律问题的解释

（2004年10月25日　法释〔2004〕14号）

根据《中华人民共和国民法通则》、《中华人民共和国合同法》、《中华人民共和国招标投标法》、《中华人民共和国民事诉讼法》等法律规定，结合民事审判实际，就审理建设工程施工合同纠纷案件适用法律的问题，制定本解释。

第一条　建设工程施工合同具有下列情形之一的，应当根据合同法第五十二条第（五）项的规定，认定无效：

（一）承包人未取得建筑施工企业资质或者超越资质等级的；

（二）没有资质的实际施工人借用有资质的建筑施工企业名义的；

（三）建设工程必须进行招标而未招标或者中标无效的。

第二条　建设工程施工合同无效，但建设工程经竣工验收合格，承包人请求参照合同约定支付工程价款的，应予支持。

第三条　建设工程施工合同无效，且建设工程经竣工验收不合格的，按照以下情形分别处理：

（一）修复后的建设工程经竣工验收合格，发包人请求承包人承担修复费用的，应予支持；

（二）修复后的建设工程经竣工验收

不合格，承包人请求支付工程价款的，不予支持。

因建设工程不合格造成的损失，发包人有过错的，也应承担相应的民事责任。

第四条 承包人非法转包、违法分包建设工程或者没有资质的实际施工人借用有资质的建筑施工企业名义与他人签订建设工程施工合同的行为无效。人民法院可以根据民法通则第一百三十四条规定，收缴当事人已经取得的非法所得。

第五条 承包人超越资质等级许可的业务范围签订建设工程施工合同，在建设工程竣工前取得相应资质等级，当事人请求按照无效合同处理的，不予支持。

第六条 当事人对垫资和垫资利息有约定，承包人请求按照约定返还垫资及其利息的，应予支持，但是约定的利息计算标准高于中国人民银行发布的同期同类贷款利率的部分除外。

当事人对垫资没有约定的，按照工程欠款处理。

当事人对垫资利息没有约定，承包人请求支付利息的，不予支持。

第七条 具有劳务作业法定资质的承包人与总承包人、分包人签订的劳务分包合同，当事人以转包建设工程违反法律规定为由请求确认无效的，不予支持。

第八条 承包人具有下列情形之一，发包人请求解除建设工程施工合同的，应予支持：

（一）明确表示或者以行为表明不履行合同主要义务的；

（二）合同约定的期限内没有完工，且在发包人催告的合理期限内仍未完工的；

（三）已经完成的建设工程质量不合格，并拒绝修复的；

（四）将承包的建设工程非法转包、违法分包的。

第九条 发包人具有下列情形之一，致使承包人无法施工，且在催告的合理期限内仍未履行相应义务，承包人请求解除建设工程施工合同的，应予支持：

（一）未按约定支付工程价款的；

（二）提供的主要建筑材料、建筑构配件和设备不符合强制性标准的；

（三）不履行合同约定的协助义务的。

第十条 建设工程施工合同解除后，已经完成的建设工程质量合格的，发包人应当按照约定支付相应的工程价款；已经完成的建设工程质量不合格的，参照本解释第三条规定处理。

因一方违约导致合同解除的，违约方应当赔偿因此而给对方造成的损失。

第十一条 因承包人的过错造成建设工程质量不符合约定，承包人拒绝修理、返工或者改建，发包人请求减少支付工程价款的，应予支持。

第十二条 发包人具有下列情形之一，造成建设工程质量缺陷，应当承担过错责任：

（一）提供的设计有缺陷；

（二）提供或者指定购买的建筑材料、建筑构配件、设备不符合强制性标准；

（三）直接指定分包人分包专业工程。

承包人有过错的，也应当承担相应的过错责任。

第十三条 建设工程未经竣工验收，发包人擅自使用后，又以使用部分质量不符合约定为由主张权利的，不予支持；但是承包人应当在建设工程的合理使用寿命内对地基基础工程和主体结构质量承担民事责任。

第十四条 当事人对建设工程实际竣工日期有争议的，按照以下情形分别处理：

（一）建设工程经竣工验收合格的，以竣工验收合格之日为竣工日期；

（二）承包人已经提交竣工验收报告，发包人拖延验收的，以承包人提交验收报告之日为竣工日期；

（三）建设工程未经竣工验收，发包人擅自使用的，以转移占有建设工程之日为竣工日期。

第十五条 建设工程竣工前，当事人对工程质量发生争议，工程质量经鉴定合格的，鉴定期间为顺延工期期间。

第十六条 当事人对建设工程的计价标准或者计价方法有约定的，按照约定结算工程价款。

因设计变更导致建设工程的工程量或者质量标准发生变化，当事人对该部分工程价款不能协商一致的，可以参照签订建设工程施工合同时当地建设行政主管部门发布的计价方法或者计价标准结算工程价款。

建设工程施工合同有效，但建设工程经竣工验收不合格的，工程价款结算参照本解释第三条规定处理。

第十七条 当事人对欠付工程价款利息计付标准有约定的，按照约定处理；没有约定的，按照中国人民银行发布的同期同类贷款利率计息。

第十八条 利息从应付工程价款之日计付。当事人对付款时间没有约定或者约定不明的，下列时间视为应付款时间：

（一）建设工程已实际交付的，为交付之日；

（二）建设工程没有交付的，为提交竣工结算文件之日；

（三）建设工程未交付，工程价款也未结算的，为当事人起诉之日。

第十九条 当事人对工程量有争议的，按照施工过程中形成的签证等书面文件确认。承包人能够证明发包人同意其施工，但未能提供签证文件证明工程量发生的，可以按照当事人提供的其他证据确认实际发生的工程量。

第二十条 当事人约定，发包人收到竣工结算文件后，在约定期限内不予答复，视为认可竣工结算文件的，按照约定处理。承包人请求按照竣工结算文件结算工程价款的，应予支持。

第二十一条 当事人就同一建设工程另行订立的建设工程施工合同与经过备案的中标合同实质性内容不一致的，应当以备案的中标合同作为结算工程价款的根据。

第二十二条 当事人约定按照固定价结算工程价款，一方当事人请求对建设工程造价进行鉴定的，不予支持。

第二十三条 当事人对部分案件事实有争议的，仅对有争议的事实进行鉴定，但争议事实范围不能确定，或者双方当事人请求对全部事实鉴定的除外。

第二十四条 建设工程施工合同纠纷以施工行为地为合同履行地。

第二十五条 因建设工程质量发生争议的，发包人可以以总承包人、分包人和实际施工人为共同被告提起诉讼。

第二十六条 实际施工人以转包人、违法分包人为被告起诉的，人民法院应当依法受理。

实际施工人以发包人为被告主张权利的，人民法院可以追加转包人或者违法分包人为本案当事人。发包人只在欠付工程价款范围内对实际施工人承担责任。

第二十七条 因保修人未及时履行保修义务，导致建筑物毁损或者造成人身、财产损害的，保修人应当承担赔偿责任。

保修人与建筑物所有人或者发包人对建筑物毁损均有过错的，各自承担相应的责任。

第二十八条 本解释自二〇〇五年一月一日起施行。

施行后受理的第一审案件适用本解释。

施行前最高人民法院发布的司法解释与本解释相抵触的，以本解释为准。

最高人民法院关于审理建设工程施工合同纠纷案件适用法律问题的解释（二）

（2018 年 10 月 29 日最高人民法院审判委员会第 1751 次会议通过　2018 年 12 月 29 日最高人民法院公告公布　自 2019 年 2 月 1 日起施行　法释〔2018〕20 号）

为正确审理建设工程施工合同纠纷案件，依法保护当事人合法权益，维护建筑市场秩序，促进建筑市场健康发展，根据《中华人民共和国民法总则》《中华人民共和国合同法》《中华人民共和国建筑法》《中华人民共和国招标投标法》《中华人民共和国民事诉讼法》等法律规定，结合审判实践，制定本解释。

第一条　招标人和中标人另行签订的建设工程施工合同约定的工程范围、建设工期、工程质量、工程价款等实质性内容，与中标合同不一致，一方当事人请求按照中标合同确定权利义务的，人民法院应予支持。

招标人和中标人在中标合同之外就明显高于市场价格购买承建房产、无偿建设住房配套设施、让利、向建设单位捐赠财物等另行签订合同，变相降低工程价款，一方当事人以该合同背离中标合同实质性内容为由请求确认无效的，人民法院应予支持。

第二条　当事人以发包人未取得建设工程规划许可证等规划审批手续为由，请求确认建设工程施工合同无效的，人民法院应予支持，但发包人在起诉前取得建设工程规划许可证等规划审批手续的除外。

发包人能够办理审批手续而未办理，并以未办理审批手续为由请求确认建设工程施工合同无效的，人民法院不予支持。

第三条　建设工程施工合同无效，一方当事人请求对方赔偿损失的，应当就对方过错、损失大小、过错与损失之间的因果关系承担举证责任。

损失大小无法确定，一方当事人请求参照合同约定的质量标准、建设工期、工程价款支付时间等内容确定损失大小的，人民法院可以结合双方过错程度、过错与损失之间的因果关系等因素作出裁判。

第四条　缺乏资质的单位或者个人借用有资质的建筑施工企业名义签订建设工程施工合同，发包人请求出借方与借用方对建设工程质量不合格等因出借资质造成的损失承担连带赔偿责任的，人民法院应予支持。

第五条　当事人对建设工程开工日期有争议的，人民法院应当分别按照以下情形予以认定：

（一）开工日期为发包人或者监理人发出的开工通知载明的开工日期；开工通知发出后，尚不具备开工条件的，以开工条件具备的时间为开工日期；因承包人原因导致开工时间推迟的，以开工通知载明的时间为开工日期。

（二）承包人经发包人同意已经实际进场施工的，以实际进场施工时间为开工日期。

（三）发包人或者监理人未发出开工通知，亦无相关证据证明实际开工日期的，应当综合考虑开工报告、合同、施工许可证、竣工验收报告或者竣工验收备案表等载明的时间，并结合是否具备开工条件的事实，认定开工日期。

第六条　当事人约定顺延工期应当经发包人或者监理人签证等方式确认，承包人虽未取得工期顺延的确认，但能够证明在合同约定的期限内向发包人或者监理人申请过工期顺延且顺延事由符合合同约定，承包人以此为由主张工期顺延的，人民法院应予支持。

当事人约定承包人未在约定期限内提出工期顺延申请视为工期不顺延的，按照约定处理，但发包人在约定期限后同意工期顺延或者承包人提出合理抗辩的除外。

第七条 发包人在承包人提起的建设工程施工合同纠纷案件中，以建设工程质量不符合合同约定或者法律规定为由，就承包人支付违约金或者赔偿修理、返工、改建的合理费用等损失提出反诉的，人民法院可以合并审理。

第八条 有下列情形之一，承包人请求发包人返还工程质量保证金的，人民法院应予支持：

（一）当事人约定的工程质量保证金返还期限届满。

（二）当事人未约定工程质量保证金返还期限的，自建设工程通过竣工验收之日起满二年。

（三）因发包人原因建设工程未按约定期限进行竣工验收的，自承包人提交工程竣工验收报告九十日后起当事人约定的工程质量保证金返还期限届满；当事人未约定工程质量保证金返还期限的，自承包人提交工程竣工验收报告九十日后起满二年。

发包人返还工程质量保证金后，不影响承包人根据合同约定或者法律规定履行工程保修义务。

第九条 发包人将依法不属于必须招标的建设工程进行招标后，与承包人另行订立的建设工程施工合同背离中标合同的实质性内容，当事人请求以中标合同作为结算建设工程价款依据的，人民法院应予支持，但发包人与承包人因客观情况发生了在招标投标时难以预见的变化而另行订立建设工程施工合同的除外。

第十条 当事人签订的建设工程施工合同与招标文件、投标文件、中标通知书载明的工程范围、建设工期、工程质量、工程价款不一致，一方当事人请求将招标文件、投标文件、中标通知书作为结算工程价款的依据的，人民法院应予支持。

第十一条 当事人就同一建设工程订立的数份建设工程施工合同均无效，但建设工程质量合格，一方当事人请求参照实际履行的合同结算建设工程价款的，人民法院应予支持。

实际履行的合同难以确定，当事人请求参照最后签订的合同结算建设工程价款的，人民法院应予支持。

第十二条 当事人在诉讼前已经对建设工程价款结算达成协议，诉讼中一方当事人申请对工程造价进行鉴定的，人民法院不予准许。

第十三条 当事人在诉讼前共同委托有关机构、人员对建设工程造价出具咨询意见，诉讼中一方当事人不认可该咨询意见申请鉴定的，人民法院应予准许，但双方当事人明确表示受该咨询意见约束的除外。

第十四条 当事人对工程造价、质量、修复费用等专门性问题有争议，人民法院认为需要鉴定的，应当向负有举证责任的当事人释明。当事人经释明未申请鉴定，虽申请鉴定但未支付鉴定费用或者拒不提供相关材料的，应当承担举证不能的法律后果。

一审诉讼中负有举证责任的当事人未申请鉴定，虽申请鉴定但未支付鉴定费用或者拒不提供相关材料，二审诉讼中申请鉴定，人民法院认为确有必要的，应当依照民事诉讼法第一百七十条第一款第三项的规定处理。

第十五条 人民法院准许当事人的鉴定申请后，应当根据当事人申请及查明案件事实的需要，确定委托鉴定的事项、范围、鉴定期限等，并组织双方当事人对争议的鉴定材料进行质证。

第十六条 人民法院应当组织当事人对鉴定意见进行质证。鉴定人将当事人有争议且未经质证的材料作为鉴定依据的，人民法院应当组织当事人就该部分材料进行质证。经质证认为不能作为鉴定依据的，根据该材料作出的鉴定意见不得作为认定案件事实的依据。

第十七条 与发包人订立建设工程施工合同的承包人，根据合同法第二百八十六条规定请求其承建工程的价款就工程折价或者拍卖的价款优先受偿的，人民法院应予支持。

第十八条 装饰装修工程的承包人，请求装饰装修工程价款就该装饰装修工程折价或者拍卖的价款优先受偿的，人民法院应予支持，但装饰装修工程的发包人不是该建筑物的所有权人的除外。

第十九条 建设工程质量合格，承包人请求其承建工程的价款就工程折价或者拍卖的价款优先受偿的，人民法院应予支持。

第二十条 未竣工的建设工程质量合格，承包人请求其承建工程的价款就其承建工程部分折价或者拍卖的价款优先受偿的，人民法院应予支持。

第二十一条 承包人建设工程价款优先受偿的范围依照国务院有关行政主管部门关于建设工程价款范围的规定确定。

承包人就逾期支付建设工程价款的利息、违约金、损害赔偿金等主张优先受偿的，人民法院不予支持。

第二十二条 承包人行使建设工程价款优先受偿权的期限为六个月，自发包人应当给付建设工程价款之日起算。

第二十三条 发包人与承包人约定放弃或者限制建设工程价款优先受偿权，损害建筑工人利益，发包人根据该约定主张承包人不享有建设工程价款优先受偿权的，人民法院不予支持。

第二十四条 实际施工人以发包人为被告主张权利的，人民法院应当追加转包人或者违法分包人为本案第三人，在查明发包人欠付转包人或者违法分包人建设工程价款的数额后，判决发包人在欠付建设工程价款范围内对实际施工人承担责任。

第二十五条 实际施工人根据合同法第七十三条规定，以转包人或者违法分包人怠于向发包人行使到期债权，对其造成损害为由，提起代位权诉讼的，人民法院应予支持。

第二十六条 本解释自2019年2月1日起施行。

本解释施行后尚未审结的一审、二审案件，适用本解释。

本解释施行前已经终审、施行后当事人申请再审或者按照审判监督程序决定再审的案件，不适用本解释。

最高人民法院以前发布的司法解释与本解释不一致的，不再适用。

房屋建筑和市政基础设施工程施工分包管理办法

（2004年2月3日中华人民共和国建设部令第124号公布　根据2014年8月27日《住房和城乡建设部关于修改〈房屋建筑和市政基础设施工程施工分包管理办法〉的决定》修正）

第一条 为了规范房屋建筑和市政基础设施工程施工分包活动，维护建筑市场秩序，保证工程质量和施工安全，根据《中华人民共和国建筑法》、《中华人民共和国招标投标法》、《建设工程质量管理条例》等有关法律、法规，制定本办法。

第二条 在中华人民共和国境内从事房屋建筑和市政基础设施工程施工分包活动，实施对房屋建筑和市政基础设施工程施工分包活动的监督管理，适用本办法。

第三条 国务院住房城乡建设主管部门负责全国房屋建筑和市政基础设施工程施工分包的监督管理工作。

县级以上地方人民政府住房城乡建设主管部门负责本行政区域内房屋建筑和市政基础设施工程施工分包的监督管理工作。

第四条 本办法所称施工分包，是指建筑业企业将其所承包的房屋建筑和市政基础设施工程中的专业工程或者劳务作业发包给其他建筑业企业完成的活动。

第五条 房屋建筑和市政基础设施工程施工分包分为专业工程分包和劳务作业分包。

本办法所称专业工程分包，是指施工总承包企业（以下简称专业分包工程发包人）将其所承包工程中的专业工程发包给具有相应资质的其他建筑业企业（以下简称专业分包工程承包人）完成的活动。

本办法所称劳务作业分包，是指施工总承包企业或者专业承包企业（以下简称劳务作业发包人）将其承包工程中的劳务作业发包给劳务分包企业（以下简称劳务作业承包人）完成的活动。

本办法所称分包工程发包人包括本条第二款、第三款中的专业分包工程发包人和劳务作业发包人；分包工程承包人包括本条第二款、第三款中的专业分包工程承包人和劳务作业承包人。

第六条 房屋建筑和市政基础设施工程施工分包活动必须依法进行。

鼓励发展专业承包企业和劳务分包企业，提倡分包活动进入有形建筑市场公开交易，完善有形建筑市场的分包工程交易功能。

第七条 建设单位不得直接指定分包工程承包人。任何单位和个人不得对依法实施的分包活动进行干预。

第八条 分包工程承包人必须具有相应的资质，并在其资质等级许可的范围内承揽业务。

严禁个人承揽分包工程业务。

第九条 专业工程分包除在施工总承包合同中有约定外，必须经建设单位认可。专业分包工程承包人必须自行完成所承包的工程。

劳务作业分包由劳务作业发包人与劳务作业承包人通过劳务合同约定。劳务作业承包人必须自行完成所承包的任务。

第十条 分包工程发包人和分包工程承包人应当依法签订分包合同，并按照合同履行约定的义务。分包合同必须明确约定支付工程款和劳务工资的时间、结算方式以及保证按期支付的相应措施，确保工程款和劳务工资的支付。

分包工程发包人应当在订立分包合同后7个工作日内，将合同送工程所在地县级以上地方人民政府住房城乡建设主管部门备案。分包合同发生重大变更的，分包工程发包人应当自变更后7个工作日内，将变更协议送原备案机关备案。

第十一条 分包工程发包人应当设立项目管理机构，组织管理所承包工程的施工活动。

项目管理机构应当具有与承包工程的规模、技术复杂程度相适应的技术、经济管理人员。其中，项目负责人、技术负责人、项目核算负责人、质量管理人员、安全管理人员必须是本单位的人员。具体要求由省、自治区、直辖市人民政府住房城乡建设主管部门规定。

前款所指本单位人员，是指与本单位有合法的人事或者劳动合同、工资以及社会保险关系的人员。

第十二条 分包工程发包人可以就分包合同的履行，要求分包工程承包人提供分包工程履约担保；分包工程承包人在提供担保后，要求分包工程发包人同时提供分包工程付款担保的，分包工程发包人应当提供。

第十三条 禁止将承包的工程进行转包。不履行合同约定，将其承包的全部工程发包给他人，或者将其承包的全部工程肢解后以分包的名义分别发包给他人的，属于转包行为。

违反本办法第十二条规定，分包工程发包人将工程分包后，未在施工现场设立项目管理机构和派驻相应人员，并未对该工程的施工活动进行组织管理的，视同转包行为。

第十四条 禁止将承包的工程进行违法分包。下列行为，属于违法分包：

（一）分包工程发包人将专业工程或者劳务作业分包给不具备相应资质条件的分包工程承包人的；

（二）施工总承包合同中未有约定，又未经建设单位认可，分包工程发包人将承包工程中的部分专业工程分包给他人的。

第十五条 禁止转让、出借企业资质证书或者以其他方式允许他人以本企业名义承揽工程。

分包工程发包人没有将其承包的工程进行分包，在施工现场所设项目管理机构的项目负责人、技术负责人、项目核算负责人、质量管理人员、安全管理人员不是工程承包人本单位人员的，视同允许他人以本企业名义承揽工程。

第十六条 分包工程承包人应当按照分包合同的约定对其承包的工程向分包工程发包人负责。分包工程发包人和分包工程承包人就分包工程对建设单位承担连带责任。

第十七条 分包工程发包人对施工现场安全负责，并对分包工程承包人的安全生产进行管理。专业分包工程承包人应当将其分包工程的施工组织设计和施工安全方案报分包工程发包人备案，专业分包工程发包人发现事故隐患，应当及时作出处理。

分包工程承包人就施工现场安全向分包工程发包人负责，并应当服从分包工程发包人对施工现场的安全生产管理。

第十八条 违反本办法规定，转包、违法分包或者允许他人以本企业名义承揽工程的，以及接受转包和用他人名义承揽工程的，按《中华人民共和国建筑法》、《中华人民共和国招标投标法》和《建设工程质量管理条例》的规定予以处罚。具体办法由国务院住房城乡建设主管部门依据有关法律法规另行制定。

第十九条 未取得建筑业企业资质承接分包工程的，按照《中华人民共和国建筑法》第六十五条第三款和《建设工程质量管理条例》第六十条第一款、第二款的规定处罚。

第二十条 本办法自2004年4月1日起施行。原城乡建设环境保护部1986年4月30日发布的《建筑安装工程总分包实施办法》同时废止。

水利建设工程施工分包管理规定

（2005年7月22日 水建管〔2005〕304号）

第一条 为了加强水利工程建设管理，规范水利建设工程施工分包活动，维护水利建筑市场秩序，保证工程质量和施工安全，根据《中华人民共和国招标投标法》、《建设工程质量管理条例》等有关法律法规，结合水利工程特点，制定本规定。

第二条 本规定适用于政府参与投资且依照《水利工程建设项目招标投标管理规定》（水利部令第14号）必须进行招标的水利建设工程。

第三条 水利部负责全国水利建设工程施工分包的监督管理工作。

各流域机构和各级水行政主管部门负责本辖区内有管辖权的水利建设工程施工分包的监督管理工作。

第四条 本规定所称施工分包，是指施工企业将其所承包的水利工程中的部分工程发包给其他施工企业，或者将劳务作业发包给其他企业或组织完成的活动，但仍需履行并承担与项目法人所签合同确定的责任和义务。

第五条 水利工程施工分包按分包性质分为工程分包和劳务作业分包。

本规定所称工程分包，是指承包人将

其所承包工程中的部分工程发包给具有与分包工程相应资质的其他施工企业完成的活动。

本规定所称劳务作业分包，是指承包人将其承包工程中的劳务作业发包给其他企业或组织完成的活动。

本规定所称承包人是指已由发包人授标，并与发包人正式签署协议书的企业或组织以及取得该企业或组织资格的合法继承人。

本规定所称分包人是指从承包人处分包某一部分工程或劳务作业的企业或组织。

第六条 水利建设工程的主要建筑物的主体结构不得进行工程分包。

本规定所称主要建筑物是指失事以后将造成下游灾害或严重影响工程功能和效益的建筑物，如堤坝、泄洪建筑物、输水建筑物、电站厂房和泵站等。主要建筑物的主体结构，由项目法人要求设计单位在设计文件或招标文件中明确。

第七条 承揽工程分包的分包人必须具有与所分包承建的工程相应的资质，并在其资质等级许可范围内承揽业务。

第八条 工程分包应在施工承包合同中约定，或经项目法人书面认可。劳务作业分包由承包人与分包人通过劳务合同约定。

分包人必须自行完成所承包的任务。

第九条 在合同实施过程中，有下列情况之一的，项目法人可向承包人推荐分包人：

（一）由于重大设计变更导致施工方案重大变化，致使承包人不具备相应的施工能力；

（二）由于承包人原因，导致施工工期拖延，承包人无力在合同规定的期限内完成合同任务；

（三）项目有特殊技术要求、特殊工艺或涉及专利权保护的。

如承包人同意，则应由承包人与分包人签订分包合同，并对该推荐分包人的行为负全部责任；如承包人拒绝，则可由承包人自行选择分包人，但需经项目法人书面认可。

第十条 项目法人一般不得直接指定分包人。但在合同实施过程中，如承包人无力在合同规定的期限内完成合同中的应急防汛、抢险等危及公共安全和工程安全的项目，项目法人经项目的上级主管部门同意，可根据工程技术、进度的要求，对该应急防汛、抢险等项目的部分工程指定分包人。因非承包人原因形成指定分包条件的，项目法人的指定分包不得增加承包人的额外费用；因承包人原因形成指定分包条件的，承包人应负责因指定分包增加的相应费用。

由指定分包人造成的与其分包工作有关的一切索赔、诉讼和损失赔偿由指定分包人直接对项目法人负责，承包人不对此承担责任。职责划分可由承包人与项目法人签订协议明确。

第十一条 承包人和分包人应当依法签订分包合同，并履行合同约定的义务。分包合同必须遵循承包合同的各项原则，满足承包合同中技术、经济条款。承包人应在分包合同签订后7个工作日内，送发包人备案。

第十二条 发包人或其委托的监理单位要对承包人和分包人签订的分包合同的实施情况进行监督检查。

第十三条 除本规定第十条规定的指定分包外，承包人对其分包项目的实施以及分包人的行为向发包人负全部责任。承包人应对分包项目的工程进度、质量、安全、计量和验收等实施监督和管理。

第十四条 分包人应当按照分包合同的约定对其分包的工程向承包人负责，分包人应接受承包人对分包项目所进行的工程进度、质量、安全、计量和验收的监督和管理。承包人和分包人就分包项目对发包人承担连带责任。

第十五条 承包人和分包人应当设立项目管理机构，组织管理所承包或分包工程的施工活动。

项目管理机构应当具有与所承担工程的规模、技术复杂程度相适应的技术、经济管理人员。其中项目负责人、技术负责人、财务负责人、质量管理人员、安全管理人员必须是本单位人员。

第十六条 禁止将承包的工程进行转包。

承包人有下列行为之一者，属转包：

（一）承包人未在施工现场设立项目管理机构和派驻相应管理人员，并未对该工程的施工活动（包括工程质量、进度、安全、财务等）进行组织管理的；

（二）承包人将其承包的全部工程发包给他人的，或者将其承包的全部工程肢解后以分包的名义分别发包给他人的。

第十七条 禁止将承包的工程进行违法分包。

承包人有下列行为之一者，属违法分包：

（一）承包人将工程分包给不具备相应资质条件的分包人的；

（二）将主要建筑物主体结构工程分包的；

（三）施工承包合同中未有约定，又未经项目法人书面认可，承包人将工程分包给他人的；

（四）分包人将工程再次分包的；

（五）法律、法规、规章规定的其他违法分包工程的行为。

第十八条 禁止通过出租、出借资质证书承揽工程或允许他人以本单位名义承揽工程。

下列行为，视为允许他人以本单位名义承揽工程：

（一）投标人法定代表人的授权代表人不是投标人本单位人员；

（二）承包人在施工现场所设项目管理机构的项目负责人、技术负责人、财务负责人、质量管理人员、安全管理人员不是工程承包人本单位人员。

第十九条 本规定所指本单位人员，必须同时满足以下条件：

（一）聘用合同必须由承包人单位与之签订；

（二）与承包人单位有合法的工资关系；

（三）承包人单位为其办理社会保险关系，或具有其他有效证明其为承包人单位人员身份的文件。

第二十条 设备租赁和材料委托采购不属于分包、转包管理范围。承包人可以自行进行设备租赁或材料委托采购，但应对设备或材料的质量负责。

第二十一条 违反本办法规定，进行转包、违法分包和出租、出借资质、允许他人以本单位名义承揽工程的，按照《中华人民共和国招标投标法》和《建设工程质量管理条例》等国家法律、法规的规定予以处罚。

第二十二条 本规定由水利部负责解释。

第二十三条 本规定自发布之日起施行。水利部于1998年11月10日发布的《水利工程建设项目施工分包管理暂行规定》（水建管〔1998〕481号）同时废止。

对外承包工程管理条例

（2008年7月21日中华人民共和国国务院令第527号公布　根据2017年3月1日《国务院关于修改和废止部分行政法规的决定》修订）

第一章　总　　则

第一条 为了规范对外承包工程，促进对外承包工程健康发展，制定本条例。

第二条 本条例所称对外承包工程，是指中国的企业或者其他单位（以下统称单位）承包境外建设工程项目（以下简称工程项目）的活动。

第三条 国家鼓励和支持开展对外承包工程，提高对外承包工程的质量和水平。

国务院有关部门制定和完善促进对外承包工程的政策措施，建立、健全对外承包工程服务体系和风险保障机制。

第四条 开展对外承包工程，应当维护国家利益和社会公共利益，保障外派人员的合法权益。

开展对外承包工程，应当遵守工程项目所在国家或者地区的法律，信守合同，尊重当地的风俗习惯，注重生态环境保护，促进当地经济社会发展。

第五条 国务院商务主管部门负责全国对外承包工程的监督管理，国务院有关部门在各自的职责范围内负责与对外承包工程有关的管理工作。

国务院建设主管部门组织协调建设企业参与对外承包工程。

省、自治区、直辖市人民政府商务主管部门负责本行政区域内对外承包工程的监督管理。

第六条 有关对外承包工程的协会、商会按照章程为其成员提供与对外承包工程有关的信息、培训等方面的服务，依法制定行业规范，发挥协调和自律作用，维护公平竞争和成员利益。

第二章　对外承包工程活动

第七条 国务院商务主管部门应当会同国务院有关部门建立对外承包工程安全风险评估机制，定期发布有关国家和地区安全状况的评估结果，及时提供预警信息，指导对外承包工程的单位做好安全风险防范。

第八条 对外承包工程的单位不得以不正当的低价承揽工程项目、串通投标，不得进行商业贿赂。

第九条 对外承包工程的单位应当与境外工程项目发包人订立书面合同，明确双方的权利和义务，并按照合同约定履行义务。

第十条 对外承包工程的单位应当加强对工程质量和安全生产的管理，建立、健全并严格执行工程质量和安全生产管理的规章制度。

对外承包工程的单位将工程项目分包的，应当与分包单位订立专门的工程质量和安全生产管理协议，或者在分包合同中约定各自的工程质量和安全生产管理责任，并对分包单位的工程质量和安全生产工作统一协调、管理。

对外承包工程的单位不得将工程项目分包给不具备国家规定的相应资质的单位；工程项目的建筑施工部分不得分包给未依法取得安全生产许可证的境内建筑施工企业。

分包单位不得将工程项目转包或者再分包。对外承包工程的单位应当在分包合同中明确约定分包单位不得将工程项目转包或者再分包，并负责监督。

第十一条 从事对外承包工程外派人员中介服务的机构应当取得国务院商务主管部门的许可，并按照国务院商务主管部门的规定从事对外承包工程外派人员中介服务。

对外承包工程的单位通过中介机构招用外派人员的，应当选择依法取得许可并合法经营的中介机构，不得通过未依法取得许可或者有重大违法行为的中介机构招用外派人员。

第十二条 对外承包工程的单位应当依法与其招用的外派人员订立劳动合同，按照合同约定向外派人员提供工作条件和支付报酬，履行用人单位义务。

第十三条 对外承包工程的单位应当有专门的安全管理机构和人员，负责保护外派人员的人身和财产安全，并根据所承包工程项目的具体情况，制定保护外派人员人身和财产安全的方案，落实所需经费。

对外承包工程的单位应当根据工程项目所在国家或者地区的安全状况，有针对性地对外派人员进行安全防范教育和应急知识培训，增强外派人员的安全防范意识和自我保护能力。

第十四条 对外承包工程的单位应当为外派人员购买境外人身意外伤害保险。

第十五条 对外承包工程的单位应当按照国务院商务主管部门和国务院财政部门的规定，及时存缴备用金。

前款规定的备用金，用于支付对外承包工程的单位拒绝承担或者无力承担的下列费用：

（一）外派人员的报酬；

（二）因发生突发事件，外派人员回国或者接受其他紧急救助所需费用；

（三）依法应当对外派人员的损失进行赔偿所需费用。

第十六条 对外承包工程的单位与境外工程项目发包人订立合同后，应当及时向中国驻该工程项目所在国使馆（领馆）报告。

对外承包工程的单位应当接受中国驻该工程项目所在国使馆（领馆）在突发事件防范、工程质量、安全生产及外派人员保护等方面的指导。

第十七条 对外承包工程的单位应当制定突发事件应急预案；在境外发生突发事件时，应当及时、妥善处理，并立即向中国驻该工程项目所在国使馆（领馆）和国内有关主管部门报告。

国务院商务主管部门应当会同国务院有关部门，按照预防和处置并重的原则，建立、健全对外承包工程突发事件预警、防范和应急处置机制，制定对外承包工程突发事件应急预案。

第十八条 对外承包工程的单位应当定期向商务主管部门报告其开展对外承包工程的情况，并按照国务院商务主管部门和国务院统计部门的规定，向有关部门报送业务统计资料。

第十九条 国务院商务主管部门应当会同国务院有关部门建立对外承包工程信息收集、通报制度，向对外承包工程的单位无偿提供信息服务。

有关部门应当在货物通关、人员出入境等方面，依法为对外承包工程的单位提供快捷、便利的服务。

第三章 法律责任

第二十条 对外承包工程的单位有下列情形之一的，由商务主管部门责令改正，处10万元以上20万元以下的罚款，对其主要负责人处1万元以上2万元以下的罚款；拒不改正的，商务主管部门可以禁止其在1年以上3年以下的期限内对外承包新的工程项目；造成重大工程质量问题、发生较大事故以上生产安全事故或者造成其他严重后果的，建设主管部门或者其他有关主管部门可以降低其资质等级或者吊销其资质证书：

（一）未建立并严格执行工程质量和安全生产管理的规章制度的；

（二）没有专门的安全管理机构和人员负责保护外派人员的人身和财产安全，或者未根据所承包工程项目的具体情况制定保护外派人员人身和财产安全的方案并落实所需经费的；

（三）未对外派人员进行安全防范教育和应急知识培训的；

（四）未制定突发事件应急预案，或者在境外发生突发事件，未及时、妥善处理的。

第二十一条 对外承包工程的单位有下列情形之一的，由商务主管部门责令改正，处15万元以上30万元以下的罚款，对其主要负责人处2万元以上5万元以下的罚款；拒不改正的，商务主管部门可以禁止其在2年以上5年以下的期限内对外承包新的工程项目；造成重大工程质量问题、发生较大事故以上生产安全事故或者造成其他严重后果的，建设主管部门或者其他有关主管部门可以降低其资质等级或者吊销其资质证书：

（一）以不正当的低价承揽工程项目、

串通投标或者进行商业贿赂的；

（二）未与分包单位订立专门的工程质量和安全生产管理协议，或者未在分包合同中约定各自的工程质量和安全生产管理责任，或者未对分包单位的工程质量和安全生产工作统一协调、管理的；

（三）将工程项目分包给不具备国家规定的相应资质的单位，或者将工程项目的建筑施工部分分包给未依法取得安全生产许可证的境内建筑施工企业的；

（四）未在分包合同中明确约定分包单位不得将工程项目转包或者再分包的。

分包单位将其承包的工程项目转包或者再分包的，由建设主管部门责令改正，依照前款规定的数额对分包单位及其主要负责人处以罚款；造成重大工程质量问题，或者发生较大事故以上生产安全事故的，建设主管部门或者其他有关主管部门可以降低其资质等级或者吊销其资质证书。

第二十二条 对外承包工程的单位有下列情形之一的，由商务主管部门责令改正，处 2 万元以上 5 万元以下的罚款；拒不改正的，对其主要负责人处 5000 元以上 1 万元以下的罚款：

（一）与境外工程项目发包人订立合同后，未及时向中国驻该工程项目所在国使馆（领馆）报告的；

（二）在境外发生突发事件，未立即向中国驻该工程项目所在国使馆（领馆）和国内有关主管部门报告的；

（三）未定期向商务主管部门报告其开展对外承包工程的情况，或者未按照规定向有关部门报送业务统计资料的。

第二十三条 对外承包工程的单位通过未依法取得许可或者有重大违法行为的中介机构招用外派人员，或者不依照本条例规定为外派人员购买境外人身意外伤害保险，或者未按照规定存缴备用金的，由商务主管部门责令限期改正，处 5 万元以上 10 万元以下的罚款，对其主要负责人处 5000 元以上 1 万元以下的罚款；逾期不改正的，商务主管部门可以禁止其在 1 年以上 3 年以下的期限内对外承包新的工程项目。

未取得国务院商务主管部门的许可，擅自从事对外承包工程外派人员中介服务的，由国务院商务主管部门责令改正，处 10 万元以上 20 万元以下的罚款；有违法所得的，没收违法所得；对其主要负责人处 5 万元以上 10 万元以下的罚款。

第二十四条 商务主管部门、建设主管部门和其他有关部门的工作人员在对外承包工程监督管理工作中滥用职权、玩忽职守、徇私舞弊，构成犯罪的，依法追究刑事责任；尚不构成犯罪的，依法给予处分。

第四章 附 则

第二十五条 对外承包工程涉及的货物进出口、技术进出口、人员出入境、海关以及税收、外汇等事项，依照有关法律、行政法规和国家有关规定办理。

第二十六条 对外承包工程的单位以投标、议标方式参与报价金额在国务院商务主管部门和国务院财政部门等有关部门规定标准以上的工程项目的，其银行保函的出具等事项，依照国务院商务主管部门和国务院财政部门等有关部门的规定办理。

第二十七条 对外承包工程的单位承包特定工程项目，或者在国务院商务主管部门会同外交部等有关部门确定的特定国家或者地区承包工程项目的，应当经国务院商务主管部门会同国务院有关部门批准。

第二十八条 中国内地的单位在香港特别行政区、澳门特别行政区、台湾地区承包工程项目，参照本条例的规定执行。

第二十九条 中国政府对外援建的工程项目的实施及其管理，依照国家有关规定执行。

第三十条 本条例自 2008 年 9 月 1 日起施行。

公路工程施工分包管理办法

（2011年11月22日 交公路发〔2011〕685号）

第一章 总 则

第一条 为规范公路工程施工分包活动，加强公路建设市场管理，保证工程质量，保障施工安全，根据《中华人民共和国公路法》、《中华人民共和国招标投标法》、《建设工程质量管理条例》、《建设工程安全生产管理条例》等法律、法规，结合公路工程建设实际情况，制定本办法。

第二条 在中华人民共和国境内从事新建、改（扩）建的国省道公路工程施工分包活动，适用本办法。

第三条 公路工程施工分包活动实行统一管理、分级负责。

第四条 鼓励公路工程施工进行专业化分包，但必须依法进行。禁止承包人以劳务合作的名义进行施工分包。

第二章 管理职责

第五条 国务院交通运输主管部门负责制定全国公路工程施工分包管理的规章制度，对省级人民政府交通运输主管部门的公路工程施工分包活动进行指导和监督检查。

第六条 省级人民政府交通运输主管部门负责本行政区域内公路工程施工分包活动的监督与管理工作；制定本行政区域公路工程施工分包管理的实施细则、分包专项类别以及相应的资格条件、统一的分包合同格式和劳务合作合同格式等。

第七条 发包人应当按照本办法规定和合同约定加强对施工分包活动的管理，建立健全分包管理制度，负责对分包的合同签订与履行、质量与安全管理、计量支付等活动监督检查，并建立台帐，及时制止承包人的违法分包行为。

第八条 除承包人设定的项目管理机构外，分包人也应当分别设立项目管理机构，对所承包或者分包工程的施工活动实施管理。

项目管理机构应当具有与承包或者分包工程的规模、技术复杂程度相适应的技术、经济管理人员，其中项目负责人和技术、财务、计量、质量、安全等主要管理人员必须是本单位人员。

第三章 分包的条件

第九条 承包人可以将适合专业化队伍施工的专项工程分包给具有相应资格的单位。不得分包的专项工程，发包人应当在招标文件中予以明确。

分包人不得将承接的分包工程再进行分包。

第十条 分包人应当具备如下条件：

（一）具有经工商登记的法人资格；

（二）具有与分包工程相适应的注册资金；

（三）具有从事类似工程经验的管理与技术人员；

（四）具有（自有或租赁）分包工程所需的施工设备。

第十一条 承包人对拟分包的专项工程及规模，应当在投标文件中予以明确。

未列入投标文件的专项工程，承包人不得分包。但因工程变更增加了有特殊性技术要求、特殊工艺或者涉及专利保护等的专项工程，且按规定无须再进行招标的，由承包人提出书面申请，经发包人书面同意，可以分包。

第四章 合同管理

第十二条 承包人有权依据承包合同自主选择符合资格的分包人。任何单位和个人不得违规指定分包。

第十三条 承包人和分包人应当按照交通运输主管部门制定的统一格式依法签订分

包合同，并履行合同约定的义务。分包合同必须遵循承包合同的各项原则，满足承包合同中的质量、安全、进度、环保以及其他技术、经济等要求。承包人应在工程实施前，将经监理审查同意后的分包合同报发包人备案。

第十四条 承包人应当建立健全相关分包管理制度和台账，对分包工程的质量、安全、进度和分包人的行为等实施全过程管理，按照本办法规定和合同约定对分包工程的实施向发包人负责，并承担赔偿责任。分包合同不免除承包合同中规定的承包人的责任或者义务。

第十五条 分包人应当依据分包合同的约定，组织分包工程的施工，并对分包工程的质量、安全和进度等实施有效控制。分包人对其分包的工程向承包人负责，并就所分包的工程向发包人承担连带责任。

第五章 行为管理

第十六条 禁止将承包的公路工程进行转包。

承包人未在施工现场设立项目管理机构和派驻相应人员对分包工程的施工活动实施有效管理，并且有下列情形之一的，属于转包：

（一）承包人将承包的全部工程发包给他人的；

（二）承包人将承包的全部工程肢解后以分包的名义分别发包给他人的；

（三）法律、法规规定的其他转包行为。

第十七条 禁止违法分包公路工程。

有下列情形之一的，属于违法分包：

（一）承包人未在施工现场设立项目管理机构和派驻相应人员对分包工程的施工活动实施有效管理的；

（二）承包人将工程分包给不具备相应资格的企业或者个人的；

（三）分包人以他人名义承揽分包工程的；

（四）承包人将合同文件中明确不得分包的专项工程进行分包的；

（五）承包人未与分包人依法签订分包合同或者分包合同未遵循承包合同的各项原则，不满足承包合同中相应要求的；

（六）分包合同未报发包人备案的；

（七）分包人将分包工程再进行分包的；

（八）法律、法规规定的其他违法分包行为。

第十八条 按照信用评价的有关规定，承包人和分包人应当互相开展信用评价，并向发包人提交信用评价结果。

发包人应当对承包人和分包人提交的信用评价结果进行核定，并且报送相关交通运输主管部门。

交通运输主管部门应当将发包人报送的承包人和分包人的信用评价结果纳入信用评价体系，对其进行信用管理。

第十九条 发包人应当在招标文件中明确统一采购的主要材料及构、配件等的采购主体及方式。承包人授权分包人进行相关采购时，必须经发包人书面同意。

第二十条 为确保分包合同的履行，承包人可以要求分包人提供履约担保。分包人提供担保后，如要求承包人同时提供分包工程付款担保的，承包人也应当予以提供。

第二十一条 承包人与分包人应当依法纳税。承包人因为税收抵扣向发包人申请出具相关手续的，发包人应当予以办理。

第二十二条 分包人有权与承包人共同享有分包工程业绩。分包人业绩证明由承包人与发包人共同出具。

分包人以分包业绩证明承接工程的，发包人应当予以认可。分包人以分包业绩证明申报资质的，相关交通运输主管部门应当予以认可。

劳务合作不属于施工分包。劳务合作

企业以分包人名义申请业绩证明的，承包人与发包人不得出具。

第六章 附 则

第二十三条 发包人、承包人或者分包人违反本办法相关条款规定的，法律、法规对处罚机关和处罚方式有相关规定的，依照法律、法规的规定执行；法律、法规未作规定的，由交通运输主管部门给予通报批评、警告、责令改正以及罚款等处罚。

第二十四条 本办法所称施工分包，是指承包人将其所承包工程中的专项工程发包给其他专业施工企业完成的活动。

本办法所称发包人，是指公路工程建设的项目法人或者受其委托的建设管理单位。

本办法所称监理人，是指受发包人委托对发包工程实施监理的法人或者其他组织。

本办法所称承包人，是指由发包人授标，并与发包人签署正式合同的施工企业。

本办法所称分包人，是指从承包人处分包专项工程的专业施工企业。

本办法所称本单位人员，是指与本单位签订了合法的劳动合同，并为其办理了人事、工资及社会保险关系的人员。

本办法所称专项工程是指省级人民政府交通运输主管部门制定的分包资格中的相应工程内容。

第二十五条 除施工分包以外，承包人与他人合作完成的其他以劳务活动为主的施工活动统称为劳务合作。

第二十六条 承包人应当按照合同约定对劳务合作企业的劳务作业人员进行管理。承包人对其所管理的劳务作业人员行为向发包人承担全部责任。劳务作业人员应当具备相应资格，经培训后上岗。

第二十七条 本办法由交通运输部负责解释。

第二十八条 本办法自2012年1月1日起施行。

住房城乡建设部关于进一步推进工程总承包发展的若干意见

（2016年5月20日 建市〔2016〕93号）

各省、自治区住房城乡建设厅，直辖市建委，北京市规委，新疆生产建设兵团建设局，国务院有关部门建设司（局）：

为落实《中共中央国务院关于进一步加强城市规划建设管理工作的若干意见》，深化建设项目组织实施方式改革，推广工程总承包制，提升工程建设质量和效益，现提出以下意见。

一、大力推进工程总承包

（一）充分认识推进工程总承包的意义。工程总承包是国际通行的建设项目组织实施方式。大力推进工程总承包，有利于提升项目可行性研究和初步设计深度，实现设计、采购、施工等各阶段工作的深度融合，提高工程建设水平；有利于发挥工程总承包企业的技术和管理优势，促进企业做优做强，推动产业转型升级，服务于“一带一路”战略实施。

（二）工程总承包的主要模式。工程总承包是指从事工程总承包的企业按照与建设单位签订的合同，对工程项目的设计、采购、施工等实行全过程的承包，并对工程的质量、安全、工期和造价等全面负责的承包方式。工程总承包一般采用设计－采购－施工总承包或者设计－施工总承包模式。建设单位也可以根据项目特点和实际需要，按照风险合理分担原则和承包工作内容采用其他工程总承包模式。

（三）优先采用工程总承包模式。建设单位在选择建设项目组织实施方式时，应当本着质量可靠、效率优先的原则，优先采用工程总承包模式。政府投资项目和装配式建筑应当积极采用工程总承包模式。

二、完善工程总承包管理制度

（四）工程总承包项目的发包阶段。建设单位可以根据项目特点，在可行性研究、方案设计或者初步设计完成后，按照确定的建设规模、建设标准、投资限额、工程质量和进度要求等进行工程总承包项目发包。

（五）建设单位的项目管理。建设单位应当加强工程总承包项目全过程管理，督促工程总承包企业履行合同义务。建设单位根据自身资源和能力，可以自行对工程总承包项目进行管理，也可以委托项目管理单位，依照合同对工程总承包项目进行管理。项目管理单位可以是本项目的可行性研究、方案设计或者初步设计单位，也可以是其他工程设计、施工或者监理等单位，但项目管理单位不得与工程总承包企业具有利害关系。

（六）工程总承包企业的选择。建设单位可以依法采用招标或者直接发包的方式选择工程总承包企业。工程总承包评标可以采用综合评估法，评审的主要因素包括工程总承包报价、项目管理组织方案、设计方案、设备采购方案、施工计划、工程业绩等。工程总承包项目可以采用总价合同或者成本加酬金合同，合同价格应当在充分竞争的基础上合理确定，合同的制订可以参照住房城乡建设部、工商总局联合印发的建设项目工程总承包合同示范文本。

（七）工程总承包企业的基本条件。工程总承包企业应当具有与工程规模相适应的工程设计资质或者施工资质，相应的财务、风险承担能力，同时具有相应的组织机构、项目管理体系、项目管理专业人员和工程业绩。

（八）工程总承包项目经理的基本要求。工程总承包项目经理应当取得工程建设类注册执业资格或者高级专业技术职称，担任过工程总承包项目经理、设计项目负责人或者施工项目经理，熟悉工程建设相关法律法规和标准，同时具有相应工程业绩。

（九）工程总承包项目的分包。工程总承包企业可以在其资质证书许可的工程项目范围内自行实施设计和施工，也可以根据合同约定或者经建设单位同意，直接将工程项目的设计或者施工业务择优分包给具有相应资质的企业。仅具有设计资质的企业承接工程总承包项目时，应当将工程总承包项目中的施工业务依法分包给具有相应施工资质的企业。仅具有施工资质的企业承接工程总承包项目时，应当将工程总承包项目中的设计业务依法分包给具有相应设计资质的企业。

（十）工程总承包项目严禁转包和违法分包。工程总承包企业应当加强对分包的管理，不得将工程总承包项目转包，也不得将工程总承包项目中设计和施工业务一并或者分别分包给其他单位。工程总承包企业自行实施设计的，不得将工程总承包项目工程主体部分的设计业务分包给其他单位。工程总承包企业自行实施施工的，不得将工程总承包项目工程主体结构的施工业务分包给其他单位。

（十一）工程总承包企业的义务和责任。工程总承包企业应当加强对工程总承包项目的管理，根据合同约定和项目特点，制定项目管理计划和项目实施计划，建立工程管理与协调制度，加强设计、采购与施工的协调，完善和优化设计，改进施工方案，合理调配设计、采购和施工力量，实现对工程总承包项目的有效控制。工程总承包企业对工程总承包项目的质量和安全全面负责。工程总承包企业按照合同约定对建设单位负责，分包企业按照分包合同的约定对工程总承包企业负责。工程分包不能免除工程总承包企业的合同义务和法律责任，工程总承包企业和分包企业就分包工程对建设单位承担连带责任。

（十二）工程总承包项目的风险管理。工程总承包企业和建设单位应当加强风险管理，公平合理分担风险。工程总承包企业按照合同约定向建设单位出具履约担保，建设单位向工程总承包企业出具支付担保。

（十三）工程总承包项目的监管手续。按照法规规定进行施工图设计文件审查的工程总承包项目，可以根据实际情况按照单体工程进行施工图设计文件审查。住房城乡建设主管部门可以根据工程总承包合同及分包合同确定的设计、施工企业，依法办理建设工程质量、安全监督和施工许可等相关手续。相关许可和备案表格，以及需要工程总承包企业签署意见的相关工程管理技术文件，应当增加工程总承包企业、工程总承包项目经理等栏目。

（十四）安全生产许可证和质量保修。工程总承包企业自行实施工程总承包项目施工的，应当依法取得安全生产许可证；将工程总承包项目中的施工业务依法分包给具有相应资质的施工企业完成的，施工企业应当依法取得安全生产许可证。工程总承包企业应当组织分包企业配合建设单位完成工程竣工验收，签署工程质量保修书。

三、提升企业工程总承包能力和水平

（十五）完善工程总承包企业组织机构。工程总承包企业要根据开展工程总承包业务的实际需要，及时调整和完善企业组织机构、专业设置和人员结构，形成集设计、采购和施工各阶段项目管理于一体，技术与管理密切结合，具有工程总承包能力的组织体系。

（十六）加强工程总承包人才队伍建设。工程总承包企业要高度重视工程总承包的项目经理及从事项目控制、设计管理、采购管理、施工管理、合同管理、质量安全管理和风险管理等方面的人才培养。加强项目管理业务培训，并在工程总承包项目实践中锻炼人才、培育人才，培养一批符合工程总承包业务需求的专业人才，为开展工程总承包业务提供人才支撑。

（十七）加强工程总承包项目管理体系建设。工程总承包企业要不断建立完善包括技术标准、管理标准、质量管理体系、职业健康安全和环境管理体系在内的工程总承包项目管理标准体系。加强对分包企业的跟踪、评估和管理，充分利用市场优质资源，保证项目的有效实施。积极推广应用先进实用的项目管理软件，建立与工程总承包管理相适应的信息网络平台，完善相关数据库，提高数据统计、分析和管控水平。

四、加强推进工程总承包发展的组织和实施

（十八）加强组织领导。各级住房城乡建设主管部门要高度重视推进工程总承包发展工作，创新建设工程管理机制，完善相关配套政策；加强领导，推进各项制度措施落实，明确管理部门，依据职责加强对房屋建筑和市政工程的工程总承包活动的监督管理；加强与发展改革、财政、税务、审计等有关部门的沟通协调，积极解决制约工程总承包项目实施的有关问题。

（十九）加强示范引导。各级住房城乡建设主管部门要引导工程建设项目采用工程总承包模式进行建设，从重点企业入手，培育一批工程总承包骨干企业，发挥示范引领带动作用，提高工程总承包的供给质量和能力。加大宣传力度，加强人员培训，及时总结和推广经验，扩大工程总承包的影响力。

（二十）发挥行业组织作用。充分发挥行业组织桥梁和纽带作用，在推进工程总承包发展过程中，行业组织要积极反映企业诉求，协助政府开展相关政策研究，组织开展工程总承包项目管理人才培训，开展工程总承包企业经验交流，促进工程总承包发展。

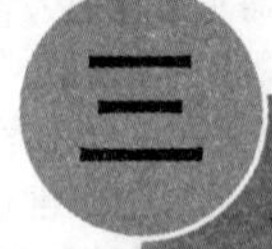

建设工程勘察设计

建设工程勘察设计管理条例

（2000年9月25日中华人民共和国国务院令第293号公布　根据2015年6月12日《国务院关于修改〈建设工程勘察设计管理条例〉的决定》第一次修订　根据2017年10月7日《国务院关于修改部分行政法规的决定》第二次修订）

第一章　总　　则

第一条　为了加强对建设工程勘察、设计活动的管理，保证建设工程勘察、设计质量，保护人民生命和财产安全，制定本条例。

第二条　从事建设工程勘察、设计活动，必须遵守本条例。

本条例所称建设工程勘察，是指根据建设工程的要求，查明、分析、评价建设场地的地质地理环境特征和岩土工程条件，编制建设工程勘察文件的活动。

本条例所称建设工程设计，是指根据建设工程的要求，对建设工程所需的技术、经济、资源、环境等条件进行综合分析、论证，编制建设工程设计文件的活动。

第三条　建设工程勘察、设计应当与社会、经济发展水平相适应，做到经济效益、社会效益和环境效益相统一。

第四条　从事建设工程勘察、设计活动，应当坚持先勘察、后设计、再施工的原则。

第五条　县级以上人民政府建设行政主管部门和交通、水利等有关部门应当依照本条例的规定，加强对建设工程勘察、设计活动的监督管理。

建设工程勘察、设计单位必须依法进行建设工程勘察、设计，严格执行工程建设强制性标准，并对建设工程勘察、设计的质量负责。

第六条　国家鼓励在建设工程勘察、设计活动中采用先进技术、先进工艺、先进设备、新型材料和现代管理方法。

第二章　资质资格管理

第七条　国家对从事建设工程勘察、设计活动的单位，实行资质管理制度。具体办法由国务院建设行政主管部门商国务院有关部门制定。

第八条　建设工程勘察、设计单位应当在其资质等级许可的范围内承揽建设工程勘察、设计业务。

禁止建设工程勘察、设计单位超越其资质等级许可的范围或者以其他建设工程勘察、设计单位的名义承揽建设工程勘察、设计业务。禁止建设工程勘察、设计单位允许其他单位或者个人以本单位的名义承揽建设工程勘察、设计业务。

第九条　国家对从事建设工程勘察、设计活动的专业技术人员，实行执业资格注册管理制度。

未经注册的建设工程勘察、设计人员，不得以注册执业人员的名义从事建设工程勘察、设计活动。

第十条 建设工程勘察、设计注册执业人员和其他专业技术人员只能受聘于一个建设工程勘察、设计单位；未受聘于建设工程勘察、设计单位的，不得从事建设工程的勘察、设计活动。

第十一条 建设工程勘察、设计单位资质证书和执业人员注册证书，由国务院建设行政主管部门统一制作。

第三章 建设工程勘察设计发包与承包

第十二条 建设工程勘察、设计发包依法实行招标发包或者直接发包。

第十三条 建设工程勘察、设计应当依照《中华人民共和国招标投标法》的规定，实行招标发包。

第十四条 建设工程勘察、设计方案评标，应当以投标人的业绩、信誉和勘察、设计人员的能力以及勘察、设计方案的优劣为依据，进行综合评定。

第十五条 建设工程勘察、设计的招标人应当在评标委员会推荐的候选方案中确定中标方案。但是，建设工程勘察、设计的招标人认为评标委员会推荐的候选方案不能最大限度满足招标文件规定的要求的，应当依法重新招标。

第十六条 下列建设工程的勘察、设计，经有关主管部门批准，可以直接发包：

（一）采用特定的专利或者专有技术的；

（二）建筑艺术造型有特殊要求的；

（三）国务院规定的其他建设工程的勘察、设计。

第十七条 发包方不得将建设工程勘察、设计业务发包给不具有相应勘察、设计资质等级的建设工程勘察、设计单位。

第十八条 发包方可以将整个建设工程的勘察、设计发包给一个勘察、设计单位；也可以将建设工程的勘察、设计分别发包给几个勘察、设计单位。

第十九条 除建设工程主体部分的勘察、设计外，经发包方书面同意，承包方可以将建设工程其他部分的勘察、设计再分包给其他具有相应资质等级的建设工程勘察、设计单位。

第二十条 建设工程勘察、设计单位不得将所承揽的建设工程勘察、设计转包。

第二十一条 承包方必须在建设工程勘察、设计资质证书规定的资质等级和业务范围内承揽建设工程的勘察、设计业务。

第二十二条 建设工程勘察、设计的发包方与承包方，应当执行国家规定的建设工程勘察、设计程序。

第二十三条 建设工程勘察、设计的发包方与承包方应当签订建设工程勘察、设计合同。

第二十四条 建设工程勘察、设计发包方与承包方应当执行国家有关建设工程勘察费、设计费的管理规定。

第四章 建设工程勘察设计文件的编制与实施

第二十五条 编制建设工程勘察、设计文件，应当以下列规定为依据：

（一）项目批准文件；

（二）城乡规划；

（三）工程建设强制性标准；

（四）国家规定的建设工程勘察、设计深度要求。

铁路、交通、水利等专业建设工程，还应当以专业规划的要求为依据。

第二十六条 编制建设工程勘察文件，应当真实、准确，满足建设工程规划、选址、设计、岩土治理和施工的需要。

编制方案设计文件，应当满足编制初步设计文件和控制概算的需要。

编制初步设计文件，应当满足编制施工招标文件、主要设备材料订货和编制施工图设计文件的需要。

编制施工图设计文件，应当满足设备材料采购、非标准设备制作和施工的需要，并注明建设工程合理使用年限。

第二十七条 设计文件中选用的材料、构配件、设备，应当注明其规格、型号、性能等技术指标，其质量要求必须符合国家规定的标准。

除有特殊要求的建筑材料、专用设备和工艺生产线等外，设计单位不得指定生产厂、供应商。

第二十八条 建设单位、施工单位、监理单位不得修改建设工程勘察、设计文件；确需修改建设工程勘察、设计文件的，应当由原建设工程勘察、设计单位修改。经原建设工程勘察、设计单位书面同意，建设单位也可以委托其他具有相应资质的建设工程勘察、设计单位修改。修改单位对修改的勘察、设计文件承担相应责任。

施工单位、监理单位发现建设工程勘察、设计文件不符合工程建设强制性标准、合同约定的质量要求的，应当报告建设单位，建设单位有权要求建设工程勘察、设计单位对建设工程勘察、设计文件进行补充、修改。

建设工程勘察、设计文件内容需要作重大修改的，建设单位应当报经原审批机关批准后，方可修改。

第二十九条 建设工程勘察、设计文件中规定采用的新技术、新材料，可能影响建设工程质量和安全，又没有国家技术标准的，应当由国家认可的检测机构进行试验、论证，出具检测报告，并经国务院有关部门或者省、自治区、直辖市人民政府有关部门组织的建设工程技术专家委员会审定后，方可使用。

第三十条 建设工程勘察、设计单位应当在建设工程施工前，向施工单位和监理单位说明建设工程勘察、设计意图，解释建设工程勘察、设计文件。

建设工程勘察、设计单位应当及时解决施工中出现的勘察、设计问题。

第五章 监督管理

第三十一条 国务院建设行政主管部门对全国的建设工程勘察、设计活动实施统一监督管理。国务院铁路、交通、水利等有关部门按照国务院规定的职责分工，负责对全国的有关专业建设工程勘察、设计活动的监督管理。

县级以上地方人民政府建设行政主管部门对本行政区域内的建设工程勘察、设计活动实施监督管理。县级以上地方人民政府交通、水利等有关部门在各自的职责范围内，负责对本行政区域内的有关专业建设工程勘察、设计活动的监督管理。

第三十二条 建设工程勘察、设计单位在建设工程勘察、设计资质证书规定的业务范围内跨部门、跨地区承揽勘察、设计业务的，有关地方人民政府及其所属部门不得设置障碍，不得违反国家规定收取任何费用。

第三十三条 施工图设计文件审查机构应当对房屋建筑工程、市政基础设施工程施工图设计文件中涉及公共利益、公众安全、工程建设强制性标准的内容进行审查。县级以上人民政府交通运输等有关部门应当按照职责对施工图设计文件中涉及公共利益、公众安全、工程建设强制性标准的内容进行审查。

施工图设计文件未经审查批准的，不得使用。

第三十四条 任何单位和个人对建设工程勘察、设计活动中的违法行为都有权检举、控告、投诉。

第六章 罚　　则

第三十五条 违反本条例第八条规定的，

责令停止违法行为，处合同约定的勘察费、设计费1倍以上2倍以下的罚款，有违法所得的，予以没收；可以责令停业整顿，降低资质等级；情节严重的，吊销资质证书。

未取得资质证书承揽工程的，予以取缔，依照前款规定处以罚款；有违法所得的，予以没收。

以欺骗手段取得资质证书承揽工程的，吊销资质证书，依照本条第一款规定处以罚款；有违法所得的，予以没收。

第三十六条 违反本条例规定，未经注册，擅自以注册建设工程勘察、设计人员的名义从事建设工程勘察、设计活动的，责令停止违法行为，没收违法所得，处违法所得2倍以上5倍以下罚款；给他人造成损失的，依法承担赔偿责任。

第三十七条 违反本条例规定，建设工程勘察、设计注册执业人员和其他专业技术人员未受聘于一个建设工程勘察、设计单位或者同时受聘于两个以上建设工程勘察、设计单位，从事建设工程勘察、设计活动的，责令停止违法行为，没收违法所得，处违法所得2倍以上5倍以下的罚款；情节严重的，可以责令停止执行业务或者吊销资格证书；给他人造成损失的，依法承担赔偿责任。

第三十八条 违反本条例规定，发包方将建设工程勘察、设计业务发包给不具有相应资质等级的建设工程勘察、设计单位的，责令改止，处50万元以上100万元以下的罚款。

第三十九条 违反本条例规定，建设工程勘察、设计单位将所承揽的建设工程勘察、设计转包的，责令改正，没收违法所得，处合同约定的勘察费、设计费25%以上50%以下的罚款，可以责令停业整顿，降低资质等级；情节严重的，吊销资质证书。

第四十条 违反本条例规定，勘察、设计单位未依据项目批准文件，城乡规划及专业规划，国家规定的建设工程勘察、设计深度要求编制建设工程勘察、设计文件的，责令限期改正；逾期不改正的，处10万元以上30万元以下的罚款；造成工程质量事故或者环境污染和生态破坏的，责令停业整顿，降低资质等级；情节严重的，吊销资质证书；造成损失的，依法承担赔偿责任。

第四十一条 违反本条例规定，有下列行为之一的，依照《建设工程质量管理条例》第六十三条的规定给予处罚：

（一）勘察单位未按照工程建设强制性标准进行勘察的；

（二）设计单位未根据勘察成果文件进行工程设计的；

（三）设计单位指定建筑材料、建筑构配件的生产厂、供应商的；

（四）设计单位未按照工程建设强制性标准进行设计的。

第四十二条 本条例规定的责令停业整顿、降低资质等级和吊销资质证书、资格证书的行政处罚，由颁发资质证书、资格证书的机关决定；其他行政处罚，由建设行政主管部门或者其他有关部门依据法定职权范围决定。

依照本条例规定被吊销资质证书的，由工商行政管理部门吊销其营业执照。

第四十三条 国家机关工作人员在建设工程勘察、设计活动的监督管理工作中玩忽职守、滥用职权、徇私舞弊，构成犯罪的，依法追究刑事责任；尚不构成犯罪的，依法给予行政处分。

第七章 附 则

第四十四条 抢险救灾及其他临时性建筑和农民自建两层以下住宅的勘察、设计活动，不适用本条例。

第四十五条 军事建设工程勘察、设计的管理，按照中央军事委员会的有关规定执行。

第四十六条 本条例自公布之日起施行。

住房城乡建设部、工商总局关于印发建设工程勘察合同示范文本的通知

(2016年9月12日 建市〔2016〕199号)

各省、自治区住房城乡建设厅、工商行政管理局，北京市规划国土委、工商行政管理局，天津市建委、市场和质量监督管理委员会，上海、重庆市建委、工商行政管理局，新疆生产建设兵团建设局，国务院有关部门建设司（局）：

为规范工程勘察市场秩序，维护工程勘察合同当事人的合法权益，住房城乡建设部、工商总局制定了《建设工程勘察合同（示范文本）》（GF-2016-0203），现印发给你们，自2016年12月1日起执行。在执行过程中有何问题，请与住房城乡建设部建筑市场监管司、工商总局市场规范管理司联系。

《关于印发〈建设工程勘察设计合同管理办法〉和〈建设工程勘察合同〉、〈建设工程设计合同〉文本的通知》（建设〔2000〕50号）同时废止。

附件：建设工程勘察合同（示范文本）

附件：

建设工程勘察合同（示范文本）

住房和城乡建设部
国家工商行政管理总局 制定

说　明

为了指导建设工程勘察合同当事人的签约行为，维护合同当事人的合法权益，依据《中华人民共和国合同法》、《中华人民共和国建筑法》、《中华人民共和国招标投标法》等相关法律法规的规定，住房和城乡建设部、国家工商行政管理总局对《建设工程勘察合同（一）[岩土工程勘察、水文地质勘察（含凿井）、工程测量、工程物探]》（GF-2000-0203）及《建设工程勘察合同（二）[岩土工程设计、治理、监测]》（GF-2000-0204）进行修订，制定了《建设工程勘察合同（示范文本）》（以下简称《示范文本》）。

为了便于合同当事人使用《示范文本》，现就有关问题说明如下：

一、《示范文本》的组成

《示范文本》由合同协议书、通用合同条款和专用合同条款三部分组成。

（一）合同协议书

《示范文本》合同协议书共计12条，主要包括工程概况、勘察范围和阶段、技术要求及工作量、合同工期、质量标准、合同价款、合同文件构成、承诺、词语定义、签订时间、签

订地点、合同生效和合同份数等内容，集中约定了合同当事人基本的合同权利义务。

（二）通用合同条款

通用合同条款是合同当事人根据《中华人民共和国合同法》、《中华人民共和国建筑法》、《中华人民共和国招标投标法》等相关法律法规的规定，就工程勘察的实施及相关事项对合同当事人的权利义务作出的原则性约定。

通用合同条款具体包括一般约定、发包人、勘察人、工期、成果资料、后期服务、合同价款与支付、变更与调整、知识产权、不可抗力、合同生效与终止、合同解除、责任与保险、违约、索赔、争议解决及补充条款等共计17条。上述条款安排既考虑了现行法律法规对工程建设的有关要求，也考虑了工程勘察管理的特殊需要。

（三）专用合同条款

专用合同条款是对通用合同条款原则性约定的细化、完善、补充、修改或另行约定的条款。合同当事人可以根据不同建设工程的特点及具体情况，通过双方的谈判、协商对相应的专用合同条款进行修改补充。在使用专用合同条款时，应注意以下事项：

1. 专用合同条款编号应与相应的通用合同条款编号一致；

2. 合同当事人可以通过对专用合同条款的修改，满足具体项目工程勘察的特殊要求，避免直接修改通用合同条款；

3. 在专用合同条款中有横道线的地方，合同当事人可针对相应的通用合同条款进行细化、完善、补充、修改或另行约定；如无细化、完善、补充、修改或另行约定，则填写“无”或划“/”。

二、《示范文本》的性质和适用范围

《示范文本》为非强制性使用文本，合同当事人可结合工程具体情况，根据《示范文本》订立合同，并按照法律法规和合同约定履行相应的权利义务，承担相应的法律责任。

《示范文本》适用于岩土工程勘察、岩土工程设计、岩土工程物探/测试/检测/监测、水文地质勘察及工程测量等工程勘察活动，岩土工程设计也可使用《建设工程设计合同示范文本（专业建设工程）》（GF－2015－0210）。

第一部分　合同协议书

发包人（全称）：________________________

勘察人（全称）：________________________

根据《中华人民共和国合同法》、《中华人民共和国建筑法》、《中华人民共和国招标投标法》等相关法律法规的规定，遵循平等、自愿、公平和诚实信用的原则，双方就____________________________项目工程勘察有关事项协商一致，达成如下协议。

一、工程概况

1. 工程名称：________________________________

2. 工程地点：________________________________

3. 工程规模、特征：______________________________

____

____

二、勘察范围和阶段、技术要求及工作量

1. 勘察范围和阶段：______________________________

2. 技术要求：________________

3. 工作量：________________

三、合同工期

1. 开工日期：________________

2. 成果提交日期：________________

3. 合同工期（总日历天数）________天

四、质量标准

质量标准：________________

五、合同价款

1. 合同价款金额：人民币（大写）____________（¥________元）

2. 合同价款形式：________________

六、合同文件构成

组成本合同的文件包括：

（1）合同协议书；

（2）专用合同条款及其附件；

（3）通用合同条款；

（4）中标通知书（如果有）；

（5）投标文件及其附件（如果有）；

（6）技术标准和要求；

（7）图纸；

（8）其他合同文件。

在合同履行过程中形成的与合同有关的文件构成合同文件组成部分。

七、承诺

1. 发包人承诺按照法律规定履行项目审批手续，按照合同约定提供工程勘察条件和相关资料，并按照合同约定的期限和方式支付合同价款。

2. 勘察人承诺按照法律法规和技术标准规定及合同约定提供勘察技术服务。

八、词语定义

本合同协议书中词语含义与合同第二部分《通用合同条款》中的词语含义相同。

九、签订时间

本合同于____年____月____日签订。

十、签订地点

本合同在____________签订。

十一、合同生效

本合同自____________生效。

十二、合同份数

本合同一式____份，具有同等法律效力，发包人执____份，勘察人执____份。

发包人：（印章）____________	勘察人：（印章）____________
法定代表人或其委托代理人：	法定代表人或其委托代理人：
（签字）	（签字）

统一社会信用代码：________	统一社会信用代码：________
地址：________	地址：________
邮政编码：________	邮政编码：________
电话：________	电话：________
传真：________	传真：________
电子邮箱：________	电子邮箱：________
开户银行：________	开户银行：________
账号：________	账号：________

第二部分　通用合同条款

第1条　一般约定

1.1 词语定义

下列词语除专用合同条款另有约定外，应具有本条所赋予的含义。

1.1.1 合同：指根据法律规定和合同当事人约定具有约束力的文件，构成合同的文件包括合同协议书、专用合同条款及其附件、通用合同条款、中标通知书（如果有）、投标文件及其附件（如果有）、技术标准和要求、图纸以及其他合同文件。

1.1.2 合同协议书：指构成合同的由发包人和勘察人共同签署的称为“合同协议书”的书面文件。

1.1.3 通用合同条款：是根据法律、行政法规规定及建设工程勘察的需要订立，通用于建设工程勘察的合同条款。

1.1.4 专用合同条款：是发包人与勘察人根据法律、行政法规规定，结合具体工程实际，经协商达成一致意见的合同条款，是对通用合同条款的细化、完善、补充、修改或另行约定。

1.1.5 发包人：指与勘察人签定合同协议书的当事人以及取得该当事人资格的合法继承人。

1.1.6 勘察人：指在合同协议书中约定，被发包人接受的具有工程勘察资质的当事人以及取得该当事人资格的合法继承人。

1.1.7 工程：指发包人与勘察人在合同协议书中约定的勘察范围内的项目。

1.1.8 勘察任务书：指由发包人就工程勘察范围、内容和技术标准等提出要求的书面文件。勘察任务书构成合同文件组成部分。

1.1.9 合同价款：指合同当事人在合同协议书中约定，发包人用以支付勘察人完成合同约定范围内工程勘察工作的款项。

1.1.10 费用：指为履行合同所发生的或将要发生的必需的支出。

1.1.11 工期：指合同当事人在合同协议书中约定，按总日历天数（包括法定节假日）计算的工作天数。

1.1.12 天：除特别指明外，均指日历天。约定按天计算时间的，开始当天不计入，从次日开始计算。时限的最后一天是休息日或者其他法定节假日的，以节假日次日为时限的最后一天，时限的最后一天的截止时间为当日24时。

1.1.13 开工日期：指合同当事人在合同中约定，勘察人开始工作的绝对或相对日期。

1.1.14 成果提交日期：指合同当事人在合同中约定，勘察人完成合同范围内工作并提交成果资料的绝对或相对日期。

1.1.15 图纸：指由发包人提供或由勘察人提供并经发包人认可，满足勘察人开展工作需要的所有图件，包括相关说明和资料。

1.1.16 作业场地：指工程勘察作业的场所以及发包人具体指定的供工程勘察作

业使用的其他场所。

1.1.17 书面形式：指合同书、信件和数据电文（包括电报、电传、传真、电子数据交换和电子邮件）等可以有形地表现所载内容的形式。

1.1.18 索赔：指在合同履行过程中，一方违反合同约定，直接或间接地给另一方造成实际损失，受损方向违约方提出经济赔偿和（或）工期顺延的要求。

1.1.19 不利物质条件：指勘察人在作业场地遇到的不可预见的自然物质条件、非自然的物质障碍和污染物。

1.1.20 后期服务：指勘察人提交成果资料后，为发包人提供的后续技术服务工作和程序性工作，如报告成果咨询、基槽检验、现场交桩和竣工验收等。

1.2 合同文件及优先解释顺序

1.2.1 合同文件应能相互解释，互为说明。除专用合同条款另有约定外，组成本合同的文件及优先解释顺序如下：

（1）合同协议书；

（2）专用合同条款及其附件；

（3）通用合同条款；

（4）中标通知书（如果有）；

（5）投标文件及其附件（如果有）；

（6）技术标准和要求；

（7）图纸；

（8）其他合同文件。

上述合同文件包括合同当事人就该项合同文件所作出的补充和修改，属于同一类内容的文件，应以最新签署的为准。

1.2.2 当合同文件内容含糊不清或不相一致时，在不影响工作正常进行的情况下，由发包人和勘察人协商解决。双方协商不成时，按第16条〔争议解决〕的约定处理。

1.3 适用法律法规、技术标准

1.3.1 适用法律法规

本合同文件适用中华人民共和国法律、行政法规、部门规章以及工程所在地的地方性法规、自治条例、单行条例和地方政府规章等。其他需要明示的规范性文件，由合同当事人在专用合同条款中约定。

1.3.2 适用技术标准

适用于工程的现行有效国家标准、行业标准、工程所在地的地方标准以及相应的规范、规程为本合同文件适用的技术标准。合同当事人有特别要求的，应在专用合同条款中约定。

发包人要求使用国外技术标准的，应在专用合同条款中约定所使用技术标准的名称及提供方，并约定技术标准原文版、中译本的份数、时间及费用承担等事项。

1.4 语言文字

本合同文件使用汉语语言文字书写、解释和说明。如专用合同条款约定使用两种以上（含两种）语言时，汉语为优先解释和说明本合同的语言。

1.5 联络

1.5.1 与合同有关的批准文件、通知、证明、证书、指示、指令、要求、请求、意见、确定和决定等，均应采用书面形式或合同双方确认的其他形式，并应在合同约定的期限内送达接收人。

1.5.2 发包人和勘察人应在专用合同条款中约定各自的送达接收人、送达形式及联系方式。合同当事人指定的接收人、送达地点或联系方式发生变动的，应提前3天以书面形式通知对方，否则视为未发生变动。

1.5.3 发包人、勘察人应及时签收对方送达至约定送达地点和指定接收人的来往信函；如确有充分证据证明一方无正当理由拒不签收的，视为拒绝签收一方认可往来信函的内容。

1.6 严禁贿赂

合同当事人不得以贿赂或变相贿赂的方式，谋取非法利益或损害对方权益。因一方的贿赂造成对方损失的，应赔偿损失并承担相应的法律责任。

1.7 保密

除法律法规规定或合同另有约定外，未经发包人同意，勘察人不得将发包人提供的图纸、文件以及声明需要保密的资料信息等商业秘密泄露给第三方。

除法律法规规定或合同另有约定外，未经勘察人同意，发包人不得将勘察人提供的技术文件、成果资料、技术秘密及声明需要保密的资料信息等商业秘密泄露给第三方。

第2条 发包人

2.1 发包人权利

2.1.1 发包人对勘察人的勘察工作有权依照合同约定实施监督，并对勘察成果予以验收。

2.1.2 发包人对勘察人无法胜任工程勘察工作的人员有权提出更换。

2.1.3 发包人拥有勘察人为其项目编制的所有文件资料的使用权，包括投标文件、成果资料和数据等。

2.2 发包人义务

2.2.1 发包人应以书面形式向勘察人明确勘察任务及技术要求。

2.2.2 发包人应提供开展工程勘察工作所需要的图纸及技术资料，包括总平面图、地形图、已有水准点和坐标控制点等，若上述资料由勘察人负责搜集时，发包人应承担相关费用。

2.2.3 发包人应提供工程勘察作业所需的批准及许可文件，包括立项批复、占用和挖掘道路许可等。

2.2.4 发包人应为勘察人提供具备条件的作业场地及进场通道（包括土地征用、障碍物清除、场地平整、提供水电接口和青苗赔偿等）并承担相关费用。

2.2.5 发包人应为勘察人提供作业场地内地下埋藏物（包括地下管线、地下构筑物等）的资料、图纸，没有资料、图纸的地区，发包人应委托专业机构查清地下埋藏物。若因发包人未提供上述资料、图纸，或提供的资料、图纸不实，致使勘察人在工程勘察工作过程中发生人身伤害或造成经济损失时，由发包人承担赔偿责任。

2.2.6 发包人应按照法律法规规定为勘察人安全生产提供条件并支付安全生产防护费用，发包人不得要求勘察人违反安全生产管理规定进行作业。

2.2.7 若勘察现场需要看守，特别是在有毒、有害等危险现场作业时，发包人应派人负责安全保卫工作；按国家有关规定，对从事危险作业的现场人员进行保健防护，并承担费用。发包人对安全文明施工有特殊要求时，应在专用合同条款中另行约定。

2.2.8 发包人应对勘察人满足质量标准的已完工作，按照合同约定及时支付相应的工程勘察合同价款及费用。

2.3 发包人代表

发包人应在专用合同条款中明确其负责工程勘察的发包人代表的姓名、职务、联系方式及授权范围等事项。发包人代表在发包人的授权范围内，负责处理合同履行过程中与发包人有关的具体事宜。

第3条 勘察人

3.1 勘察人权利

3.1.1 勘察人在工程勘察期间，根据项目条件和技术标准、法律法规规定等方面的变化，有权向发包人提出增减合同工作量或修改技术方案的建议。

3.1.2 除建设工程主体部分的勘察外，根据合同约定或经发包人同意，勘察人可以将建设工程其他部分的勘察分包给其他具有相应资质等级的建设工程勘察单位。发包人对分包的特殊要求应在专用合同条款中另行约定。

3.1.3 勘察人对其编制的所有文件资料，包括投标文件、成果资料、数据和专利技术等拥有知识产权。

3.2 勘察人义务

3.2.1 勘察人应按勘察任务书和技术

要求并依据有关技术标准进行工程勘察工作。

3.2.2 勘察人应建立质量保证体系，按本合同约定的时间提交质量合格的成果资料，并对其质量负责。

3.2.3 勘察人在提交成果资料后，应为发包人继续提供后期服务。

3.2.4 勘察人在工程勘察期间遇到地下文物时，应及时向发包人和文物主管部门报告并妥善保护。

3.2.5 勘察人开展工程勘察活动时应遵守有关职业健康及安全生产方面的各项法律法规的规定，采取安全防护措施，确保人员、设备和设施的安全。

3.2.6 勘察人在燃气管道、热力管道、动力设备、输水管道、输电线路、临街交通要道及地下通道（地下隧道）附近等风险性较大的地点，以及在易燃易爆地段及放射、有毒环境中进行工程勘察作业时，应编制安全防护方案并制定应急预案。

3.2.7 勘察人应在勘察方案中列明环境保护的具体措施，并在合同履行期间采取合理措施保护作业现场环境。

3.3 勘察人代表

勘察人接受任务时，应在专用合同条款中明确其负责工程勘察的勘察人代表的姓名、职务、联系方式及授权范围等事项。勘察人代表在勘察人的授权范围内，负责处理合同履行过程中与勘察人有关的具体事宜。

第4条　工期

4.1 开工及延期开工

4.1.1 勘察人应按合同约定的工期进行工程勘察工作，并接受发包人对工程勘察工作进度的监督、检查。

4.1.2 因发包人原因不能按照合同约定的日期开工，发包人应以书面形式通知勘察人，推迟开工日期并相应顺延工期。

4.2 成果提交日期

勘察人应按照合同约定的日期或双方同意顺延的工期提交成果资料，具体可在专用合同条款中约定。

4.3 发包人造成的工期延误

4.3.1 因以下情形造成工期延误，勘察人有权要求发包人延长工期、增加合同价款和（或）补偿费用：

（1）发包人未能按合同约定提供图纸及开工条件；

（2）发包人未能按合同约定及时支付定金、预付款和（或）进度款；

（3）变更导致合同工作量增加；

（4）发包人增加合同工作内容；

（5）发包人改变工程勘察技术要求；

（6）发包人导致工期延误的其他情形。

4.3.2 除专用合同条款对期限另有约定外，勘察人在第4.3.1款情形发生后7天内，应就延误的工期以书面形式向发包人提出报告。发包人在收到报告后7天内予以确认；逾期不予确认也不提出修改意见，视为同意顺延工期。补偿费用的确认程序参照第7.1款〔合同价款与调整〕执行。

4.4 勘察人造成的工期延误

勘察人因以下情形不能按照合同约定的日期或双方同意顺延的工期提交成果资料的，勘察人承担违约责任：

（1）勘察人未按合同约定开工日期开展工作造成工期延误的；

（2）勘察人管理不善、组织不力造成工期延误的；

（3）因弥补勘察人自身原因导致的质量缺陷而造成工期延误的；

（4）因勘察人成果资料不合格返工造成工期延误的；

（5）勘察人导致工期延误的其他情形。

4.5 恶劣气候条件

恶劣气候条件影响现场作业，导致现场作业难以进行，造成工期延误的，勘察人有权要求发包人延长工期，具体可参照第4.3.2款处理。

第5条　成果资料

5.1 成果质量

5.1.1 成果质量应符合相关技术标准和深度规定，且满足合同约定的质量要求。

5.1.2 双方对工程勘察成果质量有争议时，由双方同意的第三方机构鉴定，所需费用及因此造成的损失，由责任方承担；双方均有责任的，由双方根据其责任分别承担。

5.2 成果份数

勘察人应向发包人提交成果资料四份，发包人要求增加的份数，在专用合同条款中另行约定，发包人另行支付相应的费用。

5.3 成果交付

勘察人按照约定时间和地点向发包人交付成果资料，发包人应出具书面签收单，内容包括成果名称、成果组成、成果份数、提交和签收日期、提交人与接收人的亲笔签名等。

5.4 成果验收

勘察人向发包人提交成果资料后，如需对勘察成果组织验收的，发包人应及时组织验收。除专用合同条款对期限另有约定外，发包人14天内无正当理由不予组织验收，视为验收通过。

第6条　后期服务

6.1 后续技术服务

勘察人应派专业技术人员为发包人提供后续技术服务，发包人应为其提供必要的工作和生活条件，后续技术服务的内容、费用和时限应由双方在专用合同条款中另行约定。

6.2 竣工验收

工程竣工验收时，勘察人应按发包人要求参加竣工验收工作，并提供竣工验收所需相关资料。

第7条　合同价款与支付

7.1 合同价款与调整

7.1.1 依照法定程序进行招标工程的合同价款由发包人和勘察人依据中标价格载明在合同协议书中；非招标工程的合同价款由发包人和勘察人议定，并载明在合同协议书中。合同价款在合同协议书中约定后，除合同条款约定的合同价款调整因素外，任何一方不得擅自改变。

7.1.2 合同当事人可任选下列一种合同价款的形式，双方可在专用合同条款中约定：

（1）总价合同

双方在专用合同条款中约定合同价款包含的风险范围和风险费用的计算方法，在约定的风险范围内合同价款不再调整。风险范围以外的合同价款调整因素和方法，应在专用合同条款中约定。

（2）单价合同

合同价款根据工作量的变化而调整，合同单价在风险范围内一般不予调整，双方可在专用合同条款中约定合同单价调整因素和方法。

（3）其他合同价款形式

合同当事人可在专用合同条款中约定其他合同价格形式。

7.1.3 需调整合同价款时，合同一方应及时将调整原因、调整金额以书面形式通知对方，双方共同确认调整金额后作为追加或减少的合同价款，与进度款同期支付。除专用合同条款对期限另有约定外，一方在收到对方的通知后7天内不予确认也不提出修改意见，视为已经同意该项调整。合同当事人就调整事项不能达成一致的，则按照第16条〔争议解决〕的约定处理。

7.2 定金或预付款

7.2.1 实行定金或预付款的，双方应在专用合同条款中约定发包人向勘察人支付定金或预付款数额，支付时间应不迟于约定的开工日期前7天。发包人不按约定支付，勘察人向发包人发出要求支付的通知，发包人收到通知后仍不能按要求支付，勘察人可在发出通知后推迟开工日期，并由发包人承担违约责任。

7.2.2 定金或预付款在进度款中抵扣，抵扣办法可在专用合同条款中约定。

7.3 进度款支付

7.3.1 发包人应按照专用合同条款约定的进度款支付方式、支付条件和支付时间进行支付。

7.3.2 第7.1款〔合同价款与调整〕和第8.2款〔变更合同价款确定〕确定调整的合同价款及其他条款中约定的追加或减少的合同价款，应与进度款同期调整支付。

7.3.3 发包人超过约定的支付时间不支付进度款，勘察人可向发包人发出要求付款的通知，发包人收到勘察人通知后仍不能按要求付款，可与勘察人协商签订延期付款协议，经勘察人同意后可延期支付。

7.3.4 发包人不按合同约定支付进度款，双方又未达成延期付款协议，勘察人可停止工程勘察作业和后期服务，由发包人承担违约责任。

7.4 合同价款结算

除专用合同条款另有约定外，发包人应在勘察人提交成果资料后28天内，依据第7.1款〔合同价款与调整〕和第8.2款〔变更合同价款确定〕的约定进行最终合同价款确定，并予以全额支付。

第8条　变更与调整

8.1 变更范围与确认

8.1.1 变更范围

本合同变更是指在合同签订日后发生的以下变更：

(1) 法律法规及技术标准的变化引起的变更；

(2) 规划方案或设计条件的变化引起的变更；

(3) 不利物质条件引起的变更；

(4) 发包人的要求变化引起的变更；

(5) 因政府临时禁令引起的变更；

(6) 其他专用合同条款中约定的变更。

8.1.2 变更确认

当引起变更的情形出现，除专用合同条款对期限另有约定外，勘察人应在7天内就调整后的技术方案以书面形式向发包人提出变更要求，发包人应在收到报告后7天内予以确认，逾期不予确认也不提出修改意见，视为同意变更。

8.2 变更合同价款确定

8.2.1 变更合同价款按下列方法进行：

(1) 合同中已有适用于变更工程的价格，按合同已有的价格变更合同价款；

(2) 合同中只有类似于变更工程的价格，可以参照类似价格变更合同价款；

(3) 合同中没有适用或类似于变更工程的价格，由勘察人提出适当的变更价格，经发包人确认后执行。

8.2.2 除专用合同条款对期限另有约定外，一方应在双方确定变更事项后14天内向对方提出变更合同价款报告，否则视为该项变更不涉及合同价款的变更。

8.2.3 除专用合同条款对期限另有约定外，一方应在收到对方提交的变更合同价款报告之日起14天内予以确认。逾期无正当理由不予确认的，则视为该项变更合同价款报告已被确认。

8.2.4 一方不同意对方提出的合同价款变更，按第16条〔争议解决〕的约定处理。

8.2.5 因勘察人自身原因导致的变更，勘察人无权要求追加合同价款。

第9条　知识产权

9.1 除专用合同条款另有约定外，发包人提供给勘察人的图纸、发包人为实施工程自行编制或委托编制的反映发包人要求或其他类似性质的文件的著作权属于发包人，勘察人可以为实现本合同目的而复制、使用此类文件，但不能用于与本合同无关的其他事项。未经发包人书面同意，勘察人不得为了本合同以外的目的而复制、使用上述文件或将之提供给任何第三方。

9.2 除专用合同条款另有约定外，勘察人为实施工程所编制的成果文件的著作权属于勘察人，发包人可因本工程的需要而复制、使用此类文件，但不能擅自修改或用于与本合同无关的其他事项。未经勘察人书面同意，发包人不得为了本合同以外的目的而复制、使用上述文件或将之提供给任何第三方。

9.3 合同当事人保证在履行本合同过程中不侵犯对方及第三方的知识产权。勘察人在工程勘察时，因侵犯他人的专利权或其他知识产权所引起的责任，由勘察人承担；因发包人提供的基础资料导致侵权的，由发包人承担责任。

9.4 在不损害对方利益情况下，合同当事人双方均有权在申报奖项、制作宣传印刷品及出版物时使用有关项目的文字和图片材料。

9.5 除专用合同条款另有约定外，勘察人在合同签订前和签订时已确定采用的专利、专有技术、技术秘密的使用费已包含在合同价款中。

第10条　不可抗力

10.1 不可抗力的确认

10.1.1 不可抗力是在订立合同时不可合理预见，在履行合同中不可避免的发生且不能克服的自然灾害和社会突发事件，如地震、海啸、瘟疫、洪水、骚乱、暴动、战争以及专用条款约定的其他自然灾害和社会突发事件。

10.1.2 不可抗力发生后，发包人和勘察人应收集不可抗力发生及造成损失的证据。合同当事双方对是否属于不可抗力或其损失发生争议时，按第16条〔争议解决〕的约定处理。

10.2 不可抗力的通知

10.2.1 遇有不可抗力发生时，发包人和勘察人应立即通知对方，双方应共同采取措施减少损失。除专用合同条款对期限另有约定外，不可抗力持续发生，勘察人应每隔7天向发包人报告一次受害损失情况。

10.2.2 除专用合同条款对期限另有约定外，不可抗力结束后2天内，勘察人向发包人通报受害损失情况及预计清理和修复的费用；不可抗力结束后14天内，勘察人向发包人提交清理和修复费用的正式报告及有关资料。

10.3 不可抗力后果的承担

10.3.1 因不可抗力发生的费用及延误的工期由双方按以下方法分别承担：

(1) 发包人和勘察人人员伤亡由合同当事人双方自行负责，并承担相应费用；

(2) 勘察人机械设备损坏及停工损失，由勘察人承担；

(3) 停工期间，勘察人应发包人要求留在作业场地的管理人员及保卫人员的费用由发包人承担；

(4) 作业场地发生的清理、修复费用由发包人承担；

(5) 延误的工期相应顺延。

10.3.2 因合同一方迟延履行合同后发生不可抗力的，不能免除迟延履行方的相应责任。

第11条　合同生效与终止

11.1 双方在合同协议书中约定合同生效方式。

11.2 发包人、勘察人履行合同全部义务，合同价款支付完毕，本合同即告终止。

11.3 合同的权利义务终止后，合同当事人应遵循诚实信用原则，履行通知、协助和保密等义务。

第12条　合同解除

12.1 有下列情形之一的，发包人、勘察人可以解除合同：

(1) 因不可抗力致使合同无法履行；

(2) 发生未按第7.2款〔定金或预付款〕或第7.3款〔进度款支付〕约定按时支付合同价款的情况，停止作业超过28

天，勘察人有权解除合同，由发包人承担违约责任；

（3）勘察人将其承包的全部工程转包给他人或者肢解以后以分包的名义分别转包给他人，发包人有权解除合同，由勘察人承担违约责任；

（4）发包人和勘察人协商一致可以解除合同的其他情形。

12.2 一方依据第12.1款约定要求解除合同的，应以书面形式向对方发出解除合同的通知，并在发出通知前不少于14天告知对方，通知到达对方时合同解除。对解除合同有争议的，按第16条〔争议解决〕的约定处理。

12.3 因不可抗力致使合同无法履行时，发包人应按合同约定向勘察人支付已完工作量相对应比例的合同价款后解除合同。

12.4 合同解除后，勘察人应按发包人要求将自有设备和人员撤出作业场地，发包人应为勘察人撤出提供必要条件。

第13条 责任与保险

13.1 勘察人应运用一切合理的专业技术和经验，按照公认的职业标准尽其全部职责和谨慎、勤勉地履行其在本合同项下的责任和义务。

13.2 合同当事人可按照法律法规的要求在专用合同条款中约定履行本合同所需要的工程勘察责任保险，并使其于合同责任期内保持有效。

13.3 勘察人应依照法律法规的规定为勘察作业人员参加工伤保险、人身意外伤害险和其他保险。

第14条 违约

14.1 发包人违约

14.1.1 发包人违约情形

（1）合同生效后，发包人无故要求终止或解除合同；

（2）发包人未按第7.2款〔定金或预付款〕约定按时支付定金或预付款；

（3）发包人未按第7.3款〔进度款支付〕约定按时支付进度款；

（4）发包人不履行合同义务或不按合同约定履行义务的其他情形。

14.1.2 发包人违约责任

（1）合同生效后，发包人无故要求终止或解除合同，勘察人未开始勘察工作的，不退还发包人已付的定金或发包人按照专用合同条款约定向勘察人支付违约金；勘察人已开始勘察工作的，若完成计划工作量不足50%的，发包人应支付勘察人合同价款的50%；完成计划工作量超过50%的，发包人应支付勘察人合同价款的100%。

（2）发包人发生其他违约情形时，发包人应承担由此增加的费用和工期延误损失，并给予勘察人合理赔偿。双方可在专用合同条款内约定发包人赔偿勘察人损失的计算方法或者发包人应支付违约金的数额或计算方法。

14.2 勘察人违约

14.2.1 勘察人违约情形

（1）合同生效后，勘察人因自身原因要求终止或解除合同；

（2）因勘察人原因不能按照合同约定的日期或合同当事人同意顺延的工期提交成果资料；

（3）因勘察人原因造成成果资料质量达不到合同约定的质量标准；

（4）勘察人不履行合同义务或未按约定履行合同义务的其他情形。

14.2.2 勘察人违约责任

（1）合同生效后，勘察人因自身原因要求终止或解除合同，勘察人应双倍返还发包人已支付的定金或勘察人按照专用合同条款约定向发包人支付违约金。

（2）因勘察人原因造成工期延误的，应按专用合同条款约定向发包人支付违约金。

（3）因勘察人原因造成成果资料质量达不到合同约定的质量标准，勘察人应负责无偿给予补充完善使其达到质量合格。因勘察人原因导致工程质量安全事故或其他事故时，勘察人除负责采取补救措施外，应通过所投工程勘察责任保险向发包人承担赔偿责任或根据直接经济损失程度按专用合同条款约定向发包人支付赔偿金。

（4）勘察人发生其他违约情形时，勘察人应承担违约责任并赔偿因其违约给发包人造成的损失，双方可在专用合同条款内约定勘察人赔偿发包人损失的计算方法和赔偿金额。

第15条　索赔

15.1 发包人索赔

勘察人未按合同约定履行义务或发生错误以及应由勘察人承担责任的其他情形，造成工期延误及发包人的经济损失，除专用合同条款另有约定外，发包人可按下列程序以书面形式向勘察人索赔：

（1）违约事件发生后7天内，向勘察人发出索赔意向通知；

（2）发出索赔意向通知后14天内，向勘察人提出经济损失的索赔报告及有关资料；

（3）勘察人在收到发包人送交的索赔报告和有关资料或补充索赔理由、证据后，于28天内给予答复；

（4）勘察人在收到发包人送交的索赔报告和有关资料后28天内未予答复或未对发包人作进一步要求，视为该项索赔已被认可；

（5）当该违约事件持续进行时，发包人应阶段性向勘察人发出索赔意向，在违约事件终了后21天内，向勘察人送交索赔的有关资料和最终索赔报告。索赔答复程序与本款第（3）、（4）项约定相同。

15.2 勘察人索赔

发包人未按合同约定履行义务或发生错误以及应由发包人承担责任的其他情形，造成工期延误和（或）勘察人不能及时得到合同价款及勘察人的经济损失，除专用合同条款另有约定外，勘察人可按下列程序以书面形式向发包人索赔：

（1）违约事件发生后7天内，勘察人可向发包人发出要求其采取有效措施纠正违约行为的通知；发包人收到通知14天内仍不履行合同义务，勘察人有权停止作业，并向发包人发出索赔意向通知。

（2）发出索赔意向通知后14天内，向发包人提出延长工期和（或）补偿经济损失的索赔报告及有关资料；

（3）发包人在收到勘察人送交的索赔报告和有关资料或补充索赔理由、证据后，于28天内给予答复；

（4）发包人在收到勘察人送交的索赔报告和有关资料后28天内未予答复或未对勘察人作进一步要求，视为该项索赔已被认可；

（5）当该索赔事件持续进行时，勘察人应阶段性向发包人发出索赔意向，在索赔事件终了后21天内，向发包人送交索赔的有关资料和最终索赔报告。索赔答复程序与本款第（3）、（4）项约定相同。

第16条　争议解决

16.1 和解

因本合同以及与本合同有关事项发生争议的，双方可以就争议自行和解。自行和解达成协议的，经签字并盖章后作为合同补充文件，双方均应遵照执行。

16.2 调解

因本合同以及与本合同有关事项发生争议的，双方可以就争议请求行政主管部门、行业协会或其他第三方进行调解。调解达成协议的，经签字并盖章后作为合同补充文件，双方均应遵照执行。

16.3 仲裁或诉讼

因本合同以及与本合同有关事项发生争议的，当事人不愿和解、调解或者和解、调解不成的，双方可以在专用合同条款内约定以下一种方式解决争议：

（1）双方达成仲裁协议，向约定的仲

裁委员会申请仲裁；

(2) 向有管辖权的人民法院起诉。

第17条 补充条款

双方根据有关法律法规规定，结合实际经协商一致，可对通用合同条款内容具体化、补充或修改，并在专用合同条款内约定。

第三部分 专用合同条款

第1条 一般约定

1.1 词语定义

____

1.2 合同文件及优先解释顺序

1.2.1 合同文件组成及优先解释顺序：______________________________

____

1.3 适用法律法规、技术标准

1.3.1 适用法律法规

需要明示的规范性文件：______________________________

1.3.2 适用技术标准

特别要求：______________________________

使用国外技术标准的名称、提供方、原文版、中译本的份数、时间及费用承担：____

____

1.4 语言文字

本合同除使用汉语外，还使用____________语言文字。

1.5 联络

1.5.1 发包人和勘察人应在______天内将与合同有关的通知、批准、证明、证书、指示、指令、要求、请求、同意、意见、确定和决定等书面函件送达对方当事人。

1.5.2 发包人接收文件的地点：______________________________

发包人指定的接收人：______________________________

发包人指定的联系方式：______________________________

勘察人接收文件的地点：______________________________

勘察人指定的接收人：______________________________

勘察人指定的联系方式：______________________________

1.7 保密

合同当事人关于保密的约定：______________________________

第2条 发包人

2.2 发包人义务

2.2.2 发包人委托勘察人搜集的资料：______________________________

____

2.2.7 发包人对安全文明施工的特别要求：______________________________

____

2.3 发包人代表

姓名：__________ 职务：____________ 联系方式：______________________________

授权范围：____

____

第3条 勘察人

3.1 勘察人权利

3.1.2 关于分包的约定：____

3.3 勘察人代表

姓名：__________ 职务：__________ 联系方式：______________________

授权范围：____

____

第4条 工期

4.2 成果提交日期

双方约定工期顺延的其他情况：____

4.3 发包人造成的工期延误

4.3.2 双方就工期顺延确定期限的约定：____

第5条 成果资料

5.2 成果份数

勘察人应向发包人提交成果资料四份，发包人要求增加的份数为______份。

5.4 成果验收

双方就成果验收期限的约定：____

第6条 后期服务

6.1 后续技术服务

后续技术服务内容约定：____

后续技术服务费用约定：____

后续技术服务时限约定：____

第7条 合同价款与支付

7.1 合同价款与调整

7.1.1 双方约定的合同价款调整因素和方法：____

____

7.1.2 本合同价款采用________________方式确定。

（1）采用总价合同，合同价款中包括的风险范围：____

____

风险费用的计算方法：____

风险范围以外合同价款调整因素和方法：____

（2）采用单价合同，合同价款中包括的风险范围：____

____

风险范围以外合同单价调整因素和方法：____

（3）采用的其他合同价款形式及调整因素和方法：____

____

7.1.3 双方就合同价款调整确认期限的约定：____

____

7.2 定金或预付款

7.2.1 发包人向勘察人支付定金金额：____________或预付款的金额：____

7.2.2 定金或预付款在进度款中的抵扣办法：____________

7.3 进度款支付

7.3.1 双方约定的进度款支付方式、支付条件和支付时间：____________

____

7.4 合同价款结算

最终合同价款支付的约定：____________

第8条　变更与调整

8.1 变更范围与确认

8.1.1 变更范围

变更范围的其他约定：____________

8.1.2 变更确认

变更提出和确认期限的约定：____________

8.2 变更合同价款确定

8.2.2 提出变更合同价款报告期限的约定：____________

8.2.3 确认变更合同价款报告时限的约定：____________

第9条　知识产权

9.1 关于发包人提供给勘察人的图纸、发包人为实施工程自行编制或委托编制的反映发包人要求或其他类似性质的文件的著作权的归属：____________

____

关于发包人提供的上述文件的使用限制的要求：____________

____

9.2 关于勘察人为实施工程所编制文件的著作权的归属：____________

____

关于勘察人提供的上述文件的使用限制的要求：____________

____

9.5 勘察人在工作过程中所采用的专利、专有技术、技术秘密的使用费的承担方式：____

____

第10条　不可抗力

10.1 不可抗力的确认

10.1.1 双方关于不可抗力的其他约定（如政府临时禁令）：____________

____

10.2 不可抗力的通知

10.2.1 不可抗力持续发生，勘察人报告受害损失期限的约定：____________

____

10.2.2 勘察人向发包人通报受害损失情况及费用期限的约定：____________

____

第13条　责任与保险

13.2 工程勘察责任保险的约定：____________

第14条　违约

14.1 发包人违约

14.1.2 发包人违约责任

(1) 发包人支付勘察人的违约金：________________

(2) 发包人发生其他违约情形应承担的违约责任：________________

____

14.2 勘察人违约

14.2.2 勘察人违约责任

(1) 勘察人支付发包人的违约金：________________

(2) 勘察人造成工期延误应承担的违约责任：________________

____

(3) 因勘察人原因导致工程质量安全事故或其他事故时的赔偿金上限：________

____

(4) 勘察人发生其他违约情形应承担的违约责任：________________

____

第15条　索赔

15.1 发包人索赔

索赔程序和期限的约定：________________

15.2 勘察人索赔

索赔程序和期限的约定：________________

第16条　争议解决

16.3 仲裁或诉讼

双方约定在履行合同过程中产生争议时，采取下列第______种方式解决：

(1) 向____________仲裁委员会提请仲裁；

(2) 向____________人民法院提起诉讼。

第17条　补充条款

双方根据有关法律法规规定，结合实际经协商一致，补充约定如下：

____

____

附件A　勘察任务书及技术要求

附件B　发包人向勘察人提交有关资料及文件一览表

附件C　进度计划

附件D　工作量和费用明细表

房屋建筑和市政基础设施工程施工图设计文件审查管理办法

（2013年4月27日住房和城乡建设部令第13号公布　根据2015年5月4日《住房和城乡建设部关于修改〈房地产开发企业资质管理规定〉等部门规章的决定》第一次修正　根据2018年12月29日《住房和城乡建设部关于修改〈房屋建筑和市政基础设施工程施工图设计文件审查管理办法〉的决定》第二次修正）

第一条　为了加强对房屋建筑工程、市政基础设施工程施工图设计文件审查的管理，提高工程勘察设计质量，根据《建设工程质量管理条例》、《建设工程勘察设计管理条例》等行政法规，制定本办法。

第二条　在中华人民共和国境内从事房屋建筑工程、市政基础设施工程施工图设计文件审查和实施监督管理的，应当遵守本办法。

第三条　国家实施施工图设计文件（含勘察文件，以下简称施工图）审查制度。

本办法所称施工图审查，是指施工图审查机构（以下简称审查机构）按照有关法律、法规，对施工图涉及公共利益、公众安全和工程建设强制性标准的内容进行的审查。施工图审查应当坚持先勘察、后设计的原则。

施工图未经审查合格的，不得使用。从事房屋建筑工程、市政基础设施工程施工、监理等活动，以及实施对房屋建筑和市政基础设施工程质量安全监督管理，应当以审查合格的施工图为依据。

第四条　国务院住房城乡建设主管部门负责对全国的施工图审查工作实施指导、监督。

县级以上地方人民政府住房城乡建设主管部门负责对本行政区域内的施工图审查工作实施监督管理。

第五条　省、自治区、直辖市人民政府住房城乡建设主管部门应当会同有关主管部门按照本办法规定的审查机构条件，结合本行政区域内的建设规模，确定相应数量的审查机构，逐步推行以政府购买服务方式开展施工图设计文件审查。具体办法由国务院住房城乡建设主管部门另行规定。

审查机构是专门从事施工图审查业务，不以营利为目的的独立法人。

省、自治区、直辖市人民政府住房城乡建设主管部门应当将审查机构名录报国务院住房城乡建设主管部门备案，并向社会公布。

第六条　审查机构按承接业务范围分两类，一类机构承接房屋建筑、市政基础设施工程施工图审查业务范围不受限制；二类机构可以承接中型及以下房屋建筑、市政基础设施工程的施工图审查。

房屋建筑、市政基础设施工程的规模划分，按照国务院住房城乡建设主管部门的有关规定执行。

第七条　一类审查机构应当具备下列条件：

（一）有健全的技术管理和质量保证体系。

（二）审查人员应当有良好的职业道德；有15年以上所需专业勘察、设计工作经历；主持过不少于5项大型房屋建筑工程、市政基础设施工程相应专业的设计或者甲级工程勘察项目相应专业的勘察；已实行执业注册制度的专业，审查人员应当具有一级注册建筑师、一级注册结构工程师或者勘察设计注册工程师资格，并在本审查机构注册；未实行执业注册制度的专业，审查人员应当具有高级工程师职称；近5年内未因违反工程建设法律法规和强制性标准受到行政处罚。

（三）在本审查机构专职工作的审查人员数量：从事房屋建筑工程施工图审查的，结构专业审查人员不少于7人，建筑专业不少于3人，电气、暖通、给排水、勘察等专业审查人员各不少于2人；从事市政基础设施工程施工图审查的，所需专业的审查人员不少于7人，其他必须配套的专业审查人员各不少于2人；专门从事勘察文件审查的，勘察专业审查人员不少于7人。

承担超限高层建筑工程施工图审查的，还应当具有主持过超限高层建筑工程或者100米以上建筑工程结构专业设计的审查人员不少于3人。

（四）60岁以上审查人员不超过该专业审查人员规定数的1/2。

第八条 二类审查机构应当具备下列条件：

（一）有健全的技术管理和质量保证体系。

（二）审查人员应当有良好的职业道德；有10年以上所需专业勘察、设计工作经历；主持过不少于5项中型以上房屋建筑工程、市政基础设施工程相应专业的设计或者乙级以上工程勘察项目相应专业的勘察；已实行执业注册制度的专业，审查人员应当具有一级注册建筑师、一级注册结构工程师或者勘察设计注册工程师资格，并在本审查机构注册；未实行执业注册制度的专业，审查人员应当具有高级工程师职称；近5年内未因违反工程建设法律法规和强制性标准受到行政处罚。

（三）在本审查机构专职工作的审查人员数量：从事房屋建筑工程施工图审查的，结构专业审查人员不少于3人，建筑、电气、暖通、给排水、勘察等专业审查人员各不少于2人；从事市政基础设施工程施工图审查的，所需专业的审查人员不少于4人，其他必须配套的专业审查人员各不少于2人；专门从事勘察文件审查的，勘察专业审查人员不少于4人。

（四）60岁以上审查人员不超过该专业审查人员规定数的1/2。

第九条 建设单位应当将施工图送审查机构审查，但审查机构不得与所审查项目的建设单位、勘察设计企业有隶属关系或者其他利害关系。送审管理的具体办法由省、自治区、直辖市人民政府住房城乡建设主管部门按照“公开、公平、公正”的原则规定。

建设单位不得明示或者暗示审查机构违反法律法规和工程建设强制性标准进行施工图审查，不得压缩合理审查周期、压低合理审查费用。

第十条 建设单位应当向审查机构提供下列资料并对所提供资料的真实性负责：

（一）作为勘察、设计依据的政府有关部门的批准文件及附件；

（二）全套施工图；

（三）其他应当提交的材料。

第十一条 审查机构应当对施工图审查下列内容：

（一）是否符合工程建设强制性标准；

（二）地基基础和主体结构的安全性；

（三）消防安全性；

（四）人防工程（不含人防指挥工程）防护安全性；

（五）是否符合民用建筑节能强制性标准，对执行绿色建筑标准的项目，还应当审查是否符合绿色建筑标准；

（六）勘察设计企业和注册执业人员以及相关人员是否按规定在施工图上加盖相应的图章和签字；

（七）法律、法规、规章规定必须审查的其他内容。

第十二条 施工图审查原则上不超过下列时限：

（一）大型房屋建筑工程、市政基础设施工程为15个工作日，中型及以下房屋建筑工程、市政基础设施工程为10个工作日。

（二）工程勘察文件，甲级项目为7个工作日，乙级及以下项目为5个工作日。

以上时限不包括施工图修改时间和审查机构的复审时间。

第十三条 审查机构对施工图进行审查后，应当根据下列情况分别作出处理：

（一）审查合格的，审查机构应当向

建设单位出具审查合格书，并在全套施工图上加盖审查专用章。审查合格书应当有各专业的审查人员签字，经法定代表人签发，并加盖审查机构公章。审查机构应当在出具审查合格书后5个工作日内，将审查情况报工程所在地县级以上地方人民政府住房城乡建设主管部门备案。

（二）审查不合格的，审查机构应当将施工图退建设单位并出具审查意见告知书，说明不合格原因。同时，应当将审查意见告知书及审查中发现的建设单位、勘察设计企业和注册执业人员违反法律、法规和工程建设强制性标准的问题，报工程所在地县级以上地方人民政府住房城乡建设主管部门。

施工图退建设单位后，建设单位应当要求原勘察设计企业进行修改，并将修改后的施工图送原审查机构复审。

第十四条 任何单位或者个人不得擅自修改审查合格的施工图；确需修改的，凡涉及本办法第十一条规定内容的，建设单位应当将修改后的施工图送原审查机构审查。

第十五条 勘察设计企业应当依法进行建设工程勘察、设计，严格执行工程建设强制性标准，并对建设工程勘察、设计的质量负责。

审查机构对施工图审查工作负责，承担审查责任。施工图经审查合格后，仍有违反法律、法规和工程建设强制性标准的问题，给建设单位造成损失的，审查机构依法承担相应的赔偿责任。

第十六条 审查机构应当建立、健全内部管理制度。施工图审查应当有经各专业审查人员签字的审查记录。审查记录、审查合格书、审查意见告知书等有关资料应当归档保存。

第十七条 已实行执业注册制度的专业，审查人员应当按规定参加执业注册继续教育。

未实行执业注册制度的专业，审查人员应当参加省、自治区、直辖市人民政府住房城乡建设主管部门组织的有关法律、法规和技术标准的培训，每年培训时间不少于40学时。

第十八条 按规定应当进行审查的施工图，未经审查合格的，住房城乡建设主管部门不得颁发施工许可证。

第十九条 县级以上人民政府住房城乡建设主管部门应当加强对审查机构的监督检查，主要检查下列内容：

（一）是否符合规定的条件；

（二）是否超出范围从事施工图审查；

（三）是否使用不符合条件的审查人员；

（四）是否按规定的内容进行审查；

（五）是否按规定上报审查过程中发现的违法违规行为；

（六）是否按规定填写审查意见告知书；

（七）是否按规定在审查合格书和施工图上签字盖章；

（八）是否建立健全审查机构内部管理制度；

（九）审查人员是否按规定参加继续教育。

县级以上人民政府住房城乡建设主管部门实施监督检查时，有权要求被检查的审查机构提供有关施工图审查的文件和资料，并将监督检查结果向社会公布。

涉及消防安全性、人防工程（不含人防指挥工程）防护安全性的，由县级以上人民政府有关部门按照职责分工实施监督检查和行政处罚，并将监督检查结果向社会公布。

第二十条 审查机构应当向县级以上地方人民政府住房城乡建设主管部门报审查情况统计信息。

县级以上地方人民政府住房城乡建设主管部门应当定期对施工图审查情况进行统计，并将统计信息报上级住房城乡建设主管部门。

第二十一条 县级以上人民政府住房城乡建设主管部门应当及时受理对施工图审查工

作中违法、违规行为的检举、控告和投诉。

第二十二条 县级以上人民政府住房城乡建设主管部门对审查机构报告的建设单位、勘察设计企业、注册执业人员的违法违规行为，应当依法进行查处。

第二十三条 审查机构列入名录后不再符合规定条件的，省、自治区、直辖市人民政府住房城乡建设主管部门应当责令其限期改正；逾期不改的，不再将其列入审查机构名录。

第二十四条 审查机构违反本办法规定，有下列行为之一的，由县级以上地方人民政府住房城乡建设主管部门责令改正，处3万元罚款，并记入信用档案；情节严重的，省、自治区、直辖市人民政府住房城乡建设主管部门不再将其列入审查机构名录：

（一）超出范围从事施工图审查的；

（二）使用不符合条件审查人员的；

（三）未按规定的内容进行审查的；

（四）未按规定上报审查过程中发现的违法违规行为的；

（五）未按规定填写审查意见告知书的；

（六）未按规定在审查合格书和施工图上签字盖章的；

（七）已出具审查合格书的施工图，仍有违反法律、法规和工程建设强制性标准的。

第二十五条 审查机构出具虚假审查合格书的，审查合格书无效，县级以上地方人民政府住房城乡建设主管部门处3万元罚款，省、自治区、直辖市人民政府住房城乡建设主管部门不再将其列入审查机构名录。

审查人员在虚假审查合格书上签字的，终身不得再担任审查人员；对于已实行执业注册制度的专业的审查人员，还应当依照《建设工程质量管理条例》第七十二条、《建设工程安全生产管理条例》第五十八条规定予以处罚。

第二十六条 建设单位违反本办法规定，有下列行为之一的，由县级以上地方人民政府住房城乡建设主管部门责令改正，处3万元罚款；情节严重的，予以通报：

（一）压缩合理审查周期的；

（二）提供不真实送审资料的；

（三）对审查机构提出不符合法律、法规和工程建设强制性标准要求的。

建设单位为房地产开发企业的，还应当依照《房地产开发企业资质管理规定》进行处理。

第二十七条 依照本办法规定，给予审查机构罚款处罚的，对机构的法定代表人和其他直接责任人员处机构罚款数额5%以上10%以下的罚款，并记入信用档案。

第二十八条 省、自治区、直辖市人民政府住房城乡建设主管部门未按照本办法规定确定审查机构的，国务院住房城乡建设主管部门责令改正。

第二十九条 国家机关工作人员在施工图审查监督管理工作中玩忽职守、滥用职权、徇私舞弊，构成犯罪的，依法追究刑事责任；尚不构成犯罪的，依法给予行政处分。

第三十条 省、自治区、直辖市人民政府住房城乡建设主管部门可以根据本办法，制定实施细则。

第三十一条 本办法自2013年8月1日起施行。原建设部2004年8月23日发布的《房屋建筑和市政基础设施工程施工图设计文件审查管理办法》（建设部令第134号）同时废止。

住房和城乡建设部关于实施《房屋建筑和市政基础设施工程施工图设计文件审查管理办法》有关问题的通知

（2013年7月23日 建质〔2013〕111号）

各省、自治区住房城乡建设厅，直辖市建委（规划委、建交委）：

为贯彻实施《房屋建筑和市政基础设施工程施工图设计文件审查管理办法》(住房城乡建设部令第13号，以下简称部令)，现将有关问题通知如下：

一、关于审查机构的数量

1. 审查机构数量应当结合本行政区域内的建设规模确定。其中，各直辖市、副省级城市、地级市房屋建筑工程施工图审查机构数量应根据其前三年平均完成的施工图审查面积数确定，每500~1000万平方米设1个。

2. 省、自治区、直辖市住房城乡建设主管部门要根据审查机构数量确定原则，对本行政区域内所需的房屋建筑工程施工图审查机构数量进行测算（确有必要时，可在总量不变的情况下调整审查机构布局)。完成测算后请于2013年8月30日前将测算表（见附件1）报住房城乡建设部。

二、关于审查机构的确定

3. 在总量控制的前提下，各省、自治区、直辖市住房城乡建设主管部门要严格按照部令规定的审查机构条件开展审查机构确定工作，并于2013年12月31日前将审查机构名录报住房城乡建设部备案（备案表见附件2)。

在符合部令规定标准的前提下，各省、自治区、直辖市住房城乡建设主管部门可根据本行政区域内实际情况，细化审查机构确定标准。

4. 申请审查机构时，申请单位应当提供审查人员从业经历、业绩、执业资格的相关证明以及近5年内未因违反工程建设法律法规和强制性标准受到行政处罚的个人承诺书、本单位聘用合同、社保证明（已办理退休手续的审查人员提供退休证明）等材料。如申请单位为事业法人单位，无法出具事业编制审查人员聘用合同和社保证明的，应提供由上级主管单位人事部门出具的人事证明。

5. 申请市政基础设施工程施工图审查机构的，其主导专业划分参照《工程设计资质标准》（建市〔2007〕86号）有关规定执行。如申请的审查范围包含多类市政基础设施工程，且所需专业有重复的，申报时该专业的审查人员可重复计算。

三、关于审查范围

6. 从事房屋建筑、市政基础设施工程施工图审查的，可承接工程的规模划分参照《工程设计资质标准》（建市〔2007〕86号）执行。专门从事勘察文件审查的，可承接工程的规模划分参照《工程勘察资质标准》（建市〔2013〕9号）执行。

四、关于送审管理

7. 施工图送审管理应当遵循“公开、公平、公正”原则，鼓励有多个审查机构的城市采取摇号、轮候、计算机程序评分选择、行业自律协商等方法实施送审。省、自治区、直辖市住房城乡建设主管部门可协调有关审查机构，在没有审查机构的城市设立施工图审查受理窗口。

8. 因审查工作需要，建设单位委托外省、自治区、直辖市审查机构名录中的审查机构进行审查的，由项目所在地省级住房城乡建设主管部门根据具体情况研究确定有关送审与备案管理办法。

五、关于绿色建筑审查

9. 各省、自治区、直辖市可根据实际情况，编制绿色建筑施工图审查要点，对辖区内审查机构的相关审查人员进行绿色建筑审查培训。

10. 执行绿色建筑设计标准的项目，建设单位送审时应当书面告知项目所执行的绿色建筑设计相关标准的等级。审查机构应当审查项目是否落实绿色建筑设计相关标准，并在审查合格书中注明。

11. 对执行绿色建筑设计标准项目的审查收费，可按国家现行施工图审查收费标准的上限执行，也可由各省、自治区、直辖市住房城乡建设主管部门商当地价格主管部门制定专项收费标准。

六、关于审查的技术依据

12. 审查机构应当依据工程建设强制性标准和经国务院、省级住房城乡建设主管部门批准发布的施工图审查要点开展技术性审查工作。

13. 审查机构应按照工程项目勘察设计合同签订时有效的工程建设强制性标准进行施工图设计文件审查。

工程建设标准设计中与现行工程建设标准不符的内容，视为无效，不作为施工图审查的参考性依据。

七、关于审查合格书和备案

14. 审查合格书是证明施工图审查合格的法定文书，是建设单位申请领取施工许可证的必备条件。

15. 出具审查合格书后，审查机构向项目所在地县级以上地方人民政府住房城乡建设主管部门的备案为告知性备案，备案材料应当包括审查合格书以及审查过程中的审查意见告知书。

审查合格书和审查意见告知书由各省、自治区、直辖市住房城乡建设主管部门自行印制，式样可参考附件3、4。

八、关于信息化工作

16. 各地要进一步加快信息化建设，强化审查环节的过程留痕，提高备案效率，确保质量责任可溯，提升质量管理能力和服务水平。鼓励条件成熟地区开展电子审图和电子备案。

17. 省、自治区、直辖市住房城乡建设主管部门，应当按要求将施工图审查情况通过"勘察设计质量管理信息业务系统"定期向我部报送。

九、关于信用档案和名录管理

18. 县级以上地方人民政府住房城乡建设主管部门应当建立健全勘察设计质量信用档案，及时将施工图审查中相关建设单位、勘察设计企业、审查机构和注册执业人员的违法违规行为、处罚情况等记入信用档案。

19. 省、自治区、直辖市住房城乡建设主管部门要根据部令有关规定，加强审查机构名录动态监管，重点监管机构条件、审查质量和举报投诉等情况。审查机构名录有调整的，应当及时报住房城乡建设部备案。

20. 审查机构名录公布后，原认定的审查机构停止审查工作的时间，由省级住房城乡建设主管部门确定，并告住房城乡建设。

附件：1. 省（自治区、直辖市）房屋建筑工程施工图审查机构数量测算表（略）

2. 省（自治区、直辖市）审查机构名录备案表（略）

3. 房屋建筑和市政基础设施工程施工图设计文件审查合格书（略）

4. 建设工程勘察文件施工图审查意见告知书（略）

房屋建筑工程设计文件施工图审查意见告知书（略）

市政基础设施工程设计文件施工图审查意见告知书（略）

建设工程勘察质量管理办法

（2002年12月4日建设部令第115号公布　根据2007年11月22日建设部关于修改《建设工程勘察质量管理办法》的决定修订）

第一章　总　　则

第一条　为了加强对建设工程勘察质量的管理，保证建设工程质量，根据《中华人民共和国建筑法》、《建设工程质量管理条例》、《建设工程勘察设计管理条例》等有关法律、法规，制定本办法。

第二条　凡在中华人民共和国境内从事建设工程勘察活动的，必须遵守本办法。

本办法所称建设工程勘察，是指根据建设工程的要求，查明、分析、评价建设场地的地质地理环境特征和岩土工程条件，编制建设工程勘察文件的活动。

第三条 工程勘察企业应当按照有关建设工程质量的法律、法规、工程建设强制性标准和勘察合同进行勘察工作，并对勘察质量负责。

勘察文件应当符合国家规定的勘察深度要求，必须真实、准确。

第四条 国务院建设行政主管部门对全国的建设工程勘察质量实施统一监督管理。

国务院铁路、交通、水利等有关部门按照国务院规定的职责分工，负责对全国的有关专业建设工程勘察质量的监督管理。

县级以上地方人民政府建设行政主管部门对本行政区域内的建设工程勘察质量实施监督管理。

县级以上地方人民政府有关部门在各自的职责范围内，负责对本行政区域内的有关专业建设工程勘察质量的监督管理。

第二章 质量责任和义务

第五条 建设单位应当为勘察工作提供必要的现场工作条件，保证合理的勘察工期，提供真实、可靠的原始资料。

建设单位应当严格执行国家收费标准，不得迫使工程勘察企业以低于成本的价格承揽任务。

第六条 工程勘察企业必须依法取得工程勘察资质证书，并在资质等级许可的范围内承揽勘察业务。

工程勘察企业不得超越其资质等级许可的业务范围或者以其他勘察企业的名义承揽勘察业务；不得允许其他企业或者个人以本企业的名义承揽勘察业务；不得转包或者违法分包所承揽的勘察业务。

第七条 工程勘察企业应当健全勘察质量管理体系和质量责任制度。

第八条 工程勘察企业应当拒绝用户提出的违反国家有关规定的不合理要求，有权提出保证工程勘察质量所必需的现场工作条件和合理工期。

第九条 工程勘察企业应当参与施工验槽，及时解决工程设计和施工中与勘察工作有关的问题。

第十条 工程勘察企业应当参与建设工程质量事故的分析，并对因勘察原因造成的质量事故，提出相应的技术处理方案。

第十一条 工程勘察项目负责人、审核人、审定人及有关技术人员应当具有相应的技术职称或者注册资格。

第十二条 项目负责人应当组织有关人员做好现场踏勘、调查，按照要求编写《勘察纲要》，并对勘察过程中各项作业资料验收和签字。

第十三条 工程勘察企业的法定代表人、项目负责人、审核人、审定人等相关人员，应当在勘察文件上签字或者盖章，并对勘察质量负责。

工程勘察企业法定代表人对本企业勘察质量全面负责；项目负责人对项目的勘察文件负主要质量责任；项目审核人、审定人对其审核、审定项目的勘察文件负审核、审定的质量责任。

第十四条 工程勘察工作的原始记录应当在勘察过程中及时整理、核对，确保取样、记录的真实和准确，严禁离开现场追记或者补记。

第十五条 工程勘察企业应当确保仪器、设备的完好。钻探、取样的机具设备、原位测试、室内试验及测量仪器等应当符合有关规范、规程的要求。

第十六条 工程勘察企业应当加强职工技术培训和职业道德教育，提高勘察人员的质量责任意识。观测员、试验员、记录员、机长等现场作业人员应当接受专业培训，方可上岗。

第十七条 工程勘察企业应当加强技术档案的管理工作。工程项目完成后，必须将全部资料分类编目，装订成册，归档保存。

第三章 监督管理

第十八条 工程勘察文件应当经县级以上人民政府建设行政主管部门或者其他有关部门（以下简称工程勘察质量监督部门）审查。工程勘察质量监督部门可以委托施工图设计文件审查机构（以下简称审查机构）对工程勘察文件进行审查。

审查机构应当履行下列职责：

（一）监督检查工程勘察企业有关质量管理文件、文字报告、计算书、图纸图表和原始资料等是否符合有关规定和标准；

（二）发现勘察质量问题，及时报告有关部门依法处理。

第十九条 工程勘察质量监督部门应当对工程勘察企业质量管理程序的实施、试验室是否符合标准等情况进行检查，并定期向社会公布检查和处理结果。

第二十条 工程勘察发生重大质量、安全事故时，有关单位应当按照规定向工程勘察质量监督部门报告。

第二十一条 任何单位和个人有权向工程勘察质量监督部门检举、投诉工程勘察质量、安全问题。

第四章 罚则

第二十二条 工程勘察企业违反《建设工程勘察设计管理条例》、《建设工程质量管理条例》的，由工程勘察质量监督部门按照有关规定给予处罚。

第二十三条 违反本办法规定，建设单位未为勘察工作提供必要的现场工作条件或者未提供真实、可靠原始资料的，由工程勘察质量监督部门责令改正；造成损失的，依法承担赔偿责任。

第二十四条 违反本办法规定，工程勘察企业未按照工程建设强制性标准进行勘察、弄虚作假、提供虚假成果资料的，由工程勘察质量监督部门责令改正，处10万元以上30万元以下的罚款；造成工程质量事故的，责令停业整顿，降低资质等级；情节严重的，吊销资质证书；造成损失的，依法承担赔偿责任。

第二十五条 违反本办法规定，工程勘察企业有下列行为之一的，由工程勘察质量监督部门责令改正，处1万元以上3万元以下的罚款：

（一）勘察文件没有责任人签字或者签字不全的；

（二）原始记录不按照规定记录或者记录不完整的；

（三）不参加施工验槽的；

（四）项目完成后，勘察文件不归档保存的。

第二十六条 审查机构未按照规定审查，给建设单位造成损失的，依法承担赔偿责任；情节严重的，由工程勘察质量监督部门撤销委托。

第二十七条 依照本办法规定，给予勘察企业罚款处罚的，由工程勘察质量监督部门对企业的法定代表人和其他直接责任人员处以企业罚款数额的5%以上10%以下的罚款。

第二十八条 国家机关工作人员在建设工程勘察质量监督管理工作中玩忽职守、滥用职权、徇私舞弊的，依法给予行政处分；构成犯罪的，依法追究刑事责任。

第五章 附则

第二十九条 本办法自2003年2月1日起施行。

四 建筑施工

中华人民共和国行政许可法

（2003年8月27日第十届全国人民代表大会常务委员会第四次会议通过　根据2019年4月23日第十三届全国人民代表大会常务委员会第十次会议《关于修改〈中华人民共和国建筑法〉等八部法律的决定》修正）

第一章　总　　则

第一条　【立法目的】为了规范行政许可的设定和实施，保护公民、法人和其他组织的合法权益，维护公共利益和社会秩序，保障和监督行政机关有效实施行政管理，根据宪法，制定本法。

第二条　【行政许可的含义】本法所称行政许可，是指行政机关根据公民、法人或者其他组织的申请，经依法审查，准予其从事特定活动的行为。

第三条　【适用范围】行政许可的设定和实施，适用本法。

有关行政机关对其他机关或者对其直接管理的事业单位的人事、财务、外事等事项的审批，不适用本法。

第四条　【合法原则】设定和实施行政许可，应当依照法定的权限、范围、条件和程序。

第五条　【公开、公平、公正原则】设定和实施行政许可，应当遵循公开、公平、公正、非歧视的原则。

有关行政许可的规定应当公布；未经公布的，不得作为实施行政许可的依据。行政许可的实施和结果，除涉及国家秘密、商业秘密或者个人隐私的外，应当公开。未经申请人同意，行政机关及其工作人员、参与专家评审等的人员不得披露申请人提交的商业秘密、未披露信息或者保密商务信息，法律另有规定或者涉及国家安全、重大社会公共利益的除外；行政机关依法公开申请人前述信息的，允许申请人在合理期限内提出异议。

符合法定条件、标准的，申请人有依法取得行政许可的平等权利，行政机关不得歧视任何人。

第六条　【便民原则】实施行政许可，应当遵循便民的原则，提高办事效率，提供优质服务。

第七条　【陈述权、申辩权和救济权】公民、法人或者其他组织对行政机关实施行政许可，享有陈述权、申辩权；有权依法申请行政复议或者提起行政诉讼；其合法权益因行政机关违法实施行政许可受到损害的，有权依法要求赔偿。

第八条　【信赖保护原则】公民、法人或者其他组织依法取得的行政许可受法律保护，行政机关不得擅自改变已经生效的行政许可。

行政许可所依据的法律、法规、规章

修改或者废止，或者准予行政许可所依据的客观情况发生重大变化的，为了公共利益的需要，行政机关可以依法变更或者撤回已经生效的行政许可。由此给公民、法人或者其他组织造成财产损失的，行政机关应当依法给予补偿。

第九条　【行政许可的转让】依法取得的行政许可，除法律、法规规定依照法定条件和程序可以转让的外，不得转让。

第十条　【行政许可监督】县级以上人民政府应当建立健全对行政机关实施行政许可的监督制度，加强对行政机关实施行政许可的监督检查。

行政机关应当对公民、法人或者其他组织从事行政许可事项的活动实施有效监督。

第二章　行政许可的设定

第十一条　【行政许可设定原则】设定行政许可，应当遵循经济和社会发展规律，有利于发挥公民、法人或者其他组织的积极性、主动性，维护公共利益和社会秩序，促进经济、社会和生态环境协调发展。

第十二条　【行政许可的设定事项】下列事项可以设定行政许可：

（一）直接涉及国家安全、公共安全、经济宏观调控、生态环境保护以及直接关系人身健康、生命财产安全等特定活动，需要按照法定条件予以批准的事项；

（二）有限自然资源开发利用、公共资源配置以及直接关系公共利益的特定行业的市场准入等，需要赋予特定权利的事项；

（三）提供公众服务并且直接关系公共利益的职业、行业，需要确定具备特殊信誉、特殊条件或者特殊技能等资格、资质的事项；

（四）直接关系公共安全、人身健康、生命财产安全的重要设备、设施、产品、物品，需要按照技术标准、技术规范，通过检验、检测、检疫等方式进行审定的事项；

（五）企业或者其他组织的设立等，需要确定主体资格的事项；

（六）法律、行政法规规定可以设定行政许可的其他事项。

第十三条　【不设定行政许可的事项】本法第十二条所列事项，通过下列方式能够予以规范的，可以不设行政许可：

（一）公民、法人或者其他组织能够自主决定的；

（二）市场竞争机制能够有效调节的；

（三）行业组织或者中介机构能够自律管理的；

（四）行政机关采用事后监督等其他行政管理方式能够解决的。

第十四条　【法律、行政法规、国务院决定的行政许可设定权】本法第十二条所列事项，法律可以设定行政许可。尚未制定法律的，行政法规可以设定行政许可。

必要时，国务院可以采用发布决定的方式设定行政许可。实施后，除临时性行政许可事项外，国务院应当及时提请全国人民代表大会及其常务委员会制定法律，或者自行制定行政法规。

第十五条　【地方性法规、省级政府规章的行政许可设定权】本法第十二条所列事项，尚未制定法律、行政法规的，地方性法规可以设定行政许可；尚未制定法律、行政法规和地方性法规的，因行政管理的需要，确需立即实施行政许可的，省、自治区、直辖市人民政府规章可以设定临时性的行政许可。临时性的行政许可实施满一年需要继续实施的，应当提请本级人民代表大会及其常务委员会制定地方性法规。

地方性法规和省、自治区、直辖市人民政府规章，不得设定应当由国家统一确定的公民、法人或者其他组织的资格、资质的行政许可；不得设定企业或者其他组织的设立登记及其前置性行政许可。其设定的行政许可，不得限制其他地区的个人或者企业到本地区从事生产经营和提供服务，不得限制其他地区的商品进入本地区市场。

第十六条　【行政许可规定权】行政法规可以在法律设定的行政许可事项范围内，对实施该行政许可作出具体规定。

地方性法规可以在法律、行政法规设定的行政许可事项范围内，对实施该行政许可作出具体规定。

规章可以在上位法设定的行政许可事项范围内，对实施该行政许可作出具体规定。

法规、规章对实施上位法设定的行政许可作出的具体规定，不得增设行政许可；对行政许可条件作出的具体规定，不得增设违反上位法的其他条件。

第十七条　【行政许可设立禁止】除本法第十四条、第十五条规定的外，其他规范性文件一律不得设定行政许可。

第十八条　【行政许可应当明确规定的事项】设定行政许可，应当规定行政许可的实施机关、条件、程序、期限。

第十九条　【设定行政许可应当听取意见、说明理由】起草法律草案、法规草案和省、自治区、直辖市人民政府规章草案，拟设定行政许可的，起草单位应当采取听证会、论证会等形式听取意见，并向制定机关说明设定该行政许可的必要性、对经济和社会可能产生的影响以及听取和采纳意见的情况。

第二十条　【行政许可评价制度】行政许可的设定机关应当定期对其设定的行政许可进行评价；对已设定的行政许可，认为通过本法第十三条所列方式能够解决的，应当对设定该行政许可的规定及时予以修改或者废止。

行政许可的实施机关可以对已设定的行政许可的实施情况及存在的必要性适时进行评价，并将意见报告该行政许可的设定机关。

公民、法人或者其他组织可以向行政许可的设定机关和实施机关就行政许可的设定和实施提出意见和建议。

第二十一条　【停止实施行政许可】省、自治区、直辖市人民政府对行政法规设定的有关经济事务的行政许可，根据本行政区域经济和社会发展情况，认为通过本法第十三条所列方式能够解决的，报国务院批准后，可以在本行政区域内停止实施该行政许可。

第三章　行政许可的实施机关

第二十二条　【行政许可实施主体的一般规定】行政许可由具有行政许可权的行政机关在其法定职权范围内实施。

第二十三条　【法律、法规授权组织实施行政许可】法律、法规授权的具有管理公共事务职能的组织，在法定授权范围内，以自己的名义实施行政许可。被授权的组织适用本法有关行政机关的规定。

第二十四条　【委托实施行政许可的主体】行政机关在其法定职权范围内，依照法律、法规、规章的规定，可以委托其他行政机关实施行政许可。委托机关应当将受委托行政机关和受委托实施行政许可的内容予以公告。

委托行政机关对受委托行政机关实施行政许可的行为应当负责监督，并对该行为的后果承担法律责任。

受委托行政机关在委托范围内，以委托行政机关名义实施行政许可；不得再委托其他组织或者个人实施行政许可。

第二十五条　【相对集中行政许可权】经国务院批准，省、自治区、直辖市人民政府根据精简、统一、效能的原则，可以决定一个行政机关行使有关行政机关的行政许可权。

第二十六条　【一个窗口对外、统一办理或者联合办理、集中办理】行政许可需要行政机关内设的多个机构办理的，该行政机关应当确定一个机构统一受理行政许可申请，统一送达行政许可决定。

行政许可依法由地方人民政府两个以上部门分别实施的，本级人民政府可以确定一个部门受理行政许可申请并转告有关部门分别提出意见后统一办理，或者组织有关部门联合办理、集中办理。

第二十七条　【行政机关及其工作人员的纪律约束】行政机关实施行政许可，不得向申请人提出购买指定商品、接受有偿服务等不正当要求。

行政机关工作人员办理行政许可，不得索取或者收受申请人的财物，不得谋取其他利益。

第二十八条　【授权专业组织实施的指导性规定】对直接关系公共安全、人身健康、生命财产安全的设备、设施、产品、物品的检验、检测、检疫，除法律、行政法规规定由行政机关实施的外，应当逐步由符合法定条件的专业技术组织实施。专业技术组织及其有关人员对所实施的检验、检测、检疫结论承担法律责任。

第四章　行政许可的实施程序

第一节　申请与受理

第二十九条　【行政许可申请】公民、法人或者其他组织从事特定活动，依法需要取得行政许可的，应当向行政机关提出申请。申请书需要采用格式文本的，行政机关应当向申请人提供行政许可申请书格式文本。申请书格式文本中不得包含与申请行政许可事项没有直接关系的内容。

申请人可以委托代理人提出行政许可申请。但是，依法应当由申请人到行政机关办公场所提出行政许可申请的除外。

行政许可申请可以通过信函、电报、电传、传真、电子数据交换和电子邮件等方式提出。

第三十条　【行政机关公示义务】行政机关应当将法律、法规、规章规定的有关行政许可的事项、依据、条件、数量、程序、期限以及需要提交的全部材料的目录和申请书示范文本等在办公场所公示。

申请人要求行政机关对公示内容予以说明、解释的，行政机关应当说明、解释，提供准确、可靠的信息。

第三十一条　【申请人提交真实材料、反映真实情况义务】申请人申请行政许可，应当如实向行政机关提交有关材料和反映真实情况，并对其申请材料实质内容的真实性负责。行政机关不得要求申请人提交与其申请的行政许可事项无关的技术资料和其他材料。

行政机关及其工作人员不得以转让技术作为取得行政许可的条件；不得在实施行政许可的过程中，直接或者间接地要求转让技术。

第三十二条　【行政许可申请的处理】行政机关对申请人提出的行政许可申请，应当根据下列情况分别作出处理：

（一）申请事项依法不需要取得行政许可的，应当即时告知申请人不受理；

（二）申请事项依法不属于本行政机关职权范围的，应当即时作出不予受理的决定，并告知申请人向有关行政机关申请；

（三）申请材料存在可以当场更正的错误的，应当允许申请人当场更正；

（四）申请材料不齐全或者不符合法定形式的，应当当场或者在5日内一次告知申请人需要补正的全部内容，逾期不告知的，自收到申请材料之日起即为受理；

（五）申请事项属于本行政机关职权范围，申请材料齐全、符合法定形式，或者申请人按照本行政机关的要求提交全部补正申请材料的，应当受理行政许可申请。

行政机关受理或者不予受理行政许可申请，应当出具加盖本行政机关专用印章和注明日期的书面凭证。

第三十三条 【鼓励行政机关发展电子政务实施行政许可】行政机关应当建立和完善有关制度，推行电子政务，在行政机关的网站上公布行政许可事项，方便申请人采取数据电文等方式提出行政许可申请；应当与其他行政机关共享有关行政许可信息，提高办事效率。

第二节 审查与决定

第三十四条 【审查行政许可材料】行政机关应当对申请人提交的申请材料进行审查。

申请人提交的申请材料齐全、符合法定形式，行政机关能够当场作出决定的，应当当场作出书面的行政许可决定。

根据法定条件和程序，需要对申请材料的实质内容进行核实的，行政机关应当指派两名以上工作人员进行核查。

第三十五条 【多层级行政机关实施行政许可的审查程序】依法应当先经下级行政机关审查后报上级行政机关决定的行政许可，下级行政机关应当在法定期限内将初步审查意见和全部申请材料直接报送上级行政机关。上级行政机关不得要求申请人重复提供申请材料。

第三十六条 【直接关系他人重大利益的行政许可审查程序】行政机关对行政许可申请进行审查时，发现行政许可事项直接关系他人重大利益的，应当告知该利害关系人。申请人、利害关系人有权进行陈述和申辩。行政机关应当听取申请人、利害关系人的意见。

第三十七条 【行政机关依法作出行政许可决定】行政机关对行政许可申请进行审查后，除当场作出行政许可决定的外，应当在法定期限内按照规定程序作出行政许可决定。

第三十八条 【行政机关许可和不予许可应当履行的义务】申请人的申请符合法定条件、标准的，行政机关应当依法作出准予行政许可的书面决定。

行政机关依法作出不予行政许可的书面决定的，应当说明理由，并告知申请人享有依法申请行政复议或者提起行政诉讼的权利。

第三十九条 【颁发行政许可证件】行政机关作出准予行政许可的决定，需要颁发行政许可证件的，应当向申请人颁发加盖本行政机关印章的下列行政许可证件：

（一）许可证、执照或者其他许可证书；

（二）资格证、资质证或者其他合格证书；

（三）行政机关的批准文件或者证明文件；

（四）法律、法规规定的其他行政许可证件。

行政机关实施检验、检测、检疫的，可以在检验、检测、检疫合格的设备、设施、产品、物品上加贴标签或者加盖检验、检测、检疫印章。

第四十条 【准予行政许可决定的公开义务】行政机关作出的准予行政许可决定，应当予以公开，公众有权查阅。

第四十一条 【行政许可的地域效力】法律、行政法规设定的行政许可，其适用范围没有地域限制的，申请人取得的行政许可在全国范围内有效。

第三节 期 限

第四十二条 【行政许可一般期限】除可以当场作出行政许可决定的外，行政机关应当自受理行政许可申请之日起20日内作出行政许可决定。20日内不能作出决定的，经本行政机关负责人批准，可以延长10日，并应当将延长期限的理由告知申请人。但是，法律、法规另有规定的，依照其规定。

依照本法第二十六条的规定，行政许可采取统一办理或者联合办理、集中办理的，办理的时间不得超过 45 日；45 日内不能办结的，经本级人民政府负责人批准，可以延长 15 日，并应当将延长期限的理由告知申请人。

第四十三条　【多层级许可的审查期限】依法应当先经下级行政机关审查后报上级行政机关决定的行政许可，下级行政机关应当自其受理行政许可申请之日起 20 日内审查完毕。但是，法律、法规另有规定的，依照其规定。

第四十四条　【许可证章颁发期限】行政机关作出准予行政许可的决定，应当自作出决定之日起 10 日内向申请人颁发、送达行政许可证件，或者加贴标签、加盖检验、检测、检疫印章。

第四十五条　【不纳入许可期限的事项】行政机关作出行政许可决定，依法需要听证、招标、拍卖、检验、检测、检疫、鉴定和专家评审的，所需时间不计算在本节规定的期限内。行政机关应当将所需时间书面告知申请人。

第四节　听　　证

第四十六条　【行政机关主动举行听证的行政许可事项】法律、法规、规章规定实施行政许可应当听证的事项，或者行政机关认为需要听证的其他涉及公共利益的重大行政许可事项，行政机关应当向社会公告，并举行听证。

第四十七条　【行政机关应申请举行听证的行政许可事项】行政许可直接涉及申请人与他人之间重大利益关系的，行政机关在作出行政许可决定前，应当告知申请人、利害关系人享有要求听证的权利；申请人、利害关系人在被告知听证权利之日起 5 日内提出听证申请的，行政机关应当在 20 日内组织听证。

申请人、利害关系人不承担行政机关组织听证的费用。

第四十八条　【行政许可听证程序规则】听证按照下列程序进行：

（一）行政机关应当于举行听证的 7 日前将举行听证的时间、地点通知申请人、利害关系人，必要时予以公告；

（二）听证应当公开举行；

（三）行政机关应当指定审查该行政许可申请的工作人员以外的人员为听证主持人，申请人、利害关系人认为主持人与该行政许可事项有直接利害关系的，有权申请回避；

（四）举行听证时，审查该行政许可申请的工作人员应当提供审查意见的证据、理由，申请人、利害关系人可以提出证据，并进行申辩和质证；

（五）听证应当制作笔录，听证笔录应当交听证参加人确认无误后签字或者盖章。

行政机关应当根据听证笔录，作出行政许可决定。

第五节　变更与延续

第四十九条　【变更行政许可的程序】被许可人要求变更行政许可事项的，应当向作出行政许可决定的行政机关提出申请；符合法定条件、标准的，行政机关应当依法办理变更手续。

第五十条　【延续行政许可的程序】被许可人需要延续依法取得的行政许可的有效期的，应当在该行政许可有效期届满 30 日前向作出行政许可决定的行政机关提出申请。但是，法律、法规、规章另有规定的，依照其规定。

行政机关应当根据被许可人的申请，在该行政许可有效期届满前作出是否准予延续的决定；逾期未作决定的，视为准予延续。

第六节　特别规定

第五十一条　【其他规定适用规则】实施行政许可的程序，本节有规定的，适用本节规定；本节没有规定的，适用本章其他有关规定。

第五十二条　【国务院实施行政许可程序】国务院实施行政许可的程序，适用有关法律、行政法规的规定。

第五十三条　【通过招标拍卖作出行政许可决定】实施本法第十二条第二项所列事项的行政许可的，行政机关应当通过招标、拍卖等公平竞争的方式作出决定。但是，法律、行政法规另有规定的，依照其规定。

行政机关通过招标、拍卖等方式作出行政许可决定的具体程序，依照有关法律、行政法规的规定。

行政机关按照招标、拍卖程序确定中标人、买受人后，应当作出准予行政许可的决定，并依法向中标人、买受人颁发行政许可证件。

行政机关违反本条规定，不采用招标、拍卖方式，或者违反招标、拍卖程序，损害申请人合法权益的，申请人可以依法申请行政复议或者提起行政诉讼。

第五十四条　【通过考试考核方式作出行政许可决定】实施本法第十二条第三项所列事项的行政许可，赋予公民特定资格，依法应当举行国家考试的，行政机关根据考试成绩和其他法定条件作出行政许可决定；赋予法人或者其他组织特定的资格、资质的，行政机关根据申请人的专业人员构成、技术条件、经营业绩和管理水平等的考核结果作出行政许可决定。但是，法律、行政法规另有规定的，依照其规定。

公民特定资格的考试依法由行政机关或者行业组织实施，公开举行。行政机关或者行业组织应当事先公布资格考试的报名条件、报考办法、考试科目以及考试大纲。但是，不得组织强制性的资格考试的考前培训，不得指定教材或者其他助考材料。

第五十五条　【根据技术标准、技术规范作出行政许可决定】实施本法第十二条第四项所列事项的行政许可的，应当按照技术标准、技术规范依法进行检验、检测、检疫，行政机关根据检验、检测、检疫的结果作出行政许可决定。

行政机关实施检验、检测、检疫，应当自受理申请之日起5日内指派两名以上工作人员按照技术标准、技术规范进行检验、检测、检疫。不需要对检验、检测、检疫结果作进一步技术分析即可认定设备、设施、产品、物品是否符合技术标准、技术规范的，行政机关应当当场作出行政许可决定。

行政机关根据检验、检测、检疫结果，作出不予行政许可决定的，应当书面说明不予行政许可所依据的技术标准、技术规范。

第五十六条　【当场许可的特别规定】实施本法第十二条第五项所列事项的行政许可，申请人提交的申请材料齐全、符合法定形式的，行政机关应当当场予以登记。需要对申请材料的实质内容进行核实的，行政机关依照本法第三十四条第三款的规定办理。

第五十七条　【有数量限制的行政许可】有数量限制的行政许可，两个或者两个以上申请人的申请均符合法定条件、标准的，行政机关应当根据受理行政许可申请的先后顺序作出准予行政许可的决定。但是，法律、行政法规另有规定的，依照其规定。

第五章　行政许可的费用

第五十八条　【收费原则和经费保障】行政机关实施行政许可和对行政许可事项进行监督检查，不得收取任何费用。但是，法律、行政法规另有规定的，依照其规定。

行政机关提供行政许可申请书格式文本，不得收费。

行政机关实施行政许可所需经费应当列入本行政机关的预算，由本级财政予以保障，按照批准的预算予以核拨。

第五十九条 【收费规则以及对收费所得款项的处理】行政机关实施行政许可，依照法律、行政法规收取费用的，应当按照公布的法定项目和标准收费；所收取的费用必须全部上缴国库，任何机关或者个人不得以任何形式截留、挪用、私分或者变相私分。财政部门不得以任何形式向行政机关返还或者变相返还实施行政许可所收取的费用。

第六章 监督检查

第六十条 【行政许可层级监督】上级行政机关应当加强对下级行政机关实施行政许可的监督检查，及时纠正行政许可实施中的违法行为。

第六十一条 【书面检查原则】行政机关应当建立健全监督制度，通过核查反映被许可人从事行政许可事项活动情况的有关材料，履行监督责任。

行政机关依法对被许可人从事行政许可事项的活动进行监督检查时，应当将监督检查的情况和处理结果予以记录，由监督检查人员签字后归档。公众有权查阅行政机关监督检查记录。

行政机关应当创造条件，实现与被许可人、其他有关行政机关的计算机档案系统互联，核查被许可人从事行政许可事项活动情况。

第六十二条 【抽样检查、检验、检测和实地检查、定期检验权适用的情形及程序】行政机关可以对被许可人生产经营的产品依法进行抽样检查、检验、检测，对其生产经营场所依法进行实地检查。检查时，行政机关可以依法查阅或者要求被许可人报送有关材料；被许可人应当如实提供有关情况和材料。

行政机关根据法律、行政法规的规定，对直接关系公共安全、人身健康、生命财产安全的重要设备、设施进行定期检验。对检验合格的，行政机关应当发给相应的证明文件。

第六十三条 【行政机关实施监督检查时应当遵守的纪律】行政机关实施监督检查，不得妨碍被许可人正常的生产经营活动，不得索取或者收受被许可人的财物，不得谋取其他利益。

第六十四条 【行政许可监督检查的属地管辖与协作】被许可人在作出行政许可决定的行政机关管辖区域外违法从事行政许可事项活动的，违法行为发生地的行政机关应当依法将被许可人的违法事实、处理结果抄告作出行政许可决定的行政机关。

第六十五条 【个人、组织对违法从事行政许可活动的监督】个人和组织发现违法从事行政许可事项的活动，有权向行政机关举报，行政机关应当及时核实、处理。

第六十六条 【依法开发利用资源】被许可人未依法履行开发利用自然资源义务或者未依法履行利用公共资源义务的，行政机关应当责令限期改正；被许可人在规定期限内不改正的，行政机关应当依照有关法律、行政法规的规定予以处理。

第六十七条 【特定行业市场准入被许可人的义务和法律责任】取得直接关系公共利益的特定行业的市场准入行政许可的被许可人，应当按照国家规定的服务标准、资费标准和行政机关依法规定的条件，向用户提供安全、方便、稳定和价格合理的服务，并履行普遍服务的义务；未经作出行政许可决定的行政机关批准，不得擅自停业、歇业。

被许可人不履行前款规定的义务的，行政机关应当责令限期改正，或者依法采取有效措施督促其履行义务。

第六十八条 【自检制度】对直接关系公共安全、人身健康、生命财产安全的重要设备、设施，行政机关应当督促设计、建造、安装和使用单位建立相应的自检制度。

行政机关在监督检查时，发现直接关系公共安全、人身健康、生命财产安全的重要设备、设施存在安全隐患的，应当责令停止建造、安装和使用，并责令设计、建造、安装和使用单位立即改正。

第六十九条 【撤销行政许可的情形】有下列情形之一的，作出行政许可决定的行政机关或者其上级行政机关，根据利害关系人的请求或者依据职权，可以撤销行政许可：

（一）行政机关工作人员滥用职权、玩忽职守作出准予行政许可决定的；

（二）超越法定职权作出准予行政许可决定的；

（三）违反法定程序作出准予行政许可决定的；

（四）对不具备申请资格或者不符合法定条件的申请人准予行政许可的；

（五）依法可以撤销行政许可的其他情形。

被许可人以欺骗、贿赂等不正当手段取得行政许可的，应当予以撤销。

依照前两款的规定撤销行政许可，可能对公共利益造成重大损害的，不予撤销。

依照本条第一款的规定撤销行政许可，被许可人的合法权益受到损害的，行政机关应当依法给予赔偿。依照本条第二款的规定撤销行政许可的，被许可人基于行政许可取得的利益不受保护。

第七十条 【注销行政许可的情形】有下列情形之一的，行政机关应当依法办理有关行政许可的注销手续：

（一）行政许可有效期届满未延续的；

（二）赋予公民特定资格的行政许可，该公民死亡或者丧失行为能力的；

（三）法人或者其他组织依法终止的；

（四）行政许可依法被撤销、撤回，或者行政许可证件依法被吊销的；

（五）因不可抗力导致行政许可事项无法实施的；

（六）法律、法规规定的应当注销行政许可的其他情形。

第七章 法律责任

第七十一条 【规范性文件违法设定行政许可的法律责任】违反本法第十七条规定设定的行政许可，有关机关应当责令设定该行政许可的机关改正，或者依法予以撤销。

第七十二条 【行政机关及其工作人员违反行政许可程序应当承担的法律责任】行政机关及其工作人员违反本法的规定，有下列情形之一的，由其上级行政机关或者监察机关责令改正；情节严重的，对直接负责的主管人员和其他直接责任人员依法给予行政处分：

（一）对符合法定条件的行政许可申请不予受理的；

（二）不在办公场所公示依法应当公示的材料的；

（三）在受理、审查、决定行政许可过程中，未向申请人、利害关系人履行法定告知义务的；

（四）申请人提交的申请材料不齐全、不符合法定形式，不一次告知申请人必须补正的全部内容的；

（五）违法披露申请人提交的商业秘密、未披露信息或者保密商务信息的；

（六）以转让技术作为取得行政许可的条件，或者在实施行政许可的过程中直接或者间接地要求转让技术的；

（七）未依法说明不受理行政许可申请或者不予行政许可的理由的；

（八）依法应当举行听证而不举行听证的。

第七十三条 【行政机关工作人员索取或者收受他人财物及利益应当承担的法律责任】行政机关工作人员办理行政许可、实施监督检查，索取或者收受他人财物或者谋取其他利益，构成犯罪的，依法追究刑事责任；尚不构成犯罪的，依法给予行政处分。

第七十四条 【行政机关及其工作人员实体违法的法律责任】行政机关实施行政许可，有下列情形之一的，由其上级行政机关或者监察机关责令改正，对直接负责的主管人员和其他直接责任人员依法给予行政处分；构成犯罪的，依法追究刑事责任：

（一）对不符合法定条件的申请人准予行政许可或者超越法定职权作出准予行政许可决定的；

（二）对符合法定条件的申请人不予行政许可或者不在法定期限内作出准予行政许可决定的；

（三）依法应当根据招标、拍卖结果或者考试成绩择优作出准予行政许可决定，未经招标、拍卖或者考试，或者不根据招标、拍卖结果或者考试成绩择优作出准予行政许可决定的。

第七十五条 【行政机关及其工作人员违反收费规定的法律责任】行政机关实施行政许可，擅自收费或者不按照法定项目和标准收费的，由其上级行政机关或者监察机关责令退还非法收取的费用；对直接负责的主管人员和其他直接责任人员依法给予行政处分。

截留、挪用、私分或者变相私分实施行政许可依法收取的费用的，予以追缴；对直接负责的主管人员和其他直接责任人员依法给予行政处分；构成犯罪的，依法追究刑事责任。

第七十六条 【行政机关违法实施许可的赔偿责任】行政机关违法实施行政许可，给当事人的合法权益造成损害的，应当依照国家赔偿法的规定给予赔偿。

第七十七条 【行政机关不依法履行监督责任或者监督不力的法律责任】行政机关不依法履行监督职责或者监督不力，造成严重后果的，由其上级行政机关或者监察机关责令改正，对直接负责的主管人员和其他直接责任人员依法给予行政处分；构成犯罪的，依法追究刑事责任。

第七十八条 【申请人申请不实应承担的法律责任】行政许可申请人隐瞒有关情况或者提供虚假材料申请行政许可的，行政机关不予受理或者不予行政许可，并给予警告；行政许可申请属于直接关系公共安全、人身健康、生命财产安全事项的，申请人在一年内不得再次申请该行政许可。

第七十九条 【申请人以欺骗、贿赂等不正当手段取得行政许可应当承担的法律责任】被许可人以欺骗、贿赂等不正当手段取得行政许可的，行政机关应当依法给予行政处罚；取得的行政许可属于直接关系公共安全、人身健康、生命财产安全事项的，申请人在3年内不得再次申请该行政许可；构成犯罪的，依法追究刑事责任。

第八十条 【被许可人违法从事行政许可活动的法律责任】被许可人有下列行为之一的，行政机关应当依法给予行政处罚；构成犯罪的，依法追究刑事责任：

（一）涂改、倒卖、出租、出借行政许可证件，或者以其他形式非法转让行政许可的；

（二）超越行政许可范围进行活动的；

（三）向负责监督检查的行政机关隐瞒有关情况、提供虚假材料或者拒绝提供反映其活动情况的真实材料的；

（四）法律、法规、规章规定的其他违法行为。

第八十一条 【公民、法人或者其他组织未经行政许可从事应当取得行政许可活动的法律责任】公民、法人或者其他组织未经行政许可，擅自从事依法应当取得行政许可的活动的，行政机关应当依法采取措施予以制止，并依法给予行政处罚；构成犯罪的，依法追究刑事责任。

第八章 附 则

第八十二条 【行政许可的期限计算】本法规定的行政机关实施行政许可的期限以工作日计算，不含法定节假日。

第八十三条 【施行日期及对现行行政许可进行清理的规定】本法自2004年7月1日起施行。

本法施行前有关行政许可的规定，制定机关应当依照本法规定予以清理；不符合本法规定的，自本法施行之日起停止执行。

中华人民共和国文物保护法（节录）

（1982年11月19日第五届全国人民代表大会常务委员会第二十五次会议通过 根据1991年6月29日第七届全国人民代表大会常务委员会第二十次会议《关于修改〈中华人民共和国文物保护法〉第三十条、第三十一条的决定》第一次修正 2002年10月28日第九届全国人民代表大会常务委员会第三十次会议修订 根据2007年12月29日第十届全国人民代表大会常务委员会第三十一次会议《关于修改〈中华人民共和国文物保护法〉的决定》第二次修正 根据2013年6月29日第十二届全国人民代表大会常务委员会第三次会议《关于修改〈中华人民共和国文物保护法〉等十二部法律的决定》第三次修正 根据2015年4月24日第十二届全国人民代表大会常务委员会第十四次会议《关于修改〈中华人民共和国文物保护法〉的决定》第四次修正 根据2017年11月4日第十二届全国人民代表大会常务委员会第三十次会议《关于修改〈中华人民共和国会计法〉等十一部法律的决定》第五次修正）

……

第十七条 文物保护单位的保护范围内不得进行其他建设工程或者爆破、钻探、挖掘等作业。但是，因特殊情况需要在文物保护单位的保护范围内进行其他建设工程或者爆破、钻探、挖掘等作业的，必须保证文物保护单位的安全，并经核定公布该文物保护单位的人民政府批准，在批准前应当征得上一级人民政府文物行政部门同意；在全国重点文物保护单位的保护范围内进行其他建设工程或者爆破、钻探、挖掘等作业的，必须经省、自治区、直辖市人民政府批准，在批准前应当征得国务院文物行政部门同意。

第十八条 根据保护文物的实际需要，经省、自治区、直辖市人民政府批准，可以在文物保护单位的周围划出一定的建设控制地带，并予以公布。

在文物保护单位的建设控制地带内进行建设工程，不得破坏文物保护单位的历史风貌；工程设计方案应当根据文物保护单位的级别，经相应的文物行政部门同意后，报城乡建设规划部门批准。

第十九条 在文物保护单位的保护范围和建设控制地带内，不得建设污染文物保护单位及其环境的设施，不得进行可能影响文物保护单位安全及其环境的活动。对已有的污染文物保护单位及其环境的设施，应当限期治理。

第二十条 建设工程选址，应当尽可能避开不可移动文物；因特殊情况不能避开的，对文物保护单位应当尽可能实施原址保护。

实施原址保护的，建设单位应当事先确定保护措施，根据文物保护单位的级别报相应的文物行政部门批准；未经批准的，不得开工建设。

无法实施原址保护，必须迁移异地保护或者拆除的，应当报省、自治区、直辖市人民政府批准；迁移或者拆除省级文物保护单位的，批准前须征得国务院文物行政部门同意。全国重点文物保护单位不得拆除；需要迁移的，须由省、自治区、直辖市人民政府报国务院批准。

依照前款规定拆除的国有不可移动文

物中具有收藏价值的壁画、雕塑、建筑构件等，由文物行政部门指定的文物收藏单位收藏。

本条规定的原址保护、迁移、拆除所需费用，由建设单位列入建设工程预算。

……

第二十九条 进行大型基本建设工程，建设单位应当事先报请省、自治区、直辖市人民政府文物行政部门组织从事考古发掘的单位在工程范围内有可能埋藏文物的地方进行考古调查、勘探。

考古调查、勘探中发现文物的，由省、自治区、直辖市人民政府文物行政部门根据文物保护的要求会同建设单位共同商定保护措施；遇有重要发现的，由省、自治区、直辖市人民政府文物行政部门及时报国务院文物行政部门处理。

第三十条 需要配合建设工程进行的考古发掘工作，应当由省、自治区、直辖市文物行政部门在勘探工作的基础上提出发掘计划，报国务院文物行政部门批准。国务院文物行政部门在批准前，应当征求社会科学研究机构及其他科研机构和有关专家的意见。

确因建设工期紧迫或者有自然破坏危险，对古文化遗址、古墓葬急需进行抢救发掘的，由省、自治区、直辖市人民政府文物行政部门组织发掘，并同时补办审批手续。

……

第六十六条 有下列行为之一，尚不构成犯罪的，由县级以上人民政府文物主管部门责令改正，造成严重后果的，处五万元以上五十万元以下的罚款；情节严重的，由原发证机关吊销资质证书：

（一）擅自在文物保护单位的保护范围内进行建设工程或者爆破、钻探、挖掘等作业的；

（二）在文物保护单位的建设控制地带内进行建设工程，其工程设计方案未经文物行政部门同意、报城乡建设规划部门批准，对文物保护单位的历史风貌造成破坏的；

（三）擅自迁移、拆除不可移动文物的；

（四）擅自修缮不可移动文物，明显改变文物原状的；

（五）擅自在原址重建已全部毁坏的不可移动文物，造成文物破坏的；

（六）施工单位未取得文物保护工程资质证书，擅自从事文物修缮、迁移、重建的。

刻划、涂污或者损坏文物尚不严重的，或者损毁依照本法第十五条第一款规定设立的文物保护单位标志的，由公安机关或者文物所在单位给予警告，可以并处罚款。

第六十七条 在文物保护单位的保护范围内或者建设控制地带内建设污染文物保护单位及其环境的设施的，或者对已有的污染文物保护单位及其环境的设施未在规定的期限内完成治理的，由环境保护行政部门依照有关法律、法规的规定给予处罚。

……

建筑工程施工许可管理办法

（2014年6月25日住房和城乡建设部令第18号公布　根据2018年9月28日《住房城乡建设部关于修改〈建筑工程施工许可管理办法〉的决定》修正）

第一条 为了加强对建筑活动的监督管理，维护建筑市场秩序，保证建筑工程的质量和安全，根据《中华人民共和国建筑法》，制定本办法。

第二条 在中华人民共和国境内从事各类房屋建筑及其附属设施的建造、装修装饰和与其配套的线路、管道、设备的安装，以及城镇市政基础设施工程的施工，建设单位在开工前应当依照本办法的规定，向工程所在地的县级以上地方人民政府住房城乡建设主管部门（以下简称发证机关）申请领取施工许可证。

工程投资额在30万元以下或者建筑面积在300平方米以下的建筑工程，可以不申请办理施工许可证。省、自治区、直辖市人民政府住房城乡建设主管部门可以根据当地的实际情况，对限额进行调整，并报国务院住房城乡建设主管部门备案。

按照国务院规定的权限和程序批准开工报告的建筑工程，不再领取施工许可证。

第三条 本办法规定应当申请领取施工许可证的建筑工程未取得施工许可证的，一律不得开工。

任何单位和个人不得将应当申请领取施工许可证的工程项目分解为若干限额以下的工程项目，规避申请领取施工许可证。

第四条 建设单位申请领取施工许可证，应当具备下列条件，并提交相应的证明文件：

（一）依法应当办理用地批准手续的，已经办理该建筑工程用地批准手续。

（二）在城市、镇规划区的建筑工程，已经取得建设工程规划许可证。

（三）施工场地已经基本具备施工条件，需要征收房屋的，其进度符合施工要求。

（四）已经确定施工企业。按照规定应当招标的工程没有招标，应当公开招标的工程没有公开招标，或者肢解发包工程，以及将工程发包给不具备相应资质条件的企业的，所确定的施工企业无效。

（五）有满足施工需要的技术资料，施工图设计文件已按规定审查合格。

（六）有保证工程质量和安全的具体措施。施工企业编制的施工组织设计中有根据建筑工程特点制定的相应质量、安全技术措施。建立工程质量安全责任制并落实到人。专业性较强的工程项目编制了专项质量、安全施工组织设计，并按照规定办理了工程质量、安全监督手续。

（七）建设资金已经落实。建设单位应当提供建设资金已经落实承诺书。

（八）法律、行政法规规定的其他条件。

县级以上地方人民政府住房城乡建设主管部门不得违反法律法规规定，增设办理施工许可证的其他条件。

第五条 申请办理施工许可证，应当按照下列程序进行：

（一）建设单位向发证机关领取《建筑工程施工许可证申请表》。

（二）建设单位持加盖单位及法定代表人印鉴的《建筑工程施工许可证申请表》，并附本办法第四条规定的证明文件，向发证机关提出申请。

（三）发证机关在收到建设单位报送的《建筑工程施工许可证申请表》和所附证明文件后，对于符合条件的，应当自收到申请之日起七日内颁发施工许可证；对于证明文件不齐全或者失效的，应当当场或者五日内一次告知建设单位需要补正的全部内容，审批时间可以自证明文件补正齐全后作相应顺延；对于不符合条件的，应当自收到申请之日起七日内书面通知建设单位，并说明理由。

建筑工程在施工过程中，建设单位或者施工单位发生变更的，应当重新申请领取施工许可证。

第六条 建设单位申请领取施工许可证的工程名称、地点、规模，应当符合依法签订的施工承包合同。

施工许可证应当放置在施工现场备查，并按规定在施工现场公开。

第七条 施工许可证不得伪造和涂改。

第八条 建设单位应当自领取施工许可证之日起三个月内开工。因故不能按期开工的，应当在期满前向发证机关申请延期，并说明理由；延期以两次为限，每次不超过三个月。既不开工又不申请延期或者超过延期次数、时限的，施工许可证自行废止。

第九条 在建的建筑工程因故中止施工的，建设单位应当自中止施工之日起一个月内向发证机关报告，报告内容包括中止施工的时间、原因、在施部位、维修管理措施等，并按照规定做好建筑工程的维护管理工作。

建筑工程恢复施工时，应当向发证机关报告；中止施工满一年的工程恢复施工前，建设单位应当报发证机关核验施工许可证。

第十条 发证机关应当将办理施工许可证的依据、条件、程序、期限以及需要提交的全部材料和申请表示范文本等，在办公场所和有关网站予以公示。

发证机关作出的施工许可决定，应当予以公开，公众有权查阅。

第十一条 发证机关应当建立颁发施工许可证后的监督检查制度，对取得施工许可证后条件发生变化、延期开工、中止施工等行为进行监督检查，发现违法违规行为及时处理。

第十二条 对于未取得施工许可证或者为规避办理施工许可证将工程项目分解后擅自施工的，由有管辖权的发证机关责令停止施工，限期改正，对建设单位处工程合同价款1%以上2%以下罚款；对施工单位处3万元以下罚款。

第十三条 建设单位采用欺骗、贿赂等不正当手段取得施工许可证的，由原发证机关撤销施工许可证，责令停止施工，并处1万元以上3万元以下罚款；构成犯罪的，依法追究刑事责任。

第十四条 建设单位隐瞒有关情况或者提供虚假材料申请施工许可证的，发证机关不予受理或者不予许可，并处1万元以上3万元以下罚款；构成犯罪的，依法追究刑事责任。

建设单位伪造或者涂改施工许可证的，由发证机关责令停止施工，并处1万元以上3万元以下罚款；构成犯罪的，依法追究刑事责任。

第十五条 依照本办法规定，给予单位罚款处罚的，对单位直接负责的主管人员和其他直接责任人员处单位罚款数额5%以上10%以下罚款。

单位及相关责任人受到处罚的，作为不良行为记录予以通报。

第十六条 发证机关及其工作人员，违反本办法，有下列情形之一的，由其上级行政机关或者监察机关责令改正；情节严重的，对直接负责的主管人员和其他直接责任人员，依法给予行政处分：

（一）对不符合条件的申请人准予施工许可的；

（二）对符合条件的申请人不予施工许可或者未在法定期限内作出准予许可决定的；

（三）对符合条件的申请不予受理的；

（四）利用职务上的便利，收受他人财物或者谋取其他利益的；

（五）不依法履行监督职责或者监督不力，造成严重后果的。

第十七条 建筑工程施工许可证由国务院住房城乡建设主管部门制定格式，由各省、自治区、直辖市人民政府住房城乡建设主管部门统一印制。

施工许可证分为正本和副本，正本和副本具有同等法律效力。复印的施工许可证无效。

第十八条 本办法关于施工许可管理的规定适用于其他专业建筑工程。有关法律、行政法规有明确规定的，从其规定。

《建筑法》第八十三条第三款规定的建筑活动，不适用本办法。

军事房屋建筑工程施工许可的管理，按国务院、中央军事委员会制定的办法执行。

第十九条 省、自治区、直辖市人民政府住房城乡建设主管部门可以根据本办法制定实施细则。

第二十条 本办法自2014年10月25日起施行。1999年10月15日建设部令第71号发布、2001年7月4日建设部令第91号修正的《建筑工程施工许可管理办法》同时废止。

建设工程项目管理试行办法

(2004年11月16日 建市〔2004〕200号)

第一条 为了促进我国建设工程项目管理健康发展，规范建设工程项目管理行为，不断提高建设工程投资效益和管理水平，依据国家有关法律、行政法规，制定本办法。

第二条 凡在中华人民共和国境内从事工程项目管理活动，应当遵守本办法。

本办法所称建设工程项目管理，是指从事工程项目管理的企业（以下简称项目管理企业），受工程项目业主方委托，对工程建设全过程或分阶段进行专业化管理和服务活动。

第三条 项目管理企业应当具有工程勘察、设计、施工、监理、造价咨询、招标代理等一项或多项资质。

工程勘察、设计、施工、监理、造价咨询、招标代理等企业可以在本企业资质以外申请其他资质。企业申请资质时，其原有工程业绩、技术人员、管理人员、注册资金和办公场所等资质条件可合并考核。

第四条 从事工程项目管理的专业技术人员，应当具有城市规划师、建筑师、工程师、建造师、监理工程师、造价工程师等一项或者多项执业资格。

取得城市规划师、建筑师、工程师、建造师、监理工程师、造价工程师等执业资格的专业技术人员，可在工程勘察、设计、施工、监理、造价咨询、招标代理等任何一家企业申请注册并执业。

取得上述多项执业资格的专业技术人员，可以在同一企业分别注册并执业。

第五条 项目管理企业应当改善组织结构，建立项目管理体系，充实项目管理专业人员，按照现行有关企业资质管理规定，在其资质等级许可的范围内开展工程项目管理业务。

第六条 工程项目管理业务范围包括：

（一）协助业主方进行项目前期策划，经济分析、专项评估与投资确定；

（二）协助业主方办理土地征用、规划许可等有关手续；

（三）协助业主方提出工程设计要求、组织评审工程设计方案、组织工程勘察设计招标、签订勘察设计合同并监督实施，组织设计单位进行工程设计优化、技术经济方案比选并进行投资控制；

（四）协助业主方组织工程监理、施工、设备材料采购招标；

（五）协助业主方与工程项目总承包企业或施工企业及建筑材料、设备、构配件供应等企业签订合同并监督实施；

（六）协助业主方提出工程实施用款计划，进行工程竣工结算和工程决算，处理工程索赔，组织竣工验收，向业主方移交竣工档案资料；

（七）生产试运行及工程保修期管理，组织项目后评估；

（八）项目管理合同约定的其他工作。

第七条 工程项目业主方可以通过招标或委托等方式选择项目管理企业，并与选定的项目管理企业以书面形式签订委托项目管理合同。合同中应当明确履约期限，工作范围，双方的权利、义务和责任，项目管理酬金及支付方式，合同争议的解决办法等。

工程勘察、设计、监理等企业同时承

担同一工程项目管理和其资质范围内的工程勘察、设计、监理业务时，依法应当招标投标的应当通过招标投标方式确定。

施工企业不得在同一工程从事项目管理和工程承包业务。

第八条 两个及以上项目管理企业可以组成联合体以一个投标人身份共同投标。联合体中标的，联合体各方应当共同与业主方签定委托项目管理合同，对委托项目管理合同的履行承担连带责任。联合体各方应签订联合体协议，明确各方权利、义务和责任，并确定一方作为联合体的主要责任方，项目经理由主要责任方选派。

第九条 项目管理企业经业主方同意，可以与其他项目管理企业合作，并与合作方签定合作协议，明确各方权利、义务和责任。合作各方对委托项目管理合同的履行承担连带责任。

第十条 项目管理企业应当根据委托项目管理合同约定，选派具有相应执业资格的专业人员担任项目经理，组建项目管理机构，建立与管理业务相适应的管理体系，配备满足工程项目管理需要的专业技术管理人员，制定各专业项目管理人员的岗位职责，履行委托项目管理合同。

工程项目管理实行项目经理责任制。项目经理不得同时在两个及以上工程项目中从事项目管理工作。

第十一条 工程项目管理服务收费应当根据受委托工程项目规模、范围、内容、深度和复杂程度等，由业主方与项目管理企业在委托项目管理合同中约定。

工程项目管理服务收费应在工程概算中列支。

第十二条 在履行委托项目管理合同时，项目管理企业及其人员应当遵守国家现行的法律法规、工程建设程序，执行工程建设强制性标准，遵守职业道德，公平、科学、诚信地开展项目管理工作。

第十三条 业主方应当对项目管理企业提出并落实的合理化建议按照相应节省投资额的一定比例给予奖励。奖励比例由业主方与项目管理企业在合同中约定。

第十四条 项目管理企业不得有下列行为：

（一）与受委托工程项目的施工以及建筑材料、构配件和设备供应企业有隶属关系或者其他利害关系；

（二）在受委托工程项目中同时承担工程施工业务；

（三）将其承接的业务全部转让给他人，或者将其承接的业务肢解以后分别转让给他人；

（四）以任何形式允许其他单位和个人以本企业名义承接工程项目管理业务；

（五）与有关单位串通，损害业主方利益，降低工程质量。

第十五条 项目管理人员不得有下列行为：

（一）取得一项或多项执业资格的专业技术人员，不得同时在两个及以上企业注册并执业。

（二）收受贿赂、索取回扣或者其他好处；

（三）明示或者暗示有关单位违反法律法规或工程建设强制性标准，降低工程质量。

第十六条 国务院有关专业部门、省级政府建设行政主管部门应当加强对项目管理企业及其人员市场行为的监督管理，建立项目管理企业及其人员的信用评价体系，对违法违规等不良行为进行处罚。

第十七条 各行业协会应当积极开展工程项目管理业务培训，培养工程项目管理专业人才，制定工程项目管理标准、行为规则，指导和规范建设工程项目管理活动，加强行业自律，推动建设工程项目管理业务健康发展。

第十八条 本办法由建设部负责解释。

第十九条 本办法自 2004 年 12 月 1 日起执行。

关于在房地产开发项目中推行工程建设合同担保的若干规定（试行）

（2004年8月6日　建市〔2004〕137号）

第一章　总　　则

第一条　为进一步规范建筑市场主体行为，降低工程风险，保障从事建设工程活动各方的合法权益和维护社会稳定，根据《中华人民共和国建筑法》、《中华人民共和国招投标法》、《中华人民共和国合同法》、《中华人民共和国担保法》及有关法律法规，制定本规定。

第二条　工程建设合同造价在1000万元以上的房地产开发项目（包括新建、改建、扩建的项目），适用本规定。其他建设项目可参照本规定执行。

第三条　本规定所称工程建设合同担保，是指在工程建设活动中，根据法律法规规定或合同约定，由担保人向债权人提供的，保证债务人不履行债务时，由担保人代为履行或承担责任的法律行为。

本规定所称担保的有效期，是指债权人要求担保人承担担保责任的权利存续期间。在有效期内，债权人有权要求担保人承担担保责任。有效期届满，债权人要求担保人承担担保责任的实体权利消灭，担保人免除担保责任。

第四条　保证人提供的保证方式为一般保证或连带责任保证。

第五条　本规定所称担保分为投标担保、业主工程款支付担保、承包商履约担保和承包商付款担保。投标担保可采用投标保证金或保证的方式。业主工程款支付担保，承包商履约担保和承包商支付担保应采用保证的方式。当事人对保证方式没有约定或者约定不明确的，按照连带责任保证承担保证责任。

第六条　工程建设合同担保的保证人应是中华人民共和国境内注册的有资格的银行业金融机构、专业担保公司。

本规定所称专业担保公司，是指以担保为主要经营范围和主要经营业务，依法登记注册的担保机构。

第七条　依法设立的专业担保公司可以承担工程建设合同担保。但是，专业担保公司担保余额的总额不得超过净资产的10倍；单笔担保金额不得超过该担保公司净资产的50%。不符合该条件的，可以与其他担保公司共同提供担保。

第八条　工程建设合同担保的担保费用可计入工程造价。

第九条　国务院建设行政主管部门负责对工程建设合同担保工作实行统一监督管理，县级以上地方人民政府建设行政主管部门负责对本行政区域内的工程建设合同担保进行监督管理。

第十条　各级建设行政主管部门将业主（房地产开发商）、承包商违反本办法的行为记入房地产信息管理系统、建筑市场监督管理系统等不良行为记录及信用评估系统。

第二章　业主工程款支付担保

第十一条　业主工程款支付担保，是指为保证业主履行工程合同约定的工程款支付义务，由担保人为业主向承包商提供的，保证业主支付工程款的担保。

业主在签订工程建设合同的同时，应当向承包商提交业主工程款支付担保。未提交业主工程款支付担保的建设工程，视作建设资金未落实。

第十二条　业主工程款支付担保可以采用银行保函、专业担保公司的保证。

业主支付担保的担保金额应当与承包商履约担保的担保金额相等。

第十三条　业主工程款支付担保的有效期

应当在合同中约定。合同约定的有效期截止时间为业主根据合同的约定完成了除工程质量保修金以外的全部工程结算款项支付之日起30天至180天。

第十四条 对于工程建设合同额超过1亿元人民币以上的工程，业主工程款支付担保可以按工程合同确定的付款周期实行分段滚动担保，但每段的担保金额为该段工程合同额的10～15%。

第十五条 业主工程款支付担保采用分段滚动担保的，在业主、项目监理工程师或造价工程师对分段工程进度签字确认或结算，业主支付相应的工程款后，当期业主工程款支付担保解除，并自动进入下一阶段工程的担保。

第十六条 业主工程款支付担保与工程建设合同应当由业主一并送建设行政主管部门备案。

第三章 投标担保

第十七条 投标担保是指由担保人为投标人向招标人提供的，保证投标人按照招标文件的规定参加招标活动的担保。投标人在投标有效期内撤回投标文件，或中标后不签署工程建设合同的，由担保人按照约定履行担保责任。

第十八条 投标担保可采用银行保函、专业担保公司的保证，或定金（保证金）担保方式，具体方式由招标人在招标文件中规定。

第十九条 投标担保的担保金额一般不超过投标总价的2%，最高不得超过80万元人民币。

第二十条 投标人采用保证金担保方式的，招标人与中标人签订合同后5个工作日内，应当向中标人和未中标的投标人退还投标保证金。

第二十一条 投标担保的有效期应当在合同中约定。合同约定的有效期截止时间为投标有效期后的30天至180天。

第二十二条 除不可抗力外，中标人在截标后的投标有效期内撤回投标文件，或者中标后在规定的时间内不与招标人签订承包合同的，招标人有权对该投标人所交付的保证金不予返还；或由保证人按照下列方式之一，履行保证责任：

（一）代承包商向招标人支付投标保证金，支付金额不超过双方约定的最高保证金额；

（二）招标人依法选择次低标价中标，保证人向招标人支付中标价与次低标价之间的差额，支付金额不超过双方约定的最高保证金额；

（三）招标人依法重新招标，保证人向招标人支付重新招标的费用，支付金额不超过双方约定的最高保证金额。

第四章 承包商履约担保

第二十三条 承包商履约担保，是指由保证人为承包商向业主提供的，保证承包商履行工程建设合同约定义务的担保。

第二十四条 承包商履约担保的担保金额不得低于工程建设合同价格（中标价格）的10%。采用经评审的最低投标价法中标的招标工程，担保金额不得低于工程合同价格的15%。

第二十五条 承包商履约担保的方式可采用银行保函、专业担保公司的保证。具体方式由招标人在招标文件中作出规定或者在工程建设合同中约定。

第二十六条 承包商履约担保的有效期应当在合同中约定。合同约定的有效期截止时间为工程建设合同约定的工程竣工验收合格之日后30天至180天。

第二十七条 承包商由于非业主的原因而不履行工程建设合同约定的义务时，由保证人按照下列方式之一，履行保证责任：

（一）向承包商提供资金、设备或者技术援助，使其能继续履行合同义务；

（二）直接接管该项工程或者另觅经

业主同意的有资质的其他承包商，继续履行合同义务，业主仍按原合同约定支付工程款，超出原合同部分的，由保证人在保证额度内代为支付；

（三）按照合同约定，在担保额度范围内，向业主支付赔偿金。

第二十八条 业主向保证人提出索赔之前，应当书面通知承包商，说明其违约情况并提供项目总监理工程师及其监理单位对承包商违约的书面确认书。如果业主索赔的理由是因建筑工程质量问题，业主还需同时提供建筑工程质量检测机构出具的检测报告。

第二十九条 同一银行分支行或专业担保公司不得为同一工程建设合同提供业主工程款支付担保和承包商履约担保。

第五章 承包商付款担保

第三十条 承包商付款担保，是指担保人为承包商向分包商、材料设备供应商、建设工人提供的，保证承包商履行工程建设合同的约定向分包商、材料设备供应商、建设工人支付各项费用和价款，以及工资等款项的担保。

第三十一条 承包商付款担保可以采用银行保函、专业担保公司的保证。

第三十二条 承包商付款担保的有效期应当在合同中约定。合同约定的有效期截止时间为自各项相关工程建设分包合同（主合同）约定的付款截止日之后的30天至180天。

第三十三条 承包商不能按照合同约定及时支付分包商、材料设备供应商、工人工资等各项费用和价款的，由担保人按照担保函或保证合同的约定承担担保责任。

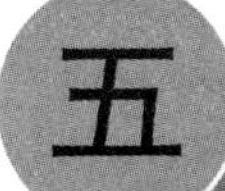

五 建设工程监理

建设工程监理范围和规模标准规定

（2001年1月17日建设部令第86号发布 自发布之日起施行）

第一条 为了确定必须实行监理的建设工程项目具体范围和规模标准，规范建设工程监理活动，根据《建设工程质量管理条例》，制定本规定。

第二条 下列建设工程必须实行监理：

（一）国家重点建设工程；

（二）大中型公用事业工程；

（三）成片开发建设的住宅小区工程；

（四）利用外国政府或者国际组织贷款、援助资金的工程；

（五）国家规定必须实行监理的其他工程。

第三条 国家重点建设工程，是指依据《国家重点建设项目管理办法》所确定的对国民经济和社会发展有重大影响的骨干项目。

第四条 大中型公用事业工程，是指项目总投资额在3000万元以上的下列工程项目：

（一）供水、供电、供气、供热等市政工程项目；

（二）科技、教育、文化等项目；

（三）体育、旅游、商业等项目；

（四）卫生、社会福利等项目；

（五）其他公用事业项目。

第五条 成片开发建设的住宅小区工程，建筑面积在5万平方米以上的住宅建设工程必须实行监理；5万平方米以下的住宅建设工程，可以实行监理，具体范围和规模标准，由省、自治区、直辖市人民政府建设行政主管部门规定。

为了保证住宅质量，对高层住宅及地基、结构复杂的多层住宅应当实行监理。

第六条 利用外国政府或者国际组织贷款、援助资金的工程范围包括：

（一）使用世界银行、亚洲开发银行等国际组织贷款资金的项目；

（二）使用国外政府及其机构贷款资金的项目；

（三）使用国际组织或者国外政府援助资金的项目。

第七条 国家规定必须实行监理的其他工程是指：

（一）项目总投资额在3000万元以上关系社会公共利益、公众安全的下列基础设施项目：

（1）煤炭、石油、化工、天然气、电力、新能源等项目；

（2）铁路、公路、管道、水运、民航以及其他交通运输业等项目；

（3）邮政、电信枢纽、通信、信息网络等项目；

（4）防洪、灌溉、排涝、发电、引（供）水、滩涂治理、水资源保护、水土保持等水利建设项目；

（5）道路、桥梁、铁路和轻轨交通、污水排放及处理、垃圾处理、地下管道、公共停车场等城市基础设施项目；

（6）生态环境保护项目；

（7）其他基础设施项目。

（二）学校、影剧院、体育场馆项目。

第八条 国务院建设行政主管部门商同国务院有关部门后，可以对本规定确定的必须实行监理的建设工程具体范围和规模标准进行调整。

第九条 本规定由国务院建设行政主管部门负责解释。

第十条 本规定自发布之日起施行。

房屋建筑工程施工旁站监理管理办法（试行）

（2002年7月17日 建市〔2002〕189号 自2003年1月1日起施行）

第一条 为加强对房屋建筑工程施工旁站监理的管理，保证工程质量，依据《建设工程质量管理条例》的有关规定，制定本办法。

第二条 本办法所称房屋建筑工程施工旁站监理（以下简称旁站监理），是指监理人员在房屋建筑工程施工阶段监理中，对关键部位、关键工序的施工质量实施全过程现场跟班的监督活动。

本办法所规定的房屋建筑工程的关键部位、关键工序，在基础工程方面包括：土方回填，混凝土灌注桩浇筑，地下连续墙、土钉墙、后浇带及其他结构混凝土、防水混凝土浇筑，卷材防水层细部构造处理，钢结构安装；在主体结构工程方面包括：梁柱节点钢筋隐蔽过程，混凝土浇筑，预应力张拉，装配式结构安装，钢结构安装，网架结构安装，索膜安装。

第三条 监理企业在编制监理规划时，应当制定旁站监理方案，明确旁站监理的范围、内容、程序和旁站监理人员职责等。旁站监理方案应当送建设单位和施工企业各一份，并抄送工程所在地的建设行政主管部门或其委托的工程质量监督机构。

第四条 施工企业根据监理企业制定的旁站监理方案，在需要实施旁站监理的关键部位、关键工序进行施工前24小时，应当书面通知监理企业派驻工地的项目监理机构。项目监理机构应当安排旁站监理人员按照旁站监理方案实施旁站监理。

第五条 旁站监理在总监理工程师的指导下，由现场监理人员负责具体实施。

第六条 旁站监理人员的主要职责是：

（一）检查施工企业现场质检人员到岗、特殊工种人员持证上岗以及施工机械、建筑材料准备情况；

（二）在现场跟班监督关键部位、关键工序的施工执行施工方案以及工程建设强制性标准情况；

（三）核查进场建筑材料、建筑构配件、设备和商品混凝土的质量检验报告等，并可在现场监督施工企业进行检验或者委托具有资格的第三方进行复验；

（四）做好旁站监理记录和监理日记，保存旁站监理原始资料。

第七条 旁站监理人员应当认真履行职责，对需要实施旁站监理的关键部位、关键工序在施工现场跟班监督，及时发现和处理旁站监理过程中出现的质量问题，如实准确地做好旁站监理记录。凡旁站监理人员和施工企业现场质检人员未在旁站监理记录（见附件）上签字的，不得进行下一道工序施工。

第八条 旁站监理人员实施旁站监理时，发现施工企业有违反工程建设强制性标准行为的，有权责令施工企业立即整改；发现其施工活动已经或者可能危及工程质量的，应当及时向监理工程师或者总监理工程师报告，由总监理工程师下达局部暂停施工指令或者采取其他应急措施。

第九条 旁站监理记录是监理工程师或者总监理工程师依法行使有关签字权的重要依据。对于需要旁站监理的关键部位、关键工序施工，凡没有实施旁站监理或者没有旁站监理记录的，监理工程师或者总监理工程师不得在相应文件上签字。在工程竣工验收后，监理企业应当将旁站监理记录存档备查。

第十条 对于按照本办法规定的关键部位、关键工序实施旁站监理的，建设单位应当严格按照国家规定的监理取费标准执行；对于超出本办法规定的范围，建设单位要求监理企业实施旁站监理的，建设单位应当另行支付监理费用，具体费用标准由建设单位与监理企业在合同中约定。

第十一条 建设行政主管部门应当加强对旁站监理的监督检查，对于不按照本办法实施旁站监理的监理企业和有关监理人员要进行通报，责令整改，并作为不良记录载入该企业和有关人员的信用档案；情节严重的，在资质年检时应定为不合格，并按照下一个资质等级重新核定其资质等级；对于不按照本办法实施旁站监理而发生工程质量事故的，除依法对有关责任单位进行处罚外，还要依法追究监理企业和有关监理人员的相应责任。

第十二条 其他工程的施工旁站监理，可以参照本办法实施。

第十三条 本办法自2003年1月1日起施行。

建设部关于落实建设工程安全生产监理责任的若干意见

（2006年10月16日 建市〔2006〕248号）

各省、自治区建设厅，直辖市建委，山东、江苏省建管局，新疆生产建设兵团建设局，国务院有关部门，总后基建营房部工程管理局，国资委管理的有关企业，有关行业协会：

为了认真贯彻《建设工程安全生产管理条例》（以下简称《条例》），指导和督促工程监理单位（以下简称“监理单位”）落实安全生产监理责任，做好建设工程安全生产的监理工作（以下简称“安全监理”），切实加强建设工程安全生产管理，提出如下意见：

一、建设工程安全监理的主要工作内容

监理单位应当按照法律、法规和工程建设强制性标准及监理委托合同实施监理，对所监理工程的施工安全生产进行监督检查，具体内容包括：

（一）施工准备阶段安全监理的主要工作内容

1. 监理单位应根据《条例》的规定，按照工程建设强制性标准、《建设工程监理规范》（GB50319）和相关行业监理规范的要求，编制包括安全监理内容的项目监理规划，明确安全监理的范围、内容、工作程序和制度措施，以及人员配备计划和职责等。

2. 对中型及以上项目和《条例》第二十六条规定的危险性较大的分部分项工程，监理单位应当编制监理实施细则。实施细则应当明确安全监理的方法、措施和控制要点，以及对施工单位安全技术措施的检查方案。

3. 审查施工单位编制的施工组织设计中的安全技术措施和危险性较大的分部分项工程安全专项施工方案是否符合工程建设强制性标准要求。审查的主要内容应当包括：

（1）施工单位编制的地下管线保护措施方案是否符合强制性标准要求；

（2）基坑支护与降水、土方开挖与边

坡防护、模板、起重吊装、脚手架、拆除、爆破等分部分项工程的专项施工方案是否符合强制性标准要求；

（3）施工现场临时用电施工组织设计或者安全用电技术措施和电气防火措施是否符合强制性标准要求；

（4）冬季、雨季等季节性施工方案的制定是否符合强制性标准要求；

（5）施工总平面布置图是否符合安全生产的要求，办公、宿舍、食堂、道路等临时设施设置以及排水、防火措施是否符合强制性标准要求。

4. 检查施工单位在工程项目上的安全生产规章制度和安全监管机构的建立、健全及专职安全生产管理人员配备情况，督促施工单位检查各分包单位的安全生产规章制度的建立情况。

5. 审查施工单位资质和安全生产许可证是否合法有效。

6. 审查项目经理和专职安全生产管理人员是否具备合法资格，是否与投标文件相一致。

7. 审核特种作业人员的特种作业操作资格证书是否合法有效。

8. 审核施工单位应急救援预案和安全防护措施费用使用计划。

（二）施工阶段安全监理的主要工作内容

1. 监督施工单位按照施工组织设计中的安全技术措施和专项施工方案组织施工，及时制止违规施工作业。

2. 定期巡视检查施工过程中的危险性较大工程作业情况。

3. 核查施工现场施工起重机械、整体提升脚手架、模板等自升式架设设施和安全设施的验收手续。

4. 检查施工现场各种安全标志和安全防护措施是否符合强制性标准要求，并检查安全生产费用的使用情况。

5. 督促施工单位进行安全自查工作，并对施工单位自查情况进行抽查，参加建设单位组织的安全生产专项检查。

二、建设工程安全监理的工作程序

（一）监理单位按照《建设工程监理规范》和相关行业监理规范要求，编制含有安全监理内容的监理规划和监理实施细则。

（二）在施工准备阶段，监理单位审查核验施工单位提交的有关技术文件及资料，并由项目总监在有关技术文件报审表上签署意见；审查未通过的，安全技术措施及专项施工方案不得实施。

（三）在施工阶段，监理单位应对施工现场安全生产情况进行巡视检查，对发现的各类安全事故隐患，应书面通知施工单位，并督促其立即整改；情况严重的，监理单位应及时下达工程暂停令，要求施工单位停工整改，并同时报告建设单位。安全事故隐患消除后，监理单位应检查整改结果，签署复查或复工意见。施工单位拒不整改或不停工整改的，监理单位应当及时向工程所在地建设主管部门或工程项目的行业主管部门报告，以电话形式报告的，应当有通话记录，并及时补充书面报告。检查、整改、复查、报告等情况应记载在监理日志、监理月报中。

监理单位应核查施工单位提交的施工起重机械、整体提升脚手架、模板等自升式架设设施和安全设施等验收记录，并由安全监理人员签收备案。

（四）工程竣工后，监理单位应将有关安全生产的技术文件、验收记录、监理规划、监理实施细则、监理月报、监理会议纪要及相关书面通知等按规定立卷归档。

三、建设工程安全生产的监理责任

（一）监理单位应对施工组织设计中的安全技术措施或专项施工方案进行审查，未进行审查的，监理单位应承担《条例》第五十七条规定的法律责任。

施工组织设计中的安全技术措施或专

项施工方案未经监理单位审查签字认可，施工单位擅自施工的，监理单位应及时下达工程暂停令，并将情况及时书面报告建设单位。监理单位未及时下达工程暂停令并报告的，应承担《条例》第五十七条规定的法律责任。

（二）监理单位在监理巡视检查过程中，发现存在安全事故隐患的，应按照有关规定及时下达书面指令要求施工单位进行整改或停止施工。监理单位发现安全事故隐患没有及时下达书面指令要求施工单位进行整改或停止施工的，应承担《条例》第五十七条规定的法律责任。

（三）施工单位拒绝按照监理单位的要求进行整改或者停止施工的，监理单位应及时将情况向当地建设主管部门或工程项目的行业主管部门报告。监理单位没有及时报告，应承担《条例》第五十七条规定的法律责任。

（四）监理单位未依照法律、法规和工程建设强制性标准实施监理的，应当承担《条例》第五十七条规定的法律责任。

监理单位履行了上述规定的职责，施工单位未执行监理指令继续施工或发生安全事故的，应依法追究监理单位以外的其他相关单位和人员的法律责任。

四、落实安全生产监理责任的主要工作

（一）健全监理单位安全监理责任制。监理单位法定代表人应对本企业监理工程项目的安全监理全面负责。总监理工程师要对工程项目的安全监理负责，并根据工程项目特点，明确监理人员的安全监理职责。

（二）完善监理单位安全生产管理制度。在健全审查核验制度、检查验收制度和督促整改制度基础上，完善工地例会制度及资料归档制度。定期召开工地例会，针对薄弱环节，提出整改意见，并督促落实；指定专人负责监理内业资料的整理、分类及立卷归档。

（三）建立监理人员安全生产教育培训制度。监理单位的总监理工程师和安全监理人员需经安全生产教育培训后方可上岗，其教育培训情况记入个人继续教育档案。

各级建设主管部门和有关主管部门应当加强建设工程安全生产管理工作的监督检查，督促监理单位落实安全生产监理责任，对监理单位实施安全监理给予支持和指导，共同督促施工单位加强安全生产管理，防止安全事故的发生。

水利工程建设监理规定

（2006年12月18日水利部令第28号发布　根据2017年12月22日《水利部关于废止和修改部分规章的决定》修正）

第一章　总　　则

第一条　为规范水利工程建设监理活动，确保工程建设质量，根据《中华人民共和国招标投标法》、《建设工程质量管理条例》、《建设工程安全生产管理条例》等法律法规，结合水利工程建设实际，制定本规定。

第二条　从事水利工程建设监理以及对水利工程建设监理实施监督管理，适用本规定。

本规定所称水利工程是指防洪、排涝、灌溉、水力发电、引（供）水、滩涂治理、水土保持、水资源保护等各类工程（包括新建、扩建、改建、加固、修复、拆除等项目）及其配套和附属工程。

本规定所称水利工程建设监理，是指具有相应资质的水利工程建设监理单位（以下简称监理单位），受项目法人（建设单位，下同）委托，按照监理合同对水利工程建设项目实施中的质量、进度、资金、安全生产、环境保护等进行的管理活动，包括水利工程施工监理、水土保持工程施工监理、机电及金属结构设备制造监理、水利工程建设环境保护监理。

第三条 水利工程建设项目依法实行建设监理。

总投资200万元以上且符合下列条件之一的水利工程建设项目，必须实行建设监理：

（一）关系社会公共利益或者公共安全的；

（二）使用国有资金投资或者国家融资的；

（三）使用外国政府或者国际组织贷款、援助资金的。

铁路、公路、城镇建设、矿山、电力、石油天然气、建材等开发建设项目的配套水土保持工程，符合前款规定条件的，应当按照本规定开展水土保持工程施工监理。

其他水利工程建设项目可以参照本规定执行。

第四条 水利部对全国水利工程建设监理实施统一监督管理。

水利部所属流域管理机构（以下简称流域管理机构）和县级以上地方人民政府水行政主管部门对其所管辖的水利工程建设监理实施监督管理。

第二章 监理业务委托与承接

第五条 按照本规定必须实施建设监理的水利工程建设项目，项目法人应当按照水利工程建设项目招标投标管理的规定，确定具有相应资质的监理单位，并报项目主管部门备案。

项目法人和监理单位应当依法签订监理合同。

第六条 项目法人委托监理业务，合同价格不得低于成本。监理单位不得违反标准规范规定或合同约定，通过降低服务质量、减少服务内容等手段进行恶性竞争，扰乱正常市场秩序。

项目法人及其工作人员不得索取、收受监理单位的财物或者其他不正当利益。

第七条 监理单位应当按照水利部的规定，取得《水利工程建设监理单位资质等级证书》，并在其资质等级许可的范围内承揽水利工程建设监理业务。

两个以上具有资质的监理单位，可以组成一个联合体承接监理业务。联合体各方应当签订协议，明确各方拟承担的工作和责任，并将协议提交项目法人。联合体的资质等级，按照同一专业内资质等级较低的一方确定。联合体中标的，联合体各方应当共同与项目法人签订监理合同，就中标项目向项目法人承担连带责任。

第八条 监理单位与被监理单位以及建筑材料、建筑构配件和设备供应单位有隶属关系或者其他利害关系的，不得承担该项工程的建设监理业务。

监理单位不得以串通、欺诈、胁迫、贿赂等不正当竞争手段承揽水利工程建设监理业务。

第九条 监理单位不得允许其他单位或者个人以本单位名义承揽水利工程建设监理业务。

监理单位不得转让监理业务。

第三章 监理业务实施

第十条 监理单位应当聘用一定数量的监理人员从事水利工程建设监理业务。监理人员包括总监理工程师、监理工程师和监理员。总监理工程师、监理工程师应当具有监理工程师职业资格，总监理工程师还应当具有工程类高级专业技术职称。

监理工程师应当由其聘用监理单位（以下简称注册监理单位）报水利部注册备案，并在其注册监理单位从事监理业务；需要临时到其他监理单位从事监理业务的，应当由该监理单位与注册监理单位签订协议，明确监理责任等有关事宜。

监理人员应当保守执（从）业秘密，并不得同时在两个以上水利工程项目从事监理业务，不得与被监理单位以及建筑材料、建筑构配件和设备供应单位发生经济利益关系。

第十一条 监理单位应当按下列程序实施建设监理：

（一）按照监理合同，选派满足监理工作要求的总监理工程师、监理工程师和监理员组建项目监理机构，进驻现场；

（二）编制监理规划，明确项目监理机构的工作范围、内容、目标和依据，确定监理工作制度、程序、方法和措施，并报项目法人备案；

（三）按照工程建设进度计划，分专业编制监理实施细则；

（四）按照监理规划和监理实施细则开展监理工作，编制并提交监理报告；

（五）监理业务完成后，按照监理合同向项目法人提交监理工作报告、移交档案资料。

第十二条 水利工程建设监理实行总监理工程师负责制。

总监理工程师负责全面履行监理合同约定的监理单位职责，发布有关指令，签署监理文件，协调有关各方之间的关系。

监理工程师在总监理工程师授权范围内开展监理工作，具体负责所承担的监理工作，并对总监理工程师负责。

监理员在监理工程师或者总监理工程师授权范围内从事监理辅助工作。

第十三条 监理单位应当将项目监理机构及其人员名单、监理工程师和监理员的授权范围书面通知被监理单位。监理实施期间监理人员有变化的，应当及时通知被监理单位。

监理单位更换总监理工程师和其他主要监理人员的，应当符合监理合同的约定。

第十四条 监理单位应当按照监理合同，组织设计单位等进行现场设计交底，核查并签发施工图。未经总监理工程师签字的施工图不得用于施工。

监理单位不得修改工程设计文件。

第十五条 监理单位应当按照监理规范的要求，采取旁站、巡视、跟踪检测和平行检测等方式实施监理，发现问题应当及时纠正、报告。

监理单位不得与项目法人或者被监理单位串通，弄虚作假、降低工程或者设备质量。

监理人员不得将质量检测或者检验不合格的建设工程、建筑材料、建筑构配件和设备按照合格签字。

未经监理工程师签字，建筑材料、建筑构配件和设备不得在工程上使用或者安装，不得进行下一道工序的施工。

第十六条 监理单位应当协助项目法人编制控制性总进度计划，审查被监理单位编制的施工组织设计和进度计划，并督促被监理单位实施。

第十七条 监理单位应当协助项目法人编制付款计划，审查被监理单位提交的资金流计划，按照合同约定核定工程量，签发付款凭证。

未经总监理工程师签字，项目法人不得支付工程款。

第十八条 监理单位应当审查被监理单位提出的安全技术措施、专项施工方案和环境保护措施是否符合工程建设强制性标准和环境保护要求，并监督实施。

监理单位在实施监理过程中，发现存在安全事故隐患的，应当要求被监理单位整改；情况严重的，应当要求被监理单位暂时停止施工，并及时报告项目法人。被监理单位拒不整改或者不停止施工的，监理单位应当及时向有关水行政主管部门或者流域管理机构报告。

第十九条 项目法人应当向监理单位提供必要的工作条件，支持监理单位独立开展监理业务，不得明示或者暗示监理单位违反法律法规和工程建设强制性标准，不得更改总监理工程师指令。

第二十条 项目法人应当按照监理合同，及时、足额支付监理单位报酬，不得无故削减或者拖延支付。

项目法人可以对监理单位提出并落实的合理化建议给予奖励。奖励标准由项目法人与监理单位协商确定。

第四章 监督管理

第二十一条 县级以上人民政府水行政主管部门和流域管理机构应当加强对水利工程建设监理活动的监督管理，对项目法人和监理单位执行国家法律法规、工程建设强制性标准以及履行监理合同的情况进行监督检查。

项目法人应当依据监理合同对监理活动进行检查。

第二十二条 县级以上人民政府水行政主管部门和流域管理机构在履行监督检查职责时，有关单位和人员应当客观、如实反映情况，提供相关材料。

县级以上人民政府水行政主管部门和流域管理机构实施监督检查时，不得妨碍监理单位和监理人员正常的监理活动，不得索取或者收受被监督检查单位和人员的财物，不得谋取其他不正当利益。

第二十三条 县级以上人民政府水行政主管部门和流域管理机构在监督检查中，发现监理单位和监理人员有违规行为的，应当责令纠正，并依法查处。

第二十四条 任何单位和个人有权对水利工程建设监理活动中的违法违规行为进行检举和控告。有关水行政主管部门和流域管理机构以及有关单位应当及时核实、处理。

第五章 罚则

第二十五条 项目法人将水利工程建设监理业务委托给不具有相应资质的监理单位，或者必须实行建设监理而未实行的，依照《建设工程质量管理条例》第五十四条、第五十六条处罚。

项目法人对监理单位提出不符合安全生产法律、法规和工程建设强制性标准要求的，依照《建设工程安全生产管理条例》第五十五条处罚。

第二十六条 项目法人及其工作人员收受监理单位贿赂、索取回扣或者其他不正当利益的，予以追缴，并处违法所得3倍以下且不超过3万元的罚款；构成犯罪的，依法追究有关责任人员的刑事责任。

第二十七条 监理单位有下列行为之一的，依照《建设工程质量管理条例》第六十条、第六十一条、第六十二条、第六十七条、第六十八条处罚：

（一）超越本单位资质等级许可的业务范围承揽监理业务的；

（二）未取得相应资质等级证书承揽监理业务的；

（三）以欺骗手段取得的资质等级证书承揽监理业务的；

（四）允许其他单位或者个人以本单位名义承揽监理业务的；

（五）转让监理业务的；

（六）与项目法人或者被监理单位串通，弄虚作假、降低工程质量的；

（七）将不合格的建设工程、建筑材料、建筑构配件和设备按照合格签字的；

（八）与被监理单位以及建筑材料、建筑构配件和设备供应单位有隶属关系或者其他利害关系承担该项工程建设监理业务的。

第二十八条 监理单位有下列行为之一的，责令改正，给予警告；无违法所得的，处1万元以下罚款，有违法所得的，予以追缴，处违法所得3倍以下且不超过3万元罚款；情节严重的，降低资质等级；构成犯罪的，依法追究有关责任人员的刑事责任：

（一）以串通、欺诈、胁迫、贿赂等不正当竞争手段承揽监理业务的；

（二）利用工作便利与项目法人、被监理单位以及建筑材料、建筑构配件和设备供应单位串通，谋取不正当利益的。

第二十九条 监理单位有下列行为之一的，依照《建设工程安全生产管理条例》第五十七条处罚：

（一）未对施工组织设计中的安全技术措施或者专项施工方案进行审查的；

（二）发现安全事故隐患未及时要求施工单位整改或者暂时停止施工的；

（三）施工单位拒不整改或者不停止施工，未及时向有关水行政主管部门或者流域管理机构报告的；

（四）未依照法律、法规和工程建设强制性标准实施监理的。

第三十条 监理单位有下列行为之一的，责令改正，给予警告；情节严重的，降低资质等级：

（一）聘用无相应监理人员资格的人员从事监理业务的；

（二）隐瞒有关情况、拒绝提供材料或者提供虚假材料的。

第三十一条 监理人员从事水利工程建设监理活动，有下列行为之一的，责令改正，给予警告；其中，监理工程师违规情节严重的，注销注册证书，2 年内不予注册；有违法所得的，予以追缴，并处 1 万元以下罚款；造成损失的，依法承担赔偿责任；构成犯罪的，依法追究刑事责任：

（一）利用执（从）业上的便利，索取或者收受项目法人、被监理单位以及建筑材料、建筑构配件和设备供应单位财物的；

（二）与被监理单位以及建筑材料、建筑构配件和设备供应单位串通，谋取不正当利益的；

（三）非法泄露执（从）业中应当保守的秘密的。

第三十二条 监理人员因过错造成质量事故的，责令停止执（从）业 1 年，其中，监理工程师因过错造成重大质量事故的，注销注册证书，5 年内不予注册，情节特别严重的，终身不予注册。

监理人员未执行法律、法规和工程建设强制性标准的，责令停止执（从）业 3 个月以上 1 年以下，其中，监理工程师违规情节严重的，注销注册证书，5 年内不予注册，造成重大安全事故的，终身不予注册；构成犯罪的，依法追究刑事责任。

第三十三条 水行政主管部门和流域管理机构的工作人员在工程建设监理活动的监督管理中玩忽职守、滥用职权、徇私舞弊的，依法给予处分；构成犯罪的，依法追究刑事责任。

第三十四条 依法给予监理单位罚款处罚的，对单位直接负责的主管人员和其他直接责任人员处单位罚款数额百分之五以上、百分之十以下的罚款。

监理单位的工作人员因调动工作、退休等原因离开该单位后，被发现在该单位工作期间违反国家有关工程建设质量管理规定，造成重大工程质量事故的，仍应当依法追究法律责任。

第三十五条 降低监理单位资质等级、吊销监理单位资质等级证书的处罚以及注销监理工程师注册证书，由水利部决定；其他行政处罚，由有关水行政主管部门依照法定职权决定。

第六章 附 则

第三十六条 本规定所称机电及金属结构设备制造监理是指对安装于水利工程的发电机组、水轮机组及其附属设施，以及闸门、压力钢管、拦污设备、起重设备等机电及金属结构设备生产制造过程中的质量、进度等进行的管理活动。

本规定所称水利工程建设环境保护监理是指对水利工程建设项目实施中产生的废（污）水、垃圾、废渣、废气、粉尘、噪声等采取的控制措施所进行的管理活动。

本规定所称被监理单位是指承担水利工程施工任务的单位，以及从事水利工程的机电及金属结构设备制造的单位。

第三十七条 监理单位分立、合并、改制、转让的，由继承其监理业绩的单位承担相应的监理责任。

第三十八条 有关水利工程建设监理的技术规范，由水利部另行制定。

第三十九条 本规定自2007年2月1日起施行。《水利工程建设监理规定》（水建管〔1999〕637号）、《水土保持生态建设工程监理管理暂行办法》（水建管〔2003〕79号）同时废止。

《水利工程设备制造监理规定》（水建管〔2001〕217号）与本规定不一致的，依照本规定执行。

铁路建设工程监理管理暂行规定

（2007年9月17日 铁建设〔2007〕176号）

第一章 总 则

第一条 为有效实施建设工程监理制度，规范铁路建设工程监理工作，保证建设工程质量，提高投资效益，根据国家和铁道部有关规定，制定本规定。

第二条 本规定所称铁路建设工程监理，是指监理单位受建设单位委托，依据国家和铁道部有关工程建设的法律法规以及技术标准、设计文件和建设工程承包合同，对铁路工程建设项目施工阶段的工程质量、建设工期、施工安全、建设投资和环境保护等代表建设单位实施监督管理的活动。

第三条 本规定适用于新建、改建铁路大中型建设项目，小型铁路建设项目参照执行。

第四条 铁路建设工程监理工作遵循守法、诚信、公正、科学的准则；铁路工程监理实行监理单位对监理工作负责，总监理工程师受监理单位委托具体负责项目监理工作的制度。

第五条 铁道部鼓励从事铁路建设工程监理的监理单位，加强人才培训和队伍建设，采用先进的管理方式、方法和手段，不断提高铁路建设工程监理能力和监理工作水平。

第六条 铁道部建设管理司负责铁路建设工程监理行业管理工作。

第二章 监理工作委托

第七条 依法必须实施监理招标的建设项目，建设单位应通过招标方式选择具有相应工程监理资质的监理单位。监理招标一般在项目初步设计批准后进行（含客运专线项目）。选择监理单位应主要考虑监理单位的资信程度、监理能力、技术水平等因素。

第八条 建设单位应根据铁路建设项目的规模、技术标准等因素，合理确定监理标段。工程监理优先采用大标段，标段长度划分应有利于监理单位发挥规模效益。监理标段可以划分为综合标段和专业标段。

第九条 一个监理标段原则上由一个监理单位承担。以联合体形式承担监理业务的，联合体应以牵头单位为主组建现场监理机构负责具体实施，禁止中标后按联合体组成单位分标实施监理。

第十条 一个建设项目的监理工作由两个及以上监理单位承担的，建设单位宜选择其中一个监理单位作为建设项目的总体监理单位，协助建设单位对建设项目监理工作实施管理，并承担管理和协调责任。

第十一条 采用新技术或技术复杂的建设项目，可采用中外合作方式组建监理联合体。联合体外方主要负责重大技术问题咨询、关键工程监理和中方监理人员培训。

第十二条 铁路建设工程监理实行回避制度。监理单位不得与被监理工程的承包商以及建筑材料、建筑构配件和设备供应单位有隶属或利害关系，也不得与其发生经营性业务关系。

第十三条 建设单位必须与监理单位依法签订委托监理合同。委托监理合同必须明确监理工作的范围、内容和要求，约定双方的责任、权利、义务、监理酬金和违约责任等。建设单位和监理单位必须严格履行委托监理合同。

第三章 监理单位及监理人员

第十四条 监理单位必须在其资质等级许可的范围内承担铁路建设工程监理业务，不得超越资质范围承接监理业务。

严禁以串通、欺诈、贿赂等不正当手段承揽铁路建设工程监理业务。

第十五条 监理单位必须遵守国家有关法律法规和铁道部规章制度，在建设单位的组织和协调下，做好铁路建设工程监理工作，接受铁路工程质量安全监督部门的监督。

第十六条 监理单位必须依法合规开展监理工作，维护建设单位的合法权益，不得损害其他单位的合法权益，不得转让或分包工程监理业务。

第十七条 监理单位必须严格履行投标承诺，按《铁路建设工程监理规范》规定和监理合同约定，设置现场监理机构、配备监理工程师及其他监理人员，并加强对现场监理机构和监理人员的管理。

第十八条 监理单位应建立稳定的核心技术骨干队伍，对监理人员开展经常性培训，组织监理人员参加铁道部有关部门组织的铁路工程监理专业培训，鼓励监理人员努力提高自身的业务素质，提高监理企业的整体监理水平。

第十九条 监理人员必须认真学习法律法规和铁路建设规章制度，熟悉铁路建设程序和规程规范，熟悉铁路监理业务，积极参加监理专业培训，学习铁路监理知识，不断提高自身业务素质，适应铁路建设监理工作需要；

连续三年未参加铁道部有关部门组织的铁路工程监理专业培训的监理人员，不得继续从事铁路建设监理工作。

第二十条 监理人员必须严格遵守法律法规和铁路建设规章制度，遵守监理职业道德规范，依法行使监理人员的权利，严格履行监理人员的义务，按规范要求实施监理，对监理工作质量承担责任。

监理人员不得利用职权谋取不正当利益，在承担监理工作期间，不得在勘察设计、施工、材料供应等单位任职或兼职。

第二十一条 监理单位及监理人员有保护建设单位和被监理单位知识产权的义务，不得向第三方泄露其商业秘密和技术秘密。

第二十二条 监理单位及监理人员不得承揽被监理工程的施工和建筑材料及设备的销售业务；严禁向被监理工程的施工单位指定或推荐材料、设备的生产供应商。

第四章 现场监理机构

第二十三条 现场监理机构是监理单位具体实施监理业务的现场工作机构，监理单位必须按委托监理合同约定设置。

第二十四条 监理单位应按《铁路建设工程监理规范》和监理合同约定，配备与建设项目监理工作相适应的监理工程师及其他监理人员，为项目监理机构配备满足监理工作所必需的办公生活设施、检验检测设备和交通通信工具。

第二十五条 总体监理单位应根据监理标段工作和总体监理工作需要设置现场监理机构，在现场监理机构设置总体监理办公室，并配备满足总体监理工作需要、能够完成项目监理管理和协调工作的监理人员。

总体监理办公室在建设单位代表指导下、总监理工程师领导下开展工作。

第二十六条 建设项目设置总体监理单位的，其他监理单位的现场监理机构应接受总体监理单位现场监理机构的协调和管理，且不减免其他监理单位应承担的监理责任。

第二十七条 监理单位应任命总监理工程师作为现场监理机构的负责人，代表监理单位全面履行委托监理合同约定的监理单位职责、权限和义务。拟任总监理工程师应同时具备下列条件：

1. 依法在本单位注册的注册监理工程师；

2. 具有5年以上铁路监理工作经验；

3. 在本监理单位服务2年以上、合同终止期不早于所监理工程监理合同终止期；

4. 经过铁道部有关部门组织的总监理工程师岗前培训，并取得培训合格证书。

第二十八条 监理单位应将总监理工程师任命书送建设单位备案，除特殊原因外，监理单位不得更换总监理工程师。因特殊原因需要更换时，监理单位应提前通知建设单位并征得同意。拟更换的总监理工程师条件和能力应符合招标文件的要求。

第二十九条 专业监理工程师应由具有铁路监理工作经验的注册监理工程师担任，专业监理工程师的专业和数量应与监理工作匹配，其他监理人员应经专业培训合格，配置数量满足现场监理工作需要。

第三十条 允许进入铁路建设市场的其他行业依法注册的监理工程师，应在从事铁路工程监理工作前接受铁路监理业务培训，培训合格后方可以专业监理工程师的身份参与铁路工程监理工作。

第三十一条 监理单位更换现场监理机构的专业监理工程师，应提前通知建设单位并取得同意，拟更换人员的资格和能力应符合招标文件的要求。

第三十二条 总监理工程师、专业监理工程师以及其他监理人员只能在一个建设项目（标段）承担监理工作，不得同时承担两个及以上项目的监理及其他工作。

第五章 监理工作实施

第三十三条 铁路建设工程监理工作应遵守相关法律、法规、规章和铁路建设工程监理规范，依据审核合格的施工图，执行工程建设技术规范和施工质量验收标准，按照委托监理合同、工程承包合同及其他相关文件实施监理工作。

第三十四条 现场监理机构应对建设项目的质量、进度、投资控制，合同及信息管理，现场施工安全管理和环保水保监督等实施监理，履行监理职责。

第三十五条 现场监理机构应按照《铁路建设工程监理规范》的要求，编制监理规划和实施细则，并认真组织实施。

设置总体监理单位的，监理规划应按规定时间送总体监理办公室审查。

第三十六条 建设单位应在监理工作实施前，将监理单位任命的总监理工程师书面通知相关承包单位。总监理工程师应同时将其所授予专业监理工程师的有关权限，书面通知承包单位。

第三十七条 设置总体监理单位的建设项目，建设单位应在监理工作实施前，将总体监理单位及对其授权的事项、总体监理办公室设置等事项通知建设项目的所有监理单位及现场监理机构，并作为监理合同的附件纳入监理合同。

第三十八条 总监理工程师在监理合同授权范围内开展工作，发布有关指令，签署有关凭证，要求承包单位撤换不合格人员。建设单位应支持总监理工程师开展工作，维护其下达监理指令的权威，并不得擅自更改。未经总监理工程师签认，建设单位不得向承包单位支付工程款。

第三十九条 在实施监理过程中，总监理工程师应定期向建设单位书面报告监理工作情况。工程验收前应提交工程质量评估报告，项目验收后应提交监理总结报告。

第四十条 中外合作监理联合体承担铁路

建设工程监理工作时，应执行国家和铁道部颁布的技术规范。需要采用境外技术规范的，必须报经铁道部批准。

第六章　监理工作管理

第四十一条　建设单位应根据《铁路建设工程监理规范》的规定，将施工阶段应由监理单位承担的工作委托给监理单位，并提出具体工作要求。

根据需要，建设单位可要求监理单位依据监理合同或相关协议派遣监理人员到建设单位协助相关工作。

第四十二条　建设项目设置总体监理单位的，建设单位应合理确定总体监理单位的工作内容和工作要求，明确总体监理单位与其他监理单位之间的关系，并将其纳入总体监理合同和其他监理合同。

第四十三条　建设单位应加强对监理工作的管理，项目管理机构应明确一名领导负责监理管理工作，指定业务部门和人员具体负责监理工作，落实部门和人员的管理责任和工作要求，并及时协调解决监理工作中存在的问题，定期对监理工作进行考核。

第四十四条　建设单位对监理工作管理，可采用派遣常驻代表指导和协调的工作方式，也可采用直接管理的工作方式。

建设单位向总体监理单位或监理单位（没有总体监理单位时）现场监理机构派遣常驻代表的，总体监理单位或监理单位现场管理机构应接受建设单位常驻代表的指导和协调。

建设单位对现场监理机构采用直接管理的，建设单位一般应通过总监理工程师下达指令的形式实施。

第四十五条　建设单位应加强对监理单位现场监理机构的管理，督促监理单位按合同约定为现场监理机构配备监理工程师及其他监理人员，配备满足监理工作所必需的办公生活设施、检验检测设备和交通通信工具，责成监理单位更换不适合监理工作的监理人员。

第四十六条　建设单位应支持现场监理机构工作，保护监理人员依法开展监理工作。对监理合同委托范围内的工作，建设单位应通过现场监理机构实施，除特殊情况外，不应干涉监理工作。

第四十七条　建设单位发现监理人员不按照委托监理合同约定履行监理职责的，有权要求监理单位整改和更换监理人员，直至解除监理合同，并将违规情况和违规人员报铁道部工程质量安全监督总站。

第四十八条　建设单位对监理工作的管理纳入建设单位年度考核。建设单位不履行监理管理责任的，要责令其改正；由于管理不善造成重大事故的，将追究建设单位主要领导、主管领导和责任人的责任。

第四十九条　铁道工程建设协会应发挥行业协会作用，指导监理企业提高整体素质，建立行业自律机制；在铁道部主管部门指导下，与相关部门配合制订铁路工程监理专业培训办法，编写培训大纲，组织实施培训工作，提高监理人员的铁路监理业务素质。

第五十条　铁道部工程质量安全监督总站及其派出机构对铁路建设工程监理工作实施监督，对监理单位和监理人员在铁路工程监理工作中的质量安全行为进行检查，建立监理企业和个人信用档案，对发生的违规行为进行处罚。

第七章　监 理 费 用

第五十一条　铁路建设工程监理费用严格执行国家的相关规定。铁路建设工程监理费用通过招标确定，支付方式在工程监理合同中明确。

第五十二条　采用中外合作监理的，除新技术监理咨询工作费用外，按国家规定收费标准收费。

第五十三条　总体监理费用为建设项目各

监理单位监理费用总和的5%，并纳入建设项目概算，由建设单位根据合同支付。

第五十四条 由于非监理单位原因造成建设工程监理工作量增加或减少的，建设单位应按合同约定与监理单位协商另行支付或扣减相应的监理费，增加（减少）监理费在招标降造费中列支。

第五十五条 由于监理单位原因造成监理工作量增加的，建设单位不另行支付监理费用。

监理工作不符合国家有关法律、法规和标准规范，不能满足合同约定的工作内容和质量要求的，建设单位应扣减相应的监理费用，扣减的监理费纳入招标降造费。

第八章 奖 惩

第五十六条 建设单位应按照铁道部制定的监理信誉评价办法，对监理单位履行合同和服务质量等定期进行评价，根据评价结果，对监理单位进行奖惩。

第五十七条 监理单位与勘察设计、施工等单位串通弄虚作假、降低工程质量、损害国家或者他人合法利益的，责令改正，暂停铁路工程监理投标资格；情节严重的，建议相关部门降低或者取消铁路监理资质；造成损失的，承担连带赔偿责任；构成犯罪，依法追究刑事责任。

第五十八条 监理单位不按监理委托合同的约定履行监理业务，对应当监督检查的项目不按规定检查的，责令改正；情节严重的，暂停铁路工程监理投标资格，直至建议相关部门降低或者取消铁路监理资质；给建设单位造成损失的，应当承担相应的赔偿责任。

第五十九条 建设项目发生质量、施工安全事故的，经确认监理单位负有责任的，根据责任性质，暂停监理单位的铁路监理投标资格，性质特别严重的，建议相关部门降低或者取消铁路监理资质。构成犯罪的，依法追究刑事责任。

第六十条 总监理工程师、监理工程师或者其他监理人员对未达到质量要求和相关规定予以签字认可的，停止监理工作且五年内不得参与铁路监理工作；构成犯罪的，依法追究刑事责任。

第六十一条 因监理人员工作失职，发生质量大事故或生产安全一般事故的，责令暂停监理工作参加铁路工程监理专业培训；培训合格后，方可继续参与铁路监理工作。造成工程质量重大事故或生产安全较大事故的，责令停止监理工作且五年内不得参与铁路监理工作。造成工程质量特别重大事故或生产安全重大事故的，责令停止监理工作且十年内不得参与铁路监理工作。

造成生产安全特别重大事故的，按国家有关规定处罚。

第九章 附 则

第六十二条 监理单位资质管理和监理工程师执业资格管理执行国家和铁道部相关规定。

监理单位承担铁路建设项目的其他相关服务工作执行铁道部相关规定。

第六十三条 本规定由铁道部建设管理司负责解释。

第六十四条 本规定自2007年10月1日起实行。

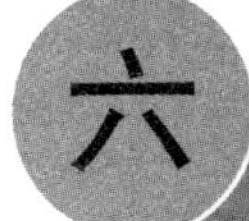

六 资质管理

（一）企业资质管理

建筑业企业资质管理规定

（2015年1月22日住房和城乡建设部令第22号公布　根据2016年9月13日《住房城乡建设部关于修改〈勘察设计注册工程师管理规定〉等11个部门规章的决定》第一次修订　根据2018年12月22日《住房城乡建设部关于修改〈建筑业企业资质管理规定〉等部门规章的决定》第二次修订）

第一章　总　　则

第一条　为了加强对建筑活动的监督管理，维护公共利益和规范建筑市场秩序，保证建设工程质量安全，促进建筑业的健康发展，根据《中华人民共和国建筑法》、《中华人民共和国行政许可法》、《建设工程质量管理条例》、《建设工程安全生产管理条例》等法律、行政法规，制定本规定。

第二条　在中华人民共和国境内申请建筑业企业资质，实施对建筑业企业资质监督管理，适用本规定。

本规定所称建筑业企业，是指从事土木工程、建筑工程、线路管道设备安装工程的新建、扩建、改建等施工活动的企业。

第三条　企业应当按照其拥有的资产、主要人员、已完成的工程业绩和技术装备等条件申请建筑业企业资质，经审查合格，取得建筑业企业资质证书后，方可在资质许可的范围内从事建筑施工活动。

第四条　国务院住房城乡建设主管部门负责全国建筑业企业资质的统一监督管理。国务院交通运输、水利、工业信息化等有关部门配合国务院住房城乡建设主管部门实施相关资质类别建筑业企业资质的管理工作。

省、自治区、直辖市人民政府住房城乡建设主管部门负责本行政区域内建筑业企业资质的统一监督管理。省、自治区、直辖市人民政府交通运输、水利、通信等有关部门配合同级住房城乡建设主管部门实施本行政区域内相关资质类别建筑业企业资质的管理工作。

第五条　建筑业企业资质分为施工总承包资质、专业承包资质、施工劳务资质三个序列。

施工总承包资质、专业承包资质按照工程性质和技术特点分别划分为若干资质类别，各资质类别按照规定的条件划分为若干资质等级。施工劳务资质不分类别与等级。

第六条　建筑业企业资质标准和取得相应资质的企业可以承担工程的具体范围，由国务院住房城乡建设主管部门会同国务院有关部门制定。

第七条 国家鼓励取得施工总承包资质的企业拥有全资或者控股的劳务企业。

建筑业企业应当加强技术创新和人员培训，使用先进的建造技术、建筑材料，开展绿色施工。

第二章 申请与许可

第八条 企业可以申请一项或多项建筑业企业资质。

企业首次申请或增项申请资质，应当申请最低等级资质。

第九条 下列建筑业企业资质，由国务院住房城乡建设主管部门许可：

（一）施工总承包资质序列特级资质、一级资质及铁路工程施工总承包二级资质；

（二）专业承包资质序列公路、水运、水利、铁路、民航方面的专业承包一级资质及铁路、民航方面的专业承包二级资质；涉及多个专业的专业承包一级资质。

第十条 下列建筑业企业资质，由企业工商注册所在地省、自治区、直辖市人民政府住房城乡建设主管部门许可：

（一）施工总承包资质序列二级资质及铁路、通信工程施工总承包三级资质；

（二）专业承包资质序列一级资质（不含公路、水运、水利、铁路、民航方面的专业承包一级资质及涉及多个专业的专业承包一级资质）；

（三）专业承包资质序列二级资质（不含铁路、民航方面的专业承包二级资质）；铁路方面专业承包三级资质；特种工程专业承包资质。

第十一条 下列建筑业企业资质，由企业工商注册所在地设区的市人民政府住房城乡建设主管部门许可：

（一）施工总承包资质序列三级资质（不含铁路、通信工程施工总承包三级资质）；

（二）专业承包资质序列三级资质（不含铁路方面专业承包资质）及预拌混凝土、模板脚手架专业承包资质；

（三）施工劳务资质；

（四）燃气燃烧器具安装、维修企业资质。

第十二条 申请本规定第九条所列资质的，可以向企业工商注册所在地省、自治区、直辖市人民政府住房城乡建设主管部门提交申请材料。

省、自治区、直辖市人民政府住房城乡建设主管部门收到申请材料后，应当在5日内将全部申请材料报审批部门。

国务院住房城乡建设主管部门在收到申请材料后，应当依法作出是否受理的决定，并出具凭证；申请材料不齐全或者不符合法定形式的，应当在5日内一次性告知申请人需要补正的全部内容。逾期不告知的，自收到申请材料之日起即为受理。

国务院住房城乡建设主管部门应当自受理之日起20个工作日内完成审查。自作出决定之日起10日内公告审批结果。其中，涉及公路、水运、水利、通信、铁路、民航等方面资质的，由国务院住房城乡建设主管部门会同国务院有关部门审查。

需要组织专家评审的，所需时间不计算在许可时限内，但应当明确告知申请人。

第十三条 本规定第十条规定的资质许可程序由省、自治区、直辖市人民政府住房城乡建设主管部门依法确定，并向社会公布。

本规定第十一条规定的资质许可程序由设区的市级人民政府住房城乡建设主管部门依法确定，并向社会公布。

第十四条 企业申请建筑业企业资质，在资质许可机关的网站或审批平台提出申请事项，提交资金、专业技术人员、技术装备和已完成业绩等电子材料。

第十五条 企业申请建筑业企业资质，应当如实提交有关申请材料。资质许可机关收到申请材料后，应当按照《中华人民共和国行政许可法》的规定办理受理手续。

第十六条 资质许可机关应当及时将资质许可决定向社会公开，并为公众查询提供便利。

第十七条 建筑业企业资质证书分为正本和副本，由国务院住房城乡建设主管部门统一印制，正、副本具备同等法律效力。资质证书有效期为5年。

第三章 延续与变更

第十八条 建筑业企业资质证书有效期届满，企业继续从事建筑施工活动的，应当于资质证书有效期届满3个月前，向原资质许可机关提出延续申请。

资质许可机关应当在建筑业企业资质证书有效期届满前做出是否准予延续的决定；逾期未做出决定的，视为准予延续。

第十九条 企业在建筑业企业资质证书有效期内名称、地址、注册资本、法定代表人等发生变更的，应当在工商部门办理变更手续后1个月内办理资质证书变更手续。

第二十条 由国务院住房城乡建设主管部门颁发的建筑业企业资质证书的变更，企业应当向企业工商注册所在地省、自治区、直辖市人民政府住房城乡建设主管部门提出变更申请，省、自治区、直辖市人民政府住房城乡建设主管部门应当自受理申请之日起2日内将有关变更证明材料报国务院住房城乡建设主管部门，由国务院住房城乡建设主管部门在2日内办理变更手续。

前款规定以外的资质证书的变更，由企业工商注册所在地的省、自治区、直辖市人民政府住房城乡建设主管部门或者设区的市人民政府住房城乡建设主管部门依法另行规定。变更结果应当在资质证书变更后15日内，报国务院住房城乡建设主管部门备案。

涉及公路、水运、水利、通信、铁路、民航等方面的建筑业企业资质证书的变更，办理变更手续的住房城乡建设主管部门应当将建筑业企业资质证书变更情况告知同级有关部门。

第二十一条 企业发生合并、分立、重组以及改制等事项，需承继原建筑业企业资质的，应当申请重新核定建筑业企业资质等级。

第二十二条 企业需更换、遗失补办建筑业企业资质证书的，应当持建筑业企业资质证书更换、遗失补办申请等材料向资质许可机关申请办理。资质许可机关应当在2个工作日内办理完毕。

企业遗失建筑业企业资质证书的，在申请补办前应当在公众媒体上刊登遗失声明。

第二十三条 企业申请建筑业企业资质升级、资质增项，在申请之日起前一年至资质许可决定作出前，有下列情形之一的，资质许可机关不予批准其建筑业企业资质升级申请和增项申请：

（一）超越本企业资质等级或以其他企业的名义承揽工程，或允许其他企业或个人以本企业的名义承揽工程的；

（二）与建设单位或企业之间相互串通投标，或以行贿等不正当手段谋取中标的；

（三）未取得施工许可证擅自施工的；

（四）将承包的工程转包或违法分包的；

（五）违反国家工程建设强制性标准施工的；

（六）恶意拖欠分包企业工程款或者劳务人员工资的；

（七）隐瞒或谎报、拖延报告工程质量安全事故，破坏事故现场、阻碍对事故调查的；

（八）按照国家法律、法规和标准规定需要持证上岗的现场管理人员和技术工种作业人员未取得证书上岗的；

（九）未依法履行工程质量保修义务或拖延履行保修义务的；

（十）伪造、变造、倒卖、出租、出

借或者以其他形式非法转让建筑业企业资质证书的；

（十一）发生过较大以上质量安全事故或者发生过两起以上一般质量安全事故的；

（十二）其他违反法律、法规的行为。

第四章 监督管理

第二十四条 县级以上人民政府住房城乡建设主管部门和其他有关部门应当依照有关法律、法规和本规定，加强对企业取得建筑业企业资质后是否满足资质标准和市场行为的监督管理。

上级住房城乡建设主管部门应当加强对下级住房城乡建设主管部门资质管理工作的监督检查，及时纠正建筑业企业资质管理中的违法行为。

第二十五条 住房城乡建设主管部门、其他有关部门的监督检查人员履行监督检查职责时，有权采取下列措施：

（一）要求被检查企业提供建筑业企业资质证书、企业有关人员的注册执业证书、职称证书、岗位证书和考核或者培训合格证书，有关施工业务的文档，有关质量管理、安全生产管理、合同管理、档案管理、财务管理等企业内部管理制度的文件；

（二）进入被检查企业进行检查，查阅相关资料；

（三）纠正违反有关法律、法规和本规定及有关规范和标准的行为。

监督检查人员应当将监督检查情况和处理结果予以记录，由监督检查人员和被检查企业的有关人员签字确认后归档。

第二十六条 住房城乡建设主管部门、其他有关部门的监督检查人员在实施监督检查时，应当出示证件，并要有两名以上人员参加。

监督检查人员应当为被检查企业保守商业秘密，不得索取或者收受企业的财物，不得谋取其他利益。

有关企业和个人对依法进行的监督检查应当协助与配合，不得拒绝或者阻挠。

监督检查机关应当将监督检查的处理结果向社会公布。

第二十七条 企业违法从事建筑活动的，违法行为发生地的县级以上地方人民政府住房城乡建设主管部门或者其他有关部门应当依法查处，并将违法事实、处理结果或者处理建议及时告知该建筑业企业资质的许可机关。

对取得国务院住房城乡建设主管部门颁发的建筑业企业资质证书的企业需要处以停业整顿、降低资质等级、吊销资质证书行政处罚的，县级以上地方人民政府住房城乡建设主管部门或者其他有关部门，应当通过省、自治区、直辖市人民政府住房城乡建设主管部门或者国务院有关部门，将违法事实、处理建议及时报送国务院住房城乡建设主管部门。

第二十八条 取得建筑业企业资质证书的企业，应当保持资产、主要人员、技术装备等方面满足相应建筑业企业资质标准要求的条件。

企业不再符合相应建筑业企业资质标准要求条件的，县级以上地方人民政府住房城乡建设主管部门、其他有关部门，应当责令其限期改正并向社会公告，整改期限最长不超过3个月；企业整改期间不得申请建筑业企业资质的升级、增项，不能承揽新的工程；逾期仍未达到建筑业企业资质标准要求条件的，资质许可机关可以撤回其建筑业企业资质证书。

被撤回建筑业企业资质证书的企业，可以在资质被撤回后3个月内，向资质许可机关提出核定低于原等级同类别资质的申请。

第二十九条 有下列情形之一的，资质许可机关应当撤销建筑业企业资质：

（一）资质许可机关工作人员滥用职

权、玩忽职守准予资质许可的；

（二）超越法定职权准予资质许可的；

（三）违反法定程序准予资质许可的；

（四）对不符合资质标准条件的申请企业准予资质许可的；

（五）依法可以撤销资质许可的其他情形。

以欺骗、贿赂等不正当手段取得资质许可的，应当予以撤销。

第三十条 有下列情形之一的，资质许可机关应当依法注销建筑业企业资质，并向社会公布其建筑业企业资质证书作废，企业应当及时将建筑业企业资质证书交回资质许可机关：

（一）资质证书有效期届满，未依法申请延续的；

（二）企业依法终止的；

（三）资质证书依法被撤回、撤销或吊销的；

（四）企业提出注销申请的；

（五）法律、法规规定的应当注销建筑业企业资质的其他情形。

第三十一条 有关部门应当将监督检查情况和处理意见及时告知资质许可机关。资质许可机关应当将涉及有关公路、水运、水利、通信、铁路、民航等方面的建筑业企业资质许可被撤回、撤销、吊销和注销的情况告知同级有关部门。

第三十二条 资质许可机关应当建立、健全建筑业企业信用档案管理制度。建筑业企业信用档案应当包括企业基本情况、资质、业绩、工程质量和安全、合同履约、社会投诉和违法行为等情况。

企业的信用档案信息按照有关规定向社会公开。

取得建筑业企业资质的企业应当按照有关规定，向资质许可机关提供真实、准确、完整的企业信用档案信息。

第三十三条 县级以上地方人民政府住房城乡建设主管部门或其他有关部门依法给予企业行政处罚的，应当将行政处罚决定以及给予行政处罚的事实、理由和依据，通过省、自治区、直辖市人民政府住房城乡建设主管部门或者国务院有关部门报国务院住房城乡建设主管部门备案。

第三十四条 资质许可机关应当推行建筑业企业资质许可电子化，建立建筑业企业资质管理信息系统。

第五章 法律责任

第三十五条 申请企业隐瞒有关真实情况或者提供虚假材料申请建筑业企业资质的，资质许可机关不予许可，并给予警告，申请企业在1年内不得再次申请建筑业企业资质。

第三十六条 企业以欺骗、贿赂等不正当手段取得建筑业企业资质的，由原资质许可机关予以撤销；由县级以上地方人民政府住房城乡建设主管部门或者其他有关部门给予警告，并处3万元的罚款；申请企业3年内不得再次申请建筑业企业资质。

第三十七条 企业有本规定第二十三条行为之一，《中华人民共和国建筑法》、《建设工程质量管理条例》和其他有关法律、法规对处罚机关和处罚方式有规定的，依照法律、法规的规定执行；法律、法规未作规定的，由县级以上地方人民政府住房城乡建设主管部门或者其他有关部门给予警告，责令改正，并处1万元以上3万元以下的罚款。

第三十八条 企业未按照本规定及时办理建筑业企业资质证书变更手续的，由县级以上地方人民政府住房城乡建设主管部门责令限期办理；逾期不办理的，可处以1000元以上1万元以下的罚款。

第三十九条 企业在接受监督检查时，不如实提供有关材料，或者拒绝、阻碍监督检查的，由县级以上地方人民政府住房城乡建设主管部门责令限期改正，并可以处3万元以下罚款。

第四十条 企业未按照本规定要求提供企业信用档案信息的，由县级以上地方人民政府住房城乡建设主管部门或者其他有关部门给予警告，责令限期改正；逾期未改正的，可处以1000元以上1万元以下的罚款。

第四十一条 县级以上人民政府住房城乡建设主管部门及其工作人员，违反本规定，有下列情形之一的，由其上级行政机关或者监察机关责令改正；对直接负责的主管人员和其他直接责任人员，依法给予行政处分；直接负责的主管人员和其他直接责任人员构成犯罪的，依法追究刑事责任：

（一）对不符合资质标准规定条件的申请企业准予资质许可的；

（二）对符合受理条件的申请企业不予受理或者未在法定期限内初审完毕的；

（三）对符合资质标准规定条件的申请企业不予许可或者不在法定期限内准予资质许可的；

（四）发现违反本规定规定的行为不予查处，或者接到举报后不依法处理的；

（五）在企业资质许可和监督管理中，利用职务上的便利，收受他人财物或者其他好处，以及有其他违法行为的。

第六章 附 则

第四十二条 本规定自2015年3月1日起施行。2007年6月26日建设部颁布的《建筑业企业资质管理规定》（建设部令第159号）同时废止。

施工总承包企业特级资质标准

（2007年3月13日 建市〔2007〕72号）

申请特级资质，必须具备以下条件：

一、企业资信能力

1. 企业注册资本金3亿元以上。

2. 企业净资产3.6亿元以上。

3. 企业近三年上缴建筑业营业税均在5000万元以上。

4. 企业银行授信额度近三年均在5亿元以上。

二、企业主要管理人员和专业技术人员要求

1. 企业经理具有10年以上从事工程管理工作经历。

2. 技术负责人具有15年以上从事工程技术管理工作经历，且具有工程序列高级职称及一级注册建造师或注册工程师执业资格；主持完成过两项及以上施工总承包一级资质要求的代表工程的技术工作或甲级设计资质要求的代表工程或合同额2亿元以上的工程总承包项目。

3. 财务负责人具有高级会计师职称及注册会计师资格。

4. 企业具有注册一级建造师（一级项目经理）50人以上。

5. 企业具有本类别相关的行业工程设计甲级资质标准要求的专业技术人员。

三、科技进步水平

1. 企业具有省部级（或相当于省部级水平）及以上的企业技术中心。

2. 企业近三年科技活动经费支出平均达到营业额的0.5%以上。

3. 企业具有国家级工法3项以上；近五年具有与工程建设相关的，能够推动企业技术进步的专利3项以上，累计有效专利8项以上，其中至少有一项发明专利。

4. 企业近十年获得过国家级科技进步奖项或主编过工程建设国家或行业标准。

5. 企业已建立内部局域网或管理信息平台，实现了内部办公、信息发布、数据交换的网络化；已建立并开通了企业外部网站；使用了综合项目管理信息系统和人事管理系统、工程设计相关软件，实现了档案管理和设计文档管理。

四、代表工程业绩（见附件1）

（一）房屋建筑工程（附1－1）

（二）公路工程（附1－2）

（三）铁路工程（附1－3）

（四）港口与航道工程（附1－4）

（五）水利水电工程（附1－5）

（六）电力工程（附1－6）

（七）矿山工程（附1－7）

（八）冶炼工程（附1－8）

（九）石油化工工程（附1－9）

（十）市政公用工程（附1－10）

承包范围

1. 取得施工总承包特级资质的企业可承担本类别各等级工程施工总承包、设计及开展工程总承包和项目管理业务；

2. 取得房屋建筑、公路、铁路、市政公用、港口与航道、水利水电等专业中任意1项施工总承包特级资质和其中2项施工总承包一级资质，即可承接上述各专业工程的施工总承包、工程总承包和项目管理业务，及开展相应设计主导专业人员齐备的施工图设计业务。

3. 取得房屋建筑、矿山、冶炼、石油化工、电力等专业中任意1项施工总承包特级资质和其中2项施工总承包一级资质，即可承接上述各专业工程的施工总承包、工程总承包和项目管理业务，及开展相应设计主导专业人员齐备的施工图设计业务。

4. 特级资质的企业，限承担施工单项合同额3000万元以上的房屋建筑工程。

附件　1－1

房屋建筑工程施工总承包企业特级资质标准代表工程业绩

近5年承担过下列5项工程总承包或施工总承包项目中的3项，工程质量合格。

1. 高度100米以上的建筑物；

2. 28层以上的房屋建筑工程；

3. 单体建筑面积5万平方米以上房屋建筑工程；

4. 钢筋混凝土结构单跨30米以上的建筑工程或钢结构单跨36米以上房屋建筑工程；

5. 单项建安合同额2亿元以上的房屋建筑工程。

附件　1－2

公路工程施工总承包企业特级资质标准代表工程业绩

近10年承担过下列4项中的3项以上工程的工程总承包、施工总承包或主体工程承包，工程质量合格。

1. 累计修建一级以上公路路基100公里以上；

2. 累计修建高级路面400万平方米以上；

3. 累计修建单座桥长≥500米或单跨跨度≥100米的公路特大桥6座以上；

4. 单项合同额2亿元以上的公路工程3个以上。

附件　1－3

铁路工程施工总承包企业特级资质标准代表工程业绩

近10年承担一级铁路干线综合工程300公里以上或铁路客运专线综合工程100公里以上，并承担下列4项中的2项以上工程的工程总承包、施工总承包或主体工程承包，工程质量合格。

1. 长度3000米以上隧道2座；

2. 长度500米以上特大桥3座，或长度1000米以上特大桥1座；

3. 编组站1个；

4. 单项合同额5亿元以上铁路工程2个。

附件　1－4

港口与航道工程施工总承包企业特级资质标准代表工程业绩

近5年承担过下列11项中的6项以上工程的工程总承包、施工总承包或主体工程承包，工程质量合格。

1. 沿海3万吨或内河5000吨级以上码头；

2. 5万吨级以上船坞；

3. 水深〉5米的防波堤600米以上；

4. 沿海5万吨或内河1000吨级以上航道工程；

5. 1000吨级以上船闸或300吨级以上升船机；

6. 500万立方米以上疏浚工程；

7. 400万立方米以上吹填造地工程；

8. 15万平方米以上港区堆场工程；

9. 1000米以上围堤护岸工程；

10. 3万立方米以上水下炸礁、清礁工程；

11. 单项合同额沿海2亿元以上或内河8000万元以上的港口与航道工程。

附件　1－5

水利水电工程施工总承包企业特级资质标准代表工程业绩

近10年承担过下列6项中的3项以上工程的工程总承包、施工总承包或主体工程承包，其中至少有1项是1.2中的工程，工程质量合格。

1. 库容10亿立方米以上或坝高80米以上大坝1座，或库容1亿立方米以上或坝高60米以上大坝2座；

2. 过闸流量〉3000立方米/秒的拦河闸1座，或过闸流量〉1000立方米/米的拦河闸2座；

3. 总装机容量300MW以上水电站1座，或总装机容量100MW以上水电站2座；

4. 总装机容量10MW以上灌溉、排水泵站1座，或总装机容量5MW瓦以上灌溉、排水泵站2座；

5. 洞径〉8米、长度〉3000米的水工隧洞1个，或洞径〉6米、长度〉2000米的水工隧洞2个；

6. 年完成水工混凝土浇筑50万立方米以上或坝体土石方填筑120万立方米以上或岩基灌浆12万米以上或防渗墙成墙8万平方米以上。

附件　1－6

电力工程施工总承包企业特级资质标准代表工程业绩

近5年承担过下列5项中的2项以上工程的工程总承包、施工总承包或主体工程承包，工程质量合格。

1. 累计电站装机容量500万千瓦以上；

2. 单机容量60万千瓦机组，或2台单机容量30万千瓦机组，或4台单机容量20万千瓦机组整体工程；

3. 单机容量90万千瓦以上核电站核岛或常规岛整体工程；

4. 330千伏以上送电线路500公里；

5. 330千伏以上电压等级变电站4座。

附件　1－7

矿山工程施工总承包企业特级资质标准代表工程业绩

近10年承担过下列7项中的3项以上或1－5项中某一项的3倍以上规模工程的工程总承包、施工总承包或主体工程承包，工程质量合格。

1. 100万吨/年以上铁矿采、选工程；

2. 100万吨/年以上有色砂矿或60万吨/年以上有色脉矿采、选工程；

3. 120万吨/年以上煤矿或300万吨/年以上洗煤工程；

4. 60万吨/年以上磷矿、硫铁矿或30万吨/年以上铀矿工程；

5. 20万吨/年以上石膏矿、石英矿或70万吨/年以上石灰石矿等建材矿山工程；

6. 10000米以上巷道工程及100万吨以上尾矿库工程；

7. 单项合同额3000万元以上矿山主体工程。

附件 1－8

冶炼工程施工总承包企业特级资质标准代表工程业绩

近10年承担过下列11项中的4项以上工程的工程总承包、施工总承包或主体工程承包，工程质量合格。

1. 年产100万吨以上炼钢或连铸工程（或单座容量120吨以上转炉，90吨以上电炉）；

2. 年产80万吨以上轧钢工程；

3. 年产100万吨以上炼铁工程（或单座容积1200立方米以上高炉）或烧结机使用面积180平方米以上烧结工程；

4. 年产90万吨以上炼焦工程（炭化室高度6米以上焦炉）；

5. 小时制氧10000立方米以上制氧工程；

6. 年产30万吨以上氧化铝加工工程；

7. 年产20万吨以上铜、铝或10万吨以上铅、锌、镍等有色金属冶炼、电解工程；

8. 年产5万吨以上有色金属加工工程或生产5000吨以上金属箔材工程；

9. 日产2000吨以上窑外分解水泥工程；

10. 日产2000吨以上预热器系统或水泥烧成系统工程；

11. 日熔量400吨以上浮法玻璃工程。

附件 1－9

石油化工工程施工总承包企业特级资质标准代表工程业绩

近5年承担过3项以上大型石油化工工程的工程总承包、施工总承包或主体工程承包，工程质量合格。

附件 1－10

市政公用工程施工总承包企业特级资质标准代表工程业绩

近十年承担过下列7项中的4项市政公用工程的施工总承包或主体工程承包，工程质量合格。

1. 累计修建城市道路（含城市主干道、城市快速路、城市环路，不含城际间公路）长度30公里以上；或累计修建城市道路面积200万平方米以上；

2. 累计修建直径1米以上的供、排、中水管道（含净宽1米以上方沟）工程30公里以上，或累计修建直径0.3米以上的中、高压燃气管道30公里以上，或累计修建直径0.5米以上的热力管道工程30公里以上；

3. 累计修建内径5米以上地铁隧道工程5公里以上，或累计修建地下交通工程3万平米以上，或修建合同额6000万元以上的地铁车站工程3项以上；

4. 累计修建城市桥梁工程的桥梁面积15万平方米以上；或累计修建单跨40米以上的城市桥梁5座以上；

5. 修建日处理30万吨以上的污水处

理厂工程3座以上，或日供水50万吨以上的供水厂工程2座以上；

6. 修建合同额5000万元以上的城市生活垃圾处理工程3项以上；

7. 合同额8000万元以上的市政综合工程（含城市道路、桥梁、及供水、排水、中水、燃气、热力、电力、通信等管线）总承包项目5项以上，或合同额为2000万美元以上的国（境）外市政公用工程项目1项以上。

工程设计资质标准

（2007年3月29日 建市〔2007〕86号 根据2016年6月16日《住房城乡建设部关于建设工程企业资质管理资产考核有关问题的通知》修订）

为适应社会主义市场经济发展，根据《建设工程勘察设计管理条例》和《建设工程勘察设计资质管理规定》，结合各行业工程设计的特点，制定本标准。

一、总　　则

（一）本标准包括21个行业的相应工程设计类型、主要专业技术人员配备及规模划分等内容（见附件1：工程设计行业划分表，附件2：各行业工程设计主要专业技术人员配备表，附件3：各行业建设项目设计规模划分表）。

（二）本标准分为四个序列：

1. 工程设计综合资质

工程设计综合资质是指涵盖21个行业的设计资质。

2. 工程设计行业资质

工程设计行业资质是指涵盖某个行业资质标准中的全部设计类型的设计资质。

3. 工程设计专业资质

工程设计专业资质是指某个行业资质标准中的某一个专业的设计资质。

4. 工程设计专项资质

工程设计专项资质是指为适应和满足行业发展的需求，对已形成产业的专项技术独立进行设计以及设计、施工一体化而设立的资质。

（三）工程设计综合资质只设甲级。工程设计行业资质和工程设计专业资质设甲、乙两个级别；根据行业需要，建筑、市政公用、水利、电力（限送变电）、农林和公路行业设立工程设计丙级资质，建筑工程设计专业资质设丁级。建筑行业根据需要设立建筑工程设计事务所资质。工程设计专项资质可根据行业需要设置等级。

（四）工程设计范围包括本行业建设工程项目的主体工程和配套工程（含厂/矿区内的自备电站、道路、专用铁路、通信、各种管网管线和配套的建筑物等全部配套工程）以及与主体工程、配套工程相关的工艺、土木、建筑、环境保护、水土保持、消防、安全、卫生、节能、防雷、抗震、照明工程等。

建筑工程设计范围包括建设用地规划许可证范围内的建筑物构筑物设计、室外工程设计、民用建筑修建的地下工程设计及住宅小区、工厂厂前区、工厂生活区、小区规划设计及单体设计等，以及所包含的相关专业的设计内容（总平面布置、竖向设计、各类管网管线设计、景观设计、室内外环境设计及建筑装饰、道路、消防、智能、安保、通信、防雷、人防、供配电、照明、废水治理、空调设施、抗震加固等）。

（五）本标准主要对企业资历和信誉、技术条件 、技术装备及管理水平进行考核。其中对技术条件中的主要专业技术人员的考核内容为：

1. 已经实施注册且需配备注册执业人员的专业，对其专业技术人员的注册执业资格及相应专业进行考核。

2. 尚未实施注册、尚未建立注册执业资格制度的和已经实施注册但不需配备注册执业资格人员（以下简称非注册人员）的专业，对其专业技术人员的所学专业、技术职称按附件2专业设置中规定的专业进行考核。主导专业的非注册人员需考核相应业绩，并提供业绩证明。各行业主导专业见工程设计主要专业技术人员配备表。

（六）申请二个以上工程设计行业资质时，应同时满足附件2中相应行业的专业设置或注册专业的配置，其相同专业的专业技术人员的数量以其中的高值为准。

申请二个及以上设计类型的工程设计专业资质时，应同时满足附表2中相应行业的相应设计类型的专业设置或注册专业的配置，其相同专业的专业技术人员的数量以其中的高值为准。

（七）具有工程设计资质的企业，可从事资质证书许可范围内的相应工程总承包、工程项目管理和相关的技术、咨询与管理服务。

（八）具有工程设计综合资质的企业，满足相应的施工总承包（专业承包）一级资质对注册建造师（项目经理）的人员要求后，可以准予与工程设计甲级行业资质（专业资质）相应的施工总承包（专业承包）一级资质。

（九）本标准所称主要专业技术人员，年龄限60周岁及以下。

二、标　　准

（一）工程设计综合资质

1－1　资历和信誉

（1）具有独立企业法人资格。

（2）净资产不少于6000万元人民币。

（3）近3年年平均工程勘察设计营业收入不少于10000万元人民币，且近5年内2次工程勘察设计营业收入在全国勘察设计企业排名列前50名以内；或近5年内2次企业营业税金及附加在全国勘察设计企业排名列前50名以内。

（4）具有2个工程设计行业甲级资质，且近10年内独立承担大型建设项目工程设计每行业不少于3项，并已建成投产。

或同时具有某1个工程设计行业甲级资质和其他3个不同行业甲级工程设计的专业资质，且近10年内独立承担大型建设项目工程设计不少于4项。其中，工程设计行业甲级相应业绩不少于1项，工程设计专业甲级相应业绩各不少于1项，并已建成投产。

1－2　技术条件

（1）技术力量雄厚，专业配备合理。

企业具有初级以上专业技术职称且从事工程勘察设计的人员不少于500人，其中具备注册执业资格或高级专业技术职称的不少于200人，且注册专业不少于5个，5个专业的注册人员总数不低于40人。

企业从事工程项目管理且具备建造师或监理工程师注册执业资格的人员不少于10人。

（2）企业主要技术负责人或总工程师应当具有大学本科以上学历、15年以上设计经历，主持过大型项目工程设计不少于2项，具备注册执业资格或高级专业技术职称。

（3）拥有与工程设计有关的专利、专有技术、工艺包（软件包）不少于3项。

（4）近10年获得过全国优秀工程设计奖、全国优秀工程勘察奖、国家级科技进步奖的奖项不少于5项，或省部级（行业）优秀工程设计一等奖（金奖）、省部级（行业）科技进步一等奖的奖项不少于5项。

（5）近10年主编2项或参编过5项以上国家、行业工程建设标准、规范。

1－3　技术装备及管理水平

（1）有完善的技术装备及固定工作场所，且主要固定工作场所建筑面积不少于10000平方米。

（2）有完善的企业技术、质量、安全和档案管理，通过 ISO9000 族标准质量体系认证。

（3）具有与承担建设项目工程总承包或工程项目管理相适应的组织机构或管理体系。

（二）工程设计行业资质

1. 甲级

1－1 资历和信誉

（1）具有独立企业法人资格。

（2）社会信誉良好，净资产不少于600 万元人民币。

（3）企业完成过的工程设计项目应满足所申请行业主要专业技术人员配备表中对工程设计类型业绩考核的要求，且要求考核业绩的每个设计类型的大型项目工程设计不少于1 项或中型项目工程设计不少于2 项，并已建成投产。

1－2 技术条件

（1）专业配备齐全、合理，主要专业技术人员数量不少于所申请行业资质标准中主要专业技术人员配备表规定的人数。

（2）企业主要技术负责人或总工程师应当具有大学本科以上学历、10 年以上设计经历，主持过所申请行业大型项目工程设计不少于2 项，具备注册执业资格或高级专业技术职称。

（3）在主要专业技术人员配备表规定的人员中，主导专业的非注册人员应当作为专业技术负责人主持过所申请行业中型以上项目不少于3 项，其中大型项目不少于1 项。

1－3 技术装备及管理水平

（1）有必要的技术装备及固定的工作场所。

（2）企业管理组织结构、标准体系、质量体系、档案管理体系健全。

具有施工总承包特级资质的企业，可以取得相应行业的设计甲级资质。

2. 乙级

2－1 资历和信誉

（1）具有独立企业法人资格。

（2）社会信誉良好，净资产不少于300 万元人民币。

2－2 技术条件

（1）专业配备齐全、合理，主要专业技术人员数量不少于所申请行业资质标准中主要专业技术人员配备表规定的人数。

（2）企业的主要技术负责人或总工程师应当具有大学本科以上学历、10 年以上设计经历，主持过所申请行业大型项目工程设计不少于1 项，或中型项目工程设计不少于3 项，具备注册执业资格或高级专业技术职称。

（3）在主要专业技术人员配备表规定的人员中，主导专业的非注册人员应当作为专业技术负责人主持过所申请行业中型以上项目不少于2 项，或大型项目不少于1 项。

2－3 技术装备及管理水平

（1）有必要的技术装备及固定的工作场所。

（2）有完善的质量体系和技术、经营、人事、财务、档案管理制度。

3. 丙级

3－1 资历和信誉

（1）具有独立企业法人资格。

（2）社会信誉良好，净资产不少于100 万元人民币。

3－2 技术条件

（1）专业配备齐全、合理，主要专业技术人员数量不少于所申请行业资质标准中主要专业技术人员配备表规定的人数。

（2）企业的主要技术负责人或总工程师应当具有大专以上学历、10 年以上设计经历，且主持过所申请行业项目工程设计不少于2 项，具有中级以上专业技术职称。

（3）在主要专业技术人员配备表规定

的人员中，主导专业的非注册人员应当作为专业技术负责人主持过所申请行业项目工程设计不少于2项。

3－3　技术装备及管理水平

（1）有必要的技术装备及固定的工作场所。

（2）有较完善的质量体系和技术、经营、人事、财务、档案管理制度。

（三）工程设计专业资质

1. 甲级

1－1　资历和信誉

（1）具有独立企业法人资格。

（2）社会信誉良好，净资产不少于300万元人民币。

（3）企业完成过所申请行业相应专业设计类型大型项目工程设计不少于1项，或中型项目工程设计不少于2项，并已建成投产。

1－2　技术条件

（1）专业配备齐全、合理，主要专业技术人员数量不少于所申请专业资质标准中主要专业技术人员配备表规定的人数。

（2）企业主要技术负责人或总工程师应当具有大学本科以上学历、10年以上设计经历，且主持过所申请行业相应专业设计类型的大型项目工程设计不少于2项，具备注册执业资格或高级专业技术职称。

（3）在主要专业技术人员配备表规定的人员中，主导专业的非注册人员应当作为专业技术负责人主持过所申请行业相应专业设计类型的中型以上项目工程设计不少于3项。其中，大型项目不少于1项。

1－3　技术装备及管理水平

（1）有必要的技术装备及固定的工程场所。

（2）企业管理组织结构、标准体系、质量、档案体系健全。

2. 乙级

2－1　资历和信誉

（1）具有独立企业法人资格。

（2）社会信誉良好，净资产不少于100万元人民币。

2－2　技术条件

（1）专业配备齐全、合理，主要专业技术人员数量不少于所申请专业资质标准中主要专业技术人员配备表规定的人数。

（2）企业的主要技术负责人或总工程师应当具有大学本科以上学历、10年以上设计经历，且主持过所申请行业相应专业设计类型的中型项目工程设计不少于3项，或大型项目工程设计不少于1项，具备注册执业资格或高级专业技术职称。

（3）在主要专业技术人员配备表规定的人员中，主导专业的非注册人员应当作为专业技术负责人主持过所申请行业相应专业设计类型的中型项目工程设计不少于2项，或大型项目工程设计不少于1项。

2－3　技术装备及管理水平

（1）有必要的技术装备及固定的工作场所。

（2）有较完善的质量体系和技术、经营、人事、财务、档案等管理制度。

3. 丙级

3－1　资历和信誉

（1）具有独立企业法人资格。

（2）社会信誉良好，净资产不少于50万元人民币。

3－2　技术条件

（1）专业配备齐全、合理，主要专业技术人员数量不少于所申请专业资质标准中主要专业技术人员配备表规定的人数。

（2）企业的主要技术负责人或总工程师应当具有大专以上学历、10年以上设计经历，且主持过所申请行业相应专业设计类型的工程设计不少于2项，具有中级及以上专业技术职称。

（3）在主要专业技术人员配备表规定的人员中，主导专业的非注册人员应当作为专业技术负责人主持过所申请行业相应专业设计类型的项目工程设计不少于2项。

3－3 技术装备及管理水平

（1）有必要的技术装备及固定的工作场所。

（2）有较完善的质量体系和技术、经营、人事、财务、档案等管理制度。

4. 丁级（限建筑工程设计）

4－1 资历和信誉

（1）具有独立企业法人资格。

（2）社会信誉良好，净资产不少于5万元人民币。

4－2 技术条件

企业专业技术人员总数不少于5人。其中，二级以上注册建筑师或注册结构工程师不少于1人；具有建筑工程类专业学历、2年以上设计经历的专业技术人员不少于2人；具有3年以上设计经历，参与过至少2项工程设计的专业技术人员不少于2人。

4－3 技术装备及管理水平

（1）有必要的技术装备及固定的工作场所。

（2）有较完善的技术、财务、档案等管理制度。

（四）工程设计专项资质

1. 资历和信誉

（1）具有独立企业法人资格。

（2）社会信誉良好，净资产符合相应工程设计专项资质标准的规定。

2. 技术条件

专业配备齐全、合理，企业的主要技术负责人或总工程师、主要专业技术人员配备符合相应工程设计专项资质标准的规定。

3. 技术装备及管理水平

（1）有必要的技术装备及固定的工作场所。

（2）企业管理的组织结构、标准体系、质量管理体系运行有效。

三、承担业务范围

承担资质证书许可范围内的工程设计业务，承担与资质证书许可范围相应的建设工程总承包、工程项目管理和相关的技术、咨询与管理服务业务。承担业务的地区不受限制。

（一）工程设计综合甲级资质

承担各行业建设工程项目的设计业务，其规模不受限制；但在承接工程项目设计时，须满足本标准中与该工程项目对应的设计类型对专业及人员配置的要求。

承担其取得的施工总承包（施工专业承包）一级资质证书许可范围内的工程施工总承包（施工专业承包）业务。

（二）工程设计行业资质

1. 甲级

承担本行业建设工程项目主体工程及其配套工程的设计业务，其规模不受限制。

2. 乙级

承担本行业中、小型建设工程项目的主体工程及其配套工程的设计业务。

3. 丙级

承担本行业小型建设项目的工程设计业务。

（三）工程设计专业资质

1. 甲级

承担本专业建设工程项目主体工程及其配套工程的设计业务，其规模不受限制。

2. 乙级

承担本专业中、小型建设工程项目的主体工程及其配套工程的设计业务。

3. 丙级

承担本专业小型建设项目的设计业务。

4. 丁级（限建筑工程设计）

4－1 一般公共建筑工程

（1）单体建筑面积2000平方米及以下。

（2）建筑高度12米及以下。

4－2 一般住宅工程

（1）单体建筑面积2000平方米及以下。

（2）建筑层数4层及以下的砖混结构。

4－3　厂房和仓库

（1）跨度不超过12米，单梁式吊车吨位不超过5吨的单层厂房和仓库。

（2）跨度不超过7．5米，楼盖无动荷载的二层厂房和仓库。

4－4　构筑物

（1）套用标准通用图高度不超过20米的烟囱。

（2）容量小于50立方米的水塔。

（3）容量小于300立方米的水池。

（4）直径小于6米的料仓。

（四）工程设计专项资质

承担规定的专项工程的设计业务，具体规定见有关专项资质标准。

四、附　　则

（一）本标准主要专业技术人员指下列人员：

（1）注册人员。

注册人员是指参加中华人民共和国统一考试或考核认定，取得执业资格证书，并按照规定注册，取得相应注册执业证书的人员。

注册人员专业包括：

注册建筑师；

注册工程师：结构（房屋结构、塔架、桥梁）、土木（岩土、水利水电、港口与航道、道路、铁路、民航）、公用设备（暖通空调、动力、给水排水）、电气（发输变电、供配电）、机械、化工、电子工程（电子信息、广播电影电视）、航天航空、农业、冶金、采矿/矿物、核工业、石油/天然气、造船、军工、海洋、环保、材料工程师；

注册造价工程师。

（2）非注册人员。

非注册人员须具有大专以上学历、中级以上专业技术职称，并从事工程设计实践10年以上。

（二）本标准自颁布之日起施行。

（三）本标准由建设部负责解释。

附件1：工程设计行业划分表（略）

附表2：各行业工程设计主要专业技术人员配备表（略）

附表3：各行业建设项目设计规模划分表（略）

附件4：各行业配备注册人员的专业在未启动注册时专业设置对照表（略）

附件5：建筑工程设计事务所资质标准（略）

附件6：工程设计专项资质标准（略）

工程造价咨询企业管理办法

（2006年3月22日建设部令第149号公布　根据2015年5月4日《住房和城乡建设部关于修改〈房地产开发企业资质管理规定〉等部门规章的决定》第一次修订　根据2016年9月13日《住房城乡建设部关于修改〈勘察设计注册工程师管理规定〉等11个部门规章的决定》第二次修订　根据2020年2月19日《住房和城乡建设部关于修改〈工程造价咨询企业管理办法〉〈注册造价工程师管理办法〉的决定》第三次修订）

第一章　总　　则

第一条　为了加强对工程造价咨询企业的管理，提高工程造价咨询工作质量，维护建设市场秩序和社会公共利益，根据《中华人民共和国行政许可法》、《国务院对确需保留的行政审批项目设定行政许可的决定》，制定本办法。

第二条　在中华人民共和国境内从事工程造价咨询活动，实施对工程造价咨询企业的监督管理，应当遵守本办法。

第三条　本办法所称工程造价咨询企业，是指接受委托，对建设项目投资、工程造价的确定与控制提供专业咨询服务的企业。

第四条 工程造价咨询企业应当依法取得工程造价咨询企业资质，并在其资质等级许可的范围内从事工程造价咨询活动。

第五条 工程造价咨询企业从事工程造价咨询活动，应当遵循独立、客观、公正、诚实信用的原则，不得损害社会公共利益和他人的合法权益。

任何单位和个人不得非法干预依法进行的工程造价咨询活动。

第六条 国务院住房城乡建设主管部门负责全国工程造价咨询企业的统一监督管理工作。

省、自治区、直辖市人民政府住房城乡建设主管部门负责本行政区域内工程造价咨询企业的监督管理工作。

有关专业部门负责对本专业工程造价咨询企业实施监督管理。

第七条 工程造价咨询行业组织应当加强行业自律管理。

鼓励工程造价咨询企业加入工程造价咨询行业组织。

第二章 资质等级与标准

第八条 工程造价咨询企业资质等级分为甲级、乙级。

第九条 甲级工程造价咨询企业资质标准如下：

（一）已取得乙级工程造价咨询企业资质证书满3年；

（二）技术负责人已取得一级造价工程师注册证书，并具有工程或工程经济类高级专业技术职称，且从事工程造价专业工作15年以上；

（三）专职从事工程造价专业工作的人员（以下简称专职专业人员）不少于12人，其中，具有工程（或工程经济类）中级以上专业技术职称或者取得二级造价工程师注册证书的人员合计不少于10人；取得一级造价工程师注册证书的人员不少于6人，其他人员具有从事工程造价专业工作的经历；

（四）企业与专职专业人员签订劳动合同，且专职专业人员符合国家规定的职业年龄（出资人除外）；

（五）企业近3年工程造价咨询营业收入累计不低于人民币500万元；

（六）企业为本单位专职专业人员办理的社会基本养老保险手续齐全；

（七）在申请核定资质等级之日前3年内无本办法第二十五条禁止的行为。

第十条 乙级工程造价咨询企业资质标准如下：

（一）技术负责人已取得一级造价工程师注册证书，并具有工程或工程经济类高级专业技术职称，且从事工程造价专业工作10年以上；

（二）专职专业人员不少于6人，其中，具有工程（或工程经济类）中级以上专业技术职称或者取得二级造价工程师注册证书的人员合计不少于4人；取得一级造价工程师注册证书的人员不少于3人，其他人员具有从事工程造价专业工作的经历；

（三）企业与专职专业人员签订劳动合同，且专职专业人员符合国家规定的职业年龄（出资人除外）；

（四）企业为本单位专职专业人员办理的社会基本养老保险手续齐全；

（五）暂定期内工程造价咨询营业收入累计不低于人民币50万元；

（六）申请核定资质等级之日前无本办法第二十五条禁止的行为。

第三章 资质许可

第十一条 甲级工程造价咨询企业资质，由国务院住房城乡建设主管部门审批。

申请甲级工程造价咨询企业资质的，可以向申请人工商注册所在地省、自治区、直辖市人民政府住房城乡建设主管部门或者国务院有关专业部门提交申请材料。

省、自治区、直辖市人民政府住房城乡建设主管部门或者国务院有关专业部门收到申请材料后，应当在5日内将全部申请材料报国务院住房城乡建设主管部门，国务院住房城乡建设主管部门应当自受理之日起20日内作出决定。

组织专家评审所需时间不计算在上述时限内，但应当明确告知申请人。

第十二条 申请乙级工程造价咨询企业资质的，由省、自治区、直辖市人民政府住房城乡建设主管部门审查决定。其中，申请有关专业乙级工程造价咨询企业资质的，由省、自治区、直辖市人民政府住房城乡建设主管部门商同级有关专业部门审查决定。

乙级工程造价咨询企业资质许可的实施程序由省、自治区、直辖市人民政府住房城乡建设主管部门依法确定。

省、自治区、直辖市人民政府住房城乡建设主管部门应当自作出决定之日起30日内，将准予资质许可的决定报国务院住房城乡建设主管部门备案。

第十三条 企业在申请工程造价咨询甲级（或乙级）资质，以及在资质延续、变更时，应当提交下列申报材料：

（一）工程造价咨询企业资质申请书（含企业法定代表人承诺书）；

（二）专职专业人员（含技术负责人）的中级以上专业技术职称证书和身份证；

（三）企业开具的工程造价咨询营业收入发票和对应的工程造价咨询合同（如发票能体现工程造价咨询业务的，可不提供对应的工程造价咨询合同；新申请工程造价咨询企业资质的，不需提供）；

（四）工程造价咨询企业资质证书（新申请工程造价咨询企业资质的，不需提供）；

（五）企业营业执照。

企业在申请工程造价咨询甲级（或乙级）资质，以及在资质延续、变更时，企业法定代表人应当对下列事项进行承诺，并由资质许可机关调查核实：

（一）企业与专职专业人员签订劳动合同；

（二）企业缴纳营业收入的增值税；

（三）企业为专职专业人员（含技术负责人）缴纳本年度社会基本养老保险费用。

第十四条 新申请工程造价咨询企业资质的，其资质等级按照本办法第十条第（一）项至第（四）项所列资质标准核定为乙级，设暂定期一年。

暂定期届满需继续从事工程造价咨询活动的，应当在暂定期届满30日前，向资质许可机关申请换发资质证书。符合乙级资质条件的，由资质许可机关换发资质证书。

第十五条 准予资质许可的，资质许可机关应当向申请人颁发工程造价咨询企业资质证书。

工程造价咨询企业资质证书由国务院住房城乡建设主管部门统一印制，分正本和副本。正本和副本具有同等法律效力。

工程造价咨询企业遗失资质证书的，应当向资质许可机关申请补办，由资质许可机关在官网发布信息。

第十六条 工程造价咨询企业资质有效期为3年。

资质有效期届满，需要继续从事工程造价咨询活动的，应当在资质有效期届满30日前向资质许可机关提出资质延续申请。资质许可机关应当根据申请作出是否准予延续的决定。准予延续的，资质有效期延续3年。

第十七条 工程造价咨询企业的名称、住所、组织形式、法定代表人、技术负责人、注册资本等事项发生变更的，应当自变更确立之日起30日内，到资质许可机关办理资质证书变更手续。

第十八条 工程造价咨询企业合并的，合并后存续或者新设立的工程造价咨询企业可以承继合并前各方中较高的资质等级，但应当符合相应的资质等级条件。

工程造价咨询企业分立的，只能由分立后的一方承继原工程造价咨询企业资质，但应当符合原工程造价咨询企业资质等级条件。

第四章　工程造价咨询管理

第十九条　工程造价咨询企业依法从事工程造价咨询活动，不受行政区域限制。

甲级工程造价咨询企业可以从事各类建设项目的工程造价咨询业务。

乙级工程造价咨询企业可以从事工程造价2亿元人民币以下各类建设项目的工程造价咨询业务。

第二十条　工程造价咨询业务范围包括：

（一）建设项目建议书及可行性研究投资估算、项目经济评价报告的编制和审核；

（二）建设项目概预算的编制与审核，并配合设计方案比选、优化设计、限额设计等工作进行工程造价分析与控制；

（三）建设项目合同价款的确定（包括招标工程工程量清单和标底、投标报价的编制和审核）；合同价款的签订与调整（包括工程变更、工程洽商和索赔费用的计算）及工程款支付，工程结算及竣工结（决）算报告的编制与审核等；

（四）工程造价经济纠纷的鉴定和仲裁的咨询；

（五）提供工程造价信息服务等。

工程造价咨询企业可以对建设项目的组织实施进行全过程或者若干阶段的管理和服务。

第二十一条　工程造价咨询企业在承接各类建设项目的工程造价咨询业务时，应当与委托人订立书面工程造价咨询合同。

工程造价咨询企业与委托人可以参照《建设工程造价咨询合同》（示范文本）订立合同。

第二十二条　工程造价咨询企业从事工程造价咨询业务，应当按照有关规定的要求出具工程造价成果文件。

工程造价成果文件应当由工程造价咨询企业加盖有企业名称、资质等级及证书编号的执业印章，并由执行咨询业务的注册造价工程师签字、加盖执业印章。

第二十三条　工程造价咨询企业跨省、自治区、直辖市承接工程造价咨询业务的，应当自承接业务之日起30日内到建设工程所在地省、自治区、直辖市人民政府住房城乡建设主管部门备案。

第二十四条　工程造价咨询收费应当按照有关规定，由当事人在建设工程造价咨询合同中约定。

第二十五条　工程造价咨询企业不得有下列行为：

（一）涂改、倒卖、出租、出借资质证书，或者以其他形式非法转让资质证书；

（二）超越资质等级业务范围承接工程造价咨询业务；

（三）同时接受招标人和投标人或两个以上投标人对同一工程项目的工程造价咨询业务；

（四）以给予回扣、恶意压低收费等方式进行不正当竞争；

（五）转包承接的工程造价咨询业务；

（六）法律、法规禁止的其他行为。

第二十六条　除法律、法规另有规定外，未经委托人书面同意，工程造价咨询企业不得对外提供工程造价咨询服务过程中获知的当事人的商业秘密和业务资料。

第二十七条　县级以上地方人民政府住房城乡建设主管部门、有关专业部门应当依照有关法律、法规和本办法的规定，对工程造价咨询企业从事工程造价咨询业务的活动实施监督检查。

第二十八条　监督检查机关履行监督检查职责时，有权采取下列措施：

（一）要求被检查单位提供工程造价咨询企业资质证书、造价工程师注册证书，有关工程造价咨询业务的文档，有关技术档案管理制度、质量控制制度、财务管理制度的文件；

（二）进入被检查单位进行检查，查阅工程造价咨询成果文件以及工程造价咨询合同等相关资料；

（三）纠正违反有关法律、法规和本办法及执业规程规定的行为。

监督检查机关应当将监督检查的处理结果向社会公布。

第二十九条 监督检查机关进行监督检查时，应当有两名以上监督检查人员参加，并出示执法证件，不得妨碍被检查单位的正常经营活动，不得索取或者收受财物、谋取其他利益。

有关单位和个人对依法进行的监督检查应当协助与配合，不得拒绝或者阻挠。

第三十条 有下列情形之一的，资质许可机关或者其上级机关，根据利害关系人的请求或者依据职权，可以撤销工程造价咨询企业资质：

（一）资质许可机关工作人员滥用职权、玩忽职守作出准予工程造价咨询企业资质许可的；

（二）超越法定职权作出准予工程造价咨询企业资质许可的；

（三）违反法定程序作出准予工程造价咨询企业资质许可的；

（四）对不具备行政许可条件的申请人作出准予工程造价咨询企业资质许可的；

（五）依法可以撤销工程造价咨询企业资质的其他情形。

工程造价咨询企业以欺骗、贿赂等不正当手段取得工程造价咨询企业资质的，应当予以撤销。

第三十一条 工程造价咨询企业取得工程造价咨询企业资质后，不再符合相应资质条件的，资质许可机关根据利害关系人的请求或者依据职权，可以责令其限期改正；逾期不改的，可以撤回其资质。

第三十二条 有下列情形之一的，资质许可机关应当依法注销工程造价咨询企业资质：

（一）工程造价咨询企业资质有效期满，未申请延续的；

（二）工程造价咨询企业资质被撤销、撤回的；

（三）工程造价咨询企业依法终止的；

（四）法律、法规规定的应当注销工程造价咨询企业资质的其他情形。

第三十三条 工程造价咨询企业应当按照有关规定，向资质许可机关提供真实、准确、完整的工程造价咨询企业信用档案信息。

工程造价咨询企业信用档案应当包括工程造价咨询企业的基本情况、业绩、良好行为、不良行为等内容。违法行为、被投诉举报处理、行政处罚等情况应当作为工程造价咨询企业的不良记录记入其信用档案。

任何单位和个人有权查阅信用档案。

第五章 法律责任

第三十四条 申请人隐瞒有关情况或者提供虚假材料申请工程造价咨询企业资质的，不予受理或者不予资质许可，并给予警告，申请人在1年内不得再次申请工程造价咨询企业资质。

第三十五条 以欺骗、贿赂等不正当手段取得工程造价咨询企业资质的，由县级以上地方人民政府住房城乡建设主管部门或者有关专业部门给予警告，并处以1万元以上3万元以下的罚款，申请人3年内不得再次申请工程造价咨询企业资质。

第三十六条 未取得工程造价咨询企业资质从事工程造价咨询活动或者超越资质等级承接工程造价咨询业务的，出具的工程造价成果文件无效，由县级以上地方人民政府住房城乡建设主管部门或者有关专业部门给予警告，责令限期改正，并处以1万元以上3万元以下的罚款。

第三十七条 违反本办法第十七条规定，工程造价咨询企业不及时办理资质证书变更手续的，由资质许可机关责令限期办理；逾期不办理的，可处以1万元以下的罚款。

第三十八条 违反本办法第二十三条规定，跨省、自治区、直辖市承接业务不备案的，由县级以上地方人民政府住房城乡建设主管部门或者有关专业部门给予警告，责令限期改正；逾期未改正的，可处以5000元以上2万元以下的罚款。

第三十九条 工程造价咨询企业有本办法第二十五条行为之一的，由县级以上地方人民政府住房城乡建设主管部门或者有关专业部门给予警告，责令限期改正，并处以1万元以上3万元以下的罚款。

第四十条 资质许可机关有下列情形之一的，由其上级行政主管部门或者监察机关责令改正，对直接负责的主管人员和其他直接责任人员依法给予处分；构成犯罪的，依法追究刑事责任：

（一）对不符合法定条件的申请人准予工程造价咨询企业资质许可或者超越职权作出准予工程造价咨询企业资质许可决定的；

（二）对符合法定条件的申请人不予工程造价咨询企业资质许可或者不在法定期限内作出准予工程造价咨询企业资质许可决定的；

（三）利用职务上的便利，收受他人财物或者其他利益的；

（四）不履行监督管理职责，或者发现违法行为不予查处的。

第六章 附 则

第四十一条 本办法自2006年7月1日起施行。2000年1月25日建设部发布的《工程造价咨询单位管理办法》（建设部令第74号）同时废止。

本办法施行前建设部发布的规章与本办法的规定不一致的，以本办法为准。

工程监理企业资质管理规定

（2007年6月26日建设部令第158号发布 根据2015年5月4日《住房和城乡建设部关于修改〈房地产开发企业资质管理规定〉等部门规章的决定》修订 根据2016年9月13日《住房城乡建设部关于修改〈勘察设计注册工程师管理规定〉等11个部门规章的决定》第二次修订 根据2018年12月22日《住房城乡建设部关于修改〈建筑业企业资质管理规定〉等部门规章的决定》第三次修订）

第一章 总 则

第一条 为了加强工程监理企业资质管理，规范建设工程监理活动，维护建筑市场秩序，根据《中华人民共和国建筑法》、《中华人民共和国行政许可法》、《建设工程质量管理条例》等法律、行政法规，制定本规定。

第二条 在中华人民共和国境内从事建设工程监理活动，申请工程监理企业资质，实施对工程监理企业资质监督管理，适用本规定。

第三条 从事建设工程监理活动的企业，应当按照本规定取得工程监理企业资质，并在工程监理企业资质证书（以下简称资质证书）许可的范围内从事工程监理活动。

第四条 国务院住房城乡建设主管部门负责全国工程监理企业资质的统一监督管理工作。国务院铁路、交通、水利、信息产业、民航等有关部门配合国务院住房城乡建设主管部门实施相关资质类别工程监理企业资质的监督管理工作。

省、自治区、直辖市人民政府住房城

乡建设主管部门负责本行政区域内工程监理企业资质的统一监督管理工作。省、自治区、直辖市人民政府交通、水利、信息产业等有关部门配合同级住房城乡建设主管部门实施相关资质类别工程监理企业资质的监督管理工作。

第五条 工程监理行业组织应当加强工程监理行业自律管理。

鼓励工程监理企业加入工程监理行业组织。

第二章 资质等级和业务范围

第六条 工程监理企业资质分为综合资质、专业资质和事务所资质。其中，专业资质按照工程性质和技术特点划分为若干工程类别。

综合资质、事务所资质不分级别。专业资质分为甲级、乙级；其中，房屋建筑、水利水电、公路和市政公用专业资质可设立丙级。

第七条 工程监理企业的资质等级标准如下：

（一）综合资质标准

1. 具有独立法人资格且具有符合国家有关规定的资产；

2. 企业技术负责人应为注册监理工程师，并具有15年以上从事工程建设工作的经历或者具有工程类高级职称；

3. 具有5个以上工程类别的专业甲级工程监理资质；

4. 注册监理工程师不少于60人，注册造价工程师不少于5人，一级注册建造师、一级注册建筑师、一级注册结构工程师或者其他勘察设计注册工程师合计不少于15人次；

5. 企业具有完善的组织结构和质量管理体系，有健全的技术、档案等管理制度；

6. 企业具有必要的工程试验检测设备；

7. 申请工程监理资质之日前一年内没有本规定第十六条禁止的行为；

8. 申请工程监理资质之日前一年内没有因本企业监理责任造成重大质量事故；

9. 申请工程监理资质之日前一年内没有因本企业监理责任发生三级以上工程建设重大安全事故或者发生两起以上四级工程建设安全事故。

（二）专业资质标准

1. 甲级

（1）具有独立法人资格且具有符合国家有关规定的资产；

（2）企业技术负责人应为注册监理工程师，并具有15年以上从事工程建设工作的经历或者具有工程类高级职称；

（3）注册监理工程师、注册造价工程师、一级注册建造师、一级注册建筑师、一级注册结构工程师或者其他勘察设计注册工程师合计不少于25人次；其中，相应专业注册监理工程师不少于《专业资质注册监理工程师人数配备表》（附表1）中要求配备的人数，注册造价工程师不少于2人；

（4）企业近2年内独立监理过3个以上相应专业的二级工程项目，但是，具有甲级设计资质或一级及以上施工总承包资质的企业申请本专业工程类别甲级资质的除外；

（5）企业具有完善的组织结构和质量管理体系，有健全的技术、档案等管理制度；

（6）企业具有必要的工程试验检测设备；

（7）申请工程监理资质之日前一年内没有本规定第十六条禁止的行为；

（8）申请工程监理资质之日前一年内没有因本企业监理责任造成重大质量事故；

（9）申请工程监理资质之日前一年内没有因本企业监理责任发生三级以上工程建设重大安全事故或者发生两起以上四级工程建设安全事故。

2. 乙级

（1）具有独立法人资格且具有符合国家有关规定的资产；

（2）企业技术负责人应为注册监理工程师，并具有10年以上从事工程建设工作的经历；

（3）注册监理工程师、注册造价工程师、一级注册建造师、一级注册建筑师、一级注册结构工程师或者其他勘察设计注册工程师合计不少于15人次。其中，相应专业注册监理工程师不少于《专业资质注册监理工程师人数配备表》（附表1）中要求配备的人数，注册造价工程师不少于1人；

（4）有较完善的组织结构和质量管理体系，有技术、档案等管理制度；

（5）有必要的工程试验检测设备；

（6）申请工程监理资质之日前一年内没有本规定第十六条禁止的行为；

（7）申请工程监理资质之日前一年内没有因本企业监理责任造成重大质量事故；

（8）申请工程监理资质之日前一年内没有因本企业监理责任发生三级以上工程建设重大安全事故或者发生两起以上四级工程建设安全事故。

3. 丙级

（1）具有独立法人资格且具有符合国家有关规定的资产；

（2）企业技术负责人应为注册监理工程师，并具有8年以上从事工程建设工作的经历；

（3）相应专业的注册监理工程师不少于《专业资质注册监理工程师人数配备表》（附表1）中要求配备的人数；

（4）有必要的质量管理体系和规章制度；

（5）有必要的工程试验检测设备。

（三）事务所资质标准

1. 取得合伙企业营业执照，具有书面合作协议书；

2. 合伙人中有3名以上注册监理工程师，合伙人均有5年以上从事建设工程监理的工作经历；

3. 有固定的工作场所；

4. 有必要的质量管理体系和规章制度；

5. 有必要的工程试验检测设备。

第八条 工程监理企业资质相应许可的业务范围如下：

（一）综合资质

可以承担所有专业工程类别建设工程项目的工程监理业务。

（二）专业资质

1. 专业甲级资质：

可承担相应专业工程类别建设工程项目的工程监理业务（见附表2）。

2. 专业乙级资质：

可承担相应专业工程类别二级以下（含二级）建设工程项目的工程监理业务（见附表2）。

3. 专业丙级资质：

可承担相应专业工程类别三级建设工程项目的工程监理业务（见附表2）。

（三）事务所资质

可承担三级建设工程项目的工程监理业务（见附表2），但是，国家规定必须实行强制监理的工程除外。

工程监理企业可以开展相应类别建设工程的项目管理、技术咨询等业务。

第三章 资质申请和审批

第九条 申请综合资质、专业甲级资质的，可以向企业工商注册所在地的省、自治区、直辖市人民政府住房城乡建设主管部门提交申请材料。

省、自治区、直辖市人民政府住房城乡建设主管部门收到申请材料后，应当在5日内将全部申请材料报审批部门。

国务院住房城乡建设主管部门在收到申请材料后，应当依法作出是否受理的决定，并出具凭证；申请材料不齐全或者不符合法定形式的，应当在5日内一次性告知申请人需要补正的全部内容。逾期不告知的，自收到申请材料之日起即为受理。

国务院住房城乡建设主管部门应当自受理之日起20日内作出审批决定。自作出决定之日起10日内公告审批结果。其中，涉及铁路、交通、水利、通信、民航等专业工程监理资质的，由国务院住房城乡建设主管部门送国务院有关部门审核。国务院有关部门应当在15日内审核完毕，并将审核意见报国务院住房城乡建设主管部门。

组织专家评审所需时间不计算在上述时限内，但应当明确告知申请人。

第十条 专业乙级、丙级资质和事务所资质由企业所在地省、自治区、直辖市人民政府住房城乡建设主管部门审批。

专业乙级、丙级资质和事务所资质许可、延续的实施程序由省、自治区、直辖市人民政府住房城乡建设主管部门依法确定。

省、自治区、直辖市人民政府住房城乡建设主管部门应当自作出决定之日起10日内，将准予资质许可的决定报国务院住房城乡建设主管部门备案。

第十一条 工程监理企业资质证书分为正本和副本，每套资质证书包括一本正本，四本副本。正、副本具有同等法律效力。

工程监理企业资质证书的有效期为5年。

工程监理企业资质证书由国务院住房城乡建设主管部门统一印制并发放。

第十二条 企业申请工程监理企业资质，在资质许可机关的网站或审批平台提出申请事项，提交专业技术人员、技术装备和已完成业绩等电子材料。

第十三条 资质有效期届满，工程监理企业需要继续从事工程监理活动的，应当在资质证书有效期届满60日前，向原资质许可机关申请办理延续手续。

对在资质有效期内遵守有关法律、法规、规章、技术标准，信用档案中无不良记录，且专业技术人员满足资质标准要求的企业，经资质许可机关同意，有效期延续5年。

第十四条 工程监理企业在资质证书有效期内名称、地址、注册资本、法定代表人等发生变更的，应当在工商行政管理部门办理变更手续后30日内办理资质证书变更手续。

涉及综合资质、专业甲级资质证书中企业名称变更的，由国务院住房城乡建设主管部门负责办理，并自受理申请之日起3日内办理变更手续。

前款规定以外的资质证书变更手续，由省、自治区、直辖市人民政府住房城乡建设主管部门负责办理。省、自治区、直辖市人民政府住房城乡建设主管部门应当自受理申请之日起3日内办理变更手续，并在办理资质证书变更手续后15日内将变更结果报国务院住房城乡建设主管部门备案。

第十五条 申请资质证书变更，应当提交以下材料：

（一）资质证书变更的申请报告；

（二）企业法人营业执照副本原件；

（三）工程监理企业资质证书正、副本原件。

工程监理企业改制的，除前款规定材料外，还应当提交企业职工代表大会或股东大会关于企业改制或股权变更的决议、企业上级主管部门关于企业申请改制的批复文件。

第十六条 工程监理企业不得有下列行为：

（一）与建设单位串通投标或者与其他工程监理企业串通投标，以行贿手段谋取中标；

（二）与建设单位或者施工单位串通弄虚作假、降低工程质量；

（三）将不合格的建设工程、建筑材料、建筑构配件和设备按照合格签字；

（四）超越本企业资质等级或以其他企业名义承揽监理业务；

（五）允许其他单位或个人以本企业的名义承揽工程；

（六）将承揽的监理业务转包；

（七）在监理过程中实施商业贿赂；

（八）涂改、伪造、出借、转让工程监理企业资质证书；

（九）其他违反法律法规的行为。

第十七条 工程监理企业合并的，合并后存续或者新设立的工程监理企业可以承继合并前各方中较高的资质等级，但应当符合相应的资质等级条件。

工程监理企业分立的，分立后企业的资质等级，根据实际达到的资质条件，按照本规定的审批程序核定。

第十八条 企业需增补工程监理企业资质证书的（含增加、更换、遗失补办），应当持资质证书增补申请及电子文档等材料向资质许可机关申请办理。遗失资质证书的，在申请补办前应当在公众媒体刊登遗失声明。资质许可机关应当自受理申请之日起3日内予以办理。

第四章 监督管理

第十九条 县级以上人民政府住房城乡建设主管部门和其他有关部门应当依照有关法律、法规和本规定，加强对工程监理企业资质的监督管理。

第二十条 住房城乡建设主管部门履行监督检查职责时，有权采取下列措施：

（一）要求被检查单位提供工程监理企业资质证书、注册监理工程师注册执业证书，有关工程监理业务的文档，有关质量管理、安全生产管理、档案管理等企业内部管理制度的文件；

（二）进入被检查单位进行检查，查阅相关资料；

（三）纠正违反有关法律、法规和本规定及有关规范和标准的行为。

第二十一条 住房城乡建设主管部门进行监督检查时，应当有两名以上监督检查人员参加，并出示执法证件，不得妨碍被检查单位的正常经营活动，不得索取或者收受财物、谋取其他利益。

有关单位和个人对依法进行的监督检查应当协助与配合，不得拒绝或者阻挠。

监督检查机关应当将监督检查的处理结果向社会公布。

第二十二条 工程监理企业违法从事工程监理活动的，违法行为发生地的县级以上地方人民政府住房城乡建设主管部门应当依法查处，并将违法事实、处理结果或处理建议及时报告该工程监理企业资质的许可机关。

第二十三条 工程监理企业取得工程监理企业资质后不再符合相应资质条件的，资质许可机关根据利害关系人的请求或者依据职权，可以责令其限期改正；逾期不改的，可以撤回其资质。

第二十四条 有下列情形之一的，资质许可机关或者其上级机关，根据利害关系人的请求或者依据职权，可以撤销工程监理企业资质：

（一）资质许可机关工作人员滥用职权、玩忽职守作出准予工程监理企业资质许可的；

（二）超越法定职权作出准予工程监理企业资质许可的；

（三）违反资质审批程序作出准予工程监理企业资质许可的；

（四）对不符合许可条件的申请人作出准予工程监理企业资质许可的；

（五）依法可以撤销资质证书的其他情形。

以欺骗、贿赂等不正当手段取得工程监理企业资质证书的，应当予以撤销。

第二十五条 有下列情形之一的，工程监理企业应当及时向资质许可机关提出注销资质的申请，交回资质证书，国务院住房城乡建设主管部门应当办理注销手续，公告其资质证书作废：

（一）资质证书有效期届满，未依法申请延续的；

（二）工程监理企业依法终止的；

（三）工程监理企业资质依法被撤销、撤回或吊销的；

（四）法律、法规规定的应当注销资质的其他情形。

第二十六条 工程监理企业应当按照有关规定，向资质许可机关提供真实、准确、完整的工程监理企业的信用档案信息。

工程监理企业的信用档案应当包括基本情况、业绩、工程质量和安全、合同违约等情况。被投诉举报和处理、行政处罚等情况应当作为不良行为记入其信用档案。

工程监理企业的信用档案信息按照有关规定向社会公示，公众有权查阅。

第五章 法律责任

第二十七条 申请人隐瞒有关情况或者提供虚假材料申请工程监理企业资质的，资质许可机关不予受理或者不予行政许可，并给予警告，申请人在1年内不得再次申请工程监理企业资质。

第二十八条 以欺骗、贿赂等不正当手段取得工程监理企业资质证书的，由县级以上地方人民政府住房城乡建设主管部门或者有关部门给予警告，并处1万元以上2万元以下的罚款，申请人3年内不得再次申请工程监理企业资质。

第二十九条 工程监理企业有本规定第十六条第七项、第八项行为之一的，由县级以上地方人民政府住房城乡建设主管部门或者有关部门予以警告，责令其改正，并处1万元以上3万元以下的罚款；造成损失的，依法承担赔偿责任；构成犯罪的，依法追究刑事责任。

第三十条 违反本规定，工程监理企业不及时办理资质证书变更手续的，由资质许可机关责令限期办理；逾期不办理的，可处以1千元以上1万元以下的罚款。

第三十一条 工程监理企业未按照本规定要求提供工程监理企业信用档案信息的，由县级以上地方人民政府住房城乡建设主管部门予以警告，责令限期改正；逾期未改正的，可处以1千元以上1万元以下的罚款。

第三十二条 县级以上地方人民政府住房城乡建设主管部门依法给予工程监理企业行政处罚的，应当将行政处罚决定以及给予行政处罚的事实、理由和依据，报国务院住房城乡建设主管部门备案。

第三十三条 县级以上人民政府住房城乡建设主管部门及有关部门有下列情形之一的，由其上级行政主管部门或者监察机关责令改正，对直接负责的主管人员和其他直接责任人员依法给予处分；构成犯罪的，依法追究刑事责任：

（一）对不符合本规定条件的申请人准予工程监理企业资质许可的；

（二）对符合本规定条件的申请人不予工程监理企业资质许可或者不在法定期限内作出准予许可决定的；

（三）对符合法定条件的申请不予受理或者未在法定期限内初审完毕的；

（四）利用职务上的便利，收受他人财物或者其他好处的；

（五）不依法履行监督管理职责或者监督不力，造成严重后果的。

第六章 附 则

第三十四条 本规定自2007年8月1日起施行。2001年8月29日建设部颁布的《工程监理企业资质管理规定》（建设部令第102号）同时废止。

附件：1. 专业资质注册监理工程师人数配备表（略）

2. 专业工程类别和等级表（略）

建设工程勘察设计资质管理规定

（2007年6月26日建设部令第160号发布　根据2015年5月4日《住房和城乡建设部关于修改〈房地产开发企业资质管理规定〉等部门规章的决定》第一次修订　根据2016年9月13日《住房城乡建设部关于修改〈勘察设计注册工程师管理规定〉等11个部门规章的决定》第二次修订　根据2018年12月22日《住房城乡建设部关于修改〈建筑业企业资质管理规定〉等部门规章的决定》第三次修订）

第一章　总　　则

第一条　为了加强对建设工程勘察、设计活动的监督管理，保证建设工程勘察、设计质量，根据《中华人民共和国行政许可法》、《中华人民共和国建筑法》、《建设工程质量管理条例》和《建设工程勘察设计管理条例》等法律、行政法规，制定本规定。

第二条　在中华人民共和国境内申请建设工程勘察、工程设计资质，实施对建设工程勘察、工程设计资质的监督管理，适用本规定。

第三条　从事建设工程勘察、工程设计活动的企业，应当按照其拥有的资产、专业技术人员、技术装备和勘察设计业绩等条件申请资质，经审查合格，取得建设工程勘察、工程设计资质证书后，方可在资质许可的范围内从事建设工程勘察、工程设计活动。

第四条　国务院住房城乡建设主管部门负责全国建设工程勘察、工程设计资质的统一监督管理。国务院铁路、交通、水利、信息产业、民航等有关部门配合国务院住房城乡建设主管部门实施相应行业的建设工程勘察、工程设计资质管理工作。

省、自治区、直辖市人民政府住房城乡建设主管部门负责本行政区域内建设工程勘察、工程设计资质的统一监督管理。省、自治区、直辖市人民政府交通、水利、信息产业等有关部门配合同级住房城乡建设主管部门实施本行政区域内相应行业的建设工程勘察、工程设计资质管理工作。

第二章　资质分类和分级

第五条　工程勘察资质分为工程勘察综合资质、工程勘察专业资质、工程勘察劳务资质。

工程勘察综合资质只设甲级；工程勘察专业资质设甲级、乙级，根据工程性质和技术特点，部分专业可以设丙级；工程勘察劳务资质不分等级。

取得工程勘察综合资质的企业，可以承接各专业（海洋工程勘察除外）、各等级工程勘察业务；取得工程勘察专业资质的企业，可以承接相应等级相应专业的工程勘察业务；取得工程勘察劳务资质的企业，可以承接岩土工程治理、工程钻探、凿井等工程勘察劳务业务。

第六条　工程设计资质分为工程设计综合资质、工程设计行业资质、工程设计专业资质和工程设计专项资质。

工程设计综合资质只设甲级；工程设计行业资质、工程设计专业资质、工程设计专项资质设甲级、乙级。

根据工程性质和技术特点，个别行业、专业、专项资质可以设丙级，建筑工程专业资质可以设丁级。

取得工程设计综合资质的企业，可以承接各行业、各等级的建设工程设计业务；取得工程设计行业资质的企业，可以承接相应行业相应等级的工程设计业务及本行业范围内同级别的相应专业、专项（设计施工一体化资质除外）工程设计业务；取得工程设计专业资质的企业，可以承接本专业相应等级的专业工程设计业务及同级别的相应专项工程设计业务（设计施工一体化资质除外）；取得工程设计专项资质的企业，可以承接本专项相应等级的专项工程设计业务。

第七条 建设工程勘察、工程设计资质标准和各资质类别、级别企业承担工程的具体范围由国务院住房城乡建设主管部门商国务院有关部门制定。

第三章 资质申请和审批

第八条 申请工程勘察甲级资质、工程设计甲级资质，以及涉及铁路、交通、水利、信息产业、民航等方面的工程设计乙级资质的，可以向企业工商注册所在地的省、自治区、直辖市人民政府住房城乡建设主管部门提交申请材料。

省、自治区、直辖市人民政府住房城乡建设主管部门收到申请材料后，应当在5日内将全部申请材料报审批部门。

国务院住房城乡建设主管部门在收到申请材料后，应当依法作出是否受理的决定，并出具凭证；申请材料不齐全或者不符合法定形式的，应当在5日内一次性告知申请人需要补正的全部内容。逾期不告知的，自收到申请材料之日起即为受理。

国务院住房城乡建设主管部门应当自受理之日起20日内完成审查。自作出决定之日起10日内公告审批结果。其中，涉及铁路、交通、水利、信息产业、民航等方面的工程设计资质，由国务院住房城乡建设主管部门送国务院有关部门审核，国务院有关部门应当在15日内审核完毕，并将审核意见送国务院住房城乡建设主管部门。

组织专家评审所需时间不计算在上述时限内，但应当明确告知申请人。

第九条 工程勘察乙级及以下资质、劳务资质、工程设计乙级（涉及铁路、交通、水利、信息产业、民航等方面的工程设计乙级资质除外）及以下资质许可由省、自治区、直辖市人民政府住房城乡建设主管部门实施。具体实施程序由省、自治区、直辖市人民政府住房城乡建设主管部门依法确定。

省、自治区、直辖市人民政府住房城乡建设主管部门应当自作出决定之日起30日内，将准予资质许可的决定报国务院住房城乡建设主管部门备案。

第十条 工程勘察、工程设计资质证书分为正本和副本，正本一份，副本六份，由国务院住房城乡建设主管部门统一印制，正、副本具备同等法律效力。资质证书有效期为5年。

第十一条 企业申请工程勘察、工程设计资质，应在资质许可机关的官方网站或审批平台上提出申请，提交资金、专业技术人员、技术装备和已完成的业绩等电子材料。

第十二条 资质有效期届满，企业需要延续资质证书有效期的，应当在资质证书有效期届满60日前，向原资质许可机关提出资质延续申请。

对在资质有效期内遵守有关法律、法规、规章、技术标准，信用档案中无不良行为记录，且专业技术人员满足资质标准要求的企业，经资质许可机关同意，有效期延续5年。

第十三条 企业在资质证书有效期内名称、地址、注册资本、法定代表人等发生变更的，应当在工商部门办理变更手续后30日内办理资质证书变更手续。

取得工程勘察甲级资质、工程设计甲级资质，以及涉及铁路、交通、水利、信息产业、民航等方面的工程设计乙级资质的企业，在资质证书有效期内发生企业名称变更的，应当向企业工商注册所在地省、自治区、直辖市人民政府住房城乡建设主管部门提出变更申请，省、自治区、直辖市人民政府住房城乡建设主管部门应当自受理申请之日起2日内将有关变更证明材料报国务院住房城乡建设主管部门，由国务院住房城乡建设主管部门在2日内办理变更手续。

前款规定以外的资质证书变更手续，由企业工商注册所在地的省、自治区、直辖市人民政府住房城乡建设主管部门负责办理。省、自治区、直辖市人民政府住房城乡建设主管部门应当自受理申请之日起2日内办理变更手续，并在办理资质证书变更手续后15日内将变更结果报国务院住房城乡建设主管部门备案。

涉及铁路、交通、水利、信息产业、民航等方面的工程设计资质的变更，国务院住房城乡建设主管部门应当将企业资质变更情况告知国务院有关部门。

第十四条 企业申请资质证书变更，应当提交以下材料：

（一）资质证书变更申请；

（二）企业法人、合伙企业营业执照副本复印件；

（三）资质证书正、副本原件；

（四）与资质变更事项有关的证明材料。

企业改制的，除提供前款规定资料外，还应当提供改制重组方案、上级资产管理部门或者股东大会的批准决定、企业职工代表大会同意改制重组的决议。

第十五条 企业首次申请、增项申请工程勘察、工程设计资质，其申请资质等级最高不超过乙级，且不考核企业工程勘察、工程设计业绩。

已具备施工资质的企业首次申请同类别或相近类别的工程勘察、工程设计资质的，可以将相应规模的工程总承包业绩作为工程业绩予以申报。其申请资质等级最高不超过其现有施工资质等级。

第十六条 企业合并的，合并后存续或者新设立的企业可以承继合并前各方中较高的资质等级，但应当符合相应的资质标准条件。

企业分立的，分立后企业的资质按照资质标准及本规定的审批程序核定。

企业改制的，改制后不再符合资质标准的，应按其实际达到的资质标准及本规定重新核定；资质条件不发生变化的，按本规定第十四条办理。

第十七条 从事建设工程勘察、设计活动的企业，申请资质升级、资质增项，在申请之日起前一年内有下列情形之一的，资质许可机关不予批准企业的资质升级申请和增项申请：

（一）企业相互串通投标或者与招标人串通投标承揽工程勘察、工程设计业务的；

（二）将承揽的工程勘察、工程设计业务转包或违法分包的；

（三）注册执业人员未按照规定在勘察设计文件上签字的；

（四）违反国家工程建设强制性标准的；

（五）因勘察设计原因造成过重大生产安全事故的；

（六）设计单位未根据勘察成果文件进行工程设计的；

（七）设计单位违反规定指定建筑材料、建筑构配件的生产厂、供应商的；

（八）无工程勘察、工程设计资质或者超越资质等级范围承揽工程勘察、工程设计业务的；

（九）涂改、倒卖、出租、出借或者以其他形式非法转让资质证书的；

（十）允许其他单位、个人以本单位名义承揽建设工程勘察、设计业务的；

（十一）其他违反法律、法规行为的。

第十八条 企业在领取新的工程勘察、工程设计资质证书的同时，应当将原资质证书交回原发证机关予以注销。

企业需增补（含增加、更换、遗失补办）工程勘察、工程设计资质证书的，应当持资质证书增补申请等材料向资质许可机关申请办理。遗失资质证书的，在申请补办前应当在公众媒体上刊登遗失声明。资质许可机关应当在2日内办理完毕。

第四章 监督与管理

第十九条 国务院住房城乡建设主管部门对全国的建设工程勘察、设计资质实施统一的监督管理。国务院铁路、交通、水利、信息产业、民航等有关部门配合国务院住房城乡建设主管部门对相应的行业资质进行监督管理。

县级以上地方人民政府住房城乡建设主管部门负责对本行政区域内的建设工程勘察、设计资质实施监督管理。县级以上人民政府交通、水利、信息产业等有关部门配合同级住房城乡建设主管部门对相应的行业资质进行监督管理。

上级住房城乡建设主管部门应当加强对下级住房城乡建设主管部门资质管理工作的监督检查，及时纠正资质管理中的违法行为。

第二十条 住房城乡建设主管部门、有关部门履行监督检查职责时，有权采取下列措施：

（一）要求被检查单位提供工程勘察、设计资质证书、注册执业人员的注册执业证书，有关工程勘察、设计业务的文档，有关质量管理、安全生产管理、档案管理、财务管理等企业内部管理制度的文件；

（二）进入被检查单位进行检查，查阅相关资料；

（三）纠正违反有关法律、法规和本规定及有关规范和标准的行为。

住房城乡建设主管部门、有关部门依法对企业从事行政许可事项的活动进行监督检查时，应当将监督检查情况和处理结果予以记录，由监督检查人员签字后归档。

第二十一条 住房城乡建设主管部门、有关部门在实施监督检查时，应当有两名以上监督检查人员参加，并出示执法证件，不得妨碍企业正常的生产经营活动，不得索取或者收受企业的财物，不得谋取其他利益。

有关单位和个人对依法进行的监督检查应当协助与配合，不得拒绝或者阻挠。

监督检查机关应当将监督检查的处理结果向社会公布。

第二十二条 企业违法从事工程勘察、工程设计活动的，其违法行为发生地的住房城乡建设主管部门应当依法将企业的违法事实、处理结果或处理建议告知该企业的资质许可机关。

第二十三条 企业取得工程勘察、设计资质后，不再符合相应资质条件的，住房城乡建设主管部门、有关部门根据利害关系人的请求或者依据职权，可以责令其限期改正；逾期不改的，资质许可机关可以撤回其资质。

第二十四条 有下列情形之一的，资质许可机关或者其上级机关，根据利害关系人的请求或者依据职权，可以撤销工程勘察、工程设计资质：

（一）资质许可机关工作人员滥用职权、玩忽职守作出准予工程勘察、工程设计资质许可的；

（二）超越法定职权作出准予工程勘察、工程设计资质许可；

（三）违反资质审批程序作出准予工程勘察、工程设计资质许可的；

（四）对不符合许可条件的申请人作出工程勘察、工程设计资质许可的；

（五）依法可以撤销资质证书的其他情形。

以欺骗、贿赂等不正当手段取得工程勘察、工程设计资质证书的，应当予以撤销。

第二十五条 有下列情形之一的，企业应当及时向资质许可机关提出注销资质的申请，交回资质证书，资质许可机关应当办理注销手续，公告其资质证书作废：

（一）资质证书有效期届满未依法申

请延续的；

（二）企业依法终止的；

（三）资质证书依法被撤销、撤回，或者吊销的；

（四）法律、法规规定的应当注销资质的其他情形。

第二十六条 有关部门应当将监督检查情况和处理意见及时告知住房城乡建设主管部门。资质许可机关应当将涉及铁路、交通、水利、信息产业、民航等方面的资质被撤回、撤销和注销的情况及时告知有关部门。

第二十七条 企业应当按照有关规定，向资质许可机关提供真实、准确、完整的企业信用档案信息。

企业的信用档案应当包括企业基本情况、业绩、工程质量和安全、合同违约等情况。被投诉举报和处理、行政处罚等情况应当作为不良行为记入其信用档案。

企业的信用档案信息按照有关规定向社会公示。

第五章　法 律 责 任

第二十八条 企业隐瞒有关情况或者提供虚假材料申请资质的，资质许可机关不予受理或者不予行政许可，并给予警告，该企业在1年内不得再次申请该资质。

第二十九条 企业以欺骗、贿赂等不正当手段取得资质证书的，由县级以上地方人民政府住房城乡建设主管部门或者有关部门给予警告，并依法处以罚款；该企业在3年内不得再次申请该资质。

第三十条 企业不及时办理资质证书变更手续的，由资质许可机关责令限期办理；逾期不办理的，可处以1000元以上1万元以下的罚款。

第三十一条 企业未按照规定提供信用档案信息的，由县级以上地方人民政府住房城乡建设主管部门给予警告，责令限期改正；逾期未改正的，可处以1000元以上1万元以下的罚款。

第三十二条 涂改、倒卖、出租、出借或者以其他形式非法转让资质证书的，由县级以上地方人民政府住房城乡建设主管部门或者有关部门给予警告，责令改正，并处以1万元以上3万元以下的罚款；造成损失的，依法承担赔偿责任；构成犯罪的，依法追究刑事责任。

第三十三条 县级以上地方人民政府住房城乡建设主管部门依法给予工程勘察、设计企业行政处罚的，应当将行政处罚决定以及给予行政处罚的事实、理由和依据，报国务院住房城乡建设主管部门备案。

第三十四条 住房城乡建设主管部门及其工作人员，违反本规定，有下列情形之一的，由其上级行政机关或者监察机关责令改正；情节严重的，对直接负责的主管人员和其他直接责任人员，依法给予行政处分：

（一）对不符合条件的申请人准予工程勘察、设计资质许可的；

（二）对符合条件的申请人不予工程勘察、设计资质许可或者未在法定期限内作出许可决定的；

（三）对符合条件的申请不予受理或者未在法定期限内初审完毕的；

（四）利用职务上的便利，收受他人财物或者其他好处的；

（五）不依法履行监督职责或者监督不力，造成严重后果的。

第六章　附　　则

第三十五条 本规定所称建设工程勘察包括建设工程项目的岩土工程、水文地质、工程测量、海洋工程勘察等。

第三十六条 本规定所称建设工程设计是指：

（一）建设工程项目的主体工程和配套工程（含厂（矿）区内的自备电站、道路、专用铁路、通信、各种管网管线和配套的建筑物等全部配套工程）以及与主体工程、配套工程相关的工艺、土木、建筑、环境保护、水土保持、消防、安全、卫生、节能、防雷、抗震、照明工程等的设计。

（二）建筑工程建设用地规划许可证范围内的室外工程设计、建筑物构筑物设计、民用建筑修建的地下工程设计及住宅小区、工厂厂前区、工厂生活区、小区规划设计及单体设计等，以及上述建筑工程所包含的相关专业的设计内容（包括总平面布置、竖向设计、各类管网管线设计、景观设计、室内外环境设计及建筑装饰、道路、消防、安保、通信、防雷、人防、供配电、照明、废水治理、空调设施、抗震加固等）。

第三十七条 取得工程勘察、工程设计资质证书的企业，可以从事资质证书许可范围内相应的建设工程总承包业务，可以从事工程项目管理和相关的技术与管理服务。

第三十八条 本规定自2007年9月1日起实施。2001年7月25日建设部颁布的《建设工程勘察设计企业资质管理规定》（建设部令第93号）同时废止。

工程监理企业资质管理规定实施意见

（2007年7月31日　建市〔2007〕190号　根据2016年6月16日《住房城乡建设部关于建设工程企业资质管理资产考核有关问题的通知》修订）

为规范工程监理企业资质管理，依据《工程监理企业资质管理规定》（建设部令第158号，以下简称158号部令）及相关法律法规，制定本实施意见。

一、资质申请条件

（一）新设立的企业申请工程监理企业资质和已具有工程监理企业资质的企业申请综合资质、专业资质升级、增加其他专业资质，自2007年8月1日起应按照158号部令要求提出资质申请。

（二）新设立的企业申请工程监理企业资质，应先取得《企业法人营业执照》或《合伙企业营业执照》，办理完相应的执业人员注册手续后，方可申请资质。

取得《企业法人营业执照》的企业，只可申请综合资质和专业资质，取得《合伙企业营业执照》的企业，只可申请事务所资质。

（三）新设立的企业申请工程监理企业资质和已获得工程监理企业资质的企业申请增加其他专业资质，应从专业乙级、丙级资质或事务所资质开始申请，不需要提供业绩证明材料。申请房屋建筑、水利水电、公路和市政公用工程专业资质的企业，也可以直接申请专业乙级资质。

（四）已具有专业丙级资质企业可直接申请专业乙级资质，不需要提供业绩证明材料。已具有专业乙级资质申请晋升专业甲级资质的企业，应在近2年内独立监理过3个及以上相应专业的二级工程项目。

（五）具有甲级设计资质或一级及以上施工总承包资质的企业可以直接申请与主营业务相对应的专业工程类别甲级工程监理企业资质。具有甲级设计资质或一级及以上施工总承包资质的企业申请主营业务以外的专业工程类别监理企业资质的，应从专业乙级及以下资质开始申请。

主营业务是指企业在具有的甲级设计资质或一级及以上施工总承包资质中主要从事的工程类别业务。

（六）工程监理企业申请专业资质升级、增加其他专业资质的，相应专业的注册监理工程师人数应满足已有监理资质所要求的注册监理工程师等人员标准后，方可申请。申请综合资质的，应至少满足已有资质中的5个甲级专业资质要求的注册监理工程师人员数量。

（七）工程监理企业的注册人员、工程监理业绩（包括境外工程业绩）和技术装备等资质条件，均是以独立企业法人为审核单位。企业（集团）的母、子公司在申请资质时，各项指标不得重复计算。

二、申请材料

（八）申请专业甲级资质或综合资质的工程监理企业需提交以下材料：

1.《工程监理企业资质申请表》（见附件1）一式三份及相应的电子文档；

2. 企业法人营业执照正、副本复印件；

3. 企业章程复印件；

4. 工程监理企业资质证书正、副本复印件；

5. 企业法定代表人、企业负责人的身份证明、工作简历及任命（聘用）文件的复印件；

6. 企业技术负责人的身份证明、工作简历、任命（聘用）文件、毕业证书、相关专业学历证书、职称证书和加盖执业印章的《中华人民共和国注册监理工程师注册执业证书》等复印件；

7.《工程监理企业资质申请表》中所列注册执业人员的身份证明、加盖执业印章的注册执业证书复印件（无执业印章的，须提供注册执业证书复印件）；

8. 企业近2年内业绩证明材料的复印件，包括：监理合同、监理规划、工程竣工验收证明、监理工作总结和监理业务手册；

9. 企业必要的工程试验检测设备的购置清单（按申请表要求填写）。

（九）具有甲级设计资质或一级及以上施工总承包资质的企业申请与主营业务对应的专业工程类别甲级监理资质的，除应提供本实施意见第（八）条1、2、3、5、6、7、9所列材料外，还需提供企业具有的甲级设计资质或一级及以上施工总承包资质的资质证书正、副本复印件，不需提供相应的业绩证明。

（十）申请专业乙级和丙级资质的工程监理企业，需提供本实施意见第（八）条1、2、3、5、6、7、9所列材料，不需提供相应的业绩证明。

（十一）申请事务所资质的企业，需提供以下材料：

1.《工程监理企业资质申请表》（见附件1）一式三份及相应的电子文档；

2. 合伙企业营业执照正、副本复印件；

3. 合伙人协议文本复印件；

4. 合伙人组成名单、身份证明、工作简历以及加盖执业印章的《中华人民共和国注册监理工程师注册执业证书》复印件；

5. 办公场所属于自有产权的，应提供产权证明复印件；办公场所属于租用的，应提供出租方产权证明、双方租赁合同的复印件；

6. 必要的工程试验检测设备的购置清单（按申请表要求填写）。

（十二）申请综合资质、专业资质延续的企业，需提供本实施意见第（八）条1、2、4、7所列材料，不需提供相应的业绩证明；申请事务所资质延续的企业，应提供本实施意见第（十一）条1、2、4所列材料。

（十三）具有综合资质、专业甲级资质的企业申请变更资质证书中企业名称的，由建设部负责办理。企业应向工商注册所在地的省、自治区、直辖市人民政府建设主管部门提出申请，并提交下列材料：

1.《建设工程企业资质证书变更审核表》；

2. 企业法人营业执照副本复印件；

3. 企业原有资质证书正、副本原件及复印件；

4. 企业股东大会或董事会关于变更事项的决议或文件。

上述规定以外的资质证书变更手续，由省、自治区、直辖市人民政府建设主管部门负责办理，具体办理程序由省、自治区、直辖市人民政府建设主管部门依法确定。其中具有综合资质、专业甲级资质的企业其资质证书编号发生变化的，省、自治区、直辖市人民政府建设主管部门需报建设部核准后，方可办理。

（十四）企业改制、分立、合并后设立的工程监理企业申请资质，除提供本实施意见第（八）条所要求的材料外，还应当提供如下证明材料的复印件：

1. 企业改制、分立、合并或重组的情况说明，包括新企业与原企业的产权关系、资本构成及资产负债情况，人员、内部组织机构的分立与合并、工程业绩的分割、合并等情况；

2. 上级主管部门的批复文件，职工代表大会的决议；或股东大会、董事会的决议。

（十五）具有综合资质、专业甲级资质的工程监理企业申请工商注册地跨省、自治区、直辖市变更的，企业应向新注册所在地的省、自治区、直辖市人民政府建设主管部门提出申请，并提交下列材料：

1. 工程监理企业原工商注册地省、自治区、直辖市人民政府建设主管部门同意资质变更的书面意见；

2. 变更前原工商营业执照注销证明及变更后新工商营业执照正、副本复印件；

3. 本实施意见第（八）条 1、2、3、4、5、6、7、9 所列的材料。

其中涉及到资质证书中企业名称变更的，省、自治区、直辖市人民政府建设主管部门应将受理的申请材料报建设部办理。

具有专业乙级、丙级资质和事务所资质的工程监理企业申请工商注册地跨省、自治区、直辖市变更，由各省、自治区、直辖市人民政府建设主管部门参照上述程序依法制定。

（十六）企业申请工程监理企业资质的申报材料，应符合以下要求：

1. 申报材料应包括：《工程监理企业资质申请表》及相应的附件材料；

2.《工程监理企业资质申请表》一式三份，涉及申请铁路、交通、水利、信息产业、民航等专业资质的，每增加申请一项资质，申报材料应增加二份申请表和一份附件材料；

3. 申请表与附件材料应分开装订，用 A4 纸打印或复印。附件材料应按《工程监理企业资质申请表》填写顺序编制详细目录及页码范围，以便审查查找。复印材料要求清晰、可辨；

4. 所有申报材料必须填写规范、盖章或印鉴齐全、字迹清晰；

5. 工程监理企业申报材料中如有外文，需附中文译本。

三、资质受理审查程序

（十七）工程监理企业资质申报材料应当齐全，手续完备。对于手续不全、盖章或印鉴不清的，资质管理部门将不予受理。

资质受理部门应对工程监理企业资质申报材料中的附件材料原件进行核验，确认企业附件材料中相关内容与原件相符。对申请综合资质、专业甲级资质的企业，省、自治区、直辖市人民政府建设主管部门应将其《工程监理企业资质申请表》（附件 1）及附件材料、报送文件一并报建设部。

（十八）工程监理企业应于资质证书有效期届满 60 日前，向原资质许可机关提出资质延续申请。逾期不申请资质延续的，有效期届满后，其资质证书自动失效。如需开展工程监理业务，应按首次申请办理。

（十九）工程监理企业的所有申报材料一经建设主管部门受理，未经批准，不得修改。

（二十）各省、自治区、直辖市人民政府建设主管部门可根据本地的实际情况，制定事务所资质的具体实施办法。

（二十一）对企业改制、分立或合并后设立的工程监理企业，资质许可机关按下列规定进行资质核定：

1. 整体改制的企业，按资质变更程序办理；

2. 合并后存续或者新设立的工程监理企业可以承继合并前各方中较高资质等级。合并后不申请资质升级和增加其他专业资质的，按资质变更程序办理；申请资质升级或增加其他专业资质的，资质许可机关应根据其实际达到的资质条件，按照158号部令中的审批程序核定；

3. 企业分立成两个及以上工程监理企业的，应根据其实际达到的资质条件，按照158号部令的审批程序对分立后的企业分别重新核定资质等级。

（二十二）对工程监理企业的所有申请、审查等书面材料，有关建设主管部门应保存5年。

四、资质证书

（二十三）工程监理企业资质证书由建设部统一印制。专业甲级资质、乙级资质、丙级资质证书分别打印，每套资质证书包括一本正本和四本副本。

工程监理企业资质证书有效期为5年，有效期的计算时间以资质证书最后的核定日期为准。

（二十四）工程监理企业资质证书全国通用，各地、各部门不得以任何名义设立158号部令规定以外的其他准入条件，不得违法收取费用。

（二十五）工程监理企业遗失资质证书，应首先在全国性建设行业报刊或省级（含省级）综合类报刊上刊登遗失作废声明，然后再向原资质许可机关申请补办，并提供下列材料：

1. 企业补办资质证书的书面申请；

2. 刊登遗失声明的报刊原件；

3.《建设工程企业资质证书增补审核表》。

五、监督管理

（二十六）县级以上人民政府建设主管部门和有关部门应依法对本辖区内工程监理企业的资质情况实施动态监督管理。重点检查158号部令第十六条和第二十三条的有关内容，并将检查和处理结果记入企业信用档案。

具体抽查企业的数量和比例由县级以上人民政府建设主管部门或者有关部门根据实际情况研究决定。

监督检查可以采取下列形式：

1. 集中监督检查。由县级以上人民政府建设主管部门或者有关部门统一部署的监督检查；

2. 抽查和巡查。县级以上人民政府建设主管部门或者有关部门随机进行的监督检查。

（二十七）县级以上人民政府建设主管部门和有关部门应按以下程序实施监督检查：

1. 制定监督检查方案，其中集中监督检查方案应予以公布；

2. 检查应出具相应的检查文件或证件；

3. 当地建设主管部门和有关部门应当配合上级部门的监督检查；

4. 实施检查时，应首先明确监督检查内容，被检企业应如实提供相关文件资料。对于提供虚假材料的企业，予以通报；对于不符合相应资质条件要求的监理企业，应及时上报资质许可机关，资质许可机关可以责令其限期改正，逾期不改的，撤回其相应工程监理企业资质；对于拒不提供被检资料的企业，予以通报，并责令其限期提供被检资料；

5. 检查人员应当将检查情况予以记录，并由被检企业负责人和检查人员签字确认；

6. 检查人员应当将检查情况汇总，连同有关行政处理或者行政处罚建议书面告知当地建设主管部门。

（二十八）工程监理企业违法从事工程监理活动的，违法行为发生地的县级以上地方人民政府建设主管部门应当依法查处，并将工程监理企业的违法事实、处理结果或处理建议及时报告违法行为发生地的省、自治区、直辖市人民政府建设主管部门；其中对综合资质或专业甲级资质工程监理企业的违法事实、处理结果或处理建议，须通过违法行为发生地的省、自治区、直辖市人民政府建设主管部门报建设部。

六、有关说明

（二十九）工程监理企业的注册监理工程师是指在本企业注册的取得《中华人民共和国注册监理工程师注册执业证书》的人员。注册监理工程师不得同时受聘、注册于两个及以上企业。

注册监理工程师的专业是指《中华人民共和国注册监理工程师注册执业证书》上标注的注册专业。

一人同时具有注册监理工程师、注册造价工程师、一级注册建造师、一级注册建筑师、一级注册结构工程师或者其他勘察设计注册工程师两个及以上执业资格，且在同一监理企业注册的，可以按照取得的注册执业证书个数，累计计算其人次。

申请工程监理企业资质的企业，其注册人数和注册人次应分别满足158号部令中规定的注册人数和注册人次要求。申请综合资质的企业具有一级注册建造师、一级注册建筑师、一级注册结构工程师或者其他勘察设计注册工程师合计应不少于15人次，且具有一级注册建造师不少于1人次、具有一级注册结构工程师或其他勘察设计注册工程师或一级注册建筑师不少于1人次。

（三十）“企业近2年内独立监理过3个以上相应专业的二级工程项目”是指企业自申报之日起前2年内独立监理完成并已竣工验收合格的工程项目。企业申报材料中应提供相应的工程验收证明复印件。

（三十一）因本企业监理责任造成重大质量事故和因本企业监理责任发生安全事故的发生日期，以行政处罚决定书中认定的事故发生日为准。

（三十二）具有事务所资质的企业只可承担房屋建筑、水利水电、公路和市政公用工程专业等级三级且非强制监理的建设工程项目的监理、项目管理、技术咨询等相关服务。

七、过渡期的有关规定

（三十三）158号部令自实施之日起设2年过渡期，即从2007年8月1日起，至2009年7月31日止。过渡期内，已取得工程监理企业资质的企业申请资质升级、增加其他专业资质以及申请企业分立的，按158号部令和本实施意见执行。对于准予资质许可的工程监理企业，核发新的工程监理企业资质证书，旧的资质证书交回原发证机关，予以作废。

（三十四）过渡期内，已取得工程监理企业资质证书的企业申请资质更名、遗失补证、两家及以上企业整体合并等不涉及申请资质升级和增加其他专业资质的，可按资质变更程序办理，并换发新的工程监理企业资质证书，新资质证书有效期至2009年7月31日。

（三十五）建设主管部门在2007年8月1日之前颁发的工程监理企业资质证书，在过渡期内有效，但企业资质条件仍应符合《工程监理企业资质管理规定》（建设部令第102号）的相关要求。过渡期内，各省、自治区、直辖市人民政府建设主管部门应按《工程监理企业资质管理规定》（建设部令第102号）要求的资质条件对本辖区内已取得工程监理企业资质的企业进行监督检查。过渡期届满后，对达不到158号部令要求条件的企业，要重新核定其监理企业资质等级。

对于已取得冶炼、矿山、化工石油、

电力、铁路、港口与航道、航天航空和通信工程丙级资质的工程监理企业，过渡期内，企业可继续完成已承揽的工程项目。过渡期届满后，上述专业工程类别的工程监理企业丙级资质证书自行失效。

（三十六）已取得工程监理企业资质证书但未换发新的资质证书的企业，在过渡期届满60日前，应按158号部令要求向资质许可机关提交换发工程监理企业资质证书的申请材料，不需提供相应的业绩证明。对于满足相应资质标准要求的企业，资质许可机关给予换发新的工程监理企业资质证书，旧资质证书交回原发证机关，予以作废；对于不满足相应资质标准要求的企业，由资质许可机关根据其实际达到的资质条件，按照158号部令的审批程序和标准给予重新核定，旧资质证书交回原发证机关，予以作废。过渡期届满后，未申请换发工程监理企业资质证书的企业，其旧资质证书自行失效。

附件：1.《工程监理企业资质申请表》；（略）

2.《工程监理企业资质申请表》填表说明。（略）

建设工程勘察设计资质管理规定实施意见①

（2007年8月21日　建市〔2007〕202号　根据2016年6月16日《住房城乡建设部关于建设工程企业资质管理资产考核有关问题的通知》修订）

为实施《建设工程勘察设计资质管理规定》（建设部令第160号）（以下简称新《规定》）和《工程设计资质标准》（建市［2007］86号）（以下简称新《标准》），制定本实施意见。

一、资质申请条件

（一）凡在中华人民共和国境内，依法取得工商行政管理部门颁发的企业法人营业执照的企业，均可申请建设工程勘察、工程设计资质。依法取得合伙企业营业执照的企业，只可申请建筑工程设计事务所资质。

（二）因建设工程勘察未对外开放，资质审批部门不受理外商投资企业（含新成立、改制、重组、合并、并购等）申请建设工程勘察资质。

（三）工程设计综合资质涵盖所有工程设计行业、专业和专项资质。凡具有工程设计综合资质的企业不需单独申请工程设计行业、专业或专项资质证书。

工程设计行业资质涵盖该行业资质标准中的全部设计类型的设计资质。凡具有工程设计某行业资质的企业不需单独申请该行业内的各专业资质证书。

（四）具备建筑工程行业或专业设计资质的企业，可承担相应范围相应等级的建筑装饰工程设计、建筑幕墙工程设计、轻型钢结构工程设计、建筑智能化系统设计、照明工程设计和消防设施工程设计等专项工程设计业务，不需单独申请以上专项工程设计资质。

（五）有下列资质情形之一的，资质审批部门按照升级申请办理：

1. 具有工程设计行业、专业、专项乙级资质的企业，申请与其行业、专业、专项资质对应的甲级资质的；

2. 具有工程设计行业乙级资质或专业乙级资质的企业，申请现有资质范围内的一个或多个专业甲级资质的；

① 该文件中的“工程勘察、工程设计资质申请表”已被《住房和城乡建设部建筑市场监管司关于印发〈工程设计资质申请表〉的通知》（2013年8月1日，建设资函〔2013〕67号）废止。

3. 具有工程设计某行业或专业甲、乙级资质的企业，其本行业和本专业工程设计内容中包含了某专项工程设计内容，申请相应的专项甲级资质的；

4. 具有丙级、丁级资质的企业，直接申请乙级资质的。

（六）新设置的分级别的工程勘察设计资质，自正式设置起，设立两年过渡期。在过渡期内，允许企业根据实际达到的条件申请资质等级，不受最高不超过乙级申请的限制，且申报材料不需提供企业业绩。

（七）具有一级及以上施工总承包资质的企业可直接申请同类别或相近类别的工程设计甲级资质。具有一级及以上施工总承包资质的企业申请不同类别的工程设计资质的，应从乙级资质开始申请（不设乙级的除外）。

（八）企业的专业技术人员、工程业绩、技术装备等资质条件，均是以独立企业法人为审核单位。企业（集团）的母、子公司在申请资质时，各项指标不得重复计算。

（九）允许每个大专院校有一家所属勘察设计企业可以聘请本校在职教师和科研人员作为企业的主要专业技术人员，但是其人数不得大于资质标准中要求的专业技术人员总数的三分之一，且聘期不得少于2年。在职教师和科研人员作为非注册人员考核时，其职称应满足讲师/助理研究员及以上要求，从事相应专业的教学、科研和设计时间10年及以上。

二、申报材料

（十）因《工程勘察资质标准》未修订，除本实施意见另有规定外，工程勘察资质的有关申报材料要求仍按建办市函［2006］274号文办理。

（十一）首次申请工程设计资质，需提交以下材料：

1. 工程设计资质申请表及电子文档（见附件1）；

2. 企业法人、合伙企业营业执照副本复印件；

3. 企业章程或合伙人协议文本复印件；

4. 企业法定代表人、合伙人的身份证明复印件；

5. 企业负责人、主要技术负责人或总工程师的身份证明、任职文件、毕业证书、职称证书等复印件，主要技术负责人或总工程师提供“专业技术人员基本情况及业绩表”；

6. 工程设计资质申请表中所列注册执业人员的身份证明复印件、企业注册所在地省级注册管理部门盖章的注册变更表或初始注册表；

7. 工程设计资质标准要求的非注册专业技术人员的身份证明、职称证书、毕业证书等复印件，主导专业的非注册人员还需提供“专业技术人员基本情况及业绩表”；

8. 工程设计资质标准要求的主要专业技术人员（注册、非注册）与企业依法签订的劳动合同主要页（包括合同双方名称、聘用起止时间、签字盖章、生效日期）、与原聘用单位解除聘用劳动合同的证明或近一个月的社保证明复印件；其中，对军队或高校从事工程设计的事业编制的主要专业技术人员不需提供社保证明，但需提供所在单位上级人事主管部门的人事证明材料；

9. 办公场所证明，属于自有产权的出具产权证复印件；属于租用或借用的，出具出租（借）方产权证和双方租赁合同或借用协议的复印件。

（十二）申请工程设计资质升级，需提交以下材料：

1. 工程设计资质申请表及电子文档（见附件1）；

2. 企业法人、合伙企业营业执照副本复印件；

3. 原工程设计资质证书副本复印件；

4. 企业负责人、主要技术负责人或总

工程师的身份证明、任职文件、毕业证书、职称证书等复印件，主要技术负责人或总工程师提供“专业技术人员基本情况及业绩表”；

5. 工程设计资质申请表中所列注册执业人员的身份证明复印件、加盖执业印章的注册证书复印件；

6. 工程设计资质标准要求的非注册专业技术人员的身份证明、职称证书、毕业证书等复印件，主导专业的非注册人员还需提供“专业技术人员基本情况及业绩表”；

7. 工程设计资质标准要求的非注册专业技术人员与企业依法签订的劳动合同主要页（包括合同双方名称、聘用起止时间、签字盖章、生效日期）及近一个月的社保证明复印件；其中，对军队或高校从事工程设计的事业编制的非注册专业技术人员不需提供社保证明，但需提供所在单位上级人事主管部门的人事证明材料；

8. 满足工程设计资质标准要求的企业业绩证明材料，包括：工程设计合同主要页的复印件；建设单位（业主）出具的工程竣工、移交、试运行证明文件，或工程竣工验收文件的复印件。

（十三）申请工程设计资质增项，需提交以下材料：

1. 工程设计资质申请表及电子文档（见附件1）；

2. 企业法人、合伙企业营业执照副本复印件；

3. 原工程设计资质证书副本复印件；

4. 企业负责人、主要技术负责人或总工程师的身份证明、任职文件、毕业证书、职称证书等复印件，主要技术负责人或总工程师提供“专业技术人员基本情况及业绩表”；

5. 工程设计资质申请表中所列注册执业人员的身份证明复印件、加盖执业印章的注册证书复印件；

6. 工程设计资质标准要求的非注册专业技术人员的身份证明、职称证书、毕业证书等复印件，主导专业的非注册人员还需提供“专业技术人员基本情况及业绩表”；

7. 工程设计资质标准要求的非注册专业技术人员与企业依法签订的劳动合同主要页（包括合同双方名称、聘用起止时间、签字盖章、生效日期）及近一个月的社保证明复印件；其中，对军队或高校从事工程设计的事业编制的非注册专业技术人员不需提供社保证明，但需提供所在单位上级主管部门人事部门的人事证明材料。

（十四）申请设计综合资质的，需提交以下材料：

1. 工程设计资质申请表及电子文档（见附件1）；

2. 企业法人营业执照副本复印件；

3. 企业法定代表人基本情况表、任职文件、身份证明复印件；

4. 企业主要技术负责人或总工程师的任职文件、毕业证书、职称证书或注册执业证书、身份证明等复印件及“专业技术人员基本情况及业绩表”；

5. 甲级工程设计资质证书正、副本复印件；

6. 大型建设项目工程设计合同，试运行或竣工验收证明复印件；

7. 企业相应年度财务报表（资产负债表、损益表）、年度审计报告复印件；

8. 注册执业人员的注册执业证书（加盖执业印章）、身份证明复印件；

9. 专业技术人员初级以上职称证书、身份证明复印件；

10. 工程勘察、工程设计、科技进步奖证书复印件；

11. 国家、行业工程建设标准、规范发布批准文件及出版物主要页（包括出版物名称、批准部门、主编或参编单位名称、出版社名称）复印件；

12. 专利证书、专有技术发布（批准）文件或工艺包认可、认定、鉴定证书复印件；

13. ISO9001 标准质量体系认证证书复印件；

14. 办公场所证明，属于自有产权的出具产权证复印件；属于租用或借用的，出具出租（借）方产权证和双方租赁合同或借用协议的复印件。

（十五）延续工程设计资质，需提交以下材料：

1. 工程设计资质申请表及电子文档（见附件 1）；

2. 企业法人、合伙企业营业执照副本复印件；

3. 原工程设计资质证书副本复印件；

4. 工程设计资质申请表中所列注册执业人员的身份证明复印件、加盖执业印章的注册证书复印件；

5. 工程设计资质标准要求的非注册专业技术人员的身份证明、职称证书、毕业证书等复印件，主导专业的非注册人员还需提供"专业技术人员基本情况及业绩表"；

6. 工程设计资质标准要求的非注册专业技术人员近一个月的社保证明复印件；其中，对军队或高校从事工程设计的事业编制的非注册专业技术人员不需提供社保证明，但需提供所在单位上级主管部门人事部门的人事证明材料。

（十六）已具备施工资质的企业首次申请同类别或相近类别的工程勘察、工程设计资质的，其申报材料除应提供首次申请所列全部材料外，申请甲级勘察设计资质的，还应提供相应规模的工程勘察、设计业绩或工程总承包业绩证明材料，包括：工程勘察、工程设计或工程总承包合同主要页的复印件；建设单位（业主）出具的工程竣工、移交、试运行证明文件，或工程竣工验收文件的复印件。

（十七）企业因注册名称、净资产、法定代表人或执行合伙企业事务的合伙人、注册地址等发生变化需变更资质证书内容的，由企业提出变更理由及变更事项，并提交以下材料：

1. 企业出具由法定代表人、执行合伙企业事务的合伙人签署的资质证书变更申请；

2. 企业法人、合伙企业营业执照副本复印件；

3. 资质证书正、副本原件；

4. 建设工程企业资质证书变更审核表；

5. 与资质变更事项有关的证明材料：

（1）企业名称、净资产变更的，提供变更后的工商营业执照副本复印件；

（2）法定代表人或执行合伙企业事务的合伙人变更的，提供企业法定代表人或执行合伙企业事务的合伙人的身份证明；

（3）地址变更的提交新的办公场地的自有产权证明或租赁（借）合同和所租（借）场地的产权证明。

具有工程勘察甲级、工程设计甲级以及涉及铁路、交通、水利、信息产业、民航等方面的工程设计乙级资质的企业变更注册名称的，企业应向工商注册所在地的省级人民政府建设主管部门提出申请，由建设部负责办理。其他所有资质变更手续由企业工商注册所在地省级建设主管部门负责办理。但其中涉及企业资质证书编号发生变化的，省级人民政府建设主管部门需报建设部核准后，方可办理。

（十八）企业合并、分立、改制、重组后，需重新核定资质的，应提交下列材料：

1. 企业合并、分立、改制情况报告，包括新企业与原企业的产权关系、资本构成及资产负债情况，人员、内部组织机构的分立与合并、工程勘察设计业绩的分割、合并等情况；

2. 本实施意见第（十一）条所列的全

部材料；

3. 原资质证书正、副本复印件；

4. 改制（重组）方案，上级行政主管部门及国有资产管理部门的批复文件，企业职工代表大会的决议；或股东（代表）大会、董事会的决议。

（十九）具有工程勘察甲级、工程设计甲级以及涉及铁路、交通、水利、信息产业、民航等方面的工程设计乙级资质的企业申请工商注册地跨省、自治区、直辖市变更，除提供本实施意见第（十一）条所列材料外，还应提交下列材料：

1. 企业原工商注册所在地省级建设主管部门同意资质变更的书面意见；

2. 资质变更前原企业工商注册登记注销证明及资质变更后新企业法人营业执照正本、副本复印件。

其中涉及到资质证书中企业名称变更的，省级人民政府建设主管部门应将受理的申请材料报建设部办理。

乙级及以下资质（涉及铁路、交通、水利、信息产业、民航等方面的工程设计乙级资质除外）的工程勘察设计企业申请工商注册地跨省、自治区、直辖市变更，由各省级人民政府建设主管部门参照上述程序依法制定。

（二十）材料要求

1. 申请设计综合资质的，申请表一式二份，附件材料一份；申请一个行业的设计资质，申请表一式二份，附件材料一份，每增加一个行业的设计资质，增加一份申请表和一份附件材料；涉及铁道、交通、水利、信息产业、民航等行业的，需另增加一份申请表和一份附件材料。专项设计资质申请表及附件材料份数要求同上。

2. 附件材料采用A4纸装订成册，并有目录和分类编号；技术人员证明材料应按人整理并依照申请表所列技术人员顺序装订。需要核实原件的，由资质受理部门进行审查核实，并在初审部门审查意见表中由核验人签字。其中资质证书正、副本须全部复印，不得有缺页。复印件应加盖企业公章，注册执业人员应加盖个人执业印章（非注册人员除外）。材料中要求加盖公章或印鉴的，复印无效。

3. 企业申请工程勘察设计资质要如实填报《工程勘察、工程设计资质申请表》，企业法定代表人须在申请表上签名，对其真实性负责。申报材料要清楚、齐全，出现数据不全、字迹潦草、印鉴不清、难以辨认的，资质受理部门可不予受理。

三、资质受理审查程序

（二十一）资质受理部门应在规定时限内对工程勘察、工程设计提出的资质申请做出是否受理的决定。

（二十二）依据新《规定》第八条，各有关资质初审部门应当对申请甲级资质以及涉及铁路、交通、水利、信息产业、民航等方面的工程设计乙级资质企业所提交的材料是否齐全、是否与原件相符、是否具有不良行为记录以及个人业绩材料等进行核查，提出初审意见，并填写初审部门审查意见表。各有关资质初审部门应在规定初审时限内，将初审部门审查意见表、《工程勘察、工程设计资质申请表》、附件材料和报送公函一并报国务院建设主管部门。

对具有下列情况的申请人，不予受理资质申请材料：

1. 材料不齐全，或不符合法定形式的；

2. 按照新《规定》第十九条、第三十条、第三十一条规定，不予受理的。

国务院建设主管部门对收到各有关资质初审部门的初审材料、直接受理的企业资质申请材料组织审查或转国务院有关部门审核，并将审核意见予以公示。对于准予建设工程勘察、设计资质许可的申请，在建设部网站发布公告，并颁发资质证书。

（二十三）工程勘察设计企业应于资质证书有效期届满60日前，向原资质许可机关提出资质延续申请。逾期不申请资质延续的，有效期届满后，其资质证书自动失效。如需开展工程勘察设计业务，应按首次申请办理。

（二十四）对企业改制、分立、重组、合并设立的工程勘察设计企业，资质审批程序按以下规定执行：

1. 整体改制的企业，按本实施意见第（十七）条资质变更程序办理；

2. 重组、合并后的工程勘察设计企业可以承继重组、合并前各方中较高资质等级和范围。重组、合并后不涉及资质升级和增项的，按本实施意见第（十七）条资质变更程序办理；涉及资质升级或增项的，按照160号部令中的审批程序核定。

3. 企业分立成两个以上工程勘察设计企业时，分立后的企业应分别按其实际达到的资质条件重新核定资质。

（二十五）省级人民政府建设主管部门对负责实施审批的建设工程勘察、工程设计资质许可，其资质受理审批程序由各省级人民政府建设主管部门研究确定。

省级人民政府建设主管部门应当自决定之日起30日内，将准予资质许可的决定报国务院建设主管部门备案，备案材料包括：准予资质许可的批准文件，批准企业的工程勘察、工程设计资质基本信息的电子文档。

（二十六）国务院国资委管理的企业及其下属一层级的企业申请工程勘察甲级资质、工程设计甲级资质，以及涉及铁路、交通、水利、信息产业、民航等方面的工程设计乙级资质的，应向国务院建设主管部门提出申请。国务院国资委管理的企业及其下属一层级的企业按规定程序申请获得甲级资质或涉及铁路、交通、水利、信息产业、民航等方面的工程设计乙级资质证书后30日内应将准予许可的公告、资质证书正副本复印件及工程勘察、工程设计资质基本信息的电子文档，向其工商注册所在地省级人民政府建设主管部门告知性备案。

教育部直属高校所属勘察设计企业参考上述规定办理。

四、资质证书

（二十七）建设工程勘察、工程设计资质证书由国务院建设主管部门统一印制，统一管理，由审批部门负责颁发，并加盖审批部门公章。

国务院建设主管部门统一制定资质证书编号规则。

（二十八）各序列、各级别建设工程勘察、工程设计资质证书全国通用，各地不得以任何名义设置审批性准入条件、收取费用。

（二十九）建设工程勘察、工程设计资质证书有效期为五年。建设工程勘察、工程设计资质证书分为正本和副本。

（三十）企业需遗失补办工程勘察、工程设计资质证书的，应当持下列材料，经其资质初审机关签署意见，报资质许可机关办理。企业在申请补办前应在全国性建筑行业报刊或省级以上（含省级）综合类报刊上刊登遗失作废的声明。资质许可机关应当在2日内办理完毕。

1. 由企业法定代表人、执行合伙企业事务的合伙人签署的申请补办证书的申请；

2.《建设工程企业资质证书变更审核表》及电子文档；

3. 全国性建筑行业报刊或省级以上（含省级）综合类报刊上刊登遗失作废的声明。

五、监督管理

（三十一）地方各级建设主管部门和有关部门对本辖区内从事工程勘察、工程设计的企业资质实施动态监督管理。按照新《规定》对企业的市场行为以及满足相应资质标准条件等方面加强检查，并将检查和处理结果记入企业信用档案。

具体抽查企业的数量和比例由各级建

设主管部门和有关部门根据实际情况研究决定。

监督检查可以采取下列形式：

1. 集中监督检查。由建设主管部门或有关部门统一部署的监督检查；

2. 抽查和巡查。各级建设主管部门或有关部门随机进行的监督检查。

（三十二）实施监督检查时应当按以下程序进行：

1. 制定监督检查方案，其中集中监督检查方案应予以公布；

2. 检查应出具相应的检查文件或证件；

3. 上级部门的监督检查时，当地建设主管部门和有关部门应当配合；

4. 实施检查时，应首先明确监督检查内容，被检单位应如实提供相关文件资料；对弄虚作假的，予以通报，并对其工程勘察设计资质重新核定，不符合相应资质标准要求的，资质许可机关可以撤回其工程勘察设计资质；对拒不提供被检资料的，予以通报，并责令其限期提供被检资料。

5. 检查人员应当将检查情况予以记录，并由被检单位负责人和检查人员签字确认；

6. 在监督检查中发现被检单位专业技术人员达不到资质标准要求或者发现其他违法行为和重大质量安全问题的，应当进行核实，依法提出行政处理或者行政处罚的建议。

7. 检查人员应当将检查情况汇总，连同有关行政处理或者行政处罚建议，向派出机关报告，并书面告知当地建设行政主管部门。

（三十三）企业违法从事工程勘察、工程设计活动的，其违法行为发生地的建设主管部门应当依法将企业的违法事实、处理结果或处理建议告知该企业的资质许可机关，同时告知企业工商注册所在地建设主管部门。

六、关于《工程设计资质标准》的有关说明

（三十四）资历和信誉

1. 企业排名

综合资质中工程勘察设计营业收入、企业营业税金及附加排名，是指经建设部业务主管部门依据企业年度报表，对各申报企业同期的年度工程勘察设计营业收入或企业营业税金及附加额从大到小的顺序排名；年度勘察设计营业收入、企业营业税金及附加，其数额以财政主管部门认可的审计机构出具的申报企业同期年度审计报告为准。

2. 净资产

《标准》中的净资产以企业申请资质前一年度或当期合法的财务报表中净资产指标为准考核。

（三十五）技术条件

1. 企业主要技术负责人

新《标准》中所称企业主要技术负责人，是指企业中对所申请行业的工程设计在技术上负总责的人员。

2. 专业技术负责人

新《标准》中所称专业技术负责人，是指企业中对某一设计类型中的某个专业工程设计负总责的人员。

3. 非注册人员

新《标准》中所称非注册人员是指：

（1）经考核认定或考试取得了某个专业注册工程师资格证书，但还没有启动该专业注册的人员；

（2）在本标准“专业设置”范围内还没有建立对应专业的注册工程师执业资格制度的专业技术人员；

（3）在本标准“专业设置”范围内，某专业已经实施注册了，但该专业不需要配备具有注册执业资格的人员，只配备对应该专业的技术人员；或配备一部分注册执业资格人员，一部分对应该专业的技术人员（例如，某行业“专业设置”中“建筑”专业的技术岗位设置了二列，其中“注册专业”为“建筑”的一列是对注册人员数量的考核，“注册专业”为空白的一列则是对“建筑”专业非注册技术人员数量的考核。)。

4. 专业技术职称

新《标准》中所称专业技术职称，是指经国务院人事主管部门授权的部门、行业或中央企业、省级专业技术职称评审机构评审的工程系列专业技术职称。

具有教学、研究系列职称的人员从事工程设计时，讲师、助理研究员可等同于工程系列的中级职称；副教授、副研究员可等同于工程系列的高级职称；教授、研究员可等同于工程系列的正高级职称。

5. 专业设置

新《标准》“各行业工程设计主要专业技术人员配备表”专业设置栏目中的专业，是指为完成某工程设计所设置的专业技术岗位（以下简称岗位），其称谓即为岗位的称谓。

在新《标准》中，将高等教育所学的且能够直接胜任岗位工程设计的学历专业称为本专业，与本专业同属于一个高等教育工学学科（如地矿类、土建类、电气信息类、机械类等工学学科）中的某些专业称为相近专业。本专业、相近专业的具体范围另行规定。岗位对人员所学专业和技术职称的考核要求为：学历专业为本专业，职称证书专业范围与岗位称谓相符。

在确定主要专业技术人员为有效专业人员时，除具备有效劳动关系以外，主要专业技术人员中的非注册人员学历专业、职称证书的专业范围，应与岗位要求的本专业和称谓一致和相符。符合下列条件之一的，也可作为有效专业人员认定：

（1）学历专业与岗位要求的本专业不一致，职称证书专业范围与岗位称谓相符，个人资历和业绩符合资质标准对主导专业非注册人员的资历和业绩要求的；

（2）学历专业与岗位要求的本专业一致，职称证书专业范围空缺或与岗位称谓不相符，个人资历和业绩符合资质标准对主导专业非注册人员的资历和业绩要求的；

（3）学历专业为相近专业，职称证书专业范围与岗位称谓相近，个人资历和业绩符合资质标准对主导专业非注册人员的资历和业绩要求的；

（4）学历专业、职称证书专业范围均与岗位要求的不一致，但取得高等院校一年以上本专业学习结业证书，从事工程设计10年及以上，个人资历和业绩符合资质标准对主导专业非注册人员的资历和业绩要求的。

6. 个人业绩

企业主要技术负责人或总工程师的个人业绩是指，作为所申请行业某一个大型项目的工程设计的项目技术总负责人（设总）所完成的项目业绩；主导专业的非注册人员的个人业绩是指，作为所申请行业某个大、中型项目工程设计中某个专业的技术负责人所完成的业绩。

建筑、结构专业的非注册人员业绩，也可是作为所申请行业某个大、中型项目工程设计中建筑、结构专业的主要设计人所完成的业绩。

工程设计专项资质标准中的非注册人员，均须按新《标准》规定的对主导专业的非注册人员需考核业绩的要求，按相应专项资质标准对个人业绩规定的考核条件考核个人业绩。

7. 企业业绩

（1）申请乙级、丙级资质的，不考核企业的业绩；

（2）申请乙级升甲级资质的，企业业绩应为其取得相应乙级资质后所完成的中型项目的业绩，其数量以甲级资质标准中中型项目考核指标为准；

（3）除综合资质外，只设甲级资质的，企业申请该资质时不考核企业业绩；

(4) 以工程总承包业绩为企业业绩申请设计资质的，企业的有效业绩为工程总承包业绩中的工程设计业绩；

(5) 申请专项资质的，企业业绩应是独立签定专项工程设计合同的业绩。行业配套工程中符合专项工程设计规模标准，但未独立签定专项工程设计合同的业绩，不作为申请专项资质时的有效专项工程设计业绩。

8. 专有技术、工艺包（软件包）

本标准中的专有技术是指企业自主开发、申报，经所在行业的业务主管部门或所在行业的全国性专业社团组织等认定并对外发布的某项技术。本标准中的工艺包是指企业引进或自主开发的，用于工程设计关键技术或核心技术，经所在行业的业务主管部门或所在行业的全国性专业社团组织等认可的工艺包（软件包）。

9. 承担业务范围

取得工程设计综合资质的企业可以承担各行业的工程项目设计、工程项目管理和相关的技术、咨询与管理服务业务；其同时具有一级施工总承包（施工专业承包）资质的，可以自行承担相应类别工程项目的工程总承包业务（包括设计和施工）及相应的工程施工总承包（施工专业承包）业务；其不具有一级施工总承包（施工专业承包）资质的企业，可以承担该项目的工程总承包业务，但应将施工业务分包给具有相应施工资质的企业。

取得工程设计行业、专业、专项资质的企业可以承担资质证书许可范围内的工程项目设计、工程总承包、工程项目管理和相关的技术、咨询与管理业务。承担工程总承包业务时，应将工程施工业务分包给具有工程施工资质的企业。

（三十六）对于申请工程设计综合资质的，在已启动的工程勘察设计系列（造价系列）的注册专业数量未达到五个专业前，已启动注册工程师考试但未启动注册的专业可视为有效注册专业，已取得该专业执业资格证书的人员可视为有效注册人员。在申请资质时需提供这些人员的注册申请表或本人同意在该企业注册的声明、执业资格证书、劳动合同及身份证明复印件。

工程勘察设计系列（造价系列）的注册专业数量达到或超过五个专业后，申请工程设计综合资质时，需提供注册人员的注册执业证书、执业印章印鉴、身份证明复印件。

（三十七）工程设计综合资质标准中所称具有初级以上专业技术职称且从事工程设计的人员；行业、专业、专项资质标准中所称企业主要技术负责人或总工程师以及结构设计、机电设计事务所资质标准中的合伙人，年龄限制在60周岁及以下。

（三十八）新《标准》中的注册人员具有二个及以上注册执业资格，作为注册人员考核时只认定其一个专业的注册执业资格，其他注册执业资格不再作为相关专业的注册人员予以认定。

（三十九）持原《工程设计资质证书》的，其承接业务范围，以原《工程设计资质分级标准》（建设［2001］22号，以下简称原《标准》）规定的承接业务范围为准。持新《工程设计资质证书》的，其承接业务范围，以新《标准》规定的承接业务范围为准。

（四十）申请各专项资质的，企业主要技术负责人或总设计师、总工程师，以及主要专业技术人员中的非注册人员的资格条件以相应专项资质标准规定的考核条件为准。其中企业主要专业技术人员中的非注册人员的学历、职称条件在专项资质标准未作规定的，按大专以上学历、中级以上专业技术职称确定。

申请建筑工程设计丁级的，专业技术人员的学历和从业年限以建筑工程设计专业丁级资质标准规定的考核条件为准。

（四十一）对于新《标准》新设置的军工（地面设备工程、运载火箭制造工程、地面制导弹工程）、机械（金属制品业工程、热加工、表面处理、检测、物料搬运及仓储）、铁道（轨道）、水运（港口装卸工艺）、民航（供油工程）、水利（水土保持、水文设施）、农林（种植业工程）等工程设计专业资质和照明工程设计专项资质，在2009年3月31日以前，企业可根据实际达到的资质条件申请不同级别的资质。2009年4月1日以后，企业新申请以上类别工程设计专业或专项资质的最高等级为乙级（不设乙级的除外）。

七、过渡期有关规定

（四十二）自新《标准》发布之日起，新申请资质、申请增项资质、申请资质升级的企业应按新《标准》提出申请。各地区、各部门按原《标准》已经受理的申请材料报送国家建设主管部门的截止日期为2007年8月31日。

（四十三）为确保新旧资质证书的平稳过渡，按照“简单、便捷、高效”的原则，对已经取得行业设计资质、行业部分设计资质、专业事务所资质（暂定级除外）的企业，在2010年3月31日以前，在满足原《标准》的条件下，其资质证书继续有效。2010年3月31日以前，企业只需满足新《标准》中主要专业技术人员等基本标准条件，即可按照新旧设计类型对照关系换领有效期为5年的新资质证书，具体换领工作安排另行通知。自2010年4月1日起，原资质证书作废。

已经取得工程设计专项资质（暂定级除外）的企业，应在2008年3月31日前达到新《标准》规定的相应资质标准条件，从2008年4月1日起，我部将按照新《标准》开展换证工作，具体换证工作安排另行通知。

已经取得主导工艺设计资质、综合事务所资质的企业，应在2010年1月31日前按照新《标准》提出资质重新核定申请，并换发新资质证书，核定后证书有效期为5年。其现有资质证书有效期至2010年3月31日，过期作废。

（四十四）按原《标准》取得暂定级设计资质证书的企业，应在其暂定级届满前60日提出转正申请，对符合新《标准》的，给予转正，证书有效期为5年；对符合原《标准》的，给予转正，证书有效期至2010年3月31日，证书到期后需按新《标准》重新核定，核定后证书有效期为5年；对既不符合新《标准》也不符合原《标准》的，按新《标准》重新核定，核定后证书有效期为5年。

企业按新《标准》申请资质转正所需提交的申报材料，按本实施意见第（十二）条申请资质升级所应提交的申报材料要求办理。企业按原《标准》申请资质转正所需提交的申报材料，仍按建办市函〔2006〕274号文相应要求办理。

（四十五）企业如因证书变更等换领证书（专项资质除外）的，符合新《标准》设置要求的，且满足新《标准》中主要专业技术人员等基本标准条件，即可按照新旧设计类型对照关系换领有效期为5年的新资质证书。不符合新《标准》设置要求或不满足新《标准》中主要专业技术人员等基本标准条件的，换领有效期至2010年3月31日的资质证书。

（四十六）原已取得市政行业风景园林专业资质的企业，可直接换领新标准中相应等级的风景园林专项资质。

附件1：工程勘察、工程设计资质申请表①

附件2：《工程勘察、工程设计资质申请表》填表说明（略）

① 已被废止，编者注。

工程建设项目招标代理机构资格认定办法实施意见

（2007 年 9 月 21 日　建市〔2007〕230 号　根据 2016 年 6 月 16 日《住房城乡建设部关于建设工程企业资质管理资产考核有关问题的通知》修订）

为规范工程建设项目招标代理机构资格认定管理，依据《招标投标法》、《工程建设项目招标代理机构资格认定办法》（建设部令第 154 号，以下简称《认定办法》）等法律法规，制定本实施意见。

一、申请材料内容

（一）工程招标代理机构资格初始申请，需提供下列材料：

1. 《工程建设项目招标代理机构资格申请表》（以下简称《申请表》）及电子文档；

2. 企业法人营业执照正本、副本复印件；

3. 企业章程复印件；

4. 主要办公设备清单、办公场所证明材料（自有的提供产权证复印件；租用的提供出租方产权证以及租用合同或协议的复印件）；

5. 技术经济负责人的身份证、任职文件、个人简历、高级职称证书、工程建设类注册执业资格证书、从事工程管理经历证明、社会保险缴费凭证、人事档案管理代理证明的复印件；

6. 工程建设类注册执业资格人员的身份证、注册执业资格证书（含变更记录及续期记录）、社会保险缴费凭证、人事档案管理代理证明及从事工程管理经历证明的复印件；

7. 具有工程建设类中级以上职称专职人员的身份证、职称证书、社会保险缴费凭证、人事档案管理代理证明及从事工程招标代理经历证明的复印件；

8. 工程招标代理机构内部各项管理规章制度；

9. 评标专家库成员名单。

（二）工程招标代理机构资格升级申请，需提供本实施意见第（一）条所列材料外，还需提供下列材料：

1. 原工程建设项目招标代理机构资格证书正本、副本（含变更记录）复印件；

2. 工程招标代理有效业绩证明，包括：工程招标代理委托合同、中标通知书和招标人评价意见（中标通知书或评价意见应有主管部门备案章的复印件）；

3. 企业上一年度合法的财务报告（含资产负债表、损益表及报表说明）的复印件。

（三）工程招标代理机构资格延续申请，需提供下列材料：

1. 《工程建设项目招标代理机构资格申请表》（以下简称《申请表》）及电子文档；

2. 企业法人营业执照正本、副本复印件；

3. 工程建设项目招标代理机构资格证书正本、副本（含变更记录）复印件；

4. 技术经济负责人的身份证、任职文件、个人简历、高级职称证书、工程建设类注册执业资格证书、从事工程管理经历证明、社会保险缴费凭证、人事档案管理代理证明的复印件；

5. 工程建设类注册执业资格人员的身份证、注册执业资格证书（含变更记录及续期记录）、社会保险缴费凭证、人事档案管理代理证明及从事工程管理经历证明的复印件；

6. 具有工程建设类中级以上职称专职人员的身份证、职称证书、社会保险缴费凭证、人事档案管理代理证明及从事工程招标代理经历证明的复印件；

7. 工程招标代理有效业绩证明，包括：工程招标代理委托合同、中标通知书和招标人评价意见（中标通知书或评价意见应有主管部门备案章）的复印件；

8. 建设主管部门提供的确认工程招标代理机构在资格有效期内市场诚信行为信息档案情况。

（四）甲级工程招标代理机构申请变更资质证书中企业名称的，由建设部负责办理。机构应向工商注册所在地的省、自治区、直辖市人民政府建设主管部门提出申请，并提交下列材料：

1.《建设工程企业资质证书变更审核表》；

2. 企业法人营业执照副本复印件；

3. 原有资格证书正、副本原件及复印件；

4. 股东大会或董事会关于变更事项的决议或文件。

上述规定以外的资格证书变更手续，由省、自治区、直辖市人民政府建设主管部门负责办理，具体办理程序由省、自治区、直辖市人民政府建设主管部门依法确定。其中甲级工程招标代理机构其资格证书编号发生变化的，省、自治区、直辖市人民政府建设主管部门需报建设部核准后，方可办理。

（五）工程招标代理机构改制、重组、分立、合并需重新核定资格的，除提供（一）、（二）所列材料外，还需提交下列材料：

1. 工程招标代理机构改制、重组、分立、合并情况报告；

2. 上级部门的批复（准）文件复印件；或股东大会或董事会关于改制、重组、分立、合并或股权变更等事项的决议复印件。

（六）甲级工程招标代理机构申请工商注册地跨省、自治区、直辖市变更的，应向拟迁入工商注册地的省、自治区、直辖市人民政府建设主管部门提出申请，除提供（一）所列材料外，还应提交下列材料：

1. 工程招标代理机构原工商注册所在地省级建设主管部门同意资格变更的书面意见；

2. 资格变更前原企业工商注册登记注销证明及资格变更后新企业法人营业执照正本、副本复印件。

其中涉及到资质证书中企业名称变更的，省、自治区、直辖市人民政府建设主管部门应将受理的申请材料报建设部办理。

乙级、暂定级工程招标代理机构申请工商注册地跨省、自治区、直辖市变更，由各省、自治区、直辖市人民政府建设主管部门参照上述程序依法制定。

（七）材料要求

1. 申报材料应包括《申请表》及相应的附件材料；《申请表》一式二份，附件材料一套（其中业绩证明材料应独立成册），并注明总册数和每册编号；

2. 附件资料应按上述“申请材料内容”的顺序排列，编制标明页码的总目录。复印资料关键内容必须清晰、可辨，申请材料必须数据齐全、填表规范、盖章或印鉴齐全、字迹清晰；

3. 附件资料装订规格为 A4（210 × 297mm）型纸，建议采用软封面封底，并逐页编写页码；

4. 专职人员资料的排列顺序，除按照“申请材料内容”的顺序排列外，《申请表》中人员表格中名单的排列也应与上述顺序相同；

5. 工程招标代理业绩证明材料应当依照《申请表》中填报的项目顺序（按时间先后顺序）提供，同一项业绩的工程招标代理委托代理合同、中标通知书和业主招标人评价意见应当装订在一起，三项材料缺一不可；

6. 甲级招标代理资格申请，应登陆建

设部网站（http：//www. cin. gov. cn），通过建设工程资质审核专栏，填报申请数据，进行网上申报。

二、受理审查程序

（八）受理审查

1. 资格受理部门应在规定时限内对招标代理机构提出的资格申请做出是否受理的决定；

2. 资格初审部门应当对申报的附件材料原件进行核验，确认各项材料与原件相符，并在申报材料上加盖“原件与复印件一致”印章；

3. 资格许可机关可组织专家委员会对申请材料进行评审，并提出评审意见，在规定时限内作出行政许可决定；

4. 资格许可机关对企业申报材料提出质疑的，招标代理机构应予配合，做出相关解释或提供相关证明材料；

5. 资格许可机关对工程招标代理机构的申请材料、审查记录和审查意见、公示、质询和处理等书面材料和电子文档等应归档并保存五年；

6. 甲级工程招标代理机构的资格审查公告在建设部网站发布；乙级和暂定级工程招标代理机构资格的公告发布由各省、自治区、直辖市人民政府建设主管部门自行确定。

（九）资格延续

1. 工程招标代理机构应于资格证书有效期届满60日前，向原资格许可机关提出资格延续申请。逾期不申请资格延续的，其工程招标代理机构资格证书有效期届满后自动失效。如需从事工程招标代理业务，应按首次申请办理；

2. 甲级工程招标代理机构资格延续申请，应当通过工商注册所在地的省级人民政府建设主管部门上报国务院建设主管部门审批；

3. 招标代理机构在资格有效期内遵守有关法律、法规、规章、技术标准，信用档案中无《认定办法》第三十条规定的不良行为记录，且业绩、专职人员条件满足资格条件要求的，经原资格许可机关同意，可延续相应资格证书的有效期。不满足资格条件要求的，资格许可机关不予资格延续。

（十）资格变更、改制、重组、分立与合并

1. 工程招标代理机构改制、重组后不再符合资格条件的，应当按其实际达到的资格条件及《认定办法》申请重新核定；资格条件不发生变化的，按照变更规定办理；

2. 工程招标代理机构分立或者合并的，按照《认定办法》第二十一条执行。

三、资格证书

（十一）工程招标代理机构资格证书由国务院建设主管部门统一编码，由审批部门负责颁发，并加盖审批部门公章。

国务院建设主管部门统一制定资格证书编号规则，各级别资格证书全国通用。

（十二）工程招标代理机构资格证书包括正本一本和副本四本，企业因经营需要申请增加资格证书副本数量的，应持增加申请、企业法人营业执照副本、资格证书副本到原发证机关办理，最多增加四本。

（十三）工程招标代理机构遗失资格证书的，可以申请补办，并需提供下列资料：

1. 工程招标代理机构申请补办报告；

2.《建设工程企业资质证书增补审核表》；

3. 在全国性建筑行业报纸或省级综合类报纸上刊登的遗失声明。

四、监督管理

（十四）工程招标代理机构应当按照

《认定办法》的规定，向资格许可机关及时、准确地提供企业信用档案信息。信用档案信息应当包括机构基本信息、完成的招标代理业绩情况、招标代理合同的履约、以及招标代理过程中有无不良行为等情况。

（十五）省级人民政府建设主管部门应通过核查工程招标代理机构资格条件、专职人员实际履职或执业情况、市场经营行为、招标代理服务质量等信用档案信息状况，充分运用网络信息化等手段，加强对工程招标代理机构资格的动态管理。

（十六）上级建设主管部门必要时可以对下级资格初审或审查部门的审批材料、审批程序，以及招标代理机构的申请材料等进行检查或抽查。

（十七）各级建设主管部门应建立并完善代理机构信用档案信息的记录、汇总、发布等工作，建立跨地区的联动监管机制。工程招标代理机构出现《认定办法》第二十五条所列违法违规行为的，各级建设主管部门在依法作出相应的行政处罚后，将处罚情况记入工程招标代理机构信用档案，并将处罚情况通报相应资格许可机关，资格许可机关应对其资格条件情况进行严格核查。一旦发生不满足资格条件的情况，按照《认定办法》第二十七条规定执行。

五、有关说明

（十八）申请招标代理机构资格的企业，不得与行政机关以及有行政职能的事业单位有隶属关系或者其他利益关系。有下列情形之一的，属于与行政机关、有行政职能的事业单位以及招投标人有隶属关系或者其他利益关系：

1. 由国家机关、行政机关及其所属部门、履行行政管理职能或者存在其他利益关系的事业单位出资；

2. 与国家机关、行政机关及其所属部门、履行行政管理职能或者存在其他利益关系的事业单位存在行政隶属关系；

3. 法人代表或技术经济负责人由国家机关、行政机关及其所属部门、履行行政管理职能或者存在其他利益关系的事业单位任命。

（十九）超过60岁的人员，不得视为代理机构的专职人员；部分超过法定退休年龄已办理退休的专职人员，无社保证明的，需提供与企业依法签订的劳动合同主要页（包括合同双方名称、聘用起止时间、签字盖章、生效日期）；未到法定退休年龄已办理内退手续的专职人员，需提供原单位内退证明及与企业依法签订的劳动合同主要页（包括合同双方名称、聘用起止时间、签字盖章、生效日期）。

（二十）工程建设类注册执业资格包括：注册建筑师、注册结构工程师及其他勘察设计注册工程师、注册建造师、注册监理工程师、注册造价工程师等具有注册执业资格的人员。申请甲级招标代理资格的机构，其注册人员的级别要求为一级注册建造师、一级注册建筑师、一级注册结构工程师或者其他注册人员，乙级、暂定级资格企业注册执业人员级别由省、自治区、直辖市人民政府建设主管部门自行确定。

一人同时具有注册监理工程师、注册造价工程师、注册建造师、注册建筑师、注册结构工程师或者其他勘察设计注册工程师两个及两个以上执业资格，证书不能重复计算，只能计算为工程建设类注册执业资格人员中的1人。

（二十一）社会保险证明指社会统筹保险基金管理部门颁发的代理机构社会养老保险手册及对账单；或该机构资格有效期内的含有个人社会保障代码、缴费基数、缴费额度、缴费期限等信息的参加社会保险缴费人员名单和缴费凭证。

（二十二）人事档案代理管理证明是指国家许可的有人事档案管理权限的机构出具的资格有效期内的代理机构人事档案

存档人员名单和委托代理管理协议（合同）。

（二十三）工程招标代理机构内部管理规章制度主要包括：人事管理制度、代理工作规则、合同管理办法、财务管理办法、档案管理办法等。

（二十四）工程总投资是指工程项目立项批准文件上的工程总投资额，含征地费、拆迁补偿费、大市政配套费、建安工程费等。

（二十五）招标代理业绩证明材料中的工程招标代理合同应当至少载明下列内容：

1. 招标人和工程招标代理机构的名称与地址；

2. 工程概况与总投资额；

3. 代理事项、代理权限和代理期间；

4. 代理酬金及支付方式；

5. 双方的权利和义务；

6. 招标代理机构项目负责人情况；

7. 违约、索赔和争议条款。

（二十六）工程招标代理业绩要求的“近3年”的计算方法：企业申报业绩的中标通知书出具日期至该代理机构资格申报之日，期间跨度时间应在3年以内。

六、分支机构备案管理

（二十七）工程招标代理机构设立分支机构的，应当自领取分支机构营业执照之日起30日内，持下列材料到分支机构工商注册所在地省、自治区、直辖市人民政府建设主管部门备案：

1. 分支机构营业执照复印件；

2. 招标代理机构资格证书复印件；

3. 拟在分支机构执业的本机构不少于2名工程建设类注册执业人员的注册证书、职称证书和劳动合同复印件（其中注册造价师不少于1人）；

分支机构工作的本机构聘用有中级以上职称的专职人员不少于5人的身份证、职称证书、社会保险缴费凭证、人事档案管理代理证明和从事工程招标代理经历证明的复印件；

4. 分支机构内部管理规章制度；

5. 分支机构固定办公场所的租赁合同和产权证明（自有的只须提供产权证明）；

6. 机构注册地建设行政主管部门开具的一年内无不良行为的诚信记录证明。

省、自治区、直辖市人民政府建设主管部门应当在接受备案之日起20日内，报国务院建设主管部门备案。

（二十八）分支机构应当由设立该分支机构的工程招标代理机构负责承接工程招标代理业务，签订工程招标代理合同、出具中标通知书。

分支机构不得以自己名义承接工程招标代理业务、订立工程招标代理合同。

附件：1. 工程建设项目招标代理机构资格申请表（略）

2. 社会保险缴纳情况表（样表）（略）

（二）专业人员资格管理

中华人民共和国注册建筑师条例

（1995年9月23日中华人民共和国国务院令第184号发布　根据2019年4月23日《国务院关于修改部分行政法规的决定》修订）

第一章　总　　则

第一条　为了加强对注册建筑师的管理，提高建筑设计质量与水平，保障公民生命和财产安全，维护社会公共利益，制定本条例。

第二条　本条例所称注册建筑师，是指依法取得注册建筑师证书并从事房屋建筑设计及相关业务的人员。

注册建筑师分为一级注册建筑师和二级注册建筑师。

第三条 注册建筑师的考试、注册和执业，适用本条例。

第四条 国务院建设行政主管部门、人事行政主管部门和省、自治区、直辖市人民政府建设行政主管部门、人事行政主管部门依照本条例的规定对注册建筑师的考试、注册和执业实施指导和监督。

第五条 全国注册建筑师管理委员会和省、自治区、直辖市注册建筑师管理委员会，依照本条例的规定负责注册建筑师的考试和注册的具体工作。

全国注册建筑师管理委员会由国务院建设行政主管部门、人事行政主管部门、其他有关行政主管部门的代表和建筑设计专家组成。

省、自治区、直辖市注册建筑师管理委员会由省、自治区、直辖市建设行政主管部门、人事行政主管部门、其他有关行政主管部门的代表和建筑设计专家组成。

第六条 注册建筑师可以组建注册建筑师协会，维护会员的合法权益。

第二章 考试和注册

第七条 国家实行注册建筑师全国统一考试制度。注册建筑师全国统一考试办法，由国务院建设行政主管部门会同国务院人事行政主管部门商国务院其他有关行政主管部门共同制定，由全国注册建筑师管理委员会组织实施。

第八条 符合下列条件之一的，可以申请参加一级注册建筑师考试：

（一）取得建筑学硕士以上学位或者相近专业工学博士学位，并从事建筑设计或者相关业务2年以上的；

（二）取得建筑学学士学位或者相近专业工学硕士学位，并从事建筑设计或者相关业务3年以上的；

（三）具有建筑学专业大学本科毕业学历并从事建筑设计或者相关业务5年以上的，或者具有建筑学相近专业大学本科毕业学历并从事建筑设计或者相关业务7年以上的；

（四）取得高级工程师技术职称并从事建筑设计或者相关业务3年以上的，或者取得工程师技术职称并从事建筑设计或者相关业务5年以上的；

（五）不具有前四项规定的条件，但设计成绩突出，经全国注册建筑师管理委员会认定达到前四项规定的专业水平的。

前款第三项至第五项规定的人员应当取得学士学位。

第九条 符合下列条件之一的，可以申请参加二级注册建筑师考试：

（一）具有建筑学或者相近专业大学本科毕业以上学历，从事建筑设计或者相关业务2年以上的；

（二）具有建筑设计技术专业或者相近专业大专毕业以上学历，并从事建筑设计或者相关业务3年以上的；

（三）具有建筑设计技术专业4年制中专毕业学历，并从事建筑设计或者相关业务5年以上的；

（四）具有建筑设计技术相近专业中专毕业学历，并从事建筑设计或者相关业务7年以上的；

（五）取得助理工程师以上技术职称，并从事建筑设计或者相关业务3年以上的。

第十条 本条例施行前已取得高级、中级技术职称的建筑设计人员，经所在单位推荐，可以按照注册建筑师全国统一考试办法的规定，免予部分科目的考试。

第十一条 注册建筑师考试合格，取得相应的注册建筑师资格的，可以申请注册。

第十二条 一级注册建筑师的注册，由全国注册建筑师管理委员会负责；二级注册建筑师的注册，由省、自治区、直辖市注册建筑师管理委员会负责。

第十三条 有下列情形之一的，不予注册：

（一）不具有完全民事行为能力的；

（二）因受刑事处罚，自刑罚执行完毕之日起至申请注册之日止不满5年的；

（三）因在建筑设计或者相关业务中犯有错误受行政处罚或者撤职以上行政处分，自处罚、处分决定之日起至申请注册之日止不满2年的；

（四）受吊销注册建筑师证书的行政处罚，自处罚决定之日起至申请注册之日止不满5年的；

（五）有国务院规定不予注册的其他情形的。

第十四条 全国注册建筑师管理委员会和省、自治区、直辖市注册建筑师管理委员会依照本条例第十三条的规定，决定不予注册的，应当自决定之日起15日内书面通知申请人；申请人有异议的，可以自收到通知之日起15日内向国务院建设行政主管部门或者省、自治区、直辖市人民政府建设行政主管部门申请复议。

第十五条 全国注册建筑师管理委员会应当将准予注册的一级注册建筑师名单报国务院建设行政主管部门备案；省、自治区、直辖市注册建筑师管理委员会应当将准予注册的二级注册建筑师名单报省、自治区、直辖市人民政府建设行政主管部门备案。

国务院建设行政主管部门或者省、自治区、直辖市人民政府建设行政主管部门发现有关注册建筑师管理委员会的注册不符合本条例规定的，应当通知有关注册建筑师管理委员会撤销注册，收回注册建筑师证书。

第十六条 准予注册的申请人，分别由全国注册建筑师管理委员会和省、自治区、直辖市注册建筑师管理委员会核发由国务院建设行政主管部门统一制作的一级注册建筑师证书或者二级注册建筑师证书。

第十七条 注册建筑师注册的有效期为2年。有效期届满需要继续注册的，应当在期满前30日内办理注册手续。

第十八条 已取得注册建筑师证书的人员，除本条例第十五条第二款规定的情形外，注册后有下列情形之一的，由准予注册的全国注册建筑师管理委员会或者省、自治区、直辖市注册建筑师管理委员会撤销注册，收回注册建筑师证书：

（一）完全丧失民事行为能力的；

（二）受刑事处罚的；

（三）因在建筑设计或者相关业务中犯有错误，受到行政处罚或者撤职以上行政处分的；

（四）自行停止注册建筑师业务满2年的。

被撤销注册的当事人对撤销注册、收回注册建筑师证书有异议的，可以自接到撤销注册、收回注册建筑师证书的通知之日起15日内向国务院建设行政主管部门或者省、自治区、直辖市人民政府建设行政主管部门申请复议。

第十九条 被撤销注册的人员可以依照本条例的规定重新注册。

第三章 执 业

第二十条 注册建筑师的执业范围：

（一）建筑设计；

（二）建筑设计技术咨询；

（三）建筑物调查与鉴定；

（四）对本人主持设计的项目进行施工指导和监督；

（五）国务院建设行政主管部门规定的其他业务。

第二十一条 注册建筑师执行业务，应当加入建筑设计单位。

建筑设计单位的资质等级及其业务范围，由国务院建设行政主管部门规定。

第二十二条 一级注册建筑师的执业范围不受建筑规模和工程复杂程度的限制。二级注册建筑师的执业范围不得超越国家规定的建筑规模和工程复杂程度。

第二十三条 注册建筑师执行业务，由建筑设计单位统一接受委托并统一收费。

第二十四条 因设计质量造成的经济损失，由建筑设计单位承担赔偿责任；建筑设计单位有权向签字的注册建筑师追偿。

第四章 权利和义务

第二十五条 注册建筑师有权以注册建筑师的名义执行注册建筑师业务。

非注册建筑师不得以注册建筑师的名义执行注册建筑师业务。二级注册建筑师不得以一级注册建筑师的名义执行业务，也不得超越国家规定的二级注册建筑师的执业范围执行业务。

第二十六条 国家规定的一定跨度、跨径和高度以上的房屋建筑，应当由注册建筑师进行设计。

第二十七条 任何单位和个人修改注册建筑师的设计图纸，应当征得该注册建筑师同意；但是，因特殊情况不能征得该注册建筑师同意的除外。

第二十八条 注册建筑师应当履行下列义务：

（一）遵守法律、法规和职业道德，维护社会公共利益；

（二）保证建筑设计的质量，并在其负责的设计图纸上签字；

（三）保守在执业中知悉的单位和个人的秘密；

（四）不得同时受聘于二个以上建筑设计单位执行业务；

（五）不得准许他人以本人名义执行业务。

第五章 法律责任

第二十九条 以不正当手段取得注册建筑师考试合格资格或者注册建筑师证书的，由全国注册建筑师管理委员会或者省、自治区、直辖市注册建筑师管理委员会取消考试合格资格或者吊销注册建筑师证书；对负有直接责任的主管人员和其他直接责任人员，依法给予行政处分。

第三十条 未经注册擅自以注册建筑师名义从事注册建筑师业务的，由县级以上人民政府建设行政主管部门责令停止违法活动，没收违法所得，并可以处以违法所得5倍以下的罚款；造成损失的，应当承担赔偿责任。

第三十一条 注册建筑师违反本条例规定，有下列行为之一的，由县级以上人民政府建设行政主管部门责令停止违法活动，没收违法所得，并可以处以违法所得5倍以下的罚款；情节严重的，可以责令停止执行业务或者由全国注册建筑师管理委员会或者省、自治区、直辖市注册建筑师管理委员会吊销注册建筑师证书：

（一）以个人名义承接注册建筑师业务、收取费用的；

（二）同时受聘于二个以上建筑设计单位执行业务的；

（三）在建筑设计或者相关业务中侵犯他人合法权益的；

（四）准许他人以本人名义执行业务的；

（五）二级注册建筑师以一级注册建筑师的名义执行业务或者超越国家规定的执业范围执行业务的。

第三十二条 因建筑设计质量不合格发生重大责任事故，造成重大损失的，对该建筑设计负有直接责任的注册建筑师，由县级以上人民政府建设行政主管部门责令停止执行业务；情节严重的，由全国注册建筑师管理委员会或者省、自治区、直辖市注册建筑师管理委员会吊销注册建筑师证书。

第三十三条 违反本条例规定，未经注册建筑师同意擅自修改其设计图纸的，由县级以上人民政府建设行政主管部门责令纠正；造成损失的，应当承担赔偿责任。

第三十四条 违反本条例规定，构成犯罪的，依法追究刑事责任。

第六章 附 则

第三十五条 本条例所称建筑设计单位，包括专门从事建筑设计的工程设计单位和其他从事建筑设计的工程设计单位。

第三十六条 外国人申请参加中国注册建筑师全国统一考试和注册以及外国建筑师申请在中国境内执行注册建筑师业务，按照对等原则办理。

第三十七条 本条例自发布之日起施行。

中华人民共和国注册建筑师条例实施细则

（2008年1月29日建设部令第167号发布 自2008年3月15日起施行）

第一章 总 则

第一条 根据《中华人民共和国行政许可法》和《中华人民共和国注册建筑师条例》（以下简称《条例》），制定本细则。

第二条 中华人民共和国境内注册建筑师的考试、注册、执业、继续教育和监督管理，适用本细则。

第三条 注册建筑师，是指经考试、特许、考核认定取得中华人民共和国注册建筑师执业资格证书（以下简称执业资格证书），或者经资格互认方式取得建筑师互认资格证书（以下简称互认资格证书），并按照本细则注册，取得中华人民共和国注册建筑师注册证书（以下简称注册证书）和中华人民共和国注册建筑师执业印章（以下简称执业印章），从事建筑设计及相关业务活动的专业技术人员。

未取得注册证书和执业印章的人员，不得以注册建筑师的名义从事建筑设计及相关业务活动。

第四条 国务院建设主管部门、人事主管部门按职责分工对全国注册建筑师考试、注册、执业和继续教育实施指导和监督。

省、自治区、直辖市人民政府建设主管部门、人事主管部门按职责分工对本行政区域内注册建筑师考试、注册、执业和继续教育实施指导和监督。

第五条 全国注册建筑师管理委员会负责注册建筑师考试、一级注册建筑师注册、制定颁布注册建筑师有关标准以及相关国际交流等具体工作。

省、自治区、直辖市注册建筑师管理委员会负责本行政区域内注册建筑师考试、注册以及协助全国注册建筑师管理委员会选派专家等具体工作。

第六条 全国注册建筑师管理委员会委员由国务院建设主管部门商人事主管部门聘任。

全国注册建筑师管理委员会由国务院建设主管部门、人事主管部门、其他有关主管部门的代表和建筑设计专家组成，设主任委员一名、副主任委员若干名。全国注册建筑师管理委员会秘书处设在建设部执业资格注册中心。全国注册建筑师管理委员会秘书处承担全国注册建筑师管理委员会的日常工作职责，并承担相应的法律责任。

省、自治区、直辖市注册建筑师管理委员会由省、自治区、直辖市人民政府建设主管部门商同级人事主管部门参照本条第一款、第二款规定成立。

第二章 考 试

第七条 注册建筑师考试分为一级注册建筑师考试和二级注册建筑师考试。注册建筑师考试实行全国统一考试，每年进行一次。遇特殊情况，经国务院建设主管部门和人事主管部门同意，可调整该年度考试次数。

注册建筑师考试由全国注册建筑师管

理委员会统一部署，省、自治区、直辖市注册建筑师管理委员会组织实施。

第八条 一级注册建筑师考试内容包括：建筑设计前期工作、场地设计、建筑设计与表达、建筑结构、环境控制、建筑设备、建筑材料与构造、建筑经济、施工与设计业务管理、建筑法规等。上述内容分成若干科目进行考试。科目考试合格有效期为八年。

二级注册建筑师考试内容包括：场地设计、建筑设计与表达、建筑结构与设备、建筑法规、建筑经济与施工等。上述内容分成若干科目进行考试。科目考试合格有效期为四年。

第九条 《条例》第八条第（一）、（二）、（三）项，第九条第（一）项中所称相近专业，是指大学本科及以上建筑学的相近专业，包括城市规划、建筑工程和环境艺术等专业。

《条例》第九条第（二）项所称相近专业，是指大学专科建筑设计的相近专业，包括城乡规划、房屋建筑工程、风景园林、建筑装饰技术和环境艺术等专业。

《条例》第九条第（四）项所称相近专业，是指中等专科学校建筑设计技术的相近专业，包括工业与民用建筑、建筑装饰、城镇规划和村镇建设等专业。

《条例》第八条第（五）项所称设计成绩突出，是指获得国家或省部级优秀工程设计铜质或二等奖（建筑）及以上奖励。

第十条 申请参加注册建筑师考试者，可向省、自治区、直辖市注册建筑师管理委员会报名，经省、自治区、直辖市注册建筑师管理委员会审查，符合《条例》第八条或者第九条规定的，方可参加考试。

第十一条 经一级注册建筑师考试，在有效期内全部科目考试合格的，由全国注册建筑师管理委员会核发国务院建设主管部门和人事主管部门共同用印的一级注册建筑师执业资格证书。

经二级注册建筑师考试，在有效期内全部科目考试合格的，由省、自治区、直辖市注册建筑师管理委员会核发国务院建设主管部门和人事主管部门共同用印的二级注册建筑师执业资格证书。

自考试之日起，九十日内公布考试成绩；自考试成绩公布之日起，三十日内颁发执业资格证书。

第十二条 申请参加注册建筑师考试者，应当按规定向省、自治区、直辖市注册建筑师管理委员会交纳考务费和报名费。

第三章 注 册

第十三条 注册建筑师实行注册执业管理制度。取得执业资格证书或者互认资格证书的人员，必须经过注册方可以注册建筑师的名义执业。

第十四条 取得一级注册建筑师资格证书并受聘于一个相关单位的人员，应当通过聘用单位向单位工商注册所在地的省、自治区、直辖市注册建筑师管理委员会提出申请；省、自治区、直辖市注册建筑师管理委员会受理后提出初审意见，并将初审意见和申请材料报全国注册建筑师管理委员会审批；符合条件的，由全国注册建筑师管理委员会颁发一级注册建筑师注册证书和执业印章。

第十五条 省、自治区、直辖市注册建筑师管理委员会在收到申请人申请一级注册建筑师注册的材料后，应当即时作出是否受理的决定，并向申请人出具书面凭证；申请材料不齐全或者不符合法定形式的，应当在五日内一次性告知申请人需要补正的全部内容。逾期不告知的，自收到申请材料之日起即为受理。

对申请初始注册的，省、自治区、直辖市注册建筑师管理委员会应当自受理申请之日起二十日内审查完毕，并将申请材料和初审意见报全国注册建筑师管理委员会。全国注册建筑师管理委员会应当自收到省、自治区、直辖市注册建筑师管理委员会上报材料之日起，二十日内审批完毕并作出书面决定。

审查结果由全国注册建筑师管理委员会予以公示，公示时间为十日，公示时间不计算在审批时间内。

全国注册建筑师管理委员会自作出审批决定之日起十日内，在公众媒体上公布审批结果。

对申请变更注册、延续注册的，省、自治区、直辖市注册建筑师管理委员会应当自受理申请之日起十日内审查完毕。全国注册建筑师管理委员会应当自收到省、自治区、直辖市注册建筑师管理委员会上报材料之日起，十五日内审批完毕并作出书面决定。

二级注册建筑师的注册办法由省、自治区、直辖市注册建筑师管理委员会依法制定。

第十六条 注册证书和执业印章是注册建筑师的执业凭证，由注册建筑师本人保管、使用。

注册建筑师由于办理延续注册、变更注册等原因，在领取新执业印章时，应当将原执业印章交回。

禁止涂改、倒卖、出租、出借或者以其他形式非法转让执业资格证书、互认资格证书、注册证书和执业印章。

第十七条 申请注册建筑师初始注册，应当具备以下条件：

（一）依法取得执业资格证书或者互认资格证书；

（二）只受聘于中华人民共和国境内的一个建设工程勘察、设计、施工、监理、招标代理、造价咨询、施工图审查、城乡规划编制等单位（以下简称聘用单位）；

（三）近三年内在中华人民共和国境内从事建筑设计及相关业务一年以上；

（四）达到继续教育要求；

（五）没有本细则第二十一条所列的情形。

第十八条 初始注册者可以自执业资格证书签发之日起三年内提出申请。逾期未申请者，须符合继续教育的要求后方可申请初始注册。

初始注册需要提交下列材料：

（一）初始注册申请表；

（二）资格证书复印件；

（三）身份证明复印件；

（四）聘用单位资质证书副本复印件；

（五）与聘用单位签订的聘用劳动合同复印件；

（六）相应的业绩证明；

（七）逾期初始注册的，应当提交达到继续教育要求的证明材料。

第十九条 注册建筑师每一注册有效期为二年。注册建筑师注册有效期满需继续执业的，应在注册有效期届满三十日前，按照本细则第十五条规定的程序申请延续注册。延续注册有效期为二年。

延续注册需要提交下列材料：

（一）延续注册申请表；

（二）与聘用单位签订的聘用劳动合同复印件；

（三）注册期内达到继续教育要求的证明材料。

第二十条 注册建筑师变更执业单位，应当与原聘用单位解除劳动关系，并按照本细则第十五条规定的程序办理变更注册手续。变更注册后，仍延续原注册有效期。

原注册有效期届满在半年以内的，可以同时提出延续注册申请。准予延续的，注册有效期重新计算。

变更注册需要提交下列材料：

（一）变更注册申请表；

（二）新聘用单位资质证书副本的复印件；

（三）与新聘用单位签订的聘用劳动合同复印件；

（四）工作调动证明或者与原聘用单

位解除聘用劳动合同的证明文件、劳动仲裁机构出具的解除劳动关系的仲裁文件、退休人员的退休证明复印件；

（五）在办理变更注册时提出延续注册申请的，还应当提交在本注册有效期内达到继续教育要求的证明材料。

第二十一条 申请人有下列情形之一的，不予注册：

（一）不具有完全民事行为能力的；

（二）申请在两个或者两个以上单位注册的；

（三）未达到注册建筑师继续教育要求的；

（四）因受刑事处罚，自刑事处罚执行完毕之日起至申请注册之日止不满五年的；

（五）因在建筑设计或者相关业务中犯有错误受行政处罚或者撤职以上行政处分，自处罚、处分决定之日起至申请之日止不满二年的；

（六）受吊销注册建筑师证书的行政处罚，自处罚决定之日起至申请注册之日止不满五年的；

（七）申请人的聘用单位不符合注册单位要求的；

（八）法律、法规规定不予注册的其他情形。

第二十二条 注册建筑师有下列情形之一的，其注册证书和执业印章失效：

（一）聘用单位破产的；

（二）聘用单位被吊销营业执照的；

（三）聘用单位相应资质证书被吊销或者撤回的；

（四）已与聘用单位解除聘用劳动关系的；

（五）注册有效期满且未延续注册的；

（六）死亡或者丧失民事行为能力的；

（七）其他导致注册失效的情形。

第二十三条 注册建筑师有下列情形之一的，由注册机关办理注销手续，收回注册证书和执业印章或公告注册证书和执业印章作废：

（一）有本细则第二十二条所列情形发生的；

（二）依法被撤销注册的；

（三）依法被吊销注册证书的；

（五）受刑事处罚的；

（六）法律、法规规定应当注销注册的其他情形。

注册建筑师有前款所列情形之一的，注册建筑师本人和聘用单位应当及时向注册机关提出注销注册申请；有关单位和个人有权向注册机关举报；县级以上地方人民政府建设主管部门或者有关部门应当及时告知注册机关。

第二十四条 被注销注册者或者不予注册者，重新具备注册条件的，可以按照本细则第十五条规定的程序重新申请注册。

第二十五条 高等学校（院）从事教学、科研并具有注册建筑师资格的人员，只能受聘于本校（院）所属建筑设计单位从事建筑设计，不得受聘于其他建筑设计单位。在受聘于本校（院）所属建筑设计单位工作期间，允许申请注册。获准注册的人员，在本校（院）所属建筑设计单位连续工作不得少于二年。具体办法由国务院建设主管部门商教育主管部门规定。

第二十六条 注册建筑师因遗失、污损注册证书或者执业印章，需要补办的，应当持在公众媒体上刊登的遗失声明的证明，或者污损的原注册证书和执业印章，向原注册机关申请补办。原注册机关应当在十日内办理完毕。

第四章 执　　业

第二十七条 取得资格证书的人员，应当受聘于中华人民共和国境内的一个建设工程勘察、设计、施工、监理、招标代理、造价咨询、施工图审查、城乡规划编制等单位，经注册后方可从事相应的执业活动。

从事建筑工程设计执业活动的，应当

受聘并注册于中华人民共和国境内一个具有工程设计资质的单位。

第二十八条 注册建筑师的执业范围具体为：

（一）建筑设计；

（二）建筑设计技术咨询；

（三）建筑物调查与鉴定；

（四）对本人主持设计的项目进行施工指导和监督；

（五）国务院建设主管部门规定的其他业务。

本条第一款所称建筑设计技术咨询包括建筑工程技术咨询，建筑工程招标、采购咨询，建筑工程项目管理，建筑工程设计文件及施工图审查，工程质量评估，以及国务院建设主管部门规定的其他建筑技术咨询业务。

第二十九条 一级注册建筑师的执业范围不受工程项目规模和工程复杂程度的限制。二级注册建筑师的执业范围只限于承担工程设计资质标准中建设项目设计规模划分表中规定的小型规模的项目。

注册建筑师的执业范围不得超越其聘用单位的业务范围。注册建筑师的执业范围与其聘用单位的业务范围不符时，个人执业范围服从聘用单位的业务范围。

第三十条 注册建筑师所在单位承担民用建筑设计项目，应当由注册建筑师任工程项目设计主持人或设计总负责人；工业建筑设计项目，须由注册建筑师任工程项目建筑专业负责人。

第三十一条 凡属工程设计资质标准中建筑工程建设项目设计规模划分表规定的工程项目，在建筑工程设计的主要文件（图纸）中，须由主持该项设计的注册建筑师签字并加盖其执业印章，方为有效。否则设计审查部门不予审查，建设单位不得报建，施工单位不准施工。

第三十二条 修改经注册建筑师签字盖章的设计文件，应当由原注册建筑师进行；因特殊情况，原注册建筑师不能进行修改的，可以由设计单位的法人代表书面委托其他符合条件的注册建筑师修改，并签字、加盖执业印章，对修改部分承担责任。

第三十三条 注册建筑师从事执业活动，由聘用单位接受委托并统一收费。

第五章 继续教育

第三十四条 注册建筑师在每一注册有效期内应当达到全国注册建筑师管理委员会制定的继续教育标准。继续教育作为注册建筑师逾期初始注册、延续注册、重新申请注册的条件之一。

第三十五条 继续教育分为必修课和选修课，在每一注册有效期内各为四十学时。

第六章 监督检查

第三十六条 国务院建设主管部门对注册建筑师注册执业活动实施统一的监督管理。县级以上地方人民政府建设主管部门负责对本行政区域内的注册建筑师注册执业活动实施监督管理。

第三十七条 建设主管部门履行监督检查职责时，有权采取下列措施：

（一）要求被检查的注册建筑师提供资格证书、注册证书、执业印章、设计文件（图纸）；

（二）进入注册建筑师聘用单位进行检查，查阅相关资料；

（三）纠正违反有关法律、法规和本细则及有关规范和标准的行为。

建设主管部门依法对注册建筑师进行监督检查时，应当将监督检查情况和处理结果予以记录，由监督检查人员签字后归档。

第三十八条 建设主管部门在实施监督检查时，应当有两名以上监督检查人员参加，并出示执法证件，不得妨碍注册建筑师正常的执业活动，不得谋取非法利益。

注册建筑师和其聘用单位对依法进行的监督检查应当协助与配合，不得拒绝或者阻挠。

第三十九条 注册建筑师及其聘用单位应当按照要求，向注册机关提供真实、准确、完整的注册建筑师信用档案信息。

注册建筑师信用档案应当包括注册建筑师的基本情况、业绩、良好行为、不良行为等内容。违法违规行为、被投诉举报处理、行政处罚等情况应当作为注册建筑师的不良行为记入其信用档案。

注册建筑师信用档案信息按照有关规定向社会公示。

第七章 法律责任

第四十条 隐瞒有关情况或者提供虚假材料申请注册的，注册机关不予受理，并由建设主管部门给予警告，申请人一年之内不得再次申请注册。

第四十一条 以欺骗、贿赂等不正当手段取得注册证书和执业印章的，由全国注册建筑师管理委员会或省、自治区、直辖市注册建筑师管理委员会撤销注册证书并收回执业印章，三年内不得再次申请注册，并由县级以上人民政府建设主管部门处以罚款。其中没有违法所得的，处以1万元以下罚款；有违法所得的处以违法所得3倍以下且不超过3万元的罚款。

第四十二条 违反本细则，未受聘并注册于中华人民共和国境内一个具有工程设计资质的单位，从事建筑工程设计执业活动的，由县级以上人民政府建设主管部门给予警告，责令停止违法活动，并可处以1万元以上3万元以下的罚款。

第四十三条 违反本细则，未办理变更注册而继续执业的，由县级以上人民政府建设主管部门责令限期改正；逾期未改正的，可处以5000元以下的罚款。

第四十四条 违反本细则，涂改、倒卖、出租、出借或者以其他形式非法转让执业资格证书、互认资格证书、注册证书和执业印章的，由县级以上人民政府建设主管部门责令改正，其中没有违法所得的，处以1万元以下罚款；有违法所得的处以违法所得3倍以下且不超过3万元的罚款。

第四十五条 违反本细则，注册建筑师或者其聘用单位未按照要求提供注册建筑师信用档案信息的，由县级以上人民政府建设主管部门责令限期改正；逾期未改正的，可处以1000元以上1万元以下的罚款。

第四十六条 聘用单位为申请人提供虚假注册材料的，由县级以上人民政府建设主管部门给予警告，责令限期改正；逾期未改正的，可处以1万元以上3万元以下的罚款。

第四十七条 有下列情形之一的，全国注册建筑师管理委员会或者省、自治区、直辖市注册建筑师管理委员可以撤销其注册：

（一）全国注册建筑师管理委员会或者省、自治区、直辖市注册建筑师管理委员的工作人员滥用职权、玩忽职守颁发注册证书和执业印章的；

（二）超越法定职权颁发注册证书和执业印章的；

（三）违反法定程序颁发注册证书和执业印章的；

（四）对不符合法定条件的申请人颁发注册证书和执业印章的；

（五）依法可以撤销注册的其他情形。

第四十八条 县级以上人民政府建设主管部门、人事主管部门及全国注册建筑师管理委员会或者省、自治区、直辖市注册建筑师管理委员的工作人员，在注册建筑师管理工作中，有下列情形之一的，依法给予处分；构成犯罪的，依法追究刑事责任：

（一）对不符合法定条件的申请人颁发执业资格证书、注册证书和执业印章的；

（二）对符合法定条件的申请人不予颁发执业资格证书、注册证书和执业印章的；

（三）对符合法定条件的申请不予受理或者未在法定期限内初审完毕的；

（四）利用职务上的便利，收受他人财物或者其他好处的；

（五）不依法履行监督管理职责，或者发现违法行为不予查处的。

第八章　附　　则

第四十九条　注册建筑师执业资格证书由国务院人事主管部门统一制作；一级注册建筑师注册证书、执业印章和互认资格证书由全国注册建筑师管理委员会统一制作；二级注册建筑师注册证书和执业印章由省、自治区、直辖市注册建筑师管理委员会统一制作。

第五十条　香港特别行政区、澳门特别行政区、台湾地区的专业技术人员按照国家有关规定和有关协议，报名参加全国统一考试和申请注册。

外籍专业技术人员参加全国统一考试按照对等原则办理；申请建筑师注册的，其所在国应当已与中华人民共和国签署双方建筑师对等注册协议。

第五十一条　本细则自2008年3月15日起施行。1996年7月1日建设部颁布的《中华人民共和国注册建筑师条例实施细则》（建设部令第52号）同时废止。

勘察设计注册工程师管理规定

（2005年2月4日建设部令第137号公布　根据2016年9月13日《住房城乡建设部关于修改〈勘察设计注册工程师管理规定〉等11个部门规章的决定》修订）

第一章　总　　则

第一条　为了加强对建设工程勘察、设计注册工程师的管理，维护公共利益和建筑市场秩序，提高建设工程勘察、设计质量与水平，依据《中华人民共和国建筑法》、《建设工程勘察设计管理条例》等法律法规，制定本规定。

第二条　中华人民共和国境内建设工程勘察设计注册工程师（以下简称注册工程师）的注册、执业、继续教育和监督管理，适用本规定。

第三条　本规定所称注册工程师，是指经考试取得中华人民共和国注册工程师资格证书（以下简称资格证书），并按照本规定注册，取得中华人民共和国注册工程师注册执业证书（以下简称注册证书）和执业印章，从事建设工程勘察、设计及有关业务活动的专业技术人员。

未取得注册证书及执业印章的人员，不得以注册工程师的名义从事建设工程勘察、设计及有关业务活动。

第四条　注册工程师按专业类别设置，具体专业划分由国务院住房城乡建设主管部门和人事主管部门商国务院有关部门制定。

除注册结构工程师分为一级和二级外，其他专业注册工程师不分级别。

第五条　国务院住房城乡建设主管部门对全国的注册工程师的注册、执业活动实施统一监督管理；国务院铁路、交通、水利等有关部门按照国务院规定的职责分工，负责全国有关专业工程注册工程师执业活动的监督管理。

县级以上地方人民政府住房城乡建设主管部门对本行政区域内的注册工程师的注册、执业活动实施监督管理；县级以上地方人民政府交通、水利等有关部门在各自的职责范围内，负责本行政区域内有关专业工程注册工程师执业活动的监督管理。

第二章　注　　册

第六条　注册工程师实行注册执业管理制度。取得资格证书的人员，必须经过注册方能以注册工程师的名义执业。

第七条 取得资格证书的人员申请注册，由国务院住房城乡建设主管部门审批；其中涉及有关部门的专业注册工程师的注册，由国务院住房城乡建设主管部门和有关部门审批。

取得资格证书并受聘于一个建设工程勘察、设计、施工、监理、招标代理、造价咨询等单位的人员，应当通过聘用单位提出注册申请，并可以向单位工商注册所在地的省、自治区、直辖市人民政府住房城乡建设主管部门提交申请材料；省、自治区、直辖市人民政府住房城乡建设主管部门收到申请材料后，应当在5日内将全部申请材料报审批部门。

第八条 国务院住房城乡建设主管部门在收到申请材料后，应当依法作出是否受理的决定，并出具凭证；申请材料不齐全或者不符合法定形式的，应当在5日内一次性告知需要补正的全部内容。逾期不告知的，自收到申请材料之日起即为受理。

申请初始注册的，国务院住房城乡建设主管部门应当自受理之日起20日内审批完毕并作出书面决定。自作出决定之日起10日内公告审批结果。由国务院住房城乡建设主管部门和有关部门共同审批的，国务院有关部门应当在15日内审核完毕，并将审核意见报国务院住房城乡建设主管部门。

对申请变更注册、延续注册的，国务院住房城乡建设主管部门应当自受理之日起10日内审批完毕并作出书面决定。

符合条件的，由审批部门核发由国务院住房城乡建设主管部门统一制作、国务院住房城乡建设主管部门或者国务院住房城乡建设主管部门和有关部门共同用印的注册证书，并核定执业印章编号。对不予批准的，应当说明理由，并告知申请人享有依法申请行政复议或者提起行政诉讼的权利。

第九条 二级注册结构工程师的注册受理和审批，由省、自治区、直辖市人民政府住房城乡建设主管部门负责。

第十条 注册证书和执业印章是注册工程师的执业凭证，由注册工程师本人保管、使用。注册证书和执业印章的有效期为3年。

第十一条 初始注册者，可自资格证书签发之日起3年内提出申请。逾期未申请者，须符合本专业继续教育的要求后方可申请初始注册。

初始注册需要提交下列材料：

（一）申请人的注册申请表；

（二）申请人的资格证书复印件；

（三）申请人与聘用单位签订的聘用劳动合同复印件；

（四）逾期初始注册的，应提供达到继续教育要求的证明材料。

第十二条 注册工程师每一注册期为3年，注册期满需继续执业的，应在注册期满前30日，按照本规定第七条规定的程序申请延续注册。

延续注册需要提交下列材料：

（一）申请人延续注册申请表；

（二）申请人与聘用单位签订的聘用劳动合同复印件；

（三）申请人注册期内达到继续教育要求的证明材料。

第十三条 在注册有效期内，注册工程师变更执业单位，应与原聘用单位解除劳动关系，并按本规定第七条规定的程序办理变更注册手续，变更注册后仍延续原注册有效期。

变更注册需要提交下列材料：

（一）申请人变更注册申请表；

（二）申请人与新聘用单位签订的聘用劳动合同复印件；

（三）申请人的工作调动证明（或者与原聘用单位解除聘用劳动合同的证明文件、退休人员的退休证明）。

第十四条 注册工程师有下列情形之一的，

其注册证书和执业印章失效：

（一）聘用单位破产的；

（二）聘用单位被吊销营业执照的；

（三）聘用单位相应资质证书被吊销的；

（四）已与聘用单位解除聘用劳动关系的；

（五）注册有效期满且未延续注册的；

（六）死亡或者丧失行为能力的；

（七）注册失效的其他情形。

第十五条 注册工程师有下列情形之一的，负责审批的部门应当办理注销手续，收回注册证书和执业印章或者公告其注册证书和执业印章作废：

（一）不具有完全民事行为能力的；

（二）申请注销注册的；

（三）有本规定第十四条所列情形发生的；

（四）依法被撤销注册的；

（五）依法被吊销注册证书的；

（六）受到刑事处罚的；

（七）法律、法规规定应当注销注册的其他情形。

注册工程师有前款情形之一的，注册工程师本人和聘用单位应当及时向负责审批的部门提出注销注册的申请；有关单位和个人有权向负责审批的部门举报；住房城乡建设主管部门和有关部门应当及时向负责审批的部门报告。

第十六条 有下列情形之一的，不予注册：

（一）不具有完全民事行为能力的；

（二）因从事勘察设计或者相关业务受到刑事处罚，自刑事处罚执行完毕之日起至申请注册之日止不满2年的；

（三）法律、法规规定不予注册的其他情形。

第十七条 被注销注册者或者不予注册者，在重新具备初始注册条件，并符合本专业继续教育要求后，可按照本规定第七条规定的程序重新申请注册。

第三章 执 业

第十八条 取得资格证书的人员，应受聘于一个具有建设工程勘察、设计、施工、监理、招标代理、造价咨询等一项或多项资质的单位，经注册后方可从事相应的执业活动。但从事建设工程勘察、设计执业活动的，应受聘并注册于一个具有建设工程勘察、设计资质的单位。

第十九条 注册工程师的执业范围：

（一）工程勘察或者本专业工程设计；

（二）本专业工程技术咨询；

（三）本专业工程招标、采购咨询；

（四）本专业工程的项目管理；

（五）对工程勘察或者本专业工程设计项目的施工进行指导和监督；

（六）国务院有关部门规定的其他业务。

第二十条 建设工程勘察、设计活动中形成的勘察、设计文件由相应专业注册工程师按照规定签字盖章后方可生效。各专业注册工程师签字盖章的勘察、设计文件种类及办法由国务院住房城乡建设主管部门会同有关部门规定。

第二十一条 修改经注册工程师签字盖章的勘察、设计文件，应当由该注册工程师进行；因特殊情况，该注册工程师不能进行修改的，应由同专业其他注册工程师修改，并签字、加盖执业印章，对修改部分承担责任。

第二十二条 注册工程师从事执业活动，由所在单位接受委托并统一收费。

第二十三条 因建设工程勘察、设计事故及相关业务造成的经济损失，聘用单位应承担赔偿责任；聘用单位承担赔偿责任后，可依法向负有过错的注册工程师追偿。

第四章 继续教育

第二十四条 注册工程师在每一注册期内

应达到国务院住房城乡建设主管部门规定的本专业继续教育要求。继续教育作为注册工程师逾期初始注册、延续注册和重新申请注册的条件。

第二十五条 继续教育按照注册工程师专业类别设置，分为必修课和选修课，每注册期各为60学时。

第五章 权利和义务

第二十六条 注册工程师享有下列权利：

（一）使用注册工程师称谓；

（二）在规定范围内从事执业活动；

（三）依据本人能力从事相应的执业活动；

（四）保管和使用本人的注册证书和执业印章；

（五）对本人执业活动进行解释和辩护；

（六）接受继续教育；

（七）获得相应的劳动报酬；

（八）对侵犯本人权利的行为进行申诉。

第二十七条 注册工程师应当履行下列义务：

（一）遵守法律、法规和有关管理规定；

（二）执行工程建设标准规范；

（三）保证执业活动成果的质量，并承担相应责任；

（四）接受继续教育，努力提高执业水准；

（五）在本人执业活动所形成的勘察、设计文件上签字、加盖执业印章；

（六）保守在执业中知悉的国家秘密和他人的商业、技术秘密；

（七）不得涂改、出租、出借或者以其他形式非法转让注册证书或者执业印章；

（八）不得同时在两个或两个以上单位受聘或者执业；

（九）在本专业规定的执业范围和聘用单位业务范围内从事执业活动；

（十）协助注册管理机构完成相关工作。

第六章 法律责任

第二十八条 隐瞒有关情况或者提供虚假材料申请注册的，审批部门不予受理，并给予警告，一年之内不得再次申请注册。

第二十九条 以欺骗、贿赂等不正当手段取得注册证书的，由负责审批的部门撤销其注册，3年内不得再次申请注册；并由县级以上人民政府住房城乡建设主管部门或者有关部门处以罚款，其中没有违法所得的，处以1万元以下的罚款；有违法所得的，处以违法所得3倍以下且不超过3万元的罚款；构成犯罪的，依法追究刑事责任。

第三十条 注册工程师在执业活动中有下列行为之一的，由县级以上人民政府住房城乡建设主管部门或者有关部门予以警告，责令其改正，没有违法所得的，处以1万元以下的罚款；有违法所得的，处以违法所得3倍以下且不超过3万元的罚款；造成损失的，应当承担赔偿责任；构成犯罪的，依法追究刑事责任：

（一）以个人名义承接业务的；

（二）涂改、出租、出借或者以形式非法转让注册证书或者执业印章的；

（三）泄露执业中应当保守的秘密并造成严重后果的；

（四）超出本专业规定范围或者聘用单位业务范围从事执业活动的；

（五）弄虚作假提供执业活动成果的；

（六）其他违反法律、法规、规章的行为。

第三十一条 有下列情形之一的，负责审批的部门或者其上级主管部门，可以撤销其注册：

（一）住房城乡建设主管部门或者有关部门的工作人员滥用职权、玩忽职守颁发注册证书和执业印章的；

（二）超越法定职权颁发注册证书和执业印章的；

（三）违反法定程序颁发注册证书和

执业印章的；

（四）对不符合法定条件的申请人颁发注册证书和执业印章的；

（五）依法可以撤销注册的其他情形。

第三十二条 县级以上人民政府住房城乡建设主管部门及有关部门的工作人员，在注册工程师管理工作中，有下列情形之一的，依法给予行政处分；构成犯罪的，依法追究刑事责任：

（一）对不符合法定条件的申请人颁发注册证书和执业印章的；

（二）对符合法定条件的申请人不予颁发注册证书和执业印章的；

（三）对符合法定条件的申请人未在法定期限内颁发注册证书和执业印章的；

（四）利用职务上的便利，收受他人财物或者其他好处的；

（五）不依法履行监督管理职责，或者发现违法行为不予查处的。

第七章 附 则

第三十三条 注册工程师资格考试工作按照国务院住房城乡建设主管部门、国务院人事主管部门的有关规定执行。

第三十四条 香港特别行政区、澳门特别行政区、台湾地区及外籍专业技术人员，注册工程师注册和执业的管理办法另行制定。

第三十五条 本规定自2005年4月1日起施行。

注册监理工程师管理规定

（2006年1月26日建设部令第147号公布 根据2016年9月13日《住房城乡建设部关于修改〈勘察设计注册工程师管理规定〉等11个部门规章的决定》修订）

第一章 总 则

第一条 为了加强对注册监理工程师的管理，维护公共利益和建筑市场秩序，提高工程监理质量与水平，根据《中华人民共和国建筑法》、《建设工程质量管理条例》等法律法规，制定本规定。

第二条 中华人民共和国境内注册监理工程师的注册、执业、继续教育和监督管理，适用本规定。

第三条 本规定所称注册监理工程师，是指经考试取得中华人民共和国监理工程师资格证书（以下简称资格证书），并按照本规定注册，取得中华人民共和国注册监理工程师注册执业证书（以下简称注册证书）和执业印章，从事工程监理及相关业务活动的专业技术人员。

未取得注册证书和执业印章的人员，不得以注册监理工程师的名义从事工程监理及相关业务活动。

第四条 国务院住房城乡建设主管部门对全国注册监理工程师的注册、执业活动实施统一监督管理。

县级以上地方人民政府住房城乡建设主管部门对本行政区域内的注册监理工程师的注册、执业活动实施监督管理。

第二章 注 册

第五条 注册监理工程师实行注册执业管理制度。

取得资格证书的人员，经过注册方能以注册监理工程师的名义执业。

第六条 注册监理工程师依据其所学专业、工作经历、工程业绩，按照《工程监理企业资质管理规定》划分的工程类别，按专业注册。每人最多可以申请两个专业注册。

第七条 取得资格证书的人员申请注册，由国务院住房城乡建设主管部门审批。

取得资格证书并受聘于一个建设工程勘察、设计、施工、监理、招标代理、造价咨询等单位的人员，应当通过聘用单位提出注册申请，并可以向单位工商注册所在地的省、自治区、直辖市人民政府住房城乡建设主管部门提交申请材料；省、自治区、直辖市人民政府住房城乡建设主管部门收到申请材料后，应当在5日内将全部申请材料报审批部门。

第八条 国务院住房城乡建设主管部门在收到申请材料后，应当依法作出是否受理的决定，并出具凭证；申请材料不齐全或者不符合法定形式的，应当在5日内一次性告知申请人需要补正的全部内容。逾期不告知的，自收到申请材料之日起即为受理。

对申请初始注册的，国务院住房城乡建设主管部门应当自受理申请之日起20日内审批完毕并作出书面决定。自作出决定之日起10日内公告审批结果。

对申请变更注册、延续注册的，国务院住房城乡建设主管部门应当自受理申请之日起10日内审批完毕并作出书面决定。

符合条件的，由国务院住房城乡建设主管部门核发注册证书，并核定执业印章编号。对不予批准的，应当说明理由，并告知申请人享有依法申请行政复议或者提起行政诉讼的权利。

第九条 注册证书和执业印章是注册监理工程师的执业凭证，由注册监理工程师本人保管、使用。

注册证书和执业印章的有效期为3年。

第十条 初始注册者，可自资格证书签发之日起3年内提出申请。逾期未申请者，须符合继续教育的要求后方可申请初始注册。

申请初始注册，应当具备以下条件：

（一）经全国注册监理工程师执业资格统一考试合格，取得资格证书；

（二）受聘于一个相关单位；

（三）达到继续教育要求；

（四）没有本规定第十三条所列情形。

初始注册需要提交下列材料：

（一）申请人的注册申请表；

（二）申请人的资格证书和身份证复印件；

（三）申请人与聘用单位签订的聘用劳动合同复印件；

（四）所学专业、工作经历、工程业绩、工程类中级及中级以上职称证书等有关证明材料；

（五）逾期初始注册的，应当提供达到继续教育要求的证明材料。

第十一条 注册监理工程师每一注册有效期为3年，注册有效期满需继续执业的，应当在注册有效期满30日前，按照本规定第七条规定的程序申请延续注册。延续注册有效期3年。延续注册需要提交下列材料：

（一）申请人延续注册申请表；

（二）申请人与聘用单位签订的聘用劳动合同复印件；

（三）申请人注册有效期内达到继续教育要求的证明材料。

第十二条 在注册有效期内，注册监理工程师变更执业单位，应当与原聘用单位解除劳动关系，并按本规定第七条规定的程序办理变更注册手续，变更注册后仍延续原注册有效期。

变更注册需要提交下列材料：

（一）申请人变更注册申请表；

（二）申请人与新聘用单位签订的聘用劳动合同复印件；

（三）申请人的工作调动证明（与原聘用单位解除聘用劳动合同或者聘用劳动合同到期的证明文件、退休人员的退休证明）。

第十三条 申请人有下列情形之一的，不予初始注册、延续注册或者变更注册：

（一）不具有完全民事行为能力的；

（二）刑事处罚尚未执行完毕或者因从事工程监理或者相关业务受到刑事处罚，自刑事处罚执行完毕之日起至申请注册之日止不满2年的；

（三）未达到监理工程师继续教育要

求的；

（四）在两个或者两个以上单位申请注册的；

（五）以虚假的职称证书参加考试并取得资格证书的；

（六）年龄超过65周岁的；

（七）法律、法规规定不予注册的其他情形。

第十四条 注册监理工程师有下列情形之一的，其注册证书和执业印章失效：

（一）聘用单位破产的；

（二）聘用单位被吊销营业执照的；

（三）聘用单位被吊销相应资质证书的；

（四）已与聘用单位解除劳动关系的；

（五）注册有效期满且未延续注册的；

（六）年龄超过65周岁的；

（七）死亡或者丧失行为能力的；

（八）其他导致注册失效的情形。

第十五条 注册监理工程师有下列情形之一的，负责审批的部门应当办理注销手续，收回注册证书和执业印章或者公告其注册证书和执业印章作废：

（一）不具有完全民事行为能力的；

（二）申请注销注册的；

（三）有本规定第十四条所列情形发生的；

（四）依法被撤销注册的；

（五）依法被吊销注册证书的；

（六）受到刑事处罚的；

（七）法律、法规规定应当注销注册的其他情形。

注册监理工程师有前款情形之一的，注册监理工程师本人和聘用单位应当及时向国务院住房城乡建设主管部门提出注销注册的申请；有关单位和个人有权向国务院住房城乡建设主管部门举报；县级以上地方人民政府住房城乡建设主管部门或者有关部门应当及时报告或者告知国务院住房城乡建设主管部门。

第十六条 被注销注册者或者不予注册者，在重新具备初始注册条件，并符合继续教育要求后，可以按照本规定第七条规定的程序重新申请注册。

第三章 执 业

第十七条 取得资格证书的人员，应当受聘于一个具有建设工程勘察、设计、施工、监理、招标代理、造价咨询等一项或者多项资质的单位，经注册后方可从事相应的执业活动。从事工程监理执业活动的，应当受聘并注册于一个具有工程监理资质的单位。

第十八条 注册监理工程师可以从事工程监理、工程经济与技术咨询、工程招标与采购咨询、工程项目管理服务以及国务院有关部门规定的其他业务。

第十九条 工程监理活动中形成的监理文件由注册监理工程师按照规定签字盖章后方可生效。

第二十条 修改经注册监理工程师签字盖章的工程监理文件，应当由该注册监理工程师进行；因特殊情况，该注册监理工程师不能进行修改的，应当由其他注册监理工程师修改，并签字、加盖执业印章，对修改部分承担责任。

第二十一条 注册监理工程师从事执业活动，由所在单位接受委托并统一收费。

第二十二条 因工程监理事故及相关业务造成的经济损失，聘用单位应当承担赔偿责任；聘用单位承担赔偿责任后，可依法向负有过错的注册监理工程师追偿。

第四章 继续教育

第二十三条 注册监理工程师在每一注册有效期内应当达到国务院住房城乡建设主管部门规定的继续教育要求。继续教育作为注册监理工程师逾期初始注册、延续注册和重新申请注册的条件之一。

第二十四条 继续教育分为必修课和选修课，在每一注册有效期内各为48学时。

第五章 权利和义务

第二十五条 注册监理工程师享有下列权利：

（一）使用注册监理工程师称谓；

（二）在规定范围内从事执业活动；

（三）依据本人能力从事相应的执业活动；

（四）保管和使用本人的注册证书和执业印章；

（五）对本人执业活动进行解释和辩护；

（六）接受继续教育；

（七）获得相应的劳动报酬；

（八）对侵犯本人权利的行为进行申诉。

第二十六条 注册监理工程师应当履行下列义务：

（一）遵守法律、法规和有关管理规定；

（二）履行管理职责，执行技术标准、规范和规程；

（三）保证执业活动成果的质量，并承担相应责任；

（四）接受继续教育，努力提高执业水准；

（五）在本人执业活动所形成的工程监理文件上签字、加盖执业印章；

（六）保守在执业中知悉的国家秘密和他人的商业、技术秘密；

（七）不得涂改、倒卖、出租、出借或者以其他形式非法转让注册证书或者执业印章；

（八）不得同时在两个或者两个以上单位受聘或者执业；

（九）在规定的执业范围和聘用单位业务范围内从事执业活动；

（十）协助注册管理机构完成相关工作。

第六章 法律责任

第二十七条 隐瞒有关情况或者提供虚假材料申请注册的，住房城乡建设主管部门不予受理或者不予注册，并给予警告，1年之内不得再次申请注册。

第二十八条 以欺骗、贿赂等不正当手段取得注册证书的，由国务院住房城乡建设主管部门撤销其注册，3年内不得再次申请注册，并由县级以上地方人民政府住房城乡建设主管部门处以罚款，其中没有违法所得的，处以1万元以下罚款，有违法所得的，处以违法所得3倍以下且不超过3万元的罚款；构成犯罪的，依法追究刑事责任。

第二十九条 违反本规定，未经注册，擅自以注册监理工程师的名义从事工程监理及相关业务活动的，由县级以上地方人民政府住房城乡建设主管部门给予警告，责令停止违法行为，处以3万元以下罚款；造成损失的，依法承担赔偿责任。

第三十条 违反本规定，未办理变更注册仍执业的，由县级以上地方人民政府住房城乡建设主管部门给予警告，责令限期改正；逾期不改的，可处以5000元以下的罚款。

第三十一条 注册监理工程师在执业活动中有下列行为之一的，由县级以上地方人民政府住房城乡建设主管部门给予警告，责令其改正，没有违法所得的，处以1万元以下罚款，有违法所得的，处以违法所得3倍以下且不超过3万元的罚款；造成损失的，依法承担赔偿责任；构成犯罪的，依法追究刑事责任：

（一）以个人名义承接业务的；

（二）涂改、倒卖、出租、出借或者以其他形式非法转让注册证书或者执业印章的；

（三）泄露执业中应当保守的秘密并造成严重后果的；

（四）超出规定执业范围或者聘用单位业务范围从事执业活动的；

（五）弄虚作假提供执业活动成果的；

（六）同时受聘于两个或者两个以上的单位，从事执业活动的；

（七）其他违反法律、法规、规章的行为。

第三十二条 有下列情形之一的，国务院住房城乡建设主管部门依据职权或者根据利害关系人的请求，可以撤销监理工程师注册：

（一）工作人员滥用职权、玩忽职守颁发注册证书和执业印章的；

（二）超越法定职权颁发注册证书和执业印章的；

（三）违反法定程序颁发注册证书和执业印章的；

（四）对不符合法定条件的申请人颁发注册证书和执业印章的；

（五）依法可以撤销注册的其他情形。

第三十三条 县级以上人民政府住房城乡建设主管部门的工作人员，在注册监理工程师管理工作中，有下列情形之一的，依法给予处分；构成犯罪的，依法追究刑事责任：

（一）对不符合法定条件的申请人颁发注册证书和执业印章的；

（二）对符合法定条件的申请人不予颁发注册证书和执业印章的；

（三）对符合法定条件的申请人未在法定期限内颁发注册证书和执业印章的；

（四）对符合法定条件的申请不予受理或者未在法定期限内初审完毕的；

（五）利用职务上的便利，收受他人财物或者其他好处的；

（六）不依法履行监督管理职责，或者发现违法行为不予查处的。

第七章 附 则

第三十四条 注册监理工程师资格考试工作按照国务院住房城乡建设主管部门、国务院人事主管部门的有关规定执行。

第三十五条 香港特别行政区、澳门特别行政区、台湾地区及外籍专业技术人员，申请参加注册监理工程师注册和执业的管理办法另行制定。

第三十六条 本规定自2006年4月1日起施行。1992年6月4日建设部颁布的《监理工程师资格考试和注册试行办法》（建设部令第18号）同时废止。

注册造价工程师管理办法

（2006年3月22日建设部令第149号公布 根据2015年5月4日《住房和城乡建设部关于修改〈房地产开发企业资质管理规定〉等部门规章的决定》第一次修订 根据2016年9月13日《住房城乡建设部关于修改〈勘察设计注册工程师管理规定〉等11个部门规章的决定》第二次修订 根据2020年2月19日《住房和城乡建设部关于修改〈工程造价咨询企业管理办法〉〈注册造价工程师管理办法〉的决定》第三次修订）

第一章 总 则

第一条 为了加强对注册造价工程师的管理，规范注册造价工程师执业行为，维护社会公共利益，制定本办法。

第二条 中华人民共和国境内注册造价工程师的注册、执业、继续教育和监督管理，适用本办法。

第三条 本办法所称注册造价工程师，是指通过土木建筑工程或者安装工程专业造价工程师职业资格考试取得造价工程师职业资格证书或者通过资格认定、资格互认，并按照本办法注册后，从事工程造价活动的专业人员。注册造价工程师分为一级注册造价工程师和二级注册造价工程师。

第四条 国务院住房城乡建设主管部门对全国注册造价工程师的注册、执业活动实施统一监督管理，负责实施全国一级注册造价工程师的注册，并负责建立全国统一的注册造价工程师注册信息管理平台；国务院有关专业部门按照国务院规定的职责分工，对本行业注册造价工程师的执业活动实施监督管理。

省、自治区、直辖市人民政府住房城乡建设主管部门对本行政区域内注册造价工程师的执业活动实施监督管理，并实施本行政区域二级注册造价工程师的注册。

第五条 工程造价行业组织应当加强造价工程师自律管理。

鼓励注册造价工程师加入工程造价行业组织。

第二章 注　　册

第六条 注册造价工程师实行注册执业管理制度。

取得职业资格的人员，经过注册方能以注册造价工程师的名义执业。

第七条 注册造价工程师的注册条件为：

（一）取得职业资格；

（二）受聘于一个工程造价咨询企业或者工程建设领域的建设、勘察设计、施工、招标代理、工程监理、工程造价管理等单位；

（三）无本办法第十三条不予注册的情形。

第八条 符合注册条件的人员申请注册的，可以向聘用单位工商注册所在地的省、自治区、直辖市人民政府住房城乡建设主管部门或者国务院有关专业部门提交申请材料。

申请一级注册造价工程师初始注册，省、自治区、直辖市人民政府住房城乡建设主管部门或者国务院有关专业部门收到申请材料后，应当在5日内将申请材料报国务院住房城乡建设主管部门。国务院住房城乡建设主管部门在收到申请材料后，应当依法做出是否受理的决定，并出具凭证；申请材料不齐全或者不符合法定形式的，应当在5日内一次性告知申请人需要补正的全部内容。逾期不告知的，自收到申请材料之日起即为受理。国务院住房城乡建设主管部门应当自受理之日起20日内作出决定。

申请二级注册造价工程师初始注册，省、自治区、直辖市人民政府住房城乡建设主管部门收到申请材料后，应当依法做出是否受理的决定，并出具凭证；申请材料不齐全或者不符合法定形式的，应当在5日内一次性告知申请人需要补正的全部内容。逾期不告知的，自收到申请材料之日起即为受理。省、自治区、直辖市人民政府住房城乡建设主管部门应当自受理之日起20日内作出决定。

申请一级注册造价工程师变更注册、延续注册，省、自治区、直辖市人民政府住房城乡建设主管部门或者国务院有关专业部门收到申请材料后，应当在5日内将申请材料报国务院住房城乡建设主管部门，国务院住房城乡建设主管部门应当自受理之日起10日内作出决定。

申请二级注册造价工程师变更注册、延续注册，省、自治区、直辖市人民政府住房城乡建设主管部门收到申请材料后，应当自受理之日起10日内作出决定。

注册造价工程师的初始、变更、延续注册，通过全国统一的注册造价工程师注册信息管理平台实行网上申报、受理和审批。

第九条 准予注册的，由国务院住房城乡建设主管部门或者省、自治区、直辖市人民政府住房城乡建设主管部门（以下简称注册机关）核发注册造价工程师注册证书，注册造价工程师按照规定自行制作执业印章。

注册证书和执业印章是注册造价工程

师的执业凭证，由注册造价工程师本人保管、使用。注册证书、执业印章的样式以及编码规则由国务院住房城乡建设主管部门统一制定。

一级注册造价工程师注册证书由国务院住房城乡建设主管部门印制；二级注册造价工程师注册证书由省、自治区、直辖市人民政府住房城乡建设主管部门按照规定分别印制。

注册造价工程师遗失注册证书，应当按照本办法第八条规定的延续注册程序申请补发，并由注册机关在官网发布信息。

第十条 取得职业资格证书的人员，可自职业资格证书签发之日起1年内申请初始注册。逾期未申请者，须符合继续教育的要求后方可申请初始注册。初始注册的有效期为4年。

申请初始注册的，应当提交下列材料：

（一）初始注册申请表；

（二）职业资格证书和身份证件；

（三）与聘用单位签订的劳动合同；

（四）取得职业资格证书的人员，自职业资格证书签发之日起1年后申请初始注册的，应当提供当年的继续教育合格证明；

（五）外国人应当提供外国人就业许可证书。

申请初始注册时，造价工程师本人和单位应当对下列事项进行承诺，并由注册机关调查核实：

（一）受聘于工程造价岗位；

（二）聘用单位为其交纳社会基本养老保险或者已办理退休。

第十一条 注册造价工程师注册有效期满需继续执业的，应当在注册有效期满30日前，按照本办法第八条规定的程序申请延续注册。延续注册的有效期为4年。

申请延续注册的，应当提交下列材料：

（一）延续注册申请表；

（二）注册证书；

（三）与聘用单位签订的劳动合同；

（四）继续教育合格证明。

申请延续注册时，造价工程师本人和单位应对其前一个注册的工作业绩进行承诺，并由注册机关调查核实。

第十二条 在注册有效期内，注册造价工程师变更执业单位的，应当与原聘用单位解除劳动合同，并按照本办法第八条规定的程序，到新聘用单位工商注册所在地的省、自治区、直辖市人民政府住房城乡建设主管部门或者国务院有关专业部门办理变更注册手续。变更注册后延续原注册有效期。

申请变更注册的，应当提交下列材料：

（一）变更注册申请表；

（二）注册证书；

（三）与新聘用单位签订的劳动合同。

申请变更注册时，造价工程师本人和单位应当对下列事项进行承诺，并由注册机关调查核实：

（一）与原聘用单位解除劳动合同；

（二）聘用单位为其交纳社会基本养老保险或者已办理退休。

第十三条 有下列情形之一的，不予注册：

（一）不具有完全民事行为能力的；

（二）申请在两个或者两个以上单位注册的；

（三）未达到造价工程师继续教育合格标准的；

（四）前一个注册期内工作业绩达不到规定标准或未办理暂停执业手续而脱离工程造价业务岗位的；

（五）受刑事处罚，刑事处罚尚未执行完毕的；

（六）因工程造价业务活动受刑事处罚，自刑事处罚执行完毕之日起至申请注册之日止不满5年的；

（七）因前项规定以外原因受刑事处罚，自处罚决定之日起至申请注册之日止不满3年的；

（八）被吊销注册证书，自被处罚决定之日起至申请注册之日止不满3年的；

（九）以欺骗、贿赂等不正当手段获准注册被撤销，自被撤销注册之日起至申请注册之日止不满3年的；

（十）法律、法规规定不予注册的其他情形。

第十四条 被注销注册或者不予注册者，在具备注册条件后重新申请注册的，按照本办法第八条规定的程序办理。

第三章 执 业

第十五条 一级注册造价工程师执业范围包括建设项目全过程的工程造价管理与工程造价咨询等，具体工作内容：

（一）项目建议书、可行性研究投资估算与审核，项目评价造价分析；

（二）建设工程设计概算、施工预算编制和审核；

（三）建设工程招标投标文件工程量和造价的编制与审核；

（四）建设工程合同价款、结算价款、竣工决算价款的编制与管理；

（五）建设工程审计、仲裁、诉讼、保险中的造价鉴定，工程造价纠纷调解；

（六）建设工程计价依据、造价指标的编制与管理；

（七）与工程造价管理有关的其他事项。

二级注册造价工程师协助一级注册造价工程师开展相关工作，并可以独立开展以下工作：

（一）建设工程工料分析、计划、组织与成本管理，施工图预算、设计概算编制；

（二）建设工程量清单、最高投标限价、投标报价编制；

（三）建设工程合同价款、结算价款和竣工决算价款的编制。

第十六条 注册造价工程师享有下列权利：

（一）使用注册造价工程师名称；

（二）依法从事工程造价业务；

（三）在本人执业活动中形成的工程造价成果文件上签字并加盖执业印章；

（四）发起设立工程造价咨询企业；

（五）保管和使用本人的注册证书和执业印章；

（六）参加继续教育。

第十七条 注册造价工程师应当履行下列义务：

（一）遵守法律、法规、有关管理规定，恪守职业道德；

（二）保证执业活动成果的质量；

（三）接受继续教育，提高执业水平；

（四）执行工程造价计价标准和计价方法；

（五）与当事人有利害关系的，应当主动回避；

（六）保守在执业中知悉的国家秘密和他人的商业、技术秘密。

第十八条 注册造价工程师应当根据执业范围，在本人形成的工程造价成果文件上签字并加盖执业印章，并承担相应的法律责任。最终出具的工程造价成果文件应当由一级注册造价工程师审核并签字盖章。

第十九条 修改经注册造价工程师签字盖章的工程造价成果文件，应当由签字盖章的注册造价工程师本人进行；注册造价工程师本人因特殊情况不能进行修改的，应当由其他注册造价工程师修改，并签字盖章；修改工程造价成果文件的注册造价工程师对修改部分承担相应的法律责任。

第二十条 注册造价工程师不得有下列行为：

（一）不履行注册造价工程师义务；

（二）在执业过程中，索贿、受贿或者谋取合同约定费用外的其他利益；

（三）在执业过程中实施商业贿赂；

（四）签署有虚假记载、误导性陈述的工程造价成果文件；

（五）以个人名义承接工程造价业务；

（六）允许他人以自己名义从事工程造价业务；

（七）同时在两个或者两个以上单位执业；

（八）涂改、倒卖、出租、出借或者以其他形式非法转让注册证书或者执业印章；

（九）超出执业范围、注册专业范围执业；

（十）法律、法规、规章禁止的其他行为。

第二十一条 在注册有效期内，注册造价工程师因特殊原因需要暂停执业的，应当到注册机关办理暂停执业手续，并交回注册证书和执业印章。

第二十二条 注册造价工程师应当适应岗位需要和职业发展的要求，按照国家专业技术人员继续教育的有关规定接受继续教育，更新专业知识，提高专业水平。

第四章 监督管理

第二十三条 县级以上人民政府住房城乡建设主管部门和其他有关部门应当依照有关法律、法规和本办法的规定，对注册造价工程师的注册、执业和继续教育实施监督检查。

第二十四条 国务院住房城乡建设主管部门应当将造价工程师注册信息告知省、自治区、直辖市人民政府住房城乡建设主管部门和国务院有关专业部门。

省、自治区、直辖市人民政府住房城乡建设主管部门应当将造价工程师注册信息告知本行政区域内市、县人民政府住房城乡建设主管部门。

第二十五条 县级以上人民政府住房城乡建设主管部门和其他有关部门依法履行监督检查职责时，有权采取下列措施：

（一）要求被检查人员提供注册证书；

（二）要求被检查人员所在聘用单位提供有关人员签署的工程造价成果文件及相关业务文档；

（三）就有关问题询问签署工程造价成果文件的人员；

（四）纠正违反有关法律、法规和本办法及工程造价计价标准和计价办法的行为。

第二十六条 注册造价工程师违法从事工程造价活动的，违法行为发生地县级以上地方人民政府住房城乡建设主管部门或者其他有关部门应当依法查处，并将违法事实、处理结果告知注册机关；依法应当撤销注册的，应当将违法事实、处理建议及有关材料报注册机关。

第二十七条 注册造价工程师有下列情形之一的，其注册证书失效：

（一）已与聘用单位解除劳动合同且未被其他单位聘用的；

（二）注册有效期满且未延续注册的；

（三）死亡或者不具有完全民事行为能力的；

（四）其他导致注册失效的情形。

第二十八条 有下列情形之一的，注册机关或者其上级行政机关依据职权或者根据利害关系人的请求，可以撤销注册造价工程师的注册：

（一）行政机关工作人员滥用职权、玩忽职守作出准予注册许可的；

（二）超越法定职权作出准予注册许可的；

（三）违反法定程序作出准予注册许可的；

（四）对不具备注册条件的申请人作出准予注册许可的；

（五）依法可以撤销注册的其他情形。

申请人以欺骗、贿赂等不正当手段获准注册的，应当予以撤销。

第二十九条 有下列情形之一的，由注册机关办理注销注册手续，收回注册证书和执业印章或者公告其注册证书和执业印章作废：

（一）有本办法第二十七条所列情形发生的；

（二）依法被撤销注册的；

（三）依法被吊销注册证书的；

（四）受到刑事处罚的；

（五）法律、法规规定应当注销注册的其他情形。

注册造价工程师有前款所列情形之一的，注册造价工程师本人和聘用单位应当及时向注册机关提出注销注册申请；有关单位和个人有权向注册机关举报；县级以上地方人民政府住房城乡建设主管部门或者其他有关部门应当及时告知注册机关。

第三十条 注册造价工程师及其聘用单位应当按照有关规定，向注册机关提供真实、准确、完整的注册造价工程师信用档案信息。

注册造价工程师信用档案应当包括造价工程师的基本情况、业绩、良好行为、不良行为等内容。违法违规行为、被投诉举报处理、行政处罚等情况应当作为造价工程师的不良行为记入其信用档案。

注册造价工程师信用档案信息按有关规定向社会公示。

第五章 法律责任

第三十一条 隐瞒有关情况或者提供虚假材料申请造价工程师注册的，不予受理或者不予注册，并给予警告，申请人在1年内不得再次申请造价工程师注册。

第三十二条 聘用单位为申请人提供虚假注册材料的，由县级以上地方人民政府住房城乡建设主管部门或者其他有关部门给予警告，并可处以1万元以上3万元以下的罚款。

第三十三条 以欺骗、贿赂等不正当手段取得造价工程师注册的，由注册机关撤销其注册，3年内不得再次申请注册，并由县级以上地方人民政府住房城乡建设主管部门处以罚款。其中，没有违法所得的，处以1万元以下罚款；有违法所得的，处以违法所得3倍以下且不超过3万元的罚款。

第三十四条 违反本办法规定，未经注册而以注册造价工程师的名义从事工程造价活动的，所签署的工程造价成果文件无效，由县级以上地方人民政府住房城乡建设主管部门或者其他有关部门给予警告，责令停止违法活动，并可处以1万元以上3万元以下的罚款。

第三十五条 违反本办法规定，未办理变更注册而继续执业的，由县级以上人民政府住房城乡建设主管部门或者其他有关部门责令限期改正；逾期不改的，可处以5000元以下的罚款。

第三十六条 注册造价工程师有本办法第二十条规定行为之一的，由县级以上地方人民政府住房城乡建设主管部门或者其他有关部门给予警告，责令改正，没有违法所得的，处以1万元以下罚款，有违法所得的，处以违法所得3倍以下且不超过3万元的罚款。

第三十七条 违反本办法规定，注册造价工程师或者其聘用单位未按照要求提供造价工程师信用档案信息的，由县级以上地方人民政府住房城乡建设主管部门或者其他有关部门责令限期改正；逾期未改正的，可处以1000元以上1万元以下的罚款。

第三十八条 县级以上人民政府住房城乡建设主管部门和其他有关部门工作人员，在注册造价工程师管理工作中，有下列情形之一的，依法给予处分；构成犯罪的，依法追究刑事责任：

（一）对不符合注册条件的申请人准予注册许可或者超越法定职权作出注册许可决定的；

（二）对符合注册条件的申请人不予注册许可或者不在法定期限内作出注册许可决定的；

（三）对符合法定条件的申请不予受理的；

（四）利用职务之便，收取他人财物或者其他好处的；

（五）不依法履行监督管理职责，或者发现违法行为不予查处的。

第六章 附 则

第三十九条 造价工程师职业资格考试工作按照国务院人力资源社会保障主管部门的有关规定执行。

第四十条 本办法自2007年3月1日起施行。2000年1月21日发布的《造价工程师注册管理办法》（建设部令第75号）同时废止。

注册建造师管理规定

（2006年12月28日建设部令第153号发布 根据2016年9月13日《住房城乡建设部关于修改〈勘察设计注册工程师管理规定〉等11个部门规章的决定》修订）

第一章 总 则

第一条 为了加强对注册建造师的管理，规范注册建造师的执业行为，提高工程项目管理水平，保证工程质量和安全，依据《建筑法》、《行政许可法》、《建设工程质量管理条例》等法律、行政法规，制定本规定。

第二条 中华人民共和国境内注册建造师的注册、执业、继续教育和监督管理，适用本规定。

第三条 本规定所称注册建造师，是指通过考核认定或考试合格取得中华人民共和国建造师资格证书（以下简称资格证书），并按照本规定注册，取得中华人民共和国建造师注册证书（以下简称注册证书）和执业印章，担任施工单位项目负责人及从事相关活动的专业技术人员。

未取得注册证书和执业印章的，不得担任大中型建设工程项目的施工单位项目负责人，不得以注册建造师的名义从事相关活动。

第四条 国务院住房城乡建设主管部门对全国注册建造师的注册、执业活动实施统一监督管理；国务院铁路、交通、水利、信息产业、民航等有关部门按照国务院规定的职责分工，对全国有关专业工程注册建造师的执业活动实施监督管理。

县级以上地方人民政府住房城乡建设主管部门对本行政区域内的注册建造师的注册、执业活动实施监督管理；县级以上地方人民政府交通、水利、通信等有关部门在各自职责范围内，对本行政区域内有关专业工程注册建造师的执业活动实施监督管理。

第二章 注 册

第五条 注册建造师实行注册执业管理制度，注册建造师分为一级注册建造师和二级注册建造师。

取得资格证书的人员，经过注册方能以注册建造师的名义执业。

第六条 申请初始注册时应当具备以下条件：

（一）经考核认定或考试合格取得资格证书；

（二）受聘于一个相关单位；

（三）达到继续教育要求；

（四）没有本规定第十五条所列情形。

第七条 取得一级建造师资格证书并受聘于一个建设工程勘察、设计、施工、监理、招标代理、造价咨询等单位的人员，应当通过聘用单位提出注册申请，并可以向单位工商注册所在地的省、自治区、直辖市人民政府住房城乡建设主管部门提交申请材料。

省、自治区、直辖市人民政府住房城

乡建设主管部门收到申请材料后，应当在5日内将全部申请材料报国务院住房城乡建设主管部门审批。

国务院住房城乡建设主管部门在收到申请材料后，应当依法作出是否受理的决定，并出具凭证；申请材料不齐全或者不符合法定形式的，应当在5日内一次性告知申请人需要补正的全部内容。逾期不告知的，自收到申请材料之日起即为受理。

涉及铁路、公路、港口与航道、水利水电、通信与广电、民航专业的，国务院住房城乡建设主管部门应当将全部申报材料送同级有关部门审核。符合条件的，由国务院住房城乡建设主管部门核发《中华人民共和国一级建造师注册证书》，并核定执业印章编号。

第八条 对申请初始注册的，国务院住房城乡建设主管部门应当自受理之日起20日内作出审批决定。自作出决定之日起10日内公告审批结果。国务院有关部门收到国务院住房城乡建设主管部门移送的申请材料后，应当在10日内审核完毕，并将审核意见送国务院住房城乡建设主管部门。

对申请变更注册、延续注册的，国务院住房城乡建设主管部门应当自受理之日起10日内作出审批决定。自作出决定之日起10日内公告审批结果。国务院有关部门收到国务院住房城乡建设主管部门移送的申请材料后，应当在5日内审核完毕，并将审核意见送国务院住房城乡建设主管部门。

第九条 取得二级建造师资格证书的人员申请注册，由省、自治区、直辖市人民政府住房城乡建设主管部门负责受理和审批，具体审批程序由省、自治区、直辖市人民政府住房城乡建设主管部门依法确定。对批准注册的，核发由国务院住房城乡建设主管部门统一样式的《中华人民共和国二级建造师注册证书》和执业印章，并在核发证书后30日内送国务院住房城乡建设主管部门备案。

第十条 注册证书和执业印章是注册建造师的执业凭证，由注册建造师本人保管、使用。

注册证书与执业印章有效期为3年。

一级注册建造师的注册证书由国务院住房城乡建设主管部门统一印制，执业印章由国务院住房城乡建设主管部门统一样式，省、自治区、直辖市人民政府住房城乡建设主管部门组织制作。

第十一条 初始注册者，可自资格证书签发之日起3年内提出申请。逾期未申请者，须符合本专业继续教育的要求后方可申请初始注册。

申请初始注册需要提交下列材料：

（一）注册建造师初始注册申请表；

（二）资格证书、学历证书和身份证明复印件；

（三）申请人与聘用单位签订的聘用劳动合同复印件或其他有效证明文件；

（四）逾期申请初始注册的，应当提供达到继续教育要求的证明材料。

第十二条 注册有效期满需继续执业的，应当在注册有效期届满30日前，按照第七条、第八条的规定申请延续注册。延续注册的，有效期为3年。

申请延续注册的，应当提交下列材料：

（一）注册建造师延续注册申请表；

（二）原注册证书；

（三）申请人与聘用单位签订的聘用劳动合同复印件或其他有效证明文件；

（四）申请人注册有效期内达到继续教育要求的证明材料。

第十三条 在注册有效期内，注册建造师变更执业单位，应当与原聘用单位解除劳动关系，并按照第七条、第八条的规定办理变更注册手续，变更注册后仍延续原注册有效期。

申请变更注册的，应当提交下列材料：

（一）注册建造师变更注册申请表；

（二）注册证书和执业印章；

（三）申请人与新聘用单位签订的聘用合同复印件或有效证明文件；

（四）工作调动证明（与原聘用单位解除聘用合同或聘用合同到期的证明文件、退休人员的退休证明）。

第十四条 注册建造师需要增加执业专业的，应当按照第七条的规定申请专业增项注册，并提供相应的资格证明。

第十五条 申请人有下列情形之一的，不予注册：

（一）不具有完全民事行为能力的；

（二）申请在两个或者两个以上单位注册的；

（三）未达到注册建造师继续教育要求的；

（四）受到刑事处罚，刑事处罚尚未执行完毕的；

（五）因执业活动受到刑事处罚，自刑事处罚执行完毕之日起至申请注册之日止不满 5 年的；

（六）因前项规定以外的原因受到刑事处罚，自处罚决定之日起至申请注册之日止不满 3 年的；

（七）被吊销注册证书，自处罚决定之日起至申请注册之日止不满 2 年的；

（八）在申请注册之日前 3 年内担任项目经理期间，所负责项目发生过重大质量和安全事故的；

（九）申请人的聘用单位不符合注册单位要求的；

（十）年龄超过 65 周岁的；

（十一）法律、法规规定不予注册的其他情形。

第十六条 注册建造师有下列情形之一的，其注册证书和执业印章失效：

（一）聘用单位破产的；

（二）聘用单位被吊销营业执照的；

（三）聘用单位被吊销或者撤回资质证书的；

（四）已与聘用单位解除聘用合同关系的；

（五）注册有效期满且未延续注册的；

（六）年龄超过 65 周岁的；

（七）死亡或不具有完全民事行为能力的；

（八）其他导致注册失效的情形。

第十七条 注册建造师有下列情形之一的，由注册机关办理注销手续，收回注册证书和执业印章或者公告注册证书和执业印章作废：

（一）有本规定第十六条所列情形发生的；

（二）依法被撤销注册的；

（三）依法被吊销注册证书的；

（四）受到刑事处罚的；

（五）法律、法规规定应当注销注册的其他情形。

注册建造师有前款所列情形之一的，注册建造师本人和聘用单位应当及时向注册机关提出注销注册申请；有关单位和个人有权向注册机关举报；县级以上地方人民政府住房城乡建设主管部门或者有关部门应当及时告知注册机关。

第十八条 被注销注册或者不予注册的，在重新具备注册条件后，可按第七条、第八条规定重新申请注册。

第十九条 注册建造师因遗失、污损注册证书或执业印章，需要补办的，应当持在公众媒体上刊登的遗失声明的证明，向原注册机关申请补办。原注册机关应当在 5 日内办理完毕。

第三章 执　　业

第二十条 取得资格证书的人员应当受聘于一个具有建设工程勘察、设计、施工、监理、招标代理、造价咨询等一项或者多项资质的单位，经注册后方可从事相应的执业活动。

担任施工单位项目负责人的，应当受

聘并注册于一个具有施工资质的企业。

第二十一条 注册建造师的具体执业范围按照《注册建造师执业工程规模标准》执行。

注册建造师不得同时在两个及两个以上的建设工程项目上担任施工单位项目负责人。

注册建造师可以从事建设工程项目总承包管理或施工管理，建设工程项目管理服务，建设工程技术经济咨询，以及法律、行政法规和国务院住房城乡建设主管部门规定的其他业务。

第二十二条 建设工程施工活动中形成的有关工程施工管理文件，应当由注册建造师签字并加盖执业印章。

施工单位签署质量合格的文件上，必须有注册建造师的签字盖章。

第二十三条 注册建造师在每一个注册有效期内应当达到国务院住房城乡建设主管部门规定的继续教育要求。

继续教育分为必修课和选修课，在每一注册有效期内各为60学时。经继续教育达到合格标准的，颁发继续教育合格证书。

继续教育的具体要求由国务院住房城乡建设主管部门会同国务院有关部门另行规定。

第二十四条 注册建造师享有下列权利：

（一）使用注册建造师名称；

（二）在规定范围内从事执业活动；

（三）在本人执业活动中形成的文件上签字并加盖执业印章；

（四）保管和使用本人注册证书、执业印章；

（五）对本人执业活动进行解释和辩护；

（六）接受继续教育；

（七）获得相应的劳动报酬；

（八）对侵犯本人权利的行为进行申述。

第二十五条 注册建造师应当履行下列义务：

（一）遵守法律、法规和有关管理规定，恪守职业道德；

（二）执行技术标准、规范和规程；

（三）保证执业成果的质量，并承担相应责任；

（四）接受继续教育，努力提高执业水准；

（五）保守在执业中知悉的国家秘密和他人的商业、技术等秘密；

（六）与当事人有利害关系的，应当主动回避；

（七）协助注册管理机关完成相关工作。

第二十六条 注册建造师不得有下列行为：

（一）不履行注册建造师义务；

（二）在执业过程中，索贿、受贿或者谋取合同约定费用外的其他利益；

（三）在执业过程中实施商业贿赂；

（四）签署有虚假记载等不合格的文件；

（五）允许他人以自己的名义从事执业活动；

（六）同时在两个或者两个以上单位受聘或者执业；

（七）涂改、倒卖、出租、出借或以其他形式非法转让资格证书、注册证书和执业印章；

（八）超出执业范围和聘用单位业务范围内从事执业活动；

（九）法律、法规、规章禁止的其他行为。

第四章 监督管理

第二十七条 县级以上人民政府住房城乡建设主管部门、其他有关部门应当依照有关法律、法规和本规定，对注册建造师的注册、执业和继续教育实施监督检查。

第二十八条 国务院住房城乡建设主管部门应当将注册建造师注册信息告知省、自治区、直辖市人民政府住房城乡建设主管部门。

省、自治区、直辖市人民政府住房城乡建设主管部门应当将注册建造师注册信息告知本行政区域内市、县、市辖区人民政府住房城乡建设主管部门。

第二十九条 县级以上人民政府住房城乡建设主管部门和有关部门履行监督检查职责时，有权采取下列措施：

（一）要求被检查人员出示注册证书；

（二）要求被检查人员所在聘用单位提供有关人员签署的文件及相关业务文档；

（三）就有关问题询问签署文件的人员；

（四）纠正违反有关法律、法规、本规定及工程标准规范的行为。

第三十条 注册建造师违法从事相关活动的，违法行为发生地县级以上地方人民政府住房城乡建设主管部门或者其他有关部门应当依法查处，并将违法事实、处理结果告知注册机关；依法应当撤销注册的，应当将违法事实、处理建议及有关材料报注册机关。

第三十一条 有下列情形之一的，注册机关依据职权或者根据利害关系人的请求，可以撤销注册建造师的注册：

（一）注册机关工作人员滥用职权、玩忽职守作出准予注册许可的；

（二）超越法定职权作出准予注册许可的；

（三）违反法定程序作出准予注册许可的；

（四）对不符合法定条件的申请人颁发注册证书和执业印章的；

（五）依法可以撤销注册的其他情形。

申请人以欺骗、贿赂等不正当手段获准注册的，应当予以撤销。

第三十二条 注册建造师及其聘用单位应当按照要求，向注册机关提供真实、准确、完整的注册建造师信用档案信息。

注册建造师信用档案应当包括注册建造师的基本情况、业绩、良好行为、不良行为等内容。违法违规行为、被投诉举报处理、行政处罚等情况应当作为注册建造师的不良行为记入其信用档案。

注册建造师信用档案信息按照有关规定向社会公示。

第五章 法律责任

第三十三条 隐瞒有关情况或者提供虚假材料申请注册的，住房城乡建设主管部门不予受理或者不予注册，并给予警告，申请人1年内不得再次申请注册。

第三十四条 以欺骗、贿赂等不正当手段取得注册证书的，由注册机关撤销其注册，3年内不得再次申请注册，并由县级以上地方人民政府住房城乡建设主管部门处以罚款。其中没有违法所得的，处以1万元以下的罚款；有违法所得的，处以违法所得3倍以下且不超过3万元的罚款。

第三十五条 违反本规定，未取得注册证书和执业印章，担任大中型建设工程项目施工单位项目负责人，或者以注册建造师的名义从事相关活动的，其所签署的工程文件无效，由县级以上地方人民政府住房城乡建设主管部门或者其他有关部门给予警告，责令停止违法活动，并可处以1万元以上3万元以下的罚款。

第三十六条 违反本规定，未办理变更注册而继续执业的，由县级以上地方人民政府住房城乡建设主管部门或者其他有关部门责令限期改正；逾期不改正的，可处以5000元以下的罚款。

第三十七条 违反本规定，注册建造师在执业活动中有第二十六条所列行为之一的，由县级以上地方人民政府住房城乡建设主管部门或者其他有关部门给予警告，责令改正，没有违法所得的，处以1万元以下的罚款；有违法所得的，处以违法所得3倍以下且不超过3万元的罚款。

第三十八条 违反本规定，注册建造师或者其聘用单位未按照要求提供注册建造师信用档案信息的，由县级以上地方人民政府住房城乡建设主管部门或者其他有关部门责令限期改正；逾期未改正的，可处以1000元以上1万元以下的罚款。

第三十九条 聘用单位为申请人提供虚假注册材料的，由县级以上地方人民政府住房城乡建设主管部门或者其他有关部门给予警告，责令限期改正；逾期未改正的，可处以1万元以上3万元以下的罚款。

第四十条 县级以上人民政府住房城乡建设主管部门及其工作人员，在注册建造师管理工作中，有下列情形之一的，由其上级行政机关或者监察机关责令改正，对直接负责的主管人员和其他直接责任人员依法给予处分；构成犯罪的，依法追究刑事责任：

（一）对不符合法定条件的申请人准予注册的；

（二）对符合法定条件的申请人不予注册或者不在法定期限内作出准予注册决定的；

（三）对符合法定条件的申请不予受理或者未在法定期限内初审完毕的；

（四）利用职务上的便利，收受他人财物或者其他好处的；

（五）不依法履行监督管理职责或者监督不力，造成严重后果的。

第六章 附 则

第四十一条 本规定自2007年3月1日起施行。

一级建造师注册实施办法

（2007年4月10日 建市〔2007〕101号）

一、注册管理体制

第一条 为规范一级建造师注册管理工作，依据《行政许可法》、《注册建造师管理规定》（建设部令第153号）和相关法律法规，制定本实施办法。

第二条 中华人民共和国境内一级建造师注册管理适用本实施办法。

第三条 国务院建设主管部门（以下称建设部）为一级建造师注册机关，负责一级建造师注册审批工作。

省、自治区、直辖市人民政府建设主管部门（以下简称省级建设主管部门），负责本行政区域内一级建造师注册申请受理、初审工作。

国务院铁路、交通、水利、信息产业、民航部门负责全国铁路、公路、港口与航道、水利水电、通信与广电、民航专业一级建造师注册审核工作。

二、注册申报程序

第四条 申请人申请注册前，应当受聘于一个具有建设工程施工或勘察、设计、监理、招标代理、造价咨询资质的企业，与聘用企业依法签订聘用劳动合同。申请人向聘用企业如实提供有关申请材料并对内容真实性负责，通过聘用企业向企业工商注册所在地省级建设主管部门提出注册申请。

第五条 注册申请实行网上和书面相结合的申报方式。申请人应当在中国建造师网（网址：http：//www. coc. gov. cn）上进行填报，网上申报成功后自动生成打印所需申请表。

第六条 注册申请包括初始注册、延续注册、变更注册、增项注册、注销注册和重新注册。注册建造师因遗失或污损注册证书、执业印章的，可申请补办或更换。

第七条 初始注册

申请人自资格证书签发之日起3年内可申请初始注册。逾期未申请者应当提供相应专业继续教育证明，其学习内容应当符合建设部关于注册建造师继续教育的规定。

申请初始注册的，申请人应当提交下列材料：

（一）《一级建造师初始注册申请表》（附表1-1）；

（二）资格证书、学历证书和身份证明复印件；

（三）申请人与聘用企业签订的聘用劳动合同复印件或申请人所在企业出具的劳动、人事、工资关系证明；

（四）逾期申请初始注册的，应当提供达到继续教育要求证明材料复印件。

申报材料由申请表和（二）、（三）、（四）部分合订后的材料附件组成。

聘用企业将《企业一级建造师初始注册申请汇总表》（附表1-2）和申请人的申请表、材料附件报省级建设主管部门。其中，申请建筑、市政、矿业、机电专业注册的，应当提交申请表一式二份和材料附件一式一份；申请铁路、公路、港口与航道、水利水电、通信与广电、民航专业注册的，应当提交申请表一式三份和材料附件一式二份；申请铁路、公路、港口与航道、水利水电、通信与广电、民航专业增项注册的，每增加一个专业应当增加申请表一式一份和材料附件一式一份。

省级建设主管部门将《省级建设主管部门一级建造师初始注册初审意见表》（附表1-3）、《省级建设主管部门一级建造师初始注册初审汇总表（企业申请人）》（附表1-4）、《省级建设主管部门一级建造师初始注册初审汇总表（专业）》（附表1-5）和申请人的申请表、材料附件报建设部。其中，申请建筑、市政、矿业、机电专业注册的，应当提交申请表一式一份；申请铁路、公路、港口与航道、水利水电、通信与广电、民航专业注册的，应当提交申请表一式二份和材料附件一式一份；申请铁路、公路、港口与航道、水利水电、通信与广电、民航专业增项注册的，每增加一个专业应当增加申请表一式一份和材料附件一式一份。材料报送按《省级建设主管部门一级建造师注册申请材料报送目录》（附表1-6）要求办理。

涉及铁路、公路、港口与航道、水利水电、通信与广电、民航专业申请注册的，建设部将申请人的申请表一式一份和材料附件一式一份送国务院有关专业部门。

国务院有关专业部门对申请人的申报材料进行审核，并填写《国务院有关部门一级建造师初始注册审核意见表》（附表1-7），连同按企业申请人汇总后生成的《国务院有关部门一级建造师初始注册审核汇总表》（附表1-8）移送建设部。

第八条　延续注册

注册有效期满需继续执业的，应当在注册有效期届满30日前，按照《注册建造师管理规定》第七条、第八条的规定申请延续注册。延续注册的有效期为3年。

申请延续注册的，申请人应当提交下列材料：

（一）《一级注册建造师延续注册申请表》（附表2-1）；

（二）原注册证书；

（三）申请人与聘用企业签订的聘用劳动合同或申请人聘用企业出具的劳动、人事、工资关系证明；

（四）申请人注册有效期内达到继续教育要求证明材料复印件。

申报程序和材料份数按初始注册要求办理。

第九条　变更注册

在注册有效期内，发生下列情形的，应当及时申请变更注册。变更注册后，有效期执行原注册证书的有效期。

1. 执业企业变更的；

2. 所在聘用企业名称变更的；

3. 注册建造师姓名变更的。

申请变更注册的，申请人应当提交下列材料：

（一）《一级注册建造师变更注册申请

表》(附表3－1);

(二)注册证书原件和执业印章;

(三)执业企业变更的,应当提供申请人与新聘用企业签订的聘用劳动合同,或申请人聘用企业出具的劳动、人事、工资关系证明,以及工作调动证明复印件(与原聘用企业解除聘用合同或聘用合同到期的证明文件、退休人员的退休证明);

(四)申请人所在聘用企业名称发生变更的,应当提供变更后的《企业法人营业执照》复印件和企业所在地工商行政主管部门出具的企业名称变更函复印件。

(五)注册建造师姓名变更的,应当提供变更后的身份证明原件或公安机关户籍管理部门出具的有效证明。

第十条 增项注册

注册建造师取得相应专业资格证书可申请增项注册。取得增项专业资格证书超过3年未注册的,应当提供该专业最近一个注册有效期继续教育学习证明。准予增项注册后,原专业注册有效截止日期保持不变。

申请增项注册的,申请人应当提交下列材料:

(一)《一级注册建造师增项注册申请表》(附表4－1);

(二)增项专业资格考试合格证明复印件;

(三)注册证书原件和执业印章;

(四)增项专业达到继续教育要求证明材料复印件。

申报程序和材料份数按初始注册要求办理。

第十一条 注销注册

注册建造师有《注册建造师管理规定》第十七条所列情形之一的,由省级建设主管部门办理注销手续。

申请人或其聘用的企业,应当提供下列材料:

(一)《一级注册建造师注销注册申请表》(附表5－1);

(二)注册证书原件和执业印章;

(三)符合《注册建造师管理规定》第十七条所列情形之一的证明复印件。

注册建造师本人和聘用企业应当及时向省级建设主管部门提出注销注册申请;有关单位和个人有权向注册机关举报;县级以上地方人民政府建设主管部门或者有关部门应当及时告知注册机关。

第十二条 重新注册

建造师注销注册或者不予注册的,在重新具备注册条件后,可申请重新注册,重新注册按初始注册要求办理。

申请重新注册的,申请人应当提交下列材料:

(一)《一级建造师重新注册申请表》(附表6－1);

(二)资格证书、学历证书和身份证明复印件;

(三)申请人与聘用企业签订的聘用劳动合同复印件或聘用企业出具的劳动、人事、工资关系证明;

(四)达到继续教育要求证明材料复印件。

申报程序和材料份数按初始注册要求办理。

第十三条 注册证书、执业印章遗失补办

注册建造师因遗失注册证书、执业印章的,应当向省级建设主管部门申请补办,并提交下列材料:

(一)《一级注册建造师注册证书、执业印章遗失补办或污损更换申请表》(附表7－1)

(二)身份证明复印件;

(三)省级以上报纸刊登的遗失声明原件。

第十四条 注册证书、执业印章污损更换

注册证书、执业印章污损的,可向省级建设主管部门申请更换,并提交下列材料:

（一）《一级注册建造师注册证书、执业印章遗失补办或污损更换申请表》；

（二）身份证明复印件；

（三）污损的注册证书原件、执业印章。

第十五条 取得一级建造师资格证书的人员，可对应下述专业申请注册：建筑工程、公路工程、铁路工程、民航工程、港口与航道工程、水利水电工程、市政公用工程、通信与广电工程、矿业工程、机电工程。

资格证书所注专业为房屋建筑工程、装饰装修工程的，按建筑工程专业申请注册；资格证书所注专业为矿山工程的按矿业工程专业申请注册；资格证书所注专业为冶炼工程的，可选矿业工程或机电工程之中的一个专业申请注册；资格证书所注专业为电力工程、石油化工工程、机电安装工程的，按机电工程专业申请注册。

三、受理和初审

第十六条 省级建设主管部门应当参照《建设部机关实施行政许可工作规程》（建法〔2004〕111号）规定，进行一级建造师注册申请的受理、初审工作，注册申请受理和初审工作不得由同一人办理，确保程序合法，行为规范。

第十七条 省级建设主管部门按照初始注册、延续注册、变更注册、增项注册、重新注册、遗失补办、污损更换和注销注册有关规定，对注册申请人材料的完整性进行查验。申请材料存在可以当场更正错误的，应当允许申请人当场更正。

申请注册材料齐全、符合规定的法定形式，或者申请人按要求提交全部补正申请材料的，应当受理申请人的注册申请，并向申请人出具《行政许可受理通知书》。

申请材料不符合本规定或材料不齐全，应当当场或者在5日内向申请人出具《行政许可补正有关材料通知书》，一次性告知申请人需要补齐、补正的全部内容，并将申请材料退回申请人。逾期不告知的，自收到申请注册材料之日起即为受理。

申请人有下列情形之一的，不予受理或不予注册：

（一）不具有完全民事行为能力的；

（二）申请在两个或者两个以上企业注册的；

（三）未达到注册建造师继续教育要求的；

（四）受到刑事处罚，刑事处罚尚未执行完毕的

（五）因执业活动受到刑事处罚，自刑事处罚执行完毕之日起至申请注册之日止不满5年的；

（六）因前项规定以外的原因受到刑事处罚，自处罚决定之日起至申请注册之日止不满3年的；

（七）被吊销注册证书，自处罚决定之日起至申请注册之日止不满2年的；

（八）在申请注册之日前3年内担任施工企业项目负责人期间，所负责项目发生过重大质量和安全事故的；

（九）申请人的聘用企业不符合注册企业要求的；

（十）年龄超过65周岁的；

（十一）法律、法规规定不予注册的其他情形。

第十八条 省级建设主管部门对申请人的申报材料进行初审，认真核对资格证书、学历证书、身份证明、继续教育证明和聘用合同原件与复印件是否一致，按规定填写初审意见。

第十九条 省级建设主管部门对申请初始注册、重新注册、增项注册，应当自受理申请之日起，20日内对申请人注册条件和申报材料进行审查，并作出书面初审意见；对申请延续注册的，应当自受理申请之日起，5日内对申请人注册条件和申报材料进行审查，并作出书面初审意见。初审意见为不同意的需说明理由。

第二十条 军队系统取得一级建造师资格证书人员申请注册，由总后基建营房部负责受理和初审，其材料报送程序和初审要求，比照省级建设主管部门职责范围执行。

四、审核与审批

第二十一条 对申请初始注册、重新注册、增项注册的，建设部收到初审意见后，20日内审批完毕并作出书面决定，审批结果向社会公告。建设部审批时不再组织专家复审，仅对申请人重复注册、举报情况进行核实。国务院铁路、交通、水利、信息产业、民航等专业部门，应当自收到全部注册申请材料之日起，在10日内审核完毕，作出书面审核意见汇总后移送建设部。建设部应将审核意见结果汇总后向社会公示10日，公示无异议的，准予注册。

第二十二条 对申请变更注册、注销注册，注册证书、执业印章遗失补办或污损更换的，建设部委托省级建设主管部门负责办理，5日内办结。

省级建设主管部门负责执业企业、企业名称和注册建造师姓名变更，审查合格的，在注册证书变更注册记录栏进行登记。跨省变更的，由注册建造师提出变更申请，通过原聘用企业报原省级建设主管部门同意后，由调入地省级建设主管部门审查办理。办结10日内将《省级建设主管部门一级注册建造师变更注册审批汇总表》（附表3－3）报建设部备案。

省级建设主管部门负责注销注册办理，销毁收回的注册证书、执业印章，办结10日内将《省级建设主管部门一级注册建造师注销注册汇总表》（附表5－2）报建设部备案，建设部在中国建造师网上公告注册证书和执业印章注销情况。

省级建设主管部门负责注册证书、执业印章遗失补办或污损更换，销毁更换收回的注册证书、执业印章，办结10日内将《省级建设主管部门一级注册建造师注册证书、执业印章补发或更换汇总表》（附表7－2）报建设部备案。建设部在中国建造师网上公告注册证书、执业印章补办或更换情况。

第二十三条 对申请延续注册的，建设部收到初审意见后，10日内审批完毕并作出书面决定，审批结果向社会公告。建设部审批时不再组织专家进行复审，仅对申请人重复注册、举报情况进行核实。国务院铁路、交通、水利、信息产业、民航等专业部门应自收到全部注册申报材料之日起，5日内审核完毕，作出书面审核意见汇总后移送建设部。建设部将审核结果汇总后向社会公示10日，公示无异议的，准予注册。审批日期为注册证书签发日期，注册证书自签发之日起有效期3年，执业印章与注册证书有效期相同。

第二十四条 建设部自公告发布之日起10日内，向准予注册的申请人核发《中华人民共和国一级建造师注册证书》，省级建设主管部门负责在注册证书照片上加盖骑缝钢印；经审批同意延续注册、增项注册、注销注册的，省级建设主管部门在注册证书内页加贴建设部统一印制的防伪贴，并加盖骑缝印章。

经审批同意初始注册、延续注册、增项注册、重新注册的，省级建设主管部门负责注册证书、执业印章统一编号后发放，办结10日内将《省级建设主管部门发放一级建造师注册证书、执业印章汇总表》（附表1－9）报建设部备案。

五、注册证书和执业印章

第二十五条 注册证书

注册证书采用墨绿纸制材料，形状为长方形，长124mm，宽87mm，由建设部统一印制。

（一）注册证书采用两种编号体系。注册编号由一个汉字和12位阿拉伯数字组成，证书编号为全国注册证书印制流水号；

（二）注册编号规则适用于一级注册建造师和二级注册建造师的注册编号。注册编号的汉字和各组数字的含义为：

1. 编号首位汉字表示现注册省份简称，如：北京为“京”。总后基建营房部简称“军”；

2. 第2位表示注册建造师级别，一级为1，二级为2；

3. 第3、4位表示初始注册时受聘企业所在地省级行政区划代码，如北京为“11”、湖北为“42”等。总后基建营房部代码为99；

4. 第5、6位表示取得资格证书年份，如2005年取得资格证书的，表示为“05”；

5. 第7、8位表示初始注册年份，如2007年初始注册的，表示为“07”；

6. 第9－13位表示初始注册时，申请人在注册申请地省级注册流水号，如第1个表示为“00001”。

例如：京111050700001，表示该注册建造师的现注册地是北京，级别是一级，首次注册地是北京，资格证书为2005年取得，首次注册年份为2007年，首次注册时流水号是00001。

（三）注册编号首位汉字代表当期注册地，其它数字编号一经注册不得改变。延续注册、变更注册和重新注册的，编号首位汉字随注册省份改变而改变，数字编号仍沿用初始注册时编号。

（四）注册证书的注册编号与执业印章的注册编号相同。

第二十六条　执业印章

（一）执业印章式样

执业印章式样如下图：

1. 印章形式为同心双椭圆。规格分别为：外圆长轴50mm、短轴36mm，内圆长轴36mm、短轴22mm，印模颜色为深蓝色。

2. 执业印章按样章的规格、形式制作，并依次标示：

（1）“中华人民共和国一级注册建造师执业印章”，宋体、字高4mm；

（2）印章持有人姓名，中隶书、字高4mm；

（3）注册编号与印章校验码，宋体、字高3．5mm；

（4）注册专业，宋体、字高3mm；

（5）执业印章有效期截止日期，宋体、字高2．5mm；

（6）聘用企业名称，宋体、字高4mm。

3. “京111050700001（02）”中，“京111050700001”为注册编号，02为印章校验码。

4. 样章中“2010.09.07”表示印章有效截止日期是2010年9月7日。

（二）执业印章校验码

印章校验码由2位阿拉伯数字组成，表示印章遗失作废后补办印章的累计次数。初始注册时校验码为00，第1次补办为01，最多次数为99。

（三）注册专业简称

建筑工程专业简称“建筑”，公路工程专业简称“公路”，铁路工程专业简称“铁路”，民航工程专业简称“民航”，港口与航道工程专业简称“港航”，水利水电工程专业简称“水利”，市政公用工程专业简称“市政”，通信广电工程专业简称“通信”，矿业工程专业简称“矿业”，机电工程专业简称“机电”。各专业简称之间由一个空格“ ”连接，表示有多个注册专业，如“建筑公路”表示建筑工程专业、公路工程专业。

（四）无论申请人注册一个专业还是

多个专业，只能核发一本注册证书和一枚执业印章。

（五）注册多个专业，由于专业增项注册、延续注册、注销注册导致专业之间注册有效截止日期不同的，执业印章有效截止日期为注册有效期最早截止专业的日期。

六、其　　他

第二十七条　一级建造师注册后，在领取注册证书和执业印章时，应当同时向申请地省级建设主管部门交回原建筑业企业一级项目经理资质证书，省级建设主管部门负责证书销毁并报建设部备案。

第二十八条　建设部不收取一级建造师注册费和注册证书费。省级建设主管部门在注册工作中发生的相关费用，请商同级有关主管部门解决。印章制作费标准请省级建设主管部门报省级物价管理部门核定。

第二十九条　二级建造师注册管理

二级建造师申请注册，由省级建设主管部门负责受理和审批，具体审批程序由省级人民政府建设主管部门参照本实施办法制定。对批准注册的，核发由建设部统一样式的《中华人民共和国二级建造师注册证书》和执业印章，并在核发证书后30日内报建设部备案。

第三十条　本实施办法由建设部负责解释。

第三十一条　本办法自公布之日起执行。

附件：

1. 一级建造师初始注册申请表（略）
2. 一级注册建造师延续注册申请表（略）
3. 一级注册建造师变更注册申请表（略）
4. 一级注册建造师增项注册申请表（略）
5. 一级注册建造师注销注册申请表（略）
6. 一级建造师重新注册申请表（略）
7. 一级注册建造师注册证书、执业印章遗失补办或污损更换申请表（略）

注册建造师执业管理办法（试行）

（2008年2月26日　建市〔2008〕48号　自发布之日起施行）

第一条　为规范注册建造师执业行为，提高工程项目管理水平，保证工程质量和安全，依据《中华人民共和国建筑法》、《建设工程质量管理条例》、《建设工程安全生产管理条例》、《注册建造师管理规定》及相关法律、法规，制订本办法。

第二条　中华人民共和国境内注册建造师从事建设工程施工管理活动的监督管理，适用本办法。

第三条　国务院建设主管部门对全国注册建造师的执业活动实施统一监督管理；国务院铁路、交通、水利、信息产业、民航等有关部门按照国务院规定的职责分工，对全国相关专业注册建造师执业活动实施监督管理。

县级以上地方人民政府建设主管部门对本行政区域内注册建造师执业活动实施监督管理；县级以上地方人民政府交通、水利、通信等有关部门在各自职责范围内，对本行政区域内相关专业注册建造师执业活动实施监督管理。

第四条　注册建造师应当在其注册证书所注明的专业范围内从事建设工程施工管理活动，具体执业按照本办法附件《注册建造师执业工程范围》执行。未列人或新增工程范围由国务院建设主管部门会同国务院有关部门另行规定。

第五条　大中型工程施工项目负责人必须由本专业注册建造师担任。一级注册建造师可担任大、中、小型工程施工项目负责人，二级注册建造师可以承担中、小型工程施工项目负责人。

各专业大、中、小型工程分类标准按《关于印发〈注册建造师执业工程规模标准〉（试行）的通知》（建市〔2007〕171号）执行。

第六条 一级注册建造师可在全国范围内以一级注册建造师名义执业。

通过二级建造师资格考核认定，或参加全国统考取得二级建造师资格证书并经注册人员，可在全国范围内以二级注册建造师名义执业。

工程所在地各级建设主管部门和有关部门不得增设或者变相设置跨地区承揽工程项目执业准入条件。

第七条 担任施工项目负责人的注册建造师应当按照国家法律法规、工程建设强制性标准组织施工，保证工程施工符合国家有关质量、安全、环保、节能等有关规定。

第八条 担任施工项目负责人的注册建造师，应当按照国家劳动用工有关规定，规范项目劳动用工管理，切实保障劳务人员合法权益。

第九条 注册建造师不得同时担任两个及以上建设工程施工项目负责人。发生下列情形之一的除外：

（一）同一工程相邻分段发包或分期施工的；

（二）合同约定的工程验收合格的；

（三）因非承包方原因致使工程项目停工超过120天（含），经建设单位同意的。

第十条 注册建造师担任施工项目负责人期间原则上不得更换。如发生下列情形之一的，应当办理书面交接手续后更换施工项目负责人：

（一）发包方与注册建造师受聘企业已解除承包合同的；

（二）发包方同意更换项目负责人的；

（三）因不可抗力等特殊情况必须更换项目负责人的。

建设工程合同履行期间变更项目负责人的，企业应当于项目负责人变更5个工作日内报建设行政主管部门和有关部门及时进行网上变更。

第十一条 注册建造师担任施工项目负责人，在其承建的建设工程项目竣工验收或移交项目手续办结前，除第十条规定的情形外，不得变更注册至另一企业。

第十二条 担任建设工程施工项目负责人的注册建造师应当按《关于印发〈注册建造师施工管理签章文件目录〉（试行）的通知》（建市〔2008〕42号）和配套表格要求，在建设工程施工管理相关文件上签字并加盖执业印章，签章文件作为工程竣工备案的依据。

省级人民政府建设行政主管部门可根据本地实际情况，制定担任施工项目负责人的注册建造师签章文件补充目录。

第十三条 担任建设工程施工项目负责人的注册建造师对其签署的工程管理文件承担相应责任。注册建造师签章完整的工程施工管理文件方为有效。

注册建造师有权拒绝在不合格或者有弄虚作假内容的建设工程施工管理文件上签字并加盖执业印章。

第十四条 担任建设工程施工项目负责人的注册建造师在执业过程中，应当及时、独立完成建设工程施工管理文件签章，无正当理由不得拒绝在文件上签字并加盖执业印章。

担任工程项目技术、质量、安全等岗位的注册建造师，是否在有关文件上签章，由企业根据实际情况自行规定。

第十五条 建设工程合同包含多个专业工程的，担任施工项目负责人的注册建造师，负责该工程施工管理文件签章。

专业工程独立发包时，注册建造师执业范围涵盖该专业工程的，可担任该专业工程施工项目负责人。

分包工程施工管理文件应当由分包企业注册建造师签章。分包企业签署质量合格的文件上，必须由担任总包项目负责人的注册建造师签章。

第十六条 因续期注册、企业名称变更或印章污损遗失不能及时盖章的，经注册建造师聘用企业出具书面证明后，可先在规定文件上签字后补盖执业印章，完成签章手续。

第十七条 修改注册建造师签字并加盖执业印章的工程施工管理文件，应当征得所在企业同意后，由注册建造师本人进行修改；注册建造师本人不能进行修改的，应当由企业指定同等资格条件的注册建造师修改，并由其签字并加盖执业印章。

第十八条 注册建造师应当通过企业按规定及时申请办理变更注册、续期注册等相关手续。多专业注册的注册建造师，其中一个专业注册期满仍需以该专业继续执业和以其他专业执业的，应当及时办理续期注册。

注册建造师变更聘用企业的，应当在与新聘用企业签订聘用合同后的1个月内，通过新聘用企业申请办理变更手续。

因变更注册申报不及时影响注册建造师执业、导致工程项目出现损失的，由注册建造师所在聘用企业承担责任，并作为不良行为记入企业信用档案。

第十九条 聘用企业与注册建造师解除劳动关系的，应当及时申请办理注销注册或变更注册。聘用企业与注册建造师解除劳动合同关系后无故不办理注销注册或变更注册的，注册建造师可向省级建设主管部门申请注销注册证书和执业印章。

注册建造师要求注销注册或变更注册的，应当提供与原聘用企业解除劳动关系的有效证明材料。建设主管部门经向原聘用企业核实，聘用企业在7日内没有提供书面反对意见和相关证明材料的，应予办理注销注册或变更注册。

第二十条 监督管理部门履行监督检查职责时，有权采取下列措施：

（一）要求被检查人员出示注册证书和执业印章；

（二）要求被检查人员所在聘用企业提供有关人员签署的文件及相关业务文档；

（三）就有关问题询问签署文件的人员；

（四）纠正违反有关法律、法规、本规定及工程标准规范的行为；

（五）提出依法处理的意见和建议。

第二十一条 监督管理部门在对注册建造师执业活动进行监督检查时，不得妨碍被检查单位的正常生产经营活动，不得索取或者收受财物，谋取任何利益。

有关单位和个人对依法进行的监督检查应当协助与配合，不得拒绝或者阻挠。

注册建造师注册证书和执业印章由本人保管，任何单位（发证机关除外）和个人不得扣押注册建造师注册证书或执业印章。

第二十二条 注册建造师不得有下列行为：

（一）不按设计图纸施工；

（二）使用不合格建筑材料；

（三）使用不合格设备、建筑构配件；

（四）违反工程质量、安全、环保和用工方面的规定；

（五）在执业过程中，索贿、行贿、受贿或者谋取合同约定费用外的其他不法利益；

（六）签署弄虚作假或在不合格文件上签章的；

（七）以他人名义或允许他人以自己的名义从事执业活动；

（八）同时在两个或者两个以上企业受聘并执业；

（九）超出执业范围和聘用企业业务范围从事执业活动；

（十）未变更注册单位，而在另一家企业从事执业活动；

（十一）所负责工程未办理竣工验收

或移交手续前，变更注册到另一企业；

（十二）伪造、涂改、倒卖、出租、出借或以其他形式非法转让资格证书、注册证书和执业印章；

（十三）不履行注册建造师义务和法律、法规、规章禁止的其他行为。

第二十三条 建设工程发生质量、安全、环境事故时，担任该施工项目负责人的注册建造师应当按照有关法律法规规定的事故处理程序及时向企业报告，并保护事故现场，不得隐瞒。

第二十四条 任何单位和个人可向注册建造师注册所在地或项目所在地县级以上地方人民政府建设主管部门和有关部门投诉、举报注册建造师的违法、违规行为，并提交相应材料。

第二十五条 注册建造师违法从事相关活动的，违法行为发生地县级以上地方人民政府建设主管部门或有关部门应当依法查处，并将违法事实、处理结果告知注册机关；依法应当撤销注册的，应当将违法事实、处理建议及有关材料报注册机关，注册机关或有关部门应当在7个工作日内作出处理，并告知行为发生地人民政府建设行政主管部门或有关部门。

注册建造师异地执业的，工程所在地省级人民政府建设主管部门应当将处理建议转交注册建造师注册所在地省级人民政府建设主管部门，注册所在地省级人民政府建设主管部门应当在14个工作日内作出处理，并告知工程所在地省级人民政府建设行政主管部门。

对注册建造师违法行为的处理结果通过中国建造师网（www.coc.gov.cn）向社会公告。不良行为处罚、信息登录、使用、保管、时效和撤销权限等另行规定。

第二十六条 国务院建设主管部门负责建立并完善全国网络信息平台，省级人民政府建设行政主管部门负责注册建造师本地执业状态信息收集、整理，通过中国建造师网（www.coc.gov.cn）向社会实时发布。

注册建造师执业状态信息包括工程基本情况、良好行为、不良行为等内容。注册建造师应当在开工前、竣工验收、工程款结算后3日内按照《注册建造师信用档案管理办法》要求，通过中国建造师网向注册机关提供真实、准确、完整的注册建造师信用档案信息。信息报送应当及时、全面和真实，并作为延续注册的依据。

县级以上地方人民政府建设主管部门和有关部门应当按照统一的诚信标准和管理办法，负责对本地区、本部门担任工程项目负责人的注册建造师诚信行为进行检查、记录，同时将不良行为记录信息按照管理权限及时采集信息并报送上级建设主管部门。

第二十七条 注册建造师有下列行为之一，经有关监督部门确认后由工程所在地建设主管部门或有关部门记入注册建造师执业信用档案：

（一）第二十二条所列行为；

（二）未履行注册建造师职责造成质量、安全、环境事故的；

（三）泄露商业秘密的；

（四）无正当理由拒绝或未及时签字盖章的；

（五）未按要求提供注册建造师信用档案信息的；

（六）未履行注册建造师职责造成不良社会影响的；

（七）未履行注册建造师职责导致项目未能及时交付使用的；

（八）不配合办理交接手续的；

（九）不积极配合有关部门监督检查的。

第二十八条 小型工程施工项目负责人任职条件和小型工程管理办法由各省、自治区、直辖市人民政府建设行政主管部门会同有关部门根据本地实际情况规定。

第二十九条 本办法自发布之日起施行。

最高人民法院关于如何认定工程造价从业人员是否同时在两个单位执业问题的答复

（2006年6月26日　法函〔2006〕68号　自发布之日起施行）

四川省高级人民法院：

你院（2003）川民终字第343号《关于如何认定司法鉴定人员是否同时在两个司法鉴定机构执业问题的请示》收悉。经研究，答复如下：

一、根据全国人大常委会《关于司法鉴定管理问题的决定》第二条的规定，工程造价咨询单位不属于实行司法鉴定登记管理制度的范围

二、根据《国务院对确需保留的行政审批项目设定行政许可的决定》（2004年国务院令第412号）以及国务院清理整顿经济鉴证类社会中介机构领导小组《关于规范工程造价咨询行业管理的通知》（国清〔2002〕6号）精神，工程造价咨询单位和造价工程师的审批、注册管理工作由建设行政部门负责。

关于你院请示中提出的由建设行政主管部门审批的工程造价咨询单位，又经司法行政主管部门核准登记注册为司法鉴定机构，其工程造价从业人员同时具有两个《执业许可证》的问题，是由当地行政主管部门对工程造价鉴定实行双重执业准人管理而引发的，应当视为一个单位两块牌子，不能因为工程造价咨询单位经过双重登记就认定在其单位注册从业的工程造价人员系同时在两个单位违规执业。对于从事工程造价咨询业务的单位和鉴定人员的执业资质认定以及对工程造价成果性文件的程序审查，应当以工程造价行政许可主管部门的审批、注册管理和相关法律规定为据。

住房城乡建设部办公厅关于试行网上办理房地产估价师执业资格注册的通知

（2016年10月21日　建办房〔2016〕50号）

各省、自治区住房城乡建设厅，直辖市房地局（建委）：

为贯彻落实《住房城乡建设部关于修改〈勘察设计注册工程师管理规定〉等11个部门规章的决定》（住房城乡建设部令第32号），现就试行网上办理房地产估价师执业资格注册的有关事项通知如下：

一、自2016年10月20日起，房地产估价师执业资格注册试行网上申报、受理和审批。房地产估价师申请初始注册、变更注册、延续注册、注销注册的，应通过“房地产估价师注册系统”（网址：gjszcxt.cirea.org.cn，以下简称系统）向我部提出注册申请。申请人使用姓名、身份证件号码登录系统，填写申请信息，并按系统提示要求上传申请材料电子影印件，我部将根据申请人提交的申请材料进行审批。注册完成后，我部向申请人邮寄注册证书。在此期间，申请人可通过系统查询本人的注册申请受理状态、办理进度和审批结果。

二、申请人应对提交的申请材料真实性负责。上传的申请材料电子影印件应当与原件一致，采用jpg格式，并确保图像清晰完整。申请人不得通过伪造、更改等手段提供虚假申请材料。申请人应当妥善保管申请材料原件，以备检查。

三、省级住房城乡建设（房地产）主管部门要按照本通知要求，做好房地产估价师注册办理事项的衔接工作，同时应通过系统查看、申请材料电子影印件与原件比对等方式，加强对房地产估价师注册申请行为的指导、监督和检查。对提供或者

出具虚假申请材料的房地产估价师和房地产估价机构，依法予以处罚，记入信用档案并向社会公示；构成犯罪的，依法追究刑事责任。

四、自2016年10月20日起，我部原则上不再受理房地产估价师执业资格注册纸质申请材料，此前省级住房城乡建设（房地产）主管部门已经受理的，继续按原有规定和要求报送我部。

各地在试行过程中如遇有问题，请及时向我部房地产市场监管司反映。联系电话：010－58934081。

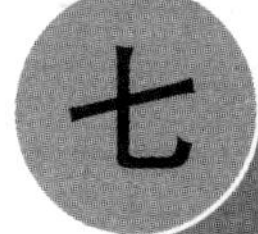

建设工程质量安全管理

（一）建设工程质量管理

建设工程质量管理条例

（2000年1月30日国务院令第279号发布　根据2017年10月7日《国务院关于修改部分行政法规的决定》第一次修订　根据2019年4月23日《国务院关于修改部分行政法规的决定》第二次修订）

第一章　总　　则

第一条　为了加强对建设工程质量的管理，保证建设工程质量，保护人民生命和财产安全，根据《中华人民共和国建筑法》，制定本条例。

第二条　凡在中华人民共和国境内从事建设工程的新建、扩建、改建等有关活动及实施对建设工程质量监督管理的，必须遵守本条例。

本条例所称建设工程，是指土木工程、建筑工程、线路管道和设备安装工程及装修工程。

第三条　建设单位、勘察单位、设计单位、施工单位、工程监理单位依法对建设工程质量负责。

第四条　县级以上人民政府建设行政主管部门和其他有关部门应当加强对建设工程质量的监督管理。

第五条　从事建设工程活动，必须严格执行基本建设程序，坚持先勘察、后设计、再施工的原则。

县级以上人民政府及其有关部门不得超越权限审批建设项目或者擅自简化基本建设程序。

第六条　国家鼓励采用先进的科学技术和管理方法，提高建设工程质量。

第二章　建设单位的质量责任和义务

第七条　建设单位应当将工程发包给具有相应资质等级的单位。

建设单位不得将建设工程肢解发包。

第八条　建设单位应当依法对工程建设项目的勘察、设计、施工、监理以及与工程建设有关的重要设备、材料等的采购进行招标。

第九条　建设单位必须向有关的勘察、设计、施工、工程监理等单位提供与建设工程有关的原始资料。

原始资料必须真实、准确、齐全。

第十条　建设工程发包单位不得迫使承包方以低于成本的价格竞标，不得任意压缩合理工期。

建设单位不得明示或者暗示设计单位或者施工单位违反工程建设强制性标准，降低建设工程质量。

第十一条　施工图设计文件审查的具体办

法，由国务院建设行政主管部门、国务院其他有关部门制定。

施工图设计文件未经审查批准的，不得使用。

第十二条 实行监理的建设工程，建设单位应当委托具有相应资质等级的工程监理单位进行监理，也可以委托具有工程监理相应资质等级并与被监理工程的施工承包单位没有隶属关系或者其他利害关系的该工程的设计单位进行监理。

下列建设工程必须实行监理：

（一）国家重点建设工程；

（二）大中型公用事业工程；

（三）成片开发建设的住宅小区工程；

（四）利用外国政府或者国际组织贷款、援助资金的工程；

（五）国家规定必须实行监理的其他工程。

第十三条 建设单位在开工前，应当按照国家有关规定办理工程质量监督手续，工程质量监督手续可以与施工许可证或者开工报告合并办理。

第十四条 按照合同约定，由建设单位采购建筑材料、建筑构配件和设备的，建设单位应当保证建筑材料、建筑构配件和设备符合设计文件和合同要求。

建设单位不得明示或者暗示施工单位使用不合格的建筑材料、建筑构配件和设备。

第十五条 涉及建筑主体和承重结构变动的装修工程，建设单位应当在施工前委托原设计单位或者具有相应资质等级的设计单位提出设计方案；没有设计方案的，不得施工。

房屋建筑使用者在装修过程中，不得擅自变动房屋建筑主体和承重结构。

第十六条 建设单位收到建设工程竣工报告后，应当组织设计、施工、工程监理等有关单位进行竣工验收。

建设工程竣工验收应当具备下列条件：

（一）完成建设工程设计和合同约定的各项内容；

（二）有完整的技术档案和施工管理资料；

（三）有工程使用的主要建筑材料、建筑构配件和设备的进场试验报告；

（四）有勘察、设计、施工、工程监理等单位分别签署的质量合格文件；

（五）有施工单位签署的工程保修书。

建设工程经验收合格的，方可交付使用。

第十七条 建设单位应当严格按照国家有关档案管理的规定，及时收集、整理建设项目各环节的文件资料，建立、健全建设项目档案，并在建设工程竣工验收后，及时向建设行政主管部门或者其他有关部门移交建设项目档案。

第三章 勘察、设计单位的质量责任和义务

第十八条 从事建设工程勘察、设计的单位应当依法取得相应等级的资质证书，并在其资质等级许可的范围内承揽工程。

禁止勘察、设计单位超越其资质等级许可的范围或者以其他勘察、设计单位的名义承揽工程。禁止勘察、设计单位允许其他单位或者个人以本单位的名义承揽工程。

勘察、设计单位不得转包或者违法分包所承揽的工程。

第十九条 勘察、设计单位必须按照工程建设强制性标准进行勘察、设计，并对其勘察、设计的质量负责。

注册建筑师、注册结构工程师等注册执业人员应当在设计文件上签字，对设计文件负责。

第二十条 勘察单位提供的地质、测量、水文等勘察成果必须真实、准确。

第二十一条 设计单位应当根据勘察成果文件进行建设工程设计。

设计文件应当符合国家规定的设计深度要求，注明工程合理使用年限。

第二十二条 设计单位在设计文件中选用的建筑材料、建筑构配件和设备，应当注明规格、型号、性能等技术指标，其质量要求必须符合国家规定的标准。

除有特殊要求的建筑材料、专用设备、工艺生产线等外，设计单位不得指定生产厂、供应商。

第二十三条 设计单位应当就审查合格的施工图设计文件向施工单位作出详细说明。

第二十四条 设计单位应当参与建设工程质量事故分析，并对因设计造成的质量事故，提出相应的技术处理方案。

第四章 施工单位的质量责任和义务

第二十五条 施工单位应当依法取得相应等级的资质证书，并在其资质等级许可的范围内承揽工程。

禁止施工单位超越本单位资质等级许可的业务范围或者以其他施工单位的名义承揽工程。禁止施工单位允许其他单位或者个人以本单位的名义承揽工程。

施工单位不得转包或者违法分包工程。

第二十六条 施工单位对建设工程的施工质量负责。

施工单位应当建立质量责任制，确定工程项目的项目经理、技术负责人和施工管理负责人。

建设工程实行总承包的，总承包单位应当对全部建设工程质量负责；建设工程勘察、设计、施工、设备采购的一项或者多项实行总承包的，总承包单位应当对其承包的建设工程或者采购的设备的质量负责。

第二十七条 总承包单位依法将建设工程分包给其他单位的，分包单位应当按照分包合同的约定对其分包工程的质量向总承包单位负责，总承包单位与分包单位对分包工程的质量承担连带责任。

第二十八条 施工单位必须按照工程设计图纸和施工技术标准施工，不得擅自修改工程设计，不得偷工减料。

施工单位在施工过程中发现设计文件和图纸有差错的，应当及时提出意见和建议。

第二十九条 施工单位必须按照工程设计要求、施工技术标准和合同约定，对建筑材料、建筑构配件、设备和商品混凝土进行检验，检验应当有书面记录和专人签字；未经检验或者检验不合格的，不得使用。

第三十条 施工单位必须建立、健全施工质量的检验制度，严格工序管理，作好隐蔽工程的质量检查和记录。隐蔽工程在隐蔽前，施工单位应当通知建设单位和建设工程质量监督机构。

第三十一条 施工人员对涉及结构安全的试块、试件以及有关材料，应当在建设单位或者工程监理单位监督下现场取样，并送具有相应资质等级的质量检测单位进行检测。

第三十二条 施工单位对施工中出现质量问题的建设工程或者竣工验收不合格的建设工程，应当负责返修。

第三十三条 施工单位应当建立、健全教育培训制度，加强对职工的教育培训；未经教育培训或者考核不合格的人员，不得上岗作业。

第五章 工程监理单位的质量责任和义务

第三十四条 工程监理单位应当依法取得相应等级的资质证书，并在其资质等级许可的范围内承担工程监理业务。

禁止工程监理单位超越本单位资质等级许可的范围或者以其他工程监理单位的名义承担工程监理业务。禁止工程监理单位允许其他单位或者个人以本单位的名义承担工程监理业务。

工程监理单位不得转让工程监理业务。

第三十五条 工程监理单位与被监理工程的施工承包单位以及建筑材料、建筑构配件和设备供应单位有隶属关系或者其他利害关系的，不得承担该项建设工程的监理业务。

第三十六条 工程监理单位应当依照法律、法规以及有关技术标准、设计文件和建设工程承包合同，代表建设单位对施工质量实施监理，并对施工质量承担监理责任。

第三十七条 工程监理单位应当选派具备相应资格的总监理工程师和监理工程师进驻施工现场。

未经监理工程师签字，建筑材料、建筑构配件和设备不得在工程上使用或者安装，施工单位不得进行下一道工序的施工。未经总监理工程师签字，建设单位不拨付工程款，不进行竣工验收。

第三十八条 监理工程师应当按照工程监理规范的要求，采取旁站、巡视和平行检验等形式，对建设工程实施监理。

第六章 建设工程质量保修

第三十九条 建设工程实行质量保修制度。

建设工程承包单位在向建设单位提交工程竣工验收报告时，应当向建设单位出具质量保修书。质量保修书中应当明确建设工程的保修范围、保修期限和保修责任等。

第四十条 在正常使用条件下，建设工程的最低保修期限为：

（一）基础设施工程、房屋建筑的地基基础工程和主体结构工程，为设计文件规定的该工程的合理使用年限；

（二）屋面防水工程、有防水要求的卫生间、房间和外墙面的防渗漏，为5年；

（三）供热与供冷系统，为2个采暖期、供冷期；

（四）电气管线、给排水管道、设备安装和装修工程，为2年。

其他项目的保修期限由发包方与承包方约定。

建设工程的保修期，自竣工验收合格之日起计算。

第四十一条 建设工程在保修范围和保修期限内发生质量问题的，施工单位应当履行保修义务，并对造成的损失承担赔偿责任。

第四十二条 建设工程在超过合理使用年限后需要继续使用的，产权所有人应当委托具有相应资质等级的勘察、设计单位鉴定，并根据鉴定结果采取加固、维修等措施，重新界定使用期。

第七章 监督管理

第四十三条 国家实行建设工程质量监督管理制度。

国务院建设行政主管部门对全国的建设工程质量实施统一监督管理。国务院铁路、交通、水利等有关部门按照国务院规定的职责分工，负责对全国的有关专业建设工程质量的监督管理。

县级以上地方人民政府建设行政主管部门对本行政区域内的建设工程质量实施监督管理。县级以上地方人民政府交通、水利等有关部门在各自的职责范围内，负责对本行政区域内的专业建设工程质量的监督管理。

第四十四条 国务院建设行政主管部门和国务院铁路、交通、水利等有关部门应当加强对有关建设工程质量的法律、法规和强制性标准执行情况的监督检查。

第四十五条 国务院发展计划部门按照国务院规定的职责，组织稽察特派员，对国家出资的重大建设项目实施监督检查。

国务院经济贸易主管部门按照国务院规定的职责，对国家重大技术改造项目实施监督检查。

第四十六条 建设工程质量监督管理，可以由建设行政主管部门或者其他有关部门委托的建设工程质量监督机构具体实施。

从事房屋建筑工程和市政基础设施工程质量监督的机构，必须按照国家有关规定经国务院建设行政主管部门或者省、自治区、直辖市人民政府建设行政主管部门考核；从事专业建设工程质量监督的机构，必须按照国家有关规定经国务院有关部门或者省、自治区、直辖市人民政府有关部门考核。经考核合格后，方可实施质量监督。

第四十七条 县级以上地方人民政府建设行政主管部门和其他有关部门应当加强对有关建设工程质量的法律、法规和强制性标准执行情况的监督检查。

第四十八条 县级以上人民政府建设行政主管部门和其他有关部门履行监督检查职责时，有权采取下列措施：

（一）要求被检查的单位提供有关工程质量的文件和资料；

（二）进入被检查单位的施工现场进行检查；

（三）发现有影响工程质量的问题时，责令改正。

第四十九条 建设单位应当自建设工程竣工验收合格之日起15日内，将建设工程竣工验收报告和规划、公安消防、环保等部门出具的认可文件或者准许使用文件报建设行政主管部门或者其他有关部门备案。

建设行政主管部门或者其他有关部门发现建设单位在竣工验收过程中有违反国家有关建设工程质量管理规定行为的，责令停止使用，重新组织竣工验收。

第五十条 有关单位和个人对县级以上人民政府建设行政主管部门和其他有关部门进行的监督检查应当支持与配合，不得拒绝或者阻碍建设工程质量监督检查人员依法执行职务。

第五十一条 供水、供电、供气、公安消防等部门或者单位不得明示或者暗示建设单位、施工单位购买其指定的生产供应单位的建筑材料、建筑构配件和设备。

第五十二条 建设工程发生质量事故，有关单位应当在24小时内向当地建设行政主管部门和其他有关部门报告。对重大质量事故，事故发生地的建设行政主管部门和其他有关部门应当按照事故类别和等级向当地人民政府和上级建设行政主管部门和其他有关部门报告。

特别重大质量事故的调查程序按照国务院有关规定办理。

第五十三条 任何单位和个人对建设工程的质量事故、质量缺陷都有权检举、控告、投诉。

第八章 罚　　则

第五十四条 违反本条例规定，建设单位将建设工程发包给不具有相应资质等级的勘察、设计、施工单位或者委托给不具有相应资质等级的工程监理单位的，责令改正，处50万元以上100万元以下的罚款。

第五十五条 违反本条例规定，建设单位将建设工程肢解发包的，责令改正，处工程合同价款0.5%以上1%以下的罚款；对全部或者部分使用国有资金的项目，并可以暂停项目执行或者暂停资金拨付。

第五十六条 违反本条例规定，建设单位有下列行为之一的，责令改正，处20万元以上50万元以下的罚款：

（一）迫使承包方以低于成本的价格竞标的；

（二）任意压缩合理工期的；

（三）明示或者暗示设计单位或者施工单位违反工程建设强制性标准，降低工程质量的；

（四）施工图设计文件未经审查或者审查不合格，擅自施工的；

（五）建设项目必须实行工程监理而未实行工程监理的；

（六）未按照国家规定办理工程质量监督手续的；

（七）明示或者暗示施工单位使用不合格的建筑材料、建筑构配件和设备的；

（八）未按照国家规定将竣工验收报告、有关认可文件或者准许使用文件报送备案的。

第五十七条 违反本条例规定，建设单位未取得施工许可证或者开工报告未经批准，擅自施工的，责令停止施工，限期改正，处工程合同价款1%以上2%以下的罚款。

第五十八条 违反本条例规定，建设单位有下列行为之一的，责令改正，处工程合同价款2%以上4%以下的罚款；造成损失的，依法承担赔偿责任：

（一）未组织竣工验收，擅自交付使用的；

（二）验收不合格，擅自交付使用的；

（三）对不合格的建设工程按照合格工程验收的。

第五十九条 违反本条例规定，建设工程竣工验收后，建设单位未向建设行政主管部门或者其他有关部门移交建设项目档案的，责令改正，处1万元以上10万元以下的罚款。

第六十条 违反本条例规定，勘察、设计、施工、工程监理单位超越本单位资质等级承揽工程的，责令停止违法行为，对勘察、设计单位或者工程监理单位处合同约定的勘察费、设计费或者监理酬金1倍以上2倍以下的罚款；对施工单位处工程合同价款2%以上4%以下的罚款，可以责令停业整顿，降低资质等级；情节严重的，吊销资质证书；有违法所得的，予以没收。

未取得资质证书承揽工程的，予以取缔，依照前款规定处以罚款；有违法所得的，予以没收。

以欺骗手段取得资质证书承揽工程的，吊销资质证书，依照本条第一款规定处以罚款；有违法所得的，予以没收。

第六十一条 违反本条例规定，勘察、设计、施工、工程监理单位允许其他单位或者个人以本单位名义承揽工程的，责令改正，没收违法所得，对勘察、设计单位和工程监理单位处合同约定的勘察费、设计费和监理酬金1倍以上2倍以下的罚款；对施工单位处工程合同价款2%以上4%以下的罚款；可以责令停业整顿，降低资质等级；情节严重的，吊销资质证书。

第六十二条 违反本条例规定，承包单位将承包的工程转包或者违法分包的，责令改正，没收违法所得，对勘察、设计单位处合同约定的勘察费、设计费25%以上50%以下的罚款；对施工单位处工程合同价款0.5%以上1%以下的罚款；可以责令停业整顿，降低资质等级；情节严重的，吊销资质证书。

工程监理单位转让工程监理业务的，责令改正，没收违法所得，处合同约定的监理酬金25%以上50%以下的罚款；可以责令停业整顿，降低资质等级；情节严重的，吊销资质证书。

第六十三条 违反本条例规定，有下列行为之一的，责令改正，处10万元以上30万元以下的罚款：

（一）勘察单位未按照工程建设强制性标准进行勘察的；

（二）设计单位未根据勘察成果文件进行工程设计的；

（三）设计单位指定建筑材料、建筑构配件的生产厂、供应商的；

（四）设计单位未按照工程建设强制性标准进行设计的。

有前款所列行为，造成工程质量事故的，责令停业整顿，降低资质等级；情节严重的，吊销资质证书；造成损失的，依法承担赔偿责任。

第六十四条 违反本条例规定，施工单位在施工中偷工减料的，使用不合格的建筑材料、建筑构配件和设备的，或者有不按照工程设计图纸或者施工技术标准施工的其他行为的，责令改正，处工程合同价款2%以上4%以下的罚款；造成建设工程质量不符合规定的质量标准的，负责返工、修理，并赔偿因此造成的损失；情节严重的，责令停业整顿，降低资质等级或者吊销资质证书。

第六十五条 违反本条例规定，施工单位未对建筑材料、建筑构配件、设备和商品混凝土进行检验，或者未对涉及结构安全的试块、试件以及有关材料取样检测的，责令改正，处10万元以上20万元以下的罚款；情节严重的，责令停业整顿，降低资质等级或者吊销资质证书；造成损失的，依法承担赔偿责任。

第六十六条 违反本条例规定，施工单位不履行保修义务或者拖延履行保修义务的，责令改正，处10万元以上20万元以下的罚款，并对在保修期内因质量缺陷造成的损失承担赔偿责任。

第六十七条 工程监理单位有下列行为之一的，责令改正，处50万元以上100万元以下的罚款，降低资质等级或者吊销资质证书；有违法所得的，予以没收；造成损失的，承担连带赔偿责任：

（一）与建设单位或者施工单位串通，弄虚作假、降低工程质量的；

（二）将不合格的建设工程、建筑材料、建筑构配件和设备按照合格签字的。

第六十八条 违反本条例规定，工程监理单位与被监理工程的施工承包单位以及建筑材料、建筑构配件和设备供应单位有隶属关系或者其他利害关系承担该项建设工程的监理业务的，责令改正，处5万元以上10万元以下的罚款，降低资质等级或者吊销资质证书；有违法所得的，予以没收。

第六十九条 违反本条例规定，涉及建筑主体或者承重结构变动的装修工程，没有设计方案擅自施工的，责令改正，处50万元以上100万元以下的罚款；房屋建筑使用者在装修过程中擅自变动房屋建筑主体和承重结构的，责令改正，处5万元以上10万元以下的罚款。

有前款所列行为，造成损失的，依法承担赔偿责任。

第七十条 发生重大工程质量事故隐瞒不报、谎报或者拖延报告期限的，对直接负责的主管人员和其他责任人员依法给予行政处分。

第七十一条 违反本条例规定，供水、供电、供气、公安消防等部门或者单位明示或者暗示建设单位或者施工单位购买其指定的生产供应单位的建筑材料、建筑构配件和设备的，责令改正。

第七十二条 违反本条例规定，注册建筑师、注册结构工程师、监理工程师等注册执业人员因过错造成质量事故的，责令停止执业1年；造成重大质量事故的，吊销执业资格证书，5年以内不予注册；情节特别恶劣的，终身不予注册。

第七十三条 依照本条例规定，给予单位罚款处罚的，对单位直接负责的主管人员和其他直接责任人员处单位罚款数额5%以上10%以下的罚款。

第七十四条 建设单位、设计单位、施工单位、工程监理单位违反国家规定，降低工程质量标准，造成重大安全事故，构成犯罪的，对直接责任人员依法追究刑事责任。

第七十五条 本条例规定的责令停业整顿，降低资质等级和吊销资质证书的行政处罚，由颁发资质证书的机关决定；其他行政处罚，由建设行政主管部门或者其他有关部门依照法定职权决定。

依照本条例规定被吊销资质证书的，由工商行政管理部门吊销其营业执照。

第七十六条 国家机关工作人员在建设工程质量监督管理工作中玩忽职守、滥用职权、徇私舞弊，构成犯罪的，依法追究刑事责任；尚不构成犯罪的，依法给予行政处分。

第七十七条 建设、勘察、设计、施工、工程监理单位的工作人员因调动工作、退休等原因离开该单位后，被发现在该单位工作期间违反国家有关建设工程质量管理规定，造成重大工程质量事故的，仍应当依法追究法律责任。

第九章 附　则

第七十八条 本条例所称肢解发包，是指建设单位将应当由一个承包单位完成的建设工程分解成若干部分发包给不同的承包单位的行为。

本条例所称违法分包，是指下列行为：

（一）总承包单位将建设工程分包给不具备相应资质条件的单位的；

（二）建设工程总承包合同中未有约定，又未经建设单位认可，承包单位将其承包的部分建设工程交由其他单位完成的；

（三）施工总承包单位将建设工程主体结构的施工分包给其他单位的；

（四）分包单位将其承包的建设工程再分包的。

本条例所称转包，是指承包单位承包建设工程后，不履行合同约定的责任和义务，将其承包的全部建设工程转给他人或者将其承包的全部建设工程肢解以后以分包的名义分别转给其他单位承包的行为。

第七十九条 本条例规定的罚款和没收的违法所得，必须全部上缴国库。

第八十条 抢险救灾及其他临时性房屋建筑和农民自建低层住宅的建设活动，不适用本条例。

第八十一条 军事建设工程的管理，按照中央军事委员会的有关规定执行。

第八十二条 本条例自发布之日起施行。

国务院办公厅关于加强基础设施工程质量管理的通知

（1999年2月13日　国办发〔1999〕16号）

基础设施项目，特别是重大基础设施项目的工程质量状况，不仅关系到国家建设资金的有效使用，而且关系到国民经济持续快速健康发展和人民群众生命财产安全。从近年来的情况看，工程质量总体上是比较好的，但由于一些地区、部门和单位忽视工程质量，违反建设程序，执法监督不力，建筑市场混乱，腐败现象严重，造成恶性工程质量事故频发，给国家和人民生命财产造成很大损失。对这些问题必须采取强有力的措施认真加以解决。经国务院同意，现将有关问题通知如下：

一、建立和落实工程质量领导责任制

（一）建立工程质量行政领导人责任制。对基础设施项目工程质量，实行行业主管部门、主管地区行政领导责任人制度。中央项目的工程质量，由国务院有关行业主管部门的行政领导人负责；地方项目的工程质量，按照项目所属关系，分别由各级地方政府行政领导人负责。如发生重大工程质量事故，除追究当事单位和当事人的直接责任外，还要追究相关行政领导人在项目审批、执行建设程序、干部任用和工程建设监督管理等方面失察的领导责任。

（二）建立项目法人责任制。基础设施项目，除军事工程等特殊情况外，都要按政企分开的原则组成项目法人，实行建设项目法人责任制，由项目法定代表人对工程质量负总责。凡没有实行项目法人责任制的在建项目，要限期进行整改。项目法定代表人必须具备相应的政治、业务素质和组织能力，具备项目管理工作的实际经验。项目法人单位的人员素质、内部组织机构，必须满足工程管理和技术上的要求。

（三）建立参建单位工程质量领导人责任制。勘察设计、施工、监理等单位的法定代表人，要按各自职责对所承建项目的工程质量负领导责任。因参建单位工作失误导致重大工程质量事故的，除追究直接责任人的责任外，还要追究参建单位法定代表人的领导责任。

（四）建立工程质量终身负责制。项目工程质量的行政领导责任人，项目法定代表人，勘察设计、施工、监理等单位的法定代表人，要按各自的职责对其经手的工程质量负终身责任。如发生重大工程质量事故，不管调到哪里工作，担任什么职务，都要追究相应的行政和法律责任。

二、严格执行建设程序，确保建设前期工作质量

（五）严格执行建设程序，按照国家规定履行报批手续。基础设施项目建设程序包括：项目建议书、可行性研究报告、初步设计、开工报告和竣工验收等工作环节。严禁任何部门、地区和项目法人擅自简化建设程序和超越权限、化整为零进行项目审批。对违反建设程序和审批权限的，要追究有关单位及其领导人的责任。

（六）严格把好建设前期工作质量关。建设项目的项目建议书、可行性研究报告和初步设计文件，必须按照国家规定的内容，达到规定的工作深度。各级项目审批机关对前期工作达不到规定要求和工作深度的项目不得审批。项目审批机关违反规定审批的，由上级机关追究其直接责任人和领导人的责任。

（七）严格实行项目决策咨询评估制度。建设项目可行性研究报告未经有资质的咨询机构和专家的评估论证，有关审批部门不予审批。重大项目的项目建议书也要经过评估论证。咨询机构要对出具的评估论证意见承担责任。对评估论证意见严重失实的，要依法降低资质等级，直至吊销营业执照。

三、健全工程管理制度，整顿建设市场

（八）必须实行招标投标制。基础设施项目的勘察设计、施工和主要设备、材料采购都要实行公开招标，确需采取邀请招标和议标形式的，要经过项目主管部门或主管地区政府批准。招标投标活动要严格按照国家有关规定进行，体现公开、公平、公正和择优、诚信的原则。对未按规定进行公开招标、未经批准擅自采取邀请招标和议标形式的，有关地方和部门不得批准开工。工程监理单位也应通过竞争择优确定。

招标单位要合理划分标段、合理确定工期、合理标价定标。中标单位签订承包合同后，严禁进行转包。总承包单位如进行分包，除总承包合同中有约定的外，必须经发包单位认可，但主体结构不得分包。禁止分包单位将其承包的工程再分包。

严禁任何单位和个人以任何名义、任何形式干预正当的招标投标活动，严禁搞地方和部门保护主义，严禁在同一经营实体或同一行政单位直接管辖范围内搞设计、施工、监理“一条龙”作业。对违反规定干预招标投标活动的单位和个人，不论有无谋取私利，都要根据情节轻重作出处理；对转包和违法分包的单位，要依法降低资质等级，情节严重的要依法吊销营业执照，并追究法律责任。

（九）必须实行工程监理制。基础设施项目的施工，必须由具备相应资质条件的监理单位进行监理。监理单位必须配备足够的、合格的监理人员。未经监理人员签字认可，建筑材料、构配件和设备不得在工程上使用或安装，不得进入下一道工序的施工，不得拨付工程进度款，不得进行竣工验收。监理人员要按规定采取旁站、巡视和平行检验等形式，按作业程序即时跟班到位进行监督检查，对达不到质量要求的工程不得签字，并有权责令返工，有权向有关主管部门报告。对未能履行职责的监理单位，要依法降低资质等级，直至吊销营业执照；对未能履行职责的监理人员，要取消其执业资格；对因失职造成重大工程质量事故的监理单位和监理人员，要追究法律责任。

（十）必须实行合同管理制。建设工

程的勘察设计、施工、设备材料采购和工程监理都要依法订立合同。各类合同都要有明确的质量要求、履约担保和违约处罚条款。违约方要承担相应的法律责任。

（十一）必须实行竣工验收制度。项目建成后必须按国家有关规定进行严格的竣工验收，由验收人员签字负责。项目竣工验收合格后，方可交付使用。对未经验收或验收不合格就交付使用的，要追究项目法定代表人的责任，造成重大损失的，要追究其法律责任。

（十二）必须把好市场准入关。建设部、国家工商行政管理局和有关行业主管部门，要通过制定规章制度、颁布资质等级标准和执法检查，依法加强对建设市场的监管。各有关部门对参加建设各单位的资质认定和市场准入，要严格把关。对咨询、设计、施工和工程监理执业人员的素质要从严要求。因把关不严造成损失的，要追究有关部门及领导人的责任。

参加建设的单位必须具备与工程建设要求相应的资质等级和业绩，具备足够的技术管理能力和装备水平，严禁无证、越级承揽工程。对违反规定承揽工程的，要依法吊销营业执照并追究法律责任。

（十三）必须实行政企分开。勘察设计、施工单位和工程咨询、工程监理、招标代理等中介服务机构，都要实行政企分开，与行政管理部门脱钩，成为自主经营、自负盈亏、自担风险的法人实体。

四、精心勘察设计，强化施工管理

（十四）工程建设要坚持先勘察、后设计、再施工的原则。严禁搞边勘察、边设计、边施工的“三边”工程。

（十五）工程勘察单位要全面加强对现场踏勘、勘察纲要编制、原始资料收集和成果资料审核等环节的管理，必须对所提供的地质、地震、水文、气象等勘察资料的质量负责。设计单位要严格依据批准的可行性研究报告，按照国家规定的设计规范、规程和技术标准进行工程设计。对违反规定的勘察、设计单位，根据情节轻重，给予依法停业整顿，降低资质等级等处罚，直至吊销资质证书，并对有关责任人给予行政处分，造成重大损失的，要追究法律责任。

（十六）施工单位要严格按照设计图纸和施工标准、规范进行施工，在施工组织设计中要有保证工程质量的措施，努力推广使用有利于提高工程质量的先进技术和施工手段。建立健全现场质量自检体系。对工程的重要结构部位和隐蔽工程要有质量预检和复检制度。实行施工总承包的，总承包单位必须对全部工程质量负责。对违反规定的施工企业，根据情节轻重，给予依法停业整顿，降低资质等级等处罚，直至吊销资质证书，并对有关责任人给予行政处分，造成重大损失的，要追究法律责任。

（十七）材料设备要严格进行质量检验。项目法人和施工单位要对采购的材料和设备质量负责，监理单位要严格检验进场的材料和设备，严禁使用不合格的产品。对违反规定的单位和个人，要依法严肃惩处。

（十八）建设资金要严加管理。各有关部门和银行要健全项目建设资金监管制度，对出现质量事故、存在质量隐患以及缺乏质量安全保障的项目，要停止拨款和贷款。对连续出现严重工程质量事故的地区和部门，有关部门要核减下年度投资并暂停审批新项目。

五、加大执法和监督力度，把好工程质量关

（十九）加强执法力度。要把工程质量管理纳入法制化轨道，建立健全工程质量管理的法律法规。各地区、各部门要严格执法，切实做到有法必依，执法必严，违法必究。各级监察部门要加大对建设领域腐败行为的惩处力度，对玩忽职守、弄虚作假、贪污受贿和截留、挤占、挪用、克扣工程建设资金的单位和个人，给予严厉处罚，构成犯罪的移交司法机关追究刑事责任。

（二十）加强政府监督。要继续发挥各行业主管部门和地方政府质量监督机构的作用，对基础设施和住宅建设实行强制性工程质量监督检查，对在质量监督中发现的问题，各有关单位要及时处理。对使用国家拨款的建设项目和国家重大项目，要派出重大项目稽察特派员进行稽察，并把工程质量作为稽察的重点。对稽察中发现有重大工程质量问题的项目，行业主管部门要及时发出整改通知，限期进行整顿，整改期间暂停拨付建设资金。

（二十一）加强审计监督。审计部门要依据《中华人民共和国审计法》对国家拨款的基础设施建设项目加强审计。对重大项目要进行专项审计和跟踪审计。对审计中发现的问题，要依法严肃处理。

（二十二）加强社会监督。建设项目的施工现场，要将项目法人、勘察设计、施工、监理等单位的名称和责任人姓名挂牌公示。项目主管部门和主管地区政府要公布质量举报电话，自觉接受社会监督。所有单位、个人和新闻媒体都有权举报和揭发工程质量问题。

（二十三）加强报告制度。各地区、各部门要建立工程质量报告制度，加强施工现场检查。各项目法人的质量报告必须如实反映工程质量情况，工程质量负责人和监理负责人要对填报的内容签字负责。对重大项目的工程质量问题，有关部门和地区要及时报告国务院。对弄虚作假和隐瞒不报的，要追究有关领导责任人和项目法定代表人的责任。

（二十四）加强项目档案工作。所有建设项目都要按照《中华人民共和国档案法》的有关规定，建立健全项目档案。从项目筹划到工程竣工验收各环节的文件资料，都要严格按照规定收集、整理、归档，项目档案管理单位和档案管理人员要严格履行职责。对失职的单位和人员，要依法严肃处理。

各地区、各部门，尤其是各级领导干部必须牢固树立“百年大计，质量第一”的思想，以对国家、对人民、对子孙后代高度负责的精神，妥善处理好发展速度、经济效益与工程质量的关系，把工程质量管理工作摆在重要位置，加强领导，强化管理，采取有力措施，确保工程质量。要加强队伍建设，搞好培训和教育工作，增强职工的质量意识，努力提高工程建设队伍的整体素质。各地区、各部门要按照本通知的要求，对本地区、本部门基础设施项目和其他使用财政债券资金项目的工程质量进行一次全面检查，针对存在的问题采取整改措施，并将检查结果于1999年3月31日前报国家发展计划委员会。

本通知适用于基础设施建设项目和国家投资的建设项目，其他建设项目也要参照执行。

房屋建筑工程质量保修办法

（2000年6月30日建设部令第80号发布　自发布之日起施行）

第一条　为保护建设单位、施工单位、房屋建筑所有人和使用人的合法权益，维护公共安全和公众利益，根据《中华人民共和国建筑法》和《建设工程质量管理条例》，制订本办法。

第二条　在中华人民共和国境内新建、扩建、改建各类房屋建筑工程（包括装修工程）的质量保修，适用本办法。

第三条　本办法所称房屋建筑工程质量保修，是指对房屋建筑工程竣工验收后在保修期限内出现的质量缺陷，予以修复。

本办法所称质量缺陷，是指房屋建筑工程的质量不符合工程建设强制性标准以及合同的约定。

第四条 房屋建筑工程在保修范围和保修期限内出现质量缺陷，施工单位应当履行保修义务。

第五条 国务院建设行政主管部门负责全国房屋建筑工程质量保修的监督管理。

县级以上地方人民政府建设行政主管部门负责本行政区域内房屋建筑工程质量保修的监督管理。

第六条 建设单位和施工单位应当在工程质量保修书中约定保修范围、保修期限和保修责任等，双方约定的保修范围、保修期限必须符合国家有关规定。

第七条 在正常使用条件下，房屋建筑工程的最低保修期限为：

（一）地基基础工程和主体结构工程，为设计文件规定的该工程的合理使用年限；

（二）屋面防水工程、有防水要求的卫生间、房间和外墙面的防渗漏，为5年；

（三）供热与供冷系统，为2个采暖期、供冷期；

（四）电气管线、给排水管道、设备安装为2年；

（五）装修工程为2年。

其他项目的保修期限由建设单位和施工单位约定。

第八条 房屋建筑工程保修期从工程竣工验收合格之日起计算。

第九条 房屋建筑工程在保修期限内出现质量缺陷，建设单位或者房屋建筑所有人应当向施工单位发出保修通知。施工单位接到保修通知后，应当到现场核查情况，在保修书约定的时间内予以保修。发生涉及结构安全或者严重影响使用功能的紧急抢修事故，施工单位接到保修通知后，应当立即到达现场抢修。

第十条 发生涉及结构安全的质量缺陷，建设单位或者房屋建筑所有人应当立即向当地建设行政主管部门报告，采取安全防范措施；由原设计单位或者具有相应资质等级的设计单位提出保修方案，施工单位实施保修，原工程质量监督机构负责监督。

第十一条 保修完成后，由建设单位或者房屋建筑所有人组织验收。涉及结构安全的，应当报当地建设行政主管部门备案。

第十二条 施工单位不按工程质量保修书约定保修的，建设单位可以另行委托其他单位保修，由原施工单位承担相应责任。

第十三条 保修费用由质量缺陷的责任方承担。

第十四条 在保修期限内，因房屋建筑工程质量缺陷造成房屋所有人、使用人或者第三方人身、财产损害的，房屋所有人、使用人或者第三方可以向建设单位提出赔偿要求。建设单位向造成房屋建筑工程质量缺陷的责任方追偿。

第十五条 因保修不及时造成新的人身、财产损害，由造成拖延的责任方承担赔偿责任。

第十六条 房地产开发企业售出的商品房保修，还应当执行《城市房地产开发经营管理条例》和其他有关规定。

第十七条 下列情况不属于本办法规定的保修范围：

（一）因使用不当或者第三方造成的质量缺陷；

（二）不可抗力造成的质量缺陷。

第十八条 施工单位有下列行为之一的，由建设行政主管部门责令改正，并处1万元以上3万元以下的罚款。

（一）工程竣工验收后，不向建设单位出具质量保修书的；

（二）质量保修的内容、期限违反本办法规定的。

第十九条 施工单位不履行保修义务或者拖延履行保修义务的，由建设行政主管部门责令改正，处10万元以上20万元以下的罚款。

第二十条 军事建设工程的管理，按照中央军事委员会的有关规定执行。

第二十一条 本办法由国务院建设行政主管部门负责解释。

第二十二条 本办法自发布之日起施行。

实施工程建设强制性标准监督规定

（2000年8月25日建设部令第81号发布 根据2015年1月22日《住房和城乡建设部关于修改〈市政公用设施抗灾设防管理规定〉等部门规章的决定》修订）

第一条 为加强工程建设强制性标准实施的监督工作，保证建设工程质量，保障人民的生命、财产安全，维护社会公共利益，根据《中华人民共和国标准化法》、《中华人民共和国标准化法实施条例》、《建设工程质量管理条例》等法律法规，制定本规定。

第二条 在中华人民共和国境内从事新建、扩建、改建等工程建设活动，必须执行工程建设强制性标准。

第三条 本规定所称工程建设强制性标准是指直接涉及工程质量、安全、卫生及环境保护等方面的工程建设标准强制性条文。

国家工程建设标准强制性条文由国务院住房城乡建设主管部门会同国务院有关主管部门确定。

第四条 国务院住房城乡建设主管部门负责全国实施工程建设强制性标准的监督管理工作。

国务院有关主管部门按照国务院的职能分工负责实施工程建设强制性标准的监督管理工作。

县级以上地方人民政府住房城乡建设主管部门负责本行政区域内实施工程建设强制性标准的监督管理工作。

第五条 建设工程勘察、设计文件中规定采用的新技术、新材料，可能影响建设工程质量和安全，又没有国家技术标准的，应当由国家认可的检测机构进行试验、论证，出具检测报告，并经国务院有关主管部门或者省、自治区、直辖市人民政府有关主管部门组织的建设工程技术专家委员会审定后，方可使用。

工程建设中采用国际标准或者国外标准，现行强制性标准未作规定的，建设单位应当向国务院住房城乡建设主管部门或者国务院有关主管部门备案。

第六条 建设项目规划审查机关应当对工程建设规划阶段执行强制性标准的情况实施监督。

施工图设计文件审查单位应当对工程建设勘察、设计阶段执行强制性标准的情况实施监督。

建筑安全监督管理机构应当对工程建设施工阶段执行施工安全强制性标准的情况实施监督。

工程质量监督机构应当对工程建设施工、监理、验收等阶段执行强制性标准的情况实施监督。

第七条 建设项目规划审查机关、施工图设计文件审查单位、建筑安全监督管理机构、工程质量监督机构的技术人员必须熟悉、掌握工程建设强制性标准。

第八条 工程建设标准批准部门应当定期对建设项日规划审查机关、施工图设计文件审查单位、建筑安全监督管理机构、工程质量监督机构实施强制性标准的监督进行检查，对监督不力的单位和个人，给予通报批评，建议有关部门处理。

第九条 工程建设标准批准部门应当对工程项目执行强制性标准情况进行监督检查。监督检查可以采取重点检查、抽查和专项检查的方式。

第十条 强制性标准监督检查的内容包括：

（一）有关工程技术人员是否熟悉、掌握强制性标准；

（二）工程项目的规划、勘察、设计、施工、验收等是否符合强制性标准的规定；

（三）工程项目采用的材料、设备是否符合强制性标准的规定；

（四）工程项目的安全、质量是否符合强制性标准的规定；

（五）工程中采用的导则、指南、手册、计算机软件的内容是否符合强制性标准的规定。

第十一条 工程建设标准批准部门应当将强制性标准监督检查结果在一定范围内公告。

第十二条 工程建设强制性标准的解释由工程建设标准批准部门负责。

有关标准具体技术内容的解释，工程建设标准批准部门可以委托该标准的编制管理单位负责。

第十三条 工程技术人员应当参加有关工程建设强制性标准的培训，并可以计入继续教育学时。

第十四条 住房城乡建设主管部门或者有关主管部门在处理重大工程事故时，应当有工程建设标准方面的专家参加；工程事故报告应当包括是否符合工程建设强制性标准的意见。

第十五条 任何单位和个人对违反工程建设强制性标准的行为有权向住房城乡建设主管部门或者有关部门检举、控告、投诉。

第十六条 建设单位有下列行为之一的，责令改正，并处以20万元以上50万元以下的罚款：

（一）明示或者暗示施工单位使用不合格的建筑材料、建筑构配件和设备的；

（二）明示或者暗示设计单位或者施工单位违反工程建设强制性标准，降低工程质量的。

第十七条 勘察、设计单位违反工程建设强制性标准进行勘察、设计的，责令改正，并处以10万元以上30万元以下的罚款。

有前款行为，造成工程质量事故的，责令停业整顿，降低资质等级；情节严重的，吊销资质证书；造成损失的，依法承担赔偿责任。

第十八条 施工单位违反工程建设强制性标准的，责令改正，处工程合同价款2%以上4%以下的罚款；造成建设工程质量不符合规定的质量标准的，负责返工、修理，并赔偿因此造成的损失；情节严重的，责令停业整顿，降低资质等级或者吊销资质证书。

第十九条 工程监理单位违反强制性标准规定，将不合格的建设工程以及建筑材料、建筑构配件和设备按照合格签字的，责令改正，处50万元以上100万元以下的罚款，降低资质等级或者吊销资质证书；有违法所得的，予以没收；造成损失的，承担连带赔偿责任。

第二十条 违反工程建设强制性标准造成工程质量、安全隐患或者工程质量安全事故的，按照《建设工程质量管理条例》、《建设工程勘察设计管理条例》和《建设工程安全生产管理条例》的有关规定进行处罚。

第二十一条 有关责令停业整顿、降低资质等级和吊销资质证书的行政处罚，由颁发资质证书的机关决定；其他行政处罚，由住房城乡建设主管部门或者有关部门依照法定职权决定。

第二十二条 住房城乡建设主管部门和有关主管部门工作人员，玩忽职守、滥用职权、徇私舞弊的，给予行政处分；构成犯罪的，依法追究刑事责任。

第二十三条 本规定由国务院住房城乡建设主管部门负责解释。

第二十四条 本规定自发布之日起施行。

建设工程质量保证金管理办法

（2017 年 6 月 20 日　建质〔2017〕138 号）

第一条　为规范建设工程质量保证金管理，落实工程在缺陷责任期内的维修责任，根据《中华人民共和国建筑法》《建设工程质量管理条例》《国务院办公厅关于清理规范工程建设领域保证金的通知》和《基本建设财务管理规则》等相关规定，制定本办法。

第二条　本办法所称建设工程质量保证金（以下简称保证金）是指发包人与承包人在建设工程承包合同中约定，从应付的工程款中预留，用以保证承包人在缺陷责任期内对建设工程出现的缺陷进行维修的资金。

缺陷是指建设工程质量不符合工程建设强制性标准、设计文件，以及承包合同的约定。

缺陷责任期一般为 1 年，最长不超过 2 年，由发、承包双方在合同中约定。

第三条　发包人应当在招标文件中明确保证金预留、返还等内容，并与承包人在合同条款中对涉及保证金的下列事项进行约定：

（一）保证金预留、返还方式；

（二）保证金预留比例、期限；

（三）保证金是否计付利息，如计付利息，利息的计算方式；

（四）缺陷责任期的期限及计算方式；

（五）保证金预留、返还及工程维修质量、费用等争议的处理程序；

（六）缺陷责任期内出现缺陷的索赔方式；

（七）逾期返还保证金的违约金支付办法及违约责任。

第四条　缺陷责任期内，实行国库集中支付的政府投资项目，保证金的管理应按国库集中支付的有关规定执行。其他政府投资项目，保证金可以预留在财政部门或发包方。缺陷责任期内，如发包方被撤销，保证金随交付使用资产一并移交使用单位管理，由使用单位代行发包人职责。

社会投资项目采用预留保证金方式的，发、承包双方可以约定将保证金交由第三方金融机构托管。

第五条　推行银行保函制度，承包人可以银行保函替代预留保证金。

第六条　在工程项目竣工前，已经缴纳履约保证金的，发包人不得同时预留工程质量保证金。

采用工程质量保证担保、工程质量保险等其他保证方式的，发包人不得再预留保证金。

第七条　发包人应按照合同约定方式预留保证金，保证金总预留比例不得高于工程价款结算总额的 3%。合同约定由承包人以银行保函替代预留保证金的，保函金额不得高于工程价款结算总额的 3%。

第八条　缺陷责任期从工程通过竣工验收之日起计。由于承包人原因导致工程无法按规定期限进行竣工验收的，缺陷责任期从实际通过竣工验收之日起计。由于发包人原因导致工程无法按规定期限进行竣工验收的，在承包人提交竣工验收报告 90 天后，工程自动进入缺陷责任期。

第九条　缺陷责任期内，由承包人原因造成的缺陷，承包人应负责维修，并承担鉴定及维修费用。如承包人不维修也不承担费用，发包人可按合同约定从保证金或银行保函中扣除，费用超出保证金额的，发包人可按合同约定向承包人进行索赔。承包人维修并承担相应费用后，不免除对工程的损失赔偿责任。

由他人原因造成的缺陷，发包人负责组织维修，承包人不承担费用，且发包人不得从保证金中扣除费用。

第十条 缺陷责任期内，承包人认真履行合同约定的责任，到期后，承包人向发包人申请返还保证金。

第十一条 发包人在接到承包人返还保证金申请后，应于14天内会同承包人按照合同约定的内容进行核实。如无异议，发包人应当按照约定将保证金返还给承包人。对返还期限没有约定或者约定不明确的，发包人应当在核实后14天内将保证金返还承包人，逾期未返还的，依法承担违约责任。发包人在接到承包人返还保证金申请后14天内不予答复，经催告后14天内仍不予答复，视同认可承包人的返还保证金申请。

第十二条 发包人和承包人对保证金预留、返还以及工程维修质量、费用有争议的，按承包合同约定的争议和纠纷解决程序处理。

第十三条 建设工程实行工程总承包的，总承包单位与分包单位有关保证金的权利与义务的约定，参照本办法关于发包人与承包人相应权利与义务的约定执行。

第十四条 本办法由住房城乡建设部、财政部负责解释。

第十五条 本办法自2017年7月1日起施行，原《建设工程质量保证金管理办法》（建质〔2016〕295号）同时废止。

建设工程质量检测管理办法

（2005年9月28日建设部令第141号发布　根据2015年5月4日《住房和城乡建设部关于修改〈房地产开发企业资质管理规定〉等部门规章的决定》修订）

第一条 为了加强对建设工程质量检测的管理，根据《中华人民共和国建筑法》、《建设工程质量管理条例》，制定本办法。

第二条 申请从事对涉及建筑物、构筑物结构安全的试块、试件以及有关材料检测的工程质量检测机构资质，实施对建设工程质量检测活动的监督管理，应当遵守本办法。

本办法所称建设工程质量检测（以下简称质量检测），是指工程质量检测机构（以下简称检测机构）接受委托，依据国家有关法律、法规和工程建设强制性标准，对涉及结构安全项目的抽样检测和对进入施工现场的建筑材料、构配件的见证取样检测。

第三条 国务院建设主管部门负责对全国质量检测活动实施监督管理，并负责制定检测机构资质标准。

省、自治区、直辖市人民政府建设主管部门负责对本行政区域内的质量检测活动实施监督管理，并负责检测机构的资质审批。

市、县人民政府建设主管部门负责对本行政区域内的质量检测活动实施监督管理。

第四条 检测机构是具有独立法人资格的中介机构。检测机构从事本办法附件一规定的质量检测业务，应当依据本办法取得相应的资质证书。

检测机构资质按照其承担的检测业务内容分为专项检测机构资质和见证取样检测机构资质。检测机构资质标准由附件二规定。

检测机构未取得相应的资质证书，不得承担本办法规定的质量检测业务。

第五条 申请检测资质的机构应当向省、自治区、直辖市人民政府建设主管部门提交下列申请材料：

（一）《检测机构资质申请表》一式三份；

（二）工商营业执照原件及复印件；

（三）与所申请检测资质范围相对应的计量认证证书原件及复印件；

（四）主要检测仪器、设备清单；

（五）技术人员的职称证书、身份证和社会保险合同的原件及复印件；

（六）检测机构管理制度及质量控制措施。

《检测机构资质申请表》由国务院建设主管部门制定式样。

第六条 省、自治区、直辖市人民政府建设主管部门在收到申请人的申请材料后，应当即时作出是否受理的决定，并向申请人出具书面凭证；申请材料不齐全或者不符合法定形式的，应当在5日内一次性告知申请人需要补正的全部内容。逾期不告知的，自收到申请材料之日起即为受理。

省、自治区、直辖市建设主管部门受理资质申请后，应当对申报材料进行审查，自受理之日起20个工作日内审批完毕并作出书面决定。对符合资质标准的，自作出决定之日起10个工作日内颁发《检测机构资质证书》，并报国务院建设主管部门备案。

第七条 《检测机构资质证书》应当注明检测业务范围，分为正本和副本，由国务院建设主管部门制定式样，正、副本具有同等法律效力。

第八条 检测机构资质证书有效期为3年。资质证书有效期满需要延期的，检测机构应当在资质证书有效期满30个工作日前申请办理延期手续。

检测机构在资质证书有效期内没有下列行为的，资质证书有效期届满时，经原审批机关同意，不再审查，资质证书有效期延期3年，由原审批机关在其资质证书副本上加盖延期专用章；检测机构在资质证书有效期内有下列行为之一的，原审批机关不予延期：

（一）超出资质范围从事检测活动的；

（二）转包检测业务的；

（三）涂改、倒卖、出租、出借或者以其他形式非法转让资质证书的；

（四）未按照国家有关工程建设强制性标准进行检测，造成质量安全事故或致使事故损失扩大的；

（五）伪造检测数据，出具虚假检测报告或者鉴定结论的。

第九条 检测机构取得检测机构资质后，不再符合相应资质标准的，省、自治区、直辖市人民政府建设主管部门根据利害关系人的请求或者依据职权，可以责令其限期改正；逾期不改的，可以撤回相应的资质证书。

第十条 任何单位和个人不得涂改、倒卖、出租、出借或者以其他形式非法转让资质证书。

第十一条 检测机构变更名称、地址、法定代表人、技术负责人，应当在3个月内到原审批机关办理变更手续。

第十二条 本办法规定的质量检测业务，由工程项目建设单位委托具有相应资质的检测机构进行检测。委托方与被委托方应当签订书面合同。

检测结果利害关系人对检测结果发生争议的，由双方共同认可的检测机构复检，复检结果由提出复检方报当地建设主管部门备案。

第十三条 质量检测试样的取样应当严格执行有关工程建设标准和国家有关规定，在建设单位或者工程监理单位监督下现场取样。提供质量检测试样的单位和个人，应当对试样的真实性负责。

第十四条 检测机构完成检测业务后，应当及时出具检测报告。检测报告经检测人员签字、检测机构法定代表人或者其授权的签字人签署，并加盖检测机构公章或者检测专用章后方可生效。检测报告经建设单位或者工程监理单位确认后，由施工单位归档。

见证取样检测的检测报告中应当注明见证人单位及姓名。

第十五条 任何单位和个人不得明示或者

暗示检测机构出具虚假检测报告，不得篡改或者伪造检测报告。

第十六条 检测人员不得同时受聘于两个或者两个以上的检测机构。

检测机构和检测人员不得推荐或者监制建筑材料、构配件和设备。

检测机构不得与行政机关，法律、法规授权的具有管理公共事务职能的组织以及所检测工程项目相关的设计单位、施工单位、监理单位有隶属关系或者其他利害关系。

第十七条 检测机构不得转包检测业务。

检测机构跨省、自治区、直辖市承担检测业务的，应当向工程所在地的省、自治区、直辖市人民政府建设主管部门备案。

第十八条 检测机构应当对其检测数据和检测报告的真实性和准确性负责。

检测机构违反法律、法规和工程建设强制性标准，给他人造成损失的，应当依法承担相应的赔偿责任。

第十九条 检测机构应当将检测过程中发现的建设单位、监理单位、施工单位违反有关法律、法规和工程建设强制性标准的情况，以及涉及结构安全检测结果的不合格情况，及时报告工程所在地建设主管部门。

第二十条 检测机构应当建立档案管理制度。检测合同、委托单、原始记录、检测报告应当按年度统一编号，编号应当连续，不得随意抽撤、涂改。

检测机构应当单独建立检测结果不合格项目台账。

第二十一条 县级以上地方人民政府建设主管部门应当加强对检测机构的监督检查，主要检查下列内容：

（一）是否符合本办法规定的资质标准；

（二）是否超出资质范围从事质量检测活动；

（三）是否有涂改、倒卖、出租、出借或者以其他形式非法转让资质证书的行为；

（四）是否按规定在检测报告上签字盖章，检测报告是否真实；

（五）检测机构是否按有关技术标准和规定进行检测；

（六）仪器设备及环境条件是否符合计量认证要求；

（七）法律、法规规定的其他事项。

第二十二条 建设主管部门实施监督检查时，有权采取下列措施：

（一）要求检测机构或者委托方提供相关的文件和资料；

（二）进入检测机构的工作场地（包括施工现场）进行抽查；

（三）组织进行比对试验以验证检测机构的检测能力；

（四）发现有不符合国家有关法律、法规和工程建设标准要求的检测行为时，责令改正。

第二十三条 建设主管部门在监督检查中为收集证据的需要，可以对有关试样和检测资料采取抽样取证的方法；在证据可能灭失或者以后难以取得的情况下，经部门负责人批准，可以先行登记保存有关试样和检测资料，并应当在7日内及时作出处理决定，在此期间，当事人或者有关人员不得销毁或者转移有关试样和检测资料。

第二十四条 县级以上地方人民政府建设主管部门，对监督检查中发现的问题应当按规定权限进行处理，并及时报告资质审批机关。

第二十五条 建设主管部门应当建立投诉受理和处理制度，公开投诉电话号码、通讯地址和电子邮件信箱。

检测机构违反国家有关法律、法规和工程建设标准规定进行检测的，任何单位和个人都有权向建设主管部门投诉。建设主管部门收到投诉后，应当及时核实并依据本办法对检测机构作出相应的处理决定，于30日内将处理意见答复投诉人。

第二十六条 违反本办法规定，未取得相应的资质，擅自承担本办法规定的检测业务的，其检测报告无效，由县级以上地方人民政府建设主管部门责令改正，并处1万元以上3万元以下的罚款。

第二十七条 检测机构隐瞒有关情况或者提供虚假材料申请资质的，省、自治区、直辖市人民政府建设主管部门不予受理或者不予行政许可，并给予警告，1年之内不得再次申请资质。

第二十八条 以欺骗、贿赂等不正当手段取得资质证书的，由省、自治区、直辖市人民政府建设主管部门撤销其资质证书，3年内不得再次申请资质证书；并由县级以上地方人民政府建设主管部门处以1万元以上3万元以下的罚款；构成犯罪的，依法追究刑事责任。

第二十九条 检测机构违反本办法规定，有下列行为之一的，由县级以上地方人民政府建设主管部门责令改正，可并处1万元以上3万元以下的罚款；构成犯罪的，依法追究刑事责任：

（一）超出资质范围从事检测活动的；

（二）涂改、倒卖、出租、出借、转让资质证书的；

（三）使用不符合条件的检测人员的；

（四）未按规定上报发现的违法违规行为和检测不合格事项的；

（五）未按规定在检测报告上签字盖章的；

（六）未按照国家有关工程建设强制性标准进行检测的；

（七）档案资料管理混乱，造成检测数据无法追溯的；

（八）转包检测业务的。

第三十条 检测机构伪造检测数据，出具虚假检测报告或者鉴定结论的，县级以上地方人民政府建设主管部门给予警告，并处3万元罚款；给他人造成损失的，依法承担赔偿责任；构成犯罪的，依法追究其刑事责任。

第三十一条 违反本办法规定，委托方有下列行为之一的，由县级以上地方人民政府建设主管部门责令改正，处1万元以上3万元以下的罚款：

（一）委托未取得相应资质的检测机构进行检测的；

（二）明示或暗示检测机构出具虚假检测报告，篡改或伪造检测报告的；

（三）弄虚作假送检试样的。

第三十二条 依照本办法规定，给予检测机构罚款处罚的，对检测机构的法定代表人和其他直接责任人员处罚款数额5%以上10%以下的罚款。

第三十三条 县级以上人民政府建设主管部门工作人员在质量检测管理工作中，有下列情形之一的，依法给予行政处分；构成犯罪的，依法追究刑事责任：

（一）对不符合法定条件的申请人颁发资质证书的；

（二）对符合法定条件的申请人不予颁发资质证书的；

（三）对符合法定条件的申请人未在法定期限内颁发资质证书的；

（四）利用职务上的便利，收受他人财物或者其他好处的；

（五）不依法履行监督管理职责，或者发现违法行为不予查处的。

第三十四条 检测机构和委托方应当按照有关规定收取、支付检测费用。没有收费标准的项目由双方协商收取费用。

第三十五条 水利工程、铁道工程、公路工程等工程中涉及结构安全的试块、试件及有关材料的检测按照有关规定，可以参照本办法执行。节能检测按照国家有关规定执行。

第三十六条 本规定自2005年11月1日起施行。

附件一：

质量检测的业务内容

一、专项检测

（一）地基基础工程检测

1. 地基及复合地基承载力静载检测；
2. 桩的承载力检测；
3. 桩身完整性检测；
4. 锚杆锁定力检测。

（二）主体结构工程现场检测

1. 混凝土、砂浆、砌体强度现场检测；
2. 钢筋保护层厚度检测；
3. 混凝土预制构件结构性能检测；
4. 后置埋件的力学性能检测。

（三）建筑幕墙工程检测

1. 建筑幕墙的气密性、水密性、风压变形性能、层间变位性能检测；
2. 硅酮结构胶相容性检测。

（四）钢结构工程检测

1. 钢结构焊接质量无损检测；
2. 钢结构防腐及防火涂装检测；
3. 钢结构节点、机械连接用紧固标准件及高强度螺栓力学性能检测；
4. 钢网架结构的变形检测。

二、见证取样检测

1. 水泥物理力学性能检验；
2. 钢筋（含焊接与机械连接）力学性能检验；
3. 砂、石常规检验；
4. 混凝土、砂浆强度检验；
5. 简易土工试验；
6. 混凝土掺加剂检验；
7. 预应力钢绞线、锚夹具检验；
8. 沥青、沥青混合料检验。

附件二：

检测机构资质标准

一、专项检测机构和见证取样检测机构应满足下列基本条件：

（一）所申请检测资质对应的项目应通过计量认证；

（二）有质量检测、施工、监理或设计经历，并接受了相关检测技术培训的专业技术人员不少于10人；边远的县（区）的专业技术人员可不少于6人；

（三）有符合开展检测工作所需的仪器、设备和工作场所；其中，使用属于强制检定的计量器具，要经过计量检定合格后，方可使用；

（四）有健全的技术管理和质量保证体系。

二、专项检测机构除应满足基本条件外，还需满足下列条件：

（一）地基基础工程检测类

专业技术人员中从事工程桩检测工作3年以上并具有高级或者中级职称的不得少于4名，其中1人应当具备注册岩土工程师资格。

（二）主体结构工程检测类

专业技术人员中从事结构工程检测工作3年以上并具有高级或者中级职称的不得少于4名，其中1人应当具备二级注册结构工程师资格。

（三）建筑幕墙工程检测类

专业技术人员中从事建筑幕墙检测工作3年以上并具有高级或者中级职称的不得少于4名。

（四）钢结构工程检测类

专业技术人员中从事钢结构机械连接检测、钢网架结构变形检测工作3年以上并具有高级或者中级职称的不得少于4名，其中1人应当具备二级注册结构工程师资格。

三、见证取样检测机构除应满足基本条件外，专业技术人员中从事检测工作3年以上并具有高级或者中级职称的不得少于3名；边远的县（区）可不少于2人。

房屋建筑工程和市政基础设施工程竣工验收备案管理暂行办法

（2000年4月4日建设部令第78号发布 2009年10月19日住房和城乡建设部令第2号修正）

第一条 为了加强房屋建筑和市政基础设施工程质量的管理，根据《建设工程质量管理条例》，制定本办法。

第二条 在中华人民共和国境内新建、扩建、改建各类房屋建筑和市政基础设施工程的竣工验收备案，适用本办法。

第三条 国务院住房和城乡建设主管部门负责全国房屋建筑和市政基础设施工程（以下统称工程）的竣工验收备案管理工作。

县级以上地方人民政府建设主管部门负责本行政区域内工程的竣工验收备案管理工作。

第四条 建设单位应当自工程竣工验收合格之日起15日内，依照本办法规定，向工程所在地的县级以上地方人民政府建设主管部门（以下简称备案机关）备案。

第五条 建设单位办理工程竣工验收备案应当提交下列文件：

（一）工程竣工验收备案表；

（二）工程竣工验收报告。竣工验收报告应当包括工程报建日期，施工许可证号，施工图设计文件审查意见，勘察、设计、施工、工程监理等单位分别签署的质量合格文件及验收人员签署的竣工验收原始文件，市政基础设施的有关质量检测和功能性试验资料以及备案机关认为需要提供的有关资料；

（三）法律、行政法规规定应当由规划、环保等部门出具的认可文件或者准许使用文件；

（四）法律规定应当由公安消防部门出具的对大型的人员密集场所和其他特殊建设工程验收合格的证明文件；

（五）施工单位签署的工程质量保修书；

（六）法规、规章规定必须提供的其他文件。住宅工程还应当提交《住宅质量保证书》和《住宅使用说明书》。

第六条 备案机关收到建设单位报送的竣工验收备案文件，验证文件齐全后，应当在工程竣工验收备案表上签署文件收讫。工程竣工验收备案表一式两份，一份由建设单位保存，一份留备案机关存档。

第七条 工程质量监督机构应当在工程竣工验收之日起5日内，向备案机关提交工程质量监督报告。

第八条 备案机关发现建设单位在竣工验收过程中有违反国家有关建设工程质量管理规定行为的，应当在收讫竣工验收备案文件15日内，责令停止使用，重新组织竣工验收。

第九条 建设单位在工程竣工验收合格之日起15日内未办理工程竣工验收备案的，备案机关责令限期改正，处20万元以上50万元以下罚款。

第十条 建设单位将备案机关决定重新组织竣工验收的工程，在重新组织竣工验收前，擅自使用的，备案机关责令停止使用，处工程合同价款2%以上4%以下罚款。

第十一条 建设单位采用虚假证明文件办理工程竣工验收备案的，工程竣工验收无效，备案机关责令停止使用，重新组织竣工验收，处20万元以上50万元以下罚款；构成犯罪的，依法追究刑事责任。

第十二条 备案机关决定重新组织竣工验

收并责令停止使用的工程，建设单位在备案之前已投入使用或者建设单位擅自继续使用造成使用人损失的，由建设单位依法承担赔偿责任。

第十三条 竣工验收备案文件齐全，备案机关及其工作人员不办理备案手续的，由有关机关责令改正，对直接责任人员给予行政处分。

第十四条 抢险救灾工程、临时性房屋建筑工程和农民自建低层住宅工程，不适用本办法。

第十五条 军用房屋建筑工程竣工验收备案，按照中央军事委员会的有关规定执行。

第十六条 省、自治区、直辖市人民政府住房和城乡建设主管部门可以根据本办法制定实施细则。

第十七条 本办法自发布之日起施行。

住房和城乡建设部关于进一步强化住宅工程质量管理和责任的通知

（2010 年 5 月 4 日 建市〔2010〕68 号）

各省、自治区住房和城乡建设厅，直辖市建委（建设交通委），北京市规划委，总后基建营房工程局：

住宅工程质量，关系到人民群众的切身利益和生命财产安全，关系到住有所居、安居乐业政策的有效落实。近几年来，住宅工程质量总体上是好的，但在一些住宅工程中，违反建设程序、降低质量标准、违规违章操作、执法监督不力等现象依然存在，重大质量事故仍有发生。为进一步加强质量管理，强化质量责任，切实保证住宅工程质量，现将有关问题通知如下：

一、强化住宅工程质量责任，规范建设各方主体行为

（一）建设单位的责任。建设单位要严格履行项目用地许可、规划许可、招投标、施工图审查、施工许可、委托监理、质量安全监督、工程竣工验收、工程技术档案移交、工程质量保修等法定职责，依法承担住宅工程质量的全面管理责任。建设单位要落实项目法人责任制，设立质量管理机构并配备专职人员，高度重视项目前期的技术论证，及时提供住宅工程所需的基础资料，统一协调安排住宅工程建设各相关方的工作；要加强对勘察、设计、采购和施工质量的过程控制和验收管理，不得将住宅工程发包给不具有相应资质等级的勘察、设计、施工、监理等单位，不得将住宅工程肢解发包，不得违规指定分包单位，不得以任何明示或暗示的方式要求勘察、设计、施工、监理等单位违反法律、法规、工程建设标准和任意更改相关工作的成果及结论；要严格按照基本建设程序进行住宅工程建设，不得以任何名义不履行法定建设程序或擅自简化建设程序；要保证合理的工期和造价，严格执行有关工程建设标准，确保住宅工程质量。

（二）勘察单位的责任。勘察单位要严格按照法律、法规、工程建设标准进行勘察，对住宅工程的勘察质量依法承担责任。勘察单位要建立健全质量管理体系，全面加强对现场踏勘、勘察纲要编制、现场作业、土水试验和成果资料审核等关键环节的管理，确保勘察工作内容满足国家法律、法规、工程建设标准和工程设计与施工的需要；要强化质量责任制，落实注册土木工程师（岩土）执业制度，加强对钻探描述（记录）员、机长、观测员、试验员等作业人员的岗位培训；要增强勘察从业人员的质量责任意识，及时整理、核对勘察过程中的各类原始记录，不得虚假勘察，不得离开现场进行追记、补记和修改记录，保证地质、测量、水文等勘察成果资料的真实性和准确性。

（三）设计单位的责任。设计单位要

严格按照法律、法规、工程建设标准、规划许可条件和勘察成果文件进行设计，对住宅工程的设计质量依法承担责任。设计单位要建立健全质量管理体系，加强设计过程的质量控制，保证设计质量符合工程建设标准和设计深度的要求；要依法设计、精心设计，坚持以人为本，对容易产生质量通病的部位和环节，实施优化及细化设计；要配备足够数量和符合资格的设计人员做好住宅工程设计和现场服务工作，严禁采用未按规定审定的可能影响住宅工程质量和安全的技术和材料；要进一步强化注册建筑师、勘察设计注册工程师等执业人员的责任意识，加强文件审查，对不符合要求的设计文件不得签字认可，确保所签章的设计文件能够满足住宅工程对安全、抗震、节能、防火、环保、无障碍设计、公共卫生和居住方便等结构安全和使用功能的需要，并在设计使用年限内有足够的可靠性。

（四）施工单位的责任。施工单位要严格按照经审查合格的施工图设计文件和施工技术标准进行施工，对住宅工程的施工质量依法承担责任。施工单位要建立健全质量管理体系，强化质量责任制，确定符合规定并满足施工需要的项目管理机构和项目经理、技术负责人等主要管理人员，不得转包和违法分包，不得擅自修改设计文件，不得偷工减料；要建立健全教育培训制度，所有施工管理和作业人员必须经过教育培训且考核合格后方可上岗；要按照工程设计要求、施工技术标准和合同约定，对建筑材料、建筑构配件、设备和商品混凝土进行检验，未经检验或者检验不合格的，不得使用；要健全施工过程的质量检验检测制度，做好工程重要结构部位和隐蔽工程的质量检查和记录，隐蔽工程在隐蔽前，要按规定通知有关单位验收；要对施工或者竣工验收中出现质量问题的住宅工程负责返修，对已竣工验收合格并交付使用的住宅工程要按规定承担保修责任。

（五）监理单位的责任。监理单位要严格依照法律、法规以及有关技术标准、设计文件和建设工程承包合同进行监理，对住宅工程的施工质量依法承担监理责任。监理单位因不按照监理合同约定履行监理职责，给建设单位造成损失的，要承担违约赔偿责任；因监理单位弄虚作假，降低工程质量标准，造成工程质量事故的，要依法承担相应法律责任。监理单位要建立健全质量管理体系，落实项目总监负责制，建立适宜的组织机构，配备足够的、专业配套的合格监理人员，严格按照监理规划和规定的监理程序开展监理工作，不得转让工程监理业务，不得与被监理的住宅工程的施工单位以及建筑材料、建筑构配件和设备供应单位有隶属关系或其他利害关系。监理人员要按规定采取旁站、巡视、平行检验等多种形式，及时到位进行监督检查，对达不到规定要求的材料、设备、工程以及不符合要求的施工组织设计、施工方案不得签字放行，并按规定及时向建设单位和有关部门报告，确保监理工作质量。

（六）有关专业机构的责任。工程质量检测机构依法对其检测数据和检测报告的真实性和准确性负责，因违反国家有关规定给他人造成损失的，要依法承担相应赔偿责任及其他法律责任。工程质量检测机构要建立健全质量管理体系，严格依据法律、法规、工程建设标准和批准的资质范围实施质量检测，不得转包检测业务，不得与承接工程项目建设的各方有隶属关系或其他利害关系；要加强检测工程的质量监控，保证检测报告真实有效、结论明确，并要将检测过程中发现的建设、监理、施工等单位违反国家有关规定以及涉及结构安全检测结果的不合格情况，及时按规定向有关部门报告。施工图审查机构要依法对施工图设计文件（含勘察文件，下同）质量承担审查责任。施工图设计文件经审查合格后，仍有违反法律、法规和工程建设强制性标准的问题，给建设单位造成损失的，要依法承担相应赔偿责任。施工图审查机构要建立健全内部质量管理制度，配备合格、专业配套的审查人员，严格按照国家有关规定和认定范围进行审查，不得降低标准或虚假审查，并要按规定将审查过程中发现的建设、勘察、设计单位和注册执业人员的违法违规行为向有关部门报告。

二、加强住宅工程质量管理，严格执行法定基本制度

（七）加强市场准入清出管理。住宅工程要严格执行房地产开发、招标代理、勘察、设计、施工、监理等企业资质管理制度，严禁企业无资质或超越资质等级和业务范围承揽业务。要健全关键岗位个人注册执业签章制度，严禁执业人员出租、出借执业证书和印章，从事非法执业活动。对不满足资质标准、存在违法违规行为，以及出租、出借、重复注册、不履行执业责任等行为的企业和执业人员，要依法进行处罚。对发生重大质量事故的，要依法降低资质等级、吊销资质证书、吊销执业资格并追究其他法律责任。

（八）加强工程招标投标管理。住宅工程要依法执行招标投标制度。严禁围标、串标，严禁招标代理机构串通招标人或投标人操纵招标投标。要加强评标专家管理，建立培训、考核、评价制度，规范评标专家行为，健全评标专家退出机制；要完善评标方法和标准，坚决制止不经评审的最低价中标的做法。对存在围标、串标的企业以及不正确履行职责的招标代理机构、评标专家要依法进行处罚；对情节严重的，要依法降低资质等级、吊销资质证书、取消评标专家资格并追究其他法律责任。

（九）加强合同管理。住宅工程的工程总承包、施工总承包、专业承包、劳务分包以及勘察、设计、施工、监理、项目管理等都要依法订立书面合同。各类合同都应有明确的承包范围、质量要求以及违约责任等内容。对于违反合同的单位，要依法追究违约责任。发生合同争议时，合同各方应积极协商解决，协商不成的，要及时通过仲裁或诉讼妥善解决，维护合法权益。各地要加强合同备案管理制度，及时掌握合同履约情况，减少合同争议的发生。对因合同争议而引发群体性事件或突发性事件，损害房屋所有人、使用人以及施工作业人员合法权益，以及存在转包、挂靠、违法分包、签订阴阳合同等违法违规行为的单位，要依法进行处罚，并追究单位法定代表人的责任。

（十）加强施工许可管理。住宅工程要严格执行施工许可制度。依法必须申请领取施工许可证的住宅工程未取得施工许可手续的，不得擅自开工建设。任何单位和个人不得将应该申请领取施工许可证的工程项目分解为若干限额以下的工程项目，规避申请领取施工许可证。各地要切实加强施工许可证的发放管理，严格依法审查住宅工程用地、规划、设计等前置条件，不符合法定条件的不得颁发施工许可证。对存在违法开工行为的单位和个人，要依法进行处罚，并追究建设单位和施工单位法定代表人的责任。对于不按规定颁发施工许可证的有关部门和个人，要依法追究法律责任。

（十一）加强施工图审查管理。建设单位要严格执行施工图设计文件审查制度，及时将住宅工程施工图设计文件报有关机构审查；要先行将勘察文件报审，不得将勘察文件和设计文件同时报审，未经审查合格的勘察文件不得作为设计依据。施工图审查机构要重点对住宅工程的地基基础和主体结构的安全性，防火、抗震、节能、环保以及厨房、卫生间等关键场所的设计质量是否符合工程建设强制性标准进行审查，任何单位和个人不得擅自修改已审查合格的施工图设计文件。确需修改的，建设单位要按有关规定将修改后的施工图设计文件送原审查机构审查。凡出据虚假审查合格书或未尽审查职责的审查机构和审查人员要依法承担相应责任。

（十二）加强总承包责任管理。住宅工程实行总承包的要严格执行国家有关法律、法规，总承包单位分包工程要取得建设单位书面认可。严禁总承包单位将承接工程转包或将其主体工程分包，严禁分包单位将分包工程再分包。对转包和违法分包的单位，要依法停业整顿，降低资质等级，情节严重的要依法吊销资质证书。要认真落实总承包单位负责制，总承包单位要按照合同约定加强对分包单位的组织协调和管理，并对所承接工程质量负总责。对因分包单位责任导致工程质量事故的，总承包单位要承担连带责任。

（十三）加强建筑节能管理。建设单位要严格遵守国家建筑节能的有关法律法规，按照相应的建筑节能标准和技术要求委托住宅工程项目的规划设计、开工建设、组织竣工验收，不得以任何理由要求设计、施工等单位擅自修改经审查合格的节能设计文件，降低建筑节能标准。勘察、设计、施工、监理单位及其注册执业人员，要严格按照建筑节能强制性标准开展工作，加强节能管理，提高能源利用效率和可再生能源利用水平，保证住宅工程建筑节能质量。对违反国家有关节能规定，降低建设节能标准的有关单位和个人，要依法追究法律责任。

（十四）加强工期和造价管理。合理工期和造价是保证住宅工程质量的重要前提。建设单位要从保证住宅工程安全和质量的角度出发，科学确定住宅工程合理工期以及勘察、设计和施工等各阶段的合理时间；要在住宅工程合同中明确合理工期要求，并严格约定工期调整的前提和条件。建设、勘察、设计和施工等单位要严格执行住宅工程合同，任何单位和个人不得任意压缩合理工期，不得不顾客观规律随意调整工期。建设单位要严格执行国家有关工程造价计价办法和计价标准，不得任意降低住宅工程质量标准，不得要求承包方以低于成本的价格竞标。勘察、设计、施工和监理等单位要严格执行国家有关收费标准，坚持质量第一，严禁恶意压价竞争。对违反国家有关规定，任意压缩合理工期或降低工程造价造成工程质量事故的有关单位和个人，要依法追究法律责任。

（十五）加强施工现场组织管理。施工单位要建立施工现场管理责任制，全面负责施工过程中的现场管理。住宅工程实行总承包的，由总包方负责施工现场的统一管理，分包方在总包方的统一管理下，在其分包范围内实施施工现场管理。施工单位要按规定编制施工组织设计和专项施工方案并组织实施。任何单位和个人不得擅自修改已批准的施工组织设计和施工方案。建设单位要指定施工现场总代表人，全面负责协调施工现场的组织管理。建设单位要根据事先确定的设计、施工方案，定期对住宅工程项目实施情况进行检查，督促施工现场的设计、施工、监理等单位加强现场管理，并及时处理和解决有关问题，切实保证住宅工程建设及原有地下管线、地下建筑和周边建筑、构筑物的质量安全。设计单位要加强住宅工程项目实施过程中的驻场设计服务，及时解决与设计有关的各种问题。要加强与建设、施工单位的沟通，不断优化设计方案，保证工程质量。监理单位要加强对施工现场的巡查，认真履行对重大质量问题和事故的督促整改和报告的责任。对于因建设、设计、施工和监理单位未正确履行现场组织管理职责，造成工程质量事故的，要依法进行处罚，并追究单位法定代表人的责任。

（十六）加强竣工验收管理。住宅工

程建成后，建设单位要组织勘察、设计、施工、监理等有关单位严格按照规定的组织形式、验收程序和验收标准进行竣工验收，并及时将有关验收文件报有关住房和城乡建设主管部门备案。各地要加强对住宅工程竣工验收备案的管理，将竣工验收备案情况及时向社会公布。未经验收或验收不合格的住宅工程不得交付使用。住宅工程经竣工验收备案后，方可办理房屋所有权证。对发现建设单位在竣工验收过程中有违反国家有关建设工程质量管理规定以及建筑节能强制性标准行为的，或采用虚假证明文件办理工程竣工验收备案的住宅工程项目，要限期整改，重新组织竣工验收，并依法追究建设单位及其法定代表人的责任。

有条件的地区，在住宅工程竣工验收前，要积极推行由建设单位组织实施的分户验收。若住房地基基础和主体结构质量经法定检测不符合验收质量标准或全装修住房的装饰装修标准不符合合同约定的，购房人有权按照合同约定向建设单位索赔。

（十七）加强工程质量保修管理。建设单位要按照国家有关工程质量保修规定和住宅质量保证书承诺的内容承担相应法律责任。施工单位要按照国家有关工程质量保修规定和工程质量保修书的要求，对住宅工程竣工验收后在保修期限内出现的质量缺陷予以修复。在保修期内，因住宅工程质量缺陷造成房屋所有人、使用人或者第三方人身、财产损害的，房屋所有人、使用人或者第三方可以向建设单位提出赔偿要求，建设单位可以向造成房屋建筑工程质量缺陷的责任方追偿。对因不履行保修义务或保修不及时、不到位，造成工程质量事故的建设单位和施工单位，要依法追究法律责任。建设单位要逐步推进质量安全保险机制，在住宅工程项目中实行工程质量保险，为用户在工程竣工一定时期内出现的质量缺陷提供保险。

（十八）加强工程质量报告工作。各地要建立住宅工程质量报告制度。建设单位要按工程进度及时向工程项目所在地住房和城乡建设主管部门报送工程质量报告。质量报告要如实反映工程质量情况，工程质量负责人和监理负责人要对填报的内容签字负责。住宅工程发生重大质量事故，事故发生单位要依法向工程项目所在地住房和城乡建设主管部门及有关部门报告。对弄虚作假和隐瞒不报的，要依法追究有关单位责任人和建设单位法定代表人的责任。

（十九）加强城市建设档案管理。住宅工程要按照《城市建设档案管理规定》有关要求，建立健全项目档案管理制度。建设单位要组织勘察、设计、施工、监理等有关单位严格按照规定收集、整理、归档从项目决策立项到工程竣工验收各环节的全部文件资料及竣工图，并在规定时限内向城市建设档案管理机构报送。城市建设档案管理机构和档案管理人员要严格履行职责，认真做好档案的登记、验收、保管和保护工作。对未按照规定移交建设工程档案的建设单位以及在档案管理中失职的有关单位和人员，要依法严肃处理。

（二十）加强应急救援管理。建设单位要建立健全应急抢险组织，充分考虑住宅工程施工过程中可能出现的紧急情况，制定施工应急救援预案，并开展应急救援预案的演练。施工单位要根据住宅工程施工特点制定切实可行的应急救援预案，配备相应装备和人员，并按有关规定进行演练。监理单位要审查应急救援预案并督促落实各项应急准备措施。住宅工程施工现场各有关单位要重视应急救援管理，共同建立起与政府应急体系的联动机制，确保应急救援反应灵敏、行动迅速、处置得力。

三、强化工程质量负责制，落实住宅工程质量责任

（二十一）强化建设单位法定代表人责任制。建设单位是住宅工程的主要质量责任主体，要依法对所建设的商品住房、保障性安居工程等住宅工程在设计使用年限内的质量负全面责任。建设单位的法定代表人要对所建设的住宅工程质量负主要领导责任。住宅工程发生工程质量事故的，除依法追究建设单位及有关责任人的法律责任以外，还要追究建设单位法定代表人的领导责任。对政府部门作为建设单位直接负责组织建设的保障性安居工程发生工程质量事故的，除依法追究有关责任人外，还要追究政府部门相关负责人的领导责任。

（二十二）强化参建单位法定代表人责任制。勘察、设计、施工、监理等单位按照法律规定和合同约定对所承接的住宅工程承担相应法律责任。勘察、设计、施工、监理等单位的法定代表人，对所承接的住宅工程项目的工程质量负领导责任。因参建单位责任导致工程质量事故的，除追究直接责任人的责任外，还要追究参建单位法定代表人的领导责任。

（二十三）强化关键岗位执业人员负责制。住宅工程项目要严格执行国家规定的注册执业管理制度。注册建筑师、勘察设计注册工程师、注册监理工程师、注册建造师等注册执业人员应对其法定义务内的工作和签章文件负责。因注册执业人员的过错造成工程质量事故的，要依法追究注册执业人员的责任。

（二十四）强化工程质量终身负责制。住宅工程的建设、勘察、设计、施工、监理等单位的法定代表人、工程项目负责人、工程技术负责人、注册执业人员要按各自职责对所承担的住宅工程项目在设计使用年限内的质量负终身责任。违反国家有关建设工程质量管理规定，造成重大工程质量事故的，无论其在何职何岗，身居何处，都要依法追究相应责任。

四、加强政府监管和社会监督，健全住宅工程质量监督体系

（二十五）加强政府监管。各级住房城乡建设主管部门要加强对建设、勘察、设计、施工、监理以及质量检测、施工图审查等有关单位执行建设工程质量管理规定和工程建设标准情况的监督检查。要加大对住宅工程质量的监管力度，特别要加大对保障性安居工程质量的监管力度。要充分发挥工程质量监督机构的作用，严格按照工程建设标准，依法对住宅工程实行强制性工程质量监督检查，对在监督检查中发现的问题，各有关单位要及时处理和整改。对检查中发现问题较多的住宅工程，要加大检查频次，并将其列入企业的不良记录。对检查中发现有重大工程质量问题的项目，要及时发出整改通知，限期进行整改，对违法违规行为要依法予以查处。要加强质量监管队伍建设，充实监管人员，提供必要的工作条件和经费；要严格质量监督机构和人员的考核，进一步加强监管人员培训教育，提高监管机构和监管人员执法能力，保障住宅工程质量监管水平。

地方政府要切实负起农房建设质量安全的监管责任，采取多种形式加强对农房建设质量安全的监督管理工作，加大对农民自建低层住宅的技术服务和指导。实施统建的，要参照本文件进行管理，并严格执行有关质量管理规定。

（二十六）加强社会监督。建设单位要在住宅工程施工现场的显著部位，将建设、勘察、设计、施工、监理等单位的名称、联系电话、主要责任人姓名和工程基本情况挂牌公示。住宅工程建成后，建设单位须在每栋建筑物明显部位永久标注建设、勘察、设计、施工、监理单位的名称及主要责任人的姓名，接受社会监督。各地和有关单位要公布质量举报电话，建立质量投诉渠道，完善投诉处理制度。要进一步加强信息公开制度，及时向社会公布住宅建筑工程质量的相关信息，切实发挥媒体与公众的监督作用。所有单位、个人和新闻媒体都有权举报和揭发工程质量问题。各有关单位要及时处理在社会监督中发现的问题，对于不能及时处理有关问题的单位和个人，要依法进行处罚。

（二十七）加强组织领导。各地要高度重视，加强领导，认真贯彻“百年大计，质量第一”的方针，充分认识保证住宅工程质量的重要性，要把强化质量责任，保证住宅工程质量摆在重要位置。要认真贯彻中共中央办公厅、国务院办公厅《关于实行党政领导干部问责的暂行规定》，严格落实党政领导干部问责制，对发生住宅工程质量事故的，除按有关法律法规追究有关单位和个人的责任外，还要严格按照规定的问责内容、问责程序，对有关党政领导干部进行问责。各地要结合本地区住宅工程质量实际情况，切实采取有效措施，进一步做好宣传和教育工作，增强各单位及从业人员的责任意识，切实将住宅工程质量责任落实到位，真正确保住宅工程质量。

房屋建筑和市政基础设施工程质量监督管理规定

（2010年8月1日住房和城乡建设部令第5号发布　自2010年9月1日起施行）

第一条　为了加强房屋建筑和市政基础设施工程质量的监督，保护人民生命和财产安全，规范住房和城乡建设主管部门及工程质量监督机构（以下简称主管部门）的质量监督行为，根据《中华人民共和国建筑法》、《建设工程质量管理条例》等有关法律、行政法规，制定本规定。

第二条　在中华人民共和国境内主管部门实施对新建、扩建、改建房屋建筑和市政基础设施工程质量监督管理的，适用本规定。

第三条　国务院住房和城乡建设主管部门负责全国房屋建筑和市政基础设施工程（以下简称工程）质量监督管理工作。

县级以上地方人民政府建设主管部门负责本行政区域内工程质量监督管理工作。

工程质量监督管理的具体工作可以由县级以上地方人民政府建设主管部门委托所属的工程质量监督机构（以下简称监督机构）实施。

第四条　本规定所称工程质量监督管理，是指主管部门依据有关法律法规和工程建设强制性标准，对工程实体质量和工程建设、勘察、设计、施工、监理单位（以下简称工程质量责任主体）和质量检测等单位的工程质量行为实施监督。

本规定所称工程实体质量监督，是指主管部门对涉及工程主体结构安全、主要使用功能的工程实体质量情况实施监督。

本规定所称工程质量行为监督，是指主管部门对工程质量责任主体和质量检测等单位履行法定质量责任和义务的情况实施监督。

第五条　工程质量监督管理应当包括下列内容：

（一）执行法律法规和工程建设强制性标准的情况；

（二）抽查涉及工程主体结构安全和主要使用功能的工程实体质量；

（三）抽查工程质量责任主体和质量检测等单位的工程质量行为；

（四）抽查主要建筑材料、建筑构配件的质量；

（五）对工程竣工验收进行监督；

（六）组织或者参与工程质量事故的调查处理；

（七）定期对本地区工程质量状况进行统计分析；

（八）依法对违法违规行为实施处罚。

第六条　对工程项目实施质量监督，应当依照下列程序进行：

（一）受理建设单位办理质量监督手续；

（二）制订工作计划并组织实施；

（三）对工程实体质量、工程质量责任主体和质量检测等单位的工程质量行为进行抽查、抽测；

（四）监督工程竣工验收，重点对验收的组织形式、程序等是否符合有关规定进行监督；

（五）形成工程质量监督报告；

（六）建立工程质量监督档案。

第七条 工程竣工验收合格后，建设单位应当在建筑物明显部位设置永久性标牌，载明建设、勘察、设计、施工、监理单位等工程质量责任主体的名称和主要责任人姓名。

第八条 主管部门实施监督检查时，有权采取下列措施：

（一）要求被检查单位提供有关工程质量的文件和资料；

（二）进入被检查单位的施工现场进行检查；

（三）发现有影响工程质量的问题时，责令改正。

第九条 县级以上地方人民政府建设主管部门应当根据本地区的工程质量状况，逐步建立工程质量信用档案。

第十条 县级以上地方人民政府建设主管部门应当将工程质量监督中发现的涉及主体结构安全和主要使用功能的工程质量问题及整改情况，及时向社会公布。

第十一条 省、自治区、直辖市人民政府建设主管部门应当按照国家有关规定，对本行政区域内监督机构每三年进行一次考核。

监督机构经考核合格后，方可依法对工程实施质量监督，并对工程质量监督承担监督责任。

第十二条 监督机构应当具备下列条件：

（一）具有符合本规定第十三条规定的监督人员。人员数量由县级以上地方人民政府建设主管部门根据实际需要确定。监督人员应当占监督机构总人数的75%以上；

（二）有固定的工作场所和满足工程质量监督检查工作需要的仪器、设备和工具等；

（三）有健全的质量监督工作制度，具备与质量监督工作相适应的信息化管理条件。

第十三条 监督人员应当具备下列条件：

（一）具有工程类专业大学专科以上学历或者工程类执业注册资格；

（二）具有三年以上工程质量管理或者设计、施工、监理等工作经历；

（三）熟悉掌握相关法律法规和工程建设强制性标准；

（四）具有一定的组织协调能力和良好职业道德。

监督人员符合上述条件经考核合格后，方可从事工程质量监督工作。

第十四条 监督机构可以聘请中级职称以上的工程类专业技术人员协助实施工程质量监督。

第十五条 省、自治区、直辖市人民政府建设主管部门应当每两年对监督人员进行一次岗位考核，每年进行一次法律法规、业务知识培训，并适时组织开展继续教育培训。

第十六条 国务院住房和城乡建设主管部门对监督机构和监督人员的考核情况进行监督抽查。

第十七条 主管部门工作人员玩忽职守、滥用职权、徇私舞弊，构成犯罪的，依法追究刑事责任；尚不构成犯罪的，依法给予行政处分。

第十八条 抢险救灾工程、临时性房屋建筑工程和农民自建低层住宅工程，不适用本规定。

第十九条 省、自治区、直辖市人民政府建设主管部门可以根据本规定制定具体实施办法。

第二十条 本规定自2010年9月1日起施行。

住房和城乡建设部关于贯彻实施《房屋建筑和市政基础设施工程质量监督管理规定》的通知

（2010年9月30日 建质〔2010〕159号）

各省、自治区住房和城乡建设厅，直辖市建委（建交委、规委），新疆生产建设兵团建设局：

《房屋建筑和市政基础设施工程质量监督管理规定》（住房和城乡建设部令第5号，以下简称《规定》）已于2010年9月1日起正式施行。为全面贯彻实施《规定》，进一步加强房屋建筑和市政基础设施工程质量监督管理工作，现就有关事项通知如下：

一、充分认识贯彻实施《规定》的重要意义

工程质量监督制度是我国工程质量管理方面的一项基本制度，是政府对工程质量实施监管的主要手段，对督促工程参建各方认真执行有关法律法规和工程建设强制性标准、确保我国工程质量具有重要作用。《规定》是规范工程质量监督工作的重要部门规章。贯彻实施好《规定》，是新形势下加强和改进工程质量监督工作的迫切需要，是加强工程质量管理制度建设和完善工程质量管理体系的重要举措，是推动我国工程质量水平不断提高和促进工程建设又好又快发展的重要保障，是当前工程质量监督系统的一项重要任务。各级建设主管部门要从全面落实科学发展观和保障民生的高度，充分认识贯彻实施《规定》的重要意义，把这项工作放到突出位置抓紧抓好。

二、认真组织开展学习培训和宣传工作

各级建设主管部门要高度重视《规定》的学习培训和宣传工作，积极营造浓厚的宣传贯彻氛围。要抓好住房城乡建设系统工作人员特别是工程质量监督人员的学习培训，通过宣传贯彻会、专题讲座、集中研讨、培训班等多种形式，使每一位干部职工都能系统学习《规定》内容，深刻领会并准确把握各项规定的精神实质，增强贯彻落实的自觉性和主动性，提高依法行政能力和水平。要统筹策划，充分利用电视、报刊、杂志、网络等媒体，广泛深入宣传《规定》，积极扩大其社会影响力。要切实提高宣传工作的针对性，增强广大群众以及社会各界对工程质量监督工作的理解和支持，为推动工程质量监督工作的发展营造良好的社会氛围。

三、抓紧完善相关配套制度和政策

各级建设主管部门要抓紧完善相关配套制度和政策，确保《规定》的顺利贯彻执行。省级住房城乡建设主管部门要结合本地实际尽快制定出台具体实施办法，进一步细化工程质量监督工作的内容、程序以及监督机构和人员的考核管理等规定，增强《规定》可操作性。各地要依法对本地区现行的工程质量监督管理有关文件进行一次全面清理，凡是与《规定》要求不一致的，要及时予以修订或废止。要加强调查研究，认真总结工作实践中积累的有益经验，在做好《规定》贯彻落实工作的同时，不断探索创新，深化改革，完善制度，共同推动工程质量监督工作的持续健康发展。

四、全面加强和改进工程质量监督工作

各级建设主管部门要认真贯彻《规

定》要求，全面加强和改进工程质量监督工作，不断提高监督工作水平。要严格执行《规定》的工程质量监督内容和程序，加快建立健全以抽查为主要方式、以行政执法为基本特征的工程质量监督模式，切实加大监督执法力度，增强监督工作的权威性和威慑力。要积极推行差别化监管，根据工程类别、重要性及工程参与单位的业绩、信誉、质量保证能力等情况实施分类监督，着力增强监督工作的针对性和有效性，提高监督效能。要大力加强工程质量不良记录管理，加快建立本地区工程质量信用档案，认真执行在建筑物明显部位设置永久性标牌、及时公布工程质量问题及整改情况等规定，强化对违法违规行为的信用惩戒，充分发挥市场机制的约束作用。

五、进一步强化工程质量监督队伍建设

各级建设主管部门要进一步强化工程质量监督队伍建设，为做好工程质量监督工作提供有效的组织保障。要按照履行行政执法职责的要求，积极稳妥推进工程质量监督机构编制定位和经费保障工作，特别是仍没有落实工作经费的地区，要主动加强与同级编制、财政部门的沟通，抓紧解决财政保障工作经费的问题。要严格执行关于工程质量监督机构及人员条件的规定，加强考核管理，确保队伍基本素质。要大力加强工程质量监督人员的业务培训和作风建设，不断提高队伍的执法能力和水平。要逐步健全工程质量监督责任追究制度，规范和强化责任追究，增强监督人员的责任意识和法制意识，确保严格依法履行监督职责。

自本通知发布之日起，《工程质量监督工作导则》（建质〔2003〕162 号）同时废止。

住房城乡建设部关于加强保障性安居工程质量管理的通知

（2011 年 5 月 18 日　建保〔2011〕69 号）

各省、自治区住房城乡建设厅，直辖市住房城乡建设委、规划委（局）、房地局，新疆生产建设兵团建设局：

保障性安居工程是“十二五”时期一项标志性民生工程。为加快保障性安居工程建设，加强质量管理，确保工程质量，现通知如下：

一、充分认识保障性安居工程质量的重要性

大规模实施保障性安居工程，是党中央、国务院作出的重要战略部署，是转方式、调结构、惠民生的重大举措。保障性安居工程质量，直接关系人民群众生命财产安全和住房困难家庭居住条件的改善，关系经济发展与社会和谐稳定的大局，涉及面广、公益性强、社会影响大。各地要进一步提高保障性安居工程质量重要性的认识，把加强质量管理摆在实施保障性安居工程的首位，把“质量第一”的原则贯穿到勘察、设计、施工、监理和竣工验收工作的全过程，增强使命感、责任感和紧迫感，强化工程质量管理，切实把保障性安居工程建成质量过硬、人民群众满意、经得起历史检验的德政工程。

二、努力提高保障性安居工程建设管理效能

“十二五”时期全国城镇保障性安居工程建设任务 3600 万套，是《国民经济和社会发展第十二个五年规划纲要》明确的约束性指标。保障性安居工程建设规模大、分布广、项目多、工期紧，工程质量要求高、管理任务重。创新保障性安居工程建设管理思路和工作方法，提高管理效能，是全面提升工程质量和品质的重要保证，是保质保量完成目标任务的重要措施。各地建设、规划、住房保障等部门要牢牢把握保障性安居工程的建设特点，结合当地实际，建立工程项目审批“绿色通道”，加快办理相关手续，千方百计提高行政审批效率。要统筹安排工程开工建设，科学把握工程建设进度，保证工程建设的合理周期和造价。保障性安居工程参建各方要加大技术革新力度，创新管理措施和工作方式，提高工作效率。要精心规划设计，科学组织施工，严把建筑原材料和部件质量关，严格执行建筑节能强制性标准，抓好工程实施阶段的质量管理，把保障性安居工程建成节能省地环保型工程。

三、切实履行保障性安居工程基本建设程序

保障性安居工程建设，必须严格按照法定程序报批建设，不得擅自变更批准的项目规模和用途。严格执行工程招标投标、施工图审查、施工许可、质量监督、工程监理、竣工验收备案等建设程序，落实项目法人制、招标投标制、工程监理制、合同管理制等规定，依法取得土地使用、规划、施工等许可文件。严格执行施工公示牌制度和永久性标牌制度，主动接受社会监督。全面实行住宅工程质量分户验收制度，未进行分户验收或分户验收不达标的，建设单位不得组织工程竣工验收。建设单位和施工单位要严格按照有关规定，对保障性安居工程质量实施保修。

四、严格执行工程质量管理的法律法规

依法加强质量管理，是保质保量完成保障性安居工程任务的法制保障。保障性安居工程质量管理要严格执行《建筑法》、《建设工程质量管理条例》、《建设工程勘察设计管理条例》、《民用建筑节能条例》等法律法规，全面落实住房城乡建设部《关于进一步强化住宅工程质量管理和责任的通知》（建市〔2010〕68 号）和《关于做好住宅工程质量分户验收工作的通知》（建质〔2009〕291 号）等各项规定。工程参建各方要建立健全质量管理体系，切实把加强质量管理贯穿于保障性安居工程建设的全过程。要严格按照工程建设强制性标准的规定进行勘察、设计、施工、监理、验收，确保保障性安居工程符合有关标准规范。各地建设主管部门要把保障性安居工程作为质量监管重点，调整充实监督力量，强化参建各方建设行为和工程质量的监督检查，对存在违法违规行为和工程质量不符合强制性标准的，要责令整改。要积极组织开展保障性安居工程质量通病专项治理，消除质量缺陷，保证使用功能。

五、全面落实保障性安居工程质量责任

要严格落实工程建设各方主体质量责任。建设单位要对保障性安居工程质量全面负责，勘察单位要按照工程建设强制性标准进行勘察，设计单位要根据保障性住房特点精心设计，施工单位要强化质量控制确保施工质量，监理单位要按照监理规范和规定程序履行监理职责，工程质量检测机构要确保各项检测数据真实准确。建设、勘察、设计、施工、监理等单位的法定代表人、工程项目负责人、工程技术负责人、注册执业人员要按照各自职责，对所承担的工程项目在设计使用年限内的质量负终身责任。

各地保障性安居工程领导协调机构和相关主管部门要根据职责分工，切实履行工程质量监督管理职责，把工程质量管理纳入住房保障工作考核、约谈和问责范围。各地住房城乡建设部门要加大监督检查和工程质量责任追究力度，依法严肃查处保障性安居工程建设过程中各种违法违规行为。要建立保障性安居工程质量投诉举报制度，公开举报电话，做好工程质量投诉处理工作，主动接受社会监督。

房屋市政工程生产安全重大隐患排查治理挂牌督办暂行办法

（2011 年 10 月 8 日）

第一条 为推动企业落实房屋市政工程生产安全重大隐患排查治理责任，积极防范和有效遏制事故的发生，根据《国务院关于进一步加强企业安全生产工作的通知》（国发〔2010〕23 号），对房屋市政工程生产安全重大隐患排查治理实行挂牌督办。

第二条 本办法所称重大隐患是指在房屋建筑和市政工程施工过程中，存在的危害程度较大、可能导致群死群伤或造成重大经济损失的生产安全隐患。

本办法所称挂牌督办是指住房城乡建设主管部门以下达督办通知书以及信息公开等方式，督促企业按照法律法规和技术标准，做好房屋市政工程生产安全重大隐患排查治理的工作。

第三条 建筑施工企业是房屋市政工程生产安全重大隐患排查治理的责任主体，应当建立健全重大隐患排查治理工作制度，并落实到每一个工程项目。企业及工程项目的主要负责人对重大隐患排查治理工作全面负责。

第四条 建筑施工企业应当定期组织安全生产管理人员、工程技术人员和其他相关人员排查每一个工程项目的重大隐患，特别是对深基坑、高支模、地铁隧道等技术难度大、风险大的重要工程应重点定期排查。对排查出的重大隐患，应及时实施治理消除，并将相关情况进行登记存档。

第五条 建筑施工企业应及时将工程项目重大隐患排查治理的有关情况向建设单位报告。建设单位应积极协调勘察、设计、施工、监理、监测等单位，并在资金、人员等方面积极配合做好重大隐患排查治理工作。

第六条 房屋市政工程生产安全重大隐患治理挂牌督办按照属地管理原则，由工程所在地住房城乡建设主管部门组织实施。省级住房城乡建设主管部门进行指导和监督。

第七条 住房城乡建设主管部门接到工程项目重大隐患举报，应立即组织核实，属实的由工程所在地住房城乡建设主管部门及时向承建工程的建筑施工企业下达《房屋市政工程生产安全重大隐患治理挂牌督办通知书》，并公开有关信息，接受社会监督。

第八条 《房屋市政工程生产安全重大隐患治理挂牌督办通知书》包括下列内容：

（一）工程项目的名称；

（二）重大隐患的具体内容；

（三）治理要求及期限；

（四）督办解除的程序；

（五）其他有关的要求。

第九条 承建工程的建筑施工企业接到《房屋市政工程生产安全重大隐患治理挂牌督办通知书》后，应立即组织进行治理。确认重大隐患消除后，向工程所在地住房城乡建设主管部门报送治理报告，并提请解除督办。

第十条 工程所在地住房城乡建设主管部门收到建筑施工企业提出的重大隐患解除督办申请后，应当立即进行现场审查。审查合格的，依照规定解除督办。审查不合格的，继续实施挂牌督办。

第十一条 建筑施工企业不认真执行《房屋市政工程生产安全重大隐患治理挂牌督办通知书》的，应依法责令整改；情节严重的要依法责令停工整改；不认真整改导致生产安全事故发生的，依法从重追究企业和相关负责人的责任。

第十二条 省级住房城乡建设主管部门应定期总结本地区房屋市政工程生产安全重大隐患治理挂牌督办工作经验教训，并将相关情况报告住房和城乡建设部。

第十三条 省级住房城乡建设主管部门可根据本地区实际，制定具体实施细则。

第十四条 本办法自印发之日起施行。

（二）安全生产管理

中华人民共和国安全生产法

（2002 年 6 月 29 日第九届全国人民代表大会常务委员会第二十八次会议通过 根据 2009 年 8 月 27 日第十一届全国人民代表大会常务委员会第十次会议《关于修改部分法律的决定》第一次修正 根据 2014 年 8 月 31 日第十二届全国人民代表大会常务委员会第十次会议《关于修改〈中华人民共和国安全生产法〉的决定》第二次修正）

第一章 总 则

第一条 【立法目的】 为了加强安全生产工作，防止和减少生产安全事故，保障人民群众生命和财产安全，促进经济社会持续健康发展，制定本法。

第二条 【适用范围和调整事项】 在中华人民共和国领域内从事生产经营活动的单位（以下统称生产经营单位）的安全生产，适用本法；有关法律、行政法规对消防安全和道路交通安全、铁路交通安全、水上交通安全、民用航空安全以及核与辐射安全、特种设备安全另有规定的，适用其规定。

第三条 【安全生产工作方针和工作机制】 安全生产工作应当以人为本，坚持安全发展，坚持安全第一、预防为主、综合治理的方针，强化和落实生产经营单位的主体责任，建立生产经营单位负责、职工参与、政府监管、行业自律和社会监督的机制。

第四条 【生产经营单位基本义务】 生产经营单位必须遵守本法和其他有关安全生产的法律、法规，加强安全生产管理，建立、健全安全生产责任制和安全生产规章制度，改善安全生产条件，推进安全生产标准化建设，提高安全生产水平，确保安全生产。

第五条 【生产经营单位主要负责人的主体责任】 生产经营单位的主要负责人对本单位的安全生产工作全面负责。

第六条 【从业人员安全生产的权利和义务】 生产经营单位的从业人员有依法获得安全生产保障的权利，并应当依法履行安全生产方面的义务。

第七条 【工会职责】 工会依法对安全生产工作进行监督。

生产经营单位的工会依法组织职工参加本单位安全生产工作的民主管理和民主监督，维护职工在安全生产方面的合法权益。生产经营单位制定或者修改有关安全生产的规章制度，应当听取工会的意见。

第八条 【各级人民政府在安全生产方面的职责】 国务院和县级以上地方各级人民政府应当根据国民经济和社会发展规划制定安全生产规划，并组织实施。安全生产规划应当与城乡规划相衔接。

国务院和县级以上地方各级人民政府应当加强对安全生产工作的领导，支持、督促各有关部门依法履行安全生产监督管理职责，建立健全安全生产工作协调机制，及时协调、解决安全生产监督管理中存在的重大问题。

乡、镇人民政府以及街道办事处、开发区管理机构等地方人民政府的派出机关应当按照职责，加强对本行政区域内生产经营单位安全生产状况的监督检查，协助上级人民政府有关部门依法履行安全生产监督管理职责。

第九条 【安全生产监督管理体制】 国务

院安全生产监督管理部门依照本法，对全国安全生产工作实施综合监督管理；县级以上地方各级人民政府安全生产监督管理部门依照本法，对本行政区域内安全生产工作实施综合监督管理。

国务院有关部门依照本法和其他有关法律、行政法规的规定，在各自的职责范围内对有关行业、领域的安全生产工作实施监督管理；县级以上地方各级人民政府有关部门依照本法和其他有关法律、法规的规定，在各自的职责范围内对有关行业、领域的安全生产工作实施监督管理。

安全生产监督管理部门和对有关行业、领域的安全生产工作实施监督管理的部门，统称负有安全生产监督管理职责的部门。

第十条　【安全生产国家标准、行业标准的制定和执行】国务院有关部门应当按照保障安全生产的要求，依法及时制定有关的国家标准或者行业标准，并根据科技进步和经济发展适时修订。

生产经营单位必须执行依法制定的保障安全生产的国家标准或者行业标准。

第十一条　【加强安全生产的宣传教育】各级人民政府及其有关部门应当采取多种形式，加强对有关安全生产的法律、法规和安全生产知识的宣传，增强全社会的安全生产意识。

第十二条　【协会组织在安全生产方面的职责】有关协会组织依照法律、行政法规和章程，为生产经营单位提供安全生产方面的信息、培训等服务，发挥自律作用，促进生产经营单位加强安全生产管理。

第十三条　【为安全生产提供技术、管理服务的机构】依法设立的为安全生产提供技术、管理服务的机构，依照法律、行政法规和执业准则，接受生产经营单位的委托为其安全生产工作提供技术、管理服务。

生产经营单位委托前款规定的机构提供安全生产技术、管理服务的，保证安全生产的责任仍由本单位负责。

第十四条　【生产安全事故责任追究制度】国家实行生产安全事故责任追究制度，依照本法和有关法律、法规的规定，追究生产安全事故责任人员的法律责任。

第十五条　【支持发展】国家鼓励和支持安全生产科学技术研究和安全生产先进技术的推广应用，提高安全生产水平。

第十六条　【奖励】国家对在改善安全生产条件、防止生产安全事故、参加抢险救护等方面取得显著成绩的单位和个人，给予奖励。

第二章　生产经营单位的安全生产保障

第十七条　【安全生产条件】生产经营单位应当具备本法和有关法律、行政法规和国家标准或者行业标准规定的安全生产条件；不具备安全生产条件的，不得从事生产经营活动。

第十八条　【生产经营单位主要负责人安全生产职责】生产经营单位的主要负责人对本单位安全生产工作负有下列职责：

（一）建立、健全本单位安全生产责任制；

（二）组织制定本单位安全生产规章制度和操作规程；

（三）组织制定并实施本单位安全生产教育和培训计划；

（四）保证本单位安全生产投入的有效实施；

（五）督促、检查本单位的安全生产工作，及时消除生产安全事故隐患；

（六）组织制定并实施本单位的生产安全事故应急救援预案；

（七）及时、如实报告生产安全事故。

第十九条　【安全生产责任制】生产经营单位的安全生产责任制应当明确各岗位的责任人员、责任范围和考核标准等内容。

生产经营单位应当建立相应的机制，加强对安全生产责任制落实情况的监督考核，保证安全生产责任制的落实。

第二十条 【资金投入及安全生产费用】生产经营单位应当具备的安全生产条件所必需的资金投入，由生产经营单位的决策机构、主要负责人或者个人经营的投资人予以保证，并对由于安全生产所必需的资金投入不足导致的后果承担责任。

有关生产经营单位应当按照规定提取和使用安全生产费用，专门用于改善安全生产条件。安全生产费用在成本中据实列支。安全生产费用提取、使用和监督管理的具体办法由国务院财政部门会同国务院安全生产监督管理部门征求国务院有关部门意见后制定。

第二十一条 【安全生产管理机构及人员】矿山、金属冶炼、建筑施工、道路运输单位和危险物品的生产、经营、储存单位，应当设置安全生产管理机构或者配备专职安全生产管理人员。

前款规定以外的其他生产经营单位，从业人员超过一百人的，应当设置安全生产管理机构或者配备专职安全生产管理人员；从业人员在一百人以下的，应当配备专职或者兼职的安全生产管理人员。

第二十二条 【安全生产管理机构及人员的职责】生产经营单位的安全生产管理机构以及安全生产管理人员履行下列职责：

（一）组织或者参与拟订本单位安全生产规章制度、操作规程和生产安全事故应急救援预案；

（二）组织或者参与本单位安全生产教育和培训，如实记录安全生产教育和培训情况；

（三）督促落实本单位重大危险源的安全管理措施；

（四）组织或者参与本单位应急救援演练；

（五）检查本单位的安全生产状况，及时排查生产安全事故隐患，提出改进安全生产管理的建议；

（六）制止和纠正违章指挥、强令冒险作业、违反操作规程的行为；

（七）督促落实本单位安全生产整改措施。

第二十三条 【安全生产管理机构以及安全生产管理人员履职要求和履职保障】生产经营单位的安全生产管理机构以及安全生产管理人员应当恪尽职守，依法履行职责。

生产经营单位作出涉及安全生产的经营决策，应当听取安全生产管理机构以及安全生产管理人员的意见。

生产经营单位不得因安全生产管理人员依法履行职责而降低其工资、福利等待遇或者解除与其订立的劳动合同。

危险物品的生产、储存单位以及矿山、金属冶炼单位的安全生产管理人员的任免，应当告知主管的负有安全生产监督管理职责的部门。

第二十四条 【主要负责人和安全生产管理人员的知识、管理能力要求】生产经营单位的主要负责人和安全生产管理人员必须具备与本单位所从事的生产经营活动相应的安全生产知识和管理能力。

危险物品的生产、经营、储存单位以及矿山、金属冶炼、建筑施工、道路运输单位的主要负责人和安全生产管理人员，应当由主管的负有安全生产监督管理职责的部门对其安全生产知识和管理能力考核合格。考核不得收费。

危险物品的生产、储存单位以及矿山、金属冶炼单位应当有注册安全工程师从事安全生产管理工作。鼓励其他生产经营单位聘用注册安全工程师从事安全生产管理工作。注册安全工程师按专业分类管理，具体办法由国务院人力资源和社会保障部门、国务院安全生产监督管理部门会同国务院有关部门制定。

第二十五条 【从业人员的教育和培训】生产经营单位应当对从业人员进行安全生

产教育和培训，保证从业人员具备必要的安全生产知识，熟悉有关的安全生产规章制度和安全操作规程，掌握本岗位的安全操作技能，了解事故应急处理措施，知悉自身在安全生产方面的权利和义务。未经安全生产教育和培训合格的从业人员，不得上岗作业。

生产经营单位使用被派遣劳动者的，应当将被派遣劳动者纳入本单位从业人员统一管理，对被派遣劳动者进行岗位安全操作规程和安全操作技能的教育和培训。劳务派遣单位应当对被派遣劳动者进行必要的安全生产教育和培训。

生产经营单位接收中等职业学校、高等学校学生实习的，应当对实习学生进行相应的安全生产教育和培训，提供必要的劳动防护用品。学校应当协助生产经营单位对实习学生进行安全生产教育和培训。

生产经营单位应当建立安全生产教育和培训档案，如实记录安全生产教育和培训的时间、内容、参加人员以及考核结果等情况。

第二十六条　【技术更新的教育和培训】生产经营单位采用新工艺、新技术、新材料或者使用新设备，必须了解、掌握其安全技术特性，采取有效的安全防护措施，并对从业人员进行专门的安全生产教育和培训。

第二十七条　【特种作业人员的资格要求】生产经营单位的特种作业人员必须按照国家有关规定经专门的安全作业培训，取得相应资格，方可上岗作业。

特种作业人员的范围由国务院安全生产监督管理部门会同国务院有关部门确定。

第二十八条　【建设项目的安全设施“三同时”原则】生产经营单位新建、改建、扩建工程项目（以下统称建设项目）的安全设施，必须与主体工程同时设计、同时施工、同时投入生产和使用。安全设施投资应当纳入建设项目概算。

第二十九条　【特殊建设项目的安全评价】矿山、金属冶炼建设项目和用于生产、储存、装卸危险物品的建设项目，应当按照国家有关规定进行安全评价。

第三十条　【设计和审查人员的责任】建设项目安全设施的设计人、设计单位应当对安全设施设计负责。

矿山、金属冶炼建设项目和用于生产、储存、装卸危险物品的建设项目的安全设施设计应当按照国家有关规定报经有关部门审查，审查部门及其负责审查的人员对审查结果负责。

第三十一条　【建设项目安全设施的施工和竣工验收及其监督检查】矿山、金属冶炼建设项目和用于生产、储存、装卸危险物品的建设项目的施工单位必须按照批准的安全设施设计施工，并对安全设施的工程质量负责。

矿山、金属冶炼建设项目和用于生产、储存危险物品的建设项目竣工投入生产或者使用前，应当由建设单位负责组织对安全设施进行验收；验收合格后，方可投入生产和使用。安全生产监督管理部门应当加强对建设单位验收活动和验收结果的监督核查。

第三十二条　【安全警示标志】生产经营单位应当在有较大危险因素的生产经营场所和有关设施、设备上，设置明显的安全警示标志。

第三十三条　【生产经营单位安全设备管理】安全设备的设计、制造、安装、使用、检测、维修、改造和报废，应当符合国家标准或者行业标准。

生产经营单位必须对安全设备进行经常性维护、保养，并定期检测，保证正常运转。维护、保养、检测应当作好记录，并由有关人员签字。

第三十四条　【危险物品的容器、运输工具以及部分特种设备的特殊管理】生产经营单位使用的危险物品的容器、运输工具，以及涉及人身安全、危险性较大的海洋石油开采特种设备和矿山井下特种设备，必须按照国家有关规定，由专业生产单位生产，并经具有专业资质的检测、检验机构检测、检验合格，取得安全使用证或者安全标志，方可投入使用。检测、检验机构对检测、检验结果负责。

第三十五条　【淘汰制度】国家对严重危及生产安全的工艺、设备实行淘汰制度，具体目录由国务院安全生产监督管理部门会同国务院有关部门制定并公布。法律、行政法规对目录的制定另有规定的，适用其规定。

省、自治区、直辖市人民政府可以根据本地区实际情况制定并公布具体目录，对前款规定以外的危及生产安全的工艺、设备予以淘汰。

生产经营单位不得使用应当淘汰的危及生产安全的工艺、设备。

第三十六条　【危险物品的监管】生产、经营、运输、储存、使用危险物品或者处置废弃危险物品的，由有关主管部门依照有关法律、法规的规定和国家标准或者行业标准审批并实施监督管理。

生产经营单位生产、经营、运输、储存、使用危险物品或者处置废弃危险物品，必须执行有关法律、法规和国家标准或者行业标准，建立专门的安全管理制度，采取可靠的安全措施，接受有关主管部门依法实施的监督管理。

第三十七条　【重大危险源管理】生产经营单位对重大危险源应当登记建档，进行定期检测、评估、监控，并制定应急预案，告知从业人员和相关人员在紧急情况下应当采取的应急措施。

生产经营单位应当按照国家有关规定将本单位重大危险源及有关安全措施、应急措施报有关地方人民政府安全生产监督管理部门和有关部门备案。

第三十八条　【生产经营单位事故隐患治理】生产经营单位应当建立健全生产安全事故隐患排查治理制度，采取技术、管理措施，及时发现并消除事故隐患。事故隐患排查治理情况应当如实记录，并向从业人员通报。

县级以上地方各级人民政府负有安全生产监督管理职责的部门应当建立健全重大事故隐患治理督办制度，督促生产经营单位消除重大事故隐患。

第三十九条　【生产经营场所和员工宿舍的安全要求】生产、经营、储存、使用危险物品的车间、商店、仓库不得与员工宿舍在同一座建筑物内，并应当与员工宿舍保持安全距离。

生产经营场所和员工宿舍应当设有符合紧急疏散要求、标志明显、保持畅通的出口。禁止锁闭、封堵生产经营场所或者员工宿舍的出口。

第四十条　【危险作业现场的安全管理】生产经营单位进行爆破、吊装以及国务院安全生产监督管理部门会同国务院有关部门规定的其他危险作业，应当安排专门人员进行现场安全管理，确保操作规程的遵守和安全措施的落实。

第四十一条　【从业人员的安全管理】生产经营单位应当教育和督促从业人员严格执行本单位的安全生产规章制度和安全操作规程；并向从业人员如实告知作业场所和工作岗位存在的危险因素、防范措施以及事故应急措施。

第四十二条　【劳动防护用品】生产经营单位必须为从业人员提供符合国家标准或者行业标准的劳动防护用品，并监督、教育从业人员按照使用规则佩戴、使用。

第四十三条　【安全检查和报告义务】生产经营单位的安全生产管理人员应当根据本单位的生产经营特点，对安全生产状况进行经常性检查；对检查中发现的安全问题，应当立即处理；不能处理的，应当及时报告本单位有关负责人，有关负责人应当及时处理。检查及处理情况应当如实记录在案。

生产经营单位的安全生产管理人员在检查中发现重大事故隐患，依照前款规定向本单位有关负责人报告，有关负责人不及时处理的，安全生产管理人员可以向主管的负有安全生产监督管理职责的部门报告，接到报告的部门应当依法及时处理。

第四十四条　【经费保障】生产经营单位应当安排用于配备劳动防护用品、进行安全生产培训的经费。

第四十五条　【生产经营单位间的安全生产管理协议】两个以上生产经营单位在同一作业区域内进行生产经营活动，可能危及对方生产安全的，应当签订安全生产管理协议，明确各自的安全生产管理职责和应当采取的安全措施，并指定专职安全生产管理人员进行安全检查与协调。

第四十六条　【生产经营项目、场所、设备发包或出租的安全生产责任】生产经营单位不得将生产经营项目、场所、设备发包或者出租给不具备安全生产条件或者相应资质的单位或者个人。

生产经营项目、场所发包或者出租给其他单位的，生产经营单位应当与承包单位、承租单位签订专门的安全生产管理协议，或者在承包合同、租赁合同中约定各自的安全生产管理职责；生产经营单位对承包单位、承租单位的安全生产工作统一协调、管理，定期进行安全检查，发现安全问题的，应当及时督促整改。

第四十七条　【生产安全事故的处理】生产经营单位发生生产安全事故时，单位的主要负责人应当立即组织抢救，并不得在事故调查处理期间擅离职守。

第四十八条　【工伤保险】生产经营单位必须依法参加工伤保险，为从业人员缴纳保险费。

国家鼓励生产经营单位投保安全生产责任保险。

第三章　从业人员的安全生产权利义务

第四十九条　【劳动合同的安全条款】生产经营单位与从业人员订立的劳动合同，应当载明有关保障从业人员劳动安全、防止职业危害的事项，以及依法为从业人员办理工伤保险的事项。

生产经营单位不得以任何形式与从业人员订立协议，免除或者减轻其对从业人员因生产安全事故伤亡依法应承担的责任。

第五十条　【知情权和建议权】生产经营单位的从业人员有权了解其作业场所和工作岗位存在的危险因素、防范措施及事故应急措施，有权对本单位的安全生产工作提出建议。

第五十一条　【批评、检举、控告权】从业人员有权对本单位安全生产工作中存在的问题提出批评、检举、控告；有权拒绝违章指挥和强令冒险作业。

生产经营单位不得因从业人员对本单位安全生产工作提出批评、检举、控告或者拒绝违章指挥、强令冒险作业而降低其工资、福利等待遇或者解除与其订立的劳动合同。

第五十二条　【紧急情况处置权】从业人员发现直接危及人身安全的紧急情况时，有权停止作业或者在采取可能的应急措施后撤离作业场所。

生产经营单位不得因从业人员在前款紧急情况下停止作业或者采取紧急撤离措施而降低其工资、福利等待遇或者解除与其订立的劳动合同。

第五十三条　【获得赔偿权】因生产安全事故受到损害的从业人员，除依法享有工伤保险外，依照有关民事法律尚有获得赔偿的权利的，有权向本单位提出赔偿要求。

第五十四条　【服从安全管理的义务】从业人员在作业过程中，应当严格遵守本单位的安全生产规章制度和操作规程，服从管理，正确佩戴和使用劳动防护用品。

第五十五条　【接受教育和培训的义务】从业人员应当接受安全生产教育和培训，掌握本职工作所需的安全生产知识，提高安全生产技能，增强事故预防和应急处理能力。

第五十六条　【事故隐患或者不安全因素的报告义务】从业人员发现事故隐患或者其他不安全因素，应当立即向现场安全生产管理人员或者本单位负责人报告；接到报告的人员应当及时予以处理。

第五十七条　【工会对安全生产工作的职责】工会有权对建设项目的安全设施与主体工程同时设计、同时施工、同时投入生产和使用进行监督，提出意见。

工会对生产经营单位违反安全生产法律、法规，侵犯从业人员合法权益的行为，有权要求纠正；发现生产经营单位违章指挥、强令冒险作业或者发现事故隐患时，有权提出解决的建议，生产经营单位应当及时研究答复；发现危及从业人员生命安全的情况时，有权向生产经营单位建议组织从业人员撤离危险场所，生产经营单位必须立即作出处理。

工会有权依法参加事故调查，向有关部门提出处理意见，并要求追究有关人员的责任。

第五十八条　【劳务派遣的用工形式】生产经营单位使用被派遣劳动者的，被派遣劳动者享有本法规定的从业人员的权利，并应当履行本法规定的从业人员的义务。

第四章　安全生产的监督管理

第五十九条　【政府及安全生产监督管理部门的职责】县级以上地方各级人民政府应当根据本行政区域内的安全生产状况，组织有关部门按照职责分工，对本行政区域内容易发生重大生产安全事故的生产经营单位进行严格检查。

安全生产监督管理部门应当按照分类分级监督管理的要求，制定安全生产年度监督检查计划，并按照年度监督检查计划进行监督检查，发现事故隐患，应当及时处理。

第六十条　【安全生产事项的审批】负有安全生产监督管理职责的部门依照有关法律、法规的规定，对涉及安全生产的事项需要审查批准（包括批准、核准、许可、注册、认证、颁发证照等，下同）或者验收的，必须严格依照有关法律、法规和国家标准或者行业标准规定的安全生产条件和程序进行审查；不符合有关法律、法规和国家标准或者行业标准规定的安全生产条件的，不得批准或者验收通过。对未依法取得批准或者验收合格的单位擅自从事有关活动的，负责行政审批的部门发现或者接到举报后应当立即予以取缔，并依法予以处理。对已经依法取得批准的单位，负责行政审批的部门发现其不再具备安全生产条件的，应当撤销原批准。

第六十一条　【政府监管的限制】负有安全生产监督管理职责的部门对涉及安全生产的事项进行审查、验收，不得收取费用；不得要求接受审查、验收的单位购买其指定品牌或者指定生产、销售单位的安全设备、器材或者其他产品。

第六十二条　【监督检查的职权范围】安全生产监督管理部门和其他负有安全生产监督管理职责的部门依法开展安全生产行政执法工作，对生产经营单位执行有关安全生产的法律、法规和国家标准或者行业标准的情况进行监督检查，行使以下职权：

（一）进入生产经营单位进行检查，调阅有关资料，向有关单位和人员了解情况；

（二）对检查中发现的安全生产违法行为，当场予以纠正或者要求限期改正；对依法应当给予行政处罚的行为，依照本法和其他有关法律、行政法规的规定作出行政处罚决定；

（三）对检查中发现的事故隐患，应当责令立即排除；重大事故隐患排除前或者排除过程中无法保证安全的，应当责令从危险区域内撤出作业人员，责令暂时停产停业或者停止使用相关设施、设备；重大事故隐患排除后，经审查同意，方可恢复生产经营和使用；

（四）对有根据认为不符合保障安全生产的国家标准或者行业标准的设施、设备、器材以及违法生产、储存、使用、经营、运输的危险物品予以查封或者扣押，对违法生产、储存、使用、经营危险物品的作业场所予以查封，并依法作出处理决定。

监督检查不得影响被检查单位的正常生产经营活动。

第六十三条　【监督检查的配合】生产经营单位对负有安全生产监督管理职责的部门的监督检查人员（以下统称安全生产监督检查人员）依法履行监督检查职责，应当予以配合，不得拒绝、阻挠。

第六十四条　【监督检查的要求】安全生产监督检查人员应当忠于职守，坚持原则，秉公执法。

安全生产监督检查人员执行监督检查任务时，必须出示有效的监督执法证件；对涉及被检查单位的技术秘密和业务秘密，应当为其保密。

第六十五条　【监督检查的记录】安全生产监督检查人员应当将检查的时间、地点、内容、发现的问题及其处理情况，作出书面记录，并由检查人员和被检查单位的负责人签字；被检查单位的负责人拒绝签字的，检查人员应当将情况记录在案，并向负有安全生产监督管理职责的部门报告。

第六十六条　【联合检查与分别检查】负有安全生产监督管理职责的部门在监督检查中，应当互相配合，实行联合检查；确需分别进行检查的，应当互通情况，发现存在的安全问题应当由其他有关部门进行处理的，应当及时移送其他有关部门并形成记录备查，接受移送的部门应当及时进行处理。

第六十七条　【强制措施】负有安全生产监督管理职责的部门依法对存在重大事故隐患的生产经营单位作出停产停业、停止施工、停止使用相关设施或者设备的决定，生产经营单位应当依法执行，及时消除事故隐患。生产经营单位拒不执行，有发生生产安全事故的现实危险的，在保证安全的前提下，经本部门主要负责人批准，负有安全生产监督管理职责的部门可以采取通知有关单位停止供电、停止供应民用爆炸物品等措施，强制生产经营单位履行决定。通知应当采用书面形式，有关单位应当予以配合。

负有安全生产监督管理职责的部门依照前款规定采取停止供电措施，除有危及生产安全的紧急情形外，应当提前二十四小时通知生产经营单位。生产经营单位依法履行行政决定、采取相应措施消除事故隐患的，负有安全生产监督管理职责的部门应当及时解除前款规定的措施。

第六十八条　【安全生产行政监察】监察机关依照行政监察法的规定，对负有安全生产监督管理职责的部门及其工作人员履行安全生产监督管理职责实施监察。

第六十九条　【检评机构的条件和责任】承担安全评价、认证、检测、检验的机构应当具备国家规定的资质条件，并对其作出的安全评价、认证、检测、检验的结果负责。

第七十条　【举报制度】负有安全生产监督管理职责的部门应当建立举报制度，公开举报电话、信箱或者电子邮件地址，受理有关安全生产的举报；受理的举报事项经调查核实后，应当形成书面材料；需要落实整改措施的，报经有关负责人签字并督促落实。

第七十一条　【举报权】任何单位或者个

人对事故隐患或者安全生产违法行为，均有权向负有安全生产监督管理职责的部门报告或者举报。

第七十二条　【举报义务】居民委员会、村民委员会发现其所在区域内的生产经营单位存在事故隐患或者安全生产违法行为时，应当向当地人民政府或者有关部门报告。

第七十三条　【举报奖励】县级以上各级人民政府及其有关部门对报告重大事故隐患或者举报安全生产违法行为的有功人员，给予奖励。具体奖励办法由国务院安全生产监督管理部门会同国务院财政部门制定。

第七十四条　【舆论监督】新闻、出版、广播、电影、电视等单位有进行安全生产公益宣传教育的义务，有对违反安全生产法律、法规的行为进行舆论监督的权利。

第七十五条　【安全生产违法行为信息库】负有安全生产监督管理职责的部门应当建立安全生产违法行为信息库，如实记录生产经营单位的安全生产违法行为信息；对违法行为情节严重的生产经营单位，应当向社会公告，并通报行业主管部门、投资主管部门、国土资源主管部门、证券监督管理机构以及有关金融机构。

第五章　生产安全事故的应急救援与调查处理

第七十六条　【生产安全事故应急能力建设】国家加强生产安全事故应急能力建设，在重点行业、领域建立应急救援基地和应急救援队伍，鼓励生产经营单位和其他社会力量建立应急救援队伍，配备相应的应急救援装备和物资，提高应急救援的专业化水平。

国务院安全生产监督管理部门建立全国统一的生产安全事故应急救援信息系统，国务院有关部门建立健全相关行业、领域的生产安全事故应急救援信息系统。

第七十七条　【政府职责】县级以上地方各级人民政府应当组织有关部门制定本行政区域内生产安全事故应急救援预案，建立应急救援体系。

第七十八条　【生产安全事故应急预案及演练】生产经营单位应当制定本单位生产安全事故应急救援预案，与所在地县级以上地方人民政府组织制定的生产安全事故应急救援预案相衔接，并定期组织演练。

第七十九条　【组织和设备的要求】危险物品的生产、经营、储存单位以及矿山、金属冶炼、城市轨道交通运营、建筑施工单位应当建立应急救援组织；生产经营规模较小的，可以不建立应急救援组织，但应当指定兼职的应急救援人员。

危险物品的生产、经营、储存、运输单位以及矿山、金属冶炼、城市轨道交通运营、建筑施工单位应当配备必要的应急救援器材、设备和物资，并进行经常性维护、保养，保证正常运转。

第八十条　【生产经营单位的事故报告】生产经营单位发生生产安全事故后，事故现场有关人员应当立即报告本单位负责人。

单位负责人接到事故报告后，应当迅速采取有效措施，组织抢救，防止事故扩大，减少人员伤亡和财产损失，并按照国家有关规定立即如实报告当地负有安全生产监督管理职责的部门，不得隐瞒不报、谎报或者迟报，不得故意破坏事故现场、毁灭有关证据。

第八十一条　【安全监管部门的事故报告】负有安全生产监督管理职责的部门接到事故报告后，应当立即按照国家有关规定上报事故情况。负有安全生产监督管理职责的部门和有关地方人民政府对事故情况不得隐瞒不报、谎报或者迟报。

第八十二条　【事故抢救】有关地方人民政府和负有安全生产监督管理职责的部门的负责人接到生产安全事故报告后，应当按照生产安全事故应急救援预案的要求立即赶到事故现场，组织事故抢救。

参与事故抢救的部门和单位应当服从统一指挥，加强协同联动，采取有效的应急救援措施，并根据事故救援的需要采取警戒、疏散等措施，防止事故扩大和次生灾害的发生，减少人员伤亡和财产损失。

事故抢救过程中应当采取必要措施，避免或者减少对环境造成的危害。

任何单位和个人都应当支持、配合事故抢救，并提供一切便利条件。

第八十三条　【事故调查与处理】事故调查处理应当按照科学严谨、依法依规、实事求是、注重实效的原则，及时、准确地查清事故原因，查明事故性质和责任，总结事故教训，提出整改措施，并对事故责任者提出处理意见。事故调查报告应当依法及时向社会公布。事故调查和处理的具体办法由国务院制定。

事故发生单位应当及时全面落实整改措施，负有安全生产监督管理职责的部门应当加强监督检查。

第八十四条　【有关行政部门的法律责任】生产经营单位发生生产安全事故，经调查确定为责任事故的，除了应当查明事故单位的责任并依法予以追究外，还应当查明对安全生产的有关事项负有审查批准和监督职责的行政部门的责任，对有失职、渎职行为的，依照本法第八十七条的规定追究法律责任。

第八十五条　【事故调查处理不得干涉】任何单位和个人不得阻挠和干涉对事故的依法调查处理。

第八十六条　【事故定期统计分析和定期公布制度】县级以上地方各级人民政府安全生产监督管理部门应当定期统计分析本行政区域内发生生产安全事故的情况，并定期向社会公布。

第六章　法律责任

第八十七条　【审批监管工作人员的法律责任】负有安全生产监督管理职责的部门的工作人员，有下列行为之一的，给予降级或者撤职的处分；构成犯罪的，依照刑法有关规定追究刑事责任：

（一）对不符合法定安全生产条件的涉及安全生产的事项予以批准或者验收通过的；

（二）发现未依法取得批准、验收的单位擅自从事有关活动或者接到举报后不予取缔或者不依法予以处理的；

（三）对已经依法取得批准的单位不履行监督管理职责，发现其不再具备安全生产条件而不撤销原批准或者发现安全生产违法行为不予查处的；

（四）在监督检查中发现重大事故隐患，不依法及时处理的。

负有安全生产监督管理职责的部门的工作人员有前款规定以外的滥用职权、玩忽职守、徇私舞弊行为的，依法给予处分；构成犯罪的，依照刑法有关规定追究刑事责任。

第八十八条　【监管部门的法律责任】负有安全生产监督管理职责的部门，要求被审查、验收的单位购买其指定的安全设备、器材或者其他产品的，在对安全生产事项的审查、验收中收取费用的，由其上级机关或者监察机关责令改正，责令退还收取的费用；情节严重的，对直接负责的主管人员和其他直接责任人员依法给予处分。

第八十九条　【检评机构违法】承担安全评价、认证、检测、检验工作的机构，出具虚假证明的，没收违法所得；违法所得在十万元以上的，并处违法所得二倍以上五倍以下的罚款；没有违法所得或者违法所得不足十万元的，单处或者并处十万元以上二十万元以下的罚款；对其直接负责的主管人员和其他直接责任人员处二万元以上五万元以下的罚款；给他人造成损害的，与生产经营单位承担连带赔偿责任；构成犯罪的，依照刑法有关规定追究刑事责任。

对有前款违法行为的机构，吊销其相应资质。

第九十条 【资金投入违法】生产经营单位的决策机构、主要负责人或者个人经营的投资人不依照本法规定保证安全生产所必需的资金投入，致使生产经营单位不具备安全生产条件的，责令限期改正，提供必需的资金；逾期未改正的，责令生产经营单位停产停业整顿。

有前款违法行为，导致发生生产安全事故的，对生产经营单位的主要负责人给予撤职处分，对个人经营的投资人处二万元以上二十万元以下的罚款；构成犯罪的，依照刑法有关规定追究刑事责任。

第九十一条 【单位负责人违法】生产经营单位的主要负责人未履行本法规定的安全生产管理职责的，责令限期改正；逾期未改正的，处二万元以上五万元以下的罚款，责令生产经营单位停产停业整顿。

生产经营单位的主要负责人有前款违法行为，导致发生生产安全事故的，给予撤职处分；构成犯罪的，依照刑法有关规定追究刑事责任。

生产经营单位的主要负责人依照前款规定受刑事处罚或者撤职处分的，自刑罚执行完毕或者受处分之日起，五年内不得担任任何生产经营单位的主要负责人；对重大、特别重大生产安全事故负有责任的，终身不得担任本行业生产经营单位的主要负责人。

第九十二条 【对主要负责人的罚款】生产经营单位的主要负责人未履行本法规定的安全生产管理职责，导致发生生产安全事故的，由安全生产监督管理部门依照下列规定处以罚款：

（一）发生一般事故的，处上一年年收入百分之三十的罚款；

（二）发生较大事故的，处上一年年收入百分之四十的罚款；

（三）发生重大事故的，处上一年年收入百分之六十的罚款；

（四）发生特别重大事故的，处上一年年收入百分之八十的罚款。

第九十三条 【对安全生产管理人员的处罚】生产经营单位的安全生产管理人员未履行本法规定的安全生产管理职责的，责令限期改正；导致发生生产安全事故的，暂停或者撤销其与安全生产有关的资格；构成犯罪的，依照刑法有关规定追究刑事责任。

第九十四条 【对生产经营单位的处罚】生产经营单位有下列行为之一的，责令限期改正，可以处五万元以下的罚款；逾期未改正的，责令停产停业整顿，并处五万元以上十万元以下的罚款，对其直接负责的主管人员和其他直接责任人员处一万元以上二万元以下的罚款：

（一）未按照规定设置安全生产管理机构或者配备安全生产管理人员的；

（二）危险物品的生产、经营、储存单位以及矿山、金属冶炼、建筑施工、道路运输单位的主要负责人和安全生产管理人员未按照规定经考核合格的；

（三）未按照规定对从业人员、被派遣劳动者、实习学生进行安全生产教育和培训，或者未按照规定如实告知有关的安全生产事项的；

（四）未如实记录安全生产教育和培训情况的；

（五）未将事故隐患排查治理情况如实记录或者未向从业人员通报的；

（六）未按照规定制定生产安全事故应急救援预案或者未定期组织演练的；

（七）特种作业人员未按照规定经专门的安全作业培训并取得相应资格，上岗作业的。

第九十五条 【生产经营单位建设项目违法（一）】生产经营单位有下列行为之一的，责令停止建设或者停产停业整顿，限期改正；逾期未改正的，处五十万元以上一百万元以下的罚款，对其直接负责的主管人员和其他直接责任人员处二万元以上五万元以下的罚款；构成犯罪的，依照刑法有关规定追究刑事责任：

（一）未按照规定对矿山、金属冶炼建设项目或者用于生产、储存、装卸危险物品的建设项目进行安全评价的；

（二）矿山、金属冶炼建设项目或者用于生产、储存、装卸危险物品的建设项目没有安全设施设计或者安全设施设计未按照规定报经有关部门审查同意的；

（三）矿山、金属冶炼建设项目或者用于生产、储存、装卸危险物品的建设项目的施工单位未按照批准的安全设施设计施工的；

（四）矿山、金属冶炼建设项目或者用于生产、储存危险物品的建设项目竣工投入生产或者使用前，安全设施未经验收合格的。

第九十六条　【生产经营单位建设项目违法（二）】生产经营单位有下列行为之一的，责令限期改正，可以处五万元以下的罚款；逾期未改正的，处五万元以上二十万元以下的罚款，对其直接负责的主管人员和其他直接责任人员处一万元以上二万元以下的罚款；情节严重的，责令停产停业整顿；构成犯罪的，依照刑法有关规定追究刑事责任：

（一）未在有较大危险因素的生产经营场所和有关设施、设备上设置明显的安全警示标志的；

（二）安全设备的安装、使用、检测、改造和报废不符合国家标准或者行业标准的；

（三）未对安全设备进行经常性维护、保养和定期检测的；

（四）未为从业人员提供符合国家标准或者行业标准的劳动防护用品的；

（五）危险物品的容器、运输工具，以及涉及人身安全、危险性较大的海洋石油开采特种设备和矿山井下特种设备未经具有专业资质的机构检测、检验合格，取得安全使用证或者安全标志，投入使用的；

（六）使用应当淘汰的危及生产安全的工艺、设备的。

第九十七条　【违法经营危险物品】未经依法批准，擅自生产、经营、运输、储存、使用危险物品或者处置废弃危险物品的，依照有关危险物品安全管理的法律、行政法规的规定予以处罚；构成犯罪的，依照刑法有关规定追究刑事责任。

第九十八条　【生产经营单位危险物品违法】生产经营单位有下列行为之一的，责令限期改正，可以处十万元以下的罚款；逾期未改正的，责令停产停业整顿，并处十万元以上二十万元以下的罚款，对其直接负责的主管人员和其他直接责任人员处二万元以上五万元以下的罚款；构成犯罪的，依照刑法有关规定追究刑事责任：

（一）生产、经营、运输、储存、使用危险物品或者处置废弃危险物品，未建立专门安全管理制度、未采取可靠的安全措施的；

（二）对重大危险源未登记建档，或者未进行评估、监控，或者未制定应急预案的；

（三）进行爆破、吊装以及国务院安全生产监督管理部门会同国务院有关部门规定的其他危险作业，未安排专门人员进行现场安全管理的；

（四）未建立事故隐患排查治理制度的。

第九十九条　【消除事故隐患的责任】生产经营单位未采取措施消除事故隐患的，责令立即消除或者限期消除；生产经营单位拒不执行的，责令停产停业整顿，并处十万元以上五十万元以下的罚款，对其直接负责的主管人员和其他直接责任人员处二万元以上五万元以下的罚款。

第一百条　【生产经营单位违法发包、出

租的法律责任】生产经营单位将生产经营项目、场所、设备发包或者出租给不具备安全生产条件或者相应资质的单位或者个人的，责令限期改正，没收违法所得；违法所得十万元以上的，并处违法所得二倍以上五倍以下的罚款；没有违法所得或者违法所得不足十万元的，单处或者并处十万元以上二十万元以下的罚款；对其直接负责的主管人员和其他直接责任人员处一万元以上二万元以下的罚款；导致发生生产安全事故给他人造成损害的，与承包方、承租方承担连带赔偿责任。

生产经营单位未与承包单位、承租单位签订专门的安全生产管理协议或者未在承包合同、租赁合同中明确各自的安全生产管理职责，或者未对承包单位、承租单位的安全生产统一协调、管理的，责令限期改正，可以处五万元以下的罚款，对其直接负责的主管人员和其他直接责任人员可以处一万元以下的罚款；逾期未改正的，责令停产停业整顿。

第一百零一条　【同一作业区域内违法行为的法律责任】两个以上生产经营单位在同一作业区域内进行可能危及对方安全生产的生产经营活动，未签订安全生产管理协议或者未指定专职安全生产管理人员进行安全检查与协调的，责令限期改正，可以处五万元以下的罚款，对其直接负责的主管人员和其他直接责任人员可以处一万元以下的罚款；逾期未改正的，责令停产停业。

第一百零二条　【生产经营场所和员工宿舍不符合有关安全要求的法律责任】生产经营单位有下列行为之一的，责令限期改正，可以处五万元以下的罚款，对其直接负责的主管人员和其他直接责任人员可以处一万元以下的罚款；逾期未改正的，责令停产停业整顿；构成犯罪的，依照刑法有关规定追究刑事责任：

（一）生产、经营、储存、使用危险物品的车间、商店、仓库与员工宿舍在同一座建筑内，或者与员工宿舍的距离不符合安全要求的；

（二）生产经营场所和员工宿舍未设有符合紧急疏散需要、标志明显、保持畅通的出口，或者锁闭、封堵生产经营场所或者员工宿舍出口的。

第一百零三条　【免责协议违法】生产经营单位与从业人员订立协议，免除或者减轻其对从业人员因生产安全事故伤亡依法应承担的责任的，该协议无效；对生产经营单位的主要负责人、个人经营的投资人处二万元以上十万元以下的罚款。

第一百零四条　【从业人员违章操作的法律责任】生产经营单位的从业人员不服从管理，违反安全生产规章制度或者操作规程的，由生产经营单位给予批评教育，依照有关规章制度给予处分；构成犯罪的，依照刑法有关规定追究刑事责任。

第一百零五条　【拒绝、阻碍监督检查的责任】违反本法规定，生产经营单位拒绝、阻碍负有安全生产监督管理职责的部门依法实施监督检查的，责令改正；拒不改正的，处二万元以上二十万元以下的罚款；对其直接负责的主管人员和其他直接责任人员处一万元以上二万元以下的罚款；构成犯罪的，依照刑法有关规定追究刑事责任。

第一百零六条　【单位负责人事故处理违法】生产经营单位的主要负责人在本单位发生生产安全事故时，不立即组织抢救或者在事故调查处理期间擅离职守或者逃匿的，给予降级、撤职的处分，并由安全生产监督管理部门处上一年年收入百分之六十至百分之一百的罚款；对逃匿的处十五日以下拘留；构成犯罪的，依照刑法有关规定追究刑事责任。

生产经营单位的主要负责人对生产安全事故隐瞒不报、谎报或者迟报的，依照前款规定处罚。

第一百零七条　【政府部门事故处理违法】有关地方人民政府、负有安全生产监督管理职责的部门，对生产安全事故隐瞒不报、谎报或者迟报的，对直接负责的主管人员和其他直接责任人员依法给予处分；构成犯罪的，依照刑法有关规定追究刑事责任。

第一百零八条　【不具备安全生产条件的生产经营单位的法律责任】生产经营单位不具备本法和其他有关法律、行政法规和国家标准或者行业标准规定的安全生产条件，经停产停业整顿仍不具备安全生产条件的，予以关闭；有关部门应当依法吊销其有关证照。

第一百零九条　【对事故责任单位的处罚】发生生产安全事故，对负有责任的生产经营单位除要求其依法承担相应的赔偿等责任外，由安全生产监督管理部门依照下列规定处以罚款：

（一）发生一般事故的，处二十万元以上五十万元以下的罚款；

（二）发生较大事故的，处五十万元以上一百万元以下的罚款；

（三）发生重大事故的，处一百万元以上五百万元以下的罚款；

（四）发生特别重大事故的，处五百万元以上一千万元以下的罚款；情节特别严重的，处一千万元以上二千万元以下的罚款。

第一百一十条　【行政处罚】本法规定的行政处罚，由安全生产监督管理部门和其他负有安全生产监督管理职责的部门按照职责分工决定。予以关闭的行政处罚由负有安全生产监督管理职责的部门报请县级以上人民政府按照国务院规定的权限决定；给予拘留的行政处罚由公安机关依照治安管理处罚法的规定决定。

第一百一十一条　【赔偿责任】生产经营单位发生生产安全事故造成人员伤亡、他人财产损失的，应当依法承担赔偿责任；拒不承担或者其负责人逃匿的，由人民法院依法强制执行。

生产安全事故的责任人未依法承担赔偿责任，经人民法院依法采取执行措施后，仍不能对受害人给予足额赔偿的，应当继续履行赔偿义务；受害人发现责任人有其他财产的，可以随时请求人民法院执行。

第七章　附　　则

第一百一十二条　【用语解释】本法下列用语的含义：

危险物品，是指易燃易爆物品、危险化学品、放射性物品等能够危及人身安全和财产安全的物品。

重大危险源，是指长期地或者临时地生产、搬运、使用或者储存危险物品，且危险物品的数量等于或者超过临界量的单元（包括场所和设施）。

第一百一十三条　【重大事故及隐患的划分及判定标准】本法规定的生产安全一般事故、较大事故、重大事故、特别重大事故的划分标准由国务院规定。

国务院安全生产监督管理部门和其他负有安全生产监督管理职责的部门应当根据各自的职责分工，制定相关行业、领域重大事故隐患的判定标准。

第一百一十四条　【生效日期】本法自2002年11月1日起施行。

建设工程安全生产管理条例

（2003年11月24日国务院令第393号公布　自2004年2月1日起施行）

第一章　总　　则

第一条　为了加强建设工程安全生产监督管理，保障人民群众生命和财产安全，根据《中华人民共和国建筑法》、《中华人民共和国安全生产法》，制定本条例。

第二条 在中华人民共和国境内从事建设工程的新建、扩建、改建和拆除等有关活动及实施对建设工程安全生产的监督管理，必须遵守本条例。

本条例所称建设工程，是指土木工程、建筑工程、线路管道和设备安装工程及装修工程。

第三条 建设工程安全生产管理，坚持安全第一、预防为主的方针。

第四条 建设单位、勘察单位、设计单位、施工单位、工程监理单位及其他与建设工程安全生产有关的单位，必须遵守安全生产法律、法规的规定，保证建设工程安全生产，依法承担建设工程安全生产责任。

第五条 国家鼓励建设工程安全生产的科学技术研究和先进技术的推广应用，推进建设工程安全生产的科学管理。

第二章 建设单位的安全责任

第六条 建设单位应当向施工单位提供施工现场及毗邻区域内供水、排水、供电、供气、供热、通信、广播电视等地下管线资料，气象和水文观测资料，相邻建筑物和构筑物、地下工程的有关资料，并保证资料的真实、准确、完整。

建设单位因建设工程需要，向有关部门或者单位查询前款规定的资料时，有关部门或者单位应当及时提供。

第七条 建设单位不得对勘察、设计、施工、工程监理等单位提出不符合建设工程安全生产法律、法规和强制性标准规定的要求，不得压缩合同约定的工期。

第八条 建设单位在编制工程概算时，应当确定建设工程安全作业环境及安全施工措施所需费用。

第九条 建设单位不得明示或者暗示施工单位购买、租赁、使用不符合安全施工要求的安全防护用具、机械设备、施工机具及配件、消防设施和器材。

第十条 建设单位在申请领取施工许可证时，应当提供建设工程有关安全施工措施的资料。

依法批准开工报告的建设工程，建设单位应当自开工报告批准之日起 15 日内，将保证安全施工的措施报送建设工程所在地的县级以上地方人民政府建设行政主管部门或者其他有关部门备案。

第十一条 建设单位应当将拆除工程发包给具有相应资质等级的施工单位。

建设单位应当在拆除工程施工 15 日前，将下列资料报送建设工程所在地的县级以上地方人民政府建设行政主管部门或者其他有关部门备案：

（一）施工单位资质等级证明；

（二）拟拆除建筑物、构筑物及可能危及毗邻建筑的说明；

（三）拆除施工组织方案；

（四）堆放、清除废弃物的措施。

实施爆破作业的，应当遵守国家有关民用爆炸物品管理的规定。

第三章 勘察、设计、工程监理及其他有关单位的安全责任

第十二条 勘察单位应当按照法律、法规和工程建设强制性标准进行勘察，提供的勘察文件应当真实、准确，满足建设工程安全生产的需要。

勘察单位在勘察作业时，应当严格执行操作规程，采取措施保证各类管线、设施和周边建筑物、构筑物的安全。

第十三条 设计单位应当按照法律、法规和工程建设强制性标准进行设计，防止因设计不合理导致生产安全事故的发生。

设计单位应当考虑施工安全操作和防护的需要，对涉及施工安全的重点部位和环节在设计文件中注明，并对防范生产安全事故提出指导意见。

采用新结构、新材料、新工艺的建设工程和特殊结构的建设工程，设计单位应当在设计中提出保障施工作业人员安全和

预防生产安全事故的措施建议。

设计单位和注册建筑师等注册执业人员应当对其设计负责。

第十四条 工程监理单位应当审查施工组织设计中的安全技术措施或者专项施工方案是否符合工程建设强制性标准。

工程监理单位在实施监理过程中，发现存在安全事故隐患的，应当要求施工单位整改；情况严重的，应当要求施工单位暂时停止施工，并及时报告建设单位。施工单位拒不整改或者不停止施工的，工程监理单位应当及时向有关主管部门报告。

工程监理单位和监理工程师应当按照法律、法规和工程建设强制性标准实施监理，并对建设工程安全生产承担监理责任。

第十五条 为建设工程提供机械设备和配件的单位，应当按照安全施工的要求配备齐全有效的保险、限位等安全设施和装置。

第十六条 出租的机械设备和施工机具及配件，应当具有生产（制造）许可证、产品合格证。

出租单位应当对出租的机械设备和施工机具及配件的安全性能进行检测，在签订租赁协议时，应当出具检测合格证明。

禁止出租检测不合格的机械设备和施工机具及配件。

第十七条 在施工现场安装、拆卸施工起重机械和整体提升脚手架、模板等自升式架设设施，必须由具有相应资质的单位承担。

安装、拆卸施工起重机械和整体提升脚手架、模板等自升式架设设施，应当编制拆装方案、制定安全施工措施，并由专业技术人员现场监督。

施工起重机械和整体提升脚手架、模板等自升式架设设施安装完毕后，安装单位应当自检，出具自检合格证明，并向施工单位进行安全使用说明，办理验收手续并签字。

第十八条 施工起重机械和整体提升脚手架、模板等自升式架设设施的使用达到国家规定的检验检测期限的，必须经具有专业资质的检验检测机构检测。经检测不合格的，不得继续使用。

第十九条 检验检测机构对检测合格的施工起重机械和整体提升脚手架、模板等自升式架设设施，应当出具安全合格证明文件，并对检测结果负责。

第四章 施工单位的安全责任

第二十条 施工单位从事建设工程的新建、扩建、改建和拆除等活动，应当具备国家规定的注册资本、专业技术人员、技术装备和安全生产等条件，依法取得相应等级的资质证书，并在其资质等级许可的范围内承揽工程。

第二十一条 施工单位主要负责人依法对本单位的安全生产工作全面负责。施工单位应当建立健全安全生产责任制度和安全生产教育培训制度，制定安全生产规章制度和操作规程，保证本单位安全生产条件所需资金的投入，对所承担的建设工程进行定期和专项安全检查，并做好安全检查记录。

施工单位的项目负责人应当由取得相应执业资格的人员担任，对建设工程项目的安全施工负责，落实安全生产责任制度、安全生产规章制度和操作规程，确保安全生产费用的有效使用，并根据工程的特点组织制定安全施工措施，消除安全事故隐患，及时、如实报告生产安全事故。

第二十二条 施工单位对列入建设工程概算的安全作业环境及安全施工措施所需费用，应当用于施工安全防护用具及设施的采购和更新、安全施工措施的落实、安全生产条件的改善，不得挪作他用。

第二十三条 施工单位应当设立安全生产管理机构，配备专职安全生产管理人员。

专职安全生产管理人员负责对安全生产进行现场监督检查。发现安全事故隐患，应当及时向项目负责人和安全生产管理机构报告；对于违章指挥、违章操作的，应当立即制止。

专职安全生产管理人员的配备办法由国务院建设行政主管部门会同国务院其他有关部门制定。

第二十四条 建设工程实行施工总承包的，由总承包单位对施工现场的安全生产负总责。

总承包单位应当自行完成建设工程主体结构的施工。

总承包单位依法将建设工程分包给其他单位的，分包合同中应当明确各自的安全生产方面的权利、义务。总承包单位和分包单位对分包工程的安全生产承担连带责任。

分包单位应当服从总承包单位的安全生产管理，分包单位不服从管理导致生产安全事故的，由分包单位承担主要责任。

第二十五条 垂直运输机械作业人员、安装拆卸工、爆破作业人员、起重信号工、登高架设作业人员等特种作业人员，必须按照国家有关规定经过专门的安全作业培训，并取得特种作业操作资格证书后，方可上岗作业。

第二十六条 施工单位应当在施工组织设计中编制安全技术措施和施工现场临时用电方案，对下列达到一定规模的危险性较大的分部分项工程编制专项施工方案，并附具安全验算结果，经施工单位技术负责人、总监理工程师签字后实施，由专职安全生产管理人员进行现场监督：

（一）基坑支护与降水工程；

（二）土方开挖工程；

（三）模板工程；

（四）起重吊装工程；

（五）脚手架工程；

（六）拆除、爆破工程；

（七）国务院建设行政主管部门或者其他有关部门规定的其他危险性较大的工程。

对前款所列工程中涉及深基坑、地下暗挖工程、高大模板工程的专项施工方案，施工单位还应当组织专家进行论证、审查。

本条第一款规定的达到一定规模的危险性较大工程的标准，由国务院建设行政主管部门会同国务院其他有关部门制定。

第二十七条 建设工程施工前，施工单位负责项目管理的技术人员应当对有关安全施工的技术要求向施工作业班组、作业人员作出详细说明，并由双方签字确认。

第二十八条 施工单位应当在施工现场入口处、施工起重机械、临时用电设施、脚手架、出入通道口、楼梯口、电梯井口、孔洞口、桥梁口、隧道口、基坑边沿、爆破物及有害危险气体和液体存放处等危险部位，设置明显的安全警示标志。安全警示标志必须符合国家标准。

施工单位应当根据不同施工阶段和周围环境及季节、气候的变化，在施工现场采取相应的安全施工措施。施工现场暂时停止施工的，施工单位应当做好现场防护，所需费用由责任方承担，或者按照合同约定执行。

第二十九条 施工单位应当将施工现场的办公、生活区与作业区分开设置，并保持安全距离；办公、生活区的选址应当符合安全性要求。职工的膳食、饮水、休息场所等应当符合卫生标准。施工单位不得在尚未竣工的建筑物内设置员工集体宿舍。

施工现场临时搭建的建筑物应当符合安全使用要求。施工现场使用的装配式活动房屋应当具有产品合格证。

第三十条 施工单位对因建设工程施工可能造成损害的毗邻建筑物、构筑物和地下管线等，应当采取专项防护措施。

施工单位应当遵守有关环境保护法律、法规的规定，在施工现场采取措施，防止或者减少粉尘、废气、废水、固体废物、噪声、振动和施工照明对人和环境的危害和污染。

在城市市区内的建设工程，施工单位应当对施工现场实行封闭围挡。

第三十一条 施工单位应当在施工现场建立消防安全责任制度，确定消防安全责任人，制定用火、用电、使用易燃易爆材料等各项消防安全管理制度和操作规程，设置消防通道、消防水源，配备消防设施和灭火器材，并在施工现场入口处设置明显标志。

第三十二条 施工单位应当向作业人员提供安全防护用具和安全防护服装，并书面告知危险岗位的操作规程和违章操作的危害。

作业人员有权对施工现场的作业条件、作业程序和作业方式中存在的安全问题提出批评、检举和控告，有权拒绝违章指挥和强令冒险作业。

在施工中发生危及人身安全的紧急情况时，作业人员有权立即停止作业或者在采取必要的应急措施后撤离危险区域。

第三十三条 作业人员应当遵守安全施工的强制性标准、规章制度和操作规程，正确使用安全防护用具、机械设备等。

第三十四条 施工单位采购、租赁的安全防护用具、机械设备、施工机具及配件，应当具有生产（制造）许可证、产品合格证，并在进入施工现场前进行查验。

施工现场的安全防护用具、机械设备、施工机具及配件必须由专人管理，定期进行检查、维修和保养，建立相应的资料档案，并按照国家有关规定及时报废。

第三十五条 施工单位在使用施工起重机械和整体提升脚手架、模板等自升式架设设施前，应当组织有关单位进行验收，也可以委托具有相应资质的检验检测机构进行验收；使用承租的机械设备和施工机具及配件的，由施工总承包单位、分包单位、出租单位和安装单位共同进行验收。验收合格的方可使用。

《特种设备安全监察条例》规定的施工起重机械，在验收前应当经有相应资质的检验检测机构监督检验合格。

施工单位应当自施工起重机械和整体提升脚手架、模板等自升式架设设施验收合格之日起30日内，向建设行政主管部门或者其他有关部门登记。登记标志应当置于或者附着于该设备的显著位置。

第三十六条 施工单位的主要负责人、项目负责人、专职安全生产管理人员应当经建设行政主管部门或者其他有关部门考核合格后方可任职。

施工单位应当对管理人员和作业人员每年至少进行一次安全生产教育培训，其教育培训情况记入个人工作档案。安全生产教育培训考核不合格的人员，不得上岗。

第三十七条 作业人员进入新的岗位或者新的施工现场前，应当接受安全生产教育培训。未经教育培训或者教育培训考核不合格的人员，不得上岗作业。

施工单位在采用新技术、新工艺、新设备、新材料时，应当对作业人员进行相应的安全生产教育培训。

第三十八条 施工单位应当为施工现场从事危险作业的人员办理意外伤害保险。

意外伤害保险费由施工单位支付。实行施工总承包的，由总承包单位支付意外伤害保险费。意外伤害保险期限自建设工程开工之日起至竣工验收合格止。

第五章 监督管理

第三十九条 国务院负责安全生产监督管理的部门依照《中华人民共和国安全生产法》的规定，对全国建设工程安全生产工作实施综合监督管理。

县级以上地方人民政府负责安全生产监督管理的部门依照《中华人民共和国安全生产法》的规定，对本行政区域内建设工程安全生产工作实施综合监督管理。

第四十条 国务院建设行政主管部门对全国的建设工程安全生产实施监督管理。国务院铁路、交通、水利等有关部门按照国务院规定的职责分工，负责有关专业建设工程安全生产的监督管理。

县级以上地方人民政府建设行政主管部门对本行政区域内的建设工程安全生产实施监督管理。县级以上地方人民政府交通、水利等有关部门在各自的职责范围内，负责本行政区域内的专业建设工程安全生产的监督管理。

第四十一条 建设行政主管部门和其他有关部门应当将本条例第十条、第十一条规定的有关资料的主要内容抄送同级负责安全生产监督管理的部门。

第四十二条 建设行政主管部门在审核发放施工许可证时，应当对建设工程是否有安全施工措施进行审查，对没有安全施工措施的，不得颁发施工许可证。

建设行政主管部门或者其他有关部门对建设工程是否有安全施工措施进行审查时，不得收取费用。

第四十三条 县级以上人民政府负有建设工程安全生产监督管理职责的部门在各自的职责范围内履行安全监督检查职责时，有权采取下列措施：

（一）要求被检查单位提供有关建设工程安全生产的文件和资料；

（二）进入被检查单位施工现场进行检查；

（三）纠正施工中违反安全生产要求的行为；

（四）对检查中发现的安全事故隐患，责令立即排除；重大安全事故隐患排除前或者排除过程中无法保证安全的，责令从危险区域内撤出作业人员或者暂时停止施工。

第四十四条 建设行政主管部门或者其他有关部门可以将施工现场的监督检查委托给建设工程安全监督机构具体实施。

第四十五条 国家对严重危及施工安全的工艺、设备、材料实行淘汰制度。具体目录由国务院建设行政主管部门会同国务院其他有关部门制定并公布。

第四十六条 县级以上人民政府建设行政主管部门和其他有关部门应当及时受理对建设工程生产安全事故及安全事故隐患的检举、控告和投诉。

第六章 生产安全事故的应急救援和调查处理

第四十七条 县级以上地方人民政府建设行政主管部门应当根据本级人民政府的要求，制定本行政区域内建设工程特大生产安全事故应急救援预案。

第四十八条 施工单位应当制定本单位生产安全事故应急救援预案，建立应急救援组织或者配备应急救援人员，配备必要的应急救援器材、设备，并定期组织演练。

第四十九条 施工单位应当根据建设工程施工的特点、范围，对施工现场易发生重大事故的部位、环节进行监控，制定施工现场生产安全事故应急救援预案。实行施工总承包的，由总承包单位统一组织编制建设工程生产安全事故应急救援预案，工程总承包单位和分包单位按照应急救援预案，各自建立应急救援组织或者配备应急救援人员，配备救援器材、设备，并定期组织演练。

第五十条 施工单位发生生产安全事故，应当按照国家有关伤亡事故报告和调查处理的规定，及时、如实地向负责安全生产监督管理的部门、建设行政主管部门或者其他有关部门报告；特种设备发生事故的，还应当同时向特种设备安全监督管理部门报告。接到报告的部门应当按照国家有关规定，如实上报。

实行施工总承包的建设工程，由总承包单位负责上报事故。

第五十一条 发生生产安全事故后，施工单位应当采取措施防止事故扩大，保护事故现场。需要移动现场物品时，应当做出标记和书面记录，妥善保管有关证物。

第五十二条 建设工程生产安全事故的调查、对事故责任单位和责任人的处罚与处理，按照有关法律、法规的规定执行。

第七章 法律责任

第五十三条 违反本条例的规定，县级以上人民政府建设行政主管部门或者其他有关行政管理部门的工作人员，有下列行为之一的，给予降级或者撤职的行政处分；构成犯罪的，依照刑法有关规定追究刑事责任：

（一）对不具备安全生产条件的施工单位颁发资质证书的；

（二）对没有安全施工措施的建设工程颁发施工许可证的；

（三）发现违法行为不予查处的；

（四）不依法履行监督管理职责的其他行为。

第五十四条 违反本条例的规定，建设单位未提供建设工程安全生产作业环境及安全施工措施所需费用的，责令限期改正；逾期未改正的，责令该建设工程停止施工。

建设单位未将保证安全施工的措施或者拆除工程的有关资料报送有关部门备案的，责令限期改正，给予警告。

第五十五条 违反本条例的规定，建设单位有下列行为之一的，责令限期改正，处20万元以上50万元以下的罚款；造成重大安全事故，构成犯罪的，对直接责任人员，依照刑法有关规定追究刑事责任；造成损失的，依法承担赔偿责任：

（一）对勘察、设计、施工、工程监理等单位提出不符合安全生产法律、法规和强制性标准规定的要求的；

（二）要求施工单位压缩合同约定的工期的；

（三）将拆除工程发包给不具有相应资质等级的施工单位的。

第五十六条 违反本条例的规定，勘察单位、设计单位有下列行为之一的，责令限期改正，处10万元以上30万元以下的罚款；情节严重的，责令停业整顿，降低资质等级，直至吊销资质证书；造成重大安全事故，构成犯罪的，对直接责任人员，依照刑法有关规定追究刑事责任；造成损失的，依法承担赔偿责任：

（一）未按照法律、法规和工程建设强制性标准进行勘察、设计的；

（二）采用新结构、新材料、新工艺的建设工程和特殊结构的建设工程，设计单位未在设计中提出保障施工作业人员安全和预防生产安全事故的措施建议的。

第五十七条 违反本条例的规定，工程监理单位有下列行为之一的，责令限期改正；逾期未改正的，责令停业整顿，并处10万元以上30万元以下的罚款；情节严重的，降低资质等级，直至吊销资质证书；造成重大安全事故，构成犯罪的，对直接责任人员，依照刑法有关规定追究刑事责任；造成损失的，依法承担赔偿责任：

（一）未对施工组织设计中的安全技术措施或者专项施工方案进行审查的；

（二）发现安全事故隐患未及时要求施工单位整改或者暂时停止施工的；

（三）施工单位拒不整改或者不停止施工，未及时向有关主管部门报告的；

（四）未依照法律、法规和工程建设强制性标准实施监理的。

第五十八条 注册执业人员未执行法律、法规和工程建设强制性标准的，责令停止执业3个月以上1年以下；情节严重的，吊销执业资格证书，5年内不予注册；造成重大安全事故的，终身不予注册；构成犯罪的，依照刑法有关规定追究刑事责任。

第五十九条 违反本条例的规定，为建设工程提供机械设备和配件的单位，未按照安全施工的要求配备齐全有效的保险、限位等安全设施和装置的，责令限期改正，处合同价款1倍以上3倍以下的罚款；造成损失的，依法承担赔偿责任。

第六十条 违反本条例的规定，出租单位出租未经安全性能检测或者经检测不合格的机械设备和施工机具及配件的，责令停业整顿，并处5万元以上10万元以下的罚款；造成损失的，依法承担赔偿责任。

第六十一条 违反本条例的规定，施工起重机械和整体提升脚手架、模板等自升式架设设施安装、拆卸单位有下列行为之一的，责令限期改正，处5万元以上10万元以下的罚款；情节严重的，责令停业整顿，降低资质等级，直至吊销资质证书；造成损失的，依法承担赔偿责任：

（一）未编制拆装方案、制定安全施工措施的；

（二）未由专业技术人员现场监督的；

（三）未出具自检合格证明或者出具虚假证明的；

（四）未向施工单位进行安全使用说明，办理移交手续的。

施工起重机械和整体提升脚手架、模板等自升式架设设施安装、拆卸单位有前款规定的第（一）项、第（三）项行为，经有关部门或者单位职工提出后，对事故隐患仍不采取措施，因而发生重大伤亡事故或者造成其他严重后果，构成犯罪的，对直接责任人员，依照刑法有关规定追究刑事责任。

第六十二条 违反本条例的规定，施工单位有下列行为之一的，责令限期改正；逾期未改正的，责令停业整顿，依照《中华人民共和国安全生产法》的有关规定处以罚款；造成重大安全事故，构成犯罪的，对直接责任人员，依照刑法有关规定追究刑事责任：

（一）未设立安全生产管理机构、配备专职安全生产管理人员或者分部分项工程施工时无专职安全生产管理人员现场监督的；

（二）施工单位的主要负责人、项目负责人、专职安全生产管理人员、作业人员或者特种作业人员，未经安全教育培训或者经考核不合格即从事相关工作的；

（三）未在施工现场的危险部位设置明显的安全警示标志，或者未按照国家有关规定在施工现场设置消防通道、消防水源、配备消防设施和灭火器材的；

（四）未向作业人员提供安全防护用具和安全防护服装的；

（五）未按照规定在施工起重机械和整体提升脚手架、模板等自升式架设设施验收合格后登记的；

（六）使用国家明令淘汰、禁止使用的危及施工安全的工艺、设备、材料的。

第六十三条 违反本条例的规定，施工单位挪用列入建设工程概算的安全生产作业环境及安全施工措施所需费用的，责令限期改正，处挪用费用20%以上50%以下的罚款；造成损失的，依法承担赔偿责任。

第六十四条 违反本条例的规定，施工单位有下列行为之一的，责令限期改正；逾期未改正的，责令停业整顿，并处5万元以上10万元以下的罚款；造成重大安全事故，构成犯罪的，对直接责任人员，依照刑法有关规定追究刑事责任：

（一）施工前未对有关安全施工的技术要求作出详细说明的；

（二）未根据不同施工阶段和周围环境及季节、气候的变化，在施工现场采取相应的安全施工措施，或者在城市市区内的建设工程的施工现场未实行封闭围挡的；

（三）在尚未竣工的建筑物内设置员工集体宿舍的；

（四）施工现场临时搭建的建筑物不符合安全使用要求的；

（五）未对因建设工程施工可能造成损害的毗邻建筑物、构筑物和地下管线等采取专项防护措施的。

施工单位有前款规定第（四）项、第（五）项行为，造成损失的，依法承担赔偿责任。

第六十五条 违反本条例的规定，施工单位有下列行为之一的，责令限期改正；逾期未改正的，责令停业整顿，并处10万元以上30万元以下的罚款；情节严重的，降低资质等级，直至吊销资质证书；造成重大安全事故，构成犯罪的，对直接责任人员，依照刑法有关规定追究刑事责任；造成损失的，依法承担赔偿责任：

（一）安全防护用具、机械设备、施工机具及配件在进入施工现场前未经查验或者查验不合格即投入使用的；

（二）使用未经验收或者验收不合格的施工起重机械和整体提升脚手架、模板等自升式架设设施的；

（三）委托不具有相应资质的单位承担施工现场安装、拆卸施工起重机械和整体提升脚手架、模板等自升式架设设施的；

（四）在施工组织设计中未编制安全技术措施、施工现场临时用电方案或者专项施工方案的。

第六十六条 违反本条例的规定，施工单位的主要负责人、项目负责人未履行安全生产管理职责的，责令限期改正；逾期未改正的，责令施工单位停业整顿；造成重大安全事故、重大伤亡事故或者其他严重后果，构成犯罪的，依照刑法有关规定追究刑事责任。

作业人员不服管理、违反规章制度和操作规程冒险作业造成重大伤亡事故或者其他严重后果，构成犯罪的，依照刑法有关规定追究刑事责任。

施工单位的主要负责人、项目负责人有前款违法行为，尚不够刑事处罚的，处2万元以上20万元以下的罚款或者按照管理权限给予撤职处分；自刑罚执行完毕或者受处分之日起，5年内不得担任任何施工单位的主要负责人、项目负责人。

第六十七条 施工单位取得资质证书后，降低安全生产条件的，责令限期改正；经整改仍未达到与其资质等级相适应的安全生产条件的，责令停业整顿，降低其资质等级直至吊销资质证书。

第六十八条 本条例规定的行政处罚，由建设行政主管部门或者其他有关部门依照法定职权决定。

违反消防安全管理规定的行为，由公安消防机构依法处罚。

有关法律、行政法规对建设工程安全生产违法行为的行政处罚决定机关另有规定的，从其规定。

第八章　附　　则

第六十九条 抢险救灾和农民自建低层住宅的安全生产管理，不适用本条例。

第七十条 军事建设工程的安全生产管理，按照中央军事委员会的有关规定执行。

第七十一条 本条例自2004年2月1日起施行。

国务院关于特大安全事故行政责任追究的规定

（2001年4月21日国务院令第302号公布　自公布之日起施行）

第一条 为了有效地防范特大安全事故的发生，严肃追究特大安全事故的行政责任，保障人民群众生命、财产安全，制定本规定。

第二条 地方人民政府主要领导人和政府有关部门正职负责人对下列特大安全事故的防范、发生，依照法律、行政法规和本规定的规定有失职、渎职情形或者负有领导责任的，依照本规定给予行政处分；构成玩忽职守罪或者其他罪的，依法追究刑事责任：

（一）特大火灾事故；

（二）特大交通安全事故；

（三）特大建筑质量安全事故；

（四）民用爆炸物品和化学危险品特大安全事故；

（五）煤矿和其他矿山特大安全事故；

（六）锅炉、压力容器、压力管道和特种设备特大安全事故；

（七）其他特大安全事故。

地方人民政府和政府有关部门对特大安全事故的防范、发生直接负责的主管人员和其他直接责任人员，比照本规定给予行政处分；构成玩忽职守罪或者其他罪的，依法追究刑事责任。

特大安全事故肇事单位和个人的刑事处罚、行政处罚和民事责任，依照有关法律、法规和规章的规定执行。

第三条 特大安全事故的具体标准，按照国家有关规定执行。

第四条 地方各级人民政府及政府有关部门应当依照有关法律、法规和规章的规定，采取行政措施，对本地区实施安全监督管理，保障本地区人民群众生命、财产安全，对本地区或者职责范围内防范特大安全事故的发生、特大安全事故发生后的迅速和妥善处理负责。

第五条 地方各级人民政府应当每个季度至少召开一次防范特大安全事故工作会议，由政府主要领导人或者政府主要领导人委托政府分管领导人召集有关部门正职负责人参加，分析、布置、督促、检查本地区防范特大安全事故的工作。会议应当作出决定并形成纪要，会议确定的各项防范措施必须严格实施。

第六条 市（地、州）、县（市、区）人民政府应当组织有关部门按照职责分工对本地区容易发生特大安全事故的单位、设施和场所安全事故的防范明确责任、采取措施，并组织有关部门对上述单位、设施和场所进行严格检查。

第七条 市（地、州）、县（市、区）人民政府必须制定本地区特大安全事故应急处理预案。本地区特大安全事故应急处理预案经政府主要领导人签署后，报上一级人民政府备案。

第八条 市（地、州）、县（市、区）人民政府应当组织有关部门对本规定第二条所列各类特大安全事故的隐患进行查处；发现特大安全事故隐患的，责令立即排除；特大安全事故隐患排除前或者排除过程中，无法保证安全的，责令暂时停产、停业或者停止使用。法律、行政法规对查处机关另有规定的，依照其规定。

第九条 市（地、州）、县（市、区）人民政府及其有关部门对本地区存在的特大安全事故隐患，超出其管辖或者职责范围的，应当立即向有管辖权或者负有职责的上级人民政府或者政府有关部门报告；情况紧急的，可以立即采取包括责令暂时停产、停业在内的紧急措施，同时报告；有关上级人民政府或者政府有关部门接到报告后，应当立即组织查处。

第十条 中小学校对学生进行劳动技能教育以及组织学生参加公益劳动等社会实践活动，必须确保学生安全。严禁以任何形式、名义组织学生从事接触易燃、易爆、有毒、有害等危险品的劳动或者其他危险性劳动。严禁将学校场地出租作为从事易燃、易爆、有毒、有害等危险品的生产、经营场所。

中小学校违反前款规定的，按照学校隶属关系，对县（市、区）、乡（镇）人民政府主要领导人和县（市、区）人民政府教育行政部门正职负责人，根据情节轻重，给予记过、降级直至撤职的行政处分；构成玩忽职守罪或者其他罪的，依法追究刑事责任。

中小学校违反本条第一款规定的，对校长给予撤职的行政处分，对直接组织者给予开除公职的行政处分；构成非法制造爆炸物罪或者其他罪的，依法追究刑事责任。

第十一条 依法对涉及安全生产事项负责行政审批（包括批准、核准、许可、注册、认证、颁发证照、竣工验收等，下同）的政府部门或者机构，必须严格依照法律、法规和规章规定的安全条件和程序进行审查；不符合法律、法规和规章规定的安全条件的，不得批准；不符合法律、法规和规章规定的安全条件，弄虚作假，骗取批准或者勾结串通行政审批工作人员取得批准的，负责行政审批的政府部门或者机构除必须立即撤销原批准外，应当对弄虚作假骗取批准或者勾结串通行政审批工作人员的当事人依法给予行政处罚；构成行贿罪或者其他罪的，依法追究刑事责任。

负责行政审批的政府部门或者机构违反前款规定，对不符合法律、法规和规章规定的安全条件予以批准的，对部门或者机构的正职负责人，根据情节轻重，给予降级、撤职直至开除公职的行政处分；与当事人勾结串通的，应当开除公职；构成受贿罪、玩忽职守罪或者其他罪的，依法追究刑事责任。

第十二条 对依照本规定第十一条第一款的规定取得批准的单位和个人，负责行政审批的政府部门或者机构必须对其实施严格监督检查；发现其不再具备安全条件的，必须立即撤销原批准。

负责行政审批的政府部门或者机构违反前款规定，不对取得批准的单位和个人实施严格监督检查，或者发现其不再具备安全条件而不立即撤销原批准的，对部门或者机构的正职负责人，根据情节轻重，给予降级或者撤职的行政处分；构成受贿罪、玩忽职守罪或者其他罪的，依法追究刑事责任。

第十三条 对未依法取得批准，擅自从事有关活动的，负责行政审批的政府部门或者机构发现或者接到举报后，应当立即予以查封、取缔，并依法给予行政处罚；属于经营单位的，由工商行政管理部门依法相应吊销营业执照。

负责行政审批的政府部门或者机构违反前款规定，对发现或者举报的未依法取得批准而擅自从事有关活动的，不予查封、取缔、不依法给予行政处罚，工商行政管理部门不予吊销营业执照的，对部门或者机构的正职负责人，根据情节轻重，给予降级或者撤职的行政处分；构成受贿罪、玩忽职守罪或者其他罪的，依法追究刑事责任。

第十四条 市（地、州）、县（市、区）人民政府依照本规定应当履行职责而未履行，或者未按照规定的职责和程序履行，本地区发生特大安全事故的，对政府主要领导人，根据情节轻重，给予降级或者撤职的行政处分；构成玩忽职守罪的，依法追究刑事责任。

负责行政审批的政府部门或者机构、负责安全监督管理的政府有关部门，未依照本规定履行职责，发生特大安全事故的，对部门或者机构的正职负责人，根据情节轻重，给予撤职或者开除公职的行政处分；构成玩忽职守罪或者其他罪的，依法追究刑事责任。

第十五条 发生特大安全事故，社会影响特别恶劣或者性质特别严重的，由国务院对负有领导责任的省长、自治区主席、直辖市市长和国务院有关部门正职负责人给予行政处分。

第十六条 特大安全事故发生后，有关县（市、区）、市（地、州）和省、自治区、直辖市人民政府及政府有关部门应当按照国家规定的程序和时限立即上报，不得隐瞒不报、谎报或者拖延报告，并应当配合、协助事故调查，不得以任何方式阻碍、干涉事故调查。

特大安全事故发生后，有关地方人民政府及政府有关部门违反前款规定的，对政府主要领导人和政府部门正职负责人给予降级的行政处分。

第十七条 特大安全事故发生后，有关地方人民政府应当迅速组织救助，有关部门应当服从指挥、调度，参加或者配合救助，将事故损失降到最低限度。

第十八条 特大安全事故发生后，省、自治区、直辖市人民政府应当按照国家有关规定迅速、如实发布事故消息。

第十九条 特大安全事故发生后，按照国家有关规定组织调查组对事故进行调查。事故调查工作应当自事故发生之日起60日内完成，并由调查组提出调查报告；遇有特殊情况的，经调查组提出并报国家安全生产监督管理机构批准后，可以适当延长时间。调查报告应当包括依照本规定对有关责任人员追究行政责任或者其他法律责任的意见。

省、自治区、直辖市人民政府应当自调查报告提交之日起30日内，对有关责任人员作出处理决定；必要时，国务院可以对特大安全事故的有关责任人员作出处理决定。

第二十条 地方人民政府或者政府部门阻挠、干涉对特大安全事故有关责任人员追究行政责任的，对该地方人民政府主要领导人或者政府部门正职负责人，根据情节轻重，给予降级或者撤职的行政处分。

第二十一条 任何单位和个人均有权向有关地方人民政府或者政府部门报告特大安全事故隐患，有权向上级人民政府或者政府部门举报地方人民政府或者政府部门不履行安全监督管理职责或者不按照规定履行职责的情况。接到报告或者举报的有关人民政府或者政府部门，应当立即组织对事故隐患进行查处，或者对举报的不履行、不按照规定履行安全监督管理职责的情况进行调查处理。

第二十二条 监察机关依照行政监察法的规定，对地方各级人民政府和政府部门及其工作人员履行安全监督管理职责实施监察。

第二十三条 对特大安全事故以外的其他安全事故的防范、发生追究行政责任的办法，由省、自治区、直辖市人民政府参照本规定制定。

第二十四条 本规定自公布之日起施行。

安全生产许可证条例

（2004年1月13日中华人民共和国国务院令第397号公布　根据2013年7月18日《国务院关于废止和修改部分行政法规的决定》第一次修订　根据2014年7月29日《国务院关于修改部分行政法规的决定》第二次修订）

第一条 为了严格规范安全生产条件，进一步加强安全生产监督管理，防止和减少生产安全事故，根据《中华人民共和国安全生产法》的有关规定，制定本条例。

第二条 国家对矿山企业、建筑施工企业和危险化学品、烟花爆竹、民用爆炸物品生产企业（以下统称企业）实行安全生产许可制度。

企业未取得安全生产许可证的，不得从事生产活动。

第三条 国务院安全生产监督管理部门负责中央管理的非煤矿矿山企业和危险化学品、烟花爆竹生产企业安全生产许可证的颁发和管理。

省、自治区、直辖市人民政府安全生产监督管理部门负责前款规定以外的非煤矿矿山企业和危险化学品、烟花爆竹生产企业安全生产许可证的颁发和管理，并接受国务院安全生产监督管理部门的指导和监督。

国家煤矿安全监察机构负责中央管理的煤矿企业安全生产许可证的颁发和管理。

在省、自治区、直辖市设立的煤矿安全监察机构负责前款规定以外的其他煤矿企业安全生产许可证的颁发和管理，并接受国家煤矿安全监察机构的指导和监督。

第四条 省、自治区、直辖市人民政府建设主管部门负责建筑施工企业安全生产许可证的颁发和管理，并接受国务院建设主管部门的指导和监督。

第五条 省、自治区、直辖市人民政府民用爆炸物品行业主管部门负责民用爆炸物品生产企业安全生产许可证的颁发和管理，并接受国务院民用爆炸物品行业主管部门的指导和监督。

第六条 企业取得安全生产许可证，应当具备下列安全生产条件：

（一）建立、健全安全生产责任制，制定完备的安全生产规章制度和操作规程；

（二）安全投入符合安全生产要求；

（三）设置安全生产管理机构，配备专职安全生产管理人员；

（四）主要负责人和安全生产管理人员经考核合格；

（五）特种作业人员经有关业务主管部门考核合格，取得特种作业操作资格证书；

（六）从业人员经安全生产教育和培训合格；

（七）依法参加工伤保险，为从业人员缴纳保险费；

（八）厂房、作业场所和安全设施、设备、工艺符合有关安全生产法律、法规、标准和规程的要求；

（九）有职业危害防治措施，并为从业人员配备符合国家标准或者行业标准的劳动防护用品；

（十）依法进行安全评价；

（十一）有重大危险源检测、评估、监控措施和应急预案；

（十二）有生产安全事故应急救援预案、应急救援组织或者应急救援人员，配备必要的应急救援器材、设备；

（十三）法律、法规规定的其他条件。

第七条 企业进行生产前，应当依照本条例的规定向安全生产许可证颁发管理机关申请领取安全生产许可证，并提供本条例第六条规定的相关文件、资料。安全生产许可证颁发管理机关应当自收到申请之日起45日内审查完毕，经审查符合本条例规定的安全生产条件的，颁发安全生产许可证；不符合本条例规定的安全生产条件的，不予颁发安全生产许可证，书面通知企业并说明理由。

煤矿企业应当以矿（井）为单位，依照本条例的规定取得安全生产许可证。

第八条 安全生产许可证由国务院安全生产监督管理部门规定统一的式样。

第九条 安全生产许可证的有效期为3年。安全生产许可证有效期满需要延期的，企业应当于期满前3个月向原安全生产许可证颁发管理机关办理延期手续。

企业在安全生产许可证有效期内，严格遵守有关安全生产的法律法规，未发生死亡事故的，安全生产许可证有效期届满时，经原安全生产许可证颁发管理机关同意，不再审查，安全生产许可证有效期延期3年。

第十条 安全生产许可证颁发管理机关应当建立、健全安全生产许可证档案管理制度，并定期向社会公布企业取得安全生产许可证的情况。

第十一条 煤矿企业安全生产许可证颁发管理机关、建筑施工企业安全生产许可证颁发管理机关、民用爆炸物品生产企业安全生产许可证颁发管理机关，应当每年向同级安全生产监督管理部门通报其安全生产许可证颁发和管理情况。

第十二条 国务院安全生产监督管理部门和省、自治区、直辖市人民政府安全生产监督管理部门对建筑施工企业、民用爆炸物品生产企业、煤矿企业取得安全生产许可证的情况进行监督。

第十三条 企业不得转让、冒用安全生产许可证或者使用伪造的安全生产许可证。

第十四条 企业取得安全生产许可证后，

不得降低安全生产条件，并应当加强日常安全生产管理，接受安全生产许可证颁发管理机关的监督检查。

安全生产许可证颁发管理机关应当加强对取得安全生产许可证的企业的监督检查，发现其不再具备本条例规定的安全生产条件的，应当暂扣或者吊销安全生产许可证。

第十五条 安全生产许可证颁发管理机关工作人员在安全生产许可证颁发、管理和监督检查工作中，不得索取或者接受企业的财物，不得谋取其他利益。

第十六条 监察机关依照《中华人民共和国行政监察法》的规定，对安全生产许可证颁发管理机关及其工作人员履行本条例规定的职责实施监察。

第十七条 任何单位或者个人对违反本条例规定的行为，有权向安全生产许可证颁发管理机关或者监察机关等有关部门举报。

第十八条 安全生产许可证颁发管理机关工作人员有下列行为之一的，给予降级或者撤职的行政处分；构成犯罪的，依法追究刑事责任：

（一）向不符合本条例规定的安全生产条件的企业颁发安全生产许可证的；

（二）发现企业未依法取得安全生产许可证擅自从事生产活动，不依法处理的；

（三）发现取得安全生产许可证的企业不再具备本条例规定的安全生产条件，不依法处理的；

（四）接到对违反本条例规定行为的举报后，不及时处理的；

（五）在安全生产许可证颁发、管理和监督检查工作中，索取或者接受企业的财物，或者谋取其他利益的。

第十九条 违反本条例规定，未取得安全生产许可证擅自进行生产的，责令停止生产，没收违法所得，并处10万元以上50万元以下的罚款；造成重大事故或者其他严重后果，构成犯罪的，依法追究刑事责任。

第二十条 违反本条例规定，安全生产许可证有效期满未办理延期手续，继续进行生产的，责令停止生产，限期补办延期手续，没收违法所得，并处5万元以上10万元以下的罚款；逾期仍不办理延期手续，继续进行生产的，依照本条例第十九条的规定处罚。

第二十一条 违反本条例规定，转让安全生产许可证的，没收违法所得，处10万元以上50万元以下的罚款，并吊销其安全生产许可证；构成犯罪的，依法追究刑事责任；接受转让的，依照本条例第十九条的规定处罚。

冒用安全生产许可证或者使用伪造的安全生产许可证的，依照本条例第十九条的规定处罚。

第二十二条 本条例施行前已经进行生产的企业，应当自本条例施行之日起1年内，依照本条例的规定向安全生产许可证颁发管理机关申请办理安全生产许可证；逾期不办理安全生产许可证，或者经审查不符合本条例规定的安全生产条件，未取得安全生产许可证，继续进行生产的，依照本条例第十九条的规定处罚。

第二十三条 本条例规定的行政处罚，由安全生产许可证颁发管理机关决定。

第二十四条 本条例自公布之日起施行。

建筑施工企业安全生产许可证管理规定

（2004年7月5日建设部令第128号公布　根据2015年1月22日《住房和城乡建设部关于修改〈市政公用设施抗灾设防管理规定〉等部门规章的决定》修订）

第一章　总　　则

第一条 为了严格规范建筑施工企业安全生产条件，进一步加强安全生产监督管理，防止和减少生产安全事故，根据《安全生产许可证条例》、《建设工程安全生产管理条例》等有关行政法规，制定本规定。

第二条 国家对建筑施工企业实行安全生产许可制度。

建筑施工企业未取得安全生产许可证的，不得从事建筑施工活动。

本规定所称建筑施工企业，是指从事土木工程、建筑工程、线路管道和设备安装工程及装修工程的新建、扩建、改建和拆除等有关活动的企业。

第三条 国务院住房城乡建设主管部门负责对全国建筑施工企业安全生产许可证的颁发和管理工作进行监督指导。

省、自治区、直辖市人民政府住房城乡建设主管部门负责本行政区域内建筑施工企业安全生产许可证的颁发和管理工作。

市、县人民政府住房城乡建设主管部门负责本行政区域内建筑施工企业安全生产许可证的监督管理，并将监督检查中发现的企业违法行为及时报告安全生产许可证颁发管理机关。

第二章 安全生产条件

第四条 建筑施工企业取得安全生产许可证，应当具备下列安全生产条件：

（一）建立、健全安全生产责任制，制定完备的安全生产规章制度和操作规程；

（二）保证本单位安全生产条件所需资金的投入；

（三）设置安全生产管理机构，按照国家有关规定配备专职安全生产管理人员；

（四）主要负责人、项目负责人、专职安全生产管理人员经住房城乡建设主管部门或者其他有关部门考核合格；

（五）特种作业人员经有关业务主管部门考核合格，取得特种作业操作资格证书；

（六）管理人员和作业人员每年至少进行一次安全生产教育培训并考核合格；

（七）依法参加工伤保险，依法为施工现场从事危险作业的人员办理意外伤害保险，为从业人员交纳保险费；

（八）施工现场的办公、生活区及作业场所和安全防护用具、机械设备、施工机具及配件符合有关安全生产法律、法规、标准和规程的要求；

（九）有职业危害防治措施，并为作业人员配备符合国家标准或者行业标准的安全防护用具和安全防护服装；

（十）有对危险性较大的分部分项工程及施工现场易发生重大事故的部位、环节的预防、监控措施和应急预案；

（十一）有生产安全事故应急救援预案、应急救援组织或者应急救援人员，配备必要的应急救援器材、设备；

（十二）法律、法规规定的其他条件。

第三章 安全生产许可证的申请与颁发

第五条 建筑施工企业从事建筑施工活动前，应当依照本规定向企业注册所在地省、自治区、直辖市人民政府住房城乡建设主管部门申请领取安全生产许可证。

第六条 建筑施工企业申请安全生产许可证时，应当向住房城乡建设主管部门提供下列材料：

（一）建筑施工企业安全生产许可证申请表；

（二）企业法人营业执照；

（三）第四条规定的相关文件、材料。

建筑施工企业申请安全生产许可证，应当对申请材料实质内容的真实性负责，不得隐瞒有关情况或者提供虚假材料。

第七条 住房城乡建设主管部门应当自受理建筑施工企业的申请之日起45日内审查完毕；经审查符合安全生产条件的，颁发安全生产许可证；不符合安全生产条件的，不予颁发安全生产许可证，书面通知企业并说明理由。企业自接到通知之日起应当进行整改，整改合格后方可再次提出申请。

住房城乡建设主管部门审查建筑施工企业安全生产许可证申请，涉及铁路、交通、水利等有关专业工程时，可以征求铁路、交通、水利等有关部门的意见。

第八条 安全生产许可证的有效期为3年。安全生产许可证有效期满需要延期的，企业应当于期满前3个月向原安全生产许可证颁发管理机关申请办理延期手续。

企业在安全生产许可证有效期内，严格遵守有关安全生产的法律法规，未发生死亡事故的，安全生产许可证有效期届满时，经原安全生产许可证颁发管理机关同意，不再审查，安全生产许可证有效期延期3年。

第九条 建筑施工企业变更名称、地址、法定代表人等，应当在变更后10日内，到原安全生产许可证颁发管理机关办理安全生产许可证变更手续。

第十条 建筑施工企业破产、倒闭、撤销的，应当将安全生产许可证交回原安全生产许可证颁发管理机关予以注销。

第十一条 建筑施工企业遗失安全生产许可证，应当立即向原安全生产许可证颁发管理机关报告，并在公众媒体上声明作废后，方可申请补办。

第十二条 安全生产许可证申请表采用建设部规定的统一式样。

安全生产许可证采用国务院安全生产监督管理部门规定的统一式样。

安全生产许可证分正本和副本，正、副本具有同等法律效力。

第四章 监督管理

第十三条 县级以上人民政府住房城乡建设主管部门应当加强对建筑施工企业安全生产许可证的监督管理。住房城乡建设主管部门在审核发放施工许可证时，应当对已经确定的建筑施工企业是否有安全生产许可证进行审查，对没有取得安全生产许可证的，不得颁发施工许可证。

第十四条 跨省从事建筑施工活动的建筑施工企业有违反本规定行为的，由工程所在地的省级人民政府住房城乡建设主管部门将建筑施工企业在本地区的违法事实、处理结果和处理建议抄告原安全生产许可证颁发管理机关。

第十五条 建筑施工企业取得安全生产许可证后，不得降低安全生产条件，并应当加强日常安全生产管理，接受住房城乡建设主管部门的监督检查。安全生产许可证颁发管理机关发现企业不再具备安全生产条件的，应当暂扣或者吊销安全生产许可证。

第十六条 安全生产许可证颁发管理机关或者其上级行政机关发现有下列情形之一的，可以撤销已经颁发的安全生产许可证：

（一）安全生产许可证颁发管理机关工作人员滥用职权、玩忽职守颁发安全生产许可证的；

（二）超越法定职权颁发安全生产许可证的；

（三）违反法定程序颁发安全生产许可证的；

（四）对不具备安全生产条件的建筑施工企业颁发安全生产许可证的；

（五）依法可以撤销已经颁发的安全生产许可证的其他情形。

依照前款规定撤销安全生产许可证，建筑施工企业的合法权益受到损害的，住房城乡建设主管部门应当依法给予赔偿。

第十七条 安全生产许可证颁发管理机关应当建立、健全安全生产许可证档案管理制度，定期向社会公布企业取得安全生产许可证的情况，每年向同级安全生产监督管理部门通报建筑施工企业安全生产许可证颁发和管理情况。

第十八条 建筑施工企业不得转让、冒用安全生产许可证或者使用伪造的安全生产许可证。

第十九条 住房城乡建设主管部门工作人员在安全生产许可证颁发、管理和监督检查工作中，不得索取或者接受建筑施工企业的财物，不得谋取其他利益。

第二十条 任何单位或者个人对违反本规定的行为，有权向安全生产许可证颁发管理机关或者监察机关等有关部门举报。

第五章 罚 则

第二十一条 违反本规定，住房城乡建设主管部门工作人员有下列行为之一的，给予降级或者撤职的行政处分；构成犯罪的，依法追究刑事责任：

（一）向不符合安全生产条件的建筑施工企业颁发安全生产许可证的；

（二）发现建筑施工企业未依法取得安全生产许可证擅自从事建筑施工活动，不依法处理的；

（三）发现取得安全生产许可证的建筑施工企业不再具备安全生产条件，不依法处理的；

（四）接到对违反本规定行为的举报后，不及时处理的；

（五）在安全生产许可证颁发、管理和监督检查工作中，索取或者接受建筑施工企业的财物，或者谋取其他利益的。

由于建筑施工企业弄虚作假，造成前款第（一）项行为的，对住房城乡建设主管部门工作人员不予处分。

第二十二条 取得安全生产许可证的建筑施工企业，发生重大安全事故的，暂扣安全生产许可证并限期整改。

第二十三条 建筑施工企业不再具备安全生产条件的，暂扣安全生产许可证并限期整改；情节严重的，吊销安全生产许可证。

第二十四条 违反本规定，建筑施工企业未取得安全生产许可证擅自从事建筑施工活动的，责令其在建项目停止施工，没收违法所得，并处10万元以上50万元以下的罚款；造成重大安全事故或者其他严重后果，构成犯罪的，依法追究刑事责任。

第二十五条 违反本规定，安全生产许可证有效期满未办理延期手续，继续从事建筑施工活动的，责令其在建项目停止施工，限期补办延期手续，没收违法所得，并处5万元以上10万元以下的罚款；逾期仍不办理延期手续，继续从事建筑施工活动的，依照本规定第二十四条的规定处罚。

第二十六条 违反本规定，建筑施工企业转让安全生产许可证的，没收违法所得，处10万元以上50万元以下的罚款，并吊销安全生产许可证；构成犯罪的，依法追究刑事责任；接受转让的，依照本规定第二十四条的规定处罚。

冒用安全生产许可证或者使用伪造的安全生产许可证的，依照本规定第二十四条的规定处罚。

第二十七条 违反本规定，建筑施工企业隐瞒有关情况或者提供虚假材料申请安全生产许可证的，不予受理或者不予颁发安全生产许可证，并给予警告，1年内不得申请安全生产许可证。

建筑施工企业以欺骗、贿赂等不正当手段取得安全生产许可证的，撤销安全生产许可证，3年内不得再次申请安全生产许可证；构成犯罪的，依法追究刑事责任。

第二十八条 本规定的暂扣、吊销安全生产许可证的行政处罚，由安全生产许可证的颁发管理机关决定；其他行政处罚，由县级以上地方人民政府住房城乡建设主管部门决定。

第六章 附 则

第二十九条 本规定施行前已依法从事建筑施工活动的建筑施工企业，应当自《安全生产许可证条例》施行之日起（2004年1月13日起）1年内向住房城乡建设主管部门申请办理建筑施工企业安全生产许可证；逾期不办理安全生产许可证，或者经审查不符合本规定的安全生产条件，未取得安全生产许可证，继续进行建筑施工活动的，依照本规定第二十四条的规定处罚。

第三十条 本规定自公布之日起施行。

建筑施工企业安全生产许可证管理规定实施意见

(2004 年 8 月 27 日 建质〔2004〕148 号)

为了贯彻落实《建筑施工企业安全生产许可证管理规定》(建设部令第 128 号，以下简称《规定》)，制定本实施意见。

一、安全生产许可证的适用对象

(一) 建筑施工企业安全生产许可证的适用对象为：在中华人民共和国境内从事土木工程、建筑工程、线路管道和设备安装工程及装修工程的新建、扩建、改建和拆除等有关活动，依法取得工商行政管理部门颁发的《企业法人营业执照》，符合《规定》要求的安全生产条件的建筑施工企业。

二、安全生产许可证的申请

(二) 安全生产许可证颁发管理机关应当在办公场所、本机关网站上公示审批安全生产许可证的依据、条件、程序、期限，申请所需提交的全部资料目录以及申请书示范文本等。

(三) 建筑施工企业从事建筑施工活动前，应当按照分级、属地管理的原则，向企业注册地省级以上人民政府建设主管部门申请领取安全生产许可证。

(四) 中央管理的建筑施工企业(集团公司、总公司)应当向建设部申请领取安全生产许可证，建设部主管业务司局为工程质量安全监督与行业发展司。中央管理的建筑施工企业(集团公司、总公司)是指国资委代表国务院履行出资人职责的建筑施工类企业总部(名单见附件一)。

(五) 中央管理的建筑施工企业(集团公司、总公司)下属的建筑施工企业，以及其他建筑施工企业向注册所在地省、自治区、直辖市人民政府建设主管部门申请领取安全生产许可证。

三、申请材料

(六) 申请人申请安全生产许可证时，应当按照《规定》第六条的要求，向安全生产许可证颁发管理机关提供下列材料(括号里为材料的具体要求)：

1. 建筑施工企业安全生产许可证申请表(一式三份，样式见附件二)；
2. 企业法人营业执照(复印件)；
3. 各级安全生产责任制和安全生产规章制度目录及文件，操作规程目录；
4. 保证安全生产投入的证明文件(包括企业保证安全生产投入的管理办法或规章制度、年度安全资金投入计划及实施情况)；
5. 设置安全生产管理机构和配备专职安全生产管理人员的文件(包括企业设置安全管理机构的文件、安全管理机构的工作职责、安全机构负责人的任命文件、安全管理机构组成人员明细表)；
6. 主要负责人、项目负责人、专职安全生产管理人员安全生产考核合格名单及证书(复印件)；
7. 本企业特种作业人员名单及操作资格证书(复印件)；
8. 本企业管理人员和作业人员年度安全培训教育材料(包括企业培训计划、培训考核记录)；
9. 从业人员参加工伤保险以及施工现场从事危险作业人员参加意外伤害保险有关证明；
10. 施工起重机械设备检测合格证明；
11. 职业危害防治措施(要针对本企业业务特点可能会导致的职业病种类制定相应的预防措施)；

12. 危险性较大分部分项工程及施工现场易发生重大事故的部位、环节的预防监控措施和应急预案（根据本企业业务特点，详细列出危险性较大分部分项工程和事故易发部位、环节及有针对性和可操作性的控制措施和应急预案）；

13. 生产安全事故应急救援预案（应本着事故发生后有效救援原则，列出救援组织人员详细名单、救援器材、设备清单和救援演练记录）。

其中，第2至第13项统一装订成册。企业在申请安全生产许可证时，需要交验所有证件、凭证原件。

（七）申请人应对申请材料实质内容的真实性负责。

四、安全生产许可证申请的受理和颁发

（八）安全生产许可证颁发管理机关对申请人提交的申请，应当按照下列规定分别处理：

1. 对申请事项不属于本机关职权范围的申请，应当及时作出不予受理的决定，并告知申请人向有关安全生产许可证颁发管理机关申请；

2. 对申请材料存在可以当场更正的错误的，应当允许申请人当场更正；

3. 申请材料不齐全或者不符合要求的，应当当场或者在5个工作日内书面一次告知申请人需要补正的全部内容，逾期不告知的，自收到申请材料之日起即为受理。

4. 申请材料齐全、符合要求或者按照要求全部补正的，自收到申请材料或者全部补正之日起为受理。

（九）对于隐瞒有关情况或者提供虚假材料申请安全生产许可证的，安全生产许可证颁发管理机关不予受理，该企业一年之内不得再次申请安全生产许可证。

（十）对已经受理的申请，安全生产许可证颁发管理机关对申请材料进行审查，必要时应到企业施工现场进行抽查。涉及铁路、交通、水利等有关专业工程时，可以征求铁道、交通、水利等部门的意见。安全生产许可证颁发管理机关在受理申请之日起45个工作日内应作出颁发或者不予颁发安全生产许可证的决定。

安全生产许可证颁发管理机关作出准予颁发申请人安全生产许可证决定的，应当自决定之日起10个工作日内向申请人颁发、送达安全生产许可证；对作出不予颁发决定的，应当在10个工作日内书面通知申请人并说明理由。

（十一）安全生产许可证有效期为3年。安全生产许可证有效期满需要延期的，企业应当于期满前3个月向原安全生产许可证颁发管理机关提出延期申请，并提交本意见第6条规定的文件、资料以及原安全生产许可证。

建筑施工企业在安全生产许可证有效期内，严格遵守有关安全生产法律、法规和规章，未发生死亡事故的，安全生产许可证有效期届满时，经原安全生产许可证颁发管理机关同意，不再审查，直接办理延期手续。

对于本条第二款规定情况以外的建筑施工企业，安全生产许可证颁发管理机关应当对其安全生产条件重新进行审查，审查合格的，办理延期手续。

（十二）对申请延期的申请人审查合格或有效期满经原安全生产许可证颁发管理机关同意不再审查直接办理延期手续的企业，安全生产许可证颁发管理机关收回原安全生产许可证，换发新的安全生产许可证。

五、安全生产许可证证书

（十三）建筑施工企业安全生产许可证采用国家安全生产监督管理局规定的统一样式。证书分为正本和副本，正本为悬挂式，副本为折页式，正、副本具有同等法律效力。建筑施工企业安全生产许可证证书由建设部统一印制，实行全国统一编码。证书式样、编码方法和证书订购等有关事宜见附件三。

（十四）中央管理的建筑施工企业（集团公司、总公司）的安全生产许可证加盖建设部公章有效。中央管理的建筑施工企业（集团公司、总公司）下属的建筑施工企业，以及其他建筑施工企业的安全生产许可证加盖省、自治区、直辖市人民政府建设主管部门公章有效。由建设部以及各省、自治区、直辖市人民政府建设主管部门颁发的安全生产许可证均在全国范围内有效。

（十五）每个具有独立企业法人资格的建筑施工企业只能取得一套安全生产许可证，包括一个正本，两个副本。企业需要增加副本的，经原安全生产许可证颁发管理机关批准，可以适当增加。

（十六）建筑施工企业的名称、地址、法定代表人等内容发生变化的，应当自工商营业执照变更之日起10个工作日内提出申请，持原安全生产许可证和变更后的工商营业执照、变更批准文件等相关证明材料，向原安全生产许可证颁发管理机关申请变更安全生产许可证。安全生产许可证颁发管理机关在对申请人提交的相关文件、资料审查后，及时办理安全生产许可证变更手续。

（十七）建筑施工企业遗失安全生产许可证，应持申请补办的报告及在公众媒体上刊登的遗失作废声明向原安全生产许可证颁发管理机关申请补办。

六、对取得安全生产许可证单位的监督管理

（十八）2005年1月13日以后，建设主管部门在向建设单位审核发放施工许可证时，应当对已经确定的建筑施工企业是否取得安全生产许可证进行审查，没有取得安全生产许可证的，不得颁发施工许可证。对于依法批准开工报告的建设工程，在建设单位报送建设工程所在地县级以上地方人民政府或者其他有关部门备案的安全施工措施资料中，应包括承接工程项目的建筑施工企业的安全生产许可证。

（十九）市、县级人民政府建设主管部门负责本行政区域内取得安全生产许可证的建筑施工企业的日常监督管理工作。在监督检查过程中发现企业有违反《规定》行为的，市、县级人民政府建设主管部门应及时、逐级向本地安全生产许可证颁发管理机关报告。本行政区域内取得安全生产许可证的建筑施工企业既包括在本地区注册的建筑施工企业，也包括跨省在本地区从事建筑施工活动的建筑施工企业。

跨省从事建筑施工活动的建筑施工企业有违反《规定》行为的，由工程所在地的省级人民政府建设主管部门将其在本地区的违法事实、处理建议和处理结果抄告其安全生产许可证颁发管理机关。

安全生产许可证颁发管理机关根据下级建设主管部门报告或者其他省级人民政府建设主管部门抄告的违法事实、处理建议和处理结果，按照《规定》对企业进行相应处罚，并将处理结果通告原报告或抄告部门。

（二十）根据《建设工程安全生产管理条例》，县级以上地方人民政府交通、水利等有关部门负责本行政区域内有关专业建设工程安全生产的监督管理，对从事有关专业建设工程的建筑施工企业违反《规定》的，将其违法事实抄告同级建设主管部门；铁路建设安全生产监督管理机构负责铁路建设工程安全生产监督管理，对从事铁路建设工程的建筑施工企业违反《规定》的，将其违法事实抄告省级以上人民政府建设主管部门。

（二十一）安全生产许可证颁发管理机关或者其上级行政机关发现有下列情形之一的，可以撤销已经颁发的安全生产许可证：

1. 安全生产许可证颁发管理机关工作人员滥用职权、玩忽职守颁发安全生产许可证的；

2. 超越法定职权颁发安全生产许可证的；

3. 违反法定程序颁发安全生产许可证的；

4. 对不具备安全生产条件的建筑施工企业颁发安全生产许可证的；

5. 依法可以撤销已经颁发的安全生产许可证的其他情形。

依照前款规定撤销安全生产许可证，建筑施工企业的合法权益受到损害的，建设主管部门应当依法给予赔偿。

（二十二）发生下列情形之一的，安全生产许可证颁发管理机关应当依法注销已经颁发的安全生产许可证：

1. 企业依法终止的；

2. 安全生产许可证有效期届满未延续的；

3. 安全生产许可证依法被撤销、吊销的；

4. 因不可抗力导致行政许可事项无法实施的；

5. 依法应当注销安全生产许可证的其他情形。

（二十三）安全生产许可证颁发管理机关应当建立健全安全生产许可证档案，定期通过报纸、网络等公众媒体向社会公布企业取得安全生产许可证的情况，以及暂扣、吊销安全生产许可证等行政处罚情况。

七、对取得安全生产许可证单位的行政处罚

（二十四）安全生产许可证颁发管理机关或市、县级人民政府建设主管部门发现取得安全生产许可证的建筑施工企业不再具备《规定》第四条规定安全生产条件的，责令限期改正；经整改仍未达到规定安全生产条件的，处以暂扣安全生产许可证7日至30日的处罚；安全生产许可证暂扣期间，拒不整改或经整改仍未达到规定安全生产条件的，处以延长暂扣期7至15天直至吊销安全生产许可证的处罚。

（二十五）企业发生死亡事故的，安全生产许可证颁发管理机关应当立即对企业安全生产条件进行复查，发现企业不再具备《规定》第四条规定安全生产条件的，处以暂扣安全生产许可证30日至90日的处罚；安全生产许可证暂扣期间，拒不整改或经整改仍未达到规定安全生产条件的，处以延长暂扣期30日至60日直至吊销安全生产许可证的处罚。

（二十六）企业安全生产许可证被暂扣期间，不得承揽新的工程项目，发生问题的在建项目停工整改，整改合格后方可继续施工；企业安全生产许可证被吊销后，该企业不得进行任何施工活动，且一年之内不得重新申请安全生产许可证。

八、附则

（二十七）由建设部直接实施的建筑施工企业安全生产许可证审批，按照《关于印发〈建设部机关实施行政许可工作规程〉的通知》（建法〔2004〕111号）进行，使用规范许可文书并加盖建设部行政许可专用章。各省、自治区、直辖市人民政府建设主管部门参照上述文件规定，规范许可程序和各项许可文书。

（二十八）各省、自治区、直辖市人民政府建设主管部门可依照《规定》和本意见，制定本地区的实施细则。

附件一：中央管理的建筑施工企业（集团公司、总公司）名单（略）

附件二：建筑施工企业安全生产许可证申请表样式（略）

附件三：关于建筑施工企业安全生产许可证的有关事宜（略）

生产安全事故报告和调查处理条例

（2007年4月9日国务院令第493号公布 自2007年6月1日起施行）

第一章 总 则

第一条 为了规范生产安全事故的报告和调查处理，落实生产安全事故责任追究制度，防止和减少生产安全事故，根据《中华人民共和国安全生产法》和有关法律，制定本条例。

第二条 生产经营活动中发生的造成人身伤亡或者直接经济损失的生产安全事故的报告和调查处理，适用本条例；环境污染事故、核设施事故、国防科研生产事故的报告和调查处理不适用本条例。

第三条 根据生产安全事故（以下简称事故）造成的人员伤亡或者直接经济损失，事故一般分为以下等级：

（一）特别重大事故，是指造成30人以上死亡，或者100人以上重伤（包括急性工业中毒，下同），或者1亿元以上直接经济损失的事故；

（二）重大事故，是指造成10人以上30人以下死亡，或者50人以上100人以下重伤，或者5000万元以上1亿元以下直接经济损失的事故；

（三）较大事故，是指造成3人以上10人以下死亡，或者10人以上50人以下重伤，或者1000万元以上5000万元以下直接经济损失的事故；

（四）一般事故，是指造成3人以下死亡，或者10人以下重伤，或者1000万元以下直接经济损失的事故。

国务院安全生产监督管理部门可以会同国务院有关部门，制定事故等级划分的补充性规定。

本条第一款所称的“以上”包括本数，所称的“以下”不包括本数。

第四条 事故报告应当及时、准确、完整，任何单位和个人对事故不得迟报、漏报、谎报或者瞒报。

事故调查处理应当坚持实事求是、尊重科学的原则，及时、准确地查清事故经过、事故原因和事故损失，查明事故性质，认定事故责任，总结事故教训，提出整改措施，并对事故责任者依法追究责任。

第五条 县级以上人民政府应当依照本条例的规定，严格履行职责，及时、准确地完成事故调查处理工作。

事故发生地有关地方人民政府应当支持、配合上级人民政府或者有关部门的事故调查处理工作，并提供必要的便利条件。

参加事故调查处理的部门和单位应当互相配合，提高事故调查处理工作的效率。

第六条 工会依法参加事故调查处理，有权向有关部门提出处理意见。

第七条 任何单位和个人不得阻挠和干涉对事故的报告和依法调查处理。

第八条 对事故报告和调查处理中的违法行为，任何单位和个人有权向安全生产监督管理部门、监察机关或者其他有关部门举报，接到举报的部门应当依法及时处理。

第二章 事故报告

第九条 事故发生后，事故现场有关人员应当立即向本单位负责人报告；单位负责人接到报告后，应当于1小时内向事故发生地县级以上人民政府安全生产监督管理部门和负有安全生产监督管理职责的有关部门报告。

情况紧急时，事故现场有关人员可以直接向事故发生地县级以上人民政府安全生产监督管理部门和负有安全生产监督管理职责的有关部门报告。

第十条 安全生产监督管理部门和负有安全生产监督管理职责的有关部门接到事故报告后，应当依照下列规定上报事故情况，并通知公安机关、劳动保障行政部门、工会和人民检察院：

（一）特别重大事故、重大事故逐级上报至国务院安全生产监督管理部门和负有安全生产监督管理职责的有关部门；

（二）较大事故逐级上报至省、自治区、直辖市人民政府安全生产监督管理部门和负有安全生产监督管理职责的有关部门；

（三）一般事故上报至设区的市级人民政府安全生产监督管理部门和负有安全生产监督管理职责的有关部门。

安全生产监督管理部门和负有安全生产监督管理职责的有关部门依照前款规定上报事故情况，应当同时报告本级人民政府。国务院安全生产监督管理部门和负有安全生产监督管理职责的有关部门以及省级人民政府接到发生特别重大事故、重大事故的报告后，应当立即报告国务院。

必要时，安全生产监督管理部门和负有安全生产监督管理职责的有关部门可以越级上报事故情况。

第十一条 安全生产监督管理部门和负有安全生产监督管理职责的有关部门逐级上报事故情况，每级上报的时间不得超过2小时。

第十二条 报告事故应当包括下列内容：

（一）事故发生单位概况；

（二）事故发生的时间、地点以及事故现场情况；

（三）事故的简要经过；

（四）事故已经造成或者可能造成的伤亡人数（包括下落不明的人数）和初步估计的直接经济损失；

（五）已经采取的措施；

（六）其他应当报告的情况。

第十三条 事故报告后出现新情况的，应当及时补报。

自事故发生之日起30日内，事故造成的伤亡人数发生变化的，应当及时补报。道路交通事故、火灾事故自发生之日起7日内，事故造成的伤亡人数发生变化的，应当及时补报。

第十四条 事故发生单位负责人接到事故报告后，应当立即启动事故相应应急预案，或者采取有效措施，组织抢救，防止事故扩大，减少人员伤亡和财产损失。

第十五条 事故发生地有关地方人民政府、安全生产监督管理部门和负有安全生产监督管理职责的有关部门接到事故报告后，其负责人应当立即赶赴事故现场，组织事故救援。

第十六条 事故发生后，有关单位和人员应当妥善保护事故现场以及相关证据，任何单位和个人不得破坏事故现场、毁灭相关证据。

因抢救人员、防止事故扩大以及疏通交通等原因，需要移动事故现场物件的，应当做出标志，绘制现场简图并做出书面记录，妥善保存现场重要痕迹、物证。

第十七条 事故发生地公安机关根据事故的情况，对涉嫌犯罪的，应当依法立案侦查，采取强制措施和侦查措施。犯罪嫌疑人逃匿的，公安机关应当迅速追捕归案。

第十八条 安全生产监督管理部门和负有安全生产监督管理职责的有关部门应当建立值班制度，并向社会公布值班电话，受理事故报告和举报。

第三章 事故调查

第十九条 特别重大事故由国务院或者国务院授权有关部门组织事故调查组进行调查。

重大事故、较大事故、一般事故分别由事故发生地省级人民政府、设区的市级人民政府、县级人民政府负责调查。省级人民政府、设区的市级人民政府、县级人民政府可以直接组织事故调查组进行调查，也可以授权或者委托有关部门组织事故调查组进行调查。

未造成人员伤亡的一般事故，县级人民政府也可以委托事故发生单位组织事故调查组进行调查。

第二十条 上级人民政府认为必要时，可以调查由下级人民政府负责调查的事故。

自事故发生之日起30日内（道路交通事故、火灾事故自发生之日起7日内），因事故伤亡人数变化导致事故等级发生变化，依照本条例规定应当由上级人民政府负责调查的，上级人民政府可以另行组织事故调查组进行调查。

第二十一条 特别重大事故以下等级事故，事故发生地与事故发生单位不在同一个县级以上行政区域的，由事故发生地人民政府负责调查，事故发生单位所在地人民政府应当派人参加。

第二十二条 事故调查组的组成应当遵循精简、效能的原则。

根据事故的具体情况，事故调查组由有关人民政府、安全生产监督管理部门、负有安全生产监督管理职责的有关部门、监察机关、公安机关以及工会派人组成，并应当邀请人民检察院派人参加。

事故调查组可以聘请有关专家参与调查。

第二十三条 事故调查组成员应当具有事故调查所需要的知识和专长，并与所调查的事故没有直接利害关系。

第二十四条 事故调查组组长由负责事故调查的人民政府指定。事故调查组组长主持事故调查组的工作。

第二十五条 事故调查组履行下列职责：

（一）查明事故发生的经过、原因、人员伤亡情况及直接经济损失；

（二）认定事故的性质和事故责任；

（三）提出对事故责任者的处理建议；

（四）总结事故教训，提出防范和整改措施；

（五）提交事故调查报告。

第二十六条 事故调查组有权向有关单位和个人了解与事故有关的情况，并要求其提供相关文件、资料，有关单位和个人不得拒绝。

事故发生单位的负责人和有关人员在事故调查期间不得擅离职守，并应当随时接受事故调查组的询问，如实提供有关情况。

事故调查中发现涉嫌犯罪的，事故调查组应当及时将有关材料或者其复印件移交司法机关处理。

第二十七条 事故调查中需要进行技术鉴定的，事故调查组应当委托具有国家规定资质的单位进行技术鉴定。必要时，事故调查组可以直接组织专家进行技术鉴定。技术鉴定所需时间不计入事故调查期限。

第二十八条 事故调查组成员在事故调查工作中应当诚信公正、恪尽职守，遵守事故调查组的纪律，保守事故调查的秘密。

未经事故调查组组长允许，事故调查组成员不得擅自发布有关事故的信息。

第二十九条 事故调查组应当自事故发生之日起60日内提交事故调查报告；特殊情况下，经负责事故调查的人民政府批准，提交事故调查报告的期限可以适当延长，但延长的期限最长不超过60日。

第三十条 事故调查报告应当包括下列内容：

（一）事故发生单位概况；

（二）事故发生经过和事故救援情况；

（三）事故造成的人员伤亡和直接经济损失；

（四）事故发生的原因和事故性质；

（五）事故责任的认定以及对事故责任者的处理建议；

（六）事故防范和整改措施。

事故调查报告应当附具有关证据材料。事故调查组成员应当在事故调查报告上签名。

第三十一条 事故调查报告报送负责事故调查的人民政府后，事故调查工作即告结束。事故调查的有关资料应当归档保存。

第四章 事故处理

第三十二条 重大事故、较大事故、一般事故，负责事故调查的人民政府应当自收到事故调查报告之日起15日内做出批复；特别重大事故，30日内做出批复，特殊情况下，批复时间可以适当延长，但延长的时间最长不超过30日。

有关机关应当按照人民政府的批复，依照法律、行政法规规定的权限和程序，对事故发生单位和有关人员进行行政处罚，对负有事故责任的国家工作人员进行处分。

事故发生单位应当按照负责事故调查的人民政府的批复，对本单位负有事故责任的人员进行处理。

负有事故责任的人员涉嫌犯罪的，依法追究刑事责任。

第三十三条 事故发生单位应当认真吸取事故教训，落实防范和整改措施，防止事故再次发生。防范和整改措施的落实情况应当接受工会和职工的监督。

安全生产监督管理部门和负有安全生产监督管理职责的有关部门应当对事故发生单位落实防范和整改措施的情况进行监督检查。

第三十四条 事故处理的情况由负责事故调查的人民政府或者其授权的有关部门、机构向社会公布，依法应当保密的除外。

第五章 法律责任

第三十五条 事故发生单位主要负责人有下列行为之一的，处上一年年收入40%至80%的罚款；属于国家工作人员的，并依法给予处分；构成犯罪的，依法追究刑事责任：

（一）不立即组织事故抢救的；

（二）迟报或者漏报事故的；

（三）在事故调查处理期间擅离职守的。

第三十六条 事故发生单位及其有关人员有下列行为之一的，对事故发生单位处100万元以上500万元以下的罚款；对主要负责人、直接负责的主管人员和其他直接责任人员处上一年年收入60%至100%的罚款；属于国家工作人员的，并依法给予处分；构成违反治安管理行为的，由公安机关依法给予治安管理处罚；构成犯罪的，依法追究刑事责任：

（一）谎报或者瞒报事故的；

（二）伪造或者故意破坏事故现场的；

（三）转移、隐匿资金、财产，或者销毁有关证据、资料的；

（四）拒绝接受调查或者拒绝提供有关情况和资料的；

（五）在事故调查中作伪证或者指使他人作伪证的；

（六）事故发生后逃匿的。

第三十七条 事故发生单位对事故发生负有责任的，依照下列规定处以罚款：

（一）发生一般事故的，处10万元以上20万元以下的罚款；

（二）发生较大事故的，处20万元以上50万元以下的罚款；

（三）发生重大事故的，处50万元以上200万元以下的罚款；

（四）发生特别重大事故的，处200万元以上500万元以下的罚款。

第三十八条 事故发生单位主要负责人未依法履行安全生产管理职责，导致事故发生的，依照下列规定处以罚款；属于国家工作人员的，并依法给予处分；构成犯罪的，依法追究刑事责任：

（一）发生一般事故的，处上一年年收入30%的罚款；

（二）发生较大事故的，处上一年年收入40%的罚款；

（三）发生重大事故的，处上一年年收入60%的罚款；

（四）发生特别重大事故的，处上一

年年收入80%的罚款。

第三十九条 有关地方人民政府、安全生产监督管理部门和负有安全生产监督管理职责的有关部门有下列行为之一的，对直接负责的主管人员和其他直接责任人员依法给予处分；构成犯罪的，依法追究刑事责任：

（一）不立即组织事故抢救的；

（二）迟报、漏报、谎报或者瞒报事故的；

（三）阻碍、干涉事故调查工作的；

（四）在事故调查中作伪证或者指使他人作伪证的。

第四十条 事故发生单位对事故发生负有责任的，由有关部门依法暂扣或者吊销其有关证照；对事故发生单位负有事故责任的有关人员，依法暂停或者撤销其与安全生产有关的执业资格、岗位证书；事故发生单位主要负责人受到刑事处罚或者撤职处分的，自刑罚执行完毕或者受处分之日起，5年内不得担任任何生产经营单位的主要负责人。

为发生事故的单位提供虚假证明的中介机构，由有关部门依法暂扣或者吊销其有关证照及其相关人员的执业资格；构成犯罪的，依法追究刑事责任。

第四十一条 参与事故调查的人员在事故调查中有下列行为之一的，依法给予处分；构成犯罪的，依法追究刑事责任：

（一）对事故调查工作不负责任，致使事故调查工作有重大疏漏的；

（二）包庇、袒护负有事故责任的人员或者借机打击报复的。

第四十二条 违反本条例规定，有关地方人民政府或者有关部门故意拖延或者拒绝落实经批复的对事故责任人的处理意见的，由监察机关对有关责任人员依法给予处分。

第四十三条 本条例规定的罚款的行政处罚，由安全生产监督管理部门决定。

法律、行政法规对行政处罚的种类、幅度和决定机关另有规定的，依照其规定。

第六章 附 则

第四十四条 没有造成人员伤亡，但是社会影响恶劣的事故，国务院或者有关地方人民政府认为需要调查处理的，依照本条例的有关规定执行。

国家机关、事业单位、人民团体发生的事故的报告和调查处理，参照本条例的规定执行。

第四十五条 特别重大事故以下等级事故的报告和调查处理，有关法律、行政法规或者国务院另有规定的，依照其规定。

第四十六条 本条例自2007年6月1日起施行。国务院1989年3月29日公布的《特别重大事故调查程序暂行规定》和1991年2月22日公布的《企业职工伤亡事故报告和处理规定》同时废止。

中华人民共和国消防法（节录）

（1998年4月29日第九届全国人民代表大会常务委员会第二次会议通过 2008年10月28日第十一届全国人民代表大会常务委员会第五次会议修订 根据2019年4月23日第十三届全国人民代表大会常务委员会第十次会议《关于修改〈中华人民共和国建筑法〉等八部法律的决定》修正）

……

第二章 火灾预防

第八条 【消防规划】地方各级人民政府应当将包括消防安全布局、消防站、消防供水、消防通信、消防车通道、消防装备等内容的消防规划纳入城乡规划，并负责组织实施。

城乡消防安全布局不符合消防安全要

求的，应当调整、完善；公共消防设施、消防装备不足或者不适应实际需要的，应当增建、改建、配置或者进行技术改造。

第九条　【消防设计施工的要求】建设工程的消防设计、施工必须符合国家工程建设消防技术标准。建设、设计、施工、工程监理等单位依法对建设工程的消防设计、施工质量负责。

第十条　【消防设计审查验收制度】对按照国家工程建设消防技术标准需要进行消防设计的建设工程，实行建设工程消防设计审查验收制度。

第十一条　【消防设计审查】国务院住房和城乡建设主管部门规定的特殊建设工程，建设单位应当将消防设计文件报送住房和城乡建设主管部门审查，住房和城乡建设主管部门依法对审查的结果负责。

前款规定以外的其他建设工程，建设单位申请领取施工许可证或者申请批准开工报告时应当提供满足施工需要的消防设计图纸及技术资料。

第十二条　【消防设计未经审核或者消防设计不合格的法律后果】特殊建设工程未经消防设计审查或者审查不合格的，建设单位、施工单位不得施工；其他建设工程，建设单位未提供满足施工需要的消防设计图纸及技术资料的，有关部门不得发放施工许可证或者批准开工报告。

第十三条　【消防验收和备案、抽查】国务院住房和城乡建设主管部门规定应当申请消防验收的建设工程竣工，建设单位应当向住房和城乡建设主管部门申请消防验收。

前款规定以外的其他建设工程，建设单位在验收后应当报住房和城乡建设主管部门备案，住房和城乡建设主管部门应当进行抽查。

依法应当进行消防验收的建设工程，未经消防验收或者消防验收不合格的，禁止投入使用；其他建设工程经依法抽查不合格的，应当停止使用。

第十四条　【消防设计审核、消防验收、备案和抽查的具体办法】建设工程消防设计审查、消防验收、备案和抽查的具体办法，由国务院住房和城乡建设主管部门规定。

第十五条　【公众聚集场所的消防安全检查】公众聚集场所在投入使用、营业前，建设单位或者使用单位应当向场所所在地的县级以上地方人民政府消防救援机构申请消防安全检查。

消防救援机构应当自受理申请之日起十个工作日内，根据消防技术标准和管理规定，对该场所进行消防安全检查。未经消防安全检查或者经检查不符合消防安全要求的，不得投入使用、营业。

第十六条　【单位的消防安全职责】机关、团体、企业、事业等单位应当履行下列消防安全职责：

（一）落实消防安全责任制，制定本单位的消防安全制度、消防安全操作规程，制定灭火和应急疏散预案；

（二）按照国家标准、行业标准配置消防设施、器材，设置消防安全标志，并定期组织检验、维修，确保完好有效；

（三）对建筑消防设施每年至少进行一次全面检测，确保完好有效，检测记录应当完整准确，存档备查；

（四）保障疏散通道、安全出口、消防车通道畅通，保证防火防烟分区、防火间距符合消防技术标准；

（五）组织防火检查，及时消除火灾隐患；

（六）组织进行有针对性的消防演练；

（七）法律、法规规定的其他消防安全职责。

单位的主要负责人是本单位的消防安全责任人。

第十七条　【消防安全重点单位的消防安全职责】县级以上地方人民政府消防救援

机构应当将发生火灾可能性较大以及发生火灾可能造成重大的人身伤亡或者财产损失的单位，确定为本行政区域内的消防安全重点单位，并由应急管理部门报本级人民政府备案。

消防安全重点单位除应当履行本法第十六条规定的职责外，还应当履行下列消防安全职责：

（一）确定消防安全管理人，组织实施本单位的消防安全管理工作；

（二）建立消防档案，确定消防安全重点部位，设置防火标志，实行严格管理；

（三）实行每日防火巡查，并建立巡查记录；

（四）对职工进行岗前消防安全培训，定期组织消防安全培训和消防演练。

第十八条 【共用建筑物的消防安全责任】同一建筑物由两个以上单位管理或者使用的，应当明确各方的消防安全责任，并确定责任人对共用的疏散通道、安全出口、建筑消防设施和消防车通道进行统一管理。

住宅区的物业服务企业应当对管理区域内的共用消防设施进行维护管理，提供消防安全防范服务。

第十九条 【易燃易爆危险品生产经营场所的设置要求】生产、储存、经营易燃易爆危险品的场所不得与居住场所设置在同一建筑物内，并应当与居住场所保持安全距离。

生产、储存、经营其他物品的场所与居住场所设置在同一建筑物内的，应当符合国家工程建设消防技术标准。

第二十条 【大型群众性活动的消防安全】举办大型群众性活动，承办人应当依法向公安机关申请安全许可，制定灭火和应急疏散预案并组织演练，明确消防安全责任分工，确定消防安全管理人员，保持消防设施和消防器材配置齐全、完好有效，保证疏散通道、安全出口、疏散指示标志、应急照明和消防车通道符合消防技术标准和管理规定。

第二十一条 【特殊场所和特种作业防火要求】禁止在具有火灾、爆炸危险的场所吸烟、使用明火。因施工等特殊情况需要使用明火作业的，应当按照规定事先办理审批手续，采取相应的消防安全措施；作业人员应当遵守消防安全规定。

进行电焊、气焊等具有火灾危险作业的人员和自动消防系统的操作人员，必须持证上岗，并遵守消防安全操作规程。

第二十二条 【危险物品生产经营单位设置的消防安全要求】生产、储存、装卸易燃易爆危险品的工厂、仓库和专用车站、码头的设置，应当符合消防技术标准。易燃易爆气体和液体的充装站、供应站、调压站，应当设置在符合消防安全要求的位置，并符合防火防爆要求。

已经设置的生产、储存、装卸易燃易爆危险品的工厂、仓库和专用车站、码头，易燃易爆气体和液体的充装站、供应站、调压站，不再符合前款规定的，地方人民政府应当组织、协调有关部门、单位限期解决，消除安全隐患。

第二十三条 【易燃易爆危险品和可燃物资仓库管理】生产、储存、运输、销售、使用、销毁易燃易爆危险品，必须执行消防技术标准和管理规定。

进入生产、储存易燃易爆危险品的场所，必须执行消防安全规定。禁止非法携带易燃易爆危险品进入公共场所或者乘坐公共交通工具。

储存可燃物资仓库的管理，必须执行消防技术标准和管理规定。

第二十四条 【消防产品标准、强制性产品认证和技术鉴定制度】消防产品必须符合国家标准；没有国家标准的，必须符合行业标准。禁止生产、销售或者使用不合格的消防产品以及国家明令淘汰的消防产品。

依法实行强制性产品认证的消防产品，由具有法定资质的认证机构按照国家标准、行业标准的强制性要求认证合格后，方可生产、销售、使用。实行强制性产品认证的消防产品目录，由国务院产品质量监督部门会同国务院应急管理部门制定并公布。

新研制的尚未制定国家标准、行业标准的消防产品，应当按照国务院产品质量监督部门会同国务院应急管理部门规定的办法，经技术鉴定符合消防安全要求的，方可生产、销售、使用。

依照本条规定经强制性产品认证合格或者技术鉴定合格的消防产品，国务院应急管理部门应当予以公布。

第二十五条　【对消防产品质量的监督检查】产品质量监督部门、工商行政管理部门、消防救援机构应当按照各自职责加强对消防产品质量的监督检查。

第二十六条　【建筑构件、建筑材料和室内装修、装饰材料的防火要求】建筑构件、建筑材料和室内装修、装饰材料的防火性能必须符合国家标准；没有国家标准的，必须符合行业标准。

人员密集场所室内装修、装饰，应当按照消防技术标准的要求，使用不燃、难燃材料。

第二十七条　【电器产品、燃气用具产品标准及其安装、使用的消防安全要求】电器产品、燃气用具的产品标准，应当符合消防安全的要求。

电器产品、燃气用具的安装、使用及其线路、管路的设计、敷设、维护保养、检测，必须符合消防技术标准和管理规定。

第二十八条　【保护消防设施、器材，保障消防通道畅通】任何单位、个人不得损坏、挪用或者擅自拆除、停用消防设施、器材，不得埋压、圈占、遮挡消火栓或者占用防火间距，不得占用、堵塞、封闭疏散通道、安全出口、消防车通道。人员密集场所的门窗不得设置影响逃生和灭火救援的障碍物。

第二十九条　【公共消防设施的维护】负责公共消防设施维护管理的单位，应当保持消防供水、消防通信、消防车通道等公共消防设施的完好有效。在修建道路以及停电、停水、截断通信线路时有可能影响消防队灭火救援的，有关单位必须事先通知当地消防救援机构。

第三十条　【加强农村消防工作】地方各级人民政府应当加强对农村消防工作的领导，采取措施加强公共消防设施建设，组织建立和督促落实消防安全责任制。

第三十一条　【重要防火时期的消防工作】在农业收获季节、森林和草原防火期间、重大节假日期间以及火灾多发季节，地方各级人民政府应当组织开展有针对性的消防宣传教育，采取防火措施，进行消防安全检查。

第三十二条　【基层组织的群众性消防工作】乡镇人民政府、城市街道办事处应当指导、支持和帮助村民委员会、居民委员会开展群众性的消防工作。村民委员会、居民委员会应当确定消防安全管理人，组织制定防火安全公约，进行防火安全检查。

第三十三条　【火灾公众责任保险】国家鼓励、引导公众聚集场所和生产、储存、运输、销售易燃易爆危险品的企业投保火灾公众责任保险；鼓励保险公司承保火灾公众责任保险。

第三十四条　【对消防安全技术服务的规范】消防产品质量认证、消防设施检测、消防安全监测等消防技术服务机构和执业人员，应当依法获得相应的资质、资格；依照法律、行政法规、国家标准、行业标准和执业准则，接受委托提供消防技术服务，并对服务质量负责。

……

住房城乡建设部关于印发《房屋市政工程生产安全事故报告和查处工作规程》的通知

（2013 年 1 月 14 日）

各省、自治区住房城乡建设厅，直辖市建委（建交委），新疆生产建设兵团建设局：

为进一步规范和改进房屋市政工程生产安全事故报告和查处工作，落实事故责任追究制度，防止和减少事故发生，我部制定了《房屋市政工程生产安全事故报告和查处工作规程》。现印发给你们，请遵照执行。

房屋市政工程生产安全事故报告和查处工作规程

第一条 为规范房屋市政工程生产安全事故报告和查处工作，落实事故责任追究制度，防止和减少事故发生，根据《建设工程安全生产管理条例》、《生产安全事故报告和调查处理条例》等有关规定，制定本规程。

第二条 房屋市政工程生产安全事故，是指在房屋建筑和市政基础设施工程施工过程中发生的造成人身伤亡或者重大直接经济损失的生产安全事故。

第三条 根据造成的人员伤亡或者直接经济损失，房屋市政工程生产安全事故分为以下等级：

（一）特别重大事故，是指造成 30 人以上死亡，或者 100 人以上重伤，或者 1 亿元以上直接经济损失的事故；

（二）重大事故，是指造成 10 人以上 30 人以下死亡，或者 50 人以上 100 人以下重伤，或者 5000 万元以上 1 亿元以下直接经济损失的事故；

（三）较大事故，是指造成 3 人以上 10 人以下死亡，或者 10 人以上 50 人以下重伤，或者 1000 万元以上 5000 万元以下直接经济损失的事故；

（四）一般事故，是指造成 3 人以下死亡，或者 10 人以下重伤，或者 100 万元以上 1000 万元以下直接经济损失的事故。

本等级划分所称的“以上”包括本数，所称的“以下”不包括本数。

第四条 房屋市政工程生产安全事故的报告，应当及时、准确、完整，任何单位和个人对事故不得迟报、漏报、谎报或者瞒报。

房屋市政工程生产安全事故的查处，应当坚持实事求是、尊重科学的原则，及时、准确地查明事故原因，总结事故教训，并对事故责任者依法追究责任。

第五条 事故发生地住房城乡建设主管部门接到施工单位负责人或者事故现场有关人员的事故报告后，应当逐级上报事故情况。

特别重大、重大、较大事故逐级上报至国务院住房城乡建设主管部门，一般事故逐级上报至省级住房城乡建设主管部门。

必要时，住房城乡建设主管部门可以越级上报事故情况。

第六条 国务院住房城乡建设主管部门应当在特别重大和重大事故发生后 4 小时内，向国务院上报事故情况。

省级住房城乡建设主管部门应当在特别重大、重大事故或者可能演化为特别重大、重大的事故发生后 3 小时内，向国务院住房城乡建设主管部门上报事故情况。

第七条 较大事故、一般事故发生后，住房城乡建设主管部门每级上报事故情况的时间不得超过 2 小时。

第八条 事故报告主要应当包括以下内容：

（一）事故的发生时间、地点和工程项目名称；

（二）事故已经造成或者可能造成的伤亡人数（包括下落不明人数）；

（三）事故工程项目的建设单位及项

目负责人、施工单位及其法定代表人和项目经理、监理单位及其法定代表人和项目总监；

（四）事故的简要经过和初步原因；

（五）其他应当报告的情况。

第九条 省级住房城乡建设主管部门应当通过传真向国务院住房城乡建设主管部门书面上报特别重大、重大、较大事故情况。

特殊情形下确实不能按时书面上报的，可先电话报告，了解核实情况后及时书面上报。

第十条 事故报告后出现新情况，以及事故发生之日起 30 日内伤亡人数发生变化的，住房城乡建设主管部门应当及时补报。

第十一条 住房城乡建设主管部门应当及时通报事故基本情况以及事故工程项目的建设单位及项目负责人、施工单位及其法定代表人和项目经理、监理单位及其法定代表人和项目总监。

国务院住房城乡建设主管部门对特别重大、重大、较大事故进行全国通报。

第十二条 住房城乡建设主管部门应当按照有关人民政府的要求，依法组织或者参与事故调查工作。

第十三条 住房城乡建设主管部门应当积极参加事故调查工作，应当选派具有事故调查所需要的知识和专长，并与所调查的事故没有直接利害关系的人员参加事故调查工作。

参加事故调查工作的人员应当诚信公正、恪尽职守，遵守事故调查组的纪律。

第十四条 住房城乡建设主管部门应当按照有关人民政府对事故调查报告的批复，依照法律法规，对事故责任企业实施吊销资质证书或者降低资质等级、吊销或者暂扣安全生产许可证、责令停业整顿、罚款等处罚，对事故责任人员实施吊销执业资格注册证书或者责令停止执业、吊销或者暂扣安全生产考核合格证书、罚款等处罚。

第十五条 对事故责任企业或者人员的处罚权限在上级住房城乡建设主管部门的，当地住房城乡建设主管部门应当在收到有关人民政府对事故调查报告的批复后 15 日内，逐级将事故调查报告（附具有关证据材料）、有关人民政府批复文件、本部门处罚建议等材料报送至有处罚权限的住房城乡建设主管部门。

接收到材料的住房城乡建设主管部门应当按照有关人民政府对事故调查报告的批复，依照法律法规，对事故责任企业或者人员实施处罚，并向报送材料的住房城乡建设主管部门反馈处罚情况。

第十六条 对事故责任企业或者人员的处罚权限在其他省级住房城乡建设主管部门的，事故发生地省级住房城乡建设主管部门应当将事故调查报告（附具有关证据材料）、有关人民政府批复文件、本部门处罚建议等材料转送至有处罚权限的其他省级住房城乡建设主管部门，同时抄报国务院住房城乡建设主管部门。

接收到材料的其他省级住房城乡建设主管部门应当按照有关人民政府对事故调查报告的批复，依照法律法规，对事故责任企业或者人员实施处罚，并向转送材料的事故发生地省级住房城乡建设主管部门反馈处罚情况，同时抄报国务院住房城乡建设主管部门。

第十七条 住房城乡建设主管部门应当按照规定，对下级住房城乡建设主管部门的房屋市政工程生产安全事故查处工作进行督办。

国务院住房城乡建设主管部门对重大、较大事故查处工作进行督办，省级住房城乡建设主管部门对一般事故查处工作进行督办。

第十八条 住房城乡建设主管部门应当对发生事故的企业和工程项目吸取事故教训、落实防范和整改措施的情况进行监督检查。

第十九条 住房城乡建设主管部门应当及时向社会公布事故责任企业和人员的处罚情况，接受社会监督。

第二十条 对于经调查认定为非生产安全事故的，住房城乡建设主管部门应当在事故性质认定后10日内，向上级住房城乡建设主管部门报送有关材料。

第二十一条 省级住房城乡建设主管部门应当按照规定，通过“全国房屋市政工程生产安全事故信息报送及统计分析系统”及时、全面、准确地报送事故简要信息、事故调查信息和事故处罚信息。

第二十二条 住房城乡建设主管部门应当定期总结分析事故报告和查处工作，并将有关情况报送上级住房城乡建设主管部门。

国务院住房城乡建设主管部门定期对事故报告和查处工作进行通报。

第二十三条 省级住房城乡建设主管部门可结合本地区实际，依照本规程制定具体实施细则。

第二十四条 本规程自印发之日起施行。

（三）其　　他

中华人民共和国节约能源法

（1997年11月1日第八届全国人民代表大会常务委员会第二十八次会议通过　2007年10月28日第十届全国人民代表大会常务委员会第三十次会议修订　根据2016年7月2日第十二届全国人民代表大会常务委员会第二十一次会议《关于修改〈中华人民共和国节约能源法〉等六部法律的决定》第一次修正　根据2018年10月26日第十三届全国人民代表大会常务委员会第六次会议《关于修改〈中华人民共和国野生动物保护法〉等十五部法律的决定》第二次修正）

第一章　总　　则

第一条 为了推动全社会节约能源，提高能源利用效率，保护和改善环境，促进经济社会全面协调可持续发展，制定本法。

第二条 本法所称能源，是指煤炭、石油、天然气、生物质能和电力、热力以及其他直接或者通过加工、转换而取得有用能的各种资源。

第三条 本法所称节约能源（以下简称节能），是指加强用能管理，采取技术上可行、经济上合理以及环境和社会可以承受的措施，从能源生产到消费的各个环节，降低消耗、减少损失和污染物排放、制止浪费，有效、合理地利用能源。

第四条 节约资源是我国的基本国策。国家实施节约与开发并举、把节约放在首位的能源发展战略。

第五条 国务院和县级以上地方各级人民政府应当将节能工作纳入国民经济和社会发展规划、年度计划，并组织编制和实施节能中长期专项规划、年度节能计划。

国务院和县级以上地方各级人民政府每年向本级人民代表大会或者其常务委员会报告节能工作。

第六条 国家实行节能目标责任制和节能考核评价制度，将节能目标完成情况作为对地方人民政府及其负责人考核评价的内容。

省、自治区、直辖市人民政府每年向国务院报告节能目标责任的履行情况。

第七条 国家实行有利于节能和环境保护的产业政策，限制发展高耗能、高污染行业，发展节能环保型产业。

国务院和省、自治区、直辖市人民政府应当加强节能工作，合理调整产业结构、企业结构、产品结构和能源消费结构，推动企业降低单位产值能耗和单位产品能耗，淘汰落后的生产能力，改进能源的开发、加工、转换、输送、储存和供应，提高能源利用效率。

国家鼓励、支持开发和利用新能源、可再生能源。

第八条 国家鼓励、支持节能科学技术的研究、开发、示范和推广，促进节能技术创新与进步。

国家开展节能宣传和教育，将节能知识纳入国民教育和培训体系，普及节能科学知识，增强全民的节能意识，提倡节约型的消费方式。

第九条 任何单位和个人都应当依法履行节能义务，有权检举浪费能源的行为。

新闻媒体应当宣传节能法律、法规和政策，发挥舆论监督作用。

第十条 国务院管理节能工作的部门主管全国的节能监督管理工作。国务院有关部门在各自的职责范围内负责节能监督管理工作，并接受国务院管理节能工作的部门的指导。

县级以上地方各级人民政府管理节能工作的部门负责本行政区域内的节能监督管理工作。县级以上地方各级人民政府有关部门在各自的职责范围内负责节能监督管理工作，并接受同级管理节能工作的部门的指导。

第二章 节能管理

第十一条 国务院和县级以上地方各级人民政府应当加强对节能工作的领导，部署、协调、监督、检查、推动节能工作。

第十二条 县级以上人民政府管理节能工作的部门和有关部门应当在各自的职责范围内，加强对节能法律、法规和节能标准执行情况的监督检查，依法查处违法用能行为。

履行节能监督管理职责不得向监督管理对象收取费用。

第十三条 国务院标准化主管部门和国务院有关部门依法组织制定并适时修订有关节能的国家标准、行业标准，建立健全节能标准体系。

国务院标准化主管部门会同国务院管理节能工作的部门和国务院有关部门制定强制性的用能产品、设备能源效率标准和生产过程中耗能高的产品的单位产品能耗限额标准。

国家鼓励企业制定严于国家标准、行业标准的企业节能标准。

省、自治区、直辖市制定严于强制性国家标准、行业标准的地方节能标准，由省、自治区、直辖市人民政府报经国务院批准；本法另有规定的除外。

第十四条 建筑节能的国家标准、行业标准由国务院建设主管部门组织制定，并依照法定程序发布。

省、自治区、直辖市人民政府建设主管部门可以根据本地实际情况，制定严于国家标准或者行业标准的地方建筑节能标准，并报国务院标准化主管部门和国务院建设主管部门备案。

第十五条 国家实行固定资产投资项目节能评估和审查制度。不符合强制性节能标准的项目，建设单位不得开工建设；已经建成的，不得投入生产、使用。政府投资项目不符合强制性节能标准的，依法负责项目审批的机关不得批准建设。具体办法由国务院管理节能工作的部门会同国务院有关部门制定。

第十六条 国家对落后的耗能过高的用能产品、设备和生产工艺实行淘汰制度。淘汰的用能产品、设备、生产工艺的目录和实施办法，由国务院管理节能工作的部门会同国务院有关部门制定并公布。

生产过程中耗能高的产品的生产单位，应当执行单位产品能耗限额标准。对超过单位产品能耗限额标准用能的生产单位，由管理节能工作的部门按照国务院规定的权限责令限期治理。

对高耗能的特种设备，按照国务院的规定实行节能审查和监管。

第十七条 禁止生产、进口、销售国家明令淘汰或者不符合强制性能源效率标准的用能产品、设备；禁止使用国家明令淘汰的用能设备、生产工艺。

第十八条 国家对家用电器等使用面广、耗能量大的用能产品，实行能源效率标识管理。实行能源效率标识管理的产品目录和实施办法，由国务院管理节能工作的部门会同国务院市场监督管理部门制定并公布。

第十九条 生产者和进口商应当对列入国家能源效率标识管理产品目录的用能产品标注能源效率标识，在产品包装物上或者说明书中予以说明，并按照规定报国务院市场监督管理部门和国务院管理节能工作的部门共同授权的机构备案。

生产者和进口商应当对其标注的能源效率标识及相关信息的准确性负责。禁止销售应当标注而未标注能源效率标识的产品。

禁止伪造、冒用能源效率标识或者利用能源效率标识进行虚假宣传。

第二十条 用能产品的生产者、销售者，可以根据自愿原则，按照国家有关节能产品认证的规定，向经国务院认证认可监督管理部门认可的从事节能产品认证的机构提出节能产品认证申请；经认证合格后，取得节能产品认证证书，可以在用能产品或者其包装物上使用节能产品认证标志。

禁止使用伪造的节能产品认证标志或者冒用节能产品认证标志。

第二十一条 县级以上各级人民政府统计部门应当会同同级有关部门，建立健全能源统计制度，完善能源统计指标体系，改进和规范能源统计方法，确保能源统计数据真实、完整。

国务院统计部门会同国务院管理节能工作的部门，定期向社会公布各省、自治区、直辖市以及主要耗能行业的能源消费和节能情况等信息。

第二十二条 国家鼓励节能服务机构的发展，支持节能服务机构开展节能咨询、设计、评估、检测、审计、认证等服务。

国家支持节能服务机构开展节能知识宣传和节能技术培训，提供节能信息、节能示范和其他公益性节能服务。

第二十三条 国家鼓励行业协会在行业节能规划、节能标准的制定和实施、节能技术推广、能源消费统计、节能宣传培训和信息咨询等方面发挥作用。

第三章 合理使用与节约能源

第一节 一般规定

第二十四条 用能单位应当按照合理用能的原则，加强节能管理，制定并实施节能计划和节能技术措施，降低能源消耗。

第二十五条 用能单位应当建立节能目标责任制，对节能工作取得成绩的集体、个人给予奖励。

第二十六条 用能单位应当定期开展节能教育和岗位节能培训。

第二十七条 用能单位应当加强能源计量管理，按照规定配备和使用经依法检定合格的能源计量器具。

用能单位应当建立能源消费统计和能源利用状况分析制度，对各类能源的消费实行分类计量和统计，并确保能源消费统计数据真实、完整。

第二十八条 能源生产经营单位不得向本单位职工无偿提供能源。任何单位不得对能源消费实行包费制。

第二节 工业节能

第二十九条 国务院和省、自治区、直辖市人民政府推进能源资源优化开发利用和合理配置，推进有利于节能的行业结构调整，优化用能结构和企业布局。

第三十条 国务院管理节能工作的部门会同国务院有关部门制定电力、钢铁、有色金属、建材、石油加工、化工、煤炭等主要耗能行业的节能技术政策，推动企业节能技术改造。

第三十一条 国家鼓励工业企业采用高效、节能的电动机、锅炉、窑炉、风机、泵类等设备，采用热电联产、余热余压利用、洁净煤以及先进的用能监测和控制等技术。

第三十二条 电网企业应当按照国务院有关部门制定的节能发电调度管理的规定，安排清洁、高效和符合规定的热电联产、利用余热余压发电的机组以及其他符合资源综合利用规定的发电机组与电网并网运行，上网电价执行国家有关规定。

第三十三条 禁止新建不符合国家规定的燃煤发电机组、燃油发电机组和燃煤热电机组。

第三节 建筑节能

第三十四条 国务院建设主管部门负责全国建筑节能的监督管理工作。

县级以上地方各级人民政府建设主管部门负责本行政区域内建筑节能的监督管理工作。

县级以上地方各级人民政府建设主管部门会同同级管理节能工作的部门编制本行政区域内的建筑节能规划。建筑节能规划应当包括既有建筑节能改造计划。

第三十五条 建筑工程的建设、设计、施工和监理单位应当遵守建筑节能标准。

不符合建筑节能标准的建筑工程，建设主管部门不得批准开工建设；已经开工建设的，应当责令停止施工、限期改正；已经建成的，不得销售或者使用。

建设主管部门应当加强对在建建筑工程执行建筑节能标准情况的监督检查。

第三十六条 房地产开发企业在销售房屋时，应当向购买人明示所售房屋的节能措施、保温工程保修期等信息，在房屋买卖合同、质量保证书和使用说明书中载明，并对其真实性、准确性负责。

第三十七条 使用空调采暖、制冷的公共建筑应当实行室内温度控制制度。具体办法由国务院建设主管部门制定。

第三十八条 国家采取措施，对实行集中供热的建筑分步骤实行供热分户计量、按照用热量收费的制度。新建建筑或者对既有建筑进行节能改造，应当按照规定安装用热计量装置、室内温度调控装置和供热系统调控装置。具体办法由国务院建设主管部门会同国务院有关部门制定。

第三十九条 县级以上地方各级人民政府有关部门应当加强城市节约用电管理，严格控制公用设施和大型建筑物装饰性景观照明的能耗。

第四十条 国家鼓励在新建建筑和既有建筑节能改造中使用新型墙体材料等节能建筑材料和节能设备，安装和使用太阳能等可再生能源利用系统。

第四节 交通运输节能

第四十一条 国务院有关交通运输主管部门按照各自的职责负责全国交通运输相关领域的节能监督管理工作。

国务院有关交通运输主管部门会同国务院管理节能工作的部门分别制定相关领域的节能规划。

第四十二条 国务院及其有关部门指导、促进各种交通运输方式协调发展和有效衔接，优化交通运输结构，建设节能型综合交通运输体系。

第四十三条 县级以上地方各级人民政府应当优先发展公共交通，加大对公共交通的投入，完善公共交通服务体系，鼓励利用公共交通工具出行；鼓励使用非机动交通工具出行。

第四十四条 国务院有关交通运输主管部门应当加强交通运输组织管理，引导道路、水路、航空运输企业提高运输组织化程度和集约化水平，提高能源利用效率。

第四十五条 国家鼓励开发、生产、使用节能环保型汽车、摩托车、铁路机车车辆、船舶和其他交通运输工具，实行老旧交通运输工具的报废、更新制度。

国家鼓励开发和推广应用交通运输工具使用的清洁燃料、石油替代燃料。

第四十六条 国务院有关部门制定交通运输营运车船的燃料消耗量限值标准；不符合标准的，不得用于营运。

国务院有关交通运输主管部门应当加强对交通运输营运车船燃料消耗检测的监督管理。

第五节 公共机构节能

第四十七条 公共机构应当厉行节约，杜绝浪费，带头使用节能产品、设备，提高能源利用效率。

本法所称公共机构，是指全部或者部分使用财政性资金的国家机关、事业单位和团体组织。

第四十八条 国务院和县级以上地方各级人民政府管理机关事务工作的机构会同同级有关部门制定和组织实施本级公共机构节能规划。公共机构节能规划应当包括公共机构既有建筑节能改造计划。

第四十九条 公共机构应当制定年度节能目标和实施方案，加强能源消费计量和监测管理，向本级人民政府管理机关事务工作的机构报送上年度的能源消费状况报告。

国务院和县级以上地方各级人民政府管理机关事务工作的机构会同同级有关部门按照管理权限，制定本级公共机构的能源消耗定额，财政部门根据该定额制定能源消耗支出标准。

第五十条 公共机构应当加强本单位用能系统管理，保证用能系统的运行符合国家相关标准。

公共机构应当按照规定进行能源审计，并根据能源审计结果采取提高能源利用效率的措施。

第五十一条 公共机构采购用能产品、设备，应当优先采购列入节能产品、设备政府采购名录中的产品、设备。禁止采购国家明令淘汰的用能产品、设备。

节能产品、设备政府采购名录由省级以上人民政府的政府采购监督管理部门会同同级有关部门制定并公布。

第六节 重点用能单位节能

第五十二条 国家加强对重点用能单位的节能管理。

下列用能单位为重点用能单位：

（一）年综合能源消费总量一万吨标准煤以上的用能单位；

（二）国务院有关部门或者省、自治区、直辖市人民政府管理节能工作的部门指定的年综合能源消费总量五千吨以上不满一万吨标准煤的用能单位。

重点用能单位节能管理办法，由国务院管理节能工作的部门会同国务院有关部门制定。

第五十三条 重点用能单位应当每年向管理节能工作的部门报送上年度的能源利用状况报告。能源利用状况包括能源消费情况、能源利用效率、节能目标完成情况和节能效益分析、节能措施等内容。

第五十四条 管理节能工作的部门应当对重点用能单位报送的能源利用状况报告进行审查。对节能管理制度不健全、节能措施不落实、能源利用效率低的重点用能单位，管理节能工作的部门应当开展现场调查，组织实施用能设备能源效率检测，责令实施能源审计，并提出书面整改要求，限期整改。

第五十五条 重点用能单位应当设立能源管理岗位，在具有节能专业知识、实际经验以及中级以上技术职称的人员中聘任能源管理负责人，并报管理节能工作的部门和有关部门备案。

能源管理负责人负责组织对本单位用能状况进行分析、评价，组织编写本单位能源利用状况报告，提出本单位节能工作的改进措施并组织实施。

能源管理负责人应当接受节能培训。

第四章　节能技术进步

第五十六条　国务院管理节能工作的部门会同国务院科技主管部门发布节能技术政策大纲，指导节能技术研究、开发和推广应用。

第五十七条　县级以上各级人民政府应当把节能技术研究开发作为政府科技投入的重点领域，支持科研单位和企业开展节能技术应用研究，制定节能标准，开发节能共性和关键技术，促进节能技术创新与成果转化。

第五十八条　国务院管理节能工作的部门会同国务院有关部门制定并公布节能技术、节能产品的推广目录，引导用能单位和个人使用先进的节能技术、节能产品。

国务院管理节能工作的部门会同国务院有关部门组织实施重大节能科研项目、节能示范项目、重点节能工程。

第五十九条　县级以上各级人民政府应当按照因地制宜、多能互补、综合利用、讲求效益的原则，加强农业和农村节能工作，增加对农业和农村节能技术、节能产品推广应用的资金投入。

农业、科技等有关主管部门应当支持、推广在农业生产、农产品加工储运等方面应用节能技术和节能产品，鼓励更新和淘汰高耗能的农业机械和渔业船舶。

国家鼓励、支持在农村大力发展沼气，推广生物质能、太阳能和风能等可再生能源利用技术，按照科学规划、有序开发的原则发展小型水力发电，推广节能型的农村住宅和炉灶等，鼓励利用非耕地种植能源植物，大力发展薪炭林等能源林。

第五章　激励措施

第六十条　中央财政和省级地方财政安排节能专项资金，支持节能技术研究开发、节能技术和产品的示范与推广、重点节能工程的实施、节能宣传培训、信息服务和表彰奖励等。

第六十一条　国家对生产、使用列入本法第五十八条规定的推广目录的需要支持的节能技术、节能产品，实行税收优惠等扶持政策。

国家通过财政补贴支持节能照明器具等节能产品的推广和使用。

第六十二条　国家实行有利于节约能源资源的税收政策，健全能源矿产资源有偿使用制度，促进能源资源的节约及其开采利用水平的提高。

第六十三条　国家运用税收等政策，鼓励先进节能技术、设备的进口，控制在生产过程中耗能高、污染重的产品的出口。

第六十四条　政府采购监督管理部门会同有关部门制定节能产品、设备政府采购名录，应当优先列入取得节能产品认证证书的产品、设备。

第六十五条　国家引导金融机构增加对节能项目的信贷支持，为符合条件的节能技术研究开发、节能产品生产以及节能技术改造等项目提供优惠贷款。

国家推动和引导社会有关方面加大对节能的资金投入，加快节能技术改造。

第六十六条　国家实行有利于节能的价格政策，引导用能单位和个人节能。

国家运用财税、价格等政策，支持推广电力需求侧管理、合同能源管理、节能自愿协议等节能办法。

国家实行峰谷分时电价、季节性电价、可中断负荷电价制度，鼓励电力用户合理调整用电负荷；对钢铁、有色金属、建材、化工和其他主要耗能行业的企业，分淘汰、限制、允许和鼓励类实行差别电价政策。

第六十七条　各级人民政府对在节能管理、节能科学技术研究和推广应用中有显著成绩以及检举严重浪费能源行为的单位和个人，给予表彰和奖励。

第六章 法律责任

第六十八条 负责审批政府投资项目的机关违反本法规定，对不符合强制性节能标准的项目予以批准建设的，对直接负责的主管人员和其他直接责任人员依法给予处分。

固定资产投资项目建设单位开工建设不符合强制性节能标准的项目或者将该项目投入生产、使用的，由管理节能工作的部门责令停止建设或者停止生产、使用，限期改造；不能改造或者逾期不改造的生产性项目，由管理节能工作的部门报请本级人民政府按照国务院规定的权限责令关闭。

第六十九条 生产、进口、销售国家明令淘汰的用能产品、设备的，使用伪造的节能产品认证标志或者冒用节能产品认证标志的，依照《中华人民共和国产品质量法》的规定处罚。

第七十条 生产、进口、销售不符合强制性能源效率标准的用能产品、设备的，由市场监督管理部门责令停止生产、进口、销售，没收违法生产、进口、销售的用能产品、设备和违法所得，并处违法所得一倍以上五倍以下罚款；情节严重的，吊销营业执照。

第七十一条 使用国家明令淘汰的用能设备或者生产工艺的，由管理节能工作的部门责令停止使用，没收国家明令淘汰的用能设备；情节严重的，可以由管理节能工作的部门提出意见，报请本级人民政府按照国务院规定的权限责令停业整顿或者关闭。

第七十二条 生产单位超过单位产品能耗限额标准用能，情节严重，经限期治理逾期不治理或者没有达到治理要求的，可以由管理节能工作的部门提出意见，报请本级人民政府按照国务院规定的权限责令停业整顿或者关闭。

第七十三条 违反本法规定，应当标注能源效率标识而未标注的，由市场监督管理部门责令改正，处三万元以上五万元以下罚款。

违反本法规定，未办理能源效率标识备案，或者使用的能源效率标识不符合规定的，由市场监督管理部门责令限期改正；逾期不改正的，处一万元以上三万元以下罚款。

伪造、冒用能源效率标识或者利用能源效率标识进行虚假宣传的，由市场监督管理部门责令改正，处五万元以上十万元以下罚款；情节严重的，吊销营业执照。

第七十四条 用能单位未按照规定配备、使用能源计量器具的，由市场监督管理部门责令限期改正；逾期不改正的，处一万元以上五万元以下罚款。

第七十五条 瞒报、伪造、篡改能源统计资料或者编造虚假能源统计数据的，依照《中华人民共和国统计法》的规定处罚。

第七十六条 从事节能咨询、设计、评估、检测、审计、认证等服务的机构提供虚假信息的，由管理节能工作的部门责令改正，没收违法所得，并处五万元以上十万元以下罚款。

第七十七条 违反本法规定，无偿向本单位职工提供能源或者对能源消费实行包费制的，由管理节能工作的部门责令限期改正；逾期不改正的，处五万元以上二十万元以下罚款。

第七十八条 电网企业未按照本法规定安排符合规定的热电联产和利用余热余压发电的机组与电网并网运行，或者未执行国家有关上网电价规定的，由国家电力监管机构责令改正；造成发电企业经济损失的，依法承担赔偿责任。

第七十九条 建设单位违反建筑节能标准的，由建设主管部门责令改正，处二十万元以上五十万元以下罚款。

设计单位、施工单位、监理单位违反

建筑节能标准的，由建设主管部门责令改正，处十万元以上五十万元以下罚款；情节严重的，由颁发资质证书的部门降低资质等级或者吊销资质证书；造成损失的，依法承担赔偿责任。

第八十条 房地产开发企业违反本法规定，在销售房屋时未向购买人明示所售房屋的节能措施、保温工程保修期等信息的，由建设主管部门责令限期改正，逾期不改正的，处三万元以上五万元以下罚款；对以上信息作虚假宣传的，由建设主管部门责令改正，处五万元以上二十万元以下罚款。

第八十一条 公共机构采购用能产品、设备，未优先采购列入节能产品、设备政府采购名录中的产品、设备，或者采购国家明令淘汰的用能产品、设备的，由政府采购监督管理部门给予警告，可以并处罚款；对直接负责的主管人员和其他直接责任人员依法给予处分，并予通报。

第八十二条 重点用能单位未按照本法规定报送能源利用状况报告或者报告内容不实的，由管理节能工作的部门责令限期改正；逾期不改正的，处一万元以上五万元以下罚款。

第八十三条 重点用能单位无正当理由拒不落实本法第五十四条规定的整改要求或者整改没有达到要求的，由管理节能工作的部门处十万元以上三十万元以下罚款。

第八十四条 重点用能单位未按照本法规定设立能源管理岗位，聘任能源管理负责人，并报管理节能工作的部门和有关部门备案的，由管理节能工作的部门责令改正；拒不改正的，处一万元以上三万元以下罚款。

第八十五条 违反本法规定，构成犯罪的，依法追究刑事责任。

第八十六条 国家工作人员在节能管理工作中滥用职权、玩忽职守、徇私舞弊，构成犯罪的，依法追究刑事责任；尚不构成犯罪的，依法给予处分。

第七章 附 则

第八十七条 本法自2008年4月1日起施行。

中华人民共和国环境保护法（节录）

（1989年12月26日第七届全国人民代表大会常务委员会第十一次会议通过 2014年4月24日第十二届全国人民代表大会常务委员会第八次会议修订 2014年4月24日中华人民共和国主席令第9号公布 自2015年1月1日起施行）

第一章 总 则

第一条 【立法目的】为保护和改善环境，防治污染和其他公害，保障公众健康，推进生态文明建设，促进经济社会可持续发展，制定本法。

第二条 【环境定义】本法所称环境，是指影响人类生存和发展的各种天然的和经过人工改造的自然因素的总体，包括大气、水、海洋、土地、矿藏、森林、草原、湿地、野生生物、自然遗迹、人文遗迹、自然保护区、风景名胜区、城市和乡村等。

第三条 【适用范围】本法适用于中华人民共和国领域和中华人民共和国管辖的其他海域。

第四条 【基本国策】保护环境是国家的基本国策。

国家采取有利于节约和循环利用资源、保护和改善环境、促进人与自然和谐的经济、技术政策和措施，使经济社会发展与环境保护相协调。

第五条 【基本原则】环境保护坚持保护优先、预防为主、综合治理、公众参与、损害担责的原则。

第六条 【保护环境的义务】 一切单位和个人都有保护环境的义务。

地方各级人民政府应当对本行政区域的环境质量负责。

企业事业单位和其他生产经营者应当防止、减少环境污染和生态破坏，对所造成的损害依法承担责任。

公民应当增强环境保护意识，采取低碳、节俭的生活方式，自觉履行环境保护义务。

第七条 【环保发展方针】 国家支持环境保护科学技术研究、开发和应用，鼓励环境保护产业发展，促进环境保护信息化建设，提高环境保护科学技术水平。

第八条 【财政投入】 各级人民政府应当加大保护和改善环境、防治污染和其他公害的财政投入，提高财政资金的使用效益。

第九条 【宣传教育】 各级人民政府应当加强环境保护宣传和普及工作，鼓励基层群众性自治组织、社会组织、环境保护志愿者开展环境保护法律法规和环境保护知识的宣传，营造保护环境的良好风气。

教育行政部门、学校应当将环境保护知识纳入学校教育内容，培养学生的环境保护意识。

新闻媒体应当开展环境保护法律法规和环境保护知识的宣传，对环境违法行为进行舆论监督。

第十条 【管理体制】 国务院环境保护主管部门，对全国环境保护工作实施统一监督管理；县级以上地方人民政府环境保护主管部门，对本行政区域环境保护工作实施统一监督管理。

县级以上人民政府有关部门和军队环境保护部门，依照有关法律的规定对资源保护和污染防治等环境保护工作实施监督管理。

第十一条 【奖励措施】 对保护和改善环境有显著成绩的单位和个人，由人民政府给予奖励。

第十二条 【环境日】 每年6月5日为环境日。

第二章 监督管理

第十三条 【环境保护规划】 县级以上人民政府应当将环境保护工作纳入国民经济和社会发展规划。

国务院环境保护主管部门会同有关部门，根据国民经济和社会发展规划编制国家环境保护规划，报国务院批准并公布实施。

县级以上地方人民政府环境保护主管部门会同有关部门，根据国家环境保护规划的要求，编制本行政区域的环境保护规划，报同级人民政府批准并公布实施。

环境保护规划的内容应当包括生态保护和污染防治的目标、任务、保障措施等，并与主体功能区规划、土地利用总体规划和城乡规划等相衔接。

第十四条 【政策制定考虑环境影响】 国务院有关部门和省、自治区、直辖市人民政府组织制定经济、技术政策，应当充分考虑对环境的影响，听取有关方面和专家的意见。

第十五条 【环境质量标准及环境基准】 国务院环境保护主管部门制定国家环境质量标准。

省、自治区、直辖市人民政府对国家环境质量标准中未作规定的项目，可以制定地方环境质量标准；对国家环境质量标准中已作规定的项目，可以制定严于国家环境质量标准的地方环境质量标准。地方环境质量标准应当报国务院环境保护主管部门备案。

国家鼓励开展环境基准研究。

第十六条 【污染物排放标准】 国务院环境保护主管部门根据国家环境质量标准和国家经济、技术条件，制定国家污染物排放标准。

省、自治区、直辖市人民政府对国家

污染物排放标准中未作规定的项目，可以制定地方污染物排放标准；对国家污染物排放标准中已作规定的项目，可以制定严于国家污染物排放标准的地方污染物排放标准。地方污染物排放标准应当报国务院环境保护主管部门备案。

第十七条　【环境监测】国家建立、健全环境监测制度。国务院环境保护主管部门制定监测规范，会同有关部门组织监测网络，统一规划国家环境质量监测站（点）的设置，建立监测数据共享机制，加强对环境监测的管理。

有关行业、专业等各类环境质量监测站（点）的设置应当符合法律法规规定和监测规范的要求。

监测机构应当使用符合国家标准的监测设备，遵守监测规范。监测机构及其负责人对监测数据的真实性和准确性负责。

第十八条　【环境资源承载能力监测预警机制】省级以上人民政府应当组织有关部门或者委托专业机构，对环境状况进行调查、评价，建立环境资源承载能力监测预警机制。

第十九条　【环境影响评价】编制有关开发利用规划，建设对环境有影响的项目，应当依法进行环境影响评价。

未依法进行环境影响评价的开发利用规划，不得组织实施；未依法进行环境影响评价的建设项目，不得开工建设。

第二十条　【联防联控】国家建立跨行政区域的重点区域、流域环境污染和生态破坏联合防治协调机制，实行统一规划、统一标准、统一监测、统一的防治措施。

前款规定以外的跨行政区域的环境污染和生态破坏的防治，由上级人民政府协调解决，或者由有关地方人民政府协商解决。

第二十一条　【环境保护产业】国家采取财政、税收、价格、政府采购等方面的政策和措施，鼓励和支持环境保护技术装备、资源综合利用和环境服务等环境保护产业的发展。

第二十二条　【对减排企业鼓励和支持】企业事业单位和其他生产经营者，在污染物排放符合法定要求的基础上，进一步减少污染物排放的，人民政府应当依法采取财政、税收、价格、政府采购等方面的政策和措施予以鼓励和支持。

第二十三条　【环境污染整治企业的支持】企业事业单位和其他生产经营者，为改善环境，依照有关规定转产、搬迁、关闭的，人民政府应当予以支持。

第二十四条　【现场检查】县级以上人民政府环境保护主管部门及其委托的环境监察机构和其他负有环境保护监督管理职责的部门，有权对排放污染物的企业事业单位和其他生产经营者进行现场检查。被检查者应当如实反映情况，提供必要的资料。实施现场检查的部门、机构及其工作人员应当为被检查者保守商业秘密。

第二十五条　【查封、扣押】企业事业单位和其他生产经营者违反法律法规规定排放污染物，造成或者可能造成严重污染的，县级以上人民政府环境保护主管部门和其他负有环境保护监督管理职责的部门，可以查封、扣押造成污染物排放的设施、设备。

第二十六条　【目标责任制和考核评价制度】国家实行环境保护目标责任制和考核评价制度。县级以上人民政府应当将环境保护目标完成情况纳入对本级人民政府负有环境保护监督管理职责的部门及其负责人和下级人民政府及其负责人的考核内容，作为对其考核评价的重要依据。考核结果应当向社会公开。

第二十七条　【人大监督】县级以上人民政府应当每年向本级人民代表大会或者人民代表大会常务委员会报告环境状况和环境保护目标完成情况，对发生的重大环境事件应当及时向本级人民代表大会常务委员会报告，依法接受监督。

第三章　保护和改善环境

第二十八条　【环境质量责任】地方各级人民政府应当根据环境保护目标和治理任务，采取有效措施，改善环境质量。

未达到国家环境质量标准的重点区域、流域的有关地方人民政府，应当制定限期达标规划，并采取措施按期达标。

第二十九条　【生态保护红线】国家在重点生态功能区、生态环境敏感区和脆弱区等区域划定生态保护红线，实行严格保护。

各级人民政府对具有代表性的各种类型的自然生态系统区域，珍稀、濒危的野生动植物自然分布区域，重要的水源涵养区域，具有重大科学文化价值的地质构造、著名溶洞和化石分布区、冰川、火山、温泉等自然遗迹，以及人文遗迹、古树名木，应当采取措施予以保护，严禁破坏。

第三十条　【保护生物多样性】开发利用自然资源，应当合理开发，保护生物多样性，保障生态安全，依法制定有关生态保护和恢复治理方案并予以实施。

引进外来物种以及研究、开发和利用生物技术，应当采取措施，防止对生物多样性的破坏。

第三十一条　【生态保护补偿制度】国家建立、健全生态保护补偿制度。

国家加大对生态保护地区的财政转移支付力度。有关地方人民政府应当落实生态保护补偿资金，确保其用于生态保护补偿。

国家指导受益地区和生态保护地区人民政府通过协商或者按照市场规则进行生态保护补偿。

第三十二条　【调查、监测、评估和修复制度】国家加强对大气、水、土壤等的保护，建立和完善相应的调查、监测、评估和修复制度。

第三十三条　【农业与农村环境保护】各级人民政府应当加强对农业环境的保护，促进农业环境保护新技术的使用，加强对农业污染源的监测预警，统筹有关部门采取措施，防治土壤污染和土地沙化、盐渍化、贫瘠化、石漠化、地面沉降以及防治植被破坏、水土流失、水体富营养化、水源枯竭、种源灭绝等生态失调现象，推广植物病虫害的综合防治。

县级、乡级人民政府应当提高农村环境保护公共服务水平，推动农村环境综合整治。

第三十四条　【海洋环境保护】国务院和沿海地方各级人民政府应当加强对海洋环境的保护。向海洋排放污染物、倾倒废弃物，进行海岸工程和海洋工程建设，应当符合法律法规规定和有关标准，防止和减少对海洋环境的污染损害。

第三十五条　【城乡建设中环境保护】城乡建设应当结合当地自然环境的特点，保护植被、水域和自然景观，加强城市园林、绿地和风景名胜区的建设与管理。

第三十六条　【使用环保产品】国家鼓励和引导公民、法人和其他组织使用有利于保护环境的产品和再生产品，减少废弃物的产生。

国家机关和使用财政资金的其他组织应当优先采购和使用节能、节水、节材等有利于保护环境的产品、设备和设施。

第三十七条　【生活废弃物的分类与回收】地方各级人民政府应当采取措施，组织对生活废弃物的分类处置、回收利用。

第三十八条　【公民的环保义务】公民应当遵守环境保护法律法规，配合实施环境保护措施，按照规定对生活废弃物进行分类放置，减少日常生活对环境造成的损害。

第三十九条　【环境质量与公众健康】国家建立、健全环境与健康监测、调查和风险评估制度；鼓励和组织开展环境质量对公众健康影响的研究，采取措施预防和控制与环境污染有关的疾病。

第四章　防治污染和其他公害

第四十条　【清洁生产和清洁能源】国家促进清洁生产和资源循环利用。

国务院有关部门和地方各级人民政府应当采取措施，推广清洁能源的生产和使用。

企业应当优先使用清洁能源，采用资源利用率高、污染物排放量少的工艺、设备以及废弃物综合利用技术和污染物无害化处理技术，减少污染物的产生。

第四十一条　【“三同时”制度】建设项目中防治污染的设施，应当与主体工程同时设计、同时施工、同时投产使用。防治污染的设施应当符合经批准的环境影响评价文件的要求，不得擅自拆除或者闲置。

第四十二条　【生产经营者的防治污染责任】排放污染物的企业事业单位和其他生产经营者，应当采取措施，防治在生产建设或者其他活动中产生的废气、废水、废渣、医疗废物、粉尘、恶臭气体、放射性物质以及噪声、振动、光辐射、电磁辐射等对环境的污染和危害。

排放污染物的企业事业单位，应当建立环境保护责任制度，明确单位负责人和相关人员的责任。

重点排污单位应当按照国家有关规定和监测规范安装使用监测设备，保证监测设备正常运行，保存原始监测记录。

严禁通过暗管、渗井、渗坑、灌注或者篡改、伪造监测数据，或者不正常运行防治污染设施等逃避监管的方式违法排放污染物。

第四十三条　【排污费和环境保护税】排放污染物的企业事业单位和其他生产经营者，应当按照国家有关规定缴纳排污费。排污费应当全部专项用于环境污染防治，任何单位和个人不得截留、挤占或者挪作他用。

依照法律规定征收环境保护税的，不再征收排污费。

第四十四条　【重点污染物排放总量控制】国家实行重点污染物排放总量控制制度。重点污染物排放总量控制指标由国务院下达，省、自治区、直辖市人民政府分解落实。企业事业单位在执行国家和地方污染物排放标准的同时，应当遵守分解落实到本单位的重点污染物排放总量控制指标。

对超过国家重点污染物排放总量控制指标或者未完成国家确定的环境质量目标的地区，省级以上人民政府环境保护主管部门应当暂停审批其新增重点污染物排放总量的建设项目环境影响评价文件。

第四十五条　【排污许可管理制度】国家依照法律规定实行排污许可管理制度。

实行排污许可管理的企业事业单位和其他生产经营者应当按照排污许可证的要求排放污染物；未取得排污许可证的，不得排放污染物。

第四十六条　【淘汰制度与禁止引进制度】国家对严重污染环境的工艺、设备和产品实行淘汰制度。任何单位和个人不得生产、销售或者转移、使用严重污染环境的工艺、设备和产品。

禁止引进不符合我国环境保护规定的技术、设备、材料和产品。

第四十七条　【突发环境事件】各级人民政府及其有关部门和企业事业单位，应当依照《中华人民共和国突发事件应对法》的规定，做好突发环境事件的风险控制、应急准备、应急处置和事后恢复等工作。

县级以上人民政府应当建立环境污染公共监测预警机制，组织制定预警方案；环境受到污染，可能影响公众健康和环境安全时，依法及时公布预警信息，启动应急措施。

企业事业单位应当按照国家有关规定制定突发环境事件应急预案，报环境保护主管部门和有关部门备案。在发生或者可能发生突发环境事件时，企业事业单位应当立即采取措施处理，及时通报可能受到危害的单位和居民，并向环境保护主管部门和有关部门报告。

突发环境事件应急处置工作结束后，有关人民政府应当立即组织评估事件造成的环境影响和损失，并及时将评估结果向社会公布。

第四十八条　【化学物品和含有放射性物质物品的管理】生产、储存、运输、销售、使用、处置化学物品和含有放射性物质的物品，应当遵守国家有关规定，防止污染环境。

第四十九条　【农业、农村环境污染防治】各级人民政府及其农业等有关部门和机构应当指导农业生产经营者科学种植和养殖，科学合理施用农药、化肥等农业投入品，科学处置农用薄膜、农作物秸秆等农业废弃物，防止农业面源污染。

禁止将不符合农用标准和环境保护标准的固体废物、废水施入农田。施用农药、化肥等农业投入品及进行灌溉，应当采取措施，防止重金属和其他有毒有害物质污染环境。

畜禽养殖场、养殖小区、定点屠宰企业等的选址、建设和管理应当符合有关法律法规规定。从事畜禽养殖和屠宰的单位和个人应当采取措施，对畜禽粪便、尸体和污水等废弃物进行科学处置，防止污染环境。

县级人民政府负责组织农村生活废弃物的处置工作。

第五十条　【农村环境污染防治资金支持】各级人民政府应当在财政预算中安排资金，支持农村饮用水水源地保护、生活污水和其他废弃物处理、畜禽养殖和屠宰污染防治、土壤污染防治和农村工矿污染治理等环境保护工作。

第五十一条　【统筹城乡建设环境卫生设施和环境保护公共设施】各级人民政府应当统筹城乡建设污水处理设施及配套管网，固体废物的收集、运输和处置等环境卫生设施，危险废物集中处置设施、场所以及其他环境保护公共设施，并保障其正常运行。

第五十二条　【环境责任险】国家鼓励投保环境污染责任保险。

第五章　信息公开和公众参与

第五十三条　【公众参与】公民、法人和其他组织依法享有获取环境信息、参与和监督环境保护的权利。

各级人民政府环境保护主管部门和其他负有环境保护监督管理职责的部门，应当依法公开环境信息、完善公众参与程序，为公民、法人和其他组织参与和监督环境保护提供便利。

第五十四条　【政府环境信息公开】国务院环境保护主管部门统一发布国家环境质量、重点污染源监测信息及其他重大环境信息。省级以上人民政府环境保护主管部门定期发布环境状况公报。

县级以上人民政府环境保护主管部门和其他负有环境保护监督管理职责的部门，应当依法公开环境质量、环境监测、突发环境事件以及环境行政许可、行政处罚、排污费的征收和使用情况等信息。

县级以上地方人民政府环境保护主管部门和其他负有环境保护监督管理职责的部门，应当将企业事业单位和其他生产经营者的环境违法信息记入社会诚信档案，及时向社会公布违法者名单。

第五十五条　【企业环境信息公开】重点排污单位应当如实向社会公开其主要污染物的名称、排放方式、排放浓度和总量、超标排放情况，以及防治污染设施的建设和运行情况，接受社会监督。

第五十六条　【公众参与建设项目环境影响评价】对依法应当编制环境影响报告书的建设项目，建设单位应当在编制时向可能受影响的公众说明情况，充分征求意见。

负责审批建设项目环境影响评价文件的部门在收到建设项目环境影响报告书后，除涉及国家秘密和商业秘密的事项外，应当全文公开；发现建设项目未充分征求公众意见的，应当责成建设单位征求公众意见。

第五十七条　【举报】公民、法人和其他组织发现任何单位和个人有污染环境和破坏生态行为的，有权向环境保护主管部门或者其他负有环境保护监督管理职责的部门举报。

公民、法人和其他组织发现地方各级人民政府、县级以上人民政府环境保护主管部门和其他负有环境保护监督管理职责的部门不依法履行职责的，有权向其上级机关或者监察机关举报。

接受举报的机关应当对举报人的相关信息予以保密，保护举报人的合法权益。

第五十八条　【环境公益诉讼】对污染环境、破坏生态，损害社会公共利益的行为，符合下列条件的社会组织可以向人民法院提起诉讼：

（一）依法在设区的市级以上人民政府民政部门登记；

（二）专门从事环境保护公益活动连续五年以上且无违法记录。

符合前款规定的社会组织向人民法院提起诉讼，人民法院应当依法受理。

提起诉讼的社会组织不得通过诉讼牟取经济利益。

第六章　法律责任

第五十九条　【按日计罚】企业事业单位和其他生产经营者违法排放污染物，受到罚款处罚，被责令改正，拒不改正的，依法作出处罚决定的行政机关可以自责令改正之日的次日起，按照原处罚数额按日连续处罚。

前款规定的罚款处罚，依照有关法律法规按照防治污染设施的运行成本、违法行为造成的直接损失或者违法所得等因素确定的规定执行。

地方性法规可以根据环境保护的实际需要，增加第一款规定的按日连续处罚的违法行为的种类。

第六十条　【超标超总量的法律责任】企业事业单位和其他生产经营者超过污染物排放标准或者超过重点污染物排放总量控制指标排放污染物的，县级以上人民政府环境保护主管部门可以责令其采取限制生产、停产整治等措施；情节严重的，报经有批准权的人民政府批准，责令停业、关闭。

第六十一条　【未批先建的法律责任】建设单位未依法提交建设项目环境影响评价文件或者环境影响评价文件未经批准，擅自开工建设的，由负有环境保护监督管理职责的部门责令停止建设，处以罚款，并可以责令恢复原状。

第六十二条　【不依法公开环境信息的法律责任】违反本法规定，重点排污单位不公开或者不如实公开环境信息的，由县级以上地方人民政府环境保护主管部门责令公开，处以罚款，并予以公告。

第六十三条　【行政处罚】企业事业单位和其他生产经营者有下列行为之一，尚不构成犯罪的，除依照有关法律法规规定予以处罚外，由县级以上人民政府环境保护主管部门或者其他有关部门将案件移送公安机关，对其直接负责的主管人员和其他直接责任人员，处十日以上十五日以下拘留；情节较轻的，处五日以上十日以下拘留：

（一）建设项目未依法进行环境影响评价，被责令停止建设，拒不执行的；

（二）违反法律规定，未取得排污许可证排放污染物，被责令停止排污，拒不执行的；

（三）通过暗管、渗井、渗坑、灌注或者篡改、伪造监测数据，或者不正常运行防治污染设施等逃避监管的方式违法排放污染物的；

（四）生产、使用国家明令禁止生产、使用的农药，被责令改正，拒不改正的。

第六十四条 【民事责任】因污染环境和破坏生态造成损害的，应当依照《中华人民共和国侵权责任法》的有关规定承担侵权责任。

第六十五条 【连带责任】环境影响评价机构、环境监测机构以及从事环境监测设备和防治污染设施维护、运营的机构，在有关环境服务活动中弄虚作假，对造成的环境污染和生态破坏负有责任的，除依照有关法律法规规定予以处罚外，还应当与造成环境污染和生态破坏的其他责任者承担连带责任。

第六十六条 【诉讼时效】提起环境损害赔偿诉讼的时效期间为三年，从当事人知道或者应当知道其受到损害时起计算。

第六十七条 【内部监督】上级人民政府及其环境保护主管部门应当加强对下级人民政府及其有关部门环境保护工作的监督。发现有关工作人员有违法行为，依法应当给予处分的，应当向其任免机关或者监察机关提出处分建议。

依法应当给予行政处罚，而有关环境保护主管部门不给予行政处罚的，上级人民政府环境保护主管部门可以直接作出行政处罚的决定。

第六十八条 【行政处分】地方各级人民政府、县级以上人民政府环境保护主管部门和其他负有环境保护监督管理职责的部门有下列行为之一的，对直接负责的主管人员和其他直接责任人员给予记过、记大过或者降级处分；造成严重后果的，给予撤职或者开除处分，其主要负责人应当引咎辞职：

（一）不符合行政许可条件准予行政许可的；

（二）对环境违法行为进行包庇的；

（三）依法应当作出责令停业、关闭的决定而未作出的；

（四）对超标排放污染物、采用逃避监管的方式排放污染物、造成环境事故以及不落实生态保护措施造成生态破坏等行为，发现或者接到举报未及时查处的；

（五）违反本法规定，查封、扣押企业事业单位和其他生产经营者的设施、设备的；

（六）篡改、伪造或者指使篡改、伪造监测数据的；

（七）应当依法公开环境信息而未公开的；

（八）将征收的排污费截留、挤占或者挪作他用的；

（九）法律法规规定的其他违法行为。

第六十九条 【刑事责任】违反本法规定，构成犯罪的，依法追究刑事责任。

第七章 附 则

第七十条 【实施日期】本法自 2015 年 1 月 1 日起施行。

中华人民共和国环境噪声污染防治法（节录）

（1996 年 10 月 29 日第八届全国人民代表大会常务委员会第二十二次会议通过 根据 2018 年 12 月 29 日第十三届全国人民代表大会常务委员会第七次会议《关于修改〈中华人民共和国劳动法〉等七部法律的决定》修正）

……

第四章 建筑施工噪声污染防治

第二十七条 本法所称建筑施工噪声，是指在建筑施工过程中产生的干扰周围生活环境的声音。

第二十八条 在城市市区范围内向周围生

活环境排放建筑施工噪声的，应当符合国家规定的建筑施工场界环境噪声排放标准。

第二十九条 在城市市区范围内，建筑施工过程中使用机械设备，可能产生环境噪声污染的，施工单位必须在工程开工十五日以前向工程所在地县级以上地方人民政府生态环境主管部门申报该工程的项目名称、施工场所和期限、可能产生的环境噪声值以及所采取的环境噪声污染防治措施的情况。

第三十条 在城市市区噪声敏感建筑物集中区域内，禁止夜间进行产生环境噪声污染的建筑施工作业，但抢修、抢险作业和因生产工艺上要求或者特殊需要必须连续作业的除外。

因特殊需要必须连续作业的，必须有县级以上人民政府或者其有关主管部门的证明。

前款规定的夜间作业，必须公告附近居民。

……

中华人民共和国
环境影响评价法

（2002 年 10 月 28 日第九届全国人民代表大会常务委员会第三十次会议通过　根据 2016 年 7 月 2 日第十二届全国人民代表大会常务委员会第二十一次会议《关于修改〈中华人民共和国节约能源法〉等六部法律的决定》第一次修正　根据 2018 年 12 月 29 日第十三届全国人民代表大会常务委员会第七次会议《关于修改〈中华人民共和国劳动法〉等七部法律的决定》第二次修正）

第一章　总　则

第一条 为了实施可持续发展战略，预防因规划和建设项目实施后对环境造成不良影响，促进经济、社会和环境的协调发展，制定本法。

第二条 本法所称环境影响评价，是指对规划和建设项目实施后可能造成的环境影响进行分析、预测和评估，提出预防或者减轻不良环境影响的对策和措施，进行跟踪监测的方法与制度。

第三条 编制本法第九条所规定的范围内的规划，在中华人民共和国领域和中华人民共和国管辖的其他海域内建设对环境有影响的项目，应当依照本法进行环境影响评价。

第四条 环境影响评价必须客观、公开、公正，综合考虑规划或者建设项目实施后对各种环境因素及其所构成的生态系统可能造成的影响，为决策提供科学依据。

第五条 国家鼓励有关单位、专家和公众以适当方式参与环境影响评价。

第六条 国家加强环境影响评价的基础数据库和评价指标体系建设，鼓励和支持对环境影响评价的方法、技术规范进行科学研究，建立必要的环境影响评价信息共享制度，提高环境影响评价的科学性。

国务院生态环境主管部门应当会同国务院有关部门，组织建立和完善环境影响评价的基础数据库和评价指标体系。

第二章　规划的环境影响评价

第七条 国务院有关部门、设区的市级以上地方人民政府及其有关部门，对其组织编制的土地利用的有关规划，区域、流域、海域的建设、开发利用规划，应当在规划编制过程中组织进行环境影响评价，编写该规划有关环境影响的篇章或者说明。

规划有关环境影响的篇章或者说明，应当对规划实施后可能造成的环境影响作出分析、预测和评估，提出预防或者减轻不良环境影响的对策和措施，作为规划草案的组成部分一并报送规划审批机关。

未编写有关环境影响的篇章或者说明

的规划草案，审批机关不予审批。

第八条 国务院有关部门、设区的市级以上地方人民政府及其有关部门，对其组织编制的工业、农业、畜牧业、林业、能源、水利、交通、城市建设、旅游、自然资源开发的有关专项规划（以下简称专项规划），应当在该专项规划草案上报审批前，组织进行环境影响评价，并向审批该专项规划的机关提出环境影响报告书。

前款所列专项规划中的指导性规划，按照本法第七条的规定进行环境影响评价。

第九条 依照本法第七条、第八条的规定进行环境影响评价的规划的具体范围，由国务院生态环境主管部门会同国务院有关部门规定，报国务院批准。

第十条 专项规划的环境影响报告书应当包括下列内容：

（一）实施该规划对环境可能造成影响的分析、预测和评估；

（二）预防或者减轻不良环境影响的对策和措施；

（三）环境影响评价的结论。

第十一条 专项规划的编制机关对可能造成不良环境影响并直接涉及公众环境权益的规划，应当在该规划草案报送审批前，举行论证会、听证会，或者采取其他形式，征求有关单位、专家和公众对环境影响报告书草案的意见。但是，国家规定需要保密的情形除外。

编制机关应当认真考虑有关单位、专家和公众对环境影响报告书草案的意见，并应当在报送审查的环境影响报告书中附具对意见采纳或者不采纳的说明。

第十二条 专项规划的编制机关在报批规划草案时，应当将环境影响报告书一并附送审批机关审查；未附送环境影响报告书的，审批机关不予审批。

第十三条 设区的市级以上人民政府在审批专项规划草案，作出决策前，应当先由人民政府指定的生态环境主管部门或者其他部门召集有关部门代表和专家组成审查小组，对环境影响报告书进行审查。审查小组应当提出书面审查意见。

参加前款规定的审查小组的专家，应当从按照国务院生态环境主管部门的规定设立的专家库内的相关专业的专家名单中，以随机抽取的方式确定。

由省级以上人民政府有关部门负责审批的专项规划，其环境影响报告书的审查办法，由国务院生态环境主管部门会同国务院有关部门制定。

第十四条 审查小组提出修改意见的，专项规划的编制机关应当根据环境影响报告书结论和审查意见对规划草案进行修改完善，并对环境影响报告书结论和审查意见的采纳情况作出说明；不采纳的，应当说明理由。

设区的市级以上人民政府或者省级以上人民政府有关部门在审批专项规划草案时，应当将环境影响报告书结论以及审查意见作为决策的重要依据。

在审批中未采纳环境影响报告书结论以及审查意见的，应当作出说明，并存档备查。

第十五条 对环境有重大影响的规划实施后，编制机关应当及时组织环境影响的跟踪评价，并将评价结果报告审批机关；发现有明显不良环境影响的，应当及时提出改进措施。

第三章 建设项目的环境影响评价

第十六条 国家根据建设项目对环境的影响程度，对建设项目的环境影响评价实行分类管理。

建设单位应当按照下列规定组织编制环境影响报告书、环境影响报告表或者填报环境影响登记表（以下统称环境影响评价文件）：

（一）可能造成重大环境影响的，应当编制环境影响报告书，对产生的环境影响进行全面评价；

（二）可能造成轻度环境影响的，应当编制环境影响报告表，对产生的环境影响进行分析或者专项评价；

（三）对环境影响很小、不需要进行环境影响评价的，应当填报环境影响登记表。

建设项目的环境影响评价分类管理名录，由国务院生态环境主管部门制定并公布。

第十七条 建设项目的环境影响报告书应当包括下列内容：

（一）建设项目概况；

（二）建设项目周围环境现状；

（三）建设项目对环境可能造成影响的分析、预测和评估；

（四）建设项目环境保护措施及其技术、经济论证；

（五）建设项目对环境影响的经济损益分析；

（六）对建设项目实施环境监测的建议；

（七）环境影响评价的结论。

环境影响报告表和环境影响登记表的内容和格式，由国务院生态环境主管部门制定。

第十八条 建设项目的环境影响评价，应当避免与规划的环境影响评价相重复。

作为一项整体建设项目的规划，按照建设项目进行环境影响评价，不进行规划的环境影响评价。

已经进行了环境影响评价的规划包含具体建设项目的，规划的环境影响评价结论应当作为建设项目环境影响评价的重要依据，建设项目环境影响评价的内容应当根据规划的环境影响评价审查意见予以简化。

第十九条 建设单位可以委托技术单位对其建设项目开展环境影响评价，编制建设项目环境影响报告书、环境影响报告表；建设单位具备环境影响评价技术能力的，可以自行对其建设项目开展环境影响评价，编制建设项目环境影响报告书、环境影响报告表。

编制建设项目环境影响报告书、环境影响报告表应当遵守国家有关环境影响评价标准、技术规范等规定。

国务院生态环境主管部门应当制定建设项目环境影响报告书、环境影响报告表编制的能力建设指南和监管办法。

接受委托为建设单位编制建设项目环境影响报告书、环境影响报告表的技术单位，不得与负责审批建设项目环境影响报告书、环境影响报告表的生态环境主管部门或者其他有关审批部门存在任何利益关系。

第二十条 建设单位应当对建设项目环境影响报告书、环境影响报告表的内容和结论负责，接受委托编制建设项目环境影响报告书、环境影响报告表的技术单位对其编制的建设项目环境影响报告书、环境影响报告表承担相应责任。

设区的市级以上人民政府生态环境主管部门应当加强对建设项目环境影响报告书、环境影响报告表编制单位的监督管理和质量考核。

负责审批建设项目环境影响报告书、环境影响报告表的生态环境主管部门应当将编制单位、编制主持人和主要编制人员的相关违法信息记入社会诚信档案，并纳入全国信用信息共享平台和国家企业信用信息公示系统向社会公布。

任何单位和个人不得为建设单位指定编制建设项目环境影响报告书、环境影响报告表的技术单位。

第二十一条 除国家规定需要保密的情形外，对环境可能造成重大影响、应当编制环境影响报告书的建设项目，建设单位应当在报批建设项目环境影响报告书前，举行论证会、听证会，或者采取其他形式，征求有关单位、专家和公众的意见。

建设单位报批的环境影响报告书应当附具对有关单位、专家和公众的意见采纳或者不采纳的说明。

第二十二条 建设项目的环境影响报告书、报告表，由建设单位按照国务院的规定报有审批权的生态环境主管部门审批。

海洋工程建设项目的海洋环境影响报告书的审批，依照《中华人民共和国海洋环境保护法》的规定办理。

审批部门应当自收到环境影响报告书之日起六十日内，收到环境影响报告表之日起三十日内，分别作出审批决定并书面通知建设单位。

国家对环境影响登记表实行备案管理。

审核、审批建设项目环境影响报告书、报告表以及备案环境影响登记表，不得收取任何费用。

第二十三条 国务院生态环境主管部门负责审批下列建设项目的环境影响评价文件：

（一）核设施、绝密工程等特殊性质的建设项目；

（二）跨省、自治区、直辖市行政区域的建设项目；

（三）由国务院审批的或者由国务院授权有关部门审批的建设项目。

前款规定以外的建设项目的环境影响评价文件的审批权限，由省、自治区、直辖市人民政府规定。

建设项目可能造成跨行政区域的不良环境影响，有关生态环境主管部门对该项目的环境影响评价结论有争议的，其环境影响评价文件由共同的上一级生态环境主管部门审批。

第二十四条 建设项目的环境影响评价文件经批准后，建设项目的性质、规模、地点、采用的生产工艺或者防治污染、防止生态破坏的措施发生重大变动的，建设单位应当重新报批建设项目的环境影响评价文件。

建设项目的环境影响评价文件自批准之日起超过五年，方决定该项目开工建设的，其环境影响评价文件应当报原审批部门重新审核；原审批部门应当自收到建设项目环境影响评价文件之日起十日内，将审核意见书面通知建设单位。

第二十五条 建设项目的环境影响评价文件未依法经审批部门审查或者审查后未予批准的，建设单位不得开工建设。

第二十六条 建设项目建设过程中，建设单位应当同时实施环境影响报告书、环境影响报告表以及环境影响评价文件审批部门审批意见中提出的环境保护对策措施。

第二十七条 在项目建设、运行过程中产生不符合经审批的环境影响评价文件的情形的，建设单位应当组织环境影响的后评价，采取改进措施，并报原环境影响评价文件审批部门和建设项目审批部门备案；原环境影响评价文件审批部门也可以责成建设单位进行环境影响的后评价，采取改进措施。

第二十八条 生态环境主管部门应当对建设项目投入生产或者使用后所产生的环境影响进行跟踪检查，对造成严重环境污染或者生态破坏的，应当查清原因、查明责任。对属于建设项目环境影响报告书、环境影响报告表存在基础资料明显不实，内容存在重大缺陷、遗漏或者虚假，环境影响评价结论不正确或者不合理等严重质量问题的，依照本法第三十二条的规定追究建设单位及其相关责任人员和接受委托编制建设项目环境影响报告书、环境影响报告表的技术单位及其相关人员的法律责任；属于审批部门工作人员失职、渎职，对依法不应批准的建设项目环境影响报告书、环境影响报告表予以批准的，依照本法第三十四条的规定追究其法律责任。

第四章 法律责任

第二十九条 规划编制机关违反本法规定，

未组织环境影响评价，或者组织环境影响评价时弄虚作假或者有失职行为，造成环境影响评价严重失实的，对直接负责的主管人员和其他直接责任人员，由上级机关或者监察机关依法给予行政处分。

第三十条 规划审批机关对依法应当编写有关环境影响的篇章或者说明而未编写的规划草案，依法应当附送环境影响报告书而未附送的专项规划草案，违法予以批准的，对直接负责的主管人员和其他直接责任人员，由上级机关或者监察机关依法给予行政处分。

第三十一条 建设单位未依法报批建设项目环境影响报告书、报告表，或者未依照本法第二十四条的规定重新报批或者报请重新审核环境影响报告书、报告表，擅自开工建设的，由县级以上生态环境主管部门责令停止建设，根据违法情节和危害后果，处建设项目总投资额百分之一以上百分之五以下的罚款，并可以责令恢复原状；对建设单位直接负责的主管人员和其他直接责任人员，依法给予行政处分。

建设项目环境影响报告书、报告表未经批准或者未经原审批部门重新审核同意，建设单位擅自开工建设的，依照前款的规定处罚、处分。

建设单位未依法备案建设项目环境影响登记表的，由县级以上生态环境主管部门责令备案，处五万元以下的罚款。

海洋工程建设项目的建设单位有本条所列违法行为的，依照《中华人民共和国海洋环境保护法》的规定处罚。

第三十二条 建设项目环境影响报告书、环境影响报告表存在基础资料明显不实，内容存在重大缺陷、遗漏或者虚假，环境影响评价结论不正确或者不合理等严重质量问题的，由设区的市级以上人民政府生态环境主管部门对建设单位处五十万元以上二百万元以下的罚款，并对建设单位的法定代表人、主要负责人、直接负责的主管人员和其他直接责任人员，处五万元以上二十万元以下的罚款。

接受委托编制建设项目环境影响报告书、环境影响报告表的技术单位违反国家有关环境影响评价标准和技术规范等规定，致使其编制的建设项目环境影响报告书、环境影响报告表存在基础资料明显不实，内容存在重大缺陷、遗漏或者虚假，环境影响评价结论不正确或者不合理等严重质量问题的，由设区的市级以上人民政府生态环境主管部门对技术单位处所收费用三倍以上五倍以下的罚款；情节严重的，禁止从事环境影响报告书、环境影响报告表编制工作；有违法所得的，没收违法所得。

编制单位有本条第一款、第二款规定的违法行为的，编制主持人和主要编制人员五年内禁止从事环境影响报告书、环境影响报告表编制工作；构成犯罪的，依法追究刑事责任，并终身禁止从事环境影响报告书、环境影响报告表编制工作。

第三十三条 负责审核、审批、备案建设项目环境影响评价文件的部门在审批、备案中收取费用的，由其上级机关或者监察机关责令退还；情节严重的，对直接负责的主管人员和其他直接责任人员依法给予行政处分。

第三十四条 生态环境主管部门或者其他部门的工作人员徇私舞弊，滥用职权，玩忽职守，违法批准建设项目环境影响评价文件的，依法给予行政处分；构成犯罪的，依法追究刑事责任。

第五章 附　　则

第三十五条 省、自治区、直辖市人民政府可以根据本地的实际情况，要求对本辖区的县级人民政府编制的规划进行环境影响评价。具体办法由省、自治区、直辖市参照本法第二章的规定制定。

第三十六条 军事设施建设项目的环境影响评价办法，由中央军事委员会依照本法的原则制定。

第三十七条 本法自2003年9月1日起施行。

公共机构节能条例

（2008年8月1日中华人民共和国国务院令第531号公布 根据2017年3月1日《国务院关于修改和废止部分行政法规的决定》修订）

第一章 总 则

第一条 为了推动公共机构节能，提高公共机构能源利用效率，发挥公共机构在全社会节能中的表率作用，根据《中华人民共和国节约能源法》，制定本条例。

第二条 本条例所称公共机构，是指全部或者部分使用财政性资金的国家机关、事业单位和团体组织。

第三条 公共机构应当加强用能管理，采取技术上可行、经济上合理的措施，降低能源消耗，减少、制止能源浪费，有效、合理地利用能源。

第四条 国务院管理节能工作的部门主管全国的公共机构节能监督管理工作。国务院管理机关事务工作的机构在国务院管理节能工作的部门指导下，负责推进、指导、协调、监督全国的公共机构节能工作。

国务院和县级以上地方各级人民政府管理机关事务工作的机构在同级管理节能工作的部门指导下，负责本级公共机构节能监督管理工作。

教育、科技、文化、卫生、体育等系统各级主管部门在同级管理机关事务工作的机构指导下，开展本级系统内公共机构节能工作。

第五条 国务院和县级以上地方各级人民政府管理机关事务工作的机构应当会同同级有关部门开展公共机构节能宣传、教育和培训，普及节能科学知识。

第六条 公共机构负责人对本单位节能工作全面负责。

公共机构的节能工作实行目标责任制和考核评价制度，节能目标完成情况应当作为对公共机构负责人考核评价的内容。

第七条 公共机构应当建立、健全本单位节能管理的规章制度，开展节能宣传教育和岗位培训，增强工作人员的节能意识，培养节能习惯，提高节能管理水平。

第八条 公共机构的节能工作应当接受社会监督。任何单位和个人都有权举报公共机构浪费能源的行为，有关部门对举报应当及时调查处理。

第九条 对在公共机构节能工作中做出显著成绩的单位和个人，按照国家规定予以表彰和奖励。

第二章 节能规划

第十条 国务院和县级以上地方各级人民政府管理机关事务工作的机构应当会同同级有关部门，根据本级人民政府节能中长期专项规划，制定本级公共机构节能规划。

县级公共机构节能规划应当包括所辖乡（镇）公共机构节能的内容。

第十一条 公共机构节能规划应当包括指导思想和原则、用能现状和问题、节能目标和指标、节能重点环节、实施主体、保障措施等方面的内容。

第十二条 国务院和县级以上地方各级人民政府管理机关事务工作的机构应当将公共机构节能规划确定的节能目标和指标，按年度分解落实到本级公共机构。

第十三条 公共机构应当结合本单位用能特点和上一年度用能状况，制定年度节能目标和实施方案，有针对性地采取节能管理或者节能改造措施，保证节能目标的完成。

公共机构应当将年度节能目标和实施方案报本级人民政府管理机关事务工作的机构备案。

第三章　节能管理

第十四条　公共机构应当实行能源消费计量制度，区分用能种类、用能系统实行能源消费分户、分类、分项计量，并对能源消耗状况进行实时监测，及时发现、纠正用能浪费现象。

第十五条　公共机构应当指定专人负责能源消费统计，如实记录能源消费计量原始数据，建立统计台账。

公共机构应当于每年3月31日前，向本级人民政府管理机关事务工作的机构报送上一年度能源消费状况报告。

第十六条　国务院和县级以上地方各级人民政府管理机关事务工作的机构应当会同同级有关部门按照管理权限，根据不同行业、不同系统公共机构能源消耗综合水平和特点，制定能源消耗定额，财政部门根据能源消耗定额制定能源消耗支出标准。

第十七条　公共机构应当在能源消耗定额范围内使用能源，加强能源消耗支出管理；超过能源消耗定额使用能源的，应当向本级人民政府管理机关事务工作的机构作出说明。

第十八条　公共机构应当按照国家有关强制采购或者优先采购的规定，采购列入节能产品、设备政府采购名录和环境标志产品政府采购名录中的产品、设备，不得采购国家明令淘汰的用能产品、设备。

第十九条　国务院和省级人民政府的政府采购监督管理部门应当会同同级有关部门完善节能产品、设备政府采购名录，优先将取得节能产品认证证书的产品、设备列入政府采购名录。

国务院和省级人民政府应当将节能产品、设备政府采购名录中的产品、设备纳入政府集中采购目录。

第二十条　公共机构新建建筑和既有建筑维修改造应当严格执行国家有关建筑节能设计、施工、调试、竣工验收等方面的规定和标准，国务院和县级以上地方人民政府建设主管部门对执行国家有关规定和标准的情况应当加强监督检查。

国务院和县级以上地方各级人民政府负责审批固定资产投资项目的部门，应当严格控制公共机构建设项目的建设规模和标准，统筹兼顾节能投资和效益，对建设项目进行节能评估和审查，未通过节能评估和审查的项目，不得开工建设；政府投资项目未通过节能评估和审查的，依法负责项目审批的部门不得批准建设。

第二十一条　国务院和县级以上地方各级人民政府管理机关事务工作的机构会同有关部门制定本级公共机构既有建筑节能改造计划，并组织实施。

第二十二条　公共机构应当按照规定进行能源审计，对本单位用能系统、设备的运行及使用能源情况进行技术和经济性评价，根据审计结果采取提高能源利用效率的措施。具体办法由国务院管理节能工作的部门会同国务院有关部门制定。

第二十三条　能源审计的内容包括：

（一）查阅建筑物竣工验收资料和用能系统、设备台账资料，检查节能设计标准的执行情况；

（二）核对电、气、煤、油、市政热力等能源消耗计量记录和财务账单，评估分类与分项的总能耗、人均能耗和单位建筑面积能耗；

（三）检查用能系统、设备的运行状况，审查节能管理制度执行情况；

（四）检查前一次能源审计合理使用能源建议的落实情况；

（五）查找存在节能潜力的用能环节或者部位，提出合理使用能源的建议；

（六）审查年度节能计划、能源消耗定额执行情况，核实公共机构超过能源消耗定额使用能源的说明；

（七）审查能源计量器具的运行情况，检查能耗统计数据的真实性、准确性。

第四章　节能措施

第二十四条　公共机构应当建立、健全本单位节能运行管理制度和用能系统操作规程，加强用能系统和设备运行调节、维护保养、巡视检查，推行低成本、无成本节能措施。

第二十五条　公共机构应当设置能源管理岗位，实行能源管理岗位责任制。重点用能系统、设备的操作岗位应当配备专业技术人员。

第二十六条　公共机构可以采用合同能源管理方式，委托节能服务机构进行节能诊断、设计、融资、改造和运行管理。

第二十七条　公共机构选择物业服务企业，应当考虑其节能管理能力。公共机构与物业服务企业订立物业服务合同，应当载明节能管理的目标和要求。

第二十八条　公共机构实施节能改造，应当进行能源审计和投资收益分析，明确节能指标，并在节能改造后采用计量方式对节能指标进行考核和综合评价。

第二十九条　公共机构应当减少空调、计算机、复印机等用电设备的待机能耗，及时关闭用电设备。

第三十条　公共机构应当严格执行国家有关空调室内温度控制的规定，充分利用自然通风，改进空调运行管理。

第三十一条　公共机构电梯系统应当实行智能化控制，合理设置电梯开启数量和时间，加强运行调节和维护保养。

第三十二条　公共机构办公建筑应当充分利用自然采光，使用高效节能照明灯具，优化照明系统设计，改进电路控制方式，推广应用智能调控装置，严格控制建筑物外部泛光照明以及外部装饰用照明。

第三十三条　公共机构应当对网络机房、食堂、开水间、锅炉房等部位的用能情况实行重点监测，采取有效措施降低能耗。

第三十四条　公共机构的公务用车应当按照标准配备，优先选用低能耗、低污染、使用清洁能源的车辆，并严格执行车辆报废制度。

公共机构应当按照规定用途使用公务用车，制定节能驾驶规范，推行单车能耗核算制度。

公共机构应当积极推进公务用车服务社会化，鼓励工作人员利用公共交通工具、非机动交通工具出行。

第五章　监督和保障

第三十五条　国务院和县级以上地方各级人民政府管理机关事务工作的机构应当会同有关部门加强对本级公共机构节能的监督检查。监督检查的内容包括：

（一）年度节能目标和实施方案的制定、落实情况；

（二）能源消费计量、监测和统计情况；

（三）能源消耗定额执行情况；

（四）节能管理规章制度建立情况；

（五）能源管理岗位设置以及能源管理岗位责任制落实情况；

（六）用能系统、设备节能运行情况；

（七）开展能源审计情况；

（八）公务用车配备、使用情况。

对于节能规章制度不健全、超过能源消耗定额使用能源情况严重的公共机构，应当进行重点监督检查。

第三十六条　公共机构应当配合节能监督检查，如实说明有关情况，提供相关资料和数据，不得拒绝、阻碍。

第三十七条　公共机构有下列行为之一的，由本级人民政府管理机关事务工作的机构会同有关部门责令限期改正；逾期不改正的，予以通报，并由有关机关对公共机构负责人依法给予处分：

（一）未制定年度节能目标和实施方案，或者未按照规定将年度节能目标和实施方案备案的；

（二）未实行能源消费计量制度，或者未区分用能种类、用能系统实行能源消费分户、分类、分项计量，并对能源消耗状况进行实时监测的；

（三）未指定专人负责能源消费统计，或者未如实记录能源消费计量原始数据，建立统计台账的；

（四）未按照要求报送上一年度能源消费状况报告的；

（五）超过能源消耗定额使用能源，未向本级人民政府管理机关事务工作的机构作出说明的；

（六）未设立能源管理岗位，或者未在重点用能系统、设备操作岗位配备专业技术人员的；

（七）未按照规定进行能源审计，或者未根据审计结果采取提高能源利用效率的措施的；

（八）拒绝、阻碍节能监督检查的。

第三十八条 公共机构不执行节能产品、设备政府采购名录，未按照国家有关强制采购或者优先采购的规定采购列入节能产品、设备政府采购名录中的产品、设备，或者采购国家明令淘汰的用能产品、设备的，由政府采购监督管理部门给予警告，可以并处罚款；对直接负责的主管人员和其他直接责任人员依法给予处分，并予通报。

第三十九条 负责审批固定资产投资项目的部门对未通过节能评估和审查的公共机构建设项目予以批准的，对直接负责的主管人员和其他直接责任人员依法给予处分。

公共机构开工建设未通过节能评估和审查的建设项目的，由有关机关依法责令限期整改；对直接负责的主管人员和其他直接责任人员依法给予处分。

第四十条 公共机构违反规定超标准、超编制购置公务用车或者拒不报废高耗能、高污染车辆的，对直接负责的主管人员和其他直接责任人员依法给予处分，并由本级人民政府管理机关事务工作的机构依照有关规定，对车辆采取收回、拍卖、责令退还等方式处理。

第四十一条 公共机构违反规定用能造成能源浪费的，由本级人民政府管理机关事务工作的机构会同有关部门下达节能整改意见书，公共机构应当及时予以落实。

第四十二条 管理机关事务工作的机构的工作人员在公共机构节能监督管理中滥用职权、玩忽职守、徇私舞弊，构成犯罪的，依法追究刑事责任；尚不构成犯罪的，依法给予处分。

第六章 附　　则

第四十三条 本条例自2008年10月1日起施行。

民用建筑节能条例

（2008年8月1日国务院令第530号公布　自公布之日起施行）

第一章 总　　则

第一条 为了加强民用建筑节能管理，降低民用建筑使用过程中的能源消耗，提高能源利用效率，制定本条例。

第二条 本条例所称民用建筑节能，是指在保证民用建筑使用功能和室内热环境质量的前提下，降低其使用过程中能源消耗的活动。

本条例所称民用建筑，是指居住建筑、国家机关办公建筑和商业、服务业、教育、卫生等其他公共建筑。

第三条 各级人民政府应当加强对民用建筑节能工作的领导，积极培育民用建筑节能服务市场，健全民用建筑节能服务体系，推动民用建筑节能技术的开发应用，做好民用建筑节能知识的宣传教育工作。

第四条 国家鼓励和扶持在新建建筑和既

有建筑节能改造中采用太阳能、地热能等可再生能源。

在具备太阳能利用条件的地区，有关地方人民政府及其部门应当采取有效措施，鼓励和扶持单位、个人安装使用太阳能热水系统、照明系统、供热系统、采暖制冷系统等太阳能利用系统。

第五条 国务院建设主管部门负责全国民用建筑节能的监督管理工作。县级以上地方人民政府建设主管部门负责本行政区域民用建筑节能的监督管理工作。

县级以上人民政府有关部门应当依照本条例的规定以及本级人民政府规定的职责分工，负责民用建筑节能的有关工作。

第六条 国务院建设主管部门应当在国家节能中长期专项规划指导下，编制全国民用建筑节能规划，并与相关规划相衔接。

县级以上地方人民政府建设主管部门应当组织编制本行政区域的民用建筑节能规划，报本级人民政府批准后实施。

第七条 国家建立健全民用建筑节能标准体系。国家民用建筑节能标准由国务院建设主管部门负责组织制定，并依照法定程序发布。

国家鼓励制定、采用优于国家民用建筑节能标准的地方民用建筑节能标准。

第八条 县级以上人民政府应当安排民用建筑节能资金，用于支持民用建筑节能的科学技术研究和标准制定、既有建筑围护结构和供热系统的节能改造、可再生能源的应用，以及民用建筑节能示范工程、节能项目的推广。

政府引导金融机构对既有建筑节能改造、可再生能源的应用，以及民用建筑节能示范工程等项目提供支持。

民用建筑节能项目依法享受税收优惠。

第九条 国家积极推进供热体制改革，完善供热价格形成机制，鼓励发展集中供热，逐步实行按照用热量收费制度。

第十条 对在民用建筑节能工作中做出显著成绩的单位和个人，按照国家有关规定给予表彰和奖励。

第二章 新建建筑节能

第十一条 国家推广使用民用建筑节能的新技术、新工艺、新材料和新设备，限制使用或者禁止使用能源消耗高的技术、工艺、材料和设备。国务院节能工作主管部门、建设主管部门应当制定、公布并及时更新推广使用、限制使用、禁止使用目录。

国家限制进口或者禁止进口能源消耗高的技术、材料和设备。

建设单位、设计单位、施工单位不得在建筑活动中使用列入禁止使用目录的技术、工艺、材料和设备。

第十二条 编制城市详细规划、镇详细规划，应当按照民用建筑节能的要求，确定建筑的布局、形状和朝向。

城乡规划主管部门依法对民用建筑进行规划审查，应当就设计方案是否符合民用建筑节能强制性标准征求同级建设主管部门的意见；建设主管部门应当自收到征求意见材料之日起10日内提出意见。征求意见时间不计算在规划许可的期限内。

对不符合民用建筑节能强制性标准的，不得颁发建设工程规划许可证。

第十三条 施工图设计文件审查机构应当按照民用建筑节能强制性标准对施工图设计文件进行审查；经审查不符合民用建筑节能强制性标准的，县级以上地方人民政府建设主管部门不得颁发施工许可证。

第十四条 建设单位不得明示或者暗示设计单位、施工单位违反民用建筑节能强制性标准进行设计、施工，不得明示或者暗示施工单位使用不符合施工图设计文件要求的墙体材料、保温材料、门窗、采暖制冷系统和照明设备。

按照合同约定由建设单位采购墙体材料、保温材料、门窗、采暖制冷系统和照明设备的，建设单位应当保证其符合施工图设计文件要求。

第十五条 设计单位、施工单位、工程监理单位及其注册执业人员，应当按照民用建筑节能强制性标准进行设计、施工、监理。

第十六条 施工单位应当对进入施工现场的墙体材料、保温材料、门窗、采暖制冷系统和照明设备进行查验；不符合施工图设计文件要求的，不得使用。

工程监理单位发现施工单位不按照民用建筑节能强制性标准施工的，应当要求施工单位改正；施工单位拒不改正的，工程监理单位应当及时报告建设单位，并向有关主管部门报告。

墙体、屋面的保温工程施工时，监理工程师应当按照工程监理规范的要求，采取旁站、巡视和平行检验等形式实施监理。

未经监理工程师签字，墙体材料、保温材料、门窗、采暖制冷系统和照明设备不得在建筑上使用或者安装，施工单位不得进行下一道工序的施工。

第十七条 建设单位组织竣工验收，应当对民用建筑是否符合民用建筑节能强制性标准进行查验；对不符合民用建筑节能强制性标准的，不得出具竣工验收合格报告。

第十八条 实行集中供热的建筑应当安装供热系统调控装置、用热计量装置和室内温度调控装置；公共建筑还应当安装用电分项计量装置。居住建筑安装的用热计量装置应当满足分户计量的要求。

计量装置应当依法检定合格。

第十九条 建筑的公共走廊、楼梯等部位，应当安装、使用节能灯具和电气控制装置。

第二十条 对具备可再生能源利用条件的建筑，建设单位应当选择合适的可再生能源，用于采暖、制冷、照明和热水供应等；设计单位应当按照有关可再生能源利用的标准进行设计。

建设可再生能源利用设施，应当与建筑主体工程同步设计、同步施工、同步验收。

第二十一条 国家机关办公建筑和大型公共建筑的所有权人应当对建筑的能源利用效率进行测评和标识，并按照国家有关规定将测评结果予以公示，接受社会监督。

国家机关办公建筑应当安装、使用节能设备。

本条例所称大型公共建筑，是指单体建筑面积2万平方米以上的公共建筑。

第二十二条 房地产开发企业销售商品房，应当向购买人明示所售商品房的能源消耗指标、节能措施和保护要求、保温工程保修期等信息，并在商品房买卖合同和住宅质量保证书、住宅使用说明书中载明。

第二十三条 在正常使用条件下，保温工程的最低保修期限为5年。保温工程的保修期，自竣工验收合格之日起计算。

保温工程在保修范围和保修期内发生质量问题的，施工单位应当履行保修义务，并对造成的损失依法承担赔偿责任。

第三章 既有建筑节能

第二十四条 既有建筑节能改造应当根据当地经济、社会发展水平和地理气候条件等实际情况，有计划、分步骤地实施分类改造。

本条例所称既有建筑节能改造，是指对不符合民用建筑节能强制性标准的既有建筑的围护结构、供热系统、采暖制冷系统、照明设备和热水供应设施等实施节能改造的活动。

第二十五条 县级以上地方人民政府建设主管部门应当对本行政区域内既有建筑的建设年代、结构形式、用能系统、能源消耗指标、寿命周期等组织调查统计和分析，制定既有建筑节能改造计划，明确节能改造的目标、范围和要求，报本级人民政府批准后组织实施。

中央国家机关既有建筑的节能改造，由有关管理机关事务工作的机构制定节能改造计划，并组织实施。

第二十六条 国家机关办公建筑、政府投资和以政府投资为主的公共建筑的节能改造，应当制定节能改造方案，经充分论证，并按照国家有关规定办理相关审批手续方可进行。

各级人民政府及其有关部门、单位不得违反国家有关规定和标准，以节能改造的名义对前款规定的既有建筑进行扩建、改建。

第二十七条 居住建筑和本条例第二十六条规定以外的其他公共建筑不符合民用建筑节能强制性标准的，在尊重建筑所有权人意愿的基础上，可以结合扩建、改建，逐步实施节能改造。

第二十八条 实施既有建筑节能改造，应当符合民用建筑节能强制性标准，优先采用遮阳、改善通风等低成本改造措施。

既有建筑围护结构的改造和供热系统的改造，应当同步进行。

第二十九条 对实行集中供热的建筑进行节能改造，应当安装供热系统调控装置和用热计量装置；对公共建筑进行节能改造，还应当安装室内温度调控装置和用电分项计量装置。

第三十条 国家机关办公建筑的节能改造费用，由县级以上人民政府纳入本级财政预算。

居住建筑和教育、科学、文化、卫生、体育等公益事业使用的公共建筑节能改造费用，由政府、建筑所有权人共同负担。

国家鼓励社会资金投资既有建筑节能改造。

第四章 建筑用能系统运行节能

第三十一条 建筑所有权人或者使用权人应当保证建筑用能系统的正常运行，不得人为损坏建筑围护结构和用能系统。

国家机关办公建筑和大型公共建筑的所有权人或者使用权人应当建立健全民用建筑节能管理制度和操作规程，对建筑用能系统进行监测、维护，并定期将分项用电量报县级以上地方人民政府建设主管部门。

第三十二条 县级以上地方人民政府节能工作主管部门应当会同同级建设主管部门确定本行政区域内公共建筑重点用电单位及其年度用电限额。

县级以上地方人民政府建设主管部门应当对本行政区域内国家机关办公建筑和公共建筑用电情况进行调查统计和评价分析。国家机关办公建筑和大型公共建筑采暖、制冷、照明的能源消耗情况应当依照法律、行政法规和国家其他有关规定向社会公布。

国家机关办公建筑和公共建筑的所有权人或者使用权人应当对县级以上地方人民政府建设主管部门的调查统计工作予以配合。

第三十三条 供热单位应当建立健全相关制度，加强对专业技术人员的教育和培训。

供热单位应当改进技术装备，实施计量管理，并对供热系统进行监测、维护，提高供热系统的效率，保证供热系统的运行符合民用建筑节能强制性标准。

第三十四条 县级以上地方人民政府建设主管部门应当对本行政区域内供热单位的能源消耗情况进行调查统计和分析，并制定供热单位能源消耗指标；对超过能源消耗指标的，应当要求供热单位制定相应的改进措施，并监督实施。

第五章 法律责任

第三十五条 违反本条例规定，县级以上人民政府有关部门有下列行为之一的，对负有责任的主管人员和其他直接责任人员依法给予处分；构成犯罪的，依法追究刑事责任：

（一）对设计方案不符合民用建筑节能强制性标准的民用建筑项目颁发建设工程规划许可证的；

（二）对不符合民用建筑节能强制性标准的设计方案出具合格意见的；

（三）对施工图设计文件不符合民用建筑节能强制性标准的民用建筑项目颁发施工许可证的；

（四）不依法履行监督管理职责的其他行为。

第三十六条 违反本条例规定，各级人民政府及其有关部门、单位违反国家有关规定和标准，以节能改造的名义对既有建筑进行扩建、改建的，对负有责任的主管人员和其他直接责任人员，依法给予处分。

第三十七条 违反本条例规定，建设单位有下列行为之一的，由县级以上地方人民政府建设主管部门责令改正，处20万元以上50万元以下的罚款：

（一）明示或者暗示设计单位、施工单位违反民用建筑节能强制性标准进行设计、施工的；

（二）明示或者暗示施工单位使用不符合施工图设计文件要求的墙体材料、保温材料、门窗、采暖制冷系统和照明设备的；

（三）采购不符合施工图设计文件要求的墙体材料、保温材料、门窗、采暖制冷系统和照明设备的；

（四）使用列入禁止使用目录的技术、工艺、材料和设备的。

第三十八条 违反本条例规定，建设单位对不符合民用建筑节能强制性标准的民用建筑项目出具竣工验收合格报告的，由县级以上地方人民政府建设主管部门责令改正，处民用建筑项目合同价款2%以上4%以下的罚款；造成损失的，依法承担赔偿责任。

第三十九条 违反本条例规定，设计单位未按照民用建筑节能强制性标准进行设计，或者使用列入禁止使用目录的技术、工艺、材料和设备的，由县级以上地方人民政府建设主管部门责令改正，处10万元以上30万元以下的罚款；情节严重的，由颁发资质证书的部门责令停业整顿，降低资质等级或者吊销资质证书；造成损失的，依法承担赔偿责任。

第四十条 违反本条例规定，施工单位未按照民用建筑节能强制性标准进行施工的，由县级以上地方人民政府建设主管部门责令改正，处民用建筑项目合同价款2%以上4%以下的罚款；情节严重的，由颁发资质证书的部门责令停业整顿，降低资质等级或者吊销资质证书；造成损失的，依法承担赔偿责任。

第四十一条 违反本条例规定，施工单位有下列行为之一的，由县级以上地方人民政府建设主管部门责令改正，处10万元以上20万元以下的罚款；情节严重的，由颁发资质证书的部门责令停业整顿，降低资质等级或者吊销资质证书；造成损失的，依法承担赔偿责任：

（一）未对进入施工现场的墙体材料、保温材料、门窗、采暖制冷系统和照明设备进行查验的；

（二）使用不符合施工图设计文件要求的墙体材料、保温材料、门窗、采暖制冷系统和照明设备的；

（三）使用列入禁止使用目录的技术、工艺、材料和设备的。

第四十二条 违反本条例规定，工程监理单位有下列行为之一的，由县级以上地方人民政府建设主管部门责令限期改正；逾期未改正的，处10万元以上30万元以下的罚款；情节严重的，由颁发资质证书的部门责令停业整顿，降低资质等级或者吊销资质证书；造成损失的，依法承担赔偿责任：

（一）未按照民用建筑节能强制性标准实施监理的；

（二）墙体、屋面的保温工程施工时，未采取旁站、巡视和平行检验等形式实施监理的。

对不符合施工图设计文件要求的墙体材料、保温材料、门窗、采暖制冷系统和照明设备，按照符合施工图设计文件要求签字的，依照《建设工程质量管理条例》第六十七条的规定处罚。

第四十三条 违反本条例规定，房地产开发企业销售商品房，未向购买人明示所售商品房的能源消耗指标、节能措施和保护要求、保温工程保修期等信息，或者向购买人明示的所售商品房能源消耗指标与实际能源消耗不符的，依法承担民事责任；由县级以上地方人民政府建设主管部门责令限期改正；逾期未改正的，处交付使用的房屋销售总额2%以下的罚款；情节严重的，由颁发资质证书的部门降低资质等级或者吊销资质证书。

第四十四条 违反本条例规定，注册执业人员未执行民用建筑节能强制性标准的，由县级以上人民政府建设主管部门责令停止执业3个月以上1年以下；情节严重的，由颁发资格证书的部门吊销执业资格证书，5年内不予注册。

第六章 附 则

第四十五条 本条例自2008年10月1日起施行。

建设项目环境保护管理条例

（1998年11月29日中华人民共和国国务院令第253号发布 根据2017年7月16日《国务院关于修改〈建设项目环境保护管理条例〉的决定》修订）

第一章 总 则

第一条 为了防止建设项目产生新的污染、破坏生态环境，制定本条例。

第二条 在中华人民共和国领域和中华人民共和国管辖的其他海域内建设对环境有影响的建设项目，适用本条例。

第三条 建设产生污染的建设项目，必须遵守污染物排放的国家标准和地方标准；在实施重点污染物排放总量控制的区域内，还必须符合重点污染物排放总量控制的要求。

第四条 工业建设项目应当采用能耗物耗小、污染物产生量少的清洁生产工艺，合理利用自然资源，防止环境污染和生态破坏。

第五条 改建、扩建项目和技术改造项目必须采取措施，治理与该项目有关的原有环境污染和生态破坏。

第二章 环境影响评价

第六条 国家实行建设项目环境影响评价制度。

第七条 国家根据建设项目对环境的影响程度，按照下列规定对建设项目的环境保护实行分类管理：

（一）建设项目对环境可能造成重大影响的，应当编制环境影响报告书，对建设项目产生的污染和对环境的影响进行全面、详细的评价；

（二）建设项目对环境可能造成轻度影响的，应当编制环境影响报告表，对建设项目产生的污染和对环境的影响进行分析或者专项评价；

（三）建设项目对环境影响很小，不需要进行环境影响评价的，应当填报环境影响登记表。

建设项目环境影响评价分类管理名录，由国务院环境保护行政主管部门在组织专家进行论证和征求有关部门、行业协会、企事业单位、公众等意见的基础上制定并公布。

第八条 建设项目环境影响报告书，应当包括下列内容：

（一）建设项目概况；

（二）建设项目周围环境现状；

（三）建设项目对环境可能造成影响的分析和预测；

（四）环境保护措施及其经济、技术论证；

（五）环境影响经济损益分析；

（六）对建设项目实施环境监测的建议；

（七）环境影响评价结论。

建设项目环境影响报告表、环境影响登记表的内容和格式，由国务院环境保护行政主管部门规定。

第九条 依法应当编制环境影响报告书、环境影响报告表的建设项目，建设单位应当在开工建设前将环境影响报告书、环境影响报告表报有审批权的环境保护行政主管部门审批；建设项目的环境影响评价文件未依法经审批部门审查或者审查后未予批准的，建设单位不得开工建设。

环境保护行政主管部门审批环境影响报告书、环境影响报告表，应当重点审查建设项目的环境可行性、环境影响分析预测评估的可靠性、环境保护措施的有效性、环境影响评价结论的科学性等，并分别自收到环境影响报告书之日起60日内、收到环境影响报告表之日起30日内，作出审批决定并书面通知建设单位。

环境保护行政主管部门可以组织技术机构对建设项目环境影响报告书、环境影响报告表进行技术评估，并承担相应费用；技术机构应当对其提出的技术评估意见负责，不得向建设单位、从事环境影响评价工作的单位收取任何费用。

依法应当填报环境影响登记表的建设项目，建设单位应当按照国务院环境保护行政主管部门的规定将环境影响登记表报建设项目所在地县级环境保护行政主管部门备案。

环境保护行政主管部门应当开展环境影响评价文件网上审批、备案和信息公开。

第十条 国务院环境保护行政主管部门负责审批下列建设项目环境影响报告书、环境影响报告表：

（一）核设施、绝密工程等特殊性质的建设项目；

（二）跨省、自治区、直辖市行政区域的建设项目；

（三）国务院审批的或者国务院授权有关部门审批的建设项目。

前款规定以外的建设项目环境影响报告书、环境影响报告表的审批权限，由省、自治区、直辖市人民政府规定。

建设项目造成跨行政区域环境影响，有关环境保护行政主管部门对环境影响评价结论有争议的，其环境影响报告书或者环境影响报告表由共同上一级环境保护行政主管部门审批。

第十一条 建设项目有下列情形之一的，环境保护行政主管部门应当对环境影响报告书、环境影响报告表作出不予批准的决定：

（一）建设项目类型及其选址、布局、规模等不符合环境保护法律法规和相关法定规划；

（二）所在区域环境质量未达到国家或者地方环境质量标准，且建设项目拟采取的措施不能满足区域环境质量改善目标管理要求；

（三）建设项目采取的污染防治措施无法确保污染物排放达到国家和地方排放标准，或者未采取必要措施预防和控制生态破坏；

（四）改建、扩建和技术改造项目，未针对项目原有环境污染和生态破坏提出有效防治措施；

（五）建设项目的环境影响报告书、环境影响报告表的基础资料数据明显不实，内容存在重大缺陷、遗漏，或者环境影响评价结论不明确、不合理。

第十二条 建设项目环境影响报告书、环境影响报告表经批准后，建设项目的性质、规模、地点、采用的生产工艺或者防治污染、防止生态破坏的措施发生重大变动的，建设单位应当重新报批建设项目环境影响报告书、环境影响报告表。

建设项目环境影响报告书、环境影响报告表自批准之日起满5年，建设项目方开工建设的，其环境影响报告书、环境影响报告表应当报原审批部门重新审核。原审批部门应当自收到建设项目环境影响报告书、环境影响报告表之日起10日内，将审核意见书面通知建设单位；逾期未通知的，视为审核同意。

审核、审批建设项目环境影响报告书、环境影响报告表及备案环境影响登记表，不得收取任何费用。

第十三条 建设单位可以采取公开招标的方式，选择从事环境影响评价工作的单位，对建设项目进行环境影响评价。

任何行政机关不得为建设单位指定从事环境影响评价工作的单位，进行环境影响评价。

第十四条 建设单位编制环境影响报告书，应当依照有关法律规定，征求建设项目所在地有关单位和居民的意见。

第三章 环境保护设施建设

第十五条 建设项目需要配套建设的环境保护设施，必须与主体工程同时设计、同时施工、同时投产使用。

第十六条 建设项目的初步设计，应当按照环境保护设计规范的要求，编制环境保护篇章，落实防治环境污染和生态破坏的措施以及环境保护设施投资概算。

建设单位应当将环境保护设施建设纳入施工合同，保证环境保护设施建设进度和资金，并在项目建设过程中同时组织实施环境影响报告书、环境影响报告表及其审批部门审批决定中提出的环境保护对策措施。

第十七条 编制环境影响报告书、环境影响报告表的建设项目竣工后，建设单位应当按照国务院环境保护行政主管部门规定的标准和程序，对配套建设的环境保护设施进行验收，编制验收报告。

建设单位在环境保护设施验收过程中，应当如实查验、监测、记载建设项目环境保护设施的建设和调试情况，不得弄虚作假。

除按照国家规定需要保密的情形外，建设单位应当依法向社会公开验收报告。

第十八条 分期建设、分期投入生产或者使用的建设项目，其相应的环境保护设施应当分期验收。

第十九条 编制环境影响报告书、环境影响报告表的建设项目，其配套建设的环境保护设施经验收合格，方可投入生产或者使用；未经验收或者验收不合格的，不得投入生产或者使用。

前款规定的建设项目投入生产或者使用后，应当按照国务院环境保护行政主管部门的规定开展环境影响后评价。

第二十条 环境保护行政主管部门应当对建设项目环境保护设施设计、施工、验收、投入生产或者使用情况，以及有关环境影响评价文件确定的其他环境保护措施的落实情况，进行监督检查。

环境保护行政主管部门应当将建设项目有关环境违法信息记入社会诚信档案，及时向社会公开违法者名单。

第四章 法律责任

第二十一条 建设单位有下列行为之一的，依照《中华人民共和国环境影响评价法》的规定处罚：

（一）建设项目环境影响报告书、环境影响报告表未依法报批或者报请重新审核，擅自开工建设；

（二）建设项目环境影响报告书、环境影响报告表未经批准或者重新审核同意，擅自开工建设；

（三）建设项目环境影响登记表未依法备案。

第二十二条 违反本条例规定，建设单位编制建设项目初步设计未落实防治环境污染和生态破坏的措施以及环境保护设施投资概算，未将环境保护设施建设纳入施工合同，或者未依法开展环境影响后评价的，由建设项目所在地县级以上环境保护行政主管部门责令限期改正，处5万元以上20万元以下的罚款；逾期不改正的，处20万元以上100万元以下的罚款。

违反本条例规定，建设单位在项目建设过程中未同时组织实施环境影响报告书、环境影响报告表及其审批部门审批决定中提出的环境保护对策措施的，由建设项目所在地县级以上环境保护行政主管部门责令限期改正，处20万元以上100万元以下的罚款；逾期不改正的，责令停止建设。

第二十三条 违反本条例规定，需要配套建设的环境保护设施未建成、未经验收或者验收不合格，建设项目即投入生产或者使用，或者在环境保护设施验收中弄虚作假的，由县级以上环境保护行政主管部门责令限期改正，处20万元以上100万元以下的罚款；逾期不改正的，处100万元以上200万元以下的罚款；对直接负责的主管人员和其他责任人员，处5万元以上20万元以下的罚款；造成重大环境污染或者生态破坏的，责令停止生产或者使用，或者报经有批准权的人民政府批准，责令关闭。

违反本条例规定，建设单位未依法向社会公开环境保护设施验收报告的，由县级以上环境保护行政主管部门责令公开，处5万元以上20万元以下的罚款，并予以公告。

第二十四条 违反本条例规定，技术机构向建设单位、从事环境影响评价工作的单位收取费用的，由县级以上环境保护行政主管部门责令退还所收费用，处所收费用1倍以上3倍以下的罚款。

第二十五条 从事建设项目环境影响评价工作的单位，在环境影响评价工作中弄虚作假的，由县级以上环境保护行政主管部门处所收费用1倍以上3倍以下的罚款。

第二十六条 环境保护行政主管部门的工作人员徇私舞弊、滥用职权、玩忽职守，构成犯罪的，依法追究刑事责任；尚不构成犯罪的，依法给予行政处分。

第五章 附 则

第二十七条 流域开发、开发区建设、城市新区建设和旧区改建等区域性开发，编制建设规划时，应当进行环境影响评价。具体办法由国务院环境保护行政主管部门会同国务院有关部门另行规定。

第二十八条 海洋工程建设项目的环境保护管理，按照国务院关于海洋工程环境保护管理的规定执行。

第二十九条 军事设施建设项目的环境保护管理，按照中央军事委员会的有关规定执行。

第三十条 本条例自发布之日起施行。

城市建筑垃圾管理规定

（2005年3月23日建设部令第139号发布 自2005年6月1日起施行）

第一条 为了加强对城市建筑垃圾的管理，保障城市市容和环境卫生，根据《中华人民共和国固体废物污染环境防治法》、《城市市容和环境卫生管理条例》和《国务院对确需保留的行政审批项目设定行政许可的决定》，制定本规定。

第二条 本规定适用于城市规划区内建筑垃圾的倾倒、运输、中转、回填、消纳、利用等处置活动。

本规定所称建筑垃圾，是指建设单位、

施工单位新建、改建、扩建和拆除各类建筑物、构筑物、管网等以及居民装饰装修房屋过程中所产生的弃土、弃料及其它废弃物。

第三条 国务院建设主管部门负责全国城市建筑垃圾的管理工作。

省、自治区建设主管部门负责本行政区域内城市建筑垃圾的管理工作。

城市人民政府市容环境卫生主管部门负责本行政区域内建筑垃圾的管理工作。

第四条 建筑垃圾处置实行减量化、资源化、无害化和谁产生、谁承担处置责任的原则。

国家鼓励建筑垃圾综合利用，鼓励建设单位、施工单位优先采用建筑垃圾综合利用产品。

第五条 建筑垃圾消纳、综合利用等设施的设置，应当纳入城市市容环境卫生专业规划。

第六条 城市人民政府市容环境卫生主管部门应当根据城市内的工程施工情况，制定建筑垃圾处置计划，合理安排各类建设工程需要回填的建筑垃圾。

第七条 处置建筑垃圾的单位，应当向城市人民政府市容环境卫生主管部门提出申请，获得城市建筑垃圾处置核准后，方可处置。

城市人民政府市容环境卫生主管部门应当在接到申请后的20日内作出是否核准的决定。予以核准的，颁发核准文件；不予核准的，应当告知申请人，并说明理由。

城市建筑垃圾处置核准的具体条件按照《建设部关于纳入国务院决定的十五项行政许可的条件的规定》执行。

第八条 禁止涂改、倒卖、出租、出借或者以其他形式非法转让城市建筑垃圾处置核准文件。

第九条 任何单位和个人不得将建筑垃圾混入生活垃圾，不得将危险废物混入建筑垃圾，不得擅自设立弃置场受纳建筑垃圾。

第十条 建筑垃圾储运消纳场不得受纳工业垃圾、生活垃圾和有毒有害垃圾。

第十一条 居民应当将装饰装修房屋过程中产生的建筑垃圾与生活垃圾分别收集，并堆放到指定地点。建筑垃圾中转站的设置应当方便居民。

装饰装修施工单位应当按照城市人民政府市容环境卫生主管部门的有关规定处置建筑垃圾。

第十二条 施工单位应当及时清运工程施工过程中产生的建筑垃圾，并按照城市人民政府市容环境卫生主管部门的规定处置，防止污染环境。

第十三条 施工单位不得将建筑垃圾交给个人或者未经核准从事建筑垃圾运输的单位运输。

第十四条 处置建筑垃圾的单位在运输建筑垃圾时，应当随车携带建筑垃圾处置核准文件，按照城市人民政府有关部门规定的运输路线、时间运行，不得丢弃、遗撒建筑垃圾，不得超出核准范围承运建筑垃圾。

第十五条 任何单位和个人不得随意倾倒、抛撒或者堆放建筑垃圾。

第十六条 建筑垃圾处置实行收费制度，收费标准依据国家有关规定执行。

第十七条 任何单位和个人不得在街道两侧和公共场地堆放物料。因建设等特殊需要，确需临时占用街道两侧和公共场地堆放物料的，应当征得城市人民政府市容环境卫生主管部门同意后，按照有关规定办理审批手续。

第十八条 城市人民政府市容环境卫生主管部门核发城市建筑垃圾处置核准文件，有下列情形之一的，由其上级行政机关或者监察机关责令纠正，对直接负责的主管人员和其他直接责任人员依法给予行政处分；构成犯罪的，依法追究刑事责任：

（一）对不符合法定条件的申请人核发城市建筑垃圾处置核准文件或者超越法

定职权核发城市建筑垃圾处置核准文件的；

（二）对符合条件的申请人不予核发城市建筑垃圾处置核准文件或者不在法定期限内核发城市建筑垃圾处置核准文件的。

第十九条 城市人民政府市容环境卫生主管部门的工作人员玩忽职守、滥用职权、徇私舞弊的，依法给予行政处分；构成犯罪的，依法追究刑事责任。

第二十条 任何单位和个人有下列情形之一的，由城市人民政府市容环境卫生主管部门责令限期改正，给予警告，处以罚款：

（一）将建筑垃圾混入生活垃圾的；

（二）将危险废物混入建筑垃圾的；

（三）擅自设立弃置场受纳建筑垃圾的。

单位有前款第一项、第二项行为之一的，处3000元以下罚款；有前款第三项行为的，处5000元以上1万元以下罚款。个人有前款第一项、第二项行为之一的，处200元以下罚款；有前款第三项行为的，处3000元以下罚款。

第二十一条 建筑垃圾储运消纳场受纳工业垃圾、生活垃圾和有毒有害垃圾的，由城市人民政府市容环境卫生主管部门责令限期改正，给予警告，处5000元以上1万元以下罚款。

第二十二条 施工单位未及时清运工程施工过程中产生的建筑垃圾，造成环境污染的，由城市人民政府市容环境卫生主管部门责令限期改正，给予警告，处5000元以上5万元以下罚款。

施工单位将建筑垃圾交给个人或者未经核准从事建筑垃圾运输的单位处置的，由城市人民政府市容环境卫生主管部门责令限期改正，给予警告，处1万元以上10万元以下罚款。

第二十三条 处置建筑垃圾的单位在运输建筑垃圾过程中沿途丢弃、遗撒建筑垃圾的，由城市人民政府市容环境卫生主管部门责令限期改正，给予警告，处5000元以上5万元以下罚款。

第二十四条 涂改、倒卖、出租、出借或者以其他形式非法转让城市建筑垃圾处置核准文件的，由城市人民政府市容环境卫生主管部门责令限期改正，给予警告，处5000元以上2万元以下罚款。

第二十五条 违反本规定，有下列情形之一的，由城市人民政府市容环境卫生主管部门责令限期改正，给予警告，对施工单位处1万元以上10万元以下罚款，对建设单位、运输建筑垃圾的单位处5000元以上3万元以下罚款：

（一）未经核准擅自处置建筑垃圾的；

（二）处置超出核准范围的建筑垃圾的。

第二十六条 任何单位和个人随意倾倒、抛撒或者堆放建筑垃圾的，由城市人民政府市容环境卫生主管部门责令限期改正，给予警告，并对单位处5000元以上5万元以下罚款，对个人处200元以下罚款。

第二十七条 本规定自2005年6月1日起施行。

建设项目竣工环境保护验收管理办法

（2001年12月27日国家环境保护总局令第13号发布　根据2010年12月22日《关于废止、修改部分环保部门规章和规范性文件的决定》修订）

第一条 为加强建设项目竣工环境保护验收管理，监督环境保护设施与建设项目主体工程同时投产或者使用，以及落实其他需配套采取的环境保护措施，防治环境污染和生态破坏，根据《建设项目环境保护管理条例》和其他有关法律、法规规定，制定本办法。

第二条 本办法适用于环境保护行政主管

部门负责审批环境影响报告书（表）或者环境影响登记表的建设项目竣工环境保护验收管理。

第三条 建设项目竣工环境保护验收是指建设项目竣工后，环境保护行政主管部门根据本办法规定，依据环境保护验收监测或调查结果，并通过现场检查等手段，考核该建设项目是否达到环境保护要求的活动。

第四条 建设项目竣工环境保护验收范围包括：

（一）与建设项目有关的各项环境保护设施，包括为防治污染和保护环境所建成或配备的工程、设备、装置和监测手段，各项生态保护设施；

（二）环境影响报告书（表）或者环境影响登记表和有关项目设计文件规定应采取的其他各项环境保护措施。

第五条 国务院环境保护行政主管部门负责制定建设项目竣工环境保护验收管理规范，指导并监督地方人民政府环境保护行政主管部门的建设项目竣工环境保护验收工作，并负责对其审批的环境影响报告书（表）或者环境影响登记表的建设项目竣工环境保护验收工作。

县级以上地方人民政府环境保护行政主管部门按照环境影响报告书（表）或环境影响登记表的审批权限负责建设项目竣工环境保护验收。

第六条 建设项目的主体工程完工后，其配套建设的环境保护设施必须与主体工程同时投入生产或者运行。需要进行试生产的，其配套建设的环境保护设施必须与主体工程同时投入试运行。

第七条 建设项目试生产前，建设单位应向有审批权的环境保护行政主管部门提出试生产申请。

对国务院环境保护行政主管部门审批环境影响报告书（表）或环境影响登记表的非核设施建设项目，由建设项目所在地省、自治区、直辖市人民政府环境保护行政主管部门负责受理其试生产申请，并将其审查决定报送国务院环境保护行政主管部门备案。

核设施建设项目试运行前，建设单位应向国务院环境保护行政主管部门报批首次装料阶段的环境影响报告书，经批准后，方可进行试运行。

第八条 环境保护行政主管部门应自接到试生产申请之日起30日内，组织或委托下一级环境保护行政主管部门对申请试生产的建设项目环境保护设施及其他环境保护措施的落实情况进行现场检查，并做出审查决定。

对环境保护设施已建成及其他环境保护措施已按规定要求落实的，同意试生产申请；对环境保护设施或其他环境保护措施未按规定建成或落实的，不予同意，并说明理由。逾期未做出决定的，视为同意。

试生产申请经环境保护行政主管部门同意后，建设单位方可进行试生产。

第九条 建设项目竣工后，建设单位应当向有审批权的环境保护行政主管部门，申请该建设项目竣工环境保护验收。

第十条 进行试生产的建设项目，建设单位应当自试生产之日起3个月内，向有审批权的环境保护行政主管部门申请该建设项目竣工环境保护验收。

对试生产3个月确不具备环境保护验收条件的建设项目，建设单位应当在试生产的3个月内，向有审批权的环境保护行政主管部门提出该建设项目环境保护延期验收申请，说明延期验收的理由及拟进行验收的时间。经批准后建设单位方可继续进行试生产。试生产的期限最长不超过一年。核设施建设项目试生产的期限最长不超过二年。

第十一条 根据国家建设项目环境保护分类管理的规定，对建设项目竣工环境保护验收实施分类管理。

建设单位申请建设项目竣工环境保护

验收，应当向有审批权的环境保护行政主管部门提交以下验收材料：

（一）对编制环境影响报告书的建设项目，为建设项目竣工环境保护验收申请报告，并附环境保护验收监测报告或调查报告；

（二）对编制环境影响报告表的建设项目，为建设项目竣工环境保护验收申请表，并附环境保护验收监测表或调查表；

（三）对填报环境影响登记表的建设项目，为建设项目竣工环境保护验收登记卡。

第十二条 对主要因排放污染物对环境产生污染和危害的建设项目，建设单位应提交环境保护验收监测报告（表）。

对主要对生态环境产生影响的建设项目，建设单位应提交环境保护验收调查报告（表）。

第十三条 环境保护验收监测报告（表），由建设单位委托经环境保护行政主管部门批准有相应资质的环境监测站或环境放射性监测站编制。

环境保护验收调查报告（表），由建设单位委托经环境保护行政主管部门批准有相应资质的环境监测站或环境放射性监测站，或者具有相应资质的环境影响评价单位编制。承担该建设项目环境影响评价工作的单位不得同时承担该建设项目环境保护验收调查报告（表）的编制工作。

承担环境保护验收监测或者验收调查工作的单位，对验收监测或验收调查结论负责。

第十四条 环境保护行政主管部门应自收到建设项目竣工环境保护验收申请之日起30日内，完成验收。

第十五条 环境保护行政主管部门在进行建设项目竣工环境保护验收时，应组织建设项目所在地的环境保护行政主管部门和行业主管部门等成立验收组（或验收委员会）。

验收组（或验收委员会）应对建设项目的环境保护设施及其他环境保护措施进行现场检查和审议，提出验收意见。

建设项目的建设单位、设计单位、施工单位、环境影响报告书（表）编制单位、环境保护验收监测（调查）报告（表）的编制单位应当参与验收。

第十六条 建设项目竣工环境保护验收条件是：

（一）建设前期环境保护审查、审批手续完备，技术资料与环境保护档案资料齐全；

（二）环境保护设施及其他措施等已按批准的环境影响报告书（表）或者环境影响登记表和设计文件的要求建成或者落实，环境保护设施经负荷试车检测合格，其防治污染能力适应主体工程的需要；

（三）环境保护设施安装质量符合国家和有关部门颁发的专业工程验收规范、规程和检验评定标准；

（四）具备环境保护设施正常运转的条件，包括：经培训合格的操作人员、健全的岗位操作规程及相应的规章制度，原料、动力供应落实，符合交付使用的其他要求；

（五）污染物排放符合环境影响报告书（表）或者环境影响登记表和设计文件中提出的标准及核定的污染物排放总量控制指标的要求；

（六）各项生态保护措施按环境影响报告书（表）规定的要求落实，建设项目建设过程中受到破坏并可恢复的环境已按规定采取了恢复措施；

（七）环境监测项目、点位、机构设置及人员配备，符合环境影响报告书（表）和有关规定的要求；

（八）环境影响报告书（表）提出需对环境保护敏感点进行环境影响验证，对清洁生产进行指标考核，对施工期环境保护措施落实情况进行工程环境监理的，已按规定要求完成；

（九）环境影响报告书（表）要求建设单位采取措施削减其他设施污染物排放，或要求建设项目所在地地方政府或者有关部门采取“区域削减”措施满足污染物排放总量控制要求的，其相应措施得到落实。

第十七条 对符合第十六条规定的验收条件的建设项目，环境保护行政主管部门批准建设项目竣工环境保护验收申请报告、建设项目竣工环境保护验收申请表或建设项目竣工环境保护验收登记卡。

对填报建设项目竣工环境保护验收登记卡的建设项目，环境保护行政主管部门经过核查后，可直接在环境保护验收登记卡上签署验收意见，作出批准决定。

建设项目竣工环境保护验收申请报告、建设项目竣工环境保护验收申请表或者建设项目竣工环境保护验收登记卡未经批准的建设项目，不得投入生产或者使用。

第十八条 分期建设、分期投入生产或者使用的建设项目，按照本办法规定的程序分期进行环境保护验收。

第十九条 国家对建设项目竣工环境保护验收实行公告制度。环境保护行政主管部门应当定期向社会公告建设项目竣工环境保护验收结果。

第二十条 县级以上人民政府环境保护行政主管部门应当于每年6月底前和12月底前，将其前半年完成的建设项目竣工环境保护验收的有关材料报上一级环境保护行政主管部门备案。

第二十一条 违反本办法第六条规定，试生产建设项目配套建设的环境保护设施未与主体工程同时投入试运行的，由有审批权的环境保护行政主管部门依照《建设项目环境保护管理条例》第二十六条的规定，责令限期改正；逾期不改正的，责令停止试生产，可以处5万元以下罚款。

第二十二条 违反本办法第十条规定，建设项目投入试生产超过3个月，建设单位未申请建设项目竣工环境保护验收或者延期验收的，由有审批权的环境保护行政主管部门依照《建设项目环境保护管理条例》第二十七条的规定责令限期办理环境保护验收手续；逾期未办理的，责令停止试生产，可以处5万元以下罚款。

第二十三条 违反本办法规定，建设项目需要配套建设的环境保护设施未建成，未经建设项目竣工环境保护验收或者验收不合格，主体工程正式投入生产或者使用的，由环境保护行政主管部门依照《中华人民共和国水污染防治法》第七十一条、《中华人民共和国大气污染防治法》第四十七条、《中华人民共和国固体废物污染环境防治法》第六十九条或者《建设项目环境保护管理条例》第二十八条的规定予以处罚。

第二十四条 从事建设项目竣工环境保护验收监测或验收调查工作的单位，在验收监测或验收调查工作中弄虚作假的，按照国务院环境保护行政主管部门的有关规定给予处罚。

第二十五条 环境保护行政主管部门的工作人员在建设项目竣工环境保护验收工作中徇私舞弊，滥用职权，玩忽职守，构成犯罪的，依法追究刑事责任；尚不构成犯罪的，依法给予行政处分。

第二十六条 建设项目竣工环境保护申请报告、申请表、登记卡以及环境保护验收监测报告（表）、环境保护验收调查报告（表）的内容和格式，由国务院环境保护行政主管部门统一规定。

第二十七条 本办法自2002年2月1日起施行。原国家环境保护局第14号令《建设项目环境保护设施竣工验收规定》同时废止。

住房和城乡建设部关于印发“十二五”建筑节能专项规划的通知（节录）

（2012 年 5 月 9 日）

……

三、重点任务

（一）提高能效，抓好新建建筑节能监管

1. 继续强化新建建筑节能监管和指导。一是提高建筑能效标准。严寒、寒冷地区，夏热冬冷地区要将建筑能效水平提高到“三步”建筑节能标准，有条件的地方要执行更高水平的建筑节能标准和绿色建筑标准，力争到 2015 年，北京、天津等北方地区一线城市全部执行更高水平节能标准。二是严格执行工程建设节能强制性标准，着力提高施工阶段建筑节能标准的执行率，加大对地级、县级地区执行建筑节能标准的监管和稽查力度，对不符合节能减排有关法律法规和强制性标准的工程建设项目，不予发放建设工程规划许可证，不得通过施工图审查，不得发放施工许可证。三是建立行政审批责任制和问责制，按照“谁审批、谁监督、谁负责”的原则，对不按规定予以审批的，依法追究有关人员的责任。要加强施工阶段监管和稽查，确保工程质量和安全。四是大力推广绿色设计、绿色施工，广泛采用自然通风、遮阳等被动技术，抑制高耗能建筑建设，引导新建建筑由节能为主向绿色建筑“四节一环保”的发展方向转变。

2. 完善新建建筑全寿命期管理机制。制定并完善立项、规划、土地出（转）让、设计、施工、运行和报废阶段的节能监管机制。一是严格执行民用建筑规划审查，城乡规划部门要就设计方案是否符合民用建筑节能强制性要求征求同级建设主管部门意见。二是严格执行新建建筑立项阶段建筑节能的评估审查。三是在土地招拍挂出让规划条件中，要对建筑节能执行标准和绿色建筑的比例做出明确要求。四是严格执行建设单位、设计单位、施工单位不得在建筑活动中使用列入禁止使用目录的技术、工艺、材料与设备的要求。五是严格执行民用建筑能效测评标识和民用建筑节能信息公示制度。新建大型公共建筑建成后必须经过能效专项测评，凡达不到工程建设强制性标准的，不得办理竣工、验收、备案手续。六是建立健全民用建筑节能管理制度和操作规程，对建筑用能情况进行调查统计和评估分析、设置建筑能源管理岗位，提高从业人员水平，降低运行能耗。七是研究建立建筑报废审批制度，不符合条件不予拆除报废，需拆除报废的建筑所有权人、产权单位应提交拆除后的建筑垃圾回用方案，促进建筑垃圾再生回用。

3. 实行能耗指标控制。强化建筑特别是大型公共建筑建设过程的能耗指标控制，应根据建筑形式、规模及使用功能，在规划、设计阶段引入分项能耗指标，约束建筑体型系数、采暖空调、通风、照明、生活热水等用能系统的设计参数及系统配置，避免片面追求建筑外形，防止用能系统设计指标过大，造成浪费。实施能耗限额管理。各省（区、市）应在能耗统计、能源审计、能耗动态监测工作基础上，研究制定各类型公共建筑的能耗限额标准，并对公共建筑实行用能限额管理，对超限额用能建筑，采取增加用能成本或强制改造措施。

（二）扎实推进既有居住建筑节能改造

1. 深入开展北方采暖地区既有居住建筑供热计量及节能改造。一是以围护结构、供热计量和管网热平衡为重点实施北方采暖地区既有居住建筑供热计量及节能改造。

依据各地上报的改造工作量与各地签订既有居住建筑供热计量及节能改造任务协议。二是启动“节能暖房”重点市县，到2013年，地级及以上城市要完成当地具备改造价值的老旧住宅的供热计量及节能改造面积40%以上，县级市要完成70%以上，达到节能50%强制性标准的既有建筑基本完成供热计量改造。鼓励用3~5年时间节能改造重点市县全部完成节能改造任务。三是北方采暖地区既有居住建筑供热计量及节能改造要注重与热源改造、市容环境整治等相结合，与供热体制改革相结合，发挥综合效益。

2. 试点夏热冬冷地区节能改造。以建筑门窗、遮阳、自然通风等为重点，在夏热冬冷地区进行居住建筑节能改造试点，探索该地区适宜的改造模式和技术路线。综合考虑各省市经济发展水平、建筑能耗水平、技术支撑能力等因素的基础上，对改造任务进行分解落实。

3. 形成规范的既有建筑改造机制。一是住房城乡建设主管部门应对本地区既有建筑进行现状调查、能耗统计，确定改造重点内容和项目，制定改造规划和实施计划。改造规划要报请同级人民政府批准。二是在旧城区综合改造、城市市容整治、既有建筑抗震加固中，有条件的要同步开展节能改造。既有建筑节能改造工程完工后，应进行能效测评与标识，达不到设计要求，不得进行竣工验收。三是住房城乡建设部门要积极与同级有关部门协调配合，研究适合本地实际的经济、技术政策和标准体系，做好组织协调工作，注重探索和总结成功模式，确保改造目标的实现。

4. 确保既有建筑节能改造的安全与质量。完善既有建筑节能改造的安全与质量监督机制，落实工程建设责任制。严把材料关，坚决杜绝伪劣产品入场；严把规划、设计和施工关，加强施工全过程的质量控制与管理；严把安全关，积极采取措施，做好防火安全等。

（三）深入开展大型公共建筑节能监管和高耗能建筑节能改造

1. 推进能耗统计、审计及公示工作。各省（区、市）应对本地区地级及以上城市大型公共建筑进行全口径统计，将单位面积能耗高于平均水平和年总能耗高于1000吨标煤的建筑确定为重点用能建筑，并对50%以上的重点用能建筑进行能源审计。应对单位面积能耗排名在前50%的高能耗建筑和具有标杆作用的低能耗建筑进行能效公示，接受社会监督。

2. 加强节能监管体系建设。一是中央财政支持有条件的地方建设公共建筑能耗监测平台，对重点建筑实行分项计量与动态监测，强化公共建筑节能运行管理，规划期末完成20个以上省（自治区、直辖市）公共建筑能耗监测平台建设，对5000栋以上公共建筑的能耗情况进行动态监测，建成覆盖不同气候区、不同类型公共建筑的能耗监测系统，实现公共建筑能耗可监测、可计量。二是要重点加强高校节能监管，规划期内建设200所节约型高校，形成节约型校园建设模式。提高节能监管体系管理水平。

3. 实施重点城市公共建筑节能改造。财政部、住房城乡建设部选择在公共建筑节能监管体系建立健全、节能改造任务明确的地区启动建筑节能改造重点城市。规划期内启动和实施10个以上公共建筑节能改造重点城市。到2015年，重点城市公共建筑单位面积能耗下降20%以上，其中大型公共建筑单位建筑面积能耗下降30%以上。原则上改造重点城市在批准后两年内应完成改造建筑面积不少于400万平方米。各地要高度重视公共建筑的节能改造工作，突出改造效果及政策整体效益。

4. 推动高校、公共机构等重点公共建筑节能改造。要充分发挥高校技术、人才、管理优势，会同财政部、教育部积极推动高等学校节能改造示范，高校建筑节能改造示范面积应不低于20万平方米，单位面积能耗应下降20%以上。规划期内，启动50所高校节能改造示范。积极推进中央本级办公建筑节能改造。财政部、住房城乡建设部将会同国务院机关事务管理局等部门共同组织中央本级办公建筑节能改造工作。

（四）加快可再生能源建筑领域规模化应用

1. 建立可再生能源建筑应用的长效机制。可再生能源建筑应用要坚持因地制宜的原则。做好可再生能源建筑应用的全过程监管，加强可再生能源建筑应用的资源评估、规划设计、施工验收、运行管理。一是住房城乡建设部门要实施可再生能源建筑应用的资源评估，掌握本地区可再生能源建筑资源情况和建筑应用条件，确保可再生能源建筑应用的科学合理。二是要制定可再生能源建筑应用专项规划，明确应用类型和面积，并报请同级人民政府审批。三是制定推广可再生能源建筑应用的实施计划，切实把规划落到实处。四是加强推广应用可再生能源建筑应用的基础能力建设。完善可再生能源建筑应用施工、运行、维护标准，加大可再生能源建筑应用设计、施工、运行、管理、维修人员的培训力度。五是加强可再生能源建筑应用关键设备、产品的市场监管及工程准入管理。六是探索建立可再生能源建筑应用运行管理、系统维护的模式，确保项目稳定高效运行。鼓励采用合同能源管理等多种融资管理模式支持可再生能源建筑应用。

2. 鼓励地方制定强制性推广政策。鼓励有条件的省（区、市、兵团）通过出台地方法规、政府令等方式，对适合本地区资源条件及建筑利用条件的可再生能源技术进行强制推广，进一步加大推广力度，力争规划期内资源条件较好的地区都要制定出台太阳能等强制推广政策。

3. 集中连片推进可再生能源建筑应用。选择在部分可再生能源资源丰富、地方积极性高、配套政策落实的区域，实行集中连片推广，使可再生能源建筑应用率先实现突破，到2015年重点区域内可再生能源消费量占建筑能耗的比例达到10%以上。一是做好可再生能源建筑应用省级示范。进一步突出重点，放大政策效应，在有条件地区率先实现可再生能源建筑集中连片应用效果，即在可再生能源资源丰富、建筑应用条件优越、地方能力建设体系完善、已批准可再生能源建筑应用相关示范实施较好的省（区、市），打造可再生能源建筑应用省级集中连片示范区。二是继续做好可再生能源建筑应用城市示范及农村县级示范。示范市县在落实具体项目时，要做到统筹规划，集中连片。已批准的可再生能源建筑应用示范市县要抓紧组织实施，在确保完成示范任务的前提下进一步扩大推广应用，新增示范市县将优先在集中连片推广的重点区域中安排。三是鼓励在绿色生态城、低碳生态城（镇）、绿色重点小城镇建设中，将可再生能源建筑应用作为约束性指标，实施集中连片推广。

4. 优先支持保障性住房、公益性行业及公共机构等领域可再生能源建筑应用。优先在保障性住房中推行可再生能源建筑应用，在资源条件、建筑条件具备情况下，保障性住房要优先使用太阳能热水系统。加大在公益性行业及城乡基础设施推广应用力度，使太阳能等清洁能源更多地惠及民生。积极在国家机关等公共机构推广应用可再生能源，充分发挥示范带动作用。住房城乡建设部、财政部将在确定可再生能源建筑应用推广领域中优先支持上述领域。

5. 加大技术研发及产业化支持力度。鼓励科研单位、企业联合成立可再生能源建筑应用工程、技术中心，加大科技攻关力度，加快产学研一体化。支持可再生能源建筑应用重大共性关键技术、产品、设备的研发及产业化，支持可再生能源建筑应用产品、设备性能检测机构和建筑应用效果检测评估机构等公共服务平台建设。完善支持政策，努力提高可再生能源建筑应用技术水平，做强做大相关产业。

（五）大力推动绿色建筑发展，实现绿色建筑普及化

1. 积极推进绿色规划。以绿色理念指导城乡规划编制，建立包括绿色建筑比例、生态环保、公共交通、可再生能源利用、土地集约利用、再生水利用、废弃物回用等内容的指标体系，作为约束性条件纳入区域总体规划、控制性详细规划、修建性详细规划和专项规划的编制，促进城市基础设施的绿色化，并将绿色指标作为土地出让转让的前置条件。

2. 大力促进城镇绿色建筑发展。在城市规划的新区、经济技术开发区、高新技术产业开发区、生态工业示范园区、旧城更新区等实施100个以规模化推进绿色建筑为主的绿色生态城（区）。政府投资的办公建筑和学校、医院、文化等公益性公共建筑，直辖市、计划单列市及省会城市建设的保障性住房，以及单体建筑面积超过2万平方米的机场、车站、宾馆、饭店、商场、写字楼等大型公共建筑，2014年起执行绿色建筑标准。引导房地产开发类项目自愿执行绿色建筑标准，鼓励房地产开发企业建设绿色住宅小区。到规划期末，北京市、上海市、天津市、重庆市，江苏省、浙江省、福建省、山东省、广东省、海南省，以及深圳市、厦门市、宁波市、大连市城镇新建房地产项目50%达到绿色建筑标准。积极推进绿色工业建筑建设。加强对绿色建筑规划、设计、施工、认证标识和运行监管，研究制定相应的鼓励政策与措施。建立和强化大型公共建筑项目的绿色评估和审查制度。

……

3. 严格绿色建筑建设全过程监督管理。地方政府要在城镇新区建设、旧城更新、棚户区改造等规划中，严格落实各项绿色建设指标体系要求；要加强规划审查，对达不到要求的不予审批。对应按绿色建筑标准建设的项目，要加强立项审查，未达到要求的不予审批、核准和备案；加强土地出让监管，不符合土地出让规划许可条件要求的不予出让；要在施工图设计审查中增加绿色建筑内容，未通过审查的不得开工建设；加强施工监管，确保按图施工；未达到绿色建筑认证标识的不得投入运行使用。自愿执行绿色建筑标准的项目，要建立备案管理制度，加强监管。建设单位应在房屋施工、销售现场明示建筑的各项性能。

4. 积极推进不同行业绿色建筑发展。实现绿色建筑规模化发展要充分发挥和调动相关部门的积极性，将绿色建筑理念推广应用到相关领域、相关行业中。要会同教育主管部门积极推进绿色校园，会同卫生主管部门共同推进绿色医院，会同旅游主管部门共同推进绿色酒店，会同工业和信息化部门共同推进绿色厂房，会同商务部门共同推进绿色超市和商场。要建立和完善覆盖不同行业、不同类型的绿色建筑标准。会同相关部门出台不同行业、不同类型绿色建筑的推进意见，明确发展目标、重点任务和措施，加强考核评价。会同财政部门出台支持不同行业、不同类型绿色建筑发展的经济激励政策。地方建筑主管部门要积极与地方相关部门协调，出台适合本地的标准和经济激励政策，科学合理制定推进方案，完善评价细则，以绿色建筑引导不同行业、不同类型绿色建筑的发展。

（六）积极探索，推进农村建筑节能

鼓励农民分散建设的居住建筑达到节能设计标准的要求，引导农房按绿色建筑的原则进行设计和建造，在农村地区推广

应用太阳能、沼气、生物质能和农房节能技术，调整农村用能结构，改善农民生活质量。支持各省（自治区、直辖市）结合社会主义新农村建设建设一批节能农房。支持40万农户结合农村危房改造开展建筑节能示范。

（七）积极促进新型材料推广应用

因地制宜、就地取材，结合当地气候特点和资源禀赋，大力发展安全耐久、节能环保、施工便利的新型建材。加快发展集保温、防火、降噪、装饰等功能于一体的与建筑同寿命的建筑保温体系和材料。积极发展加气混凝土制品、烧结空心制品、防火防水保温等功能一体化墙体和屋面、低辐射镀膜玻璃、断桥隔热门窗、太阳能光伏发电或光热采暖制冷一体化屋面和墙体、遮阳系统等新型建材及部品。推广应用再生建材。引导发展高强混凝土、高强钢，大力发展商品混凝土。深入推进墙体材料革新，推动“禁实”向纵深发展。在全国范围选择确定新型节能建材产品技术目录，并依据产品质量、施工质量、节能效果等因素对目录进行动态调整。研究建立绿色建材认证制度，引导市场消费行为。会同质量监督部门加强建材生产、流通和使用环节的质量监管和稽查。加大对新型建材产业和建材综合利废的支持力度，择优扶持相关企业，组织开展新型建材产业化示范和资源综合利用示范工程的建设。

（八）推动建筑工业化和住宅产业化

加快建立预制构件设计、生产、新型结构体系、装配化施工等方面的标准体系，推动结构件、部品、部件的标准化，丰富标准件的种类，提高通用性、可置换性。推广适合工业化生产的预制装配式混凝土、钢结构等建筑体系。加快发展建设工程的预制、装配技术，提高建筑工业化技术集成水平。支持整合设计、生产、施工全过程的工业化基地建设，选择条件具备的城市进行试点，加快市场推广应用。

（九）推广绿色照明应用

积极实施绿色照明工程示范，鼓励因地制宜的采用太阳能、风能等可再生能源为城市公共区域提供照明用电，扩大太阳能光电、风光互补照明应用规模。

四、保障措施

（一）完善法律法规

严格执行《节约能源法》、《可再生能源法》，加大力度落实《民用建筑节能条例》所规定的各项制度。出台《绿色建筑行动方案》等文件。

（二）强化考核评价

强化目标监管，将建筑节能和绿色建筑纳入国家节能总体目标，纳入落实省级政府对和地方政府降低单位国内生产总值能耗考核体系，纳入国务院节能减排检查并提高考核权重，实施建筑领域节能减排检查。各省级住房城乡建设主管部门要研究建立建设领域节能减排统计、监测和考核体系，严格落实节能减排目标责任制和问责制，组织开展节能减排专项检查督察，对本地区住房城乡建设主管部门落实国务院节能减排综合性工作方案的情况进行督察，及时向住房城乡建设部报告。住房城乡建设部每年组织开展建筑节能专项检查行动，严肃查处各类违法违规行为和事件。各级相关主管部门，要完善配套措施，加强机构、人才队伍建设，落实激励政策，按照法律法规和强制性标准进行考核评价，落实责任制，实行问责制，对不能实现责任目标的依法依规进行处理，对突出贡献的单位和个人予以表彰奖励。

（三）创新体制机制

推动建筑节能和绿色建筑工作要依靠体制机制的创新。规划期内要着重建立和完善如下体制与机制。

1. 延伸建筑节能和绿色建筑的监管。一是前移新建建筑监管关口。在城市规划审查中增加对建筑节能和绿色生态指标的审查内容，在城市的控制性详规中落实相关指标体系，各级政府对不符合节能减排法律法规和强制性标准要求的规划不予以批准。在新建建筑的立项审查中增加建筑节能和绿色生态的审查内容，对不满足节能减排法律法规和强制性标准要求的项目不予立项。将建筑节能标准、可再生能源利用强度、再生水利用率、建筑材料回用率等涉及建筑节能和绿色建筑发展指标列为土地转让规划的重要条件。二是将新建建筑监管扩展到装修、报废和回收利用阶段。推行绿色建筑的项目实行精装修制度。建立建筑报废审批制度，不符合条件的建筑不予拆除报废；需拆除报废的建筑，所有权人、产权单位应提交拆除后的建筑垃圾回用方案，促进建筑垃圾再生回用。

2. 创新绿色建筑的监管模式。增加绿色建筑设计专项审查内容，地方各级建设主管部门在施工图设计审查中实施绿色建筑专项审查，达不到要求的不予通过。建立绿色施工许可制度，地方各级建设主管部门对不满足绿色建造要求的建筑不予颁发开工许可证。实行民用建筑绿色信息公示制度，建设单位在房屋施工、销售现场，根据审核通过的施工图设计文件，把民用建筑的绿色建筑方面的性能以张贴、载明等方式予以明示。加大绿色建筑评价标识实施力度。完善绿色建筑评价标准体系，制定针对不同地区、不同建筑类型的绿色建筑评价标识细则，科学地开展评价标识工作。鼓励地方制定适合本地区的绿色建筑评价标识指南。引导和规范科研院所、相关行业协会和中介服务机构开展绿色建筑技术研发、咨询、检测等各方面的专业服务。建立绿色建筑全寿命周期各环节资格认证制度，培训绿色生态城（区）规划和绿色建筑设计、施工、安装、评估、物业管理、能源服务等方面的人才，开展专业培训，实现凭证上岗。

3. 加快形成建筑节能和绿色建筑市场机制。加快推进民用建筑能效测评标识工作。修订《民用建筑能效测评标识管理暂行办法》、《民用建筑能效测评机构管理暂行办法》。严格贯彻《民用建筑节能条例》规定，对新建国家机关办公建筑和大型公共建筑进行能效测评标识。指导和督促地方将能效测评作为验证建筑节能效果的基本手段以及获得示范资格、资金奖励的必要条件。加大民用建筑能效测评机构能力建设力度，完成国家及省两级能效测评机构体系建设。加强建筑节能服务体系建设，以国家机关办公建筑和大型公共建筑的节能运行管理与改造、建设节约型校园和宾馆饭店为突破口，拉动需求、激活市场、培育市场主体服务能力。加快推行合同能源管理，规范能源服务行为，利用国家资金重点支持专业化节能服务公司为用户提供节能诊断、设计、融资、改造、运行管理一条龙服务，为国家机关办公楼、大型公共建筑、公共设施和学校实施节能改造。研究推进建筑能效交易试点。

（四）实行经济激励

1. 加大建筑节能和绿色建筑领域投入。要加大中央预算类投资和中央财政节能减排专项资金支持建筑节能和绿色建筑的力度，完善中央财政激励政策体系，设立建筑节能和绿色建筑发展专项资金，重点支持绿色建筑工程及集中示范城（区）建设、既有建筑节能改造、政府办公建筑和大型公共建筑节能监管体系建设、可再生能源建筑应用、供热系统节能改造、墙体材料革新、技术创新、基础能力建设等。地方财政配套资金标准不得少于中央财政补贴标准。

2. 加大既有居住建筑节能改造支持力度。对工作积极性高，前期任务完成好的地区，优先安排供热计量及节能改造任务及中央财政奖励资金。对节能改造重点市县，优先安排节能改造任务和补助资金。经考核如期完成改造目标的重点市县，依据节能效果、供热计量收费进展等因素，给予专门财政资金奖励，用于推进供热计量收费改革等相关建设性支持。制定夏热冬冷地区既有居住建筑节能改造补贴政策。

3. 加大公共建筑节能监管体系建设和改造支持力度。中央财政支持有条件的地方建设公共建筑能耗监测平台和高校节能监管平台、支持重点城市公共建筑和高校等重点公共建筑进行节能改造。对重点城市公共建筑的节能改造，综合考虑节能改造工作量，改造内容及节能效果等因素确定补贴实际标准。中央本级办公建筑节能改造工作补贴标准依据改造工作量、节能效果、改造成本等因素核定。

4. 加大可再生能源建筑应用推广支持力度。中央财政将优先在重点区域内推广示范城市、示范县，继续给予可再生能源建筑应用示范城市、示范县补贴。对已批准的示范市县，中央财政对符合条件的新增推广面积给予补贴，以鼓励示范市县充分发挥潜力。在确定可再生能源建筑应用重点区域时，对地方出台强制性推广政策的地区予以倾斜。对应用太阳能采暖制冷、城市生活垃圾及污水沼气利用、工业余热及深层地热能梯级利用等新技术，并列入各地示范任务的中央财政将加大补贴力度。中央财政安排的可再生能源建筑应用专项资金，支持可再生能源建筑应用重大共性关键技术、产品、设备的研发及产业化。按研发及产业化实际投入的一定比例对相关企业及科研单位等予以补助，并支持可再生能源建筑应用产品、设备性能检测机构、建筑应用效果检测评估机构等公共服务平台建设。

5. 加大绿色建筑规模化推广应用的支持力度。财政部会同住房城乡建设部研究制定支持绿色建筑发展的财政政策，重点支持绿色建筑工程及绿色生态城区建设。对达到国家绿色建筑评价标准二星级及以上的建筑给予财政资金奖励。改进和完善对绿色建筑的金融服务，金融机构可对购买绿色住宅的消费者在购房贷款利率上给予适当优惠。发展改革、住房城乡建设部门要研究提高绿色建筑规划和设计收费标准。国土资源部门要研究制定促进绿色建筑发展在土地转让方面的政策。住房城乡建设部门要研究制定容积率奖励方面的政策，在土地招拍挂出让规划条件中，要明确绿色建筑的建设用地比例。

6. 建立多元化的资金筹措机制。地方财政部门要把既有居住建筑节能改造、公共建筑节能监管和改造、可再生能源建筑规模化应用、绿色建筑作为节能减排资金安排的重点，建立稳定、持续的财政资金投入机制，创新财政资金使用方式，放大资金使用效率。居住建筑和教育、科学、文化、卫生、体育等公益事业使用的公共建筑节能改造费用，由政府、建筑所有权人共同负担。要落实好已发布的节能服务机制的优惠政策，积极支持采用合同能源管理方式，能效限额下的能效交易机制。搭建建筑节能量交易平台，促使建筑通过节能改造或购买节能量的方式实现能耗降低的目标。激发改造需求，增大节能服务市场。

（五）提高技术标准

要加快完善建筑节能标准体系，针对住宅、农村建筑、公共建筑、工业建筑等不同类型建筑，分别制修订相关工程建设节能标准，在设计、施工、运行管理等环节落实建筑节能要求。重点制修订《居住建筑节能设计标准》、《建筑节能气象参数标准》、《既有居住建筑节能改造技术规程》、《夏热冬暖地区居住建筑节能设计标准》。完善可再生能源建筑应用技术指南、标准和关键设备可靠性适用性评估标准。加快制定政府办公建筑和大型公共建筑能耗限额标准。研究制定基于实际用能状况，覆盖不同气候、不同类型建筑的建筑能耗限额。制定绿色建筑强制性标准，编制绿色建筑区域规划建设指标体系、技术导则和标准体系，制（修）订绿色建筑相关工程建设、运营管理标准和产品标准，研究制定绿色建筑工程定额，完善绿色建筑评价标准体系。制定修订一批建筑节能和绿色建筑相关产品标准，为推进建筑节能提供相关产品技术支撑。省级住房城乡建设部门要制定建筑节能和绿色建筑的相关技术标准、导则和实施细则。鼓励地方制定更加严格的绿色建筑标准和规范。

（六）增强能力建设

会同国家统计局建立健全建筑能耗统计体系，提高统计的准确性和及时性。建立国家建筑节能与绿色建筑监管机构，对各地组织推进绿色建筑发展工作进行指导、监督、检查。加强绿色建筑评价机构能力建设，研究推行第三方评价，严格评价监管。加强建筑节能服务能力建设，在建筑节能运行和改造中大力推行合同能源管理方式，引进和培育专业服务管理公司。加强第三方节能量审核评价及建筑能耗测评机构能力建设，充分运用现有的节能监管及建筑能效测评体系，客观审核与评估节能量。建立产学研一体的技术进步机制，形成机构合理创新能力强的科技队伍。加强建筑规划、设计、施工、评价、运行等机构和人员的培训，将绿色建筑作为专业工程师继续教育培训、执业资格考试和相关企业资质申请的重要内容。加强绿色建筑认证标识体系的建立，研究建立绿色建筑评价职业资格制度。鼓励高等院校开设绿色建筑相关课程。组织规划设计单位、规划设计人员开展绿色建筑规划与设计竞赛活动。

（七）推动技术进步

“十二五”期间，在国家科技支撑计划项目中，开展对绿色建筑、建筑节能的技术研究，实现绿色建筑设计、建造、评价和改造的一条龙技术服务支撑，建设综合性技术服务平台，建立以实际建筑能耗数据为导向的建筑节能技术支撑体系。设立建筑节能与绿色建筑科技发展专项，加快建筑节能与绿色建筑共性和关键技术研发，重点攻克绿色建筑规划与设计、既有建筑节能改造、可再生能源建筑应用、节水与水资源综合利用、废弃物资源化、环境质量控制等方面的技术，加强绿色建筑技术标准规范研究，开展绿色建筑技术的集成示范。开发具有自主知识产权的关键技术、产品和设备，实现重点技术领域的突破，建立完整的技术支撑体系。加强过程管理，建立产学研联合模式与机制、加强与部门和地方的沟通。依托高等院校、科研机构等，按照我国主要气候分区，加快国家绿色建筑工程技术中心建设。编制建筑节能与绿色建筑重点技术推广目录，定期发布技术、产品推广、限制和禁止使用目录。加大与科技部、教育部等相关部委的交流和合作，提高国家科技支撑计划等科技专题对建筑节能的支撑力度。推进全方位、多层次、宽领域的国际合作，学习借鉴国际先进经验，建立适合国情的建筑节能和绿色建筑的技术发展模式。

（八）严格市场监管

加强建筑节能工程全过程的质量监管，加强安全控制，强化对保温材料，计量器具，关键设备、门窗等关键材料产品的质量管理，确保工程质量。充分利用市场机制，大力推进体制机制创新，形成政府推动、社会力量广泛参与的工作局面。加强建筑节能服务市场监管，制定建筑节能服务市场监督管理办法、服务质量标准以及公共建筑合同管理文本。在节能改造明显的领域，鼓励采用合同能源管理的方式进行改造，对投资回收期长的基础改造及难以有效实现节能收益分项的领域，要通过财政资金补助的方式推进改造工作。

（九）加强组织协调

有关管理部门和地方政府要加强对建筑节能和绿色建筑工作的组织领导，统筹安排，明确目标，协调配合，形成合力，增强管理能力。建立住房城乡建设、财政、发展改革、工业和信息化、商务、教育、机关事务管理部门（机构）参加的议事协调机制，统一部署建筑节能和绿色建筑工作中的重大问题。对既有居住建筑节能改造、公共建筑节能监管体系建设与改造、可再生能源建筑应用以及供热计量改革等重点工作，要建立统一部署、分工负责、相互配合的协调机制，扎实推进各项工作。

（十）做好宣传教育

充分利用媒体广泛宣传建筑节能和绿色建筑的法律法规和政策措施，普及节能知识，树立节能意识，促进行为节能。将建筑节能和绿色建筑相关内容纳入全国节能宣传周、科技活动周、城市节水宣传周、世界环境宣传日、世界水日等活动的重要内容。编写绿色建筑和建筑节能科普读物，开展经常性的宣传活动。新闻媒体要积极宣传绿色建筑法律法规、政策措施、典型案例、先进经验，加强舆论监督，营造建筑节能和绿色建筑的良好氛围。

……

国务院办公厅关于转发发展改革委住房城乡建设部绿色建筑行动方案的通知

（2013 年 1 月 1 日　国办发〔2013〕1 号）

为深入贯彻落实科学发展观，切实转变城乡建设模式和建筑业发展方式，提高资源利用效率，实现节能减排约束性目标，积极应对全球气候变化，建设资源节约型、环境友好型社会，提高生态文明水平，改善人民生活质量，制定本行动方案。

一、充分认识开展绿色建筑行动的重要意义

绿色建筑是在建筑的全寿命期内，最大限度地节约资源、保护环境和减少污染，为人们提供健康、适用和高效的使用空间，与自然和谐共生的建筑。“十一五”以来，我国绿色建筑工作取得明显成效，既有建筑供热计量和节能改造超额完成“十一五”目标任务，新建建筑节能标准执行率大幅度提高，可再生能源建筑应用规模进一步扩大，国家机关办公建筑和大型公共建筑节能监管体系初步建立。但也面临一些比较突出的问题，主要是：城乡建设模式粗放，能源资源消耗高、利用效率低，重规模轻效率、重外观轻品质、重建设轻管理，建筑使用寿命远低于设计使用年限等。

开展绿色建筑行动，以绿色、循环、低碳理念指导城乡建设，严格执行建筑节能强制性标准，扎实推进既有建筑节能改造，集约节约利用资源，提高建筑的安全性、舒适性和健康性，对转变城乡建设模式，破解能源资源瓶颈约束，改善群众生产生活条件，培育节能环保、新能源等战略性新兴产业，具有十分重要的意义和作用。要把开展绿色建筑行动作为贯彻落实科学发展观、大力推进生态文明建设的重要内容，把握我国城镇化和新农村建设加快发展的历史机遇，切实推动城乡建设走上绿色、循环、低碳的科学发展轨道，促进经济社会全面、协调、可持续发展。

二、指导思想、主要目标和基本原则

（一）指导思想。

以邓小平理论、“三个代表”重要思想、科学发展观为指导，把生态文明融入城乡建设的全过程，紧紧抓住城镇化和新农村建设的重要战略机遇期，树立全寿命期理念，切实转变城乡建设模式，提高资源利用效率，合理改善建筑舒适性，从政策法规、体制机制、规划设计、标准规范、技术推广、建设运营和产业支撑等方面全面推进绿色建筑行动，加快推进建设资源节约型和环境友好型社会。

（二）主要目标。

1. 新建建筑。城镇新建建筑严格落实

强制性节能标准，“十二五”期间，完成新建绿色建筑10亿平方米；到2015年末，20%的城镇新建建筑达到绿色建筑标准要求。

2. 既有建筑节能改造。“十二五”期间，完成北方采暖地区既有居住建筑供热计量和节能改造4亿平方米以上，夏热冬冷地区既有居住建筑节能改造5000万平方米，公共建筑和公共机构办公建筑节能改造1.2亿平方米，实施农村危房改造节能示范40万套。到2020年末，基本完成北方采暖地区有改造价值的城镇居住建筑节能改造。

（三）基本原则。

1. 全面推进，突出重点。全面推进城乡建筑绿色发展，重点推动政府投资建筑、保障性住房以及大型公共建筑率先执行绿色建筑标准，推进北方采暖地区既有居住建筑节能改造。

2. 因地制宜，分类指导。结合各地区经济社会发展水平、资源禀赋、气候条件和建筑特点，建立健全绿色建筑标准体系、发展规划和技术路线，有针对性地制定有关政策措施。

3. 政府引导，市场推动。以政策、规划、标准等手段规范市场主体行为，综合运用价格、财税、金融等经济手段，发挥市场配置资源的基础性作用，营造有利于绿色建筑发展的市场环境，激发市场主体设计、建造、使用绿色建筑的内生动力。

4. 立足当前，着眼长远。树立建筑全寿命期理念，综合考虑投入产出效益，选择合理的规划、建设方案和技术措施，切实避免盲目的高投入和资源消耗。

三、重点任务

（一）切实抓好新建建筑节能工作。

1. 科学做好城乡建设规划。在城镇新区建设、旧城更新和棚户区改造中，以绿色、节能、环保为指导思想，建立包括绿色建筑比例、生态环保、公共交通、可再生能源利用、土地集约利用、再生水利用、废弃物回收利用等内容的指标体系，将其纳入总体规划、控制性详细规划、修建性详细规划和专项规划，并落实到具体项目。做好城乡建设规划与区域能源规划的衔接，优化能源的系统集成利用。建设用地要优先利用城乡废弃地，积极开发利用地下空间。积极引导建设绿色生态城区，推进绿色建筑规模化发展。

2. 大力促进城镇绿色建筑发展。政府投资的国家机关、学校、医院、博物馆、科技馆、体育馆等建筑，直辖市、计划单列市及省会城市的保障性住房，以及单体建筑面积超过2万平方米的机场、车站、宾馆、饭店、商场、写字楼等大型公共建筑，自2014年起全面执行绿色建筑标准。积极引导商业房地产开发项目执行绿色建筑标准，鼓励房地产开发企业建设绿色住宅小区。切实推进绿色工业建筑建设。发展改革、财政、住房城乡建设等部门要修订工程预算和建设标准，各省级人民政府要制定绿色建筑工程定额和造价标准。严格落实固定资产投资项目节能评估审查制度，强化对大型公共建筑项目执行绿色建筑标准情况的审查。强化绿色建筑评价标识管理，加强对规划、设计、施工和运行的监管。

3. 积极推进绿色农房建设。各级住房城乡建设、农业等部门要加强农村村庄建设整体规划管理，制定村镇绿色生态发展指导意见，编制农村住宅绿色建设和改造推广图集、村镇绿色建筑技术指南，免费提供技术服务。大力推广太阳能热利用、围护结构保温隔热、省柴节煤灶、节能炕等农房节能技术；切实推进生物质能利用，发展大中型沼气，加强运行管理和维护服务。科学引导农房执行建筑节能标准。

4. 严格落实建筑节能强制性标准。住房城乡建设部门要严把规划设计关口，加强建筑设计方案规划审查和施工图审查，城镇建筑设计阶段要100%达到节能标准要求。加强施工阶段监管和稽查，确保工程质量和安全，切实提高节能标准执行率。严格建筑节能专项验收，对达不到强制性标准要求的建筑，不得出具竣工验收合格报告，不允许投入使用并强制进行整改。鼓励有条件的地区执行更高能效水平的建筑节能标准。

（二）大力推进既有建筑节能改造。

1. 加快实施“节能暖房”工程。以围护结构、供热计量、管网热平衡改造为重点，大力推进北方采暖地区既有居住建筑供热计量及节能改造，“十二五”期间完成改造4亿平方米以上，鼓励有条件的地区超额完成任务。

2. 积极推动公共建筑节能改造。开展大型公共建筑和公共机构办公建筑空调、采暖、通风、照明、热水等用能系统的节能改造，提高用能效率和管理水平。鼓励采取合同能源管理模式进行改造，对项目按节能量予以奖励。推进公共建筑节能改造重点城市示范，继续推行“节约型高等学校”建设。“十二五”期间，完成公共建筑改造6000万平方米，公共机构办公建筑改造6000万平方米。

3. 开展夏热冬冷和夏热冬暖地区居住建筑节能改造试点。以建筑门窗、外遮阳、自然通风等为重点，在夏热冬冷和夏热冬暖地区进行居住建筑节能改造试点，探索适宜的改造模式和技术路线。“十二五”期间，完成改造5000万平方米以上。

4. 创新既有建筑节能改造工作机制。做好既有建筑节能改造的调查和统计工作，制定具体改造规划。在旧城区综合改造、城市市容整治、既有建筑抗震加固中，有条件的地区要同步开展节能改造。制定改造方案要充分听取有关各方面的意见，保障社会公众的知情权、参与权和监督权。在条件许可并征得业主同意的前提下，研究采用加层改造、扩容改造等方式进行节能改造。坚持以人为本，切实减少扰民，积极推行工业化和标准化施工。住房城乡建设部门要严格落实工程建设责任制，严把规划、设计、施工、材料等关口，确保工程安全、质量和效益。节能改造工程完工后，应进行建筑能效测评，对达不到要求的不得通过竣工验收。加强宣传，充分调动居民对节能改造的积极性。

（三）开展城镇供热系统改造。

实施北方采暖地区城镇供热系统节能改造，提高热源效率和管网保温性能，优化系统调节能力，改善管网热平衡。撤并低能效、高污染的供热燃煤小锅炉，因地制宜地推广热电联产、高效锅炉、工业废热利用等供热技术。推广“吸收式热泵”和“吸收式换热”技术，提高集中供热管网的输送能力。开展城市老旧供热管网系统改造，减少管网热损失，降低循环水泵电耗。

（四）推进可再生能源建筑规模化应用。

积极推动太阳能、浅层地能、生物质能等可再生能源在建筑中的应用。太阳能资源适宜地区应在2015年前出台太阳能光热建筑一体化的强制性推广政策及技术标准，普及太阳能热水利用，积极推进被动式太阳能采暖。研究完善建筑光伏发电上网政策，加快微电网技术研发和工程示范，稳步推进太阳能光伏在建筑上的应用。合理开发浅层地热能。财政部、住房城乡建设部研究确定可再生能源建筑规模化应用适宜推广地区名单。开展可再生能源建筑应用地区示范，推动可再生能源建筑应用集中连片推广，到2015年末，新增可再生能源建筑应用面积25亿平方米，示范地区建筑可再生能源消费量占建筑能耗总量的比例达到10%以上。

（五）加强公共建筑节能管理。

加强公共建筑能耗统计、能源审计和能耗公示工作，推行能耗分项计量和实时监控，推进公共建筑节能、节水监管平台建设。建立完善的公共机构能源审计、能效公示和能耗定额管理制度，加强能耗监测和节能监管体系建设。加强监管平台建设统筹协调，实现监测数据共享，避免重复建设。对新建、改扩建的国家机关办公建筑和大型公共建筑，要进行能源利用效率测评和标识。研究建立公共建筑能源利用状况报告制度，组织开展商场、宾馆、学校、医院等行业的能效水平对标活动。实施大型公共建筑能耗（电耗）限额管理，对超限额用能（用电）的，实行惩罚性价格。公共建筑业主和所有权人要切实加强用能管理，严格执行公共建筑空调温度控制标准。研究开展公共建筑节能量交易试点。

（六）加快绿色建筑相关技术研发推广。

科技部门要研究设立绿色建筑科技发展专项，加快绿色建筑共性和关键技术研发，重点攻克既有建筑节能改造、可再生能源建筑应用、节水与水资源综合利用、绿色建材、废弃物资源化、环境质量控制、提高建筑物耐久性等方面的技术，加强绿色建筑技术标准规范研究，开展绿色建筑技术的集成示范。依托高等院校、科研机构等，加快绿色建筑工程技术中心建设。发展改革、住房城乡建设部门要编制绿色建筑重点技术推广目录，因地制宜推广自然采光、自然通风、遮阳、高效空调、热泵、雨水收集、规模化中水利用、隔音等成熟技术，加快普及高效节能照明产品、风机、水泵、热水器、办公设备、家用电器及节水器具等。

（七）大力发展绿色建材。

因地制宜、就地取材，结合当地气候特点和资源禀赋，大力发展安全耐久、节能环保、施工便利的绿色建材。加快发展防火隔热性能好的建筑保温体系和材料，积极发展烧结空心制品、加气混凝土制品、多功能复合一体化墙体材料、一体化屋面、低辐射镀膜玻璃、断桥隔热门窗、遮阳系统等建材。引导高性能混凝土、高强钢的发展利用，到2015年末，标准抗压强度60兆帕以上混凝土用量达到总用量的10%，屈服强度400兆帕以上热轧带肋钢筋用量达到总用量的45%。大力发展预拌混凝土、预拌砂浆。深入推进墙体材料革新，城市城区限制使用粘土制品，县城禁止使用实心粘土砖。发展改革、住房城乡建设、工业和信息化、质检部门要研究建立绿色建材认证制度，编制绿色建材产品目录，引导规范市场消费。质检、住房城乡建设、工业和信息化部门要加强建材生产、流通和使用环节的质量监管和稽查，杜绝性能不达标的建材进入市场。积极支持绿色建材产业发展，组织开展绿色建材产业化示范。

（八）推动建筑工业化。

住房城乡建设等部门要加快建立促进建筑工业化的设计、施工、部品生产等环节的标准体系，推动结构件、部品、部件的标准化，丰富标准件的种类，提高通用性和可置换性。推广适合工业化生产的预制装配式混凝土、钢结构等建筑体系，加快发展建设工程的预制和装配技术，提高建筑工业化技术集成水平。支持集设计、生产、施工于一体的工业化基地建设，开展工业化建筑示范试点。积极推行住宅全装修，鼓励新建住宅一次装修到位或菜单式装修，促进个性化装修和产业化装修相统一。

（九）严格建筑拆除管理程序。

加强城市规划管理，维护规划的严肃性和稳定性。城市人民政府以及建筑的所有者和使用者要加强建筑维护管理，对符合城市规划和工程建设标准、在正常使用寿命内的建筑，除基本的公共利益需要外，不得随意拆除。拆除大型公共建筑的，要按有关程序提前向社会公示征求意见，接受社会监督。住房城乡建设部门要研究完善建筑拆除的相关管理制度，探索实行建筑报废拆除审核制度。对违规拆除行为，要依法依规追究有关单位和人员的责任。

（十）推进建筑废弃物资源化利用。

落实建筑废弃物处理责任制，按照“谁产生、谁负责”的原则进行建筑废弃物的收集、运输和处理。住房城乡建设、发展改革、财政、工业和信息化部门要制定实施方案，推行建筑废弃物集中处理和分级利用，加快建筑废弃物资源化利用技术、装备研发推广，编制建筑废弃物综合利用技术标准，开展建筑废弃物资源化利用示范，研究建立建筑废弃物再生产品标识制度。地方各级人民政府对本行政区域内的废弃物资源化利用负总责，地级以上城市要因地制宜设立专门的建筑废弃物集中处理基地。

四、保障措施

（一）强化目标责任。

要将绿色建筑行动的目标任务科学分解到省级人民政府，将绿色建筑行动目标完成情况和措施落实情况纳入省级人民政府节能目标责任评价考核体系。要把贯彻落实本行动方案情况纳入绩效考核体系，考核结果作为领导干部综合考核评价的重要内容，实行责任制和问责制，对作出突出贡献的单位和人员予以通报表扬。

（二）加大政策激励。

研究完善财政支持政策，继续支持绿色建筑及绿色生态城区建设、既有建筑节能改造、供热系统节能改造、可再生能源建筑应用等，研究制定支持绿色建材发展、建筑垃圾资源化利用、建筑工业化、基础能力建设等工作的政策措施。对达到国家绿色建筑评价标准二星级及以上的建筑给予财政资金奖励。财政部、税务总局要研究制定税收方面的优惠政策，鼓励房地产开发商建设绿色建筑，引导消费者购买绿色住宅。改进和完善对绿色建筑的金融服务，金融机构可对购买绿色住宅的消费者在购房贷款利率上给予适当优惠。国土资源部门要研究制定促进绿色建筑发展在土地转让方面的政策，住房城乡建设部门要研究制定容积率奖励方面的政策，在土地招拍挂出让规划条件中，要明确绿色建筑的建设用地比例。

（三）完善标准体系。

住房城乡建设等部门要完善建筑节能标准，科学合理地提高标准要求。健全绿色建筑评价标准体系，加快制（修）订适合不同气候区、不同类型建筑的节能建筑和绿色建筑评价标准，2013 年完成《绿色建筑评价标准》的修订工作，完善住宅、办公楼、商场、宾馆的评价标准，出台学校、医院、机场、车站等公共建筑的评价标准。尽快制（修）订绿色建筑相关工程建设、运营管理、能源管理体系等标准，编制绿色建筑区域规划技术导则和标准体系。住房城乡建设、发展改革部门要研究制定基于实际用能状况，覆盖不同气候区、不同类型建筑的建筑能耗限额，要会同工业和信息化、质检等部门完善绿色建材标准体系，研究制定建筑装修材料有害物限量标准，编制建筑废弃物综合利用的相关标准规范。

（四）深化城镇供热体制改革。

住房城乡建设、发展改革、财政、质检等部门要大力推行按热量计量收费，督导各地区出台完善供热计量价格和收费办法。严格执行两部制热价。新建建筑、完成供热计量改造的既有建筑全部实行按热量计量收费，推行采暖补贴“暗补”变“明补”。对实行分户计量有难度的，研究采用按小区或楼宇供热量计量收费。实施热价与煤价、气价联动制度，对低收入居民家庭提供供热补贴。加快供热企业改革，推进供热企业市场化经营，培育和规范供热市场，理顺热源、管网、用户的利益关系。

（五）严格建设全过程监督管理。

在城镇新区建设、旧城更新、棚户区改造等规划中，地方各级人民政府要建立并严格落实绿色建设指标体系要求，住房城乡建设部门要加强规划审查，国土资源部门要加强土地出让监管。对应执行绿色建筑标准的项目，住房城乡建设部门要在设计方案审查、施工图设计审查中增加绿色建筑相关内容，未通过审查的不得颁发建设工程规划许可证、施工许可证；施工时要加强监管，确保按图施工。对自愿执行绿色建筑标准的项目，在项目立项时要标明绿色星级标准，建设单位应在房屋施工、销售现场明示建筑节能、节水等性能指标。

（六）强化能力建设。

住房城乡建设部要会同有关部门建立健全建筑能耗统计体系，提高统计的准确性和及时性。加强绿色建筑评价标识体系建设，推行第三方评价，强化绿色建筑评价监管机构能力建设，严格评价监管。要加强建筑规划、设计、施工、评价、运行等人员的培训，将绿色建筑知识作为相关专业工程师继续教育培训、执业资格考试的重要内容。鼓励高等院校开设绿色建筑相关课程，加强相关学科建设。组织规划设计单位、人员开展绿色建筑规划与设计竞赛活动。广泛开展国际交流与合作，借鉴国际先进经验。

（七）加强监督检查。

将绿色建筑行动执行情况纳入国务院节能减排检查和建设领域检查内容，开展绿色建筑行动专项督查，严肃查处违规建设高耗能建筑、违反工程建设标准、建筑材料不达标、不按规定公示性能指标、违反供热计量价格和收费办法等行为。

（八）开展宣传教育。

采用多种形式积极宣传绿色建筑法律法规、政策措施、典型案例、先进经验，加强舆论监督，营造开展绿色建筑行动的良好氛围。将绿色建筑行动作为全国节能宣传周、科技活动周、城市节水宣传周、全国低碳日、世界环境日、世界水日等活动的重要宣传内容，提高公众对绿色建筑的认知度，倡导绿色消费理念，普及节约知识，引导公众合理使用用能产品。

各地区、各部门要按照绿色建筑行动方案的部署和要求，抓好各项任务落实。发展改革委、住房城乡建设部要加强综合协调，指导各地区和有关部门开展工作。各地区、各有关部门要尽快制定相应的绿色建筑行动实施方案，加强指导，明确责任，狠抓落实，推动城乡建设模式和建筑业发展方式加快转变，促进资源节约型、环境友好型社会建设。

建设工程抗震设防要求管理规定

（2002年1月28日中国地震局令第7号公布　自公布之日起施行）

第一条　为了加强对新建、扩建、改建建设工程（以下简称建设工程）抗震设防要求的管理，防御与减轻地震灾害，保护人民生命和财产安全，根据《中华人民共和国防震减灾法》和《地震安全性评价管理条例》，制定本规定。

第二条　在中华人民共和国境内进行建设工程抗震设防要求的确定、使用和监督管理，必须遵守本规定。

本规定所称抗震设防要求，是指建设工程抗御地震破坏的准则和在一定风险水准下抗震设计采用的地震烈度或地震动参数。

第三条　国务院地震工作主管部门负责全国建设工程抗震设防要求的监督管理工作。

县级以上地方人民政府负责管理地震工作的部门或者机构，负责本行政区域内建设工程抗震设防要求的监督管理工作。

第四条 建设工程必须按照抗震设防要求进行抗震设防。

应当进行地震安全性评价的建设工程，其抗震设防要求必须按照地震安全性评价结果确定；其他建设工程的抗震设防要求按照国家颁布的地震动参数区划图或者地震动参数复核、地震小区划结果确定。

第五条 应当进行地震安全性评价的建设工程的建设单位，必须在项目可行性研究阶段，委托具有资质的单位进行地震安全性评价工作，并将地震安全性评价报告报送有关地震工作主管部门或者机构审定。

第六条 国务院地震工作主管部门和省、自治区、直辖市人民政府负责管理地震工作的部门或者机构，应当设立地震安全性评审组织。

地震安全性评审组织应当由15名以上地震行业及有关行业的技术、管理专家组成，其中技术专家不得少于1/2。

第七条 国务院地震工作主管部门和省、自治区、直辖市人民政府负责管理地震工作的部门或者机构，应当委托本级地震安全性评审组织，对地震安全性评价报告进行评审。

地震安全性评审组织应当按照国家地震安全性评价的技术规范和其他有关技术规范，对地震安全性评价报告的基础资料、技术途径和评价结果等进行审查，形成评审意见。

第八条 国务院地震工作主管部门和省、自治区、直辖市人民政府负责管理地震工作的部门或者机构，应当根据地震安全性评审组织的评审意见，结合建设工程特性和其他综合因素，确定建设工程的抗震设防要求。

第九条 下列区域内建设工程的抗震设防要求不应直接采用地震动参数区划图结果，必须进行地震动参数复核：

（一）位于地震动峰值加速度区划图峰值加速度分区界线两侧各4公里区域的建设工程；

（二）位于某些地震研究程度和资料详细程度较差的边远地区的建设工程。

第十条 下列地区应当根据需要和可能开展地震小区划工作：

（一）地震重点监视防御区内的大中城市和地震重点监视防御城市；

（二）位于地震动参数0.15g以上（含0.15g）的大中城市；

（三）位于复杂工程地质条件区域内的大中城市、大型厂矿企业、长距离生命线工程和新建开发区；

（四）其他需要开展地震小区划工作的地区。

第十一条 地震动参数复核和地震小区划工作必须由具有相应地震安全性评价资质的单位进行。

第十二条 地震动参数复核结果一般由省、自治区、直辖市人民政府负责管理地震工作的部门或者机构负责审定，结果变动显著的，报国务院地震工作主管部门审定；地震小区划结果，由国务院地震工作主管部门负责审定。

地震动参数复核和地震小区划结果的审定程序按照本规定第七条、第八条的规定执行。

省、自治区、直辖市人民政府负责管理地震工作的部门或者机构，应当将审定后的地震动参数复核结果报国务院地震工作主管部门备案。

第十三条 经过地震动参数复核或者地震小区划工作的区域内不需要进行地震安全性评价的建设工程，必须按照地震动参数复核或者地震小区划结果确定的抗震设防要求进行抗震设防。

第十四条 国务院地震工作主管部门和县级以上地方人民政府负责管理地震工作的部门或者机构，应当会同同级政府有关行业主管部门，加强对建设工程抗震设防要求使用的监督检查，确保建设工程按照抗震设防要求进行抗震设防。

第十五条 国务院地震工作主管部门和县级以上地方人民政府负责管理地震工作的部门或者机构，应当按照地震动参数区划图规定的抗震设防要求，加强对村镇房屋建设抗震设防的指导，逐步增强村镇房屋抗御地震破坏的能力。

第十六条 国务院地震工作主管部门和县级以上地方人民政府负责管理地震工作的部门或者机构，应当加强对建设工程抗震设防的宣传教育，提高社会的防震减灾意识，增强社会防御地震灾害的能力。

第十七条 建设单位违反本规定第十三条的规定，由国务院地震工作主管部门或者县级以上地方人民政府负责管理地震工作的部门或者机构，责令改正，并处5000元以上30000元以下的罚款。

第十八条 本规定自公布之日起施行。

超限高层建筑工程抗震设防管理规定

（2002年7月25日建设部令第111号公布）

第一条 为了加强超限高层建筑工程的抗震设防管理，提高超限高层建筑工程抗震设计的可靠性和安全性，保证超限高层建筑工程抗震设防的质量，根据《中华人民共和国建筑法》、《中华人民共和国防震减灾法》、《建设工程质量管理条例》、《建设工程勘察设计管理条例》等法律、法规，制定本规定。

第二条 本规定适用于抗震设防区内超限高层建筑工程的抗震设防管理。

本规定所称超限高层建筑工程，是指超出国家现行规范、规程所规定的适用高度和适用结构类型的高层建筑工程，体型特别不规则的高层建筑工程，以及有关规范、规程规定应当进行抗震专项审查的高层建筑工程。

第三条 国务院建设行政主管部门负责全国超限高层建筑工程抗震设防的管理工作。

省、自治区、直辖市人民政府建设行政主管部门负责本行政区内超限高层建筑工程抗震设防的管理工作。

第四条 超限高层建筑工程的抗震设防应当采取有效的抗震措施，确保超限高层建筑工程达到规范规定的抗震设防目标。

第五条 在抗震设防区内进行超限高层建筑工程的建设时，建设单位应当在初步设计阶段向工程所在地的省、自治区、直辖市人民政府建设行政主管部门提出专项报告。

第六条 超限高层建筑工程所在地的省、自治区、直辖市人民政府建设行政主管部门，负责组织省、自治区、直辖市超限高层建筑工程抗震设防专家委员会对超限高层建筑工程进行抗震设防专项审查。

审查难度大或者审查意见难以统一的，工程所在地的省、自治区、直辖市人民政府建设行政主管部门可请全国超限高层建筑工程抗震设防专家委员会提出专项审查意见，并报国务院建设行政主管部门备案。

第七条 全国和省、自治区、直辖市的超限高层建筑工程抗震设防审查专家委员会委员分别由国务院建设行政主管部门和省、自治区、直辖市人民政府建设行政主管部门聘任。

超限高层建筑工程抗震设防专家委员会应当由长期从事并精通高层建筑工程抗震的勘察、设计、科研、教学和管理专家组成，并对抗震设防专项审查意见承担相应的审查责任。

第八条 超限高层建筑工程的抗震设防专项审查内容包括：建筑的抗震设防分类、抗震设防烈度（或者设计地震动参数）、场地抗震性能评价、抗震概念设计、主要结构布置、建筑与结构的协调、使用的计算程序、结构计算结果、地基基础和上部结构抗震性能评估等。

第九条 建设单位申报超限高层建筑工程的抗震设防专项审查时，应当提供以下材料：

（一）超限高层建筑工程抗震设防专项审查表；

（二）设计的主要内容、技术依据、可行性论证及主要抗震措施；

（三）工程勘察报告；

（四）结构设计计算的主要结果；

（五）结构抗震薄弱部位的分析和相应措施；

（六）初步设计文件；

（七）设计时参照使用的国外有关抗震设计标准、工程和震害资料及计算机程序；

（八）对要求进行模型抗震性能试验研究的，应当提供抗震试验研究报告。

第十条 建设行政主管部门应当自接到抗震设防专项审查全部申报材料之日起25日内，组织专家委员会提出书面审查意见，并将审查结果通知建设单位。

第十一条 超限高层建筑工程抗震设防专项审查费用由建设单位承担。

第十二条 超限高层建筑工程的勘察、设计、施工、监理，应当由具备甲级（一级及以上）资质的勘察、设计、施工和工程监理单位承担，其中建筑设计和结构设计应当分别由具有高层建筑设计经验的一级注册建筑师和一级注册结构工程师承担。

第十三条 建设单位、勘察单位、设计单位应当严格按照抗震设防专项审查意见进行超限高层建筑工程的勘察、设计。

第十四条 未经超限高层建筑工程抗震设防专项审查，建设行政主管部门和其他有关部门不得对超限高层建筑工程施工图设计文件进行审查。

超限高层建筑工程的施工图设计文件审查应当由经国务院建设行政主管部门认定的具有超限高层建筑工程审查资格的施工图设计文件审查机构承担。

施工图设计文件审查时应当检查设计图纸是否执行了抗震设防专项审查意见；未执行专项审查意见的，施工图设计文件审查不能通过。

第十五条 建设单位、施工单位、工程监理单位应当严格按照经抗震设防专项审查和施工图设计文件审查的勘察设计文件进行超限高层建筑工程的抗震设防和采取抗震措施。

第十六条 对国家现行规范要求设置建筑结构地震反应观测系统的超限高层建筑工程，建设单位应当按照规范要求设置地震反应观测系统。

第十七条 建设单位违反本规定，施工图设计文件未经审查或者审查不合格，擅自施工的，责令改正，处以20万元以上50万元以下的罚款。

第十八条 勘察、设计单位违反本规定，未按照抗震设防专项审查意见进行超限高层建筑工程勘察、设计的，责令改正，处以1万元以上3万元以下的罚款；造成损失的，依法承担赔偿责任。

第十九条 国家机关工作人员在超限高层建筑工程抗震设防管理工作中玩忽职守，滥用职权，徇私舞弊，构成犯罪的，依法追究刑事责任；尚不构成犯罪的，依法给予行政处分。

第二十条 省、自治区、直辖市人民政府建设行政主管部门，可结合本地区的具体情况制定实施细则，并报国务院建设行政主管部门备案。

第二十一条 本规定自2002年9月1日起施行。1997年12月23日建设部颁布的《超限高层建筑工程抗震设防管理暂行规定》（建设部令第59号）同时废止。

房屋建筑工程抗震设防管理规定

（2006年1月27日建设部令第148号发布　根据2015年1月22日《住房和城乡建设部关于修改〈市政公用设施抗灾设防管理规定〉等部门规章的决定》修订）

第一条　为了加强对房屋建筑工程抗震设防的监督管理，保护人民生命和财产安全，根据《中华人民共和国防震减灾法》、《中华人民共和国建筑法》、《建设工程质量管理条例》、《建设工程勘察设计管理条例》等法律、行政法规，制定本规定。

第二条　在抗震设防区从事房屋建筑工程抗震设防的有关活动，实施对房屋建筑工程抗震设防的监督管理，适用本规定。

第三条　房屋建筑工程的抗震设防，坚持预防为主的方针。

第四条　国务院住房城乡建设主管部门负责全国房屋建筑工程抗震设防的监督管理工作。

县级以上地方人民政府住房城乡建设主管部门负责本行政区域内房屋建筑工程抗震设防的监督管理工作。

第五条　国家鼓励采用先进的科学技术进行房屋建筑工程的抗震设防。

制定、修订工程建设标准时，应当及时将先进适用的抗震新技术、新材料和新结构体系纳入标准、规范，在房屋建筑工程中推广使用。

第六条　新建、扩建、改建的房屋建筑工程，应当按照国家有关规定和工程建设强制性标准进行抗震设防。

任何单位和个人不得降低抗震设防标准。

第七条　建设单位、勘察单位、设计单位、施工单位、工程监理单位，应当遵守有关房屋建筑工程抗震设防的法律、法规和工程建设强制性标准的规定，保证房屋建筑工程的抗震设防质量，依法承担相应责任。

第八条　城市房屋建筑工程的选址，应当符合城市总体规划中城市抗震防灾专业规划的要求；村庄、集镇建设的工程选址，应当符合村庄与集镇防灾专项规划和村庄与集镇建设规划中有关抗震防灾的要求。

第九条　房屋建筑工程勘察、设计文件中规定采用的新技术、新材料，可能影响房屋建筑工程抗震安全，又没有国家技术标准的，应当按照国家有关规定经检测和审定后，方可使用。

第十条　《建筑工程抗震设防分类标准》中甲类和乙类建筑工程的初步设计文件应当有抗震设防专项内容。

超限高层建筑工程应当在初步设计阶段进行抗震设防专项审查。

新建、扩建、改建房屋建筑工程的抗震设计应当作为施工图审查的重要内容。

第十一条　产权人和使用人不得擅自变动或者破坏房屋建筑抗震构件、隔震装置、减震部件或者地震反应观测系统等抗震设施。

第十二条　已建成的下列房屋建筑工程，未采取抗震设防措施且未列入近期拆除改造计划的，应当委托具有相应设计资质的单位按现行抗震鉴定标准进行抗震鉴定：

（一）《建筑工程抗震设防分类标准》中甲类和乙类建筑工程；

（二）有重大文物价值和纪念意义的房屋建筑工程；

（三）地震重点监视防御区的房屋建筑工程。

鼓励其他未采取抗震设防措施且未列入近期拆除改造计划的房屋建筑工程产权人，委托具有相应设计资质的单位按现行抗震鉴定标准进行抗震鉴定。

经鉴定需加固的房屋建筑工程，应当在县级以上地方人民政府住房城乡建设主管部门确定的限期内采取必要的抗震加固措施；未加固前应当限制使用。

第十三条 从事抗震鉴定的单位，应当遵守有关房屋建筑工程抗震设防的法律、法规和工程建设强制性标准的规定，保证房屋建筑工程的抗震鉴定质量，依法承担相应责任。

第十四条 对经鉴定需抗震加固的房屋建筑工程，产权人应当委托具有相应资质的设计、施工单位进行抗震加固设计与施工，并按国家规定办理相关手续。

抗震加固应当与城市近期建设规划、产权人的房屋维修计划相结合。经鉴定需抗震加固的房屋建筑工程在进行装修改造时，应当同时进行抗震加固。

有重大文物价值和纪念意义的房屋建筑工程的抗震加固，应当注意保持其原有风貌。

第十五条 房屋建筑工程的抗震鉴定、抗震加固费用，由产权人承担。

第十六条 已按工程建设标准进行抗震设计或抗震加固的房屋建筑工程在合理使用年限内，因各种人为因素使房屋建筑工程抗震能力受损的，或者因改变原设计使用性质，导致荷载增加或需提高抗震设防类别的，产权人应当委托有相应资质的单位进行抗震验算、修复或加固。需要进行工程检测的，应由委托具有相应资质的单位进行检测。

第十七条 破坏性地震发生后，当地人民政府住房城乡建设主管部门应当组织对受损房屋建筑工程抗震性能的应急评估，并提出恢复重建方案。

第十八条 震后经应急评估需进行抗震鉴定的房屋建筑工程，应当按照抗震鉴定标准进行鉴定。经鉴定需修复或者抗震加固的，应当按照工程建设强制性标准进行修复或者抗震加固。需易地重建的，应当按照国家有关法律、法规的规定进行规划和建设。

第十九条 当发生地震的实际烈度大于现行地震动参数区划图对应的地震基本烈度时，震后修复或者建设的房屋建筑工程，应当以国家地震部门审定、发布的地震动参数复核结果，作为抗震设防的依据。

第二十条 县级以上地方人民政府住房城乡建设主管部门应当加强对房屋建筑工程抗震设防质量的监督管理，并对本行政区域内房屋建筑工程执行抗震设防的法律、法规和工程建设强制性标准情况，定期进行监督检查。

县级以上地方人民政府住房城乡建设主管部门应当对村镇建设抗震设防进行指导和监督。

第二十一条 县级以上地方人民政府住房城乡建设主管部门应当对农民自建低层住宅抗震设防进行技术指导和技术服务，鼓励和指导其采取经济、合理、可靠的抗震措施。

地震重点监视防御区县级以上地方人民政府住房城乡建设主管部门应当通过拍摄科普教育宣传片、发送农房抗震图集、建设抗震样板房、技术培训等多种方式，积极指导农民自建低层住宅进行抗震设防。

第二十二条 县级以上地方人民政府住房城乡建设主管部门有权组织抗震设防检查，并采取下列措施：

（一）要求被检查的单位提供有关房屋建筑工程抗震的文件和资料；

（二）发现有影响房屋建筑工程抗震设防质量的问题时，责令改正。

第二十三条 地震发生后，县级以上地方人民政府住房城乡建设主管部门应当组织专家，对破坏程度超出工程建设强制性标准允许范围的房屋建筑工程的破坏原因进行调查，并依法追究有关责任人的责任。

国务院住房城乡建设主管部门应当根据地震调查情况，及时组织力量开展房屋建筑工程抗震科学研究，并对相关工程建设标准进行修订。

第二十四条 任何单位和个人对房屋建筑工程的抗震设防质量问题都有权检举和投诉。

第二十五条 违反本规定，擅自使用没有国家技术标准又未经审定的新技术、新材料的，由县级以上地方人民政府住房城乡住房城乡建设主管部门责令限期改正，并处以1万元以上3万元以下罚款。

第二十六条 违反本规定，擅自变动或者破坏房屋建筑抗震构件、隔震装置、减震部件或者地震反应观测系统等抗震设施的，由县级以上地方人民政府住房城乡建设主管部门责令限期改正，并对个人处以1000元以下罚款，对单位处以1万元以上3万元以下罚款。

第二十七条 违反本规定，未对抗震能力受损、荷载增加或者需提高抗震设防类别的房屋建筑工程，进行抗震验算、修复和加固的，由县级以上地方人民政府住房城乡建设主管部门责令限期改正，逾期不改的，处以1万元以下罚款。

第二十八条 违反本规定，经鉴定需抗震加固的房屋建筑工程在进行装修改造时未进行抗震加固的，由县级以上地方人民政府住房城乡建设主管部门责令限期改正，逾期不改的，处以1万元以下罚款。

第二十九条 本规定所称抗震设防区，是指地震基本烈度六度及六度以上地区（地震动峰值加速度≥0.05g的地区）。

本规定所称超限高层建筑工程，是指超出国家现行规范、规程所规定的适用高度和适用结构类型的高层建筑工程，体型特别不规则的高层建筑工程，以及有关规范、规程规定应当进行抗震专项审查的高层建筑工程。

第三十条 本规定自2006年4月1日起施行。

建设工程消防设计审查验收管理暂行规定

（2020年4月1日住房和城乡建设部令第51号公布　自2020年6月1日起施行）

第一章　总　　则

第一条 为了加强建设工程消防设计审查验收管理，保证建设工程消防设计、施工质量，根据《中华人民共和国建筑法》《中华人民共和国消防法》《建设工程质量管理条例》等法律、行政法规，制定本规定。

第二条 特殊建设工程的消防设计审查、消防验收，以及其他建设工程的消防验收备案（以下简称备案）、抽查，适用本规定。

本规定所称特殊建设工程，是指本规定第十四条所列的建设工程。

本规定所称其他建设工程，是指特殊建设工程以外的其他按照国家工程建设消防技术标准需要进行消防设计的建设工程。

第三条 国务院住房和城乡建设主管部门负责指导监督全国建设工程消防设计审查验收工作。

县级以上地方人民政府住房和城乡建设主管部门（以下简称消防设计审查验收主管部门）依职责承担本行政区域内建设工程的消防设计审查、消防验收、备案和抽查工作。

跨行政区域建设工程的消防设计审查、消防验收、备案和抽查工作，由该建设工程所在行政区域消防设计审查验收主管部门共同的上一级主管部门指定负责。

第四条 消防设计审查验收主管部门应当运用互联网技术等信息化手段开展消防设计审查、消防验收、备案和抽查工作，建立健全有关单位和从业人员的信用管理制度，不断提升政务服务水平。

第五条 消防设计审查验收主管部门实施消防设计审查、消防验收、备案和抽查工作所需经费，按照《中华人民共和国行政许可法》等有关法律法规的规定执行。

第六条 消防设计审查验收主管部门应当及时将消防验收、备案和抽查情况告知消防救援机构，并与消防救援机构共享建筑平面图、消防设施平面布置图、消防设施系统图等资料。

第七条 从事建设工程消防设计审查验收的工作人员，以及建设、设计、施工、工程监理、技术服务等单位的从业人员，应当具备相应的专业技术能力，定期参加职业培训。

第二章 有关单位的消防设计、施工质量责任与义务

第八条 建设单位依法对建设工程消防设计、施工质量负首要责任。设计、施工、工程监理、技术服务等单位依法对建设工程消防设计、施工质量负主体责任。建设、设计、施工、工程监理、技术服务等单位的从业人员依法对建设工程消防设计、施工质量承担相应的个人责任。

第九条 建设单位应当履行下列消防设计、施工质量责任和义务：

（一）不得明示或者暗示设计、施工、工程监理、技术服务等单位及其从业人员违反建设工程法律法规和国家工程建设消防技术标准，降低建设工程消防设计、施工质量；

（二）依法申请建设工程消防设计审查、消防验收，办理备案并接受抽查；

（三）实行工程监理的建设工程，依法将消防施工质量委托监理；

（四）委托具有相应资质的设计、施工、工程监理单位；

（五）按照工程消防设计要求和合同约定，选用合格的消防产品和满足防火性能要求的建筑材料、建筑构配件和设备；

（六）组织有关单位进行建设工程竣工验收时，对建设工程是否符合消防要求进行查验；

（七）依法及时向档案管理机构移交建设工程消防有关档案。

第十条 设计单位应当履行下列消防设计、施工质量责任和义务：

（一）按照建设工程法律法规和国家工程建设消防技术标准进行设计，编制符合要求的消防设计文件，不得违反国家工程建设消防技术标准强制性条文；

（二）在设计文件中选用的消防产品和具有防火性能要求的建筑材料、建筑构配件和设备，应当注明规格、性能等技术指标，符合国家规定的标准；

（三）参加建设单位组织的建设工程竣工验收，对建设工程消防设计实施情况签章确认，并对建设工程消防设计质量负责。

第十一条 施工单位应当履行下列消防设计、施工质量责任和义务：

（一）按照建设工程法律法规、国家工程建设消防技术标准，以及经消防设计审查合格或者满足工程需要的消防设计文件组织施工，不得擅自改变消防设计进行施工，降低消防施工质量；

（二）按照消防设计要求、施工技术标准和合同约定检验消防产品和具有防火性能要求的建筑材料、建筑构配件和设备的质量，使用合格产品，保证消防施工质量；

（三）参加建设单位组织的建设工程竣工验收，对建设工程消防施工质量签章确认，并对建设工程消防施工质量负责。

第十二条 工程监理单位应当履行下列消防设计、施工质量责任和义务：

（一）按照建设工程法律法规、国家工程建设消防技术标准，以及经消防设计

审查合格或者满足工程需要的消防设计文件实施工程监理；

（二）在消防产品和具有防火性能要求的建筑材料、建筑构配件和设备使用、安装前，核查产品质量证明文件，不得同意使用或者安装不合格的消防产品和防火性能不符合要求的建筑材料、建筑构配件和设备；

（三）参加建设单位组织的建设工程竣工验收，对建设工程消防施工质量签章确认，并对建设工程消防施工质量承担监理责任。

第十三条 提供建设工程消防设计图纸技术审查、消防设施检测或者建设工程消防验收现场评定等服务的技术服务机构，应当按照建设工程法律法规、国家工程建设消防技术标准和国家有关规定提供服务，并对出具的意见或者报告负责。

第三章 特殊建设工程的消防设计审查

第十四条 具有下列情形之一的建设工程是特殊建设工程：

（一）总建筑面积大于二万平方米的体育场馆、会堂，公共展览馆、博物馆的展示厅；

（二）总建筑面积大于一万五千平方米的民用机场航站楼、客运车站候车室、客运码头候船厅；

（三）总建筑面积大于一万平方米的宾馆、饭店、商场、市场；

（四）总建筑面积大于二千五百平方米的影剧院，公共图书馆的阅览室，营业性室内健身、休闲场馆，医院的门诊楼，大学的教学楼、图书馆、食堂，劳动密集型企业的生产加工车间，寺庙、教堂；

（五）总建筑面积大于一千平方米的托儿所、幼儿园的儿童用房，儿童游乐厅等室内儿童活动场所，养老院、福利院，医院、疗养院的病房楼，中小学校的教学楼、图书馆、食堂，学校的集体宿舍，劳动密集型企业的员工集体宿舍；

（六）总建筑面积大于五百平方米的歌舞厅、录像厅、放映厅、卡拉 OK 厅、夜总会、游艺厅、桑拿浴室、网吧、酒吧，具有娱乐功能的餐馆、茶馆、咖啡厅；

（七）国家工程建设消防技术标准规定的一类高层住宅建筑；

（八）城市轨道交通、隧道工程，大型发电、变配电工程；

（九）生产、储存、装卸易燃易爆危险物品的工厂、仓库和专用车站、码头，易燃易爆气体和液体的充装站、供应站、调压站；

（十）国家机关办公楼、电力调度楼、电信楼、邮政楼、防灾指挥调度楼、广播电视楼、档案楼；

（十一）设有本条第一项至第六项所列情形的建设工程；

（十二）本条第十项、第十一项规定以外的单体建筑面积大于四万平方米或者建筑高度超过五十米的公共建筑。

第十五条 对特殊建设工程实行消防设计审查制度。

特殊建设工程的建设单位应当向消防设计审查验收主管部门申请消防设计审查，消防设计审查验收主管部门依法对审查的结果负责。

特殊建设工程未经消防设计审查或者审查不合格的，建设单位、施工单位不得施工。

第十六条 建设单位申请消防设计审查，应当提交下列材料：

（一）消防设计审查申请表；

（二）消防设计文件；

（三）依法需要办理建设工程规划许可的，应当提交建设工程规划许可文件；

（四）依法需要批准的临时性建筑，应当提交批准文件。

第十七条 特殊建设工程具有下列情形之一的，建设单位除提交本规定第十六条所列材料外，还应当同时提交特殊消防设计技术资料：

（一）国家工程建设消防技术标准没有规定，必须采用国际标准或者境外工程建设消防技术标准的；

（二）消防设计文件拟采用的新技术、新工艺、新材料不符合国家工程建设消防技术标准规定的。

前款所称特殊消防设计技术资料，应当包括特殊消防设计文件，设计采用的国际标准、境外工程建设消防技术标准的中文文本，以及有关的应用实例、产品说明等资料。

第十八条 消防设计审查验收主管部门收到建设单位提交的消防设计审查申请后，对申请材料齐全的，应当出具受理凭证；申请材料不齐全的，应当一次性告知需要补正的全部内容。

第十九条 对具有本规定第十七条情形之一的建设工程，消防设计审查验收主管部门应当自受理消防设计审查申请之日起五个工作日内，将申请材料报送省、自治区、直辖市人民政府住房和城乡建设主管部门组织专家评审。

第二十条 省、自治区、直辖市人民政府住房和城乡建设主管部门应当建立由具有工程消防、建筑等专业高级技术职称人员组成的专家库，制定专家库管理制度。

第二十一条 省、自治区、直辖市人民政府住房和城乡建设主管部门应当在收到申请材料之日起十个工作日内组织召开专家评审会，对建设单位提交的特殊消防设计技术资料进行评审。

评审专家从专家库随机抽取，对于技术复杂、专业性强或者国家有特殊要求的项目，可以直接邀请相应专业的中国科学院院士、中国工程院院士、全国工程勘察设计大师以及境外具有相应资历的专家参加评审；与特殊建设工程设计单位有利害关系的专家不得参加评审。

评审专家应当符合相关专业要求，总数不得少于七人，且独立出具评审意见。特殊消防设计技术资料经四分之三以上评审专家同意即为评审通过，评审专家有不同意见的，应当注明。省、自治区、直辖市人民政府住房和城乡建设主管部门应当将专家评审意见，书面通知报请评审的消防设计审查验收主管部门，同时报国务院住房和城乡建设主管部门备案。

第二十二条 消防设计审查验收主管部门应当自受理消防设计审查申请之日起十五个工作日内出具书面审查意见。依照本规定需要组织专家评审的，专家评审时间不超过二十个工作日。

第二十三条 对符合下列条件的，消防设计审查验收主管部门应当出具消防设计审查合格意见：

（一）申请材料齐全、符合法定形式；

（二）设计单位具有相应资质；

（三）消防设计文件符合国家工程建设消防技术标准（具有本规定第十七条情形之一的特殊建设工程，特殊消防设计技术资料通过专家评审）。

对不符合前款规定条件的，消防设计审查验收主管部门应当出具消防设计审查不合格意见，并说明理由。

第二十四条 实行施工图设计文件联合审查的，应当将建设工程消防设计的技术审查并入联合审查。

第二十五条 建设、设计、施工单位不得擅自修改经审查合格的消防设计文件。确需修改的，建设单位应当依照本规定重新申请消防设计审查。

第四章　特殊建设工程的消防验收

第二十六条 对特殊建设工程实行消防验收制度。

特殊建设工程竣工验收后，建设单位应当向消防设计审查验收主管部门申请消防验收；未经消防验收或者消防验收不合格的，禁止投入使用。

第二十七条 建设单位组织竣工验收时，应当对建设工程是否符合下列要求进行查验：

（一）完成工程消防设计和合同约定的消防各项内容；

（二）有完整的工程消防技术档案和施工管理资料（含涉及消防的建筑材料、建筑构配件和设备的进场试验报告）；

（三）建设单位对工程涉及消防的各分部分项工程验收合格；施工、设计、工程监理、技术服务等单位确认工程消防质量符合有关标准；

（四）消防设施性能、系统功能联调联试等内容检测合格。

经查验不符合前款规定的建设工程，建设单位不得编制工程竣工验收报告。

第二十八条 建设单位申请消防验收，应当提交下列材料：

（一）消防验收申请表；

（二）工程竣工验收报告；

（三）涉及消防的建设工程竣工图纸。

消防设计审查验收主管部门收到建设单位提交的消防验收申请后，对申请材料齐全的，应当出具受理凭证；申请材料不齐全的，应当一次性告知需要补正的全部内容。

第二十九条 消防设计审查验收主管部门受理消防验收申请后，应当按照国家有关规定，对特殊建设工程进行现场评定。现场评定包括对建筑物防（灭）火设施的外观进行现场抽样查看；通过专业仪器设备对涉及距离、高度、宽度、长度、面积、厚度等可测量的指标进行现场抽样测量；对消防设施的功能进行抽样测试、联调联试消防设施的系统功能等内容。

第三十条 消防设计审查验收主管部门应当自受理消防验收申请之日起十五日内出具消防验收意见。对符合下列条件的，应当出具消防验收合格意见：

（一）申请材料齐全、符合法定形式；

（二）工程竣工验收报告内容完备；

（三）涉及消防的建设工程竣工图纸与经审查合格的消防设计文件相符；

（四）现场评定结论合格。

对不符合前款规定条件的，消防设计审查验收主管部门应当出具消防验收不合格意见，并说明理由。

第三十一条 实行规划、土地、消防、人防、档案等事项联合验收的建设工程，消防验收意见由地方人民政府指定的部门统一出具。

第五章 其他建设工程的消防设计、备案与抽查

第三十二条 其他建设工程，建设单位申请施工许可或者申请批准开工报告时，应当提供满足施工需要的消防设计图纸及技术资料。

未提供满足施工需要的消防设计图纸及技术资料的，有关部门不得发放施工许可证或者批准开工报告。

第三十三条 对其他建设工程实行备案抽查制度。

其他建设工程经依法抽查不合格的，应当停止使用。

第三十四条 其他建设工程竣工验收合格之日起五个工作日内，建设单位应当报消防设计审查验收主管部门备案。

建设单位办理备案，应当提交下列材料：

（一）消防验收备案表；

（二）工程竣工验收报告；

（三）涉及消防的建设工程竣工图纸。

本规定第二十七条有关建设单位竣工验收消防查验的规定，适用于其他建设工程。

第三十五条 消防设计审查验收主管部门收到建设单位备案材料后，对备案材料齐全的，应当出具备案凭证；备案材料不齐

全的，应当一次性告知需要补正的全部内容。

第三十六条 消防设计审查验收主管部门应当对备案的其他建设工程进行抽查。抽查工作推行“双随机、一公开”制度，随机抽取检查对象，随机选派检查人员。抽取比例由省、自治区、直辖市人民政府住房和城乡建设主管部门，结合辖区内消防设计、施工质量情况确定，并向社会公示。

消防设计审查验收主管部门应当自其他建设工程被确定为检查对象之日起十五个工作日内，按照建设工程消防验收有关规定完成检查，制作检查记录。检查结果应当通知建设单位，并向社会公示。

第三十七条 建设单位收到检查不合格整改通知后，应当停止使用建设工程，并组织整改，整改完成后，向消防设计审查验收主管部门申请复查。

消防设计审查验收主管部门应当自收到书面申请之日起七个工作日内进行复查，并出具复查意见。复查合格后方可使用建设工程。

第六章　附　　则

第三十八条 违反本规定的行为，依照《中华人民共和国建筑法》《中华人民共和国消防法》《建设工程质量管理条例》等法律法规给予处罚；构成犯罪的，依法追究刑事责任。

建设、设计、施工、工程监理、技术服务等单位及其从业人员违反有关建设工程法律法规和国家工程建设消防技术标准，除依法给予处罚或者追究刑事责任外，还应当依法承担相应的民事责任。

第三十九条 建设工程消防设计审查验收规则和执行本规定所需要的文书式样，由国务院住房和城乡建设主管部门制定。

第四十条 新颁布的国家工程建设消防技术标准实施之前，建设工程的消防设计已经依法审查合格的，按原审查意见的标准执行。

第四十一条 住宅室内装饰装修、村民自建住宅、救灾和非人员密集场所的临时性建筑的建设活动，不适用本规定。

第四十二条 省、自治区、直辖市人民政府住房和城乡建设主管部门可以根据有关法律法规和本规定，结合本地实际情况，制定实施细则。

第四十三条 本规定自2020年6月1日起施行。

中华人民共和国
防震减灾法（节录）

（1997年12月29日第八届全国人民代表大会常务委员会第二十九次会议通过　2008年12月27日第十一届全国人民代表大会常务委员会第六次会议修订）

……

第三十四条 国务院地震工作主管部门负责制定全国地震烈度区划图或者地震动参数区划图。

国务院地震工作主管部门和省、自治区、直辖市人民政府负责管理地震工作的部门或者机构，负责审定建设工程的地震安全性评价报告，确定抗震设防要求。

第三十五条 新建、扩建、改建建设工程，应当达到抗震设防要求。

重大建设工程和可能发生严重次生灾害的建设工程，应当按照国务院有关规定进行地震安全性评价，并按照经审定的地震安全性评价报告所确定的抗震设防要求进行抗震设防。建设工程的地震安全性评价单位应当按照国家有关标准进行地震安全性评价，并对地震安全性评价报告的质量负责。

前款规定以外的建设工程，应当按照地震烈度区划图或者地震动参数区划图所确定的抗震设防要求进行抗震设防；对学校、医院等人员密集场所的建设工程，应当按照高于当地房屋建筑的抗震设防要求进行设计和施工，采取有效措施，增强抗震设防能力。

第三十六条 有关建设工程的强制性标准，应当与抗震设防要求相衔接。

第三十七条 国家鼓励城市人民政府组织制定地震小区划图。地震小区划图由国务院地震工作主管部门负责审定。

第三十八条 建设单位对建设工程的抗震设计、施工的全过程负责。

设计单位应当按照抗震设防要求和工程建设强制性标准进行抗震设计，并对抗震设计的质量以及出具的施工图设计文件的准确性负责。

施工单位应当按照施工图设计文件和工程建设强制性标准进行施工，并对施工质量负责。

建设单位、施工单位应当选用符合施工图设计文件和国家有关标准规定的材料、构配件和设备。

工程监理单位应当按照施工图设计文件和工程建设强制性标准实施监理，并对施工质量承担监理责任。

第三十九条 已经建成的下列建设工程，未采取抗震设防措施或者抗震设防措施未达到抗震设防要求的，应当按照国家有关规定进行抗震性能鉴定，并采取必要的抗震加固措施：

（一）重大建设工程；

（二）可能发生严重次生灾害的建设工程；

（三）具有重大历史、科学、艺术价值或者重要纪念意义的建设工程；

（四）学校、医院等人员密集场所的建设工程；

（五）地震重点监视防御区内的建设工程。

第四十条 县级以上地方人民政府应当加强对农村村民住宅和乡村公共设施抗震设防的管理，组织开展农村实用抗震技术的研究和开发，推广达到抗震设防要求、经济适用、具有当地特色的建筑设计和施工技术，培训相关技术人员，建设示范工程，逐步提高农村村民住宅和乡村公共设施的抗震设防水平。

国家对需要抗震设防的农村村民住宅和乡村公共设施给予必要支持。

第四十一条 城乡规划应当根据地震应急避难的需要，合理确定应急疏散通道和应急避难场所，统筹安排地震应急避难所必需的交通、供水、供电、排污等基础设施建设。

第四十二条 地震重点监视防御区的县级以上地方人民政府应当根据实际需要，在本级财政预算和物资储备中安排抗震救灾资金、物资。

第四十三条 国家鼓励、支持研究开发和推广使用符合抗震设防要求、经济实用的新技术、新工艺、新材料。

……

第八十七条 未依法进行地震安全性评价，或者未按照地震安全性评价报告所确定的抗震设防要求进行抗震设防的，由国务院地震工作主管部门或者县级以上地方人民政府负责管理地震工作的部门或者机构责令限期改正；逾期不改正的，处三万元以上三十万元以下的罚款。

……

第九十一条 违反本法规定，构成犯罪的，依法追究刑事责任。

第九十二条 本法下列用语的含义：

（一）地震监测设施，是指用于地震信息检测、传输和处理的设备、仪器和装置以及配套的监测场地。

（二）地震观测环境，是指按照国家有关标准划定的保障地震监测设施不受干扰、能够正常发挥工作效能的空间范围。

（三）重大建设工程，是指对社会有

重大价值或者有重大影响的工程。

（四）可能发生严重次生灾害的建设工程，是指受地震破坏后可能引发水灾、火灾、爆炸，或者剧毒、强腐蚀性、放射性物质大量泄漏，以及其他严重次生灾害的建设工程，包括水库大坝和贮油、贮气设施，贮存易燃易爆或者剧毒、强腐蚀性、放射性物质的设施，以及其他可能发生严重次生灾害的建设工程。

（五）地震烈度区划图，是指以地震烈度（以等级表示的地震影响强弱程度）为指标，将全国划分为不同抗震设防要求区域的图件。

（六）地震动参数区划图，是指以地震动参数（以加速度表示地震作用强弱程度）为指标，将全国划分为不同抗震设防要求区域的图件。

（七）地震小区划图，是指根据某一区域的具体场地条件，对该区域的抗震设防要求进行详细划分的图件。

第九十三条 本法自2009年5月1日起施行。

城市抗震防灾规划管理规定

（2003年9月19日建设部令第117号公布　根据2011年1月26日《住房和城乡建设部关于废止和修改部分规章的决定》修订）

第一条 为了提高城市的综合抗震防灾能力，减轻地震灾害，根据《中华人民共和国城乡规划法》、《中华人民共和国防震减灾法》等有关法律、法规，制定本规定。

第二条 在抗震设防区的城市，编制与实施城市抗震防灾规划，必须遵守本规定。

本规定所称抗震设防区，是指地震基本烈度六度及六度以上地区（地震动峰值加速度≥0．05g的地区）。

第三条 城市抗震防灾规划是城市总体规划中的专业规划。在抗震设防区的城市，编制城市总体规划时必须包括城市抗震防灾规划。城市抗震防灾规划的规划范围应当与城市总体规划相一致，并与城市总体规划同步实施。

城市总体规划与防震减灾规划应当相互协调。

第四条 城市抗震防灾规划的编制要贯彻“预防为主，防、抗、避、救相结合”的方针，结合实际、因地制宜、突出重点。

第五条 国务院建设行政主管部门负责全国的城市抗震防灾规划综合管理工作。

省、自治区人民政府建设行政主管部门负责本行政区域内的城市抗震防灾规划的管理工作。

直辖市、市、县人民政府城乡规划行政主管部门会同有关部门组织编制本行政区域内的城市抗震防灾规划，并监督实施。

第六条 编制城市抗震防灾规划应当对城市抗震防灾有关的城市建设、地震地质、工程地质、水文地质、地形地貌、土层分布及地震活动性等情况进行深入调查研究，取得准确的基础资料。

有关单位应当依法为编制城市抗震防灾规划提供必需的资料。

第七条 编制和实施城市抗震防灾规划应当符合有关的标准和技术规范，应当采用先进技术方法和手段。

第八条 城市抗震防灾规划编制应当达到下列基本目标：

（一）当遭受多遇地震时，城市一般功能正常；

（二）当遭受相当于抗震设防烈度的地震时，城市一般功能及生命线系统基本正常，重要工矿企业能正常或者很快恢复生产；

（三）当遭受罕遇地震时，城市功能不瘫痪，要害系统和生命线工程不遭受严重破坏，不发生严重的次生灾害。

第九条 城市抗震防灾规划应当包括下列内容：

（一）地震的危害程度估计，城市抗震防灾现状、易损性分析和防灾能力评价，不同强度地震下的震害预测等。

（二）城市抗震防灾规划目标、抗震设防标准。

（三）建设用地评价与要求：

1. 城市抗震环境综合评价，包括发震断裂、地震场地破坏效应的评价等；

2. 抗震设防区划，包括场地适宜性分区和危险地段、不利地段的确定，提出用地布局要求；

3. 各类用地上工程设施建设的抗震性能要求。

（四）抗震防灾措施：

1. 市、区级避震通道及避震疏散场地（如绿地、广场等）和避难中心的设置与人员疏散的措施；

2. 城市基础设施的规划建设要求：城市交通、通讯、给排水、燃气、电力、热力等生命线系统，及消防、供油网络、医疗等重要设施的规划布局要求；

3. 防止地震次生灾害要求：对地震可能引起的水灾、火灾、爆炸、放射性辐射、有毒物质扩散或者蔓延等次生灾害的防灾对策；

4. 重要建（构）筑物、超高建（构）筑物、人员密集的教育、文化、体育等设施的布局、间距和外部通道要求；

5. 其他措施。

第十条 城市抗震防灾规划中的抗震设防标准、建设用地评价与要求、抗震防灾措施应当列为城市总体规划的强制性内容，作为编制城市详细规划的依据。

第十一条 城市抗震防灾规划应当按照城市规模、重要性和抗震防灾的要求，分为甲、乙、丙三种模式：

（一）位于地震基本烈度七度及七度以上地区（地震动峰值加速度≥0.10g的地区）的大城市应当按照甲类模式编制；

（二）中等城市和位于地震基本烈度六度地区（地震动峰值加速度等于0.05g的地区）的大城市按照乙类模式编制；

（三）其他在抗震设防区的城市按照丙类模式编制。

甲、乙、丙类模式抗震防灾规划的编制深度应当按照有关的技术规定执行。规划成果应当包括规划文本、说明、有关图纸和软件。

第十二条 抗震防灾规划应当由省、自治区建设行政主管部门或者直辖市城乡规划行政主管部门组织专家评审，进行技术审查。专家评审委员会的组成应当包括规划、勘察、抗震等方面的专家和省级地震主管部门的专家。甲、乙类模式抗震防灾规划评审时应当有三名以上建设部全国城市抗震防灾规划审查委员会成员参加。全国城市抗震防灾规划审查委员会委员由国务院建设行政主管部门聘任。

第十三条 经过技术审查的抗震防灾规划应当作为城市总体规划的组成部分，按照法定程序审批。

第十四条 批准后的抗震防灾规划应当公布。

第十五条 城市抗震防灾规划应当根据城市发展和科学技术水平等各种因素的变化，与城市总体规划同步修订。对城市抗震防灾规划进行局部修订，涉及修改总体规划强制性内容的，应当按照原规划的审批要求评审和报批。

第十六条 抗震设防区城市的各项建设必须符合城市抗震防灾规划的要求。

第十七条 在城市抗震防灾规划所确定的危险地段不得进行新的开发建设，已建的应当限期拆除或者停止使用。

第十八条 重大建设工程和各类生命线工程的选址与建设应当避开不利地段，并采取有效的抗震措施。

第十九条 地震时可能发生严重次生灾害

的工程不得建在城市人口稠密地区，已建的应当逐步迁出；正在使用的，迁出前应当采取必要的抗震防灾措施。

第二十条 任何单位和个人不得在抗震防灾规划确定的避震疏散场地和避震通道上搭建临时性建（构）筑物或者堆放物资。

重要建（构）筑物、超高建（构）筑物、人员密集的教育、文化、体育等设施的外部通道及间距应当满足抗震防灾的原则要求。

第二十一条 直辖市、市、县人民政府城乡规划行政主管部门应当建立举报投诉制度，接受社会和舆论的监督。

第二十二条 省、自治区人民政府建设行政主管部门应当定期对本行政区域内的城市抗震防灾规划的实施情况进行监督检查。

第二十三条 任何单位和个人从事建设活动违反城市抗震防灾规划的，按照《中华人民共和国城乡规划法》等有关法律、法规和规章的有关规定处罚。

第二十四条 本规定自2003年11月1日起施行。本规定颁布前，城市抗震防灾规划管理规定与本规定不一致的，以本规定为准。

造价与结算

建设工程价款结算暂行办法

（2004年10月20日　财建〔2004〕369号）

第一章　总　　则

第一条　为加强和规范建设工程价款结算，维护建设市场正常秩序，根据《中华人民共和国合同法》、《中华人民共和国建筑法》、《中华人民共和国招标投标法》、《中华人民共和国预算法》、《中华人民共和国政府采购法》、《中华人民共和国预算法实施条例》等有关法律、行政法规制订本办法。

第二条　凡在中华人民共和国境内的建设工程价款结算活动，均适用本办法。国家法律法规另有规定的，从其规定。

第三条　本办法所称建设工程价款结算（以下简称“工程价款结算”），是指对建设工程的发承包合同价款进行约定和依据合同约定进行工程预付款、工程进度款、工程竣工价款结算的活动。

第四条　国务院财政部门、各级地方政府财政部门和国务院建设行政主管部门、各级地方政府建设行政主管部门在各自职责范围内负责工程价款结算的监督管理。

第五条　从事工程价款结算活动，应当遵循合法、平等、诚信的原则，并符合国家有关法律、法规和政策。

第二章　工程合同价款的约定与调整

第六条　招标工程的合同价款应当在规定时间内，依据招标文件、中标人的投标文件，由发包人与承包人（以下简称“发、承包人”）订立书面合同约定。

非招标工程的合同价款依据审定的工程预（概）算书由发、承包人在合同中约定。

合同价款在合同中约定后，任何一方不得擅自改变。

第七条　发包人、承包人应当在合同条款中对涉及工程价款结算的下列事项进行约定：

（一）预付工程款的数额、支付时限及抵扣方式；

（二）工程进度款的支付方式、数额及时限；

（三）工程施工中发生变更时，工程价款的调整方法、索赔方式、时限要求及金额支付方式；

（四）发生工程价款纠纷的解决方法；

（五）约定承担风险的范围及幅度以及超出约定范围和幅度的调整办法；

（六）工程竣工价款的结算与支付方式、数额及时限；

（七）工程质量保证（保修）金的数额、预扣方式及时限；

（八）安全措施和意外伤害保险费用；

（九）工期及工期提前或延后的奖惩办法；

（十）与履行合同、支付价款相关的担保事项。

第八条 发、承包人在签订合同时对于工程价款的约定，可选用下列一种约定方式：

（一）固定总价。合同工期较短且工程合同总价较低的工程，可以采用固定总价合同方式。

（二）固定单价。双方在合同中约定综合单价包含的风险范围和风险费用的计算方法，在约定的风险范围内综合单价不再调整。风险范围以外的综合单价调整方法，应当在合同中约定。

（三）可调价格。可调价格包括可调综合单价和措施费等，双方应在合同中约定综合单价和措施费的调整方法，调整因素包括：

1. 法律、行政法规和国家有关政策变化影响合同价款；

2. 工程造价管理机构的价格调整；

3. 经批准的设计变更；

4. 发包人更改经审定批准的施工组织设计（修正错误除外）造成费用增加；

5. 双方约定的其他因素。

第九条 承包人应当在合同规定的调整情况发生后14天内，将调整原因、金额以书面形式通知发包人，发包人确认调整金额后将其作为追加合同价款，与工程进度款同期支付。发包人收到承包人通知后14天内不予确认也不提出修改意见，视为已经同意该项调整。

当合同规定的调整合同价款的调整情况发生后，承包人未在规定时间内通知发包人，或者未在规定时间内提出调整报告，发包人可以根据有关资料，决定是否调整和调整的金额，并书面通知承包人。

第十条 工程设计变更价款调整

（一）施工中发生工程变更，承包人按照经发包人认可的变更设计文件，进行变更施工，其中，政府投资项目重大变更，需按基本建设程序报批后方可施工。

（二）在工程设计变更确定后14天内，设计变更涉及工程价款调整的，由承包人向发包人提出，经发包人审核同意后调整合同价款。变更合同价款按下列方法进行：

1. 合同中已有适用于变更工程的价格，按合同已有的价格变更合同价款；

2. 合同中只有类似于变更工程的价格，可以参照类似价格变更合同价款；

3. 合同中没有适用或类似于变更工程的价格，由承包人或发包人提出适当的变更价格，经对方确认后执行。如双方不能达成一致的，双方可提请工程所在地工程造价管理机构进行咨询或按合同约定的争议或纠纷解决程序办理。

（三）工程设计变更确定后14天内，如承包人未提出变更工程价款报告，则发包人可根据所掌握的资料决定是否调整合同价款和调整的具体金额。重大工程变更涉及工程价款变更报告和确认的时限由发承包双方协商确定。

收到变更工程价款报告一方，应在收到之日起14天内予以确认或提出协商意见，自变更工程价款报告送达之日起14天内，对方未确认也未提出协商意见时，视为变更工程价款报告已被确认。

确认增（减）的工程变更价款作为追加（减）合同价款与工程进度款同期支付。

第三章 工程价款结算

第十一条 工程价款结算应按合同约定办理，合同未作约定或约定不明的，发、承包双方应依照下列规定与文件协商处理：

（一）国家有关法律、法规和规章制度；

（二）国务院建设行政主管部门、省、自治区、直辖市或有关部门发布的工程造价计价标准、计价办法等有关规定；

（三）建设项目的合同、补充协议、变更签证和现场签证，以及经发、承包人认可的其他有效文件；

（四）其他可依据的材料。

第十二条 工程预付款结算应符合下列规定：

（一）包工包料工程的预付款按合同约定拨付，原则上预付比例不低于合同金额的10%，不高于合同金额的30%，对重大工程项目，按年度工程计划逐年预付。计价执行《建设工程工程量清单计价规范》（GB50500—2003）的工程，实体性消耗和非实体性消耗部分应在合同中分别约定预付款比例。

（二）在具备施工条件的前提下，发包人应在双方签订合同后的一个月内或不迟于约定的开工日期前的7天内预付工程款，发包人不按约定预付，承包人应在预付时间到期后10天内向发包人发出要求预付的通知，发包人收到通知后仍不按要求预付，承包人可在发出通知14天后停止施工，发包人应从约定应付之日起向承包人支付应付款的利息（利率按同期银行贷款利率计），并承担违约责任。

（三）预付的工程款必须在合同中约定抵扣方式，并在工程进度款中进行抵扣。

（四）凡是没有签订合同或不具备施工条件的工程，发包人不得预付工程款，不得以预付款为名转移资金。

第十三条 工程进度款结算与支付应当符合下列规定：

（一）工程进度款结算方式

1. 按月结算与支付。即实行按月支付进度款，竣工后清算的办法。合同工期在两个年度以上的工程，在年终进行工程盘点，办理年度结算。

2. 分段结算与支付。即当年开工、当年不能竣工的工程按照工程形象进度，划分不同阶段支付工程进度款。具体划分在合同中明确。

（二）工程量计算

1. 承包人应当按照合同约定的方法和时间，向发包人提交已完工程量的报告。发包人接到报告后14天内核实已完工程量，并在核实前1天通知承包人，承包人应提供条件并派人参加核实，承包人收到通知后不参加核实，以发包人核实的工程量作为工程价款支付的依据。发包人不按约定时间通知承包人，致使承包人未能参加核实，核实结果无效。

2. 发包人收到承包人报告后14天内未核实完工程量，从第15天起，承包人报告的工程量即视为被确认，作为工程价款支付的依据，双方合同另有约定的，按合同执行。

3. 对承包人超出设计图纸（含设计变更）范围和因承包人原因造成返工的工程量，发包人不予计量。

（三）工程进度款支付

1. 根据确定的工程计量结果，承包人向发包人提出支付工程进度款申请，14天内，发包人应按不低于工程价款的60%，不高于工程价款的90%向承包人支付工程进度款。按约定时间发包人应扣回的预付款，与工程进度款同期结算抵扣。

2. 发包人超过约定的支付时间不支付工程进度款，承包人应及时向发包人发出要求付款的通知，发包人收到承包人通知后仍不能按要求付款，可与承包人协商签订延期付款协议，经承包人同意后可延期支付，协议应明确延期支付的时间和从工程计量结果确认后第15天起计算应付款的利息（利率按同期银行贷款利率计）。

3. 发包人不按合同约定支付工程进度款，双方又未达成延期付款协议，导致施工无法进行，承包人可停止施工，由发包人承担违约责任。

第十四条 工程完工后，双方应按照约定的合同价款及合同价款调整内容以及索赔事项，进行工程竣工结算。

（一）工程竣工结算方式

工程竣工结算分为单位工程竣工结算、单项工程竣工结算和建设项目竣工总结算。

（二）工程竣工结算编审

1. 单位工程竣工结算由承包人编制，发包人审查；实行总承包的工程，由具体承包人编制，在总包人审查的基础上，发包人审查。

2. 单项工程竣工结算或建设项目竣工总结算由总（承）包人编制，发包人可直接进行审查，也可以委托具有相应资质的工程造价咨询机构进行审查。政府投资项目，由同级财政部门审查。单项工程竣工结算或建设项目竣工总结算经发、承包人签字盖章后有效。

承包人应在合同约定期限内完成项目竣工结算编制工作，未在规定期限内完成的并且提不出正当理由延期的，责任自负。

（三）工程竣工结算审查期限

单项工程竣工后，承包人应在提交竣工验收报告的同时，向发包人递交竣工结算报告及完整的结算资料，发包人应按以下规定时限进行核对（审查）并提出审查意见。

	工程竣工结算报告金额	审查时间
1	500 万元以下	从接到竣工结算报告和完整的竣工结算资料之日起 20 天
2	500 万元～2000 万元	从接到竣工结算报告和完整的竣工结算资料之日起 30 天
3	2000 万元～5000 万元	从接到竣工结算报告和完整的竣工结算资料之日起 45 天
4	5000 万元以上	从接到竣工结算报告和完整的竣工结算资料之日起 60 天

建设项目竣工总结算在最后一个单项工程竣工结算审查确认后 15 天内汇总，送发包人后 30 天内审查完成。

（四）工程竣工价款结算

发包人收到承包人递交的竣工结算报告及完整的结算资料后，应按本办法规定的期限（合同约定有期限的，从其约定）进行核实，给予确认或者提出修改意见。发包人根据确认的竣工结算报告向承包人支付工程竣工结算价款，保留 5% 左右的质量保证（保修）金，待工程交付使用一年质保期到期后清算（合同另有约定的，从其约定），质保期内如有返修，发生费用应在质量保证（保修）金内扣除。

（五）索赔价款结算

发承包人未能按合同约定履行自己的各项义务或发生错误，给另一方造成经济损失的，由受损方按合同约定提出索赔，索赔金额按合同约定支付。

（六）合同以外零星项目工程价款结算

发包人要求承包人完成合同以外零星项目，承包人应在接受发包人要求的 7 天内就用工数量和单价、机械台班数量和单价、使用材料和金额等向发包人提出施工签证，发包人签证后施工，如发包人未签证，承包人施工后发生争议的，责任由承包人自负。

第十五条 发包人和承包人要加强施工现场的造价控制，及时对工程合同外的事项如实纪录并履行书面手续。凡由发、承包双方授权的现场代表签字的现场签证以及发、承包双方协商确定的索赔等费用，应在工程竣工结算中如实办理，不得因发、承包双方现场代表的中途变更改变其有效性。

第十六条 发包人收到竣工结算报告及完整的结算资料后，在本办法规定或合同约定期限内，对结算报告及资料没有提出意见，则视同认可。

承包人如未在规定时间内提供完整的工程竣工结算资料，经发包人催促后14天内仍未提供或没有明确答复，发包人有权根据已有资料进行审查，责任由承包人自负。

根据确认的竣工结算报告，承包人向发包人申请支付工程竣工结算款。发包人应在收到申请后15天内支付结算款，到期没有支付的应承担违约责任。承包人可以催告发包人支付结算价款，如达成延期支付协议，承包人应按同期银行贷款利率支付拖欠工程价款的利息。如未达成延期支付协议，承包人可以与发包人协商将该工程折价，或申请人民法院将该工程依法拍卖，承包人就该工程折价或者拍卖的价款优先受偿。

第十七条　工程竣工结算以合同工期为准，实际施工工期比合同工期提前或延后，发、承包双方应按合同约定的奖惩办法执行。

第四章　工程价款结算争议处理

第十八条　工程造价咨询机构接受发包人或承包人委托，编审工程竣工结算，应按合同约定和实际履约事项认真办理，出具的竣工结算报告经发、承包双方签字后生效。当事人一方对报告有异议的，可对工程结算中有异议部分，向有关部门申请咨询后协商处理，若不能达成一致的，双方可按合同约定的争议或纠纷解决程序办理。

第十九条　发包人对工程质量有异议，已竣工验收或已竣工未验收但实际投入使用的工程，其质量争议按该工程保修合同执行；已竣工未验收且未实际投入使用的工程以及停工、停建工程的质量争议，应当就有争议部分的竣工结算暂缓办理，双方可就有争议的工程委托有资质的检测鉴定机构进行检测，根据检测结果确定解决方案，或按工程质量监督机构的处理决定执行，其余部分的竣工结算依照约定办理。

第二十条　当事人对工程造价发生合同纠纷时，可通过下列办法解决：

（一）双方协商确定；

（二）按合同条款约定的办法提请调解；

（三）向有关仲裁机构申请仲裁或向人民法院起诉。

第五章　工程价款结算管理

第二十一条　工程竣工后，发、承包双方应及时办清工程竣工结算，否则，工程不得交付使用，有关部门不予办理权属登记。

第二十二条　发包人与中标的承包人不按照招标文件和中标的承包人的投标文件订立合同的，或者发包人、中标的承包人背离合同实质性内容另行订立协议，造成工程价款结算纠纷的，另行订立的协议无效，由建设行政主管部门责令改正，并按《中华人民共和国招标投标法》第五十九条进行处罚。

第二十三条　接受委托承接有关工程结算咨询业务的工程造价咨询机构应具有工程造价咨询单位资质，其出具的办理拨付工程价款和工程结算的文件，应当由造价工程师签字，并应加盖执业专用章和单位公章。

第六章　附　　则

第二十四条　建设工程施工专业分包或劳务分包，总（承）包人与分包人必须依法订立专业分包或劳务分包合同，按照本办法的规定在合同中约定工程价款及其结算办法。

第二十五条　政府投资项目除执行本办法有关规定外，地方政府或地方政府财政部门对政府投资项目合同价款约定与调整、工程价款结算、工程价款结算争议处理等事项，如另有特殊规定的，从其规定。

第二十六条 凡实行监理的工程项目，工程价款结算过程中涉及监理工程师签证事项，应按工程监理合同约定执行。

第二十七条 有关主管部门、地方政府财政部门和地方政府建设行政主管部门可参照本办法，结合本部门、本地区实际情况，另行制订具体办法，并报财政部、建设部备案。

第二十八条 合同示范文本内容如与本办法不一致，以本办法为准。

第二十九条 本办法自公布之日起施行。

中华人民共和国
价格法（节录）

（1997年12月29日第八届全国人民代表大会常务委员会第二十九次会议通过 1997年12月29日主席令第92号公布 自1998年5月1日起施行）

……

第六条 商品价格和服务价格，除依照本法第十八条规定适用政府指导价或者政府定价外，实行市场调节价，由经营者依照本法自主制定。

第七条 经营者定价，应当遵循公平、合法和诚实信用的原则。

第八条 经营者定价的基本依据是生产经营成本和市场供求状况。

第九条 经营者应当努力改进生产经营管理，降低生产经营成本，为消费者提供价格合理的商品和服务，并在市场竞争中获取合法利润。

第十条 经营者应当根据其经营条件建立、健全内部价格管理制度，准确记录与核定商品和服务的生产经营成本，不得弄虚作假。

第十一条 经营者进行价格活动，享有下列权利：

（一）自主制定属于市场调节的价格；

（二）在政府指导价规定的幅度内制定价格；

（三）制定属于政府指导价、政府定价产品范围内的新产品的试销价格，特定产品除外；

（四）检举、控告侵犯其依法自主定价权利的行为。

第十二条 经营者进行价格活动，应当遵守法律、法规，执行依法制定的政府指导价、政府定价和法定的价格干预措施、紧急措施。

第十三条 经营者销售、收购商品和提供服务，应当按照政府价格主管部门的规定明码标价，注明商品的品名、产地、规格、等级、计价单位、价格或者服务的项目、收费标准等有关情况。

经营者不得在标价之外加价出售商品，不得收取任何未予标明的费用。

第十四条 经营者不得有下列不正当价格行为：

（一）相互串通，操纵市场价格，损害其他经营者或者消费者的合法权益；

（二）在依法降价处理鲜活商品、季节性商品、积压商品等商品外，为了排挤竞争对手或者独占市场，以低于成本的价格倾销，扰乱正常的生产经营秩序，损害国家利益或者其他经营者的合法权益；

（三）捏造、散布涨价信息，哄抬价格，推动商品价格过高上涨的；

（四）利用虚假的或者使人误解的价格手段，诱骗消费者或者其他经营者与其进行交易；

（五）提供相同商品或者服务，对具有同等交易条件的其他经营者实行价格歧视；

（六）采取抬高等级或者压低等级等手段收购、销售商品或者提供服务，变相提高或者压低价格；

（七）违反法律、法规的规定牟取暴利；

（八）法律、行政法规禁止的其他不正当价格行为。

……

第十八条 下列商品和服务价格，政府在必要时可以实行政府指导价或者政府定价：

（一）与国民经济发展和人民生活关系重大的极少数商品价格；

（二）资源稀缺的少数商品价格；

（三）自然垄断经营的商品价格；

（四）重要的公用事业价格；

（五）重要的公益性服务价格。

第十九条 政府指导价、政府定价的定价权限和具体适用范围，以中央的和地方的定价目录为依据。

中央定价目录由国务院价格主管部门制定、修订，报国务院批准后公布。

地方定价目录由省、自治区、直辖市人民政府价格主管部门按照中央定价目录规定的定价权限和具体适用范围制定，经本级人民政府审核同意，报国务院价格主管部门审定后公布。

省、自治区、直辖市人民政府以下各级地方人民政府不得制定定价目录。

第二十条 国务院价格主管部门和其他有关部门，按照中央定价目录规定的定价权限和具体适用范围制定政府指导价、政府定价；其中重要的商品和服务价格的政府指导价、政府定价，应当按照规定经国务院批准。

省、自治区、直辖市人民政府价格主管部门和其他有关部门，应当按照地方定价目录规定的定价权限和具体适用范围制定在本地区执行的政府指导价、政府定价。

市、县人民政府可以根据省、自治区、直辖市人民政府的授权，按照地方定价目录规定的定价权限和具体适用范围制定在本地区执行的政府指导价、政府定价。

第二十一条 制定政府指导价、政府定价，应当依据有关商品或者服务的社会平均成本和市场供求状况、国民经济与社会发展要求以及社会承受能力，实行合理的购销差价、批零差价、地区差价和季节差价。

第二十二条 政府价格主管部门和其他有关部门制定政府指导价、政府定价，应当开展价格、成本调查，听取消费者、经营者和有关方面的意见。

政府价格主管部门开展对政府指导价、政府定价的价格、成本调查时，有关单位应当如实反映情况，提供必需的账簿、文件以及其他资料。

第二十三条 制定关系群众切身利益的公用事业价格、公益性服务价格、自然垄断经营的商品价格等政府指导价、政府定价，应当建立听证会制度，由政府价格主管部门主持，征求消费者、经营者和有关方面的意见，论证其必要性、可行性。

第二十四条 政府指导价、政府定价制定后，由制定价格的部门向消费者、经营者公布。

第二十五条 政府指导价、政府定价的具体适用范围、价格水平，应当根据经济运行情况，按照规定的定价权限和程序适时调整。

消费者、经营者可以对政府指导价、政府定价提出调整建议。

……

第三十三条 县级以上各级人民政府价格主管部门，依法对价格活动进行监督检查，并依照本法的规定对价格违法行为实施行政处罚。

第三十四条 政府价格主管部门进行价格监督检查时，可以行使下列职权：

（一）询问当事人或者有关人员，并要求其提供证明材料和与价格违法行为有关的其他资料；

（二）查询、复制与价格违法行为有关的账簿、单据、凭证、文件及其他资料，核对与价格违法行为有关的银行资料；

（三）检查与价格违法行为有关的财物，必要时可以责令当事人暂停相关营业；

（四）在证据可能灭失或者以后难以取得的情况下，可以依法先行登记保存，当事人或者有关人员不得转移、隐匿或者销毁。

第三十五条 经营者接受政府价格主管部门的监督检查时，应当如实提供价格监督检查所必需的账簿、单据、凭证、文件以及其他资料。

第三十六条 政府部门价格工作人员不得将依法取得的资料或者了解的情况用于依法进行价格管理以外的任何其他目的，不得泄露当事人的商业秘密。

第三十七条 消费者组织、职工价格监督组织、居民委员会、村民委员会等组织以及消费者，有权对价格行为进行社会监督。政府价格主管部门应当充分发挥群众的价格监督作用。

新闻单位有权进行价格舆论监督。

第三十八条 政府价格主管部门应当建立对价格违法行为的举报制度。

任何单位和个人均有权对价格违法行为进行举报。政府价格主管部门应当对举报者给予鼓励，并负责为举报者保密。

第六章 法律责任

第三十九条 经营者不执行政府指导价、政府定价以及法定的价格干预措施、紧急措施的，责令改正，没收违法所得，可以并处违法所得5倍以下的罚款；没有违法所得的，可以处以罚款；情节严重的，责令停业整顿。

第四十条 经营者有本法第十四条所列行为之一的，责令改正，没收违法所得，可以并处违法所得5倍以下的罚款；没有违法所得的，予以警告，可以并处罚款；情节严重的，责令停业整顿，或者由工商行政管理机关吊销营业执照。有关法律对本法第十四条所列行为的处罚及处罚机关另有规定的，可以依照有关法律的规定执行。

有本法第十四条第（一）项、第（二）项所列行为，属于是全国性的，由国务院价格主管部门认定；属于是省及省以下区域性的，由省、自治区、直辖市人民政府价格主管部门认定。

第四十一条 经营者因价格违法行为致使消费者或者其他经营者多付价款的，应当退还多付部分；造成损害的，应当依法承担赔偿责任。

第四十二条 经营者违反明码标价规定的，责令改正，没收违法所得，可以并处5000元以下的罚款。

第四十三条 经营者被责令暂停相关营业而不停止的，或者转移、隐匿、销毁依法登记保存的财物的，处相关营业所得或者转移、隐匿、销毁的财物价值1倍以上3倍以下的罚款。

第四十四条 拒绝按照规定提供监督检查所需资料或者提供虚假资料的，责令改正，予以警告；逾期不改正的，可以处以罚款。

第四十五条 地方各级人民政府或者各级人民政府有关部门违反本法规定，超越定价权限和范围擅自制定、调整价格或者不执行法定的价格干预措施、紧急措施的，责令改正，并可以通报批评；对直接负责的主管人员和其他直接责任人员，依法给予行政处分。

第四十六条 价格工作人员泄露国家秘密、商业秘密以及滥用职权、徇私舞弊、玩忽职守、索贿受贿，构成犯罪的，依法追究刑事责任；尚不构成犯罪的，依法给予处分。

……

最高人民法院关于建设工程承包合同案件中双方当事人已确认的工程决算价款与审计部门审计的工程决算价款与审计部门审计的工程决算价款不一致时如何适用法律问题的电话答复意见

（2001年4月2日 〔2001〕民一他字第2号）

河南省高级人民法院：

你院“关于建设工程承包合同案件中双方当事人已确认的工程决算价款与审计部门审计的工程决算价款不一致时如何适用法律问题的请示”收悉。经研究认为，审计是国家对建设单位的一种行政监督，不影响建设单位与承建单位的合同效力。建设工程承包合同案件应以当事人的约定作为法院判决的依据。只有在合同明确约定以审计结论作为结算依据或者合同约定不明确、合同约定无效的情况下，才能将审计结论作为判决的依据。

建筑工程施工发包与承包计价管理办法

（2013年12月11日住房和城乡建设部令第16号公布 自2014年2月1日起施行）

第一条 为了规范建筑工程施工发包与承包计价行为，维护建筑工程发包与承包双方的合法权益，促进建筑市场的健康发展，根据有关法律、法规，制定本办法。

第二条 在中华人民共和国境内的建筑工程施工发包与承包计价（以下简称工程发承包计价）管理，适用本办法。

本办法所称建筑工程是指房屋建筑和市政基础设施工程。

本办法所称工程发承包计价包括编制工程量清单、最高投标限价、招标标底、投标报价，进行工程结算，以及签订和调整合同价款等活动。

第三条 建筑工程施工发包与承包价在政府宏观调控下，由市场竞争形成。

工程发承包计价应当遵循公平、合法和诚实信用的原则。

第四条 国务院住房城乡建设主管部门负责全国工程发承包计价工作的管理。

县级以上地方人民政府住房城乡建设主管部门负责本行政区域内工程发承包计价工作的管理。其具体工作可以委托工程造价管理机构负责。

第五条 国家推广工程造价咨询制度，对建筑工程项目实行全过程造价管理。

第六条 全部使用国有资金投资或者以国有资金投资为主的建筑工程（以下简称国有资金投资的建筑工程），应当采用工程量清单计价；非国有资金投资的建筑工程，鼓励采用工程量清单计价。

国有资金投资的建筑工程招标的，应当设有最高投标限价；非国有资金投资的建筑工程招标的，可以设有最高投标限价或者招标标底。

最高投标限价及其成果文件，应当由招标人报工程所在地县级以上地方人民政府住房城乡建设主管部门备案。

第七条 工程量清单应当依据国家制定的工程量清单计价规范、工程量计算规范等编制。工程量清单应当作为招标文件的组成部分。

第八条 最高投标限价应当依据工程量清单、工程计价有关规定和市场价格信息等编制。招标人设有最高投标限价的，应当在招标时公布最高投标限价的总价，以及各单位工程的分部分项工程费、措施项目费、其他项目费、规费和税金。

第九条 招标标底应当依据工程计价有关规定和市场价格信息等编制。

第十条 投标报价不得低于工程成本，不得高于最高投标限价。

投标报价应当依据工程量清单、工程计价有关规定、企业定额和市场价格信息等编制。

第十一条 投标报价低于工程成本或者高于最高投标限价总价的，评标委员会应当否决投标人的投标。

对是否低于工程成本报价的异议，评标委员会可以参照国务院住房城乡建设主管部门和省、自治区、直辖市人民政府住房城乡建设主管部门发布的有关规定进行评审。

第十二条 招标人与中标人应当根据中标价订立合同。不实行招标投标的工程由发承包双方协商订立合同。

合同价款的有关事项由发承包双方约定，一般包括合同价款约定方式，预付工程款、工程进度款、工程竣工价款的支付和结算方式，以及合同价款的调整情形等。

第十三条 发承包双方在确定合同价款时，应当考虑市场环境和生产要素价格变化对合同价款的影响。

实行工程量清单计价的建筑工程，鼓励发承包双方采用单价方式确定合同价款。

建设规模较小、技术难度较低、工期较短的建筑工程，发承包双方可以采用总价方式确定合同价款。

紧急抢险、救灾以及施工技术特别复杂的建筑工程，发承包双方可以采用成本加酬金方式确定合同价款。

第十四条 发承包双方应当在合同中约定，发生下列情形时合同价款的调整方法：

（一）法律、法规、规章或者国家有关政策变化影响合同价款的；

（二）工程造价管理机构发布价格调整信息的；

（三）经批准变更设计的；

（四）发包方更改经审定批准的施工组织设计造成费用增加的；

（五）双方约定的其他因素。

第十五条 发承包双方应当根据国务院住房城乡建设主管部门和省、自治区、直辖市人民政府住房城乡建设主管部门的规定，结合工程款、建设工期等情况在合同中约定预付工程款的具体事宜。

预付工程款按照合同价款或者年度工程计划额度的一定比例确定和支付，并在工程进度款中予以抵扣。

第十六条 承包方应当按照合同约定向发包方提交已完成工程量报告。发包方收到工程量报告后，应当按照合同约定及时核对并确认。

第十七条 发承包双方应当按照合同约定，定期或者按照工程进度分段进行工程款结算和支付。

第十八条 工程完工后，应当按照下列规定进行竣工结算：

（一）承包方应当在工程完工后的约定期限内提交竣工结算文件。

（二）国有资金投资建筑工程的发包方，应当委托具有相应资质的工程造价咨询企业对竣工结算文件进行审核，并在收到竣工结算文件后的约定期限内向承包方提出由工程造价咨询企业出具的竣工结算文件审核意见；逾期未答复的，按照合同约定处理，合同没有约定的，竣工结算文件视为已被认可。

非国有资金投资的建筑工程发包方，应当在收到竣工结算文件后的约定期限内予以答复，逾期未答复的，按照合同约定处理，合同没有约定的，竣工结算文件视为已被认可；发包方对竣工结算文件有异议的，应当在答复期内向承包方提出，并可以在提出异议之日起的约定期限内与承包方协商；发包方在协商期内未与承包方协商或者经协商未能与承包方达成协议的，应当委托工程造价咨询企业进行竣工结算审核，并在协商期满后的约定期限内向承包方提出由工程造价咨询企业出具的竣工结算文件审核意见。

（三）承包方对发包方提出的工程造价咨询企业竣工结算审核意见有异议的，在接到该审核意见后一个月内，可以向有关工程造价管理机构或者有关行业组织申请调解，调解不成的，可以依法申请仲裁或者向人民法院提起诉讼。

发承包双方在合同中对本条第（一）项、第（二）项的期限没有明确约定的，应当按照国家有关规定执行；国家没有规定的，可认为其约定期限均为28日。

第十九条 工程竣工结算文件经发承包双方签字确认的，应当作为工程决算的依据，未经对方同意，另一方不得就已生效的竣工结算文件委托工程造价咨询企业重复审核。发包方应当按照竣工结算文件及时支付竣工结算款。

竣工结算文件应当由发包方报工程所在地县级以上地方人民政府住房城乡建设主管部门备案。

第二十条 造价工程师编制工程量清单、最高投标限价、招标标底、投标报价、工程结算审核和工程造价鉴定文件，应当签字并加盖造价工程师执业专用章。

第二十一条 县级以上地方人民政府住房城乡建设主管部门应当依照有关法律、法规和本办法规定，加强对建筑工程发承包计价活动的监督检查和投诉举报的核查，并有权采取下列措施：

（一）要求被检查单位提供有关文件和资料；

（二）就有关问题询问签署文件的人员；

（三）要求改正违反有关法律、法规、本办法或者工程建设强制性标准的行为。

县级以上地方人民政府住房城乡建设主管部门应当将监督检查的处理结果向社会公开。

第二十二条 造价工程师在最高投标限价、招标标底或者投标报价编制、工程结算审核和工程造价鉴定中，签署有虚假记载、误导性陈述的工程造价成果文件的，记入造价工程师信用档案，依照《注册造价工程师管理办法》进行查处；构成犯罪的，依法追究刑事责任。

第二十三条 工程造价咨询企业在建筑工程计价活动中，出具有虚假记载、误导性陈述的工程造价成果文件的，记入工程造价咨询企业信用档案，由县级以上地方人民政府住房城乡建设主管部门责令改正，处1万元以上3万元以下的罚款，并予以通报。

第二十四条 国家机关工作人员在建筑工程计价监督管理工作中玩忽职守、徇私舞弊、滥用职权的，由有关机关给予行政处分；构成犯罪的，依法追究刑事责任。

第二十五条 建筑工程以外的工程施工发包与承包计价管理可以参照本办法执行。

第二十六条 省、自治区、直辖市人民政府住房城乡建设主管部门可以根据本办法制定实施细则。

第二十七条 本办法自2014年2月1日起施行。原建设部2001年11月5日发布的《建筑工程施工发包与承包计价管理办法》（建设部令第107号）同时废止。

最高人民法院关于建设工程价款优先受偿权问题的批复

（2002年6月20日　法释〔2002〕16号　自2002年6月27日起施行）

上海市高级人民法院：

你院沪高法〔2001〕14号《关于合同法第286条理解与适用问题的请示》收悉。

经研究，答复如下：

一、人民法院在审理房地产纠纷案件和办理执行案件中，应当依照《中华人民共和国合同法》第二百八十六条的规定，认定建筑工程的承包人的优先受偿权优于抵押权和其他债权。

二、消费者交付购买商品房的全部或者大部分款项后，承包人就该商品房享有的工程价款优先受偿权不得对抗买受人。

三、建筑工程价款包括承包人为建设工程应当支付的工作人员报酬、材料款等实际支出的费用，不包括承包人因发包人违约所造成的损失。

四、建设工程承包人行使优先权的期限为6个月，自建设工程竣工之日或者建设工程合同约定的竣工之日起计算。

五、本批复第一条至第三条自公布之日起施行，第四条自公布之日起6个月后施行。

住房城乡建设部、财政部关于印发《建筑安装工程费用项目组成》的通知

（2013年3月21日 建标〔2013〕44号）

各省、自治区住房城乡建设厅、财政厅，直辖市建委（建交委）、财政局，国务院有关部门：

为适应深化工程计价改革的需要，根据国家有关法律、法规及相关政策，在总结原建设部、财政部《关于印发〈建筑安装工程费用项目组成〉的通知》（建标〔2003〕206号）（以下简称《通知》）执行情况的基础上，我们修订完成了《建筑安装工程费用项目组成》（以下简称《费用组成》），现印发给你们。为便于各地区、各部门做好发布后的贯彻实施工作，现将主要调整内容和贯彻实施有关事项通知如下：

一、《费用组成》调整的主要内容：

（一）建筑安装工程费用项目按费用构成要素组成划分为人工费、材料费、施工机具使用费、企业管理费、利润、规费和税金（见附件1）。

（二）为指导工程造价专业人员计算建筑安装工程造价，将建筑安装工程费用按工程造价形成顺序划分为分部分项工程费、措施项目费、其他项目费、规费和税金（见附件2）。

（三）按照国家统计局《关于工资总额组成的规定》，合理调整了人工费构成及内容。

（四）依据国家发展改革委、财政部等9部委发布的《标准施工招标文件》的有关规定，将工程设备费列入材料费；原材料费中的检验试验费列入企业管理费。

（五）将仪器仪表使用费列入施工机具使用费；大型机械进出场及安拆费列入措施项目费。

（六）按照《社会保险法》的规定，将原企业管理费中劳动保险费中的职工死亡丧葬补助费、抚恤费列入规费中的养老保险费；在企业管理费中的财务费和其他中增加担保费用、投标费、保险费。

（七）按照《社会保险法》、《建筑法》的规定，取消原规费中危险作业意外伤害保险费，增加工伤保险费、生育保险费。

（八）按照财政部的有关规定，在税金中增加地方教育附加。

二、为指导各部门、各地区按照本通知开展费用标准测算等工作，我们对原《通知》中建筑安装工程费用参考计算方法、公式和计价程序等进行了相应的修改完善，统一制订了《建筑安装工程费用参考计算方法》和《建筑安装工程计价程序》（见附件3、附件4）。

三、《费用组成》自2013年7月1日起施行，原建设部、财政部《关于印发

〈建筑安装工程费用项目组成〉的通知》（建标〔2003〕206号）同时废止。

附件：1. 建筑安装工程费用项目组成（按费用构成要素划分）

2. 建筑安装工程费用项目组成（按造价形成划分）

3. 建筑安装工程费用参考计算方法

4. 建筑安装工程计价程序

附件一

建筑安装工程费用项目组成
（按费用构成要素划分）

建筑安装工程费按照费用构成要素划分：由人工费、材料（包含工程设备，下同）费、施工机具使用费、企业管理费、利润、规费和税金组成。其中人工费、材料费、施工机具使用费、企业管理费和利润包含在分部分项工程费、措施项目费、其他项目费中（见附表）。

（一）人工费：是指按工资总额构成规定，支付给从事建筑安装工程施工的生产工人和附属生产单位工人的各项费用。内容包括：

1. 计时工资或计件工资：是指按计时工资标准和工作时间或对已做工作按计件单价支付给个人的劳动报酬。

2. 奖金：是指对超额劳动和增收节支支付给个人的劳动报酬。如节约奖、劳动竞赛奖等。

3. 津贴补贴：是指为了补偿职工特殊或额外的劳动消耗和因其他特殊原因支付给个人的津贴，以及为了保证职工工资水平不受物价影响支付给个人的物价补贴。如流动施工津贴、特殊地区施工津贴、高温（寒）作业临时津贴、高空津贴等。

4. 加班加点工资：是指按规定支付的在法定节假日工作的加班工资和在法定日工作时间外延时工作的加点工资。

5. 特殊情况下支付的工资：是指根据国家法律、法规和政策规定，因病、工伤、产假、计划生育假、婚丧假、事假、探亲假、定期休假、停工学习、执行国家或社会义务等原因按计时工资标准或计时工资标准的一定比例支付的工资。

（二）材料费：是指施工过程中耗费的原材料、辅助材料、构配件、零件、半成品或成品、工程设备的费用。内容包括：

1. 材料原价：是指材料、工程设备的出厂价格或商家供应价格。

2. 运杂费：是指材料、工程设备自来源地运至工地仓库或指定堆放地点所发生的全部费用。

3. 运输损耗费：是指材料在运输装卸过程中不可避免的损耗。

4. 采购及保管费：是指为组织采购、供应和保管材料、工程设备的过程中所需要的各项费用。包括采购费、仓储费、工地保管费、仓储损耗。

工程设备是指构成或计划构成永久工程一部分的机电设备、金属结构设备、仪器装置及其他类似的设备和装置。

（三）施工机具使用费：是指施工作业所发生的施工机械、仪器仪表使用费或其租赁费。

1. 施工机械使用费：以施工机械台班耗用量乘以施工机械台班单价表示，施工机械台班单价应由下列七项费用组成：

（1）折旧费：指施工机械在规定的使用年限内，陆续收回其原值的费用。

（2）大修理费：指施工机械按规定的大修理间隔台班进行必要的大修理，以恢复其正常功能所需的费用。

（3）经常修理费：指施工机械除大修理以外的各级保养和临时故障排除所需的费用。包括为保障机械正常运转所需替换设备与随机配备工具附具的摊销和维护费用，机械运转中日常保养所需润滑与擦拭的材料费用及机械停滞期间的维护和保养费用等。

(4) 安拆费及场外运费：安拆费指施工机械（大型机械除外）在现场进行安装与拆卸所需的人工、材料、机械和试运转费用以及机械辅助设施的折旧、搭设、拆除等费用；场外运费指施工机械整体或分体自停放地点运至施工现场或由一施工地点运至另一施工地点的运输、装卸、辅助材料及架线等费用。

(5) 人工费：指机上司机（司炉）和其他操作人员的人工费。

(6) 燃料动力费：指施工机械在运转作业中所消耗的各种燃料及水、电等。

(7) 税费：指施工机械按照国家规定应缴纳的车船使用税、保险费及年检费等。

2. 仪器仪表使用费：是指工程施工所需使用的仪器仪表的摊销及维修费用。

（四）企业管理费：是指建筑安装企业组织施工生产和经营管理所需的费用。内容包括：

1. 管理人员工资：是指按规定支付给管理人员的计时工资、奖金、津贴补贴、加班加点工资及特殊情况下支付的工资等。

2. 办公费：是指企业管理办公用的文具、纸张、帐表、印刷、邮电、书报、办公软件、现场监控、会议、水电、烧水和集体取暖降温（包括现场临时宿舍取暖降温）等费用。

3. 差旅交通费：是指职工因公出差、调动工作的差旅费、住勤补助费，市内交通费和误餐补助费，职工探亲路费，劳动力招募费，职工退休、退职一次性路费，工伤人员就医路费，工地转移费以及管理部门使用的交通工具的油料、燃料等费用。

4. 固定资产使用费：是指管理和试验部门及附属生产单位使用的属于固定资产的房屋、设备、仪器等的折旧、大修、维修或租赁费。

5. 工具用具使用费：是指企业施工生产和管理使用的不属于固定资产的工具、器具、家具、交通工具和检验、试验、测绘、消防用具等的购置、维修和摊销费。

6. 劳动保险和职工福利费：是指由企业支付的职工退职金、按规定支付给离休干部的经费，集体福利费、夏季防暑降温、冬季取暖补贴、上下班交通补贴等。

7. 劳动保护费：是企业按规定发放的劳动保护用品的支出。如工作服、手套、防暑降温饮料以及在有碍身体健康的环境中施工的保健费用等。

8. 检验试验费：是指施工企业按照有关标准规定，对建筑以及材料、构件和建筑安装物进行一般鉴定、检查所发生的费用，包括自设试验室进行试验所耗用的材料等费用。不包括新结构、新材料的试验费，对构件做破坏性试验及其他特殊要求检验试验的费用和建设单位委托检测机构进行检测的费用，对此类检测发生的费用，由建设单位在工程建设其他费用中列支。但对施工企业提供的具有合格证明的材料进行检测不合格的，该检测费用由施工企业支付。

9. 工会经费：是指企业按《工会法》规定的全部职工工资总额比例计提的工会经费。

10. 职工教育经费：是指按职工工资总额的规定比例计提，企业为职工进行专业技术和职业技能培训，专业技术人员继续教育、职工职业技能鉴定、职业资格认定以及根据需要对职工进行各类文化教育所发生的费用。

11. 财产保险费：是指施工管理用财产、车辆等的保险费用。

12. 财务费：是指企业为施工生产筹集资金或提供预付款担保、履约担保、职工工资支付担保等所发生的各种费用。

13. 税金：是指企业按规定缴纳的房产税、车船使用税、土地使用税、印花税等。

14. 其他：包括技术转让费、技术开发费、投标费、业务招待费、绿化费、广告费、公证费、法律顾问费、审计费、咨询费、保险费等。

（五）利润：是指施工企业完成所承包工程获得的盈利。

（六）规费：是指按国家法律、法规规定，由省级政府和省级有关权力部门规定必须缴纳或计取的费用。包括：

1. 社会保险费

（1）养老保险费：是指企业按照规定标准为职工缴纳的基本养老保险费。

（2）失业保险费：是指企业按照规定标准为职工缴纳的失业保险费。

（3）医疗保险费：是指企业按照规定标准为职工缴纳的基本医疗保险费。

（4）生育保险费：是指企业按照规定标准为职工缴纳的生育保险费。

（5）工伤保险费：是指企业按照规定标准为职工缴纳的工伤保险费。

2. 住房公积金：是指企业按规定标准为职工缴纳的住房公积金。

3. 工程排污费：是指按规定缴纳的施工现场工程排污费。

其他应列而未列入的规费，按实际发生计取。

（七）税金：是指国家税法规定的应计入建筑安装工程造价内的营业税、城市维护建设税、教育费附加以及地方教育附加。

附表：建筑安装工程费用项目组成表（按费用构成要素划分）

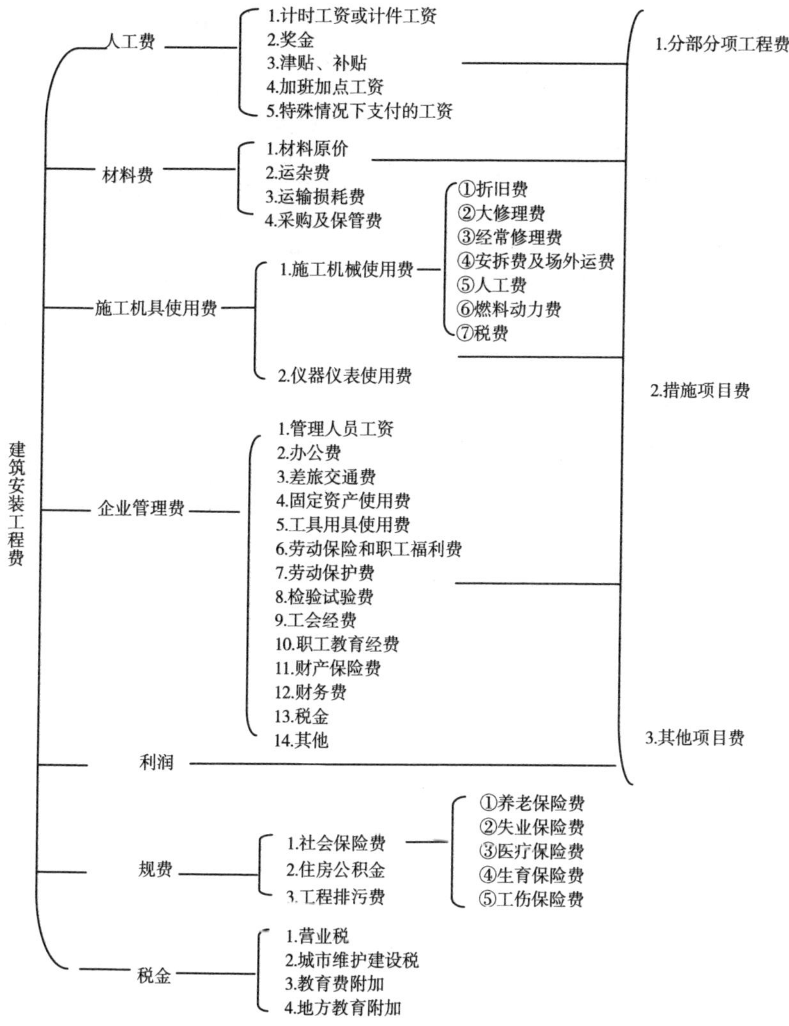

附件 2：

建筑安装工程费用项目组成（按造价形成划分）

建筑安装工程费按照工程造价形成由分部分项工程费、措施项目费、其他项目费、规费、税金组成，分部分项工程费、措施项目费、其他项目费包含人工费、材料费、施工机具使用费、企业管理费和利润（见附表）。

（一）分部分项工程费：是指各专业工程的分部分项工程应予列支的各项费用。

1. 专业工程：是指按现行国家计量规范划分的房屋建筑与装饰工程、仿古建筑工程、通用安装工程、市政工程、园林绿化工程、矿山工程、构筑物工程、城市轨道交通工程、爆破工程等各类工程。

2. 分部分项工程：指按现行国家计量规范对各专业工程划分的项目。如房屋建筑与装饰工程划分的土石方工程、地基处理与桩基工程、砌筑工程、钢筋及钢筋混凝土工程等。

各类专业工程的分部分项工程划分见现行国家或行业计量规范。

（二）措施项目费：是指为完成建设工程施工，发生于该工程施工前和施工过程中的技术、生活、安全、环境保护等方面的费用。内容包括：

1. 安全文明施工费

①环境保护费：是指施工现场为达到环保部门要求所需要的各项费用。

②文明施工费：是指施工现场文明施工所需要的各项费用。

③安全施工费：是指施工现场安全施工所需要的各项费用。

④临时设施费：是指施工企业为进行建设工程施工所必须搭设的生活和生产用的临时建筑物、构筑物和其他临时设施费用。包括临时设施的搭设、维修、拆除、清理费或摊销费等。

2. 夜间施工增加费：是指因夜间施工所发生的夜班补助费、夜间施工降效、夜间施工照明设备摊销及照明用电等费用。

3. 二次搬运费：是指因施工场地条件限制而发生的材料、构配件、半成品等一次运输不能到达堆放地点，必须进行二次或多次搬运所发生的费用。

4. 冬雨季施工增加费：是指在冬季或雨季施工需增加的临时设施、防滑、排除雨雪，人工及施工机械效率降低等费用。

5. 已完工程及设备保护费：是指竣工验收前，对已完工程及设备采取的必要保护措施所发生的费用。

6. 工程定位复测费：是指工程施工过程中进行全部施工测量放线和复测工作的费用。

7. 特殊地区施工增加费：是指工程在沙漠或其边缘地区、高海拔、高寒、原始森林等特殊地区施工增加的费用。

8. 大型机械设备进出场及安拆费：是指机械整体或分体自停放场地运至施工现场或由一个施工地点运至另一个施工地点，所发生的机械进出场运输及转移费用及机械在施工现场进行安装、拆卸所需的人工费、材料费、机械费、试运转费和安装所需的辅助设施的费用。

9. 脚手架工程费：是指施工需要的各种脚手架搭、拆、运输费用以及脚手架购置费的摊销（或租赁）费用。

措施项目及其包含的内容详见各类专业工程的现行国家或行业计量规范。

（三）其他项目费

1. 暂列金额：是指建设单位在工程量清单中暂定并包括在工程合同价款中的一笔款项。用于施工合同签订时尚未确定或者不可预见的所需材料、工程设备、服务的采购，施工中可能发生的工程变更、合同约定调整因素出现时的工程价款调整以及发生的索赔、现场签证确认等的费用。

2. 计日工：是指在施工过程中，施工企业完成建设单位提出的施工图纸以外的零星项目或工作所需的费用。

3. 总承包服务费：是指总承包人为配合、协调建设单位进行的专业工程发包，对建设单位自行采购的材料、工程设备等进行保管以及施工现场管理、竣工资料汇总整理等服务所需的费用。

（四）规费：定义同附件1。

（五）税金：定义同附件1。

附表：建筑安装工程费用项目组成表（按造价形成划分）

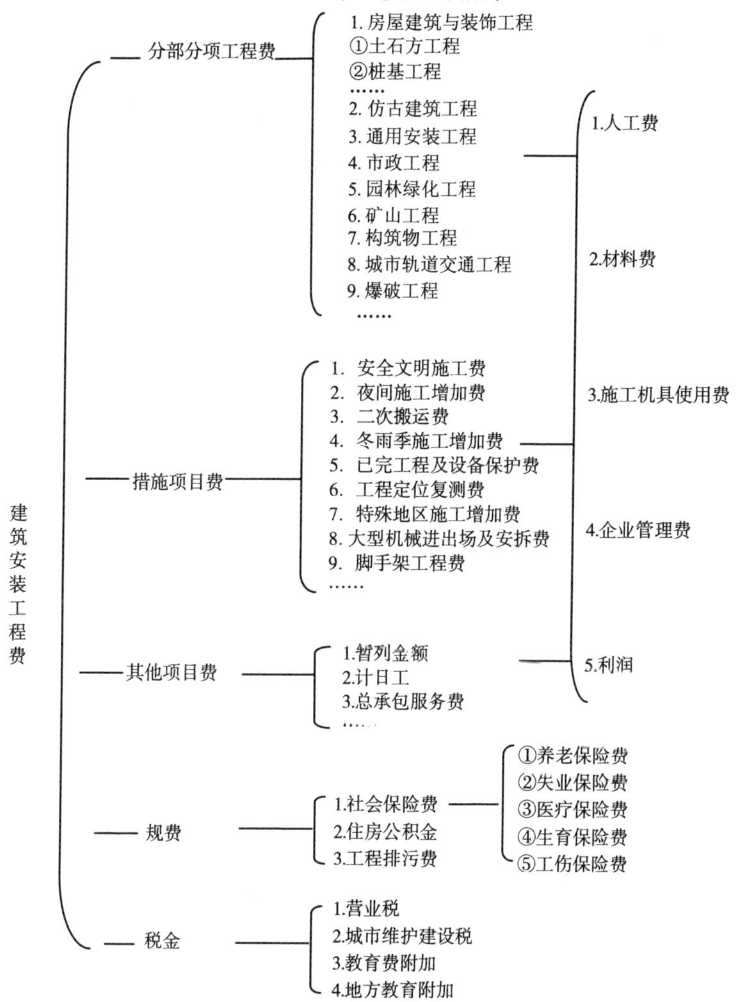

附件3：

建筑安装工程费用参考计算方法

一、各费用构成要素参考计算方法如下：

（一）人工费

公式1：

人工费 = Σ（工日消耗量 × 日工资单价）

日工资单价 =

$$\frac{\text{生产工人平均月工资（计时、计件）} + \text{平均月（奖金 + 补贴 + 特殊情况下支付的工资）}}{\text{年平均每月法定工作日}}$$

注：公式1主要适用于施工企业投标报价时自主确定人工费，也是工程造价管理机构编制计价定额确定定额人工单价或发布人工成本信息的参考依据。

公式2：

人工费 = Σ（工程工日消耗量 × 日工资单价）

日工资单价是指施工企业平均技术熟练程度的生产工人在每工作日（国家法定工作时间内）按规定从事施工作业应得的日工资总额。

工程造价管理机构确定日工资单价应通过市场调查、根据工程项目的技术要求，参考实物工程量人工单价综合分析确定，最低日工资单价不得低于工程所在地人力资源和社会保障部门所发布的最低工资标准的：普工1.3倍、一般技工2倍、高级技工3倍。

工程计价定额不可只列一个综合工日单价，应根据工程项目技术要求和工种差别适当划分多种日人工单价，确保各分部工程人工费的合理构成。

注：公式2适用于工程造价管理机构编制计价定额时确定定额人工费，是施工企业投标报价的参考依据。

（二）材料费

1. 材料费

材料费 = Σ（材料消耗量 × 材料单价）

材料单价 = ［（材料原价 + 运杂费）×〔1 + 运输损耗率（%）〕］×［1 + 采购保管费率（%）］

2. 工程设备费

工程设备费 = Σ（工程设备量 × 工程设备单价）

工程设备单价 =（设备原价 + 运杂费）×［1 + 采购保管费率（%）］

（三）施工机具使用费

1. 施工机械使用费

施工机械使用费 = Σ（施工机械台班消耗量 × 机械台班单价）

机械台班单价 = 台班折旧费 + 台班大修费 + 台班经常修理费 + 台班安拆费及场外运费 + 台班人工费 + 台班燃料动力费 + 台班车船税费

注：工程造价管理机构在确定计价定额中的施工机械使用费时，应根据《建筑施工机械台班费用计算规则》结合市场调查编制施工机械台班单价。施工企业可以参考工程造价管理机构发布的台班单价，自主确定施工机械使用费的报价，如租赁施工机械，公式为：

施工机械使用费 = Σ（施工机械台班消耗量 × 机械台班租赁单价）

2. 仪器仪表使用费

仪器仪表使用费 = 工程使用的仪器仪表摊销费 + 维修费

（四）企业管理费费率

（1）以分部分项工程费为计算基础

$$企业管理费费率（\%）=\frac{生产工人年平均管理费}{年有效施工天数 \times 人工单价} \times 人工费占分部分项工程费比例（\%）$$

（2）以人工费和机械费合计为计算基础

$$企业管理费费率（\%）=\frac{生产工人年平均管理费}{年有效施工天数 \times 人工单价 + 每一工日机械使用费} \times 100\%$$

（3）以人工费为计算基础

$$企业管理费费率（\%）=\frac{生产工人年平均管理费}{年有效施工天数 \times 人工单价} \times 100\%$$

注：上述公式适用于施工企业投标报价时自主确定管理费，是工程造价管理机构编制计价定额确定企业管理费的参考依据。

工程造价管理机构在确定计价定额中企业管理费时，应以定额人工费或（定额人工费 + 定额机械费）作为计算基数，其费率根据历年工程造价积累的资料，辅以调查数据确定，列入分部分项工程和措施项目中。

（五）利润

1. 施工企业根据企业自身需求并结合建筑市场实际自主确定，列入报价中。

2. 工程造价管理机构在确定计价定额中利润时，应以定额人工费或（定额人工费 + 定额机械费）作为计算基数，其费率根据历年工程造价积累的资料，并结合建筑市场实际确定，以单位（单项）工程测算，利润在税前建筑安装工程费的比重可按不低于 5% 且不高于 7% 的费率计算。利润应列入分部分项工程和措施项目中。

（六）规费

1. 社会保险费和住房公积金

社会保险费和住房公积金应以定额人工费为计算基础，根据工程所在地省、自治区、直辖市或行业建设主管部门规定费率计算。

社会保险费和住房公积金 = Σ（工程定额人工费 × 社会保险费和住房公积金费率）

式中：社会保险费和住房公积金费率可以每万元发承包价的生产工人人工费和管理人员工资含量与工程所在地规定的缴纳标准综合分析取定。

2. 工程排污费

工程排污费等其他应列而未列入的规费应按工程所在地环境保护等部门规定的标准缴纳，按实计取列入。

（七）税金

税金计算公式：

税金 = 税前造价 × 综合税率（%）

综合税率：

（一）纳税地点在市区的企业

$$综合税率（\%）=\frac{1}{1-3\%-(3\%\times7\%)-(3\%\times3\%)-(3\%\times2\%)}-1$$

（二）纳税地点在县城、镇的企业

$$综合税率（\%）=\frac{1}{1-3\%-(3\%\times5\%)-(3\%\times3\%)-(3\%\times2\%)}-1$$

（三）纳税地点不在市区、县城、镇的企业

$$综合税率（\%）=\frac{1}{1-3\%-(3\%\times1\%)-(3\%\times3\%)-(3\%\times2\%)}-1$$

（四）实行营业税改增值税的，按纳税地点现行税率计算。

二、建筑安装工程计价参考公式如下

（一）分部分项工程费

分部分项工程费 = Σ（分部分项工程量 × 综合单价）

式中：综合单价包括人工费、材料费、施工机具使用费、企业管理费和利润以及一定范围的风险费用（下同）。

（二）措施项目费

1. 国家计量规范规定应予计量的措施项目，其计算公式为：

措施项目费 = Σ（措施项目工程量 × 综合单价）

2. 国家计量规范规定不宜计量的措施项目计算方法如下

（1）安全文明施工费

安全文明施工费 = 计算基数 × 安全文明施工费费率（%）

计算基数应为定额基价（定额分部分项工程费 + 定额中可以计量的措施项目费）、定额人工费或（定额人工费 + 定额机械费），其费率由工程造价管理机构根据各专业工程的特点综合确定。

（2）夜间施工增加费

夜间施工增加费 = 计算基数 × 夜间施工增加费费率（%）

（3）二次搬运费

二次搬运费 = 计算基数 × 二次搬运费费率（%）

（4）冬雨季施工增加费

冬雨季施工增加费 = 计算基数 × 冬雨季施工增加费费率（%）

（5）已完工程及设备保护费

已完工程及设备保护费 = 计算基数 × 已完工程及设备保护费费率（%）

上述（2）~（5）项措施项目的计费基数应为定额人工费或（定额人工费 + 定额机械费），其费率由工程造价管理机构根据各专业工程特点和调查资料综合分析后确定。

（三）其他项目费

1. 暂列金额由建设单位根据工程特点，按有关计价规定估算，施工过程中由建设单位掌握使用、扣除合同价款调整后如有余额，归建设单位。

2. 计日工由建设单位和施工企业按施工过程中的签证计价。

3. 总承包服务费由建设单位在招标控制价中根据总包服务范围和有关计价规定编制，施工企业投标时自主报价，施工过程中按签约合同价执行。

（四）规费和税金

建设单位和施工企业均应按照省、自治区、直辖市或行业建设主管部门发布标准计算规费和税金，不得作为竞争性费用。

三、相关问题的说明

1. 各专业工程计价定额的编制及其计价程序，均按本通知实施。

2. 各专业工程计价定额的使用周期原则上为5年。

3. 工程造价管理机构在定额使用周期内，应及时发布人工、材料、机械台班价格信息，实行工程造价动态管理，如遇国家法律、法规、规章或相关政策变化以及建筑市场物价波动较大时，应适时调整定额人工费、定额机械费以及定额基价或规费费率，使建筑安装工程费能反映建筑市场实际。

4. 建设单位在编制招标控制价时，应按照各专业工程的计量规范和计价定额以及工程造价信息编制。

5. 施工企业在使用计价定额时除不可竞争费用外，其余仅作参考，由施工企业投标时自主报价。

附件4：

建筑安装工程计价程序

建设单位工程招标控制价计价程序

工程名称：　　　　　　　　　　　　　　　　　　标段：

序号	内 容	计算方法	金 额（元）
1	分部分项工程费	按计价规定计算	
1.1			
1.2			
1.3			
1.4			
1.5			
2	措施项目费	按计价规定计算	
2.1	其中：安全文明施工费	按规定标准计算	
3	其他项目费		
3.1	其中：暂列金额	按计价规定估算	
3.2	其中：专业工程暂估价	按计价规定估算	
3.3	其中：计日工	按计价规定估算	
3.4	其中：总承包服务费	按计价规定估算	

续 表

4	规费	按规定标准计算	
5	税金（扣除不列入计税范围的工程设备金额）	(1 +2 +3 +4) ×规定税率	
招标控制价合计 =1 +2 +3 +4 +5			

施工企业工程投标报价计价程序

工程名称： 标段：

序号	内 容	计算方法	金 额（元）
1	分部分项工程费	自主报价	
1.1			
1.2			
1.3			
1.4			
1.5			
2	措施项目费	自主报价	
2.1	其中：安全文明施工费	按规定标准计算	
3	其他项目费		
3.1	其中：暂列金额	按招标文件提供金额计列	
3.2	其中：专业工程暂估价	按招标文件提供金额计列	
3.3	其中：计日工自主报价		
3.4	其中：总承包服务费自主报价		
4	规费	按规定标准计算	
5	税金（扣除不列入计税范围的工程设备金额）	(1 +2 +3 +4) ×规定税率	
投标报价合计 =1 +2 +3 +4 +5			

竣工结算计价程序

工程名称：　　　　　　　　　　　　　　　　标段：

序号	汇总内容	计算方法	金 额（元）
1	分部分项工程费	按合同约定计算	
1.1			
1.2			
1.3			
1.4			
1.5			
2	措施项目	按合同约定计算	
2.1	其中：安全文明施工费	按规定标准计算	
3	其他项目		
3.1	其中：专业工程结算价	按合同约定计算	
3.2	其中：计日工	按计日工签证计算	
3.3	其中：总承包服务费	按合同约定计算	
3.4	索赔与现场签证	按发承包双方确认数额计算	
4	规费	按规定标准计算	
5	税金（扣除不列入计税范围的工程设备金额）	（1+2+3+4）×规定税率	
竣工结算总价合计=1+2+3+4+5			

城市轨道交通建筑安装工程费用标准编制规则

（2011年10月8日）

1. 总　则

1.1　为满足城市轨道交通工程计价的需要，统一全国城市轨道交通建筑安装工程费用项目和计算方法，结合全国城市轨道交通工程建设的实际情况，制定本规则。

1.2　本规则适用于新建、扩建城市轨道交通工程。

1.3　本规则仅包括措施费、企业管理费、规费、利润及税金等费用内容和编制规则。

1.4　本规则依据建设部、财政部《关于印发〈建筑安装工程费用项目组成〉的通知》（建标〔2003〕206号）、《城市轨道交通工程预算定额》（GCG103－2008）等现行相关政策文件、标准规范，按照正常施工条件、常用施工方法与施工工艺、合理工期以及通常惯例制定。

1.5　本规则是各省、自治区、直辖市工程造价管理机构编制城市轨道交通工程费用标准、测定地区费率的依据。

2. 措施费

2.1　措施费内容

措施费是指为完成工程项目施工，发生于该工程施工前和施工过程中非工程实体项目的费用。

措施费分为通用措施费和专业工程措施费。

通用措施费包括安全防护、文明施工措施费（由环境保护费、文明施工费、安全施工费、临时设施费四项内容组成）；夜间施工费；二次搬运费；冬雨季施工增加费；大型机械设备进出场及安拆费；施工排水费；施工降水费；地上、地下设施，建筑物的临时保护设施费；已完工程及设备保护费；检验检测费。

专业工程措施费包括围堰费；筑岛费；便道费；便桥费；混凝土、钢筋混凝土模板及支架费；脚手架费；洞内施工的通风、供水、供电、照明、通讯及运输轨道等设施费；临时支撑费；地下管线交叉处理费；行车、行人干扰及交通导行增加费；施工监测、监控费；大型预制梁场设施费；铺轨基地设施费；其他项目。

2.1.1 安全防护、文明施工措施费：是指国家为加强建筑工程安全生产、文明施工管理，保障施工从业人员的作业条件和生活环境，防止施工安全事故的发生，按照现行的建筑施工安全、环境保护、消防、施工现场环境与卫生标准等法规与条例，规定用于购置和更新施工安全防护用具及设施、改善现场安全生产条件和作业环境所需要的费用。本费用由环境保护费、文明施工费、安全施工费及临时设施费组成。

1. 环境保护费：是指施工现场为达到环保部门要求所需要的各项费用。包括施工现场为保持工地清洁、控制扬尘、杜绝废弃物与材料运输中的遗洒、保证排水设施通畅、设置密闭式垃圾站、实现施工垃圾与生活垃圾分类存放等环保措施而发生的费用。费用内容包括：

（1）对施工现场土壤裸露地面实施硬化处理、生活区实现美化、绿化及对堆置土方进行苫盖或洒水，对易扬散材料进行苫盖或密闭所发生的人工、材料（包括苫盖或密闭使用材料的周转、摊销）等费用；

（2）为避免施工车辆车轮带泥行驶，在工地出入口设置清洗沟或清洗设备等发生的人工、材料与设施摊销费用；

（3）对施工现场设置密闭式垃圾站及实现施工垃圾与生活垃圾分类存放而购置容器的周转、摊销费用；

（4）为保证现场排水设施通畅，在办公区、生活区以及作业区（包括明挖基坑与暗挖竖井的四周等）设置排水沟等发生的人工、材料等费用；

（5）现场实际发生的其他环保措施费用；

（6）对以上措施在工程完工后，为恢复原貌而发生的拆除与恢复费用。

2. 文明施工费：是指施工现场文明施工所需要的各项费用。包括根据相关规定在施工现场设置企业标志、七牌一图、安全警示标志牌、施工现场围挡以及符合场容场貌、材料堆放、现场防火等要求采取相应措施所发生的费用。费用内容包括：

（1）在主要出入口设置“七牌一图”施工标牌所发生的费用；

其“七牌一图”包括：工程项目简介牌、工程项目责任人员姓名牌、安全六大纪律牌、安全生产记数牌、十项安全技术措施牌、防火须知牌、卫生须知牌及工地施工总平面布置图。

（2）实行封闭式围挡发生的安装、拆除与围挡设施的周转、摊销及维护费用；

在施工区域红线范围内，明挖车站与

高架车站施工场地的四周、暗挖车站与暗挖区间施工竖井的四周、明挖与高架区间沿线两侧及出入口、通风道的四周等施工现场，按规定预留施工安全距离与保证作业环境的宽度设置全封闭式围挡发生的费用。

主要路段、市容景观道路围栏高度不低于2.5米并达到稳固、整洁、美观；其他路段的围栏高度不低于1.8米，保证稳固、美观；建筑、装饰工程立面的围挡封闭高度必须高出作业层1.5米以上。

(3) 设置安全警示标志所发生的安装、拆除与设施的周转、摊销费用；

施工现场入口处、明挖施工的基坑边沿、暗挖施工的竖井边沿、施工脚手架边沿、出入通道口、楼梯口、电梯井口、孔洞口、桥梁口、隧道口、起重机械、临时用电设施、爆破物及有害危险气体和液体存放处等危险部位，均须设置明显的安全警示标志。

(4) 符合场容场貌、材料堆放、现场防火等相关规定要求采取措施发生的费用；

为保持施工现场出入口道路的通畅而发生的人工、材料与机械费用；工地配置符合消防要求，保证足够数量消防器材的购置、周转、维护与定期检验等发生的费用等。

(5) 现场实际发生的为保证文明施工的其他措施费用；

(6) 对以上措施在工程完工后，为恢复原貌而发生的拆除与恢复费用。

3. 安全施工费：是指施工现场安全施工所需要的各项费用。包括根据相关规定设置“四口五临边”安全防护设施、现场物料提升架与卸料平台的安全防护设施、垂直交叉作业与高空作业安全防护设施、现场设置安防监控系统设施、现场机械设备（包括电动工具）的安全保护与作业场所和临时安全疏散通道的安全照明与警示设施等所发生的费用。费用内容包括：

(1) 明挖车站、区间、出入口等基坑及暗挖、盖挖与盾构工作竖井周边设置安全防护设施所发生的人工、材料及防护设施的周转、摊销与维护费用；

四周外沿处设立两道防护栏杆，用密目网封闭。

(2) 通道口设置安全防护设施发生的人工、材料及防护设施的周转、摊销与维护费用；

通道口须搭设宽于出入通道两侧、高度不低于3米的防护棚，棚顶应满铺不小于5厘米厚的木板，通道两侧沿栏杆架用密目安全网封闭。

(3) 电梯井口设置安全防护设施发生的人工、材料及防护设施的周转、摊销与维护费用；

电梯井口必须设置定型化、标准化，高度不低于1.2米的金属防护门。电梯井内首层和首层以上每隔两层设一道水平安全网，安全网应封闭严密。

(4) 预留洞口及孔洞设置安全防护设施发生的人工、材料及防护设施的周转、摊销与维护费用；

1.5米×1.5米以下的孔洞，用坚实的盖板盖住，有防止挪动、位移的措施；1.5米×1.5米以上的孔洞，四周设两道防护栏杆，中间支挂水平安全网。

(5) 物料提升架与卸料平台设置安全防护设施发生的人工、材料及防护设施的周转、摊销与维护费用；

地下工程采用竖井施工的物料提升架与卸料平台应沿竖井四周及顶部使用彩钢板进行全封闭；其作业面必须用脚手板铺设坚实、严密，设一道18厘米的挡脚板，架体沿外排内侧用密目安全网进行封闭，提升架里侧应加设两道1.2米高护身栏杆，作业面外侧应设一道护身栏杆，紧贴底层脚手板下方应兜设安全网。

地面及高架工程的井字架（龙门架）、外用电梯首层进料口一侧应搭设长度不小于3至6米，宽于架体（梯笼）两侧各1米，高度不低于3米的防护棚，防护棚两侧必须用密目安全网进行封闭；卸料平台应平整、坚实，便于施工人员施工或行走，并设置可靠的工具式防护门，两侧应绑两道护身栏杆，并用密目网封闭。

（6）垂直交叉作业与高空作业安全防护设置防护棚、栏杆、密目网以及符合高空作业要求所发生的人工、材料及防护设施的周转、摊销与维护费用；

按规定对垂直交叉作业工地设置防护棚、防护栏杆与密目网设施；对高空作业处设置悬挂安全带的悬索、操作平台、上下行梯或其他形式的通道等安全设施。

（7）现场为进一步做好建筑基坑、高架、隧道内的安全管理工作，准确掌握施工人员的各种信息，工地在人员出入施工现场、基坑或竖井井口部位设置安防监控系统及门禁系统所发生的费用；

（8）现场机械设备（包括电动工具）的安全保护与作业场所和临时安全疏散通道的安全照明与警示设施等发生的费用；

（9）为保证安全施工所发生的其他措施费用；

（10）对以上措施在工程完工后，为恢复原貌而发生的拆除与恢复费用。

4. 临时设施费：是指施工企业为进行城市轨道交通工程施工所必须搭设的生活和生产用的临时建筑物、构筑物和其他临时设施的费用等。包括施工现场临时宿舍、文化福利及公用事业房屋与构筑物、仓库、办公室、加工厂、工地实验室以及规定范围内的道路、水、电、管线等临时设施和小型临时设施等的搭设、维修、拆除、周转或摊销等费用。费用内容包括：

（1）施工现场办公与生活区用房的搭设、维修、拆除、周转或摊销等费用；办公与生活区用房包括：办公室、会议室、地面控制室、职工宿舍、医务室、娱乐活动室、职工夜校与休息室、门卫室、食堂、开水房、浴室、厕所、围墙、大门等现场所有涉及办公与生活用的临时建筑。

结合施工现场用地情况，科学规划与合理布置施工总平面图。办公、生活区应与作业区分开设置，并保持安全距离；办公、生活区的选址应当符合安全性要求。职工的膳食、饮水、休息场所等应当符合卫生标准；施工现场临时搭建的建筑物应当符合安全使用要求，使用的装配式活动房屋须具有产品合格证。办公与生活用房设施的建筑面积，应根据工地办公与施工人员的数量并符合相关规定要求的规模计算确定。

（2）生产区现场仓库、材料堆放场、机械设备临时停放场地、加工厂（木工棚、钢筋棚、搅拌机棚、电焊与卷扬机棚等）及工地实验室等场地与用房的搭设、维修、拆除、周转或摊销等费用；

料场地坪应比四周地坪略高，根据存放材料的不同种类设计不同的基础，同时应保证材料的装卸车和运输的方便；成品、半成品堆放场应在施工区域布置。电动设备和机械设备应搭设防雨、防砸棚等。

（3）规定范围内临时道路、便桥、水、电、管线等设施的搭设、维修、拆除、周转或摊销等费用；

施工区域红线范围内为达到现场办公、生活与作业的基本条件修建的临时道路、给水、排水、供电、通讯等临时管线及施工便桥、便道等发生的搭设、维修、拆除、周转或摊销等费用。本费用不应包括为保证正常的公共交通秩序而修建的社会便桥及交通导改费用。

（4）施工区域现场用电设施的安装、维护、周转、摊销及拆除费用。

A、配电线路：按照TN－S系统要求配备五芯电缆、四芯电缆和三芯电缆；按要求架设临时用电线路的电杆、横担、瓷夹、瓷瓶等，或采用电缆埋地方式敷设；对靠近施工现场的外电路线，设置木质、塑料等绝缘体的防护设施；

B、配电箱、开关箱：按三级配电要求，配备总配电箱、分配电箱、开关箱三类标准电箱。各类配电箱、开关箱外观应完整、牢固、防雨、防尘，箱体应涂安全色标，统一编号。固定式配电箱应加锁、设围栏，并有防雨防砸措施；开关箱应符合一机、一箱、一闸、一漏的要求。三类电箱中的各类电器应是合格品，按两级保护的要求，选取符合容量要求和质量合格的总配电箱和开关箱中的漏电保护器；

C、接地保护装置：施工现场保护零线的重复接地应不少于三处。独立的配电系统必须按国家标准规范采用三相五线制的接零保护系统，非独立系统可根据现场实际情况采取相应的接零或接地保护方式。各种电气设备和电力施工机械的金属外壳、金属支架和底座必须按规定采取可靠的接零或接地保护；在采用接零或接地的保护方式同时，必须逐级设置漏电保护装置，实行分级保护，形成完整的保护系统。漏电保护装置的选择应符合规定；

D、避雷装置：现场金属架构物（照明灯架、垂直提升装置、超高脚手架）和各种高大设施必须按规定装设避雷装置；

E、施工现场的办公区和生活区应根据用途按规定安装照明灯具和使用电器具。食堂的照明和炊事机具必须安装漏电保护器，现场凡有人员经过和施工活动场所，必须提供足够的照明；

F、使用行灯和低压照明灯具，其电源电压不应超过36伏，行灯与手柄应坚固、绝缘良好，电源线应使用橡套电缆线，不得使用塑绞线。行灯和低压灯的变压器应装设在电箱内，符合户外电气安装要求；

G、电焊机应单独设开关，电焊机外壳应做接零或接地保护。一次线长度应小于5米，二次接线长度应小于30米。电焊机两侧接线应压接牢固，并安装可靠防护罩。交流电焊机要装设专用防触电保护装置；

（5）生活设施的购置、维护与周转等费用；

生活设施包括：生产工人宿舍内配置的床、衣柜、桌椅及电视机等。

不包括属于企业管理费开支的管理人员办公与生活设施的折旧与摊销费用。

（6）施工现场搭设的其他临时设施所发生的人工、材料与机械等费用；

（7）对以上措施在工程完工后，为恢复原貌而发生的拆除与恢复费用。

2.1.2 夜间施工费：是指因必须在夜间连续施工所发生的工作降效、夜班津贴、夜间施工照明设备摊销及照明用电等费用。费用内容包括：

1. 由于夜间施工造成的人工、机械等降低工效所增加的费用；

2. 夜间施工的工人夜班补助；

3. 夜间施工照明设备的安装、拆除、摊销及照明用电等费用。

洞内施工的工程（包括采用暗挖法施工的车站、区间、出入口、风道与联络通道，盾构法施工的区间隧道及盖挖法施工的车站顶板以下部位的工程）不适用第1条与第3条内容。

2.1.3 二次搬运费：是指因施工场地狭小等特殊情况而发生的二次搬运费用。包括因受施工环境和场地限制致使材料、设备等不能直接运到现场，而必须再次倒运所发生的人工、机械及辅助材料的费用。

2.1.4 冬雨季施工增加费：指工程在冬雨季施工期间，为保障工程质量和安全生产，现场采取的防寒保温或防雨等措施发生的费用及受季节因素影响产生的施工降效费用。费用内容包括：

1. 因冬季、雨季施工所需增加的室外作业取暖与现场排除雨、雪所发生的人工、材料与机械费用；

2. 因冬季、雨季施工在施工现场增设的防风棚、防雨棚、保温棚等发生的人工、机械与材料、设备的周转、摊销及拆除费用；

3. 由于冬、雨季施工造成人工、机械降效发生的费用；

本费用不包括混凝土冬季施工添加抗冻剂、混凝土构件的蒸汽养护费用及特殊情况（指由于工期限制必须在冬季赶工完成，如：轨道工程混凝土整体道床的施工等）采用暖棚法施工所增加的费用。

2.1.5 大型机械设备进出场及安拆费：是指移动有一定难度的大型机械整体或分体自停放场地运至施工现场或由一个施工地点运至另一个施工地点，一次发生的机械进出场运输和转移费用；分体运输的大型机械应同时计取一次安装与拆卸所发生的人工、材料、机械、试运转和安装所需的辅助设施（包括基础、底座、固定锚桩、行走轨道与枕木等）的折旧、搭设与拆除费用。城市轨道交通工程发生进出场费的大型机械大致分为以下几类：

1. 自身不能行走或移动困难的大型机械。如：用于围护结构与桥梁下部结构桩基础施工的钻孔机、连续墙施工的非履带式成槽机及门式起重机、塔式起重机、架桥机等。

2. 自身虽可以行走或移动，但城市道路不允许行走的大型机械。如：履带式的推土机、挖掘机、装载机、铲运机、起重机、压路机及连续墙施工的履带式成槽机等。

3. 盾构机进（转）场运输费：包括盾构机、车架及附属设施的装车、进（转）场的场外运输及局部部件安拆所发生的人工、辅助材料与机械费用。

盾构机现场吊装与试运行、现场拆除与装车费用已综合在预算定额或概算定额相应子目的工作内容中，不应列入本费用。

2.1.6 施工排水费：指为确保工程在正常条件下施工，采取各种排水措施所发生的费用。费用内容包括：

施工现场为排除既有地表水、上层滞水、积水等措施所发生的人工、材料及机械费用。不包括雨季施工时，雨后排除积水的费用。

2.1.7 施工降水费：指为确保工程在正常条件下施工，采取各种地下降水措施所发生的费用。费用内容包括：

根据地质水文勘察资料和设计要求，现场为排除地下水或降低地下水位，采取各种降水措施所发生的人工、材料及机械费用。

2.1.8 地上、地下设施，建筑物的临时保护设施费：是指施工过程中对需要保护的地上地下的设施、构筑物、建筑物等发生的措施费用。费用内容包括：

施工现场对施工过程中可能危及或影响到的地上杆线、树木、交通环卫设施、房屋、建（构）筑物与基础以及所有未进行迁移的设施，预先采取隔离、围护与保护措施所发生的人工、机械、设备与使用材料的周转、摊销及恢复等费用。

2.1.9 已完工程及设备保护费：是指工程竣工验收前，对已完工程及设备进行保护所需的费用。费用内容包括：

工程竣工验收前，对已完工程及设备进行围护、看护发生的人工与使用材料的周转、摊销及恢复等费用。不包括由于特殊原因导致长期停工而发生的对已完工程及设备进行保护以及人员看护等费用。

2.1.10 检验检测费：根据国家有关规定和工程建设强制性标准以及特殊要求，对具有出厂合格证明的材料、构件、设备等须另行委托独立检验部门进行检验检测（复检）的全部费用，按各地规定确定。

2.1.11 围堰费：指为确保工程在正常条件下作业，采取围堰方式施工所发生的措施费用。费用内容包括：

围堰施工的取土、装袋、打拔工具桩、垒筑、填芯与完工后的拆除、运弃等全部工作内容所发生的人工、材料及机械费用。

2.1.12 筑岛费：指为确保工程在正常条件下作业，采取筑岛方式施工所发生的措施费用。费用内容包括：

筑岛施工与完工后恢复等全部工作内容所发生的人工、材料及机械费用。

2.1.13 便道费：指施工期间设置过渡段临时道路（指铺轨基地或大型预制梁场至施工现场社会交通以外的临时道路）及根据交通管理部门的要求与规定的设计标准，设置临时社会交通导行道路所发生费用。费用内容包括：

1. 修建、拆除过渡段临时道路及恢复原貌所发生的人工、材料、机械等费用。

2. 修建、拆除临时社会交通导行路及恢复原貌所发生的人工、材料、机械等费用。

2.1.14 便桥费：指施工期间设置过渡段临时便桥（指铺轨基地或大型预制梁场至施工现场社会交通以外的临时便桥）及根据交通管理部门的要求与规定的设计标准，设置临时社会交通便桥所发生的费用。费用内容包括：

1. 修建、拆除过渡段临时便桥及恢复原貌所发生的人工、材料、机械等费用。

2. 修建、拆除临时社会交通便桥及恢复原貌所发生的人工、材料、机械等费用。

2.1.15 混凝土、钢筋混凝土模板及支架费：指在混凝土施工过程中需要搭设的各种钢模板、木模板、支架等的支、拆、保养、运输以及模板、支架的周转摊销（或租赁）费用。费用内容包括：

1. 现浇混凝土、钢筋混凝土施工搭设的木模板的制作、周转、摊销、安装、保养、拆除与场内外运输等费用。

2. 现浇混凝土、钢筋混凝土施工搭设的钢模板及附件的租赁（或制作、周转、摊销）、安装、保养、拆除与场内外运输等费用。

3. 与模板施工配套搭设的钢（木）支撑及附件的租赁（或制作、周转、摊销）、安装、保养、拆除与场内外运输等费用。

4. 高架区间桥梁工程现浇钢筋混凝土梁、板施工所需搭设的模板支排架及附件（扣件、卡销、顶托、底托等）的租赁（或制作、周转、摊销）、安装、保养、拆除与场内外运输及支排架基础、垫层与支墩的砌筑与拆除等费用。

2.1.16 脚手架费：是指现场施工需要搭设各种脚手架及附件的租赁（或制作、周转、摊销）、安装、保养、拆除与场内外运输等费用。

2.1.17 洞内施工的通风、供水、供电、照明、通讯及运输轨道等设施费：指隧道施工时为保证正常的作业条件与施工环境在洞内设置的通风、供水、供电、照明、通讯及运输轨道等设施的安装、使用、周转与摊销费用。费用内容包括：

1. 洞内通风设施：通风管道安装、周转与摊销、维修保养、拆除、场内外运输与通风设备的使用费用。

2. 洞内动力线路：洞内动力线路敷设、闸箱与插座等设施的安装、周转与摊销、维修保养以及设施的拆除与场内外运输等费用。

3. 洞内供水管线：洞内供水管线敷设、阀门与附件安装、周转与摊销、维修保养以及设施的拆除与场内外运输等费用。

4. 洞内照明设施：洞内照明线路敷设、灯具与闸箱等附件安装、周转与摊销、维修保养、照明用电的电费以及设施的拆除与场内外运输等费用。

5. 洞内运输轨道：枕木与轻轨的铺设、周转与摊销、维护与保养、拆除与场内外运输等费用。

2.1.18 临时支撑费：指为保证施工安全，在明挖车站、区间、出入口、风道等基坑内支设临时支撑所发生的费用。费用内容包括：

临时支撑及附件的租赁（或制作、周转、摊销）、安装、保养、拆除与场内外运输等费用。

2.1.19 地下管线交叉处理费：是指施工过程中对现有施工场地范围内各种地下交叉管线进行加固及处理所发生的费用。费用内容包括：

明挖基坑施工时对不占用本工程结构位置、经产权单位同意、且具备足够的安全措施方案的地下交叉管线或设施进行悬吊、加固及采取处理措施所发生的人工、机械、设备与使用材料的周转、摊销及恢复等费用。不包括地下管线或设施改移发生的费用。

2.1.20 行车、行人干扰及交通导行增加费：指施工期间在局部占用社会道路的路段，为维护正常的公共交通秩序，边施工边维护行人与车辆的通行，按要求进行交通疏导、设置导行标志及因行车、行人干扰降低工效等所发生的费用。费用内容包括：

1. 由于施工受行车、行人干扰的影响，导致人工、机械效率降低而增加的费用。

2. 为保证行车、行人的安全，现场增设维护交通与疏导人员而增加的人工费用。

3. 为实现交通导流，现场设置隔离墩、标志牌、标志灯、警示牌等设施的安装、拆除及维护过程中发生的人工、机械、辅助材料与设施的周转、摊销费用。

2.1.21 施工监测、监控费：指施工过程中对洞内工作环境的有毒有害气体、空气粉尘浓度的检测与对洞内、洞外施工环境物理变化进行的监控测量所发生的人工、辅助材料与检测量测设备的维修保养、使用和折旧摊销等费用。费用内容包括：

1. 对隧道洞内施工时可能存在的危害因素进行检测的费用。包括：氧浓度、易燃易爆物质浓度值、有毒有害气体（粉尘）浓度值等。检测工作应符合《工作场所空气中有害物质监测的采样规范》（GBZ159）。

2. 施工过程中对明（盖）挖法、暗挖法施工的车站，明挖法、暗挖法、盾构法施工的区间等进行周边环境监测的费用。包括：

（1）对建（构）筑物沉降、倾斜监测；

（2）对桥梁墩柱（台）沉降及差异沉降监测；

（3）对地下管线包括雨水、污水、上水、燃气等管线进行沉降及差异沉降监测；

（4）对道路及地表沉降监测；

（5）对既有地铁、铁路的结构沉降、道床（路基）沉降、轨道几何形位监测等。

3. 施工过程中对明挖基坑围护结构体系进行监测的费用。包括：

（1）围护结构桩（墙）顶水平位移监测；

（2）围护结构桩（墙）体变形监测；

（3）支撑轴力监测；

（4）锚杆（索）拉力监测。

4. 施工过程中对暗挖法施工的车站及区间隧道的围岩和支护进行监测的费用。包括：

（1）围岩及支护状态；

（2）拱顶下沉；

（3）周边净空收敛位移；

（4）岩体爆破地面质点振动速度和噪音；

（5）围岩内部位移；

（6）围岩压力及支护间应力；

（7）钢筋格栅拱架内力及外力；

（8）初期支护、二次衬砌内应力及表面应力；

（9）锚杆内力、抗拔力及表面应力。

5. 盾构法施工进行监控测量的费用。包括：

（1）隧道沉浮和水平位移；

（2）地中位移；

（3）初衬环内力和变形；

（4）地层与管片的接触应力。

2.1.22 大型预制梁场设施费：指现场为制作与存放大型预制混凝土梁而特设预制场地的建设、拆除与恢复费用。费用内容包括：

场地平整、地基处理、临时设施与各种作业加工场（棚）的安拆、大型预制混凝土梁制作与堆放场地及设施的安拆、龙门架与走行轨安拆、临时水电管线与场内道路等所有场区设施的建设、拆除与恢复所发生的人工、材料、机械及设施的周转或摊销等费用。

2.1.23 铺轨基地设施费：指现场为轨道铺设进行轨排拼装、长钢轨焊接、材料加工与存放场地以及基地临时设施的建设、拆除与恢复费用。费用内容包括：

铺轨基地的场地平整、地基处理、临时设施与各种作业加工场（棚）的安拆、龙门架与走行轨安拆、材料堆放场地的设置、临时水电管线与场内道路等所有设施的建设、拆除与恢复所发生的人工、材料、机械及设施的周转或摊销等费用。

2.1.24 其他项目：指以上未包括的施工现场实际发生的其他措施费用。

2.2 措施费编制规则

2.2.1 安全防护、文明施工措施费应根据所列费用内容，结合城市轨道交通工程专业项目的实际情况计列所发生的费用，按企业实际发生的三年平均数值综合分析，合理测定本费用占直接工程费（或人工费）的比例，以综合费率的形式体现。

1. 环境保护费：

$$费率（\%）=\frac{环境保护费年度平均支出}{年度平均建安产值\times直接工程费（或人工费）占总造价比例（\%）}\times100\%$$

2. 文明施工费：

$$费率（\%）=\frac{文明施工费年度平均支出}{年度平均建安产值\times直接工程费（或人工费）占总造价比例（\%）}\times100\%$$

3. 安全施工费：

$$费率（\%）=\frac{安全施工费年度平均支出}{年度平均建安产值\times直接工程费（或人工费）占总造价比例（\%）}\times100\%$$

4. 临时设施费：

$$费率（\%）=\frac{临时设施费年度平均支出}{年度平均建安产值\times直接工程费（或人工费）占总造价比例（\%）}\times100\%$$

安全防护、文明施工措施费综合费率：综合费率（%）=环境保护费费率+文明施工费费率+安全施工费费率+临时设施费费率

2.2.2 夜间施工费的测定应综合考虑现场发生的夜间施工费用，结合城市轨道交通工程专业项目的实际情况计列所发生的费用，按企业实际发生的三年平均数值综合分析，合理测定本费用占直接工程费（或人工费）的比例，以费率的形式体现。

$$费率（\%）=\frac{夜间施工费年度平均支出}{年度平均建安产值\times直接工程费（或人工费）占总造价比例（\%）}\times100\%$$

2.2.3 二次搬运费的测定应综合考虑现场发生的二次搬运费用，结合城市轨道交通工程专业项目的实际情况计列所发生的费用，按企业实际发生的三年平均数值综合分析，合理测定本费用占直接工程费（或人工费）的比例，以费率的形式体现。

$$费率（\%）=\frac{二次搬运费年度平均支出}{年度平均建安产值 \times 直接工程费（或人工费）占总造价比例（\%）} \times 100\%$$

2.2.4 冬雨季施工增加费的测定应综合考虑由于冬、雨季施工降效的增加费用，参照当地气象资料、按企业实际发生的三年平均数值综合分析，合理测定本费用占直接工程费（或人工费）的比例，以费率的形式体现。

$$费率（\%）=\frac{冬雨季施工增加费年度平均支出}{年度平均建安产值 \times 直接工程费（或人工费）占总造价比例（\%）} \times 100\%$$

2.2.5 大型机械设备进出场及安拆费按工程施工组织设计方案及相应费用进行编制。

2.2.6 施工排水费根据施工组织设计方案、结合现场实际情况，执行相应定额计量和计算。

2.2.7 施工降水费根据工程地质水文勘察资料、设计图纸与施工组织设计的降水方案，执行相应定额计量和计算。

2.2.8 地上、地下设施，建筑物的临时保护设施费按设计图纸或施工组织设计的保护方案与相关费用计算。

2.2.9 已完工程及设备保护费的测定综合考虑城市轨道交通工程实际情况，按企业实际发生的三年平均数值综合分析，合理测定本费用占直接工程费（或人工费）的比例，以费率形式体现。

$$费率（\%）=\frac{已完工程及设备保护费年度平均支出}{年度平均建安产值 \times 直接工程费（或人工费）占总造价比例（\%）} \times 100\%$$

2.2.10 检验检测费根据相关部门对材料、设备、设施等进行检验检测的规定及要求，结合城市轨道交通工程实际情况参照当地有关收费标准计算。按企业实际发生的三年平均数值综合分析，合理测定本费用占直接工程费（或人工费）的比例，以费率形式体现。

$$费率（\%）=\frac{检验检测费年度平均支出}{年度平均建安产值 \times 直接工程费（或人工费）占总造价比例（\%）} \times 100\%$$

2.2.11 围堰费按设计图纸或施工组织设计方案，执行相应定额计量和计算。

2.2.12 筑岛费按设计图纸或施工组织设计方案，执行相应定额计量和计算。

2.2.13 便道费按设计图纸或施工组织设计方案，执行相应定额计量和计算。

2.2.14 便桥费按设计图纸或施工组织设计方案，执行相应定额计量和计算。

2.2.15 混凝土、钢筋混凝土模板及支架费按工程设计图纸或施工组织设计方案，执行相应定额计量和计算。

2.2.16 脚手架费按设计图纸或施工组织设计方案，执行相应定额计量和计算。

2.2.17 洞内施工的通风、供水、供电、照明、通讯及运输轨道等设施费按设计图纸或施工组织设计方案，执行相应定额计量和计算。

2.2.18 临时支撑费按设计图纸或施工组织设计方案，执行相应定额计量和计算。

2.2.19 地下管线交叉处理费按设计图纸或施工组织设计方案，执行相应定额计量和计算。

2.2.20 行车、行人干扰及交通导行增加费按施工组织设计方案，执行相应定额或以实际发生费用计量和计算。

2.2.21 施工监测、监控费按设计图纸或施工组织设计方案，执行相应定额计量和计算。

2.2.22 大型预制梁场设施费按设计图纸或施工组织设计方案，执行相应定额计量和计算。

2.2.23 铺轨基地设施费按设计图纸或施工组织设计方案，执行相应定额计量和计算。

2.2.24 其他措施费按以下规定编制：

1. 能够按照设计图纸或现场施工组织设计方案计量的其他措施项目，执行相应定额或费用计算。

2. 没有设计图纸又不能执行相应定额计算的措施项目，应根据相关规定、结合实际情况按企业近三年来发生的平均数据，以费率的形式体现。

3. 企业管理费

3.1 企业管理费内容

企业管理费是指建筑安装企业组织施工生产和经营管理所需费用。费用内容包括：

管理人员工资、办公费、差旅交通费、固定资产使用费、工具用具使用费、劳动保险费、工会经费、职工教育经费、财产保险费、财务费、税金及其他。

3.1.1 管理人员工资：指管理人员的基本工资、工资性补贴、职工福利费、劳动保护费等。

3.1.2 办公费：指企业办公用的文具、纸张、帐表、印刷、邮电、书报、会议、水电、烧水和集体取暖（包括现场临时宿舍取暖）用煤等费用。

3.1.3 差旅交通费：指职工因公出差、调动工作的差旅费、住勤补助费、市内交通费和误餐补助费，职工探亲路费，劳动力招募费，职工离退休、退职一次性路费，工伤人员就医路费，工地转移费以及管理部门使用的交通工具的油料、燃料及牌照费。

3.1.4 固定资产使用费：指管理和试验部门及附属生产单位使用的属于固定资产的房屋、设备仪器等的折旧、大修、维修或租赁费。

3.1.5 工具用具使用费：指不属于固定资产的生产工具、器具、家具、交通工具和检验、试验、测绘、消防用具等的购置、使用、维修和摊销费。包括单位价值在2000元以下的现场施工机械和仪器仪表的使用费用。

3.1.6 劳动保险费：指由企业支付离退休职工的易地安家补助费、职工退职金、六个月以上的病假人员工资、职工死亡丧葬补助费、抚恤费、按规定支付给离休干部的各项经费。

3.1.7 工会经费：指企业按职工工资总额计提的工会经费。

3.1.8 职工教育经费：指企业为职工学习先进技术和提高文化水平，按职工工资总额计提的费用。

3.1.9 财产保险费：指施工管理用财产、车辆保险。

3.1.10 财务费用：指企业为筹集资金而发生的各种费用。

3.1.11 税金：指企业按规定缴纳的房产税、车船使用税、土地使用税、印花税等。

3.1.12 其 他：上述费用以外发生的费用，包括技术转让费、技术开发费、业务招待费、绿化费、广告费、公证费、法律顾问费、审计费、咨询费等。

3.2 企业管理费编制规则

企业管理费的编制规则以建设部、财政部《关于印发〈建筑安装工程费用项目组成〉的通知》（建标〔2003〕206号）文件、《城市轨道交通工程预算定额》及相关政策为依据，结合城市轨道交通工程建设施工企业的实际状况，对企业发生的各项管理费用进行综合，以费率的形式体现。具体方法按以下步骤进行：

1. 设置标准模型企业：以设定标准模型企业的全员人数作为基础。企业人员分类如下：

（1）管理人员：包括干部、勤杂人员和其他无产值用工人员（包括外包队伍中的非生产人员）；

（2）生产工人：包括自有生产工人、劳务输入生产工人、对外分包生产工人；

（3）材料管理人员：材料保管费开支的材料管理人员；

（4）福利人员：福利费开支的人员。

企业人员分类可参照以下比例确定：

管理人员占全员比例 20%

材料人员占全员比例 2%

福利人员占全员比例 1%

生产工人占全员比例 77%（含包工队伍人员）

2. 全年日历工作天数：按照《关于职工全年月平均工作时间和工资折算问题的通知》（劳社部发〔2008〕3号）规定，全年日历工作天数250天；月日历工作天数20.83天。

3. 企业管理费费率计算公式：

（1）以直接费为计算基础的费率

$$企业管理费率（\%）=\frac{生产工人年平均管理费}{年有效施工天数\times人工单价}\times人工费占直接费比例（\%）$$

（2）以人工费为计算基础的费率

$$企业管理费率（\%）=\frac{生产工人年平均管理费}{年有效施工天数\times人工单价}\times100\%$$

（3）以人工费和机械费合计为计算基础的费率

$$企业管理费率（\%）=\frac{生产工人年平均管理费}{年有效施工天数\times（人工单价+每一工日机械使用费）}\times100\%$$

3.2.1 管理人员工资

1. 管理人员的基本工资、工资性补贴按平均工资计算：以近三个年度各地方城镇在岗职工平均工资薪金为基础，并考虑建筑业平均工资高于当地平均工资10%因素确定平均工资水平。

2. 职工福利费：根据财政部《关于企业加强职工福利费财务管理的通知》（财企〔2009〕242号）精神，区别具体情况按不超过工资薪金的14%部分进入成本，不含规费中开支内容。费用内容包括：

（1）职工福利费开支范围内的传统项目，如因公外地就医费、没有实行统筹的医疗费、职工供养的直系亲属医疗补贴等。

（2）离退休统筹外费用、职工疗养费、企业未分离的福利设施的折旧和保养费用，符合国家规定的供暖补贴费。

（3）未实行货币改革的住房、交通、通讯等补贴。

3. 劳动保护费：按企业近三年调研数据综合测算，包括：防暑降温费、工作服、手套、肥皂、防寒服、雨衣、雨鞋等。

3.2.2 办公费：按企业近三年调研数据综合测算或以实际统计数据进行计算。

3.2.3 差旅交通费：按企业近三年调研数据综合测算或以实际统计数据进行计算。

3.2.4 固定资产使用费：以企业管理和实验部门及附属生产单位使用的属于固定资产的房屋、设备仪器等固定资产原值减掉残值为基础，根据《企业会计准则》（中华人民共和国财政部令第33号）及2008年1月实施的《中华人民共和国企业所得税法实施条例》（中华人民共和国国务院令第512号）规定，计算折旧、大修、维修或租赁。以综合折旧率进行计算。

1. 折旧方法：采用直线法

2. 折旧年限根据2008年1月1日实施的《中华人民共和国企业所得税法实施条例》确定：

（1）房屋、建筑物 20年

（2）机器、机械和其他生产设备 10年

（3）与生产经营活动有关的器具、工具、家具 5年

（4）构成固定资产的运输工具 4年

（5）电子设备 3年

3.2.5 工具用具使用费：按企业近三年调研数据综合测算。

3.2.6 劳动保险费：根据企业实际情况，参照地方标准计算确定。

3.2.7 工会经费：按企业职工工资总额分别计算。

1. 管理人员计提工会经费：根据规定按平均工资薪金的2%计算。

2. 生产工人计提工会经费：根据规定按直接费中人工费的2%计算。

3.2.8 职工教育经费：根据《企业财务通则》（中华人民共和国财政部令第41号）和《中华人民共和国企业所得税法实施条例》规定，按职工工资总额的2.5%提取。

1. 管理人员计提职工教育经费：根据规定按平均工资薪金的2.5%计算。

2. 生产工人计提职工教育经费：根据规定按直接费中人工费的2.5%计算。

3.2.9 财产保险费：

1. 财产保险：按全部财产的商业保险费率计算。

2. 车辆保险：按车辆数量及相应的保险费率计算。

3.2.10 财务费用：按企业年度完成产值，考虑工程预付款比例、企业流动资金周转次数及利率综合确定流动资金贷款和融资费用。

3.2.11 税金：

1. 房产税：按房产原值一次扣除30%，税率为1.2%计算。

2. 车船使用税：按吨位征收计算。

3. 土地使用税：按管理人员平均占用土地面积计算。

4. 印花税：主要按证帐、合同正本的印花税计算。

3.2.12 其他：按各地相关规定结合企业实际发生费用计算。

4. 规 费

4.1 规费内容

规费是指政府和有关权力部门规定必须缴纳的费用。费用内容包括工程排污费、社会保障费用及其他。

4.1.1 工程排污费：是指施工现场按规定缴纳的工程排污费。

4.1.2 社会保障费用：

1. 养老保险费：是指企业按规定标准为职工缴纳的基本养老保险费。

2. 失业保险费：是指企业按照国家规定标准为职工缴纳的失业保险费。

3. 医疗保险费：是指企业按规定标准为职工缴纳的基本医疗保险费。

4. 工伤保险：是指企业按规定标准为职工缴纳的工伤保险。

5. 职工生育保险：是指企业按规定标准为职工缴纳的生育保险费。

6. 住房公积金：是指企业按规定标准为职工缴纳的住房公积金。

7. 残疾人保障金：按规定缴纳的残疾人保障金。

4.1.3 其他：不包括在上述范围内的规费。

4.2 规费编制规则

规费的编制规则以建设部、财政部《关于印发〈建筑安装工程费用项目组成〉的通知》（建标〔2003〕206号）、各地区“规费”相关政策为依据，结合城市轨道交通工程建设的施工企业实际状况，对企

业发生的规费进行综合，以费率的形式体现。具体方法按以下步骤进行：

1. 设置标准模型企业：同企业管理费标准模型企业。

2. 全年日历工作天数：同企业管理费天数。

3. 规费标准公式：

以人工费为计取基数的费率：

$$规费费率（\%）=\frac{\sum 规费缴费标准\times 每万元发承包价计算基数}{每万元发承包价中的人工费含量}\times 100\%$$

4.2.1 工程排污费：按各地区相关规定与标准计算。

4.2.2 社会保障费用（企业缴纳部分）：

1. 养老保险费：按各地政府和社保部门规定计算。一般以职工上一年度平均工资为基数。

2. 失业保险费：基数同养老保险费。

3. 医疗保险费：基数同养老保险费。

4. 工伤保险：按各地政府规定标准计算。

5. 职工生育保险：按各地政府规定的为城镇职工缴纳的保险标准计算。

6. 住房公积金：企业为城镇职工按规定标准缴纳的住房公积金，计取基数为职工上一年度平均工资。

7. 残疾人保障金：按各地政府规定标准计算。

4.2.3 其他：按各地政府规定标准计算。

5. 利润

5.1 利润内容

利润是指施工企业完成所承包工程获得的盈利。

5.2 利润编制规则

利润根据统计公报公布的建筑行业产值利润率指标，参照相关行业平均利润水平，结合城市轨道交通工程的特点以及施工企业的实际状况综合确定，以费率的形式体现。

6. 税金

6.1 税金内容

6.1.1 税金是按税法规定应计入建筑安装工程造价内的营业税、城市维护建设税、教育费附加及其他税费。

1. 营业税是指对我国境内提供应税建筑劳务而就其营业额征收的一种流转税。

2. 城市维护建设税是我国为了加强城市的维护建设，扩大和稳定城市维护建设资金的来源，而对有经营收入的单位和个人征收的一个税种。

3. 教育费附加是为发展地方性教育事业，扩大地方教育经费的资金来源对缴纳增值税、消费税、营业税的单位和个人征收的一种附加费。

4. 其他税费指不包括在上述税费以内，依据国家有关规定增加的其他税费。

6.2 税金编制规则

6.2.1 税　金：按税法规定应计入建筑安装工程造价内的营业税、城市维护建设税及教育费附加的合计税率。

1. 营业税按税前工程造价的3%计算。

2. 城市维护建设税按营业税乘以适用的税率计算；城市轨道交通工程统一按营业税的7%计算。

3. 教育费附加按营业税的3%计算。

4. 其他税费依据国家规定增加的相应税费标准计算。

6.2.2 税金标准公式：以税前工程造价为计取基数的费率：（略）

7. 取费程序

7.1　取费基础

取费基础是指以费率形式计取的各项费用的计算基础。

7.1.1 措施费：土建工程与轨道工程以直接工程费为基础计算；安装工程以人工费为基础计算。

7.1.2 企业管理费：土建工程与轨道工程以直接费为基础计算；安装工程以人工费为基础计算。

7.1.3 利润：土建工程与轨道工程以直接费与企业管理费之和为基础计算；安装工程以人工费为基础计算。

7.1.4 规费：社会保障费用以人工费为基础计算；工程排污费和其他按各地政府规定标准计算。

7.1.5 税金：以税前工程造价为基础计算。

7.2　取费分类

城市轨道交通工程按工程类别取费；工程类别分为土建工程、轨道工程、安装工程三大类。

7.2.1 土建工程

1. 地上工程：适用于地面与高架车站及区间等土建工程。

2. 地下工程：明挖工程、暗挖工程、盾构工程。

7.2.2 轨道工程：适用于轨道、车辆段、停车场等线路的所有轨道工程。

7.2.3 安装工程：

1. 通信、信号工程。

2. 供电工程。

3. 智能与控制系统工程。

4. 机电工程。

7.3　取费程序表

取费程序表分预算取费程序表、概算取费程序表及工程量清单计价程序表。

取费程序表中的措施费（一）是指以费率计算的措施费；措施费（二）是指按设计图纸与施工组织设计方案计量并执行定额计算的措施费。

编制期为预算文件确定的编制期。

7.3.1 预算取费程序分以直接工程费为基础（见表一）、人工费加机械费为基础（见表二）及人工费为基础（见表三）三种。

7.3.2 概算取费程序分以直接工程费为基础（见表四）和以人工费为基础（见表五）两种。

1. 概算直接费包括直接工程费和措施费（二）。

2. 综合费用包括措施费（一）和企业管理费，综合费率由各地工程造价管理部门测算。

3. 概算规费费率由各地工程造价管理部门测算。

4. 概算调整是指对初步设计图纸深度不足的调整，概算调整系数由各地造价管理部门测算。

7.3.3 工程量清单计价按国家标准《建设工程工程量清单计价规范》（GB50500－2008）的规定执行（见表六）。

表一 轨道交通工程预算取费程序表（以直接费为基础计算）

序号	费用项目	计算公式
1	直接工程费	1.1+1.2+1.3
1.1	人工费	Σ工程量×定额人工消耗量×编制期人工单价
1.2	材料费	Σ工程量×定额材料消耗量×编制期材料单价
1.3	机械费	Σ工程量×定额机械台班消耗量×编制期机械台班单价
2	措施费（一）	1×措施费费率
2.1	其中：人工费	按有关规定计算
3	措施费（二）	Σ工程量×定额工、料、机消耗量×编制期价格
3.1	其中：人工费	Σ工程量×定额人工消耗量×编制期人工单价
4	直接费	1+2+3
5	企业管理费	4 × 企业管理费费率
6	利润	（4+5） × 利润率
7	规费	7.1+7.2
7.1	社会保障费	（1.1+2.1+3.1） × 规费费率
7.2	工程排污费及其他	按各地政府规定标准计算
8	税金	（4+5+6+7） × 税率
9	工程造价	4+5+6+7+8

表二 轨道交通工程预算取费程序表（以人工费加机械费为基础计工算）

序号	费用项目	计算公式
1	直接工程费	1.1+1.2+1.3
1.1	人工费	Σ工程量×定额人工消耗量×编制期人工单价
1.2	材料费	Σ工程量×定额材料消耗量×编制期材料单价
1.3	机械费	Σ工程量×定额机械台班消耗量×编制期机械台班单价
2	措施费（一）	（1.1+1.3） × 措施费费率
2.1	人工费	按有关规定计算
2.2	机械费	按有关规定计算
3	措施费（二）	Σ工程量×定额工、料、机消耗量×编制期价格
3.1	人工费	Σ工程量×定额人工消耗量×编制期人工单价

3.2	机械费	Σ工程量×定额机械台班消耗量×编制期机械台班单价
4	直接费	1+2+3
5	企业管理费	(1.1+1.3+2.1+2.2+3.1+3.2)×企业管理费费率
6	利润	(1.1+1.3+2.1+2.2+3.1+3.2)×利润率
7	规费	7.1+7.2
7.1	社会保障费	(1.1+2.1+3.1)×规费费率
7.2	工程排污费及其他	按各地政府规定标准计算
8	税金	(4+5+6+7)×税率
9	工程造价	4+5+6+7+8

表三　轨道交通工程预算取费程序表（以人工费为基础计算）

序号	费用项目	计算公式
1	直接工程费	1.1+1.2+1.3
1.1	人工费	Σ工程量×定额人工消耗量×编制期人工单价
1.2	材料费	Σ工程量×定额材料消耗量×编制期材料单价
1.3	机械费	Σ工程量×定额机械台班消耗量×编制期机械台班单价
2	措施费（一）	1.1×措施费费率
2.1	人工费	按有关规定计算
3	措施费（二）	Σ工程量×定额工、料、机消耗量×编制期价格
3.1	人工费	Σ工程量×定额人工消耗量×编制期人工单价
4	直接费	1+2+3
5	企业管理费	(1.1+2.1+3.1)×企业管理费费率
6	利润	(1.1+2.1+3.1)×利润率
7	规费	7.1+7.2
7.1	社会保障费	(1.1+2.1+3.1)×规费费率
7.2	工程排污费及其他	按各地政府规定标准计算
8	税金	(4+5+6+7)×税率
9	工程造价	4+5+6+7+8

表四　轨道交通工程设计概算取费程序表（以直接费为基础计算）

序号	费用项目	计算公式
1	概算直接费	按概算定额及编制期价格计算
1.1	人工费	概算直接费中的人工费
2	综合费用	1 × 综合费用费率
3	利润	（1+2）× 利润率
4	规费	1.1 × 概算规费费率
5	概算调整	（1+2+3+4）× 概算调整系数
6	税金	（1+2+3+4+5）× 税率
7	概算总造价	1+2+3+4+5+6

表五　城市轨道交通工程设计概算取费程序表（以人工费为基础计算）

序号	费用项目	计算公式
1	概算直接费	按概算定额及编制期价格计算
1.1	人工费	概算直接费中的人工费
2	综合费用	1.1 × 综合费用费率
3	利润	1.1 × 利润率
4	规费	1.1 × 概算规费费率
5	概算调整	（1+2+3+4）× 概算调整系数
6	税金	（1+2+3+4+5）× 税率
7	概算总造价	1+2+3+4+5+6

表六　城市轨道交通工程工程量清单计价程序表

序号	费用名称	计算公式
1	分部分项工程费	Σ分部分项工程量×相应综合单价
1.1	分部分项工程费中的人工费	Σ分部分项工程量×相应综合单价中的人工费
2	措施费	2.1+2.2
2.1	措施费（一）	分部分项工程费×措施费综合费率
2.1.1	人工费	按有关规定计算
2.2	措施费（二）	工程量×相应综合单价

2.2.1	人工费	工程量×相应综合单价中的人工费
3	其他项目	3.1+3.2+3.3+3.4
3.1	暂列金额	按招标人确定金额暂列
3.2	暂估价	3.2.1+3.2.2
3.2.1	材料暂估价	按招标人确定金额暂列
3.2.2	专业工程暂估价	按招标人确定金额暂列
3.3	计日工	按招标人提供的项目与数量×相应综合单价
3.4	总承包服务费	（分包工程造价－设备费）×相应规定费率
4	规费	（1.1+2.1.1+2.2.1）×规费费率
5	税金	［1+2+（3－3.2.1）+4］×规定税率
6	单位工程造价	1+2+（3－3.2.1）+4+5

附件：略

建设领域农民工工资支付管理暂行办法

（2004年9月6日劳社部发〔2004〕22号发布　自发布之日起施行）

为规范建设领域农民工工资支付行为，预防和解决建筑业企业拖欠或克扣农民工工资问题，根据《中华人民共和国劳动法》、《工资支付暂行规定》等有关规定，制定本办法。

一、本办法适用于在中华人民共和国境内的建筑业企业（以下简称企业）和与之形成劳动关系的农民工。

本办法所指建筑业企业，是指从事土木工程、建筑工程、线路管道设备安装工程、装修工程的新建、扩建、改建活动的企业。

二、县级以上劳动和社会保障行政部门负责企业工资支付的监督管理，建设行政主管部门协助劳动和社会保障行政部门对企业执行本办法的情况进行监督检查。

三、企业必须严格按照《劳动法》、《工资支付暂行规定》和《最低工资规定》等有关规定支付农民工工资，不得拖欠或克扣。

四、企业应依法通过集体协商或其他民主协商形式制定内部工资支付办法，并告知本企业全体农民工，同时抄报当地劳动和社会保障行政部门与建设行政主管部门。

五、企业内部工资支付办法应包括以下内容：支付项目、支付标准、支付方式、支付周期和日期、加班工资计算基数、特殊情况下的工资支付以及其他工资支付内容。

六、企业应当根据劳动合同约定的农民工工资标准等内容，按照依法签订的集体合同或劳动合同约定的日期按月支付工资，并不得低于当地最低工资标准。具体支付方式可由企业结合建筑行业特点在内部工资支付办法中规定。

七、企业应将工资直接发放给农民工本人，严禁发放给“包工头”或其他不具备用工主体资格的组织和个人。

企业可委托银行发放农民工工资。

八、企业支付农民工工资应编制工资支付表，如实记录支付单位、支付时间、支付对象、支付数额等工资支付情况，并保存两年以上备查。

九、工程总承包企业应对劳务分包企业工资支付进行监督，督促其依法支付农民工工资。

十、业主或工程总承包企业未按合同约定与建设工程承包企业结清工程款，致使建设工程承包企业拖欠农民工工资的，由业主或工程总承包企业先行垫付农民工被拖欠的工资，先行垫付的工资数额以未结清的工程款为限。

十一、企业因被拖欠工程款导致拖欠农民工工资的，企业追回的被拖欠工程款，应优先用于支付拖欠的农民工工资。

十二、工程总承包企业不得将工程违反规定发包、分包给不具备用工主体资格的组织或个人，否则应承担清偿拖欠工资连带责任。

十三、企业应定期如实向当地劳动和社会保障行政部门及建设行政主管部门报送本单位工资支付情况。

十四、企业违反国家工资支付规定拖欠或克扣农民工工资的，记入信用档案，并通报有关部门。

建设行政主管部门可依法对其市场准入、招投标资格和新开工项目施工许可等进行限制，并予以相应处罚。

十五、企业应按有关规定缴纳工资保障金，存入当地政府指定的专户，用于垫付拖欠的农民工工资。

十六、农民工发现企业有下列情形之一的，有权向劳动和社会保障行政部门举报：

（一）未按照约定支付工资的；

（二）支付工资低于当地最低工资标准的；

（三）拖欠或克扣工资的；

（四）不支付加班工资的；

（五）侵害工资报酬权益的其他行为。

十七、各级劳动和社会保障行政部门依法对企业支付农民工工资情况进行监察，对违法行为进行处理。企业在接受监察时应当如实报告情况，提供必要的资料和证明。

十八、农民工与企业因工资支付发生争议的，按照国家劳动争议处理有关规定处理。

对事实清楚、不及时裁决会导致农民工生活困难的工资争议案件，以及涉及农民工工伤、患病期间工资待遇的争议案件，劳动争议仲裁委员会可部分裁决；企业不执行部分裁决的，当事人可依法向人民法院申请强制执行。

十九、本办法自发布之日起执行。

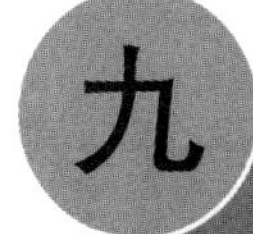

九 建设项目公开及诚信体系建设

中华人民共和国政府信息公开条例

（2007年4月5日中华人民共和国国务院令第492号公布　2019年4月3日中华人民共和国国务院令第711号修订　自2019年5月15日起施行）

第一章　总　　则

第一条　为了保障公民、法人和其他组织依法获取政府信息，提高政府工作的透明度，建设法治政府，充分发挥政府信息对人民群众生产、生活和经济社会活动的服务作用，制定本条例。

第二条　本条例所称政府信息，是指行政机关在履行行政管理职能过程中制作或者获取的，以一定形式记录、保存的信息。

第三条　各级人民政府应当加强对政府信息公开工作的组织领导。

国务院办公厅是全国政府信息公开工作的主管部门，负责推进、指导、协调、监督全国的政府信息公开工作。

县级以上地方人民政府办公厅（室）是本行政区域的政府信息公开工作主管部门，负责推进、指导、协调、监督本行政区域的政府信息公开工作。

实行垂直领导的部门的办公厅（室）主管本系统的政府信息公开工作。

第四条　各级人民政府及县级以上人民政府部门应当建立健全本行政机关的政府信息公开工作制度，并指定机构（以下统称政府信息公开工作机构）负责本行政机关政府信息公开的日常工作。

政府信息公开工作机构的具体职能是：

（一）办理本行政机关的政府信息公开事宜；

（二）维护和更新本行政机关公开的政府信息；

（三）组织编制本行政机关的政府信息公开指南、政府信息公开目录和政府信息公开工作年度报告；

（四）组织开展对拟公开政府信息的审查；

（五）本行政机关规定的与政府信息公开有关的其他职能。

第五条　行政机关公开政府信息，应当坚持以公开为常态、不公开为例外，遵循公正、公平、合法、便民的原则。

第六条　行政机关应当及时、准确地公开政府信息。

行政机关发现影响或者可能影响社会稳定、扰乱社会和经济管理秩序的虚假或者不完整信息的，应当发布准确的政府信息予以澄清。

第七条　各级人民政府应当积极推进政府信息公开工作，逐步增加政府信息公开的内容。

第八条 各级人民政府应当加强政府信息资源的规范化、标准化、信息化管理，加强互联网政府信息公开平台建设，推进政府信息公开平台与政务服务平台融合，提高政府信息公开在线办理水平。

第九条 公民、法人和其他组织有权对行政机关的政府信息公开工作进行监督，并提出批评和建议。

第二章 公开的主体和范围

第十条 行政机关制作的政府信息，由制作该政府信息的行政机关负责公开。行政机关从公民、法人和其他组织获取的政府信息，由保存该政府信息的行政机关负责公开；行政机关获取的其他行政机关的政府信息，由制作或者最初获取该政府信息的行政机关负责公开。法律、法规对政府信息公开的权限另有规定的，从其规定。

行政机关设立的派出机构、内设机构依照法律、法规对外以自己名义履行行政管理职能的，可以由该派出机构、内设机构负责与所履行行政管理职能有关的政府信息公开工作。

两个以上行政机关共同制作的政府信息，由牵头制作的行政机关负责公开。

第十一条 行政机关应当建立健全政府信息公开协调机制。行政机关公开政府信息涉及其他机关的，应当与有关机关协商、确认，保证行政机关公开的政府信息准确一致。

行政机关公开政府信息依照法律、行政法规和国家有关规定需要批准的，经批准予以公开。

第十二条 行政机关编制、公布的政府信息公开指南和政府信息公开目录应当及时更新。

政府信息公开指南包括政府信息的分类、编排体系、获取方式和政府信息公开工作机构的名称、办公地址、办公时间、联系电话、传真号码、互联网联系方式等内容。

政府信息公开目录包括政府信息的索引、名称、内容概述、生成日期等内容。

第十三条 除本条例第十四条、第十五条、第十六条规定的政府信息外，政府信息应当公开。

行政机关公开政府信息，采取主动公开和依申请公开的方式。

第十四条 依法确定为国家秘密的政府信息，法律、行政法规禁止公开的政府信息，以及公开后可能危及国家安全、公共安全、经济安全、社会稳定的政府信息，不予公开。

第十五条 涉及商业秘密、个人隐私等公开会对第三方合法权益造成损害的政府信息，行政机关不得公开。但是，第三方同意公开或者行政机关认为不公开会对公共利益造成重大影响的，予以公开。

第十六条 行政机关的内部事务信息，包括人事管理、后勤管理、内部工作流程等方面的信息，可以不予公开。

行政机关在履行行政管理职能过程中形成的讨论记录、过程稿、磋商信函、请示报告等过程性信息以及行政执法案卷信息，可以不予公开。法律、法规、规章规定上述信息应当公开的，从其规定。

第十七条 行政机关应当建立健全政府信息公开审查机制，明确审查的程序和责任。

行政机关应当依照《中华人民共和国保守国家秘密法》以及其他法律、法规和国家有关规定对拟公开的政府信息进行审查。

行政机关不能确定政府信息是否可以公开的，应当依照法律、法规和国家有关规定报有关主管部门或者保密行政管理部门确定。

第十八条 行政机关应当建立健全政府信息管理动态调整机制，对本行政机关不予公开的政府信息进行定期评估审查，对因情势变化可以公开的政府信息应当公开。

第三章 主动公开

第十九条 对涉及公众利益调整、需要公众广泛知晓或者需要公众参与决策的政府信息，行政机关应当主动公开。

第二十条 行政机关应当依照本条例第十九条的规定，主动公开本行政机关的下列政府信息：

（一）行政法规、规章和规范性文件；

（二）机关职能、机构设置、办公地址、办公时间、联系方式、负责人姓名；

（三）国民经济和社会发展规划、专项规划、区域规划及相关政策；

（四）国民经济和社会发展统计信息；

（五）办理行政许可和其他对外管理服务事项的依据、条件、程序以及办理结果；

（六）实施行政处罚、行政强制的依据、条件、程序以及本行政机关认为具有一定社会影响的行政处罚决定；

（七）财政预算、决算信息；

（八）行政事业性收费项目及其依据、标准；

（九）政府集中采购项目的目录、标准及实施情况；

（十）重大建设项目的批准和实施情况；

（十一）扶贫、教育、医疗、社会保障、促进就业等方面的政策、措施及其实施情况；

（十二）突发公共事件的应急预案、预警信息及应对情况；

（十三）环境保护、公共卫生、安全生产、食品药品、产品质量的监督检查情况；

（十四）公务员招考的职位、名额、报考条件等事项以及录用结果；

（十五）法律、法规、规章和国家有关规定规定应当主动公开的其他政府信息。

第二十一条 除本条例第二十条规定的政府信息外，设区的市级、县级人民政府及其部门还应当根据本地方的具体情况，主动公开涉及市政建设、公共服务、公益事业、土地征收、房屋征收、治安管理、社会救助等方面的政府信息；乡（镇）人民政府还应当根据本地方的具体情况，主动公开贯彻落实农业农村政策、农田水利工程建设运营、农村土地承包经营权流转、宅基地使用情况审核、土地征收、房屋征收、筹资筹劳、社会救助等方面的政府信息。

第二十二条 行政机关应当依照本条例第二十条、第二十一条的规定，确定主动公开政府信息的具体内容，并按照上级行政机关的部署，不断增加主动公开的内容。

第二十三条 行政机关应当建立健全政府信息发布机制，将主动公开的政府信息通过政府公报、政府网站或者其他互联网政务媒体、新闻发布会以及报刊、广播、电视等途径予以公开。

第二十四条 各级人民政府应当加强依托政府门户网站公开政府信息的工作，利用统一的政府信息公开平台集中发布主动公开的政府信息。政府信息公开平台应当具备信息检索、查阅、下载等功能。

第二十五条 各级人民政府应当在国家档案馆、公共图书馆、政务服务场所设置政府信息查阅场所，并配备相应的设施、设备，为公民、法人和其他组织获取政府信息提供便利。

行政机关可以根据需要设立公共查阅室、资料索取点、信息公告栏、电子信息屏等场所、设施，公开政府信息。

行政机关应当及时向国家档案馆、公共图书馆提供主动公开的政府信息。

第二十六条 属于主动公开范围的政府信息，应当自该政府信息形成或者变更之日起20个工作日内及时公开。法律、法规对政府信息公开的期限另有规定的，从其规定。

第四章 依申请公开

第二十七条 除行政机关主动公开的政府信息外，公民、法人或者其他组织可以向地方各级人民政府、对外以自己名义履行行政管理职能的县级以上人民政府部门（含本条例第十条第二款规定的派出机构、内设机构）申请获取相关政府信息。

第二十八条 本条例第二十七条规定的行政机关应当建立完善政府信息公开申请渠道，为申请人依法申请获取政府信息提供便利。

第二十九条 公民、法人或者其他组织申请获取政府信息的，应当向行政机关的政府信息公开工作机构提出，并采用包括信件、数据电文在内的书面形式；采用书面形式确有困难的，申请人可以口头提出，由受理该申请的政府信息公开工作机构代为填写政府信息公开申请。

政府信息公开申请应当包括下列内容：

（一）申请人的姓名或者名称、身份证明、联系方式；

（二）申请公开的政府信息的名称、文号或者便于行政机关查询的其他特征性描述；

（三）申请公开的政府信息的形式要求，包括获取信息的方式、途径。

第三十条 政府信息公开申请内容不明确的，行政机关应当给予指导和释明，并自收到申请之日起 7 个工作日内一次性告知申请人作出补正，说明需要补正的事项和合理的补正期限。答复期限自行政机关收到补正的申请之日起计算。申请人无正当理由逾期不补正的，视为放弃申请，行政机关不再处理该政府信息公开申请。

第三十一条 行政机关收到政府信息公开申请的时间，按照下列规定确定：

（一）申请人当面提交政府信息公开申请的，以提交之日为收到申请之日；

（二）申请人以邮寄方式提交政府信息公开申请的，以行政机关签收之日为收到申请之日；以平常信函等无需签收的邮寄方式提交政府信息公开申请的，政府信息公开工作机构应当于收到申请的当日与申请人确认，确认之日为收到申请之日；

（三）申请人通过互联网渠道或者政府信息公开工作机构的传真提交政府信息公开申请的，以双方确认之日为收到申请之日。

第三十二条 依申请公开的政府信息公开会损害第三方合法权益的，行政机关应当书面征求第三方的意见。第三方应当自收到征求意见书之日起 15 个工作日内提出意见。第三方逾期未提出意见的，由行政机关依照本条例的规定决定是否公开。第三方不同意公开且有合理理由的，行政机关不予公开。行政机关认为不公开可能对公共利益造成重大影响的，可以决定予以公开，并将决定公开的政府信息内容和理由书面告知第三方。

第三十三条 行政机关收到政府信息公开申请，能够当场答复的，应当当场予以答复。

行政机关不能当场答复的，应当自收到申请之日起 20 个工作日内予以答复；需要延长答复期限的，应当经政府信息公开工作机构负责人同意并告知申请人，延长的期限最长不得超过 20 个工作日。

行政机关征求第三方和其他机关意见所需时间不计算在前款规定的期限内。

第三十四条 申请公开的政府信息由两个以上行政机关共同制作的，牵头制作的行政机关收到政府信息公开申请后可以征求相关行政机关的意见，被征求意见机关应当自收到征求意见书之日起 15 个工作日内提出意见，逾期未提出意见的视为同意公开。

第三十五条 申请人申请公开政府信息的数量、频次明显超过合理范围，行政机关可以要求申请人说明理由。行政机关认为申请理由不合理的，告知申请人不予处理；行政机关认为申请理由合理，但是无法在本条例第三十三条规定的期限内答复申请人的，可以确定延迟答复的合理期限并告知申请人。

第三十六条 对政府信息公开申请，行政机关根据下列情况分别作出答复：

（一）所申请公开信息已经主动公开的，告知申请人获取该政府信息的方式、途径；

（二）所申请公开信息可以公开的，向申请人提供该政府信息，或者告知申请人获取该政府信息的方式、途径和时间；

（三）行政机关依据本条例的规定决定不予公开的，告知申请人不予公开并说明理由；

（四）经检索没有所申请公开信息的，告知申请人该政府信息不存在；

（五）所申请公开信息不属于本行政机关负责公开的，告知申请人并说明理由；能够确定负责公开该政府信息的行政机关的，告知申请人该行政机关的名称、联系方式；

（六）行政机关已就申请人提出的政府信息公开申请作出答复、申请人重复申请公开相同政府信息的，告知申请人不予重复处理；

（七）所申请公开信息属于工商、不动产登记资料等信息，有关法律、行政法规对信息的获取有特别规定的，告知申请人依照有关法律、行政法规的规定办理。

第三十七条 申请公开的信息中含有不应当公开或者不属于政府信息的内容，但是能够作区分处理的，行政机关应当向申请人提供可以公开的政府信息内容，并对不予公开的内容说明理由。

第三十八条 行政机关向申请人提供的信息，应当是已制作或者获取的政府信息。除依照本条例第三十七条的规定能够作区分处理的外，需要行政机关对现有政府信息进行加工、分析的，行政机关可以不予提供。

第三十九条 申请人以政府信息公开申请的形式进行信访、投诉、举报等活动，行政机关应当告知申请人不作为政府信息公开申请处理并可以告知通过相应渠道提出。

申请人提出的申请内容为要求行政机关提供政府公报、报刊、书籍等公开出版物的，行政机关可以告知获取的途径。

第四十条 行政机关依申请公开政府信息，应当根据申请人的要求及行政机关保存政府信息的实际情况，确定提供政府信息的具体形式；按照申请人要求的形式提供政府信息，可能危及政府信息载体安全或者公开成本过高的，可以通过电子数据以及其他适当形式提供，或者安排申请人查阅、抄录相关政府信息。

第四十一条 公民、法人或者其他组织有证据证明行政机关提供的与其自身相关的政府信息记录不准确的，可以要求行政机关更正。有权更正的行政机关审核属实的，应当予以更正并告知申请人；不属于本行政机关职能范围的，行政机关可以转送有权更正的行政机关处理并告知申请人，或者告知申请人向有权更正的行政机关提出。

第四十二条 行政机关依申请提供政府信息，不收取费用。但是，申请人申请公开政府信息的数量、频次明显超过合理范围的，行政机关可以收取信息处理费。

行政机关收取信息处理费的具体办法由国务院价格主管部门会同国务院财政部门、全国政府信息公开工作主管部门制定。

第四十三条 申请公开政府信息的公民存在阅读困难或者视听障碍的，行政机关应当为其提供必要的帮助。

第四十四条 多个申请人就相同政府信息向同一行政机关提出公开申请，且该政府信息属于可以公开的，行政机关可以纳入主动公开的范围。

对行政机关依申请公开的政府信息，

申请人认为涉及公众利益调整、需要公众广泛知晓或者需要公众参与决策的，可以建议行政机关将该信息纳入主动公开的范围。行政机关经审核认为属于主动公开范围的，应当及时主动公开。

第四十五条 行政机关应当建立健全政府信息公开申请登记、审核、办理、答复、归档的工作制度，加强工作规范。

第五章 监督和保障

第四十六条 各级人民政府应当建立健全政府信息公开工作考核制度、社会评议制度和责任追究制度，定期对政府信息公开工作进行考核、评议。

第四十七条 政府信息公开工作主管部门应当加强对政府信息公开工作的日常指导和监督检查，对行政机关未按照要求开展政府信息公开工作的，予以督促整改或者通报批评；需要对负有责任的领导人员和直接责任人员追究责任的，依法向有权机关提出处理建议。

公民、法人或者其他组织认为行政机关未按照要求主动公开政府信息或者对政府信息公开申请不依法答复处理的，可以向政府信息公开工作主管部门提出。政府信息公开工作主管部门查证属实的，应当予以督促整改或者通报批评。

第四十八条 政府信息公开工作主管部门应当对行政机关的政府信息公开工作人员定期进行培训。

第四十九条 县级以上人民政府部门应当在每年1月31日前向本级政府信息公开工作主管部门提交本行政机关上一年度政府信息公开工作年度报告并向社会公布。

县级以上地方人民政府的政府信息公开工作主管部门应当在每年3月31日前向社会公布本级政府上一年度政府信息公开工作年度报告。

第五十条 政府信息公开工作年度报告应当包括下列内容：

（一）行政机关主动公开政府信息的情况；

（二）行政机关收到和处理政府信息公开申请的情况；

（三）因政府信息公开工作被申请行政复议、提起行政诉讼的情况；

（四）政府信息公开工作存在的主要问题及改进情况，各级人民政府的政府信息公开工作年度报告还应当包括工作考核、社会评议和责任追究结果情况；

（五）其他需要报告的事项。

全国政府信息公开工作主管部门应当公布政府信息公开工作年度报告统一格式，并适时更新。

第五十一条 公民、法人或者其他组织认为行政机关在政府信息公开工作中侵犯其合法权益的，可以向上一级行政机关或者政府信息公开工作主管部门投诉、举报，也可以依法申请行政复议或者提起行政诉讼。

第五十二条 行政机关违反本条例的规定，未建立健全政府信息公开有关制度、机制的，由上一级行政机关责令改正；情节严重的，对负有责任的领导人员和直接责任人员依法给予处分。

第五十三条 行政机关违反本条例的规定，有下列情形之一的，由上一级行政机关责令改正；情节严重的，对负有责任的领导人员和直接责任人员依法给予处分；构成犯罪的，依法追究刑事责任：

（一）不依法履行政府信息公开职能；

（二）不及时更新公开的政府信息内容、政府信息公开指南和政府信息公开目录；

（三）违反本条例规定的其他情形。

第六章 附 则

第五十四条 法律、法规授权的具有管理公共事务职能的组织公开政府信息的活动，适用本条例。

第五十五条 教育、卫生健康、供水、供电、供气、供热、环境保护、公共交通等与人民群众利益密切相关的公共企事业单位，公开在提供社会公共服务过程中制作、获取的信息，依照相关法律、法规和国务院有关主管部门或者机构的规定执行。全国政府信息公开工作主管部门根据实际需要可以制定专门的规定。

前款规定的公共企事业单位未依照相关法律、法规和国务院有关主管部门或者机构的规定公开在提供社会公共服务过程中制作、获取的信息，公民、法人或者其他组织可以向有关主管部门或者机构申诉，接受申诉的部门或者机构应当及时调查处理并将处理结果告知申诉人。

第五十六条 本条例自2019年5月15日起施行。

建筑市场诚信行为信息管理办法

（2007年1月12日 建市〔2007〕9号 自发布之日起施行）

第一条 为进一步规范建筑市场秩序，健全建筑市场诚信体系，加强对建筑市场各方主体的监管，营造诚实守信的市场环境，根据《建筑法》、《招标投标法》、《建设工程勘察设计管理条例》、《建设工程质量管理条例》、《建设工程安全生产管理条例》等有关法律法规，制定本办法。

第二条 本办法所称建筑市场各方主体是指建设项目的建设单位和参与工程建设活动的勘察、设计、施工、监理、招标代理、造价咨询、检测试验、施工图审查等企业或单位以及相关从业人员。

第三条 本办法所称诚信行为信息包括良好行为记录和不良行为记录。

良好行为记录指建筑市场各方主体在工程建设过程中严格遵守有关工程建设的法律、法规、规章或强制性标准，行为规范，诚信经营，自觉维护建筑市场秩序，受到各级建设行政主管部门和相关专业部门的奖励和表彰，所形成的良好行为记录。

不良行为记录是指建筑市场各方主体在工程建设过程中违反有关工程建设的法律、法规、规章或强制性标准和执业行为规范，经县级以上建设行政主管部门或其委托的执法监督机构查实和行政处罚，形成的不良行为记录。《全国建筑市场各方主体不良行为记录认定标准》由建设部制定和颁布。

第四条 建设部负责制定全国统一的建筑市场各方主体的诚信标准；负责指导建立建筑市场各方主体的信用档案；负责建立和完善全国联网的统一的建筑市场信用管理信息平台；负责对外发布全国建筑市场各方主体诚信行为记录信息；负责指导对建筑市场各方主体的信用评价工作。

各省、自治区和直辖市建设行政主管部门负责本地区建筑市场各方主体的信用管理工作，采集、审核、汇总和发布所属各市、县建设行政主管部门报送的各方主体的诚信行为记录，并将符合《全国建筑市场各方主体不良行为记录认定标准》的不良行为记录及时报送建设部。报送内容应包括：各方主体的基本信息、在建筑市场经营和生产活动中的不良行为表现、相关处罚决定等。

各市、县建设行政主管部门按照统一的诚信标准和管理办法，负责对本地区参与工程建设的各方主体的诚信行为进行检查、记录，同时将不良行为记录信息及时报送上级建设行政主管部门。

中央管理企业和工商注册不在本地区的企业的诚信行为记录，由其项目所在地建设行政主管部门负责采集、审核、记录、汇总和公布，逐级上报，同时向企业工商注册所在地的建设行政主管部门通报，建立和完善其信用档案。

第五条 各级建设行政主管部门要明确分管领导和承办机构人员，落实责任制，加强对各方主体不良行为的监督检查以及不良行为记录真实性的核查，负责收集、整理、归档、保全不良行为事实的证据和资料，不良行为记录报表要真实、完整、及时报送。

第六条 行业协会要协助政府部门做好诚信行为记录、信息发布和信用评价等工作，推进建筑市场动态监管；要完善行业内部监督和协调机制，建立以会员单位为基础的自律维权信息平台，加强行业自律，提高企业及其从业人员的诚信意识。

第七条 各省、自治区、直辖市建设行政主管部门应按照《全国建筑市场各方主体不良行为记录认定标准》，自行或通过市、县建设行政主管部门及其委托的执法监督机构，结合建筑市场检查、工程质量安全监督以及政府部门组织的各类执法检查、督查和举报、投诉等工作，采集不良行为记录，并建立与工商、税务、纪检、监察、司法、银行等部门的信息共享机制。

第八条 各省、自治区、直辖市建设行政主管部门应根据行政处罚情况，及时公布各方主体的不良行为信息，形成政府监管、行业自律、社会监督的有效约束机制。

第九条 各地建设行政主管部门要通过资源整合和组织协调，完善建筑市场和工程现场联动的业务监管体系，在健全建筑市场综合监管信息系统的基础上，建立向社会开放的建筑市场诚信信息平台，做好诚信信息的发布工作。诚信信息平台的建设可依托各地有形建筑市场（建设工程交易中心）的资源条件，避免重复建设和资源浪费。

第十条 诚信行为记录实行公布制度。

诚信行为记录由各省、自治区、直辖市建设行政主管部门在当地建筑市场诚信信息平台上统一公布。其中，不良行为记录信息的公布时间为行政处罚决定做出后7日内，公布期限一般为6个月至3年；良好行为记录信息公布期限一般为3年，法律、法规另有规定的从其规定。公布内容应与建筑市场监管信息系统中的企业、人员和项目管理数据库相结合，形成信用档案，内部长期保留。

属于《全国建筑市场各方主体不良行为记录认定标准》范围的不良行为记录除在当地发布外，还将由建设部统一在全国公布，公布期限与地方确定的公布期限相同，法律、法规另有规定的从其规定。各省、自治区、直辖市建设行政主管部门将确认的不良行为记录在当地发布之日起7日内报建设部。

通过与工商、税务、纪检、监察、司法、银行等部门建立的信息共享机制，获取的有关建筑市场各方主体不良行为记录的信息，省、自治区、直辖市建设行政主管部门也应参照本规定在本地区统一公布。

各地建筑市场综合监管信息系统，要逐步与全国建筑市场诚信信息平台实现网络互联、信息共享和实时发布。

第十一条 对发布有误的信息，由发布该信息的省、自治区和直辖市建设行政主管部门进行修正，根据被曝光单位对不良行为的整改情况，调整其信息公布期限，保证信息的准确和有效。

省、自治区和直辖市建设行政主管部门负责审查整改结果，对整改确有实效的，由企业提出申请，经批准，可缩短其不良行为记录信息公布期限，但公布期限最短不得少于3个月，同时将整改结果列于相应不良行为记录后，供有关部门和社会公众查询；对于拒不整改或整改不力的单位，信息发布部门可延长其不良行为记录信息公布期限。

行政处罚决定经行政复议、行政诉讼以及行政执法监督被变更或被撤销，应及时变更或删除该不良记录，并在相应诚信信息平台上予以公布，同时应依法妥善处理相关事宜。

第十二条 各省、自治区、直辖市建设行政主管部门应加强信息共享，推进各地诚信信息平台的互联互通，逐步开放诚信行为信息，维护建筑市场的统一、开放、竞争、有序。

第十三条 各级建设行政主管部门，应当依据国家有关法律、法规和规章，按照诚信激励和失信惩戒的原则，逐步建立诚信奖惩机制，在行政许可、市场准入、招标投标、资质管理、工程担保与保险、表彰评优等工作中，充分利用已公布的建筑市场各方主体的诚信行为信息，依法对守信行为给予激励，对失信行为进行惩处。在健全诚信奖惩机制的过程中，要防止利用诚信奖惩机制设置新的市场壁垒和地方保护。

第十四条 各级建设行政主管部门应按照管理权限和属地管理原则建立建筑市场各方主体的信用档案，将信用记录信息与建筑市场监管综合信息系统数据库相结合，实现数据共享和管理联动。

第十五条 各省、自治区、直辖市和计划单列市建设行政主管部门可结合本地区实际情况，依据地方性法规对本办法和认定标准加以补充，制订具体实施细则。

第十六条 各级建设行政主管部门要按照《最高人民检察院、建设部、交通部、水利部关于在工程建设领域开展行贿犯罪档案试点工作的通知》（高检会〔2004〕2 号）要求，准确把握建立工程建设领域行贿犯罪档案查询系统的内容和要求，认真履行职责，加强领导，密切配合，做好工程建设领域行贿犯罪档案查询试点工作，将其纳入建筑市场信用体系建设工作中，逐步建立健全信用档案管理制度和失信惩戒制度。

第十七条 对参与工程建设的其他单位（如建筑材料、设备和构配件生产供应单位等）和实行个人注册执业制度的各类从业人员的诚信行为信息，可参照本办法进行管理。

第十八条 本办法由建设部负责解释。

第十九条 本办法自发布之日起施行。

建设部信访工作管理办法

（2005 年 11 月 10 日 建办〔2005〕205 号 自发布之日起施行）

第一章 总 则

第一条 为了加强建设部的信访工作，畅通信访渠道，保障群众合法权益，维护社会稳定，根据国务院《信访条例》的规定，制定本办法。

第二条 建设部信访室是建设部对外接待群众来信来访的机构，负责日常信访的接待、处理和管理工作。

本办法所称来信是指信访人通过书信、电子邮件、传真等书面形式提出的信访事项。

本办法所称来访是指信访人采用走访形式提出信访事项。

第三条 部信访室应当向社会公布其通信地址、电子信箱、投诉电话、信访接待时间和地点、查询信访事项处理进展及结果的方式等相关事项，并在建设部网站上公布与信访工作有关的法律、行政法规和部门规章，信访事项的处理程序，以及其他为信访人提供便利的相关事项。

第四条 按照“属地管理、分级负责，谁主管、谁负责，依法、及时、就地解决问题与疏导教育相结合”的信访处理原则，部信访室转有关省、自治区建设厅和直辖市建委及有关部门（以下简称省级建设部门）负责解决的信访问题，或者转部有关司局处理的信访问题，有关省级建设部门或者部有关司局应当认真负责，依法在规定的时限内办结。

第五条 各省级建设部门应当建立健全信访责任人和联络员制度，有一名分管领导做为信访责任人，并确定一名专（兼）职信访联络员，负责本省（自治区、直辖市）建设系统信访工作的协调并指导做好处理工作。

第六条 各级建设部门应当坚持科学、民主决策，依法履行职责，从源头上预防导致信访事项的矛盾和纠纷。

第七条 各级建设部门要建立健全矛盾纠纷排查调处工作机制，认真做好各种矛盾纠纷的排查和超前化解工作，把工作重点从事后处置转到事前预防上。要高度重视并热情耐心地做好群众初次来信来访的接待处理工作，把矛盾化解在萌芽状态，把问题解决在基层。

第二章 部信访室的基本任务和人员要求

第八条 部信访室的基本任务：

（一）受理群众反映与建设部职能有关的意见、建议和诉求的来信来访，对建设系统的信访工作进行综合协调和指导。

（二）负责及时向各省级建设部门和部有关司局交办、转办、督办来信来访事项，承担党中央、国务院领导同志，以及国家信访局和部领导（含“三总师”，下同）交办信访案件的督办或查办。

（三）按月、季、年做好信访情况的统计分析报告工作，及时做好突发事件和集体上访的信息报送工作；紧急时可先口头报情况，事后补报文字材料；对重大事项应当追踪连续报送后续处理情况。

（四）从群众来信来访中，筛选出群众信访的热点、难点问题，搜集群众的意见、建议和要求，对来信来访中带普遍性、政策性、倾向性的问题及重大信访案件进行调查研究，商请部有关司局提出建议和处理意见，为领导决策服务。

（五）适时组织建设系统信访工作经验交流、业务培训和理论研讨，不断提高建设系统信访工作人员政策、业务水平和依法处理信访问题的能力。

（六）负责维护信访室及其候谈室的正常工作秩序。对在候谈室内纠缠、吵闹的人员应当及时劝阻。对躺卧、滞留候谈室，影响信访室正常办公秩序和候谈室公共卫生的人员进行必要的教育，维护正常的来访秩序。

第九条 部信访室工作人员必须做到：

（一）认真学习贯彻党和国家的路线、方针、政策和法律、法规，及建设系统的有关政策法规，坚持原则，依法、及时、合理处理信访人的投诉请求；

（二）热情接待来访群众，认真登记来信来访的诉求，倾听并分析所反映的问题，耐心解释政策，及时与地方有关部门取得联系，沟通情况；

（三）做好对来访群众的宣传教育工作，教育和引导群众学法、懂法、用法、守法，以理性合法的方式表达利益要求，依法维护自身合法权益，解决利益矛盾，自觉维护信访工作秩序。

第三章 处理信访事项的基本要求

第十条 部信访室应当保持与各省级建设部门信访联络员的联系畅通，一经发现进京集体上访、异常访及突发事件，及时协调地方有关部门与部有关司局派人到现场进行处理。

第十一条 部信访室对越级进京上访的人员，应当做好耐心细致的宣传和思想疏导工作，劝其依法向有权处理的机关或者上一级机关提出。如有必要，部信访室应当及时通知地方有关部门做好接待工作，防止矛盾扩大。

信访事项已经受理或者正在办理的，信访人在规定期限内向部信访室再提出同一信访事项的，部信访室不予受理。

第十二条 部信访室收到信访事项，应当予以登记。凡属反映部机关及其工作人员职务行为的意见和建议，或者不服部机关及其工作人员的职务行为，应当受理，并在15日内转送部有关司局处理，部有关司局不得推诿、敷衍、拖延；对于不属于部职权范围的信访事项，应当告知信访人向有权处理的机关提出。

对收到的信访事项，能够当场答复是否受理的，应当当场书面答复；不能当场答复的，应当自收到信访事项之日起15日内书面告知信访人；信访人的姓名（名称）、住址不清的除外。

第十三条 信访事项涉及地方建设部门或其工作人员行为的，应当告知信访人向有权处理的地方有关机关提出。情况重大、紧急的信访事项，由部信访室及时转送有权处理的有关市、县建设部门，并抄送该省级建设部门。

第十四条 地方建设部门或者部有关司局经过调查核实，应当依照有关政策、法规，分别作出以下处理，并书面答复信访人：

（一）请求事由事实清楚，符合法律、法规和政策规定的，予以支持，并督促有关机关或单位执行；

（二）请求事由合理但缺乏法律依据的，应当向信访人做好解释工作；

（三）请求事由缺乏事实根据或者不符合法律、法规和政策规定的，不予支持。

第十五条 信访事项应当自受理之日起60日内办结；情况复杂的，经本行政机关负责人批准，可以适当延长办理期限，但延长期限不得超过30日，并告知信访人延期理由。法律、行政法规另有规定的，从其规定。

第十六条 信访人对行政机关做出的信访事项处理意见不服的，可以自收到书面答复之日起30日内请求原办理行政机关的上一级行政机关复查。收到复查请求的行政机关应当自收到复查请求之日起30日内提出复查意见，并予以书面答复。

第十七条 信访人对复查意见不服的，可以自收到书面答复之日起30日内向复查机关的上一级行政机关请求复核。收到复核请求的行政机关应当自收到复核请求之日起30日内提出复核意见。

按照国务院法制办公室、国家信访局《对〈信访条例〉第三十四条、第三十五条中“上一级行政机关”的含义及〈信访条例〉适用问题的解释》的规定，本办法所指的原办理行政机关、复查机关是设区的市级以下建设部门的其上一级行政机关是指本级人民政府或者上一级建设部门；原办理行政机关复查机关是省级建设部门的，其上一级行政机关是指本级人民政府。

第十八条 信访人对复核意见不服，仍然以同一事实和理由提出投诉请求的，地方建设部门或者部信访室不再受理，但应当向信访人做好解释工作。

第十九条 信访人对各级人民代表大会及其常务委员会、人民法院、人民检察院职权范围内的信访事项，应当告知信访人分别向有关的人民代表大会及其常务委员会、人民法院、人民检察院提出。对已经或者依法应当通过诉讼、仲裁、行政复议等法定途径解决的，不予受理，但应当告知信访人依照有关法律、行政法规规定程序向有关机关提出。

第四章 来信处理程序

第二十条 部信访室指定专人办理人民群众给建设部或部领导的人民来信，以及国家信访局等有关单位转来的人民来信。

第二十一条 部信访室收到来信后，应当将来信和信封装订在一起并在来信第一页的右上角加盖当日建设部信访室收信印章，将来信人姓名、地址、反映的主要内容、办理情况等登录在《来信登记表》。

部有关司局收到群众来信的，也应当登记，及时转地方建设等有关部门处理，并书面告知信访人。有关司局应在每月2日前（节假日顺延至上班第2天）将上月群众来信登记表送部信访室。

第二十二条 下列内容的信件应报部领导或办公厅领导阅批：

（一）有关建设行业的管理、科技和改革等方面的重要意见和建议；

（二）带有普遍性、倾向性和苗头性的重大问题；

（三）建设系统的重要情况和动态；

（四）国内外知名人士的重要来信；

（五）反映对重大问题顶、拖不办、明显违反政策的来信；

（六）其他需经领导同志阅批的信件。

信件上报前，办信人可对信件的内容做适当的了解核实。上报的信件经领导批示后，由指定经办人按批示意见具体落实。在规定期限内无反馈结果的，由经办人负责催办。领导批示件要登记、复印保存。

第二十三条 下列内容的信件由部信访室用公函将信件转交有关省级建设部门或者部有关司局处理，并在规定时限内反馈办理结果：

（一）检举、控告严重违法乱纪、扰乱秩序或者以权谋私的问题；

（二）可能发生意外，给国家、单位和个人的利益造成重大损失的问题；

（三）其他应当由有关省级建设部门或者部有关司局进行调查处理的重要的情况、问题。

交办的函件由办信人拟稿，函稿应明确办理和反馈的期限。如需以部、办公厅名义发函交办的，应当按照《建设部机关公文处理办法》的有关规定办理。交办后，如果在规定期限内未反馈结果，由原办信人催办。

第二十四条 经办人对反馈的结果应认真审查，可以结案的，送部信访室负责人审定，其中重要问题，报办公厅领导审定。对处理明显不当或者不能结案的，应当商请有关单位或者有关部门做进一步处理。

来信人对上报处理结果表示不同意见的，应当认真研究，慎重做结案处理。

对已结案信件，经办人应当将该案办理过程中形成的有关材料整理保存。

第二十五条 一般信件由部信访室用固定格式的转办单，转交给有关省级建设部门或者部有关司局酌情处理，不需反馈处理结果。

对无查办和无参考价值，以及不需要再处理的重复信件，由部信访室做暂存处理。暂存信件由办信人登记、存放，定期整理销毁。

第五章　来访处理程序

第二十六条 来访人应当到部信访室提出来访事项。来访人应当遵守法律、法规，不得损害国家、社会、集体的利益和其他公民的合法权利，自觉维护社会公共秩序和信访秩序，不得有下列行为：

（一）在建设部机关大楼周围非法聚集，围堵、冲击建设部机关，拦截公务车辆，或者堵塞、阻断交通；

（二）携带危险物品、管制器具；

（三）侮辱、殴打、威胁国家机关工作人员，或者非法限制他人人身自由；

（四）在部信访室滞留、滋事，或者将生活不能自理的人弃留在部信访室；

（五）煽动、串联、胁迫、以财物诱使、幕后操纵他人信访或者以信访为名借机敛财；

（六）扰乱公共秩序、妨害国家和公共安全的其他行为。

第二十七条 来访人应当按照部信访室窗口接待人员的要求，填写《来访人员登记表》。集体来访的应当按来访人数逐一填写。

窗口接待人员应当仔细阅览来访人员填写的《来访人员登记表》，核实有关证件，确认是否接谈。确认接谈的，窗口接待人员应告来访人员在指定候谈室等候接谈。

第二十八条 接待人员要坚持文明接待，认真耐心地倾听来访人员的叙述，阅看来访人员携带的材料，做好接谈记录，认真负责地向群众做好政策解释和思想疏导工作。

来访人反映的问题专业性、政策性较强的，由部信访室通知部有关司局。有关司局应当及时安排专业人员到部信访接待室接待来访群众。

第二十九条 依法应当由部负责处理的信访事项，应当按照本办法第十二条的要求办理，并告知来访人员返回原地听候处理，不要在京等候结果。

信访事项涉及地方建设部门或者其工作人员行为的，应当按照本办法第十三条的要求办理。

第三十条 凡有下列情况之一的，可以立案交办或者请地方有关建设部门派人来京协调处理：

（一）问题比较复杂的疑难特殊案件和人数众多的集体来访，经动员不返回或者情况不清，而又需要及时处理的；

（二）多次来访、多次交办而无处理结果的；

（三）来访人有异常表现或者意外情况，需要与地方有关建设部门当面研究的；

（四）地方有关建设部门的处理有明显失误，且处理难度较大的；

（五）其他需要请地方有关建设部门来京协调处理的情况。

第三十一条 对立案交办的信访事项，有关省级建设部门应当在规定的期限内反馈处理结果。

第三十二条 要做好集体来访的接待工作。

本制度所称集体来访，是指同一地区、反映同一问题的群众代表 5 人的来访。超过 5 人的，按照本办法第三十五条的规定处理。

接待集体来访时，应当有 2 名接待人员接待。

接待处理集体来访时，要注意加强与有关省级建设部门和市县的联系、沟通，避免矛盾激化，事态扩大。如需要请地方有关建设部门来京处理时，应当通过省级建设部门的信访联络员协调地方派人来京。集体来访反映的问题涉及部多个司局业务的，部信访室应当及时向办公厅领导报告，由办公厅领导协调部有关司局共同处理。

第六章 信访突发事件处理程序

第三十三条 部成立处置信访突发事件领导小组。部处置信访突发事件领导小组由分管副部长任组长，办公厅主任、分管副主任和有关单位负责人为成员。领导小组下设办公室，负责处置信访突发事件的协调工作，办公厅分管副主任兼办公室主任。

第三十四条 部信访室接待人员发现来访人在信访室及其候谈室患有危、急疾病，以及受到意外伤害或者服药自杀的，应当采取紧急措施，及时与部机关门诊部和北京市急救中心联系急救处理，并及时向办公厅领导报告。

接待人员发现来访人患有按规定应当上报的传染病时，应当及时与部机关门诊部和北京市海淀区卫生防疫部门联系处理，并配合做好传染病的有关防治工作。

第三十五条 对来访人中的下列行为之一的，接待人员可视情节轻重进行劝阻、批评、教育，请公安机关给予警告、训诫、制止，或移交公安机关处理：

（一）不按规定到指定场所上访，干扰社会秩序和机关工作秩序的；

（二）同一地区、反映同一问题的来访人数超过 5 人的；

（三）反映的问题已按国家有关政策、法规作了处理，仍提出无理要求，经耐心说服教育无效，长期在部信访室纠缠取闹的；

（四）反映的问题按有关政策、法规不应解决，但仍坚持无理要求，长期在部信访室纠缠取闹，妨碍正常工作秩序的；

（五）在来访人中串联闹事，拦截、纠缠领导的；

（六）扬言爆炸、杀人、自杀，企图制造事端，铤而走险的；

（七）携带危险品、爆炸品以及各种管制器械到接待场所或者机关办公区的；

（八）对接待人员进行纠缠、侮辱、殴打、威胁的；

（九）破坏接待室办公设施以及有其他违法乱纪行为的；

（十）其他严重影响办公秩序行为的。

第三十六条 接待人员遇有下列特殊情况时，应立即报告有关部门：

（一）来访人扬言要到中南海、天安门或者中央领导同志住处上访、制造事端的，应当及时向办公厅领导汇报，并及时向国家信访局、北京市公安局治安总队报告；

（二）发现被公安机关通缉的人犯来访时，应当立即向甘家口派出所报告；

（三）发现信访室或者附近有人员死亡时，应当立即向办公厅领导报告，并请公安机关勘验现场和尸体，验明死者身份。如属来访人的，应立即通知地方有关建设部门商讨处理办法；现场无保护必要的，应协助有关部门立即将其送医院存放，等待处理。如属非来访人的，由公安机关处理。

第三十七条 对规模较大、情绪激烈，或者围堵部机关办公大楼的集体来访事件，除按本办法第三十二条的要求做好接待工作外，部信访室应立即报告办公厅领导，由厅领导请部有关司局立即派人和部信访室接待人员共同听取上访人员反映的问题，耐心细致地做好政策解释工作。同时，要求有关省级建设部门、市驻京办事处派得力人员尽快到场，解答群众反映的问题，积极疏导上访人员尽早返回本地妥善处理。说服教育无效、集体来访人员继续围堵部机关办公大楼的，要提请公安机关处理。

部机关有关司局、部机关服务中心等有关单位，要按照部印发的《建设部处置群体性上访事件工作预案》（建办〔2004〕33号）的要求，负责做好相应的工作。

第七章　附　　则

第三十八条 本办法由建设部负责解释。

第三十九条 本办法自印发之日起执行。2005年4月28日建设部印发的《建设部信访工作管理办法》（建办〔2005〕59号）同时废止。

水利工程建设领域项目信息公开和诚信体系建设试点工作方案

（2010年5月10日　办建管〔2010〕99号）

根据《关于工程建设领域项目信息公开和诚信体系建设工作的指导意见》（中治工发〔2009〕9号）和中央治理工程建设领域突出问题工作领导小组办公室《关于印发工程建设领域项目信息公开和诚信体系建设试点工作方案的通知》（中治工办发〔2010〕1号，以下简称《通知》）的要求，为做好水利工程建设领域项目信息公开和诚信体系建设试点工作，制定本工作方案。

一、工作目标

2010年6月底前，制定发布水利工程建设领域项目信息公开目录和信用信息目录，依托水利部（含流域机构）和地方政府水行政主管部门门户网站建立“水利工程建设领域项目信息公开专栏”和“水利建设市场信用信息平台”；加强水利行业信用信息的公开共享，重点做好从业单位和从业人员不良行为信息的公开，探索建立水利工程建设领域诚信体系的守信激励和失信惩戒制度，总结有效做法和成功经验，为在水利行业全面推广实施提供实践依据。

二、工作原则

（一）统筹规划，整合资源。

各级水行政主管部门从自身实际出发，因地制宜，充分利用互联网络和本单位网站，统筹规划，积极推进水利工程建设领域项目信息公开和共享，避免盲目投资、重复建设和浪费。

（二）统一规范，突出重点。

各级水行政主管部门按照工程建设领域信息公开基本指导目录要求和共享规范，建设管辖范围内“水利工程建设领域项目信息公开专栏”，提供信息公开共享服务。

（三）明确责任，分级实施。

按照“谁组建项目法人，谁负责信息公开”的原则，明确水利建设项目信息公开的责任主体，及时、准确、完整地进行项目信息公开，保密项目除外。

（四）积极探索，分步实施。

通过开展水利部、流域管理机构和部分省水行政主管部门的试点实施工作，积极探索适用于水利实际的项目信息公开和诚信体系建设成功做法和经验，为全面推广实施提供实践依据。

三、试点范围

长江水利委员会、黄河水利委员会、淮河水利委员会、海河水利委员会、珠江水利委员会、松辽水利委员会、太湖流域管理局以及河北、山西、吉林、江苏、浙江、安徽、湖北、广东、四川、陕西等10个省水利厅先期进行试点，然后在水利系统全面推广实施。

四、工作任务

（一）编制和发布水利工程建设领域项目信息公开目录和信用信息目录，明确公开的内容、范围和形式。

按照《水利工程建设领域项目信息公开基本指导目录（试行）》（见附件1）和《水利工程建设领域信用信息基本指导目录（试行）》（见附件2）的要求，各单位结合本地区水利工程建设实际，制定和公布水利工程建设领域项目信息公开目录和信用信息目录，明确信息公开的内容、形式和责任主体。

（二）建立“水利工程建设领域项目信息公开专栏”，大力推进信息公开。

各单位按照《水利工程建设领域项目信息公开和信用信息公开共享规范（试行）》（见附件3）的要求，在本单位门户网站建立“水利工程建设领域项目信息公开专栏”，实现页面展现、信息导航、访问权限等发布、管理及服务功能，并按照责任分工，对政府投资或使用国有资金且由本单位负责组建项目法人的水利工程建设项目做好信息公开。

（三）构建统一项目信息公开服务平台，探索实现公开信息整合服务。

建设由水利部、流域管理机构和地方水行政主管部门信息公开共享服务平台组成的统一项目信息公开共享整合服务平台的框架，实现公开信息的整合发布。在水利部门户网站实现水利部、流域管理机构和各试点省“水利工程建设领域项目信息公开专栏”的链接，初步构建起试点范围内水利工程建设项目公开信息整合发布的服务体系，提供水利部网站“一站式”的信息公开共享服务。

（四）促进从业单位和人员行为信息公开共享，建立和完善守信激励制度和失信惩戒制度。

制定并发布行业信息管理、良好行为和不良行为认定、信誉评价管理等相关规定，推进守信激励和失信惩戒制度建设。建立并开通全国水利建设市场信用信息平台，发布水利建设市场从业单位和从业人员信用信息。研究制定信用信息采集、审核、发布、更正和使用的相关管理规定，促进信用信息在水利工程建设领域诚信体系建设中的共享应用，完善市场准入和退出机制，加强守信激励和失信惩戒。

五、保障措施

（一）明确工作责任。

试点工作由水利部、各流域管理机构和各地水行政主管部门分级实施。水利部领导小组办公室负责具体组织实施水利部项目信息公开和诚信体系建设工作，并对水利行业试点工作进行指导。各单位水利工程建设领域突出问题专项治理领导小组对本单位的试点工作负总责，其办公室负责具体组织实施。各流域管理机构领导小组办公室对下属各单位试点工作、省级水行政主管部门领导小组办公室对地市、区县水行政主管部门试点工作要进行指导。

（二）落实工作班子。

建设项目信息公开和诚信体系建设工作政策性、技术性强，各单位要配备好建设管理和信息管理工作人员，组建强有力的工作班子。做好任务分解，确定牵头部门和具体承办单位，做到分工明确、责任到人，切实把试点工作抓好抓实。

（三）注重沟通协调。

各单位要按照水利工程建设领域项目信息公开和诚信体系建设的统一要求，建立有效的沟通协调机制，形成工作合力。既要做好各级上下沟通，又要搞好组织协调，充分调动和发挥各职能部门的积极性。要全面了解掌握工作推进情况，对遇到的难点和重点问题，要提出解决的具体措施和办法。

（四）强化督促指导。

各单位要明确工作目标和阶段性要求，加强工作指导。要根据工作进展情况，切实加强督促检查，及时提出改进工作的意见。

（五）实行进度管理。

试点工作期间，各单位5月底以书面形式向水利部领导小组办公室上报试点工作进度和情况；6月20日前，将试点工作总结报水利部领导小组办公室；6月30日前，水利部领导小组办公室将试点工作总结报告以书面形式上报中央治理工程建设领域突出问题工作领导小组办公室。水利部领导小组办公室不定期地组织对试点工作进行检查。

附件：1. 水利工程建设领域项目信息公开基本指导目录（试行）

2. 水利工程建设领域信用信息基本指导目录（试行）

3. 水利工程建设领域项目信息和信用信息公开共享规范（试行）

附件1：

水利工程建设领域项目信息公开基本指导目录（试行）

一、项目信息基本指导目录

（一）项目审批公开信息

1. 项目审批信息

包括项目建议书批复结果信息、可行性研究报告批复结果信息、初步设计方案批复结果信息、用地批复文件结果信息、环境影响评价审批的结果信息等内容。

2. 项目核准信息

包括项目核准结果等内容。

（二）项目建设管理公开信息

1. 项目基本信息

包括项目名称、项目概况、建设时间、投资规模、项目经理、建设单位信息、参建单位信息等内容。

2. 招标投标信息

包括招标事项、招标公告、投标资格预审公告和中标结果等内容。

3. 征地拆迁信息：包括征地拆迁负责人、项目用地审批意见、项目涉及征地、拆迁的公告、工作方法原则和已支付的拆迁补偿费用总额等内容。

4. 重大设计变更信息：包括设计变更管理依据、项目变更时间、变更原因、资金变更、变更内容、审批单位等内容。

5. 施工管理信息：包括项目进度计划、完成情况等内容。

6. 合同履约信息：包括施工单位项目考核、参建单位主要人员按合同履约到场信息，建设单位按合同支付资金信息，设备、材料采购资金使用情况等内容。

7. 质量安全信息：包括质量安全监督机构及质量安全监督负责人，质量安全监督检查情况，质量评定情况、质量事故处理情况、安全鉴定结果等内容。

8. 资金管理信息：包括项目资金筹措及到位情况、工程款支付情况、资金概预算执行情况等内容。

9. 验收信息：包括法人验收情况、阶段验收情况、专项验收情况、竣工财务决算审计情况、竣工验收情况等内容。

（三）从业单位公开信息

包括从业单位的良好行为记录信息和不良行为记录信息等内容。

（四）从业人员公开信息

包括从业人员的良好行为记录信息和不良行为记录信息等内容。

二、目录说明

从业单位是指参与水利工程建设活动的建设、勘察、设计、施工、监理、咨询、供货、招标代理、质量检测、安全评价等企（事）业单位。

从业人员是指参与水利工程建设活动市场主体的主要自然人，包括法人代表，技术负责人，具有建造工程师、结构工程师、监理工程师、造价工程师、质量检测员等执（从）业人员。

附件2：

水利工程建设领域信用信息基本指导目录（试行）

一、信用信息基本指导目录

（一）从业单位信用信息

1. 企业基本信息

包括企业名称、营业执照注册号、营业执照登记机关、组织机构代码、组织机构登记机关、企业类型、经营范围、注册资本、成立日期、住所、经营期限、法定代表人信息、年检结果等内容。

2. 资质基本信息

包括资质等级、专业类别、证书编号、有效期至、审核情况、资质证书核发机关等。

3. 代表工程业绩信息

包括项目名称、项目所在地、实际开工时间、竣工时间、项目状态、项目负责人、工程总投资、合同价、质量评定结果等内容。

4. 信用评价信息

包括信用评价结果、评价日期、评价机构等信息及重合同守信用情况等内容。

5. 良好行为记录信息

包括县级以上人民政府、水行政主管部门、流域管理机构或相关专业部门、有关社会团体奖励和表彰的奖项名称、奖项级别、颁奖单位、颁奖文号、颁奖时间等信息，以及驰名、著名商标信息等内容。

6. 不良行为记录信息

（1）违法信息：包括法院判决结果、判决主要内容、处罚对象、执行期限、判决机关等内容。

（2）行政处理决定信息：包括市场主体、行为类别、行为代码、处理决定、处理机关、处理时间、处理依据、不良行为、相关文号、处理情况等内容。

（3）欠薪及欠缴社保金信息：包括欠

薪时段、欠薪总额、欠薪记录机关、欠缴社会保险种类及金额等内容。

（二）从业人员信用信息

1. 人员基本信息

包括姓名、性别、证件类型、证件号码、从业单位等内容。

2. 执业资格信息

包括证书名称、编号、级别、有效期至、核发机关、证书状态等内容。

3. 良好行为记录信息

包括县级以上人民政府、水行政主管部门、流域管理机构或相关专业部门、有关社会团体奖励和表彰的姓名、奖项名称、奖项级别、颁奖单位、颁奖文号等内容。

4. 不良行为记录信息

（1）违法信息：包括法院判决结果、判决主要内容、处罚对象、执行期限、判决机关等内容。

（2）行政处理决定信息：处理种类、处理对象、处理事由、处理依据、处理机关、处理内容、处理时间、处理执行情况等内容。

二、目录说明

从业单位是指参与水利工程建设活动的建设、勘察、设计、施工、监理、咨询、供货、招标代理、质量检测、安全评价等企（事）业单位。

从业人员是指参与水利工程建设活动市场主体的主要自然人，包括法人代表，技术负责人，具有建造工程师、结构工程师、监理工程师、造价工程师、质量检测员等执（从）业人员。

附件3：

水利工程建设领域项目信息和信用信息公开共享规范（试行）

为规范水利工程建设领域项目信息和信用信息公开共享，推进水利工程建设领域项目信息公开和诚信体系建设，制定《水利工程建设领域项目信息和信用信息公开共享规范（试行）》，供各地开展项目信息和信用信息公开共享工作时使用。

一、项目信息公开专栏

（一）在水行政主管部门网站首页设置项目信息公开专栏，名称为“水利工程建设领域项目信息公开专栏”（以下简称“专栏”）。

（二）“专栏”首页顶部为标题区，标题内容包括专栏名称和专栏建设单位。“专栏建设单位”用“行政区域名称＋建设单位名称”表示。

（三）“专栏”设置项目信息公开区和信用信息共享区。

（四）“项目信息公开区”应设立项目审批信息、项目建设管理信息、从业单位和主要从业人员信用信息、建设用地审批信息等栏目。

（五）“信用信息共享区”须设立“信用信息共享目录”，提供信用信息共享的申请、办理、获取等功能。

（六）“专栏”内设置项目信息搜索栏。在搜索栏输入关键字，可对专栏内公开的项目信息进行全文检索。

二、项目信息公开

（一）项目信息公开的基本内容，应包括：项目审批信息、项目建设管理信息、从业单位和从业人员信息等。

（二）项目信息公开内容列表页须采用分页浏览方式。列表条目内容应以“序号”、“项目编码”、“项目名称”、“发布日期”等标识。点击条目进入该条目项下的详细信息。

（三）详细信息页面上方应显示项目信息标题，注明信息发布部门和日期。

（四）项目审批、核准信息由项目审批部门采集、审核和发布。项目建设管理信息由项目建设单位提供，项目主管部门审核、发布。从业单位、主要从业人员行为信息由项目建设单位提供，项目主管部门审核、发布。

（五）项目信息和信用信息公开由部门依据职能负责信息更新、维护和服务。

（六）采集和发布的信息须及时、准确和完整。

三、信用信息共享

（一）信用信息共享的基本内容，应包括：从业单位基本信息、资质信息、项目业绩信息、信用评价信息、良好行为记录信息和不良行为记录信息等；从业人员基本信息、执业资格信息、良好行为记录信息和不良行为记录信息等。

（二）信用信息共享提供部门须提供网络在线申请的受理方式。提供的信息获取凭证应为不少于10位的随机字符。

（三）从业单位信用档案的内容，应包括基本信息、资质信息、业绩信息、良好行为记录信息、不良行为信息等。

（四）从业人员信用档案的内容，应包括基本信息、执业资格信息、参与项目信息、不良行为信息等。

（五）从业单位和从业人员信用档案，须注明发布机构和发布日期，各类信息须注明来源部门和采集日期。

（六）共享信用信息的提供、更新、维护和服务，由部门依据职能负责。

四、信用等级评价结果公开表示规则

（一）信用等级评价结果公开表示分为A、B、C三等。

（二）信用等级评价结果信息公开共享时，评价结果信息的对应表示工作由信息发布或提供部门负责。评价结果信息对应表示后的展现方式是评价结果信息后位加括号标定对应等级信息，以示区分。如“AAA（A）”，表示原等级为AAA，对应表示后的等级为A。

五、信息表现格式

（一）项目信息和信用信息表现形式为电子数据，包括结构化数据和非结构化数据。

（二）非结构化数据包括办公文档、纯文本、表格、网页、图片、音频、视频。

（三）根据GB/T20916－2007，文本文档采用XML格式，图片采用BMP格式，音频采用WAV格式，视频采用AVI格式。

（四）办公文档、纯文本、表格和网页中的中文采用简体中文字符。

六、项目编码规则

（一）编码对象是工程建设领域的工程项目。

（二）项目代码由项目审批单位在项目立项时负责赋码，项目代码在使用过程中保持唯一性和不变性。

（三）项目代码是采用组合编码方式生成的特征组合码，由21位前段码和不定长序列码组成。排列顺序从左至右依次为：6位行政区划代码，11位项目建设单位组织机构代码，4位年度和不定长序列码。具体表示形式如下图所示。图略

（四）行政区划代码：6位数字，按GB/T2260（2007）的规定执行。中央的行政区划代码为“000000”。

（五）项目建设单位组织机构代码：11位数字。

（六）年度：4位数字，表示项目立项的年度。

（七）序列码：不定长字符的序列号，在同一前段码下应具有唯一性。

（八）当项目划分为多个子项目时，以父项目代码为前缀，追加新的子项目代码，子项目代码按照以上项目编码规则生成，父项目代码与子项目代码间用“－”连接。具体表示形式如下图所示。图略

建设行政许可听证工作规定

（2004年6月30日建法〔2004〕108号发布　自2004年7月1日起施行）

第一条　为规范建设行政管理行为，促进科学决策和民主决策，保护公民、法人和其他组织的合法权益，依据《中华人民共和国行政许可法》和有关法律法规，制定本规定。

第二条　县级以上人民政府建设主管部门及有关部门或法律法规授权的组织（以下简称主管机关），实施行政许可组织听证的，适用本规定。

第三条　法律、法规、规章规定实施行政许可应当听证的事项，或者主管机关认为需要听证的其他涉及公共利益的重大行政许可事项，主管机关应当向社会公告，并举行听证。

第四条　主管机关在作出行政许可决定前，应当审查该许可事项是否直接涉及申请人与他人之间重大利益关系；直接涉及的，应当告知申请人、利害关系人享有要求听证的权利，必要时可发布公告。

申请人、利害关系人在被告知听证权利或公告发布之日起五日内，提出听证申请的，主管机关应当在二十日内组织听证。

第五条　主管机关对第三条规定的事项举行听证的，应当在举行听证会三十日前，向社会公告听证会的时间、地点、内容、听证会代表产生办法、申请参加听证会须知。

符合主管机关规定条件的公民、法人和其他组织，均可申请或推选代表申请参加听证会。

主管机关按照听证公告规定的代表产生办法，根据拟听证事项及公民、法人和其他组织的申请情况，确定听证会代表；确定的听证会代表应当具有广泛性、代表性。

第六条　主管机关对第四条规定的事项组织听证的，应当公布确定利害关系人的原则。拟听证的许可事项涉及利害关系人较多的，可由利害关系人推举或通过抽签等方式确定参加听证的代表。

第七条　听证由主管机关内经办行政许可事项的机构或法制工作机构具体组织。

第八条　组织听证，应当遵循公开、公平、公正和便民的原则，充分听取公民、法人和其他组织的意见，保证其陈述意见、质证和申辩的权利。

第九条　行政许可听证，除涉及国家秘密、商业秘密或者个人隐私外，应公开举行。

第十条　听证工作人员包括听证主持人、记录员，必要时可设一至三名听证员。

第十一条　听证主持人、记录员以及必要的听证员由主管机关指定。主管机关应当指定直接审查该行政许可申请的工作人员以外的人员为听证主持人。

听证主持人与听证事项有直接利害关系的，应当主动申请回避。申请人、利害关系人认为听证主持人与听证事项有直接利害关系的，有权申请回避。申请人、利害关系人申请听证主持人回避，听证主持人与听证事项确有直接利害关系的，听证主持人应当回避。

第十二条　主管机关应制作《听证通知书》，并在举行听证七日前将《听证通知书》送听证会代表或许可申请人、利害关系人。

《听证通知书》应当载明下列事项：

（一）听证的事由与依据；

（二）听证的时间、地点；

（三）听证主持人、记录员、听证员的姓名、职务；

（四）听证会代表或许可申请人和利害关系人的权利与义务；

（五）注意事项；

第十三条　听证所需时间不计算在行政许可办理期限内。主管机关应当将所需时间书面告知许可申请人。

第十四条 听证会按下列程序进行：

（一）听证主持人核实听证参加人的身份和到场情况；

（二）听证主持人介绍记录员、听证员的姓名、工作单位及职务，告知听证参加人的权利和义务，宣布听证开始；

（三）听证主持人宣读听证纪律和听证会场有关注意事项；

（四）审查该行政许可事项的工作人员提出审查意见并陈述理由，提供有关依据、证据等材料。

（五）许可申请人、利害关系人提出维护其合法权益的事实、理由和依据，或者听证会代表对听证事项发表意见；

（六）有关各方进行申辩和质证；

（七）最后陈述；

（八）听证笔录交听证参加人确认无误或者补正后签字或者盖章。无正当理由又拒绝签字或者盖章的，记录员应记明情况；

（九）听证主持人宣布听证结束。

第十五条 听证笔录应当载明下列内容：

（一）听证事项名称；

（二）听证主持人、记录员、听证员的姓名、职务；

（三）听证参加人的姓名或名称、地址以及职业、职务等基本情况；

（四）听证会举行的时间、地点、方式；

（五）经办机构工作人员提出的审查意见及陈述的理由；

（六）许可申请人、利害关系人提出的事实、理由和依据，或者听证会代表发表的意见；

（七）有关各方进行申辩和质证的内容；

（八）听证参加人的签字或者盖章，或者听证参加人拒绝签字或者盖章的情况说明；

（九）听证主持人对听证活动中有关事项的处理情况；

（十）听证主持人认为需载明的其他事项。

第十六条 主管机关应当根据听证笔录作出行政许可决定，听证参加人有权查阅听证笔录。

第十七条 有下列情形之一的，可以延期举行听证：

（一）因不可抗力导致听证无法按期举行的；

（二）当事人申请延期，有正当理由的；

（三）可以延期的其他情形。

延期听证的，主管机关应当书面通知听证参加人，说明理由。

延期听证的情形消失后，主管机关应当在五日内举行听证，并书面通知听证参加人。

第十八条 有下列情形之一的，中止听证：

（一）听证主持人认为听证过程中提出新的事实、理由和依据或者提出的事实有待调查核实的；

（二）因不可抗力导致听证参加人无法继续参加听证的；

（三）应当中止听证的其他情形。

中止听证的，主管部门应当书面通知听证参加人，说明理由。

中止听证的情形消失后，主管机关应当在五日内恢复听证，并书面通知听证参加人。

第十九条 有下列情形之一的，终止听证：

（一）申请人撤回听证申请或在听证过程中声明退出的；

（二）申请人无正当理由不到场的，或者未经听证主持人允许中途退场的；

（三）有权申请听证的公民死亡，没有继承人，或者继承人放弃听证权利的；

（四）有权申请听证的法人或者其他组织终止，承受其权利的法人或者组织放弃听证权利的；

（五）需要终止听证的其他情形。

终止听证的，主管机关应当书面通知听证参加人。

终止听证后，由主管机关依法作出行政许可决定。

第二十条 组织听证所需经费由主管机关承担，列入主管部门预算；组织听证必需的场地、设备、工作条件，由主管机关给予保障。听证事项的申请人、利害关系人不承担主管机关组织听证的费用；主管机关不得向听证参加人收取或者变相收取任何费用。

第二十一条 对违反行政许可法和本规定，不履行法定告知听证义务、不举行依法或依申请应当举行的听证，以及组织听证中的违法违规行为，依照法律法规和行政许可责任追究的有关规定，追究有关人员的责任。

第二十二条 本规定自2004年7月1日起施行。

铁路建设工程招标投标实施办法（节录）

（2002年8月24日 铁道部令第8号）

……

第四条 铁路建设工程招标投标活动应遵循公开、公平、公正、诚实信用的原则。

……

水运工程建设项目招标投标管理办法（节录）

（2012年12月20日）

……

第三条 水运工程建设项目招标投标活动，应遵循公开、公平、公正和诚实信用的原则。

第四条 水运工程建设项目招标投标活动不受地区或者部门的限制。

任何单位和个人不得以任何方式非法干涉招标投标活动，不得将依法必须进行招标的项目化整为零或者以其他任何方式规避招标。

第五条 水运工程建设项目招标投标工作实行统一领导、分级管理。

交通运输部主管全国水运工程建设项目招标投标活动，并具体负责经国家发展和改革委员会等部门审批、核准和经交通运输部审批的水运工程建设项目招标投标活动的监督管理工作。

省级交通运输主管部门主管本行政区域内的水运工程建设项目招标投标活动，并具体负责省级人民政府有关部门审批、核准的水运工程建设项目招标投标活动的监督管理工作。

省级以下交通运输主管部门按照各自职责对水运工程建设项目招标投标活动实施监督管理。

……

铁路建设管理办法（节录）

（2003年7月31日 铁道部令第11号）

……

第二十二条 铁路建设工程招标投标活动应当遵循公开、公平、公正和诚实信用的原则。

……

收费公路管理条例（节录）

（2004年9月13日 国务院令第417号）

……

第十一条第三款 经营性公路建设项目应

当向社会公布，采用招标投标方式选择投资者。

……

公路建设市场管理办法（节录）

（2004年12月21日交通部令2004年第14号公布　根据2011年11月30日交通运输部《关于修改〈公路建设市场管理办法〉的决定》第一次修订　根据2015年6月26日交通运输部《关于修改〈公路建设市场管理办法〉的决定》第二次修订）

……

第二十一条　公路建设项目法人应当按照公开、公平、公正的原则，依法组织公路建设项目的招标投标工作。不得规避招标，不得对潜在投标人和投标人实行歧视政策，不得实行地方保护和暗箱操作。

……

公路建设市场督查工作规则（节录）

（2015年4月20日　交公路发〔2015〕59号）

……

第二条　本规则适用于交通运输部及各省级交通运输主管部门依法组织的公路建设市场监督检查活动。

公路建设、设计、施工、监理、咨询和检测等市场从业单位和有关人员应依法接受监督检查。

第三条　督查工作实行统一组织、分级管理、部省联动、专家参与的工作方式。

交通运输部负责制定全国公路建设市场督查工作制度，建立部级督查专家库，编制督查工作计划，组织实施全国公路建设市场重点督查，指导省级交通运输主管部门开展公路建设市场督查工作。

省级交通运输主管部门负责制定本辖区公路建设市场督查工作规则，建立省级督查专家库，编制年度督查计划并组织实施，组织本辖区公路建设市场督查工作；根据交通运输部制定的全国公路建设市场督查计划，配合部督查工作组开展督查工作。

第四条　督查依据和标准：

（一）公路建设管理相关法律、法规、规章；

（二）国家及行业的技术标准和规范；

（三）工程项目的相关批复文件、设计文件、招标投标文件及合同文件；

（四）国家及行业其他相关规定。

……

工程建设项目货物招标投标办法（节录）

（2005年1月18日国家发展和改革委员会、建设部、铁道部、交通部、信息产业部、水利部、中国民用航空总局令第27号发布　根据2013年3月11日国家发展和改革委员会、工业和信息化部、财政部、住房和城乡建设部、交通运输部、铁道部、水利部、国家广播电影电视总局、中国民用航空局《关于废止和修改部分招标投标规章和规范性文件的决定》修订）

……

第四条　工程建设项目货物招标投标活动应当遵循公开、公平、公正和诚实信用的原则。货物招标投标活动不受地区或者部门的限制。

第十二条第一款　采用公开招标方式的，

招标人应当发布资格预审公告或者招标公告。依法必须进行货物招标的资格预审公告或者招标公告，应当在国家指定的报刊或者信息网络上发布。

……

港口工程建设管理规定（节录）

（2018年1月15日交通运输部令2018年第2号公布　根据2018年11月28日《交通运输部关于修改〈港口工程建设管理规定〉的决定》第一次修订　根据2019年11月28日《交通运输部关于修改〈港口工程建设管理规定〉的决定》第二次修订）

……

第六十六条　项目单位应当建立健全工程档案管理制度，保证档案资料真实、准确和完整，督促勘察、设计、施工、监理、试验检测等单位加强建设项目档案管理，按照有关规定办理工程竣工档案专项验收。

……

农村公路建设管理办法（节录）

（2018年4月8日交通运输部令2018年第4号公布　自2018年6月1日起施行）

……

第二十八条　农村公路建设项目的勘察、设计、施工、监理等符合法定招标条件的，应当依法进行招标。

省级交通运输主管部门可以编制农村公路建设招标文件范本。

第二十九条　县级以上地方交通运输主管部门应当会同同级有关部门加强对农村公路建设项目招标投标工作的指导和监督。

第三十条　重要农村公路建设项目应当单独招标，一般农村公路建设项目可以多个项目一并招标。

第三十一条　农村公路建设项目的招标由项目业主负责组织。

第三十二条　农村公路建设项目应当选择具有相应资质的单位施工。在保证工程质量的条件下，可以在专业技术人员的指导下组织当地群众参与实施一般农村公路建设项目中技术难度低的路基和附属设施。

……

经营性公路建设项目投资人招标投标管理规定（节录）

（2007年10月16日交通部令2007年第8号公布　根据2015年6月24日交通运输部《关于修改〈经营性公路建设项目投资人招标投标管理规定〉的决定》修订）

……

第三条　经营性公路建设项目投资人招标投标活动应当遵循公开、公平、公正、诚信、择优的原则。

任何单位和个人不得非法干涉招标投标活动。

……

中华人民共和国交通运输部施行《政府信息公开条例》办法（节录）

（2008年4月8日　交办发〔2008〕13号）

……

第十条　政府交通运输信息公开人应当在

职责范围内主动公开下列政府交通运输信息：

……

（三）交通运输规划及相关政策；

（四）交通运输行业标准、规范；

……

（八）交通运输项目招投标情况；

（九）重大交通运输建设项目批准、实施情况；

（十）交通运输统计信息；

（十一）交通运输安全生产、工程质量的监督检查情况；

……

（十五）交通运输廉政制度建设情况；

……

民航行政机关政府信息公开办法（节录）

（2008年5月1日　民航发〔2008〕32号）

……

第十条　民航行政机关在各自职责范围内确定主动公开的政府信息具体内容，重点公开下列政府信息：

……

（四）民航发展规划、专项规划及相关政策；

（五）民航行业统计数据、报告；

（六）政府集中采购项目的目录、标准及实施情况；

（七）民航行政事业性收费和政府性基金项目的实施依据、征收标准和收支管理情况；

……

（十）民航重大建设项目的批准和实施情况；

……

中华人民共和国民用航空法（节录）

（1995年10月30日第八届全国人民代表大会常务委员会第十六次会议通过　根据2009年8月27日第十一届全国人民代表大会常务委员会第十次会议《关于修改部分法律的决定》第一次修正　根据2015年4月24日第十二届全国人民代表大会常务委员会第十四次会议《关于修改〈中华人民共和国计量法〉等五部法律的决定》第二次修正　根据2016年11月7日第十二届全国人民代表大会常务委员会第二十四次会议《关于修改〈中华人民共和国对外贸易法〉等十二部法律的决定》第三次修正　根据2017年11月4日第十二届全国人民代表大会常务委员会第三十次会议《关于修改〈中华人民共和国会计法〉等十一部法律的决定》第四次修正　根据2018年12月29日第十三届全国人民代表大会常务委员会第七次会议《关于修改〈中华人民共和国劳动法〉等七部法律的决定》第五次修正）

……

第五十七条　新建、扩建民用机场，应当由民用机场所在地县级以上地方人民政府发布公告。

前款规定的公告应当在当地主要报纸上刊登，并在拟新建、扩建机场周围地区张贴。

……

执法监督

建设行政处罚程序暂行规定

（1999 年 2 月 3 日建设部令第 66 号发布　自发布之日起施行）

第一章　总　　则

第一条　为保障和监督建设行政执法机关有效实施行政管理，保护公民、法人和其他组织的合法权益，促进建设行政执法工作程序化、规范化，根据《行政处罚法》的有关规定，结合建设系统实际，制定本规定。

第二条　本规定所称建设行政处罚是指建设行政执法机关对违反建设法律、法规、规章的公民、法人和其他组织而实施的行政处罚。

本规定所称建设行政执法机关（以下简称执法机关），是指依法取得行政处罚权的建设行政主管部门、建设系统的行业管理部门以及依法取得委托执法资格的组织。

本规定所称建设行政执法人员（以下简称执法人员），是指依法从事行政处罚工作的人员。

第三条　本规定所称的行政处罚包括：

（一）警告；

（二）罚款；

（三）没收违法所得、没收违法建筑物、构筑物和其他设施；

（四）责令停业整顿、责令停止执业业务；

（五）降低资质等级、吊销资质证书、吊销执业资格证书和其他许可证、执照；

（六）法律、行政法规规定的其他行政处罚。

第四条　执法机关实施行政处罚，依照法律、法规和本规定执行。

第二章　管　　辖

第五条　执法机关依照法律、法规、规章及地方人民政府的职责分工，在职权范围内行使行政处罚权。

第六条　执法机关发现应当处罚的案件不属于自己管辖的，应当将案件移送有管辖权的执法机关。

行政执法过程中发生的管辖权争议，由双方协商解决；协商不成的，报请共同的上级机关或者当地人民政府决定。

执法机关认为确有必要，需要委托其他机关或者组织行使执法权的，执法机关应当依照《行政处罚法》的有关规定与被委托机关或者组织办理委托手续。

第三章　行政处罚程序

第一节　一 般 程 序

第七条　执法机关依据职权，或者依据当事人的申诉、控告等途径发现违法行为。

执法机关对于发现的违法行为，认为应当给予行政处罚的，应当立案，但适用简易程序的除外。

立案应当填写立案审批表，附上相关材料，报主管领导批准。

第八条 立案后，执法人员应当及时进行调查，收集证据；必要时可依法进行检查。

执法人员调查案件，不得少于2人，并应当出示执法身份证件。

第九条 执法人员对案件进行调查，应当收集以下证据：

书证、物证、证人证言、视听资料、当事人陈述、鉴定结论、勘验笔录和现场笔录。

只有查证属实的证据，才能作为处罚的依据。

第十条 执法人员询问当事人及证明人，应当个别进行。询问应当制作笔录，笔录经被询问人核对无误后，由被询问人逐页在笔录上签名或者盖章。如有差错、遗漏，应当允许补正。

第十一条 执法人员应当收集、调取与案件有关的原始凭证作为书证。调取原始凭证有困难的，可以复制，但复制件应当标明“经核对与原件无误”，并由出具书证人签名或者盖章。

调查取证应当有当事人在场，对所提取的物证要开具物品清单，由执法人员和当事人签名或者盖章，各执一份。

对违法嫌疑物品进行检查时，应当制作现场笔录，并有当事人在场。当事人拒绝到场的，应当在现场笔录中注明。

第十二条 执法机关查处违法行为过程中，在证据可能灭失或者难以取得的情况下，可以对证据先行登记保存。

先行登记保存证据，必须当场清点，开具清单，清单由执法人员和当事人签名或者盖章，各执一份。

第十三条 案件调查终结，执法人员应当出具书面案件调查终结报告。

调查终结报告的内容包括：当事人的基本情况、违法事实、处罚依据、处罚建议等。

第十四条 调查终结报告连同案件材料，由执法人员提交执法机关的法制工作机构，由法制工作机构会同有关单位进行书面核审。

第十五条 执法机关的法制工作机构接到执法人员提交的核审材料后，应当登记，并指定具体人员负责核审。

案件核审的主要内容包括：

（一）对案件是否有管辖权；

（二）当事人的基本情况是否清楚；

（三）案件事实是否清楚，证据是否充分；

（四）定性是否准确；

（五）适用法律、法规、规章是否正确；

（六）处罚是否适当；

（七）程序是否合法。

第十六条 执法机关的法制工作机构对案件核审后，应当提出以下书面意见：

（一）对事实清楚、证据充分、定性准确、程序合法、处理适当的案件，同意执法人员意见。

（二）对定性不准、适用法律不当、处罚不当的案件，建议执法人员修改。

（三）对事实不清、证据不足的案件，建议执法人员补正。

（四）对程序不合法的案件，建议执法人员纠正。

（五）对超出管辖权的案件，按有关规定移送。

第十七条 对执法机关法制工作机构提出的意见，执法人员应当采纳。

第十八条 执法机关法制工作机构与执法人员就有关问题达不成一致意见时，给予较轻处罚的，报请本机关分管负责人决定；给予较重处罚的，报请本机关负责人集体讨论决定或者本机关分管负责人召集的办公会议讨论决定。

第十九条 执法机关对当事人作出行政处罚，必须制作行政处罚决定书。行政处罚决定书的内容包括：

（一）当事人的名称或者姓名、地址；

（二）违法的事实和证据；

（三）行政处罚的种类和依据；

（四）行政处罚的履行方式和期限；

（五）不服行政处罚决定，申请行政复议或者提起行政诉讼的途径和期限；

（六）作出处罚决定的机关和日期。

行政处罚决定书必须盖有作出处罚机关的印章。

第二十条 行政处罚决定生效后，任何人不得擅自变更或者解除。处罚决定确有错误需要变更或者修改的，应当由原执法机关撤销原处罚决定，重新作出处罚决定。

第二节 听证程序

第二十一条 执法机关在作出吊销资质证书、执业资格证书、责令停业整顿（包括属于停业整顿性质的、责令在规定的时限内不得承接新的业务）、责令停止执业业务、没收违法建筑物、构筑物和其他设施、以及处以较大数额罚款等行政处罚决定之前，应当告知当事人有要求举行听证的权利。较大数额罚款的幅度，由省、自治区、直辖市人民政府确定。

省、自治区、直辖市人大常委会或者人民政府对听证范围有特殊规定的，从其规定。

第二十二条 当事人要求听证的，应当自接到听证通知之日起3日内以书面或者口头方式向执法机关提出。执法机关应当组织听证。

自听证通知送达之日起3日内，当事人不要求举行听证的，视为放弃要求举行听证的权利。

第二十三条 执法机关应当在听证的7日前，通知当事人举行听证的日期、地点；听证一般由执法机关的法制工作机构人员或者执法机关指定的非本案调查人员主持。

听证规则可以由省、自治区、直辖市建设行政主管部门依据《行政处罚法》的规定制定。

第三节 简易程序

第二十四条 违法事实清楚、证据确凿，对公民处以50元以下、对法人或者其他组织处以1000元以下罚款或者警告的行政处罚，可以当场作出处罚决定。

第二十五条 当场作出处罚决定，执法人员应当向当事人出示执法证件，填写处罚决定书并交付当事人。

第二十六条 当场作出的行政处罚决定书应当载明当事人的违法行为、处罚依据、罚款数额、时间、地点、执法机关名称，并由执法人员签名或者盖章。

第四章 送达

第二十七条 执法机关送达行政处罚决定书或者有关文书，应当直接送受送达人。送达必须有送达回执。受送达人应当在送达回执上签名或者盖章，并注明签收日期。签收日期为送达日期。

受送达人拒绝接受行政处罚决定书或者有关文书的，送达人应当邀请有关基层组织的代表或者其他人到场见证，在送达回执上注明拒收事由和日期，由送达人、见证人签名或者盖章，把行政处罚决定书或者有关文书留在受送达人处，即视为送达。

第二十八条 不能直接送达或者直接送达有困难的，按下列规定送达：

（一）受送达人不在的，交其同住的成年家属签收；

（二）受送达人已向执法机关指定代收人的，由代收人签收；

（三）邮寄送达的，以挂号回执上注明的收件日期为送达日期；

（四）受送达人下落不明的，以公告送达，自公告发布之日起3个月即视为送达。

第二十九条 行政处罚决定一经作出即发生法律效力，当事人应当自觉履行。当事人不履行处罚决定，执法机关可以依法强制执行或者申请人民法院强制执行。

第三十条 当事人不服执法机关作出的行政处罚决定，可以依法向同级人民政府或上一级建设行政主管部门申请行政复议；也可以依法直接向人民法院提起行政诉讼。

行政复议和行政诉讼期间，行政处罚决定不停止执行，但法律、行政法规另有规定的除外。

第五章 监督与管理

第三十一条 行政处罚终结后，执法人员应当及时将立案登记表、案件处理批件、证据材料、行政处罚决定书和执行情况记录等材料立卷归档。

上级交办的行政处罚案件办理终结后，承办单位应当及时将案件的处理结果向交办单位报告。

第三十二条 执法机关及其执法人员应当在法定职权范围内、依法定程序从事执法活动；超越职权范围、违反法定程序所作出的行政处罚无效。

第三十三条 执法机关从事行政执法活动，应当自觉接受地方人民政府法制工作部门和上级执法机关法制工作机构的监督管理。

第三十四条 对当场作出的处罚决定，执法人员应当定期将当场处罚决定书向所属执法机关的法制工作机构或者指定机构备案。

执法机关作出属于听证范围的行政处罚决定之日起7日内，应当向上级建设行政主管部门的法制工作机构或者有关部门备案。

各级建设行政主管部门，要对本行政区域内的执法机关作出的处罚决定的案件进行逐月统计。省、自治区、直辖市建设行政主管部门，应当在每年的二月底以前，向国务院建设行政主管部门的法制工作机构报送上一年度的执法统计报表和执法工作总结。

第三十五条 上级执法机关发现下级执法机关作出的处罚决定确有错误，可以责令其限期纠正。对拒不纠正的，上级机关可以依据职权，作出变更或者撤销行政处罚的决定。

第三十六条 执法人员玩忽职守，滥用职权，徇私舞弊的，由所在单位或者上级机关给予行政处分；构成犯罪的，依法追究刑事责任。

第三十七条 对于无理阻挠、拒绝执法人员依法行使职权，打击报复执法人员的单位或者个人，由建设行政主管部门或者有关部门视情节轻重，根据有关法律、法规的规定依法追究其责任。

第六章 附 则

第三十八条 建设行政处罚的有关文书，由省、自治区、直辖市人民政府或者建设行政主管部门统一制作。

第三十九条 本规定由建设部负责解释。

第四十条 本规定自发布之日起施行。

国家重大建设项目稽察办法

（2000年7月31日国办发〔2000〕54号公布 自公布之日起施行）

第一条 为了加强对国家重大建设项目的监督，保证工程质量和资金安全，提高投资效益，制定本办法。

第二条 对国家重大建设项目的监督，实行稽察特派员制度。

国家重大建设项目稽察特派员由国家发展计划委员会派出，对国家重大建设项目的建设和管理进行稽察。

第三条 国家发展计划委员会负责组织和管理国家重大建设项目稽察工作。

依照本办法派出稽察特派员的国家重大建设项目（以下简称建设项目）名单，由国家发展计划委员会商国务院有关部门或者省、自治区、直辖市人民政府后确定。

第四条 国家重大建设项目稽察工作，坚持依法办事、客观公正、实事求是的原则。

稽察特派员与被稽察单位是监督与被监督的关系。稽察特派员不参与、不干预被稽察单位的日常业务活动和经营管理活动。

第五条 国家重大建设项目稽察工作，实行稽察特派员负责制。

一名稽察特派员一般配备三至五名助理，协助稽察特派员工作。

稽察特派员及其助理，均为国家公务员。

第六条 国家发展计划委员会设国家重大建设项目稽察特派员办公室，负责协调稽察特派员在稽察工作中与国务院有关部门和有关地方的关系，承办建设项目稽察的组织工作和稽察特派员及其助理的日常管理工作。

第七条 稽察特派员履行下列职责：

（一）监督被稽察单位贯彻执行国家有关法律、行政法规和方针政策的情况，监督被稽察单位有关建设项目的决定是否符合法律、行政法规和规章制度规定的权限、程序；

（二）检查建设项目的招标投标、工程质量、进度等情况，跟踪监测建设项目的实施情况；

（三）检查被稽察单位的财务会计资料以及与建设项目有关的其他资料，监督其资金使用、概算控制的真实性、合法性；

（四）对被稽察单位主要负责人的经营管理行为进行评价，提出奖惩建议。

第八条 一名稽察特派员一般负责五个建设项目的稽察工作，每年对每个建设项目进行一至二次现场稽察。

稽察特派员可以根据实际需要，不定期开展专项稽察。

第九条 稽察特派员开展稽察工作，可以采取下列方式：

（一）听取被稽察单位主要负责人有关建设项目的情况汇报，在被稽察单位召开与稽察事项有关的会议，参加被稽察单位与稽察事项有关的会议；

（二）查阅被稽察单位有关建设项目的财务报告、会计凭证、会计账簿等财务会计资料以及其他有关资料；

（三）进入建设项目现场进行查验，调查、核实建设项目的招标投标、工程质量、进度等情况；

（四）核查被稽察单位的财务、资金状况，向职工了解情况、听取意见，必要时要求被稽察单位主要负责人作出说明；

（五）向财政、审计、建设等有关部门及银行调查了解被稽察单位的资金使用、工程质量和经营管理情况。

国家发展计划委员会根据需要，可以组织稽察特派员与财政、审计、建设等有关部门人员联合进行稽察，也可以聘请有关专业技术人员参加稽察工作。

第十条 被稽察单位应当接受稽察特派员依法进行的稽察，定期、如实向稽察特派员提供与建设项目有关的文件、合同、协议、报表等资料和情况，报告建设和管理过程中的重大事项，不得拒绝、隐匿、伪报。

第十一条 国务院有关部门和有关的地方人民政府应当支持、配合稽察特派员的工作，为稽察特派员提供被稽察单位的有关情况和资料。

国家发展计划委员会应当加强同财政、审计、建设等有关部门以及银行的联系，相互通报有关情况。

第十二条 稽察特派员对稽察工作中发现的问题，应当向被稽察单位核实情况，听取意见；被稽察单位提出异议的，国家发展计划委员会可以根据具体情况进行复核。

第十三条 稽察特派员每次对建设项目进行的稽察工作结束后，应当及时提交稽察报告。

稽察报告的内容包括：建设项目是否履行了法定审批程序；建设项目资金使用、概算控制的分析评价，招标投标、工程质量、进度等情况的分析评价；被稽察单位主要负责人经营管理业绩的分析评价；建设项目存在的问题及处理建议；国家发展计划委员会要求报告的或者稽察特派员认为需要报告的其他事项。

第十四条 稽察报告由稽察特派员负责提出，由国家发展计划委员会负责审定；重大事项和情况，由国家发展计划委员会向国务院报告。

第十五条 稽察特派员在稽察工作中发现被稽察单位的行为有可能危及建设项目工程安全、造成国有资产流失或者侵害国有资产所有者权益以及稽察特派员认为应当立即报告的其他紧急情况，应当及时向国家发展计划委员会提出专题报告。

第十六条 稽察特派员由国家发展计划委员会任免。

稽察特派员由司（局）级公务员担任，年龄一般在55周岁以下。

稽察特派员应当熟悉并能贯彻执行国家有关法律、行政法规和方针政策，熟悉项目建设和管理，坚持原则，廉洁自持，忠实履行职责，自觉维护国家利益。

第十七条 稽察特派员助理由国家发展计划委员会任免。

稽察特派员助理由处级以下公务员担任，年龄一般在50周岁以下。

稽察特派员助理应当具备下列条件：

（一）熟悉并能贯彻执行国家有关法律、行政法规和方针政策；

（二）坚持原则，廉洁自持，忠实履行职责，保守秘密；

（三）熟悉项目建设和管理，具有财务、审计或者工程技术等方面的专业知识，并有相应的综合分析和判断能力；

（四）经过专门培训。

第十八条 国家发展计划委员会选派稽察特派员及其助理，应当吸收国务院有关部门的人员参加。

第十九条 稽察特派员及其助理对建设项目的稽察实行定期轮换制度，负责同一建设项目的稽察一般不得超过3年。

稽察特派员及其助理均为专职。

第二十条 稽察特派员的派出实行回避原则，不得派至其曾经管辖、工作过的建设项目或者其近亲属担任被稽察单位高级管理人员的建设项目。

第二十一条 稽察特派员开展稽察工作所需费用由国家财政拨付。

第二十二条 稽察特派员及其助理不得泄露被稽察单位的商业秘密。

第二十三条 稽察特派员及其助理在履行职责中，不得接受被稽察单位的任何馈赠、报酬、福利待遇，不得在被稽察单位报销费用，不得参加被稽察单位安排、组织或者支付费用的宴请、娱乐、旅游、出访等活动，不得在被稽察单位为自己、亲友或者其他人谋取私利。

第二十四条 稽察特派员及其助理在稽察工作中成绩突出，为维护国家利益做出重大贡献的，给予奖励。

第二十五条 稽察特派员及其助理有下列行为之一的，依法给予行政处分；构成犯罪的，依法追究刑事责任：

（一）对被稽察单位的重大违法违纪问题隐匿不报或者严重失职的；

（二）与被稽察单位串通编造虚假稽察报告的；

（三）有违反本办法第二十二条、第二十三条所列行为的。

第二十六条 被稽察单位发现稽察特派员及其助理有本办法第二十二条、第二十三条、第二十五条第（一）项、第（二）项所列行为时，有权向国家发展计划委员会报告。

第二十七条 被稽察单位违反建设项目建设和管理规定的，国家发展计划委员会依据职权，可以根据情节轻重作出以下处理决定：

（一）发出整改通知书，责令限期改正；

（二）通报批评；

（三）暂停拨付国家建设资金；

（四）暂停项目建设；

（五）暂停有关地区、部门同类新项目的审查批准。

涉及国务院其他有关部门和有关地方人民政府职责权限的问题，移交国务院有关部门和地方人民政府处理。

重大的处理决定，应当报国务院批准。

第二十八条 国家发展计划委员会发出限期整改通知书后，应当跟踪监测整改情况，并适时组织复查，直至达到整改目标。

有关地方、部门和单位应当根据整改通知书的内容和要求，认真进行整改。

第二十九条 被稽察单位有下列行为之一的，对直接负责的主管人员和其他直接责任人员依法给予纪律处分，直至撤销职务；构成犯罪的，依法追究刑事责任：

（一）拒绝、阻碍稽察特派员依法履行职责的；

（二）拒绝、无故拖延向稽察特派员提供财务、工程质量、经营管理等有关情况和资料的；

（三）隐匿、伪报有关资料的；

（四）有妨碍稽察特派员依法履行职责的其他行为的。

第三十条 本办法自公布之日起施行。

建筑市场稽查暂行办法

（2001 年 7 月 31 日 建建〔2001〕166 号 自发布之日起施行）

第一条 为了加强对建筑市场、工程质量和安全管理等法律、法规执行情况的监督检查，维护建筑市场秩序，根据国务院总理办公会议决定事项，制定本办法。

第二条 建设部负责组织和管理全国建筑市场稽查工作。

第三条 建设部派出建筑市场稽查特派员（简称稽查特派员，下同），对建筑市场、工程质量和安全管理有关法律、法规的执行情况进行稽查。

第四条 地方人民政府建设行政主管部门、有关部门应当积极配合建筑市场稽查工作，为稽查工作提供有关情况、资料和必要的工作条件。

第五条 建筑市场稽查坚持依法办事、客观公正、实事求是的原则。

稽查特派员与被稽查单位是监督与被监督的关系。稽查特派员不参与、不干预被稽查单位的日常业务活动和经营管理活动。

第六条 稽查特派员应履行下列职责：

（一）稽查工程建设项目是否严格遵守工程建设实施阶段的法定建设程序；

（二）稽查工程建设项目各方主体是否认真执行了建筑许可、招标投标、合同管理、建设监理、安全与质量监督管理、竣工验收备案以及工程质量保修等制度，是否严格执行了工程建设强制性标准；

（三）稽查地方各级建设行政主管部门及其工作人员是否依法行政，严格执法；

（四）稽查其他扰乱建筑市场秩序的行为；

（五）及时向建设部报告稽查情况，并对被稽查项目存在的问题提出处理建议，对有关单位和人员提出奖罚建议。

第七条 建设部设立稽查特派员办公室，负责稽查特派员日常管理工作，其主要职责是：

（一）拟订建筑市场稽查的规章制度；

（二）制定稽查工作计划并组织实施；

（三）负责与部内司、局工作的联系；

（四）协调与稽查有关的工作；

（五）上报稽查报告，编印《全国建筑市场稽查工作简报》；

（六）承办建设部及其有关司、局交办的有关事项。

第八条 稽查特派员可以根据实际需要，不定期开展专项稽查。

第九条 稽查特派员开展稽查工作，可以采取下列方式：

（一）听取被稽查单位情况汇报，召开与稽查有关的会议，参加被稽查单位与稽查事项有关的会议；

（二）查阅资料，要求被稽查单位提供与稽查有关的资料并做出说明；

（三）进入施工现场调查、核实情况；

（四）向有关人员了解情况、听取意见。

第十条 被稽查单位应当接受稽查特派员依法进行的稽查，如实向稽查特派员提供与工程有关的文件、合同、协议、报表等资料和情况，不得拒绝、隐匿、伪报。

第十一条 稽查特派员对稽查中发现的问题，应当向被稽查单位核实情况，听取意见；被稽查单位提出异议的，建设部可以根据具体情况进行复核。

第十二条 每次稽查工作结束，稽查特派员应当向建设部及时提交稽查报告。

稽查报告的内容包括：稽查中发现的问题及其原因分析，处理建议，今后工作建议以及建设部要求报告的或者稽查特派员认为需要报告的其他事项。

第十三条 稽查特派员在稽查工作中发现被稽查单位的行为有可能危及工程质量、安全以及稽查特派员认为应当立即报告的其他紧急事项，应当及时向当地建设行政主管部门通报情况，并向建设部作出专项报告。

第十四条 被稽查单位有下列行为之一的，稽查特派员应当向建设部报告，提出处理建议：

（一）拒绝、阻碍稽查特派员依法履行职责的；

（二）拒绝、无故拖延向稽查特派员提供稽查有关情况和资料的；

（三）隐匿、伪报有关资料的；

（四）有妨碍稽查特派员依法履行职责的其他行为的。

第十五条 稽查特派员由建设部聘任或解聘。

稽查特派员应当具备下列条件：

（一）熟悉国家有关法律、法规和方针政策，自觉维护国家利益；

（二）坚持原则，廉洁自律，忠实履行职责，保守秘密；

（三）熟悉工程建设和工程管理，具有工程技术、工程管理或者财务管理等方面的专业知识，并有相应的综合分析和判断能力；

（四）身体健康，能胜任稽查工作。

第十六条 稽查特派员的派出实行回避原则，不得派至其曾经管辖、工作过的被稽查单位或者其近亲属担任高级管理人员的被稽查单位。

第十七条 稽查特派员不得泄露被稽查单位的商业秘密。

第十八条 稽查特派员在履行职责中，不得接受被稽查单位的任何馈赠、报酬、福利待遇，不得在被稽查单位报销费用，不得参加被稽查单位安排、组织或者支付费用的宴请、娱乐、旅游、出访等活动，不得在被稽查单位为自己、亲友或者其他人谋取私利。

第十九条 稽查特派员在稽查工作中成绩

突出，为维护国家利益做出重大贡献的，给予奖励。

第二十条 稽查特派员有下列行为之一的，给予批评；情节严重的，免去其稽查特派员职务；构成犯罪的，依法追究刑事责任：

（一）对被稽查单位的重大违法违规问题隐匿不报的；

（二）与被稽查单位串通编造虚假稽查报告的；

（三）干预被稽查单位日常业务活动和经营管理活动，致使其合法权益受到损害的；

（四）有违反本办法第十七条、第十八条所列行为的。

第二十一条 被稽查单位发现稽查特派员有本办法第二十条所列行为时，有权向建设部举报、投诉。

第二十二条 对被稽查单位违反法律、法规的处罚，实行分工负责和处罚结果报告制度。

法律、法规规定由地方人民政府建设行政主管部门及其有关部门作出行政处罚和行政处分决定的，由地方人民政府建设行政主管部门及其有关部门实施，并将结果报告建设部。

法律、法规规定由建设部作出行政处罚决定的，由建设部实施。

涉及国务院其他有关部门和地方人民政府职责的问题，移交国务院有关部门和地方人民政府处理。

重大问题的处理决定，应当报国务院批准。

第二十三条 稽查特派员应当对被稽查单位整改情况进行跟踪稽查，适时组织复查。

第二十四条 稽查的材料、凭证、稽查报告等，应当根据档案管理规定，分类整理、立卷和归档。

第二十五条 本办法自印发之日起施行。

建筑市场举报、投诉受理工作管理办法

（2002年3月8日 建办稽〔2002〕19号）

为加强对建筑市场的监督管理，规范对举报、投诉的受理工作，制定本办法。

一、受理举报、投诉的范围

有关建筑市场、工程质量和施工安全的各种举报、投诉。

二、受理举报、投诉的程序

（一）稽查办负责对各种渠道来的投诉、举报统一登记，内容包括：举报、投诉人姓名（要求对姓名保密者除外）、地址、联系电话，举报、投诉的时间，举报、投诉的主要问题。

（二）各司局收到的举报、投诉，由司局领导签署是否需要稽查的意见，送稽查办。对于来访举报、投诉的，由各接待单位负责登记，其举报、投诉材料按上述要求处理后送稽查办。

（三）稽查办综合组对各类举报、投诉按其内容提出具体的办理建议。稽查办主管领导对办理建议分别作出以下决定：

1. 转地方建设行政主管部门处理；

2. 由稽查办组织力量进行稽查；

3. 由稽查办与有关司局共同组织力量进行稽查；

4. 对于匿名举报，可视情况作出是否进行稽查的决定。

（四）转地方建设行政主管部门处理的举报、投诉，应提出时限要求，稽查办应至少每半个月对处理的进展情况跟踪催办一次。

（五）凡署名举报、投诉的稽查事项，应在处理完毕后7日内向署名举报、投诉人反馈处理结果。举报、投诉人为地方政府的，由稽查办草拟反馈意见，以部办公厅名义反馈；举报、投诉人为单位和个人的，由稽查办统一归口反馈。

（六）由稽查办负责稽查的事项调查核实后，与有关司局共同研究处理意见，并由稽查办写出调查报告，报部领导。

三、受理举报、投诉的要求

（一）时限期要求。

1. 稽查办应自接到举报、投诉后5日内完成登记手续，并提出办理建议。

2. 对举报、投诉事项的调查核实工作一般于20日内完成，并提出处理建议。

（二）纪律要求。

1. 受理举报、投诉的工作人员与某件举报、投诉事项有利害关系的，办理该举报、投诉事项时应当回避。

2. 受理举报、投诉的工作人员必须严格遵守保密纪律，不得私自摘抄、复制、扣压、销毁举报、投诉材料，不得泄露举报、投诉人的姓名、单位、住址等情况。

3. 举报、投诉人的人身权利、民主权利和其他合法权益受法律保护，任何单位和个人不得以任何借口打击、报复举报、投诉人。

四、建立举报、投诉档案

（一）对每一件举报、投诉，应从接收、调查、取证到处理结果，有完整的档案资料。

（二）档案资料包括：举报、投诉材料（或举报、投诉记录）、领导批示、重要的核查取证材料、调查报告、签报材料以及地方建设行政主管部门上报的有关文字材料等处理结论及意见。

五、定期对举报、投诉情况汇总分析

稽查办每季度要向各有关司局通报举报、投诉情况；每年要对各种举报、投诉情况进行汇总分析，写出年度综合报告，报部领导，同时抄送有关司局。

住房城乡建设领域违法违规行为举报管理办法

（2014年11月19日　建稽〔2014〕166号）

第一条　为规范住房城乡建设领域违法违规行为举报管理，保障公民、法人和其他组织行使举报的权利，依法查处违法违规行为，依据住房城乡建设有关法律、法规，制定本办法。

第二条　本办法所称住房城乡建设领域违法违规行为是指违反住房保障、城乡规划、标准定额、房地产市场、建筑市场、城市建设、村镇建设、工程质量安全、建筑节能、住房公积金、历史文化名城和风景名胜区等方面法律法规的行为。

第三条　各级住房城乡建设主管部门及法律法规授权的管理机构（包括地方人民政府按照职责分工独立设置的城乡规划、房地产市场、建筑市场、城市建设、园林绿化等主管部门和住房公积金、风景名胜区等法律法规授权的管理机构，以下统称主管部门）应当设立并向社会公布违法违规行为举报信箱、网站、电话、传真等，明确专门机构（以下统称受理机构）负责举报受理工作。

第四条　向住房城乡建设部反映违法违规行为的举报，由部稽查办公室归口管理，有关司予以配合。

第五条　举报受理工作坚持属地管理、分级负责、客观公正、便民高效的原则。

第六条　举报人应提供被举报人姓名或单位名称、项目名称、具体位置、违法违规事实及相关证据等。

鼓励实名举报，以便核查有关情况。

第七条　受理机构应在收到举报后进行登记，并在7个工作日内区分下列情形予以处理：

（一）举报内容详细，线索清晰，属于受理机构法定职责或检举下一级主管部门的，由受理机构直接办理。

（二）举报内容详细，线索清晰，属于下级主管部门法定职责的，转下一级主管部门办理；受理机构可进行督办。

（三）举报内容不清，线索不明的，暂存待查。如举报人继续提供有效线索的，区分情形处理。

（四）举报涉及党员领导干部及其他行政监察对象违法违纪行为的，转送纪检监察部门调查处理。

第八条 对下列情形之一的举报，受理机构不予受理，登记后予以存档：

（一）不属于住房城乡建设主管部门职责范围的；

（二）未提供被举报人信息或无具体违法违规事实的；

（三）同一举报事项已经受理，举报人再次举报，但未提供新的违法违规事实的；

（四）已经或者依法应当通过诉讼、仲裁和行政复议等法定途径解决的；

（五）已信访终结的。

第九条 举报件应自受理之日起60个工作日内办结。

上级主管部门转办的举报件，下级主管部门应当按照转办的时限要求办结，并按期上报办理结果；情况复杂的，经上级主管部门批准，可适当延长办理时限，延长时限不得超过30个工作日。实施行政处罚的，依据相关法律法规规定执行。

第十条 上级主管部门应对下级主管部门报送的办理结果进行审核。凡有下列情形之一的，应退回重新办理：

（一）转由被举报单位办理的；

（二）对违法违规行为未作处理或处理不当、显失公正的；

（三）违反法定程序的。

第十一条 举报件涉及重大疑难问题的，各级主管部门可根据实际情况组织集体研判，供定性和处理参考。

第十二条 上级主管部门应当加强对下级主管部门受理举报工作的监督检查，必要时可进行约谈或现场督办。

第十三条 对存在违法违规行为的举报，依法作出处理决定后，方可结案。

第十四条 举报人署名或提供联系方式的，承办单位应当采取书面或口头等方式回复处理情况，并做好相关记录。

第十五条 举报件涉及两个以上行政区域，处理有争议的，由共同的上一级主管部门协调处理或直接调查处理。

第十六条 受理机构应建立举报档案管理制度。

第十七条 受理机构应定期统计分析举报办理情况。

第十八条 各级主管部门应建立违法违规行为预警预报制度。对举报受理工作的情况和典型违法违规案件以适当方式予以通报。

第十九条 负责办理举报的工作人员，严禁泄露举报人的姓名、身份、单位、地址和联系方式等情况；严禁将举报情况透露给被举报人及与举报办理无关人员；严禁私自摘抄、复制、扣压、销毁举报材料，不得故意拖延时间；凡与举报事项有利害关系的工作人员应当回避。

对于违反规定者，根据情节及其造成的后果，依法给予行政处分；构成犯罪的，依法追究刑事责任。

第二十条 任何单位和个人不得打击、报复举报人。对于违反规定者，按照有关规定处理；构成犯罪的，依法追究刑事责任。

第二十一条 举报应当实事求是。对于借举报捏造事实，诬陷他人或者以举报为名，制造事端，干扰主管部门正常工作的，应当依照法律、法规规定处理。

第二十二条 各省、自治区、直辖市主管部门可以结合本地区实际，制定实施办法。

第二十三条 本办法自2015年1月1日起施行。2002年7月11日建设部发布的《建设领域违法违规行为举报管理办法》（建法〔2002〕185号）同时废止。

中共中央办公厅、国务院办公厅印发《关于开展工程建设领域突出问题专项治理工作的意见》的通知

（2009年7月9日　中办发〔2009〕27号　自发布之日起施行）

各省、自治区、直辖市党委和人民政府，中央和国家机关各部委，解放军各总部、各大单位，各人民团体：

《关于开展工程建设领域突出问题专项治理工作的意见》已经党中央、国务院同意，现印发给你们，请结合实际认真贯彻执行。

关于开展工程建设领域突出问题专项治理工作的意见

为认真贯彻落实《中共中央关于印发〈建立健全惩治和预防腐败体系2008—2012年工作规划〉的通知》（中发〔2008〕9号）的有关要求，规范工程建设领域市场交易行为和领导干部从政行为，维护社会主义市场经济秩序，促进反腐倡廉建设，现就开展工程建设领域突出问题专项治理工作提出如下意见。

一、治理工作的重要性和紧迫性

近年来，各地区各部门采取有效措施，认真治理工程建设领域中存在的问题，工程建设市场不断健全，监管体制日益完善，钱权交易、商业贿赂等腐败现象滋生蔓延的势头得到了一定程度的遏制。但是，必须清醒地看到，我国工程建设领域依然存在许多突出问题。一是一些领导干部利用职权插手干预工程建设，索贿受贿；二是一些部门违法违规决策上马项目和审批规划，违法违规审批和出让土地，擅自改变土地用途、提高建筑容积率；三是一些招标人和投标人规避招标、虚假招标，围标串标，转包和违法分包；四是一些招标代理机构违规操作，有的专家评标不公正；五是一些单位在工程建设过程中违规征地拆迁、损害群众利益、破坏生态环境、质量和安全责任不落实；六是一些地方违背科学决策、民主决策的原则，乱上项目，存在劳民伤财的“形象工程”、脱离实际的“政绩工程”和威胁人民生命财产安全的“豆腐渣”工程。上述这些问题严重损害公共利益，影响党群干群关系，破坏社会主义市场经济秩序，妨碍科学发展和社会和谐稳定，人民群众反映强烈。为此，中央决定，用2年左右的时间，集中开展工程建设领域突出问题专项治理工作。

各地区各部门要充分认识开展工程建设领域突出问题专项治理工作的重要性和紧迫性，切实采取措施，加大治理力度，维护公平竞争的市场原则，推动以完善惩治和预防腐败体系为重点的反腐倡廉建设深入开展，促进工程建设项目高效、安全、廉洁运行，保证中央关于扩大内需促进经济平稳较快发展政策措施的贯彻落实，维护人民群众的根本利益，促进科学发展，保持社会和谐稳定。

二、治理工作的总体要求、主要任务和阶段性目标

（一）总体要求

高举中国特色社会主义伟大旗帜，以邓小平理论和“三个代表”重要思想为指导，深入贯彻落实科学发展观，全面贯彻落实党的十七大精神，紧紧围绕扩大内需、加快发展方式转变和结构调整、深化重点领域和关键环节改革、改善民生、促进和

谐等任务，以政府投资和使用国有资金的项目为重点，以改革创新、科学务实的精神，坚持围绕中心、统筹协调，标本兼治、惩防并举，坚持集中治理与加强日常监管相结合，着力解决工程建设领域存在的突出问题，切实维护人民群众的根本利益，为经济社会又好又快发展提供坚强保证。

（二）主要任务

进一步规范招标投标活动，促进招标投标市场健康发展；进一步落实经营性土地使用权和矿业权招标拍卖挂牌出让制度，规范市场交易行为；进一步推进决策和规划管理工作公开透明，确保规划和项目审批依法实施；进一步加强监督管理，确保行政行为、市场行为更加规范；进一步深化有关体制机制制度改革，建立规范的工程建设市场体系；进一步落实工程建设质量和安全责任制，确保建设安全。

（三）阶段性目标

工程建设领域市场交易活动依法透明运行，统一规范的工程建设有形市场建立健全，互联互通的诚信体系初步建立，法律法规制度比较完善，相关改革不断深化，工程建设健康有序发展的长效机制基本形成，领导干部违法违规插手干预工程建设的行为受到严肃查处，腐败现象易发多发的势头得到进一步遏制。

三、治理工作的重点和主要措施

（一）认真进行排查，找准突出问题

深入开展自查。各地区各有关部门要对照有关法律法规和政策规定，认真查找项目决策、城乡规划审批、项目核准、土地审批和出让、环境评价、勘察设计和工程招标投标、征地拆迁、物资采购、资金拨付和使用、施工监理、工程质量、工程建设实施等重点部位和关键环节存在的突出问题。要紧密结合实际，认真开展自查，摸清存在问题的底数，掌握涉及问题单位和人员的基本情况。

深刻分析原因。针对发现的问题和隐患，从主观认识、法规制度、权力制约、行政监管、市场环境等方面，分析产生的根源，查找存在的漏洞和薄弱环节，提出改进的措施和办法，明确治理工作的目标和责任要求，增强治理工作的科学性、预见性和实效性。

严肃自查纪律。对不认真自查的地方和部门，要加强督导；对拒不自查、掩盖问题或弄虚作假的，要严肃处理。对自查出的违纪问题，要根据情节轻重、影响大小等作出处理。对虽有问题但能主动认识和纠正的，可以按照有关规定从轻、减轻或免予处分。各地区各部门要将自查情况书面报告中央治理工程建设领域突出问题工作领导小组。领导小组适时对自查情况进行重点检查。

（二）加大监管力度，增强监管效果

突出监管重点。着重加强项目建设程序的监管，严格执行投资项目审批、核准、备案管理程序，规范项目决策，科学确定项目规模、工程造价和标准，认真落实开工报告制度、施工许可证制度和安全生产许可证制度，确保工程项目审批和建设依法合规、公开透明运行。着重加强对招标投标活动的监管，规范招标方式确定、招标文件编制、资格审查、标段划分、评标定标、招标代理等行为，改进和完善评标办法，确保招标投标活动公开、公平、公正。着重加强土地、矿产供应及开发利用情况的监管，完善土地及矿业权审批、供应、使用等管理的综合监管平台。着重加强控制性详细规划制定和实施监管，严格控制性详细规划的制定和修改程序。着重加强项目建设实施过程监管，严格依法征地拆迁，坚持合理工期、合理标价、合理标段，严格合同订立和履约，规范设计变更，科学组织施工，加强资金管理，控制建设成本，禁止转包和违法分包。着重加强工程质量与安全监管，落实工程质量和安全生产领导责任制，进一步完善质量与安全管理法规制度，明确质量标准，细化安全措施，强化施工监理，防止重、特大质量与安全事故的发生。

落实监管职责。各级政府要加强对工程建设项目全过程的监管，认真履行对政府投资项目的立项审批、项目管理、资金使用和实施效果等方面的职责。发展改革、工业和信息化、财政、国土资源、环境保护、住房城乡建设、安全监管等有关部门要依照有关法律法规，认真履行对项目决策、资金安排和管理、土地及矿业权审批和出让、节能评估审查、环境影响评价、城乡规划审批、安全生产等环节的行政管理职责。发展改革、工业和信息化、住房城乡建设、交通运输、铁道、水利、电监等部门要按照职责分工，重点做好对工程建设项目的监管。财政、审计部门要重点做好对政府投资项目资金和国有企业投资项目资金的监管，确保资金规范、高效、安全、廉洁使用。对因监管不力、行政不作为和乱作为以及行政过失等失职渎职行为造成重大损失的，要严肃追究责任单位领导和有关人员的责任。

创新监管方式。充分发挥招标投标部际联席会议机制作用，健全招标投标行政监督机制。建立健全相关制度，加强对招标投标从业机构和人员的规范管理。加大工程建设项目行政执法力度。组织实施对政府重大投资项目的跟踪审计。积极推进项目标准化、精细化、规范化和扁平化管理。发挥工程监理机构的专业监督作用，加强工程建设质量和安全生产的过程监管。推行管理骨干基本固定、劳务用工相对灵活、职责明确、高效运作的劳务管理模式。充分发挥新闻媒体的作用，加强对工程建设领域的舆论监督和社会监督。

（三）深化体制改革，创新机制制度

加快改革步伐。加强重大项目决策管理，推行专家评议和论证制度、公示和责任追究制度。发布招标投标法实施条例，抓紧研究起草政府投资条例、建筑市场管理条例。继续做好《标准施工招标资格预审文件》、《标准施工招标文件》贯彻实施工作，加快编制完成行业标准文件，实现招标投标规则统一。不断深化国库集中支付制度改革，加强工程项目政府采购管理。科学编制、严格实施土地利用总体规划，严格土地用途管制，严格土地使用权、矿业权出让审批管理。制定控制性详细规划编制审批管理办法，规范自由裁量权行使。严格执行国家有关法律法规，提高法律法规的执行力和落实度。

加强市场建设。按照政府建立、规范管理、公共服务、公平交易的原则，坚持政事分开、政企分开，打破地区封锁和行业垄断，整合和利用好各类有形建筑和建设市场资源，建立健全统一规范的工程建设有形市场，为工程交易提供场所，为交易各方提供服务，为信息发布提供平台，为政府监管提供条件。按规定必须招标的工程建设项目要实行统一进场、集中交易、行业监管、行政监察。建立健全统一规范的土地、矿业权等要素市场，大力推进土地市场、矿业权市场建设，探索显化土地使用权和矿业权转让市场的有效形式，规范土地使用权和矿业权市场交易行为。充分利用网络技术等现代科技手段，积极推行电子化招标投标。加强评标专家库管理，提高专家的职业道德水平。制定全国统一的评标专家分类标准和专家管理办法。加强中介组织管理，严格土地使用权、矿业权价格评估的监管，规范招标代理行为。

健全诚信体系。完善工程建设领域信誉评价、项目考核、合同履约、黑名单等市场信用记录，整合有关部门和行业信用信息资源，建立综合性数据库。充分利用各种信息平台，逐步形成全国互联互通的工程建设领域诚信体系，实现全行业诚信信息共建共享，并将相关信用信息纳入全国统一的企业和个人征信系统。建立健全失信惩戒制度和守信激励制度，严格市场准入。

（四）加大办案力度，坚决惩治腐败

严肃查处违纪违法案件。要坚决查办工程建设领域的腐败案件，发现一起，查处一起，决不姑息。重点查办国家工作人员特别是领导干部利用职权插手干预城乡规划审批、招标投标、土地审批和出让以谋取私利甚至索贿受贿的大案要案。严厉查处违法违规审批立项，规避和虚假招标，非法批地，低价出让土地，擅自变更规划和设计、改变土地用途和提高容积率，严重侵害群众利益等违纪违法案件。坚决查处在工程项目规划、立项审批中因违反决策程序或决策失误而造成重大损失或恶劣影响的案件。依法查处生产安全责任事故，严肃追究有关领导人的责任。既要坚决惩处受贿行为，又要严厉惩处行贿行为。坚决杜绝瞒案不报、压案不查的行为。

积极拓宽案源渠道。充分发挥各级纪检监察、司法、审计等机关和部门信访举报系统的作用，形成有效的举报投诉网络，健全举报投诉处理机制。注重在审计、财政监察、项目稽查、执法监察、专项检查、案件调查和新闻媒体报道中发现案件线索，深挖工程质量问题和安全事故背后的腐败问题。

健全办案协调机制。各级纪检监察机关、司法机关、审计部门和金融机构等要加强协作配合，完善情况通报、案件线索移送、案件协查、信息共享机制，形成查办案件的合力。对涉嫌犯罪案件，要及时移送司法机关依法查处。充分发挥查办案件的治本功能，深入剖析大案要案，严肃开展警示教育，认真查找体制机制制度方面存在的缺陷和漏洞，做到查处一起案件，教育一批干部，完善一套制度。

四、加强对治理工作的组织领导

成立中央治理工程建设领域突出问题工作领导小组，由中央纪委牵头，最高人民检察院、国家发展改革委、工业和信息化部、公安部、监察部、财政部、国土资源部、环境保护部、住房城乡建设部、交通运输部、铁道部、水利部、中国人民银行、审计署、国务院国资委、工商总局、安全监管总局、国务院法制办、电监会等为成员单位。领导小组下设办公室，承担日常工作。各地区各有关部门要切实加强领导，把治理工作作为一项重要任务列入工作日程，认真完成职责范围内的任务。各职能部门主要领导同志负总责，确定1名领导同志具体负责，落实责任分工。各级纪检监察机关要加强组织协调，会同有关部门作出总体部署，搞好任务分解，推动工作落实。各有关部门要及时沟通情况，加强协作配合，形成工作合力。

各地区各有关部门要结合实际，制定贯彻落实本意见的具体方案，确定治理重点，明确目标任务、工作进度、方式方法和时间要求。要深入排查问题、认真进行整改，完善体制机制制度，分阶段、有步骤地落实好专项治理工作的各项任务。中央治理工程建设领域突出问题工作领导小组适时组织对各地区各有关部门工作进展情况进行抽查。

各地区各有关部门要将专项治理工作与深入学习实践科学发展观活动相结合，着力解决影响和制约科学发展的突出问题以及党员干部党性党风党纪方面群众反映强烈的突出问题。要将专项治理工作与治理商业贿赂工作相结合，依法查处工程建设领域的商业贿赂案件，进一步规范市场秩序，维护公平竞争。要将专项治理工作与推进政务公开相结合，利用政府门户网站建立工程建设项目信息平台，向社会公示项目建设相关信息，明确审批流程，及时公布审批结果，实行行政审批电子监察。要将专项治理工作与纠正损害群众利益的不正之风相结合，大力加强部门和行业作风建设，着力解决工程建设领域侵害群众利益的突出问题。

各地区各有关部门要加强监督检查，开展分类指导，督促工作落实。要加强调查研究，注意解决苗头性、倾向性问题，总结经验，推动工作。对组织领导不到位、方法措施不得力、治理效果不明显的地方、部门和单位要提出整改要求，重点督查，限期整改，确保治理工作达到预期目标。

建设领域违法违规行为稽查工作管理办法

（2010年1月7日　建稽〔2010〕4号　自发布之日起施行）

第一条　为加强对建设领域的法律、法规和规章等执行情况的监督检查，有效查处违法违规行为，规范住房和城乡建设部稽查工作，制定本办法。

第二条　本办法所称稽查工作，是指对住房保障、城乡规划、标准定额、房地产市场、建筑市场、城市建设、村镇建设、工程质量安全、建筑节能、住房公积金、历史文化名城和风景名胜区等方面的违法违规行为进行立案、调查、取证，核实情况并提出处理建议的活动。

第三条　住房和城乡建设部稽查办公室（以下简称部稽查办）负责建设领域违法违规行为的稽查工作。

第四条　稽查工作应坚持以事实为依据，以法律为准绳、客观公正以及重大案件集体研判的原则。

第五条　部稽查办在稽查工作中，应履行下列职责：

（一）受理公民、法人或其他组织对违法违规行为的举报；

（二）按照规定权限对建设活动进行检查，依法制止违法违规行为；

（三）查清违法违规事实、分析原因、及时报告稽查情况，提出处理意见、建议；

（四）督促省级住房和城乡建设主管部门落实转发的稽查报告提出的处理意见；

（五）及时制止稽查工作中发现的有可能危及公共安全等违法违规行为，并责成当地住房和城乡建设主管部门处理；

（六）接受省级住房和城乡建设主管部门申请，对其交送的重要违法违规线索直接进行稽查；

（七）依法或根据授权履行的其他职责。

第六条　稽查人员依法履行职责受法律保护。任何单位和个人不得阻挠和干涉。

稽查人员执行公务应遵守回避原则。

第七条　稽查工作一般应按照立案前研究分析、立案、稽查、撰写稽查报告、督办、结案和归档等程序开展。

第八条　部稽查办可通过受理公民、法人或其他组织的举报、直接检查、部有关业务司局以及相关单位移送等途径，发现违法违规线索，认为有必要查处的，报经部领导批准后，开展稽查工作。

对部领导的批办件应直接稽查，或转省级住房和城乡建设主管部门稽查，部稽查办跟踪督办。

第九条　开展稽查工作前，应分析案情，并与部有关单位沟通情况，制定工作方案，明确稽查重点、时间、地点、方式和程序等。

对于案情复杂，涉及其他相关部门的，应主动与其沟通协调。也可根据需要确定是否商请有关部门参加或邀请相关专家参与稽查工作，建立联合查处机制。

第十条　开展稽查工作应当全面调查并收集有关证据等，客观、公正地反映案件情况，分析问题，提出处理意见。

第十一条　稽查人员在稽查工作中，有权采取下列方式或措施：

（一）约谈被稽查对象，召开与稽查有关的会议，参加被稽查单位与稽查事项有关的会议；向被稽查单位及有关人员调查询问有关情况，并制作调查笔录；

（二）查阅、复制和摄录与案件有关的资料，要求被稽查单位提供与稽查有关的资料并做出说明；

（三）踏勘现场，调查、核实情况；

（四）依法责令违法当事人停止违法行为，对施工现场的建筑材料抽样检查等；

（五）依法先行登记保存证据；

（六）法律、法规和规章规定的其他措施。

第十二条 稽查人员依法履行稽查职责，有关单位和个人应当予以配合，如实反映情况，提供与稽查事项有关的文件、合同、协议、报表等资料。不得拒绝、隐匿和伪报。

第十三条 被稽查单位有下列行为之一的，稽查人员应当及时报告，并提出处理建议：

（一）阻挠稽查人员依法履行职责的；

（二）拒绝或拖延向稽查人员提供与稽查工作有关情况和资料的；

（三）销毁、隐匿、涂改有关文件、资料或提供虚假资料的；

（四）阻碍稽查人员进入现场调查取证、封存有关证据、物件的；

（五）其他妨碍稽查人员依法履行职责的行为。

第十四条 稽查工作结束后，一般应在10个工作日内完成稽查报告（附必要的稽查取证材料）。稽查报告一般包括案件基本情况、调查核实情况（包括存在问题和发现的其他情况）、调查结论和处理建议以及其他需要说明的问题等方面内容。

第十五条 重大案件的稽查报告应集体研判。

第十六条 稽查报告以部办公厅函转发给省级住房和城乡建设主管部门。

第十七条 稽查报告转发给省级住房和城乡建设主管部门后，部稽查办应要求其做好处理意见的落实工作，按照规定的时间回复处理结果。

第十八条 部稽查办转由省级住房和城乡建设主管部门查办的案件，原则上要求在收到转办函之日起30个工作日内，回复调查处理意见。特殊情况可提前或适当延长。

第十九条 对于稽查报告中有明确处理意见的案件，应将督办情况和处理意见落实情况报部领导批准后，方可结案。

第二十条 结案后，稽查人员应将稽查的线索、立案材料、取证材料、凭证、稽查报告、督办结果等材料，根据档案管理规定，分类整理、立卷、归档和保存。

第二十一条 对被稽查对象的处罚和处分，实行分工负责制度和处罚结果报告制度。

法律、法规规定由住房和城乡建设部做出行政处罚和行政处分决定的，由住房和城乡建设部实施。

法律、法规规定由地方人民政府住房和城乡建设主管部门及其有关部门做出行政处罚和行政处分决定的，由地方人民政府住房和城乡建设主管部门及其有关部门实施，并将处理结果报告上级住房和城乡建设主管部门。

涉及国务院其他有关部门和地方人民政府职责的问题，移交国务院有关部门和地方人民政府处理。

第二十二条 稽查人员有下列行为之一的，视其情节轻重，给予批评或行政处分；构成犯罪的，移交司法机关处理：

（一）对被稽查单位的重大违法违规问题隐匿不报的；

（二）与被稽查单位串通编造虚假稽查报告的；

（三）违法干预被稽查单位日常业务活动和经营管理活动，致使其合法权益受到损害的；

（四）其他影响稽查工作和公正执法的行为。

第二十三条 稽查人员在履行职责中，有其他违反法律、法规和规章行为，应当承担纪律责任的，依照《行政机关公务员处分条例》处理。

第二十四条 省、自治区、直辖市人民政府住房和城乡建设主管部门可结合本地区实际，参照本办法制定稽查工作管理办法。

第二十五条 本办法由住房和城乡建设部负责解释。

第二十六条 本办法自发布之日起施行。本办法施行前建设部发布的有关文件与本办法规定不一致的，以本办法为准。

党员领导干部违反规定插手干预工程建设领域行为适用《中国共产党纪律处分条例》若干问题的解释

（2010 年 5 月 7 日 中纪发〔2010〕23 号）

为进一步促进党员领导干部廉洁从政，规范工程建设秩序，惩处党员领导干部违反规定插手干预工程建设领域行为，确保工程建设项目安全、廉洁、高效运行，现对党员领导干部违反规定插手干预工程建设领域行为适用《中国共产党纪律处分条例》若干问题解释如下。

一、党和国家机关中副科级以上党员领导干部，有违反规定插手干预工程建设领域行为的，依照本解释处理。人民团体、事业单位中相当于副科级以上党员领导干部，国有和国有控股企业（含国有和国有控股金融企业）及其分支机构领导人员中的党员，有违反规定插手干预工程建设领域行为的，适用本解释。

二、本解释所称违反规定插手干预工程建设领域行为，是指党员领导干部违反法律、法规、规章、政策性规定或者议事规则，利用职权或者职务上的影响，向相关部门、单位或者有关人员以指定、授意、暗示等方式提出要求，影响工程建设正常开展或者干扰正常监管、执法活动的行为。

三、违反规定插手干预工程建设项目决策，有下列情形之一，谋取私利的，依照本解释第十二条处理：

（一）要求有关部门允许未经审批、核准或者备案的工程建设项目进行建设的；

（二）要求建设单位对未经审批、核准或者备案的工程建设项目进行建设的；

（三）要求有关部门审批或者核准违反产业政策、发展规划、市场准入标准以及未通过节能评估和审查、环境影响评价审批等不符合有关规定的工程建设项目的；

（四）要求有关部门或者单位违反技术标准和有关规定，规划、设计项目方案的；

（五）违反规定以会议或者集体讨论决定方式安排工程建设有关事项的；

（六）有其他违反规定插手干预工程建设项目决策行为的。

四、违反规定插手干预工程建设项目招标投标活动，有下列情形之一，谋取私利的，依照本解释第十二条处理：

（一）要求有关部门对依法应当招标的工程建设项目不招标，或者依法应当公开招标的工程建设项目实行邀请招标的；

（二）要求有关部门或者单位将依法必须进行招标的工程建设项目化整为零，或者假借保密工程、抢险救灾等特殊工程的名义规避招标的；

（三）为招标人指定招标代理机构并办理招标事宜的；

（四）影响工程建设项目投标人资格的确定或者评标、中标结果的；

（五）有其他违反规定插手干预工程建设项目招标投标活动行为的。

五、违反规定插手干预土地使用权、矿业审批和出让，有下列情形之一，谋取私利的，依照本解释第十二条处理：

（一）要求有关部门对应当实行招标

拍卖挂牌出让的土地使用权采用划拨、协议方式供地的；

（二）要求有关部门或者单位采用合作开发、招商引资、历史遗留问题等名义或者使用先行立项、先行选址定点确定用地者等手段规避招标拍卖挂牌出让的；

（三）影响土地使用权招标拍卖挂牌出让活动中竞买人的确定或者招标拍卖挂牌出让结果的；

（四）土地使用权出让金确定后，要求有关部门违反规定批准减免、缓缴土地使用权出让金的；

（五）要求有关部门为不符合供地政策的工程建设项目批准土地，或者为不具备发放国有土地使用证书条件的工程建设项目发放国有土地使用证书的；

（六）要求有关部门违反规定审批或者出让探矿权、采矿权的；

（七）有其他违反规定插手干预土地使用权、矿业权审批和出让行为的。

六、违反规定插手干预城乡规划管理活动，有下列情形之一，谋取私利的，依照本解释第十二条处理：

（一）要求有关部门违反规定改变城乡规划的；

（二）要求有关部门违反规定批准调整土地用途、容积率等规划设计条件的；

（三）有其他违反规定插手干预城乡规划管理活动行为的。

七、违反规定插手干预房地产开发与经营活动，有下列情形之一，谋取私利的，依照本解释第十二条处理：

（一）要求有关部门同意不具备房地产开发资质或者资质等级不相符的企业从事房地产开发与经营活动的；

（二）要求有关部门为不符合商品房预售条件的开发项目发放商品房预售许可证的；

（三）对未经验收或者验收不合格的房地产开发项目，要求有关部门允许其交付使用的；

（四）有其他违反规定插手干预房地产开发用地、立项、规划、建设和销售等行为的。

八、违反规定插手干预工程建设实施和工程质量监督管理，有下列情形之一，谋取私利的，依照本解释第十二条处理：

（一）要求建设单位或者勘察、设计、施工等单位转包、违法分包工程建设项目，或者指定生产商、供应商、服务商的；

（二）要求试验检测单位弄虚作假的；

（三）要求项目单位违反规定压缩工期、赶进度，导致发生工程质量事故或者严重工程质量问题的；

（四）在对工程建设实施和工程质量进行监督管理过程中，对有关行政监管部门或者中介机构施加影响，导致发生工程质量事故或者严重工程质量问题的；

（五）有其他违反规定插手干预工程建设实施和工程质量监督管理行为的。

九、违反规定插手干预工程建设安全生产，有下列情形之一，谋取私利的，依照本解释第十二条处理：

（一）要求有关部门为不具备安全生产条件的单位发放安全生产许可证的；

（二）对有关行政监管部门进行的工程建设安全生产监督管理活动施加影响，导致发生生产安全事故的；

（三）有其他违反规定插手干预工程建设安全生产行为的。

十、违反规定插手干预工程建设环境保护工作，有下列情形之一，谋取私利的，依照本解释第十二条处理：

（一）要求有关部门降低建设项目环境影响评价等级、拆分审批、超越审批权限审批环境影响评价文件的；

（二）对有关行政监管部门进行的环境保护监督检查活动施加影响，导致建设项目中防治污染或者防治生态破坏的设施不能与工程建设项目主体工程同时设计、同时施工、同时投产使用的；

（三）有其他违反规定插手干预工程建设环境保护工作行为的。

十一、违反规定插手干预工程建设项目物资采购和资金安排使用管理，有下列情形之一，谋取私利的，依照本解释第十二条处理：

（一）要求有关部门违反招标投标法和政府采购法的有关规定，进行物资采购的；

（二）要求有关部门对不符合预算要求、工程进度需要的工程建设项目支付资金，或者对符合预算要求、工程进度需要的工程建设项目不及时支付资金的；

（三）有其他违反规定插手干预物资采购和资金安排使用管理行为的。

十二、党员领导干部有本解释第三条至第十一条行为之一，本人索取他人财物，或者收受、变相收受他人财物的，依照《中国共产党纪律处分条例》第八十五条的规定处理。党员领导干部有本解释第三条至第十一条行为之一，其父母、配偶、子女及其配偶以及其他特定关系人收受对方财物的，追究该党员领导干部的责任，依照《中国共产党纪律处分条例》第七十五条的规定处理。

十三、党员领导干部有本解释第三条至第十一条行为之一，未谋取私利，但给党、国家和人民利益以及公共财产造成较大损失的，依照《中国共产党纪律处分条例》第一百二十七条第二款的规定处理。

党员领导干部有本解释第三条至第十一条行为之一，未谋取私利，也未造成较大损失，但给本地区、本单位造成严重不良影响的，依照《中国共产党纪律处分条例》第一百三十九条的规定处理。

十四、党员领导干部利用职权或者职务上的影响，妨碍有关部门对工程建设领域违纪违法行为进行查处的，依照《中国共产党纪律处分条例》第一百六十三条的规定处理。

十五、本解释自发布之日起施行。中央纪委、监察部2004年2月3日发布的《关于领导干部利用职权违反规定干预和插手建设工程招标投标、经营性土地使用权出让、房地产开发与经营等市场经济活动，为个人和亲友谋取私利的处理规定》同时废止。

违反规定插手干预工程建设领域行为处分规定

（2010年7月8日监察部、人力资源社会保障部第22号令公布　自公布之日起施行）

第一条　为进一步促进行政机关公务员廉洁从政，规范工程建设秩序，惩处违反规定插手干预工程建设领域行为，确保工程建设项目安全、廉洁、高效运行，根据《中华人民共和国行政监察法》、《中华人民共和国公务员法》和《行政机关公务员处分条例》等有关法律、行政法规，制定本规定。

第二条　本规定适用于副科级以上行政机关公务员。

第三条　本规定所称违反规定插手干预工程建设领域行为，是指行政机关公务员违反法律、法规、规章或者行政机关的决定、命令，利用职权或者职务上的影响，向相关部门、单位或者有关人员以指定、授意、暗示等方式提出要求，影响工程建设正常开展或者干扰正常监管、执法活动的行为。

第四条　违反规定插手干预工程建设项目决策，有下列情形之一，索贿受贿、为自己或者他人谋取私利的，给予记过或者记大过处分；情节较重的，给予降级或者撤职处分；情节严重的，给予开除处分：

（一）要求有关部门允许未经审批、

核准或者备案的工程建设项目进行建设的；

（二）要求建设单位对未经审批、核准或者备案的工程建设项目进行建设的；

（三）要求有关部门审批或者核准违反产业政策、发展规划、市场准入标准以及未通过节能评估和审查、环境影响评价审批等不符合有关规定的工程建设项目的；

（四）要求有关部门或者单位违反技术标准和有关规定，规划、设计项目方案的；

（五）违反规定以会议或者集体讨论决定方式安排工程建设有关事项的；

（六）有其他违反规定插手干预工程建设项目决策行为的。

第五条 违反规定插手干预工程建设项目招标投标活动，有下列情形之一，索贿受贿、为自己或者他人谋取私利的，给予记过或者记大过处分；情节较重的，给予降级或者撤职处分；情节严重的，给予开除处分：

（一）要求有关部门对依法应当招标的工程建设项目不招标，或者依法应当公开招标的工程建设项目实行邀请招标的；

（二）要求有关部门或者单位将依法必须进行招标的工程建设项目化整为零，或者假借保密工程、抢险救灾等特殊工程的名义规避招标的；

（三）为招标人指定招标代理机构并办理招标事宜的；

（四）影响工程建设项目投标人资格的确定或者评标、中标结果的；

（五）有其他违反规定插手干预工程建设项目招标投标活动行为的。

第六条 违反规定插手干预土地使用权、矿业权审批和出让，有下列情形之一，索贿受贿、为自己或者他人谋取私利的，给予记过或者记大过处分；情节较重的，给予降级或者撤职处分；情节严重的，给予开除处分：

（一）要求有关部门对应当实行招标拍卖挂牌出让的土地使用权采用划拨、协议方式供地的；

（二）要求有关部门或者单位采用合作开发、招商引资、历史遗留问题等名义或者使用先行立项、先行选址定点确定用地者等手段规避招标拍卖挂牌出让的；

（三）影响土地使用权招标拍卖挂牌出让活动中竞买人的确定或者招标拍卖挂牌出让结果的；

（四）土地使用权出让金确定后，要求有关部门违反规定批准减免、缓缴土地使用权出让金的；

（五）要求有关部门为不符合供地政策的工程建设项目批准土地，或者为不具备发放国有土地使用证书条件的工程建设项目发放国有土地使用证书的；

（六）要求有关部门违反规定审批或者出让探矿权、采矿权的；

（七）有其他违反规定插手干预土地使用权、矿业权审批和出让行为的。

第七条 违反规定插手干预城乡规划管理活动，有下列情形之一，索贿受贿、为自己或者他人谋取私利的，给予记过或者记大过处分；情节较重的，给予降级或者撤职处分；情节严重的，给予开除处分：

（一）要求有关部门违反规定改变城乡规划的；

（二）要求有关部门违反规定批准调整土地用途、容积率等规划设计条件的；

（三）有其他违反规定插手干预城乡规划管理活动行为的。

第八条 违反规定插手干预房地产开发与经营活动，有下列情形之一，索贿受贿、为自己或者他人谋取私利的，给予记过或者记大过处分；情节较重的，给予降级或者撤职处分；情节严重的，给予开除处分：

（一）要求有关部门同意不具备房地产开发资质或者资质等级不相符的企业从事房地产开发与经营活动的；

（二）要求有关部门为不符合商品房

预售条件的开发项目发放商品房预售许可证的；

（三）对未经验收或者验收不合格的房地产开发项目，要求有关部门允许其交付使用的；

（四）有其他违反规定插手干预房地产开发用地、立项、规划、建设和销售等行为的。

第九条 违反规定插手干预工程建设实施和工程质量监督管理，有下列情形之一，索贿受贿、为自己或者他人谋取私利的，给予记过或者记大过处分；情节较重的，给予降级或者撤职处分；情节严重的，给予开除处分：

（一）要求建设单位或者勘察、设计、施工等单位转包、违法分包工程建设项目，或者指定生产商、供应商、服务商的；

（二）要求试验检测单位弄虚作假的；

（三）要求项目单位违反规定压缩工期、赶进度，导致发生工程质量事故或者严重工程质量问题的；

（四）在对工程建设实施和工程质量进行监督管理过程中，对有关行政监管部门或者中介机构施加影响，导致发生工程质量事故或者严重工程质量问题的；

（五）有其他违反规定插手干预工程建设实施和工程质量监督管理行为的。

第十条 违反规定插手干预工程建设安全生产，有下列情形之一，索贿受贿、为自己或者他人谋取私利的，给予记过或者记大过处分；情节较重的，给予降级或者撤职处分；情节严重的，给予开除处分。

（一）要求有关部门为不具备安全生产条件的单位发放安全生产许可证的；

（二）对有关行政监管部门进行的工程建设安全生产监督管理活动施加影响，导致发生生产安全事故的；

（三）有其他违反规定插手干预工程建设安全生产行为的。

第十一条 违反规定插手干预工程建设环境保护工作，有下列情形之一，索贿受贿、为自己或者他人谋取私利的，给予记过或者记大过处分；情节较重的，给予降级或者撤职处分；情节严重的，给予开除处分：

（一）要求有关部门降低建设项目环境影响评价等级、拆分审批、超越审批权限审批环境影响评价文件的；

（二）对有关行政监管部门进行的环境保护监督检查活动施加影响，导致建设项目中防治污染或者防治生态破坏的设施不能与工程建设项目主体工程同时设计、同时施工、同时投产使用的；

（三）有其他违反规定插手干预工程建设环境保护工作行为的。

第十二条 违反规定插手干预工程建设项目物资采购和资金安排使用管理，有下列情形之一，索贿受贿、为自己或者他人谋取私利的，给予记过或者记大过处分；情节较重的，给予降级或者撤职处分；情节严重的，给予开除处分：

（一）要求有关部门违反招标投标法和政府采购法的有关规定，进行物资采购的；

（二）要求有关部门对不符合预算要求、工程进度需要的工程建设项目支付资金，或者对符合预算要求、工程进度需要的工程建设项目不及时支付资金的；

（三）有其他违反规定插手干预物资采购和资金安排使用管理行为的。

第十三条 有本规定第四条至第十二条行为之一，虽未索贿受贿、为自己或者他人谋取私利，但给国家和人民利益以及公共财产造成较大损失，或者给本地区、本部门造成严重不良影响的，给予记过或者记大过处分；情节较重的，给予降级或者撤职处分；情节严重的，给予开除处分。

第十四条 利用职权或者职务上的影响，干预有关部门对工程建设领域中的违法违规行为进行查处的，给予记过或者记大过处分；情节较重的，给予降级或者撤职处分；情节严重的，给予开除处分。

第十五条 受到处分的人员对处分决定不服的，依照《中华人民共和国行政监察法》、《中华人民共和国公务员法》、《行政机关公务员处分条例》等有关规定，可以申请复核或者申诉。

第十六条 有违反规定插手干预工程建设领域行为，应当给予党纪处分的，移送党的纪律检查机关处理；涉嫌犯罪的，移送司法机关依法追究刑事责任。

第十七条 下列人员有本规定第四条至第十四条行为之一的，依照本规定给予处分：

（一）法律、法规授权的具有公共事务管理职能的组织以及国家行政机关依法委托的组织中副科级或者相当于副科级以上工作人员；

（二）企业、事业单位、社会团体中由行政机关任命的副科级或者相当于副科级以上人员。

第十八条 本规定由监察部、人力资源社会保障部负责解释。

第十九条 本规定自公布之日起施行。

关于规范城乡规划行政处罚裁量权的指导意见

（2012年6月25日）

第一条 为了规范城乡规划行政处罚裁量权，维护城乡规划的严肃性和权威性，促进依法行政，根据《中华人民共和国城乡规划法》、《中华人民共和国行政处罚法》和《中华人民共和国行政强制法》，制定本意见。

第二条 本意见所称城乡规划行政处罚裁量权，是指城乡规划主管部门或者其他依法实施城乡规划行政处罚的部门（以下简称处罚机关），依据《中华人民共和国城乡规划法》第六十四条规定，对违法建设行为实施行政处罚时享有的自主决定权。

本意见所称违法建设行为，是指未取得建设工程规划许可证或者未按照建设工程规划许可证的规定进行建设的行为。

第三条 对违法建设行为实施行政处罚时，应当区分尚可采取改正措施消除对规划实施影响的情形和无法采取改正措施消除对规划实施影响的情形。

第四条 违法建设行为有下列情形之一的，属于尚可采取改正措施消除对规划实施影响的情形：

（一）取得建设工程规划许可证，但未按建设工程规划许可证的规定进行建设，在限期内采取局部拆除等整改措施，能够使建设工程符合建设工程规划许可证要求的。

（二）未取得建设工程规划许可证即开工建设，但已取得城乡规划主管部门的建设工程设计方案审查文件，且建设内容符合或采取局部拆除等整改措施后能够符合审查文件要求的。

第五条 对尚可采取改正措施消除对规划实施影响的情形，按以下规定处理：

（一）以书面形式责令停止建设；不停止建设的，依法查封施工现场；

（二）以书面形式责令限期改正；对尚未取得建设工程规划许可证即开工建设的，同时责令其及时取得建设工程规划许可证；

（三）对按期改正违法建设部分的，处建设工程造价5%的罚款；对逾期不改正的，依法采取强制拆除等措施，并处建设工程造价10%的罚款。

违法行为轻微并及时自行纠正，没有造成危害后果的，不予行政处罚。

第六条 处罚机关按照第五条规定处以罚款，应当在违法建设行为改正后实施，不得仅处罚款而不监督改正。

第七条 第四条规定以外的违法建设行为，均为无法采取改正措施消除对规划实施影响的情形。

第八条 对无法采取改正措施消除对规划实施影响的情形，按以下规定处理：

（一）以书面形式责令停止建设；不停止建设的，依法查封施工现场；

（二）对存在违反城乡规划事实的建筑物、构筑物单体，依法下发限期拆除决定书；

（三）对按期拆除的，不予罚款；对逾期不拆除的，依法强制拆除，并处建设工程造价10%的罚款；

（四）对不能拆除的，没收实物或者违法收入，可以并处建设工程造价10%以下的罚款。

第九条 第八条所称不能拆除的情形，是指拆除违法建设可能影响相邻建筑安全、损害无过错利害关系人合法权益或者对公共利益造成重大损害的情形。

第十条 第八条所称没收实物，是指没收新建、扩建、改建的存在违反城乡规划事实的建筑物、构筑物单体。

第十一条 第八条所称违法收入，按照新建、扩建、改建的存在违反城乡规划事实的建筑物、构筑物单体出售所得价款计算；出售所得价款明显低于同类房地产市场价格的，处罚机关应当委托有资质的房地产评估机构评估确定。

第十二条 对违法建设行为处以罚款，应当以新建、扩建、改建的存在违反城乡规划事实的建筑物、构筑物单体造价作为罚款基数。

已经完成竣工结算的违法建设，应当以竣工结算价作为罚款基数；尚未完成竣工结算的违法建设，可以根据工程已完工部分的施工合同价确定罚款基数；未依法签订施工合同或者当事人提供的施工合同价明显低于市场价格的，处罚机关应当委托有资质的造价咨询机构评估确定。

第十三条 处罚机关按照第八条规定处以罚款，应当在依法强制拆除或者没收实物或者没收违法收入后实施，不得仅处罚款而不强制拆除或者没收。

第十四条 对违法建设行为进行行政处罚，应当在违反城乡规划事实存续期间和违法行为得到纠正之日起两年内实施。

第十五条 本意见自2012年9月1日起施行。

城乡规划违法违纪行为处分办法

（2012年12月3日监察部、人力资源和社会保障部、住房和城乡建设部令第29号公布　根据2016年1月18日监察部、人力资源和社会保障部、住房和城乡建设部《关于修改〈城乡规划违法违纪行为处分办法〉的决定》修订）

第一条 为了加强城乡规划管理，惩处城乡规划违法违纪行为，根据《中华人民共和国城乡规划法》、《中华人民共和国行政监察法》、《中华人民共和国公务员法》、《行政机关公务员处分条例》及其他有关法律、行政法规，制定本办法。

第二条 有城乡规划违法违纪行为的单位中负有责任的领导人员和直接责任人员，以及有城乡规划违法违纪行为的个人，应当承担纪律责任。属于下列人员的（以下统称有关责任人员），由任免机关或者监察机关按照管理权限依法给予处分：

（一）行政机关公务员；

（二）法律、法规授权的具有公共事务管理职能的组织中从事公务的人员；

（三）国家行政机关依法委托从事公共事务管理活动的组织中从事公务的人员；

（四）企业、人民团体中由行政机关任命的人员。

事业单位工作人员有本办法规定的城乡规划违法违纪行为的，依照《事业单位工作人员处分暂行规定》执行。

法律、行政法规、国务院决定及国务院监察机关、国务院人力资源社会保障部门制定的处分规章对城乡规划违法违纪行为的处分另有规定的，从其规定。

第三条 地方人民政府有下列行为之一的，对有关责任人员给予记过或者记大过处分；情节较重的，给予降级或者撤职处分；情节严重的，给予开除处分：

（一）依法应当编制城乡规划而未组织编制的；

（二）未按法定程序编制、审批、修改城乡规划的。

第四条 地方人民政府有下列行为之一的，对有关责任人员给予警告、记过或者记大过处分；情节较重的，给予降级或者撤职处分；情节严重的，给予开除处分：

（一）制定或者作出与城乡规划法律、法规、规章和国家有关文件相抵触的规定或者决定，造成不良后果或者经上级机关、有关部门指出仍不改正的；

（二）在城市总体规划、镇总体规划确定的建设用地范围以外设立各类开发区和城市新区的；

（三）违反风景名胜区规划，在风景名胜区内设立各类开发区的；

（四）违反规定以会议或者集体讨论决定方式要求城乡规划主管部门对不符合城乡规划的建设项目发放规划许可的。

第五条 地方人民政府及城乡规划主管部门委托不具有相应资质等级的单位编制城乡规划的，对有关责任人员给予警告或者记过处分；情节较重的，给予记大过或者降级处分；情节严重的，给予撤职处分。

第六条 地方人民政府及其有关主管部门工作人员，利用职权或者职务上的便利，为自己或者他人谋取私利，有下列行为之一的，给予记过或者记大过处分；情节较重的，给予降级或者撤职处分；情节严重的，给予开除处分：

（一）违反法定程序干预控制性详细规划的编制和修改，或者擅自修改控制性详细规划的；

（二）违反规定调整土地用途、容积率等规划条件核发规划许可，或者擅自改变规划许可内容的；

（三）违反规定对违法建设降低标准进行处罚，或者对应当依法拆除的违法建设不予拆除的。

第七条 乡、镇人民政府或者地方人民政府承担城乡规划监督检查职能的部门及其工作人员有下列行为之一的，对有关责任人员给予记过或者记大过处分；情节较重的，给予降级或者撤职处分；情节严重的，给予开除处分：

（一）发现未依法取得规划许可或者违反规划许可的规定在规划区内进行建设的行为不予查处，或者接到举报后不依法处理的；

（二）在规划管理过程中，因严重不负责任致使国家利益遭受损失的。

第八条 地方人民政府城乡规划主管部门及其工作人员在国有建设用地使用权出让合同签订后，违反规定调整土地用途、容积率等规划条件的，对有关责任人员给予警告或者记过处分；情节较重的，给予记大过或者降级处分；情节严重的，给予撤职处分。

第九条 地方人民政府城乡规划主管部门及其工作人员有下列行为之一的，对有关责任人员给予警告处分；情节较重的，给予记过或者记大过处分；情节严重的，给予降级处分：

（一）未依法对经审定的修建性详细规划、建设工程设计方案总平面图予以公布的；

（二）未征求规划地段内利害关系人意见，同意修改修建性详细规划、建设工程设计方案总平面图的。

第十条 县级以上地方人民政府城乡规划

主管部门及其工作人员或者由省、自治区、直辖市人民政府确定的镇人民政府及其工作人员有下列行为之一的，对有关责任人员给予警告或者记过处分；情节较重的，给予记大过或者降级处分；情节严重的，给予撤职处分：

（一）违反规划条件核发建设用地规划许可证、建设工程规划许可证的；

（二）超越职权或者对不符合法定条件的申请人核发选址意见书、建设用地规划许可证、建设工程规划许可证、乡村建设规划许可证的；

（三）对符合法定条件的申请人不予核发或者未在法定期限内核发选址意见书、建设用地规划许可证、建设工程规划许可证、乡村建设规划许可证的；

（四）违反规划批准在历史文化街区、名镇、名村核心保护范围内进行新建、扩建活动或者违反规定批准对历史建筑进行迁移、拆除的；

（五）违反基础设施用地的控制界限（黄线）、各类绿地范围的控制线（绿线）、历史文化街区和历史建筑的保护范围界限（紫线）、地表水体保护和控制的地域界限（蓝线）等城乡规划强制性内容的规定核发规划许可的。

第十一条 县人民政府城乡规划主管部门未依法组织编制或者未按照县人民政府所在地镇总体规划的要求编制县人民政府所在地镇的控制性详细规划的，对有关责任人员给予记过或者记大过处分；情节较重的，给予降级或者撤职处分；情节严重的，给予开除处分。

第十二条 城市人民政府城乡规划主管部门未依法组织编制或者未按照城市总体规划的要求编制城市的控制性详细规划的，对有关责任人员给予记过或者记大过处分；情节较重的，给予降级或者撤职处分；情节严重的，给予开除处分。

第十三条 县级以上人民政府有关部门及其工作人员有下列行为之一的，对有关责任人员给予警告或者记过处分；情节较重的，给予记大过或者降级处分；情节严重的，给予撤职处分：

（一）对未依法取得选址意见书的建设项目核发建设项目批准文件的；

（二）未依法在国有土地使用权出让合同中确定规划条件或者改变国有土地使用权出让合同中依法确定的规划条件的；

（三）对未依法取得建设用地规划许可证的建设单位划拨国有土地使用权的；

（四）对未在乡、村庄规划区建设用地范围内取得乡村建设规划许可证的建设单位或者个人办理用地审批手续，造成不良影响的。

第十四条 县级以上地方人民政府及其有关主管部门违反风景名胜区规划，批准在风景名胜区的核心景区内建设宾馆、培训中心、招待所、疗养院以及别墅、住宅等与风景名胜资源保护无关的其他建筑物的，对有关责任人员给予降级或者撤职处分。

第十五条 在国家级风景名胜区内修建缆车、索道等重大建设工程，项目的选址方案未经省级人民政府住房城乡建设主管部门或者直辖市风景名胜区主管部门核准，县级以上地方人民政府有关主管部门擅自核发选址意见书的，对有关责任人员给予警告或者记过处分；情节较重的，给予记大过或者降级处分；情节严重的，给予撤职处分。

第十六条 建设单位及其工作人员有下列行为之一的，对有关责任人员给予警告、记过或者记大过处分；情节较重的，给予降级或者撤职处分；情节严重的，给予开除处分：

（一）未依法取得建设项目规划许可，擅自开工建设的；

（二）未经城乡规划主管部门许可，擅自改变规划条件、设计方案，或者不按照规划要求配建公共设施及配套工程的；

（三）以伪造、欺骗等非法手段获取建设项目规划许可手续的；

（四）未经批准或者未按照批准内容进行临时建设，或者临时建筑物、构筑物超过批准期限不拆除的；

（五）违反历史文化名城、名镇、名村保护规划在历史文化街区、名镇、名村核心保护范围内，破坏传统格局、历史风貌，或者擅自新建、扩建、拆除建筑物、构筑物或者其他设施的；

（六）违反风景名胜区规划在风景名胜区核心景区内建设宾馆、培训中心、招待所、疗养院以及别墅、住宅等与风景名胜资源保护无关的其他建筑物的。

第十七条 受到处分的人员对处分决定不服的，可以依照《中华人民共和国行政监察法》、《中华人民共和国公务员法》、《行政机关公务员处分条例》等有关规定，申请复核或者申诉。

第十八条 任免机关、监察机关和城乡规划主管部门建立案件移送制度。

任免机关或者监察机关查处城乡规划违法违纪案件，认为应当由城乡规划主管部门给予行政处罚的，应当将有关案件材料移送城乡规划主管部门。城乡规划主管部门应当依法及时查处，并将处理结果书面告知任免机关或者监察机关。

城乡规划主管部门查处城乡规划违法案件，认为应当由任免机关或者监察机关给予处分的，应当在作出行政处罚决定或者其他处理决定后，及时将有关案件材料移送任免机关或者监察机关。任免机关或者监察机关应当依法及时查处，并将处理结果书面告知城乡规划主管部门。

第十九条 有城乡规划违法违纪行为，应当给予党纪处分的，移送党的纪律检查机关处理；涉嫌犯罪的，移送司法机关依法追究刑事责任。

第二十条 本办法由监察部、人力资源社会保障部、住房城乡建设部负责解释。

第二十一条 本办法自2013年1月1日起施行。

附　录

国务院关于修改和废止部分行政法规的决定

（2020 年 3 月 27 日中华人民共和国国务院令第 726 号公布　自公布之日起施行）

为了依法推进简政放权、放管结合、优化服务改革，国务院对取消和下放行政许可项目涉及的行政法规，以及实践中不再适用的行政法规进行了清理。经过清理，国务院决定：

一、对 7 部行政法规的部分条款予以修改。（附件 1）

二、对 10 部行政法规予以废止。（附件 2）

本决定自公布之日起施行。

附件：1. 国务院决定修改的行政法规

2. 国务院决定废止的行政法规

附件 1

国务院决定修改的行政法规

一、删去《中华人民共和国渔业法实施细则》第二十二条第一款中的“在‘机动渔船底拖网禁渔区线’外侧建造人工鱼礁的，必须经国务院渔业行政主管部门批准”。

二、删去《城市供水条例》第三十五条第一款第一项。第二款修改为：“有前款第（一）项、第（三）项、第（四）项、第（五）项、第（六）项所列行为之一，情节严重的，经县级以上人民政府批准，还可以在一定时间内停止供水。”

三、删去《城市房地产开发经营管理条例》第八条第三项。

四、将《人工影响天气管理条例》第十条第一款修改为：“人工影响天气作业单位应当按照国务院气象主管机构制定的人工影响天气作业人员培训标准对从事人工影响天气作业的人员进行岗前培训。人工影响天气作业人员应当掌握相关作业规范和操作规程后，方可实施人工影响天气作业。”

第十三条第二款修改为：“农业农村、水利、自然资源、应急管理、林业和草原等有关部门应当及时无偿提供实施人工影响天气作业所需的灾情、水文、火情等资料。”

第十八条第二款修改为：“人工影响天气作业单位之间转让人工影响天气作业设备的，应当自转让之日起三十日内向有关省、自治区、直辖市气象主管机构备案。”

第十九条中的“情节严重的，取消作业资格”修改为“情节严重的，禁止从事人工影响天气作业”。第四项修改为：“（四）人工影响天气作业单位之间转让人工影响天气作业设备，未按照规定备案的”。

五、将《兽药管理条例》第八条第一款修改为：“研制新兽药，应当在临床试验前向临床试验场所所在地省、自治区、直辖市人民政府兽医行政管理部门备案，并附具该新兽药实验室阶段安全性评价报告及其他临床前研究资料。”

第三十五条第二款修改为：“进口在中国已取得进口兽药注册证书的兽药的，中国境内代理机构凭进口兽药注册证书到口岸所在地人民政府兽医行政管理部门办理进口兽药通关单。海关凭进口兽药通关单放行。兽药进口管理办法由国务院兽医行政管理部门会同海关总署制定。”

第五十九条增加一款，作为第三款："违反本条例规定，开展新兽药临床试验应当备案而未备案的，责令其立即改正，给予警告，并处 5 万元以上 10 万元以下罚款；给他人造成损失的，依法承担赔偿责任。"

第七十条第一款修改为："本条例规定的行政处罚由县级以上人民政府兽医行政管理部门决定；其中吊销兽药生产许可证、兽药经营许可证，撤销兽药批准证明文件或者责令停止兽药研究试验的，由发证、批准、备案部门决定。"

删去第七十二条第七项中的"允许进口兽用生物制品证明文件"。

六、将《中华人民共和国船员条例》第四条第一款修改为："本条例所称船员，是指依照本条例的规定取得船员适任证书的人员，包括船长、高级船员、普通船员。"

删去第五条、第六条、第七条、第八条。

第九条改为第五条，修改为："船员应当依照本条例的规定取得相应的船员适任证书。

"申请船员适任证书，应当具备下列条件：

"（一）年满 18 周岁（在船实习、见习人员年满 16 周岁）且初次申请不超过 60 周岁；

"（二）符合船员任职岗位健康要求；

"（三）经过船员基本安全培训。

"参加航行和轮机值班的船员还应当经过相应的船员适任培训、特殊培训，具备相应的船员任职资历，并且任职表现和安全记录良好。

"国际航行船舶的船员申请适任证书的，还应当通过船员专业外语考试。"

第十条改为第六条，修改为："申请船员适任证书，可以向任何有相应船员适任证书签发权限的海事管理机构提出书面申请，并附送申请人符合本条例第五条规定条件的证明材料。对符合规定条件并通过国家海事管理机构组织的船员任职考试的，海事管理机构应当发给相应的船员适任证书及船员服务簿。"

第十一条改为第七条，修改为："船员适任证书应当注明船员适任的航区（线）、船舶类别和等级、职务以及有效期限等事项。

"参加航行和轮机值班的船员适任证书的有效期不超过 5 年。

"船员服务簿应当载明船员的姓名、住所、联系人、联系方式、履职情况以及其他有关事项。

"船员服务簿记载的事项发生变更的，船员应当向海事管理机构办理变更手续。"

第二十二条改为第十八条、第五十七条改为第五十三条，将其中的"服务资历和任职表现"修改为"履职情况"。

第四十六条改为第四十二条、第五十二条改为第四十八条、第六十五条改为第六十一条、第六十七条改为第六十三条，删去其中的"船员服务簿"。

第五十六条改为第五十二条，删去其中的"船员服务簿"。第四项修改为："（四）未如实填写或者记载有关船舶、船员法定文书的"。第五项修改为："（五）隐匿、篡改或者销毁有关船舶、船员法定证书、文书的"。

七、将《护士条例》第八条第一款中的"拟执业地省、自治区、直辖市人民政府卫生主管部门"修改为"批准设立拟执业医疗机构或者为该医疗机构备案的卫生主管部门"。

第九条中的"拟执业地省、自治区、直辖市人民政府卫生主管部门"修改为"批准设立拟执业医疗机构或者为该医疗机构备案的卫生主管部门"，"原执业地省、自治区、直辖市人民政府卫生主管部门"修改为"原注册部门"。

第十条第一款中的"执业地省、自治区、直辖市人民政府卫生主管部门"修改为

"批准设立执业医疗机构或者为该医疗机构备案的卫生主管部门"。

此外，对相关行政法规中的条文序号作相应调整。

附件2

国务院决定废止的行政法规

一、防治布氏杆菌病暂行办法（1979年12月22日国务院批准　1980年1月31日卫生部、农业部发布）

二、中华人民共和国公民出境入境管理法实施细则（1986年12月3日国务院批准　1986年12月26日公安部、外交部、交通部发布　1994年7月13日国务院批准第一次修订　1994年7月15日公安部、外交部、交通部发布　根据2011年1月8日《国务院关于废止和修改部分行政法规的决定》第二次修订）

三、开发建设晋陕蒙接壤地区水土保持规定（1988年9月1日国务院批准　1988年10月1日国家计划委员会、水利部发布　根据2011年1月8日《国务院关于废止和修改部分行政法规的决定》修订）

四、药品行政保护条例（1992年12月12日国务院批准　1992年12月19日国家医药管理局发布）

五、卖淫嫖娼人员收容教育办法（1993年9月4日中华人民共和国国务院令第127号公布　根据2011年1月8日《国务院关于废止和修改部分行政法规的决定》修订）

六、外国公司船舶运输收入征税办法（1996年9月18日国务院批准　1996年10月24日财政部、国家税务总局发布　根据2011年1月8日《国务院关于废止和修改部分行政法规的决定》修订）

七、中华人民共和国中医药条例（2003年4月7日中华人民共和国国务院令第374号公布）

八、中华人民共和国行政监察法实施条例（2004年9月17日中华人民共和国国务院令第419号公布）

九、疫苗流通和预防接种管理条例（2005年3月24日中华人民共和国国务院令第434号公布　根据2016年4月23日《国务院关于修改〈疫苗流通和预防接种管理条例〉的决定》修订）

十、行政学院工作条例（2009年12月22日中华人民共和国国务院令第568号公布）

国务院关于修改和废止部分行政法规的决定

（2018年3月19日中华人民共和国国务院令第698号公布　自公布之日起施行）

为了依法推进简政放权、放管结合、优化服务改革，国务院对取消行政许可项目及制约新产业、新业态、新模式发展涉及的行政法规进行了清理。经过清理，国务院决定：

一、对18部行政法规的部分条款予以修改。（附件1）

二、对5部行政法规予以废止。（附件2）

本决定自公布之日起施行。

附件：1. 国务院决定修改的行政法规

2. 国务院决定废止的行政法规

附件1

国务院决定修改的行政法规

一、将《中华人民共和国计量法实施细则》第二条修改为："国家实行法定计量单位制度。法定计量单位的名称、符号按照国务院关于在我国统一实行法定计量单位的有关规定执行。"

删去第十四条、第十五条。

第十六条改为第十四条，修改为："制造、修理计量器具的企业、事业单位和个体工商户须在固定的场所从事经营，具有符合国家规定的生产设施、检验条件、技术人员等，并满足安全要求。"

删去第十七条。

第二十三条改为第二十条，将其中的"凡没有产品合格印、证和《制造计量器具许可证》标志的计量器具不得销售"修改为"凡没有产品合格印、证标志的计量器具不得销售"。

第四十条改为第三十七条，删去其中的"制造、修理计量器具申请许可证"。

第四十四条改为第四十一条，修改为："违反《中华人民共和国计量法》第十四条规定，制造、销售和进口非法定计量单位的计量器具的，责令其停止制造、销售和进口，没收计量器具和全部违法所得，可并处相当其违法所得10%至50%的罚款。"

删去第四十七条。

二、将《中华人民共和国河道管理条例》第十五条中的"上级河道主管机关"修改为"县级以上地方人民政府河道主管机关"。

三、删去《中华人民共和国防治海岸工程建设项目污染损害海洋环境管理条例》第十一条。

第十二条改为第十一条，修改为："海岸工程建设项目竣工验收时，建设项目的环境保护设施经验收合格后，该建设项目方可正式投入生产或者使用。"

四、将《水库大坝安全管理条例》第十六条修改为："大坝坝顶确需兼做公路的，须经科学论证和县级以上地方人民政府大坝主管部门批准，并采取相应的安全维护措施。"

五、将《城市供水条例》第十九条修改为："城市自来水供水企业和自建设施对外供水的企业，经工商行政管理机关登记注册后，方可从事经营活动。"

删去第三十二条第一款中的"报城市供水行政主管部门和卫生行政主管部门批准"。

六、将《城市房地产开发经营管理条例》第十七条修改为："房地产开发项目竣工，依照《建设工程质量管理条例》的规定验收合格后，方可交付使用。"

删去第十八条、第三十六条、第三十七条。

七、删去《中华人民共和国森林法实施条例》第三十四条第一款。

第四十条修改为："违反本条例规定，收购没有林木采伐许可证或者其他合法来源证明的木材的，由县级以上人民政府林业主管部门没收非法经营的木材和违法所得，并处违法所得2倍以下的罚款。"

八、删去《中华人民共和国人民币管理条例》第二十六条。

第四十四条改为第四十三条，将第一款中的"违反本条例第二十五条、第二十六条、第二十七条第一款第二项和第四项规定的"修改为"违反本条例第二十五条、第二十六条第一款第二项和第四项规定的"。

九、删去《物业管理条例》第二十四条中的"具有相应资质的"。

第三十二条第二款修改为："国务院建设行政主管部门应当会同有关部门建立守信联合激励和失信联合惩戒机制，加强行业诚信管理。"

删去第五十九条。

第六十条改为第五十九条，删去其中的"情节严重的，由颁发资质证书的部门吊销资质证书"。

第六十一条改为第六十条，删去其中的"物业服务企业挪用专项维修资金，情节严重的，并由颁发资质证书的部门吊销资质证书"。

十、删去《中华人民共和国知识产权海关保护条例》第三十二条。

十一、删去《病原微生物实验室生物安全管理条例》第二十一条第二款。

第二十二条第一款中的“取得从事高致病性病原微生物实验活动资格证书的实验室,”修改为“三级、四级实验室”。

第二十三条第一款中的“取得相应资格证书的实验室”修改为“具备相应条件的实验室”。

第二十六条修改为:“国务院卫生主管部门和兽医主管部门应当定期汇总并互相通报实验室数量和实验室设立、分布情况,以及三级、四级实验室从事高致病性病原微生物实验活动的情况。”

第五十六条修改为:“三级、四级实验室未经批准从事某种高致病性病原微生物或者疑似高致病性病原微生物实验活动的,由县级以上地方人民政府卫生主管部门、兽医主管部门依照各自职责,责令停止有关活动,监督其将用于实验活动的病原微生物销毁或者送交保藏机构,并给予警告;造成传染病传播、流行或者其他严重后果的,由实验室的设立单位对主要负责人、直接负责的主管人员和其他直接责任人员,依法给予撤职、开除的处分;构成犯罪的,依法追究刑事责任。”

第五十八条中的“卫生主管部门或者兽医主管部门对符合法定条件的实验室不颁发从事高致病性病原微生物实验活动的资格证书,或者对出入境检验检疫机构为了检验检疫工作的紧急需要”修改为“卫生主管部门或者兽医主管部门对出入境检验检疫机构为了检验检疫工作的紧急需要”。

第六十一条中的“由原发证部门吊销该实验室从事高致病性病原微生物相关实验活动的资格证书”修改为“责令停止该项实验活动,该实验室 2 年内不得申请从事高致病性病原微生物实验活动”。

十二、将《中华人民共和国濒危野生动植物进出口管理条例》第十条修改为:“进口或者出口濒危野生动植物及其产品的,申请人应当按照管理权限,向其所在地的省、自治区、直辖市人民政府农业(渔业)主管部门提出申请,或者向国务院林业主管部门提出申请,并提交下列材料:

“(一)进口或者出口合同;

“(二)濒危野生动植物及其产品的名称、种类、数量和用途;

“(三)活体濒危野生动物装运设施的说明资料;

“(四)国务院野生动植物主管部门公示的其他应当提交的材料。

“省、自治区、直辖市人民政府农业(渔业)主管部门应当自收到申请之日起 10 个工作日内签署意见,并将全部申请材料转报国务院农业(渔业)主管部门。”

十三、删去《防治海洋工程建设项目污染损害海洋环境管理条例》第十条第一款、第十三条中的“委托具有相应环境影响评价资质的单位”。

删去第十五条。

第二十九条改为第二十八条,第一款修改为:“海洋工程需要拆除或者改作他用的,应当在作业前报原核准该工程环境影响报告书的海洋主管部门备案。拆除或者改变用途后可能产生重大环境影响的,应当进行环境影响评价。”

第四十七条改为第四十六条,将第三项中的“批准”修改为“备案”。

十四、删去《土地调查条例》第十三条第二款第二项中的“资质和”。第三款修改为:“国务院国土资源主管部门应当会同国务院有关部门加强对承担土地调查任务单位的监管和服务。”

十五、将《防治船舶污染海洋环境管理条例》第十四条第一款中的“批准”修改为“备案”。

十六、删去《消耗臭氧层物质管理条例》第十一条第一款第三项中的“环境保护主管部门”。

十七、将《中华人民共和国海关事务担保条例》第十条修改为:“按照海关总署的规定经海关认定的高级认证企业可以申请免除担保，并按照海关规定办理有关手续。”

十八、删去《中华人民共和国招标投标法实施条例》第十一条第一款。

删去第十三条第一款中的“其资格许可和”，删去第三款。

此外，对相关行政法规中的条文序号作相应调整。

附件2

国务院决定废止的行政法规

一、中华人民共和国私营企业暂行条例（1988年6月25日国务院发布）

二、中华人民共和国水污染防治法实施细则（2000年3月20日国务院发布）

三、地质勘查资质管理条例（2008年3月3日国务院公布）

四、种畜禽管理条例（1994年4月15日国务院发布　根据2011年1月8日《国务院关于废止和修改部分行政法规的决定》修订）

五、劳动教养试行办法（1982年1月21日国务院批准）

国务院关于修改和废止部分行政法规的决定

（2017年3月1日中华人民共和国国务院令第676号公布　自公布之日起施行）

为了依法推进简政放权、放管结合、优化服务改革，国务院对取消行政审批项目、中介服务事项、职业资格许可事项和企业投资项目核准前置审批改革涉及的行政法规，以及不利于稳增长、促改革、调结构、惠民生的行政法规，进行了清理。经过清理，国务院决定：

一、对36部行政法规的部分条款予以修改。（附件1）

二、对3部行政法规予以废止。（附件2）

本决定自公布之日起施行。

附件1：

国务院决定修改的行政法规

一、删去《城市绿化条例》第十一条第三款、第十六条。

第二十二条改为第二十一条，修改为：“在城市的公共绿地内开设商业、服务摊点的，应当持工商行政管理部门批准的营业执照，在公共绿地管理单位指定的地点从事经营活动，并遵守公共绿地和工商行政管理的规定。”

第二十四条改为第二十三条，修改为：“为保证管线的安全使用需要修剪树木时，应当按照兼顾管线安全使用和树木正常生长的原则进行修剪。承担修剪费用的办法，由城市人民政府规定。

“因不可抗力致使树木倾斜危及管线安全时，管线管理单位可以先行扶正或者砍伐树木，但是，应当及时报告城市人民政府城市绿化行政主管部门和绿地管理单位。”

第二十六条改为第二十五条，修改为：“工程建设项目的附属绿化工程设计方案，未经批准或者未按照批准的设计方案施工的，由城市人民政府城市绿化行政主管部门责令停止施工、限期改正或者采取其他补救措施。”

第二十七条改为第二十六条，第二项修改为：“（二）擅自砍伐城市树木的”。

第二十九条改为第二十八条，删去第一款。第二款修改为：“对不服从公共绿地管理单位管理的商业、服务摊点，由城市人民政府城市绿化行政主管部门或者其授权的单位给予警告，可以并处罚款；情节严重的，可以提请工商行政管理部门吊销营业执照。”

二、删去《中华人民共和国海洋倾废管理条例》第十二条第三款。

三、将《防止拆船污染环境管理条例》第十一条第二款修改为：“废油船在拆解前，必须进行洗舱、排污、清舱、测爆等工作。”

四、将《中华人民共和国河道管理条例》第十一条第一款修改为：“修建开发水利、防治水害、整治河道的各类工程和跨河、穿河、穿堤、临河的桥梁、码头、道路、渡口、管道、缆线等建筑物及设施，建设单位必须按照河道管理权限，将工程建设方案报送河道主管机关审查同意。未经河道主管机关审查同意的，建设单位不得开工建设。”

第二十九条修改为：“江河的故道、旧堤、原有工程设施等，不得擅自填堵、占用或者拆毁。”

五、删去《实验动物管理条例》第二十三条、第二十四条第一款、第二十七条。

六、将《放射性药品管理办法》第四条修改为：“国务院药品监督管理部门负责全国放射性药品监督管理工作。国务院国防科技工业主管部门依据职责负责与放射性药品有关的管理工作。国务院环境保护主管部门负责与放射性药品有关的辐射安全与防护的监督管理工作。”

删去第五条。

第六条改为第五条，第三款修改为：“放射性新药的分类，按国务院药品监督管理部门有关药品注册的规定办理。”

第七条改为第六条，修改为：“研制单位研制的放射性新药，在进行临床试验或者验证前，应当向国务院药品监督管理部门提出申请，按规定报送资料及样品，经国务院药品监督管理部门审批同意后，在国务院药品监督管理部门指定的药物临床试验机构进行临床研究。”

第八条改为第七条，将其中的“卫生部”修改为“国务院药品监督管理部门”，“能源部”修改为“国务院国防科技工业主管部门”。

第九条改为第八条，将其中的“卫生部”修改为“国务院药品监督管理部门”。

删去第十条。

第十一条改为第九条，修改为：“国家根据需要，对放射性药品的生产企业实行合理布局。”

第十二条改为第十条，修改为：“开办放射性药品生产、经营企业，必须具备《药品管理法》规定的条件，符合国家有关放射性同位素安全和防护的规定与标准，并履行环境影响评价文件的审批手续；开办放射性药品生产企业，经国务院国防科技工业主管部门审查同意，国务院药品监督管理部门审核批准后，由所在省、自治区、直辖市药品监督管理部门发给《放射性药品生产企业许可证》；开办放射性药品经营企业，经国务院药品监督管理部门审核并征求国务院国防科技工业主管部门意见后批准的，由所在省、自治区、直辖市药品监督管理部门发给《放射性药品经营企业许可证》。无许可证的生产、经营企业，一律不准生产、销售放射性药品。”

第十三条改为第十一条，将其中的“卫生行政”修改为“药品监督管理”，“第十二条”修改为“第十条”。

第十四条改为第十二条，修改为：“放射性药品生产企业生产已有国家标准的放射性药品，必须经国务院药品监督管理部门征求国务院国防科技工业主管部门意见后审核批准，并发给批准文号。凡是改变国务院药品监督管理部门已批准的生产工艺路线和药品标准的，生产单位必须按原报批程序提出补充申请，经国务院药品监督管理部门批准后方能生产。”

第十六条改为第十四条，第二款修改为：“经国务院药品监督管理部门审核批准的含有短半衰期放射性核素的药品，可以边检验边出厂，但发现质量不符合国家药品标准时，该药品的生产企业应当立即停止生产、销售，并立即通知使用单位停止使用，同时报告国务院药品监督管理、卫生行政、国防科技工业主管部门。”

第十七条改为第十五条，修改为：“放射性药品的生产、经营单位和医疗单位凭省、自治区、直辖市药品监督管理部门发给的《放射性药品生产企业许可证》、《放射性药品经营企业许可证》，医疗单位凭省、自治区、直辖市药品监督管理部门发给的《放射性药品使用许可证》，开展放射性药品的购销活动。”

第十八条改为第十六条，修改为：“进口的放射性药品品种，必须符合我国的药品标准或者其他药用要求，并依照《药品管理法》的规定取得进口药品注册证书。

“进出口放射性药品，应当按照国家有关对外贸易、放射性同位素安全和防护的规定，办理进出口手续。”

第十九条改为第十七条，修改为：“进口放射性药品，必须经国务院药品监督管理部门指定的药品检验机构抽样检验；检验合格的，方准进口。

“对于经国务院药品监督管理部门审核批准的含有短半衰期放射性核素的药品，在保证安全使用的情况下，可以采取边进口检验，边投入使用的办法。进口检验单位发现药品质量不符合要求时，应当立即通知使用单位停止使用，并报告国务院药品监督管理、卫生行政、国防科技工业主管部门。”

第二十三条改为第二十一条，第一款修改为：“医疗单位使用放射性药品，必须符合国家有关放射性同位素安全和防护的规定。所在地的省、自治区、直辖市药品监督管理部门，应当根据医疗单位核医疗技术人员的水平、设备条件，核发相应等级的《放射性药品使用许可证》，无许可证的医疗单位不得临床使用放射性药品。”

第二十四条改为第二十二条，修改为：“医疗单位配制、使用放射性制剂，应当符合《药品管理法》及其实施条例的相关规定。”

第二十五条改为第二十三条，修改为：“持有《放射性药品使用许可证》的医疗单位，必须负责对使用的放射性药品进行临床质量检验，收集药品不良反应等项工作，并定期向所在地药品监督管理、卫生行政部门报告。由省、自治区、直辖市药品监督管理、卫生行政部门汇总后分别报国务院药品监督管理、卫生行政部门。”

第二十七条改为第二十五条，将其中的“卫生部”修改为“国务院药品监督管理部门”。

第二十八条改为第二十六条，修改为：“放射性药品的检验由国务院药品监督管理部门公布的药品检验机构承担。”

第二十九条改为第二十七条，修改为：“对违反本办法规定的单位或者个人，由县以上药品监督管理、卫生行政部门，按照《药品管理法》和有关法规的规定处罚。”

删去第三十条。

七、删去《学校体育工作条例》第十四条第二款。

八、将《中华人民共和国防治海岸工程建设项目污染损害海洋环境管理条例》第七条第一款修改为：“海岸工程建设项目的建设单位，应当依法编制环境影响报告书（表），报环境保护主管部门审批。”第二款修改为：“环境保护主管部门在批准海岸工程建设项目的环境影响报告书（表）之前，应当征求海洋、海事、渔业主管部门和军队环境保护部门的意见。”

九、删去《中华人民共和国档案法实施办法》第十七条。

十、将《中华人民共和国计量法实施细则》第二十九条第一款修改为：“国家法定计量检定机构的计量检定人员，必须经考核合格。”

第三十一条第一项修改为：“（一）被授权单位执行检定、测试任务的人员，必须经考核合格”。

第五十八条第五项修改为：“（五）未经考核合格执行计量检定的。”

十一、将《城市市容和环境卫生管理条例》第三十三条修改为："按国家行政建制设立的市的市区内，禁止饲养鸡、鸭、鹅、兔、羊、猪等家畜家禽；因教学、科研以及其他特殊需要饲养的除外。"

删去第三十五条中的"未经批准擅自"。

十二、将《食盐加碘消除碘缺乏危害管理条例》第二十条第一款修改为："为防治疾病，在碘盐中同时添加其他营养强化剂的，应当符合《中华人民共和国食品安全法》的相关规定，并标明销售范围。"

十三、将《中华人民共和国中外合作经营企业法实施细则》第四十四条第一款修改为："中外合作者在合作企业合同中约定合作期限届满时，合作企业的全部固定资产无偿归中国合作者所有的，外国合作者在合作期限内，可以在按照投资或者提供合作条件进行分配的基础上，在合作企业合同中约定扩大外国合作者的收益分配比例，先行回收其投资。"

删去第四十五条第一款。

十四、将《城市道路管理条例》第十条第二款修改为："单位投资建设城市道路的，应当符合城市道路发展规划。"

删去第三十二条第二款、第三款。

十五、将《广播电视管理条例》第十三条第一款修改为："广播电台、电视台变更台名、节目设置范围或者节目套数，省级以上人民政府广播电视行政部门设立的广播电台、电视台或者省级以上人民政府教育行政部门设立的电视台变更台标的，应当经国务院广播电视行政部门批准。"

十六、将《饲料和饲料添加剂管理条例》第十二条第一款中的"应当委托中国境内代理机构向国务院农业行政主管部门申请登记"修改为"由出口方驻中国境内的办事机构或者其委托的中国境内代理机构向国务院农业行政主管部门申请登记"。

十七、删去《印刷业管理条例》第五条第一款中的"会同国务院公安部门"。

增加一条，作为第十三条："出版行政部门应当按照国家社会信用信息平台建设的总体要求，与公安部门、工商行政管理部门或者其他有关部门实现对印刷企业信息的互联共享。"

第十四条改为第十五条，删去第一款中的"并按照国家有关规定向公安部门备案"。

第三十条改为第三十一条，第一款修改为："印刷布告、通告、重大活动工作证、通行证、在社会上流通使用的票证的，委托印刷单位必须向印刷企业出具主管部门的证明。印刷企业必须验证主管部门的证明，并保存主管部门的证明副本 2 年，以备查验；并且不得再委托他人印刷上述印刷品。"

第三十八条改为第三十九条，第二款修改为："单位内部设立印刷厂（所）违反本条例的规定，没有向所在地县级以上地方人民政府出版行政部门、保密工作部门办理登记手续的，由县级以上地方人民政府出版行政部门、保密工作部门依据法定职权责令改正，给予警告；情节严重的，责令停业整顿。"

第四十二条改为第四十三条，修改为："有下列行为之一的，由出版行政部门给予警告，没收印刷品和违法所得，违法经营额 1 万元以上的，并处违法经营额 5 倍以上 10 倍以下的罚款；违法经营额不足 1 万元的，并处 1 万元以上 5 万元以下的罚款；情节严重的，责令停业整顿或者吊销印刷经营许可证；构成犯罪的，依法追究刑事责任：

"（一）印刷布告、通告、重大活动工作证、通行证、在社会上流通使用的票证，印刷企业没有验证主管部门的证明的，或者再委托他人印刷上述印刷品的；

"（二）印刷业经营者伪造、变造学位证书、学历证书等国家机关公文、证件或者企业事业单位、人民团体公文、证件的。

"印刷布告、通告、重大活动工作证、

通行证、在社会上流通使用的票证，委托印刷单位没有取得主管部门证明的，由县级以上人民政府出版行政部门处以 500 元以上 5000 元以下的罚款。”

十八、删去《地震安全性评价管理条例》第十二条、第十三条、第十五条。

十九、删去《中国公民出国旅游管理办法》第十条第二款。第三款修改为：“领队在带团时，应当遵守本办法及国务院旅游行政部门的有关规定。”

第二十九条、第三十条、第三十一条、第三十二条中的“领队证”修改为“导游证”。

二十、将《地质资料管理条例》第十五条第二款修改为：“前款规定以外的地质资料，自汇交之日起 90 日内，由地质资料馆或者地质资料保管单位予以公开。需要保护的，由接收地质资料的单位按照国务院地质矿产主管部门的规定予以保护。”

二十一、将《中华人民共和国内河交通安全管理条例》第十八条修改为：“船舶进出内河港口，应当向海事管理机构报告船舶的航次计划、适航状态、船员配备和载货载客等情况。”

第六十八条第二项修改为：“（二）未按照规定向海事管理机构报告船舶的航次计划、适航状态、船员配备和载货载客等情况的”。

二十二、将《中华人民共和国文物保护法实施条例》第二十条第一项修改为：“（一）有 4 名以上接受过考古专业训练且主持过考古发掘项目的人员”。

第二十二条修改为：“考古发掘项目实行项目负责人负责制度。”

第三十五条修改为：“为制作出版物、音像制品等拍摄馆藏文物的，应当征得文物收藏单位同意，并签署拍摄协议，明确文物保护措施和责任。文物收藏单位应当自拍摄工作完成后 10 个工作日内，将拍摄情况向文物行政主管部门报告。”

第四十三条第一款中的“核准其销售、拍卖文物的文物行政主管部门”修改为“省、自治区、直辖市人民政府文物行政主管部门”。

第四十四条修改为：“国务院文物行政主管部门指定的文物进出境审核机构，应当有 5 名以上取得中级以上文物博物专业技术职务的文物进出境责任鉴定人员。”

第四十五条中的“文物进出境责任鉴定员”修改为“文物进出境责任鉴定人员”。

删去第五十八条中的“拍摄”。增加一款，作为第二款：“文物收藏单位违反本条例规定，未在规定期限内将文物拍摄情况向文物行政主管部门报告的，由文物行政主管部门责令限期改正；逾期不改正的，对负有责任的主管人员和其他直接责任人员依法给予行政处分。”

二十三、将《中华人民共和国进出口关税条例》第十六条第三项中的“暂准”修改为“暂时”。

删去第四十二条第一款中的“经海关批准”，将“经纳税义务人申请，海关可以根据海关总署的规定延长复运出境或者复运进境的期限”修改为“需要延长复运出境或者复运进境期限的，纳税义务人应当根据海关总署的规定向海关办理延期手续”。第二款、第三款中的“暂准”修改为“暂时”。

二十四、将《直销管理条例》第十一条修改为：“直销企业有关本条例第八条第一项、第二项、第三项、第五项、第六项、第七项所列内容发生重大变更的，应当依照本条例第九条第一款规定的程序报国务院商务主管部门批准。”

二十五、将《中华人民共和国进出口商品检验法实施条例》第六条第一款中的“暂准”修改为“暂时”。

二十六、删去《取水许可和水资源费征收管理条例》第十一条第二款中的“由具备建设项目水资源论证资质的单位编制的”。

第二十一条修改为：“取水申请经审批

机关批准，申请人方可兴建取水工程或者设施。”

删去第四十七条第一款第四项。第二款中的“（六）”修改为“（五）”。

二十七、删去《防治海洋工程建设项目污染损害海洋环境管理条例》第十条第三款、第四款。

删去第十三条第二款。

二十八、将《期货交易管理条例》第二十二条修改为：“其他期货经营机构从事期货投资咨询业务，应当遵守国务院期货监督管理机构的规定。”

二十九、将《中华人民共和国船员条例》第七十条修改为：“引航员的培训依照本条例有关船员培训的规定执行。引航员管理的具体办法由国务院交通主管部门制订。”

三十、删去《中华人民共和国水文条例》第二十四条第二款第二项中的“并经考试合格”。

三十一、删去《对外承包工程管理条例》第二章。

删去第二十四条。

第二十五条改为第二十条，第二十六条改为第二十一条，均删去其中的“商务主管部门可以吊销其对外承包工程资格证书；对工程建设类单位”。

三十二、将《公共机构节能条例》第二十条第二款修改为：“国务院和县级以上地方各级人民政府负责审批固定资产投资项目的部门，应当严格控制公共机构建设项目的建设规模和标准，统筹兼顾节能投资和效益，对建设项目进行节能评估和审查，未通过节能评估和审查的项目，不得开工建设；政府投资项目未通过节能评估和审查的，依法负责项目审批的部门不得批准建设。”

删去第三十九条第一款中的“或者核准”。

三十三、将《旅行社条例》第三十一条修改为：“旅行社为接待旅游者委派的导游人员，应当持有国家规定的导游证。

“取得出境旅游业务经营许可的旅行社为组织旅游者出境旅游委派的领队，应当取得导游证，具有相应的学历、语言能力和旅游从业经历，并与委派其从事领队业务的旅行社订立劳动合同。旅行社应当将本单位领队名单报所在地设区的市级旅游行政管理部门备案。”

第五十七条修改为：“违反本条例的规定，旅行社委派的导游人员未持有国家规定的导游证或者委派的领队人员不具备规定的领队条件的，由旅游行政管理部门责令改正，对旅行社处2万元以上10万元以下的罚款。”

删去第五十九条中的“或者领队证”。

删去第六十三条中的“领队证”。

三十四、将《防治船舶污染海洋环境管理条例》第十七条修改为：“船舶污染物接收单位从事船舶垃圾、残油、含油污水、含有毒有害物质污水接收作业，应当编制作业方案，遵守相关操作规程，并采取必要的防污染措施。船舶污染物接收单位应当将船舶污染物接收情况按照规定向海事管理机构报告。”

第十八条修改为：“船舶污染物接收单位接收船舶污染物，应当向船舶出具污染物接收单证，经双方签字确认并留存至少2年。污染物接收单证应当注明作业双方名称，作业开始和结束的时间、地点，以及污染物种类、数量等内容。船舶应当将污染物接收单证保存在相应的记录簿中。”

第二十二条修改为：“载运污染危害性货物进出港口的船舶，其承运人、货物所有人或者代理人，应当向海事管理机构提出申请，经批准方可进出港口或者过境停留。”

删去第三十条第一款中的“并经海事管理机构检查合格，方可进行船舶拆解作业”。

删去第三十二条第一款。

删去第四十二条第二款、第三款。

第六十条修改为：“违反本条例的规定，船舶污染物接收单位从事船舶垃圾、残油、含油污水、含有毒有害物质污水接收作业，未编制作业方案、遵守相关操作规程、采取必要的防污染措施的，由海事管理机构处1万元以上5万元以下的罚款；造成海洋环境污染的，处5万元以上25万元以下的罚款。”

第六十一条修改为：“违反本条例的规定，船舶污染物接收单位未按照规定向海事管理机构报告船舶污染物接收情况，或者未按照规定向船舶出具污染物接收单证，或者未按照规定将船舶污染物的接收和处理情况报海事管理机构备案的，由海事管理机构处2万元以下的罚款。”

第六十二条第一项修改为：“（一）船舶未按照规定保存污染物接收单证的”。

删去第六十四条中的“进行装卸”。

第六十九条中的“未经海事管理机构批准”修改为“未按照国家规定的标准”。

三十五、将《中华人民共和国招标投标法实施条例》第十二条修改为：“招标代理机构应当拥有一定数量的具备编制招标文件、组织评标等相应能力的专业人员。”

删去第七十八条。

三十六、将《国内水路运输管理条例》第十四条第三款修改为：“海事管理机构在现场监督检查时，发现从事水路运输的船舶不能提供有效的船舶营运证件的，应当通知有关主管部门依法处理。”

此外，对相关行政法规中的条文序号作相应调整。

附件2

国务院决定废止的行政法规

一、城乡集市贸易管理办法（1983年2月5日国务院发布）

二、工资基金暂行管理办法（1985年9月24日国务院发布）

三、国家体育锻炼标准施行办法（1989年12月9日国务院批准 1990年1月6日国家体育运动委员会令第10号发布）

国务院关于修改和废止部分行政法规的决定

（2012年11月9日中华人民共和国国务院令第628号公布　自2013年1月1日起施行）

为维护社会主义法制统一，全面推进依法行政，国务院对现行行政法规进行了清理。经过清理，国务院决定：

一、修改5件行政法规的部分条款

（一）将《企业名称登记管理规定》第二十八条第二款修改为：“逾期不申请复议，或者复议后拒不执行复议决定，又不起诉的，登记主管机关可以强制更改企业名称，扣缴企业营业执照。”

（二）将《殡葬管理条例》第二十条修改为：“将应当火化的遗体土葬，或者在公墓和农村的公益性墓地以外的其他地方埋葬遗体、建造坟墓的，由民政部门责令限期改正。”

（三）将《中华人民共和国税收征收管理法实施细则》第六十四条第二款修改为：“税务机关按照前款方法确定应扣押、查封的商品、货物或者其他财产的价值时，还应当包括滞纳金和拍卖、变卖所发生的费用。”

第六十五条修改为：“对价值超过应纳税额且不可分割的商品、货物或者其他财产，税务机关在纳税人、扣缴义务人或者纳税担保人无其他可供强制执行的财产的情况下，可以整体扣押、查封、拍卖。”

第六十九条第二款修改为：“拍卖或者变卖所得抵缴税款、滞纳金、罚款以及拍卖、变卖等费用后，剩余部分应当在3日内退还被执行人。”

（四）删去《中华人民共和国道路运输条例》第二十一条。

（五）删去《铁路交通事故应急救援和调查处理条例》第三十三条。

二、废止5件行政法规

（一）《铁路旅客意外伤害强制保险条例》（1951年4月24日政务院财政经济委员会发布）。

（二）《中华人民共和国固定资产投资方向调节税暂行条例》（1991年4月16日中华人民共和国国务院令第82号发布）。

（三）《非贸易非经营性外汇财务管理暂行规定》（1994年3月24日国务院批准 1994年3月29日财政部令第7号发布）。

（四）《事业单位财务规则》（1996年10月5日国务院批准 1996年10月22日财政部令第8号发布）。

（五）《行政单位财务规则》（1998年1月6日国务院批准 1998年1月19日财政部令第9号发布）。

本决定自2013年1月1日起施行。

国务院关于废止和修改部分行政法规的决定

（2010年12月29日国务院第138次常务会议通过 2011年1月8日中华人民共和国国务院令第588号公布 自公布之日起施行）

为进一步深入贯彻依法治国基本方略，维护社会主义法制统一，全面推进依法行政，国务院在1983年以来已对行政法规进行过4次全面清理的基础上，根据经济社会发展和改革深化的新情况、新要求，再次对截至2009年底现行的行政法规共691件进行了全面清理。经过清理，国务院决定：

一、对7件行政法规予以废止。（附件1）

二、对107件行政法规的部分条款予以修改。（附件2）

本决定自公布之日起施行。

附件： 1. 国务院决定废止的行政法规

2. 国务院决定修改的行政法规

附件1：

国务院决定废止的行政法规

一、关于各地厂矿对于法定假日工资发放办法的决定（1950年7月31日政务院公布）

二、关于保护机场净空的规定（1982年12月11日国务院、中央军委公布）

三、金融机构代客户办理即期和远期外汇买卖管理规定（1987年12月13日国务院批准 1988年3月5日国家外汇管理局公布）

四、境外投资外汇管理办法（1989年2月5日国务院批准 1989年3月6日国家外汇管理局公布）

五、境外金融机构管理办法（1990年3月12日国务院批准 1990年4月13日中国人民银行令第1号公布）

六、中华人民共和国企业劳动争议处理条例（1993年7月6日中华人民共和国国务院令第117号公布）

七、石油天然气管道保护条例（2001年8月2日中华人民共和国国务院令第313号公布）

附件2：

国务院决定修改的行政法规

一、对下列行政法规中明显不适应社会主义市场经济和社会发展要求的规定作出修改

1. 将《中华人民共和国对外合作开采海洋石油资源条例》第五条中的“国家长期经济计划”修改为“国家规定”。

2. 将《中华人民共和国城市维护建设税暂行条例》第二条、第三条、第五条中的“产品税”修改为“消费税”。

3. 将《征收教育费附加的暂行规定》第二条、第六条中的“产品税”修改为“消费税”。

4. 删去《全民所有制工业企业厂长工作条例》第三十四条第二项。

5. 删去《铁路货物运输合同实施细则》第三条第二款。

6. 删去《水路货物运输合同实施细则》第三条。

7. 将《全民所有制工业企业承包经营责任制暂行条例》第十九条第一款修改为：“国务院对税种、税率进行重大调整，合同双方可按国务院规定协商变更承包经营合同。”

8. 删去《中华人民共和国乡村集体所有制企业条例》第三十六条第一项。

9. 将《关于外商参与打捞中国沿海水域沉船沉物管理办法》第十条第一款修改为：“外商与中方打捞人签订的共同打捞合同，应当符合《中华人民共和国合同法》的有关规定。”

10. 删去《全民所有制工业企业转换经营机制条例》第八条第四、五、六款，第十条第二、三款，第十一条第二、三、四款，第十三条第六款。

第二十八条修改为：“企业为实现政府规定的社会公益目标，由于定价原因而形成的政策性亏损，物价部门应当依法调整或者放开产品价格，予以解决。不能调整或者放开产品价格的，经财政部门审查核准，给予相应的补贴或者其他方式补偿。采取上述措施后，企业仍然亏损的，作为经营性亏损处理。”

删去第四十七条第一项、第四十八条第一项。

11. 删去《企业国有资产监督管理暂行条例》第二十七条。

二、对下列行政法规中关于“征用”的规定作出修改

（一）将下列行政法规中的“征用”修改为“征收、征用”。

12. 《中华人民共和国森林法实施条例》第十六条。

（二）将下列行政法规中的“征用”修改为“征收”。

13. 《电力设施保护条例》第十八条。

14. 《中华人民共和国城镇土地使用税暂行条例》第九条。

15. 《中华人民共和国土地增值税暂行条例》第八条。

16. 《城市房地产开发经营管理条例》第四十二条。

17. 《基本农田保护条例》第十五条。

18. 《中华人民共和国土地管理法实施条例》第二条、第二十条第一款、第二十三条、第二十五条、第二十六条第二款、第四十五条。

19. 《长江三峡工程建设移民条例》第十一条第二款、第十二条。

三、删去下列行政法规中关于“投机倒把”规定并作出修改

20. 将《中华人民共和国金银管理条例》第一条修改为：“为加强对金银的管理，保证国家经济建设对金银的需要，特制定本条例。”

第三十条第二项修改为：“（二）为保护国家金银与有关违法犯罪行为坚决斗争，事迹突出的；”

21. 删去《中华人民共和国国库券条例》第十一条第二款。

四、对下列行政法规中关于刑事责任的规定作出修改

（一）将下列行政法规中引用已纳入刑法并被废止的关于惩治犯罪的决定的规定修改为“依照刑法有关规定”。

22. 《中华人民共和国陆生野生动物保护实施条例》第三十三条。

23. 《中华人民共和国水生野生动物保护实施条例》第二十六条。

（二）对下列行政法规中关于追究刑事责任的具体规定作出修改。

24. 将《中华人民共和国公民出境入境管理法实施细则》第二十三条中的"依照《全国人民代表大会常务委员会关于严惩组织、运送他人偷越国（边）境犯罪的补充规定》的有关条款的规定追究刑事责任"修改为"依法追究刑事责任"。

第二十四条、第二十五条、第二十六条中的"依照《中华人民共和国刑法》和《全国人民代表大会常务委员会关于严惩组织、运送他人偷越国（边）境犯罪的补充规定》的有关条款的规定追究刑事责任"修改为"依法追究刑事责任"。

25. 将《民兵工作条例》第四十三条第二款中的"参照《中华人民共和国兵役法》和《中华人民共和国惩治军人违反职责罪暂行条例》的有关规定处罚"修改为"参照《中华人民共和国兵役法》的有关规定处罚；构成犯罪的，依法追究刑事责任"。

五、对下列行政法规中关于治安管理处罚的规定作出修改

（一）将下列行政法规中引用的"治安管理处罚条例"修改为"治安管理处罚法"。

26.《电力设施保护条例》第三十条。

27.《旅馆业治安管理办法》第十七条。

28.《中华人民共和国河道管理条例》第四十五条、第四十六条。

29.《开发建设晋陕蒙接壤地区水土保持规定》第十七条、第十八条。

30.《中华人民共和国渔港水域交通安全管理条例》第二十六条。

31.《有线电视管理暂行办法》第十七条。

32.《中华人民共和国考古涉外工作管理办法》第十八条。

33.《水库大坝安全管理条例》第二十九条、第三十二条第二款。

34.《中华人民共和国防汛条例》第四十三条、第四十六条第二款。

35.《中华人民共和国城镇集体所有制企业条例》第六十三条。

36.《中华人民共和国集会游行示威法实施条例》第二十四条第二款、第二十七条。

37.《城市绿化条例》第二十七条、第三十二条第二款。

38.《城市市容和环境卫生管理条例》第三十八条、第三十九条、第四十条第二款。

39.《电网调度管理条例》第三十条。

40.《中华人民共和国水土保持法实施条例》第三十一条。

41.《核电厂核事故应急管理条例》第三十八条。

42.《中华人民共和国计算机信息系统安全保护条例》第二十四条。

43.《残疾人教育条例》第五十条第二款。

44.《中华人民共和国自然保护区条例》第三十九条。

45.《破坏性地震应急条例》第三十七条。

46.《国防交通条例》第五十一条。

47.《民兵武器装备管理条例》第四十三条。

48.《淮河流域水污染防治暂行条例》第四十条。

49.《中华人民共和国航标条例》第二十四条。

50.《中华人民共和国监控化学品管理条例》第二十五条。

51.《城市道路管理条例》第四十三条。

52.《国家重点建设项目管理办法》第二十四条。

53.《中华人民共和国测量标志保护条例》第二十五条。

54.《计算机信息网络国际联网安全保护管理办法》第二十条。

55.《互联网信息服务管理办法》第二十条。

56.《国务院关于禁止在市场经济活动中实行地区封锁的规定》第二十四条第一款。

57.《中华人民共和国内河交通安全管理条例》第九十条。

58.《互联网上网服务营业场所管理条例》第二十九条第二款。

59.《无照经营查处取缔办法》第十八条。

60.《突发公共卫生事件应急条例》第五十一条。

61.《医疗废物管理条例》第五十条。

62.《中央储备粮管理条例》第五十七条。

63.《民用运力国防动员条例》第四十九条。

（二）对下列行政法规中关于治安管理处罚的具体规定作出修改。

64. 将《旅馆业治安管理办法》第十八条中的“按照《中华人民共和国治安管理处罚条例》第三十九条规定的程序办理”修改为“按照《中华人民共和国治安管理处罚法》第一百零二条的规定办理”。

65. 删去《中华人民共和国城镇集体所有制企业条例》第六十二条。

66. 将《中华人民共和国陆生野生动物保护实施条例》第四十一条中的“尚不构成犯罪的，由公安机关依照《中华人民共和国治安管理处罚条例》的规定处罚”修改为“尚不构成犯罪，应当给予治安管理处罚的，由公安机关依照《中华人民共和国治安管理处罚法》的规定予以处罚”。

67. 将《中华人民共和国集会游行示威法实施条例》第二十四条第一款中的“拒绝、阻碍人民警察依法执行维持交通秩序和社会秩序职务的，依照治安管理处罚条例的规定予以处罚”修改为“拒绝、阻碍人民警察依法执行维持交通秩序和社会秩序职务，应当给予治安管理处罚的，依照治安管理处罚法的规定予以处罚”。

第二十九条修改为：“在举行集会、游行、示威的过程中，破坏公私财物或者侵害他人身体造成伤亡的，应当依法承担赔偿责任。”

68. 将《卖淫嫖娼人员收容教育办法》第七条第一款中的“除依照《中华人民共和国治安管理处罚条例》第三十条的规定处罚外”修改为“除依照《中华人民共和国治安管理处罚法》第六十六条的规定处罚外”。

69. 将《中华人民共和国水生野生动物保护实施条例》第三十二条中的“尚不构成犯罪的，由公安机关依照《中华人民共和国治安管理处罚条例》的规定处罚”修改为“尚不构成犯罪，应当给予治安管理处罚的，由公安机关依照《中华人民共和国治安管理处罚法》的规定予以处罚”。

70. 将《制止牟取暴利的暂行规定》第十三条中的“未使用暴力、威胁方法的，由公安机关依照治安管理处罚条例的有关规定处罚”修改为“未使用暴力、威胁方法，构成违反治安管理行为的，由公安机关依照治安管理处罚法的有关规定予以处罚”。

71. 将《中华人民共和国民用航空安全保卫条例》第三十四条修改为：“违反本条例第十四条的规定或者有本条例第十六条、第二十四条第一项、第二十五条所列行为，构成违反治安管理行为的，由民航公安机关依照《中华人民共和国治安管理处罚法》有关规定予以处罚；有本条例第二十四条第二项所列行为的，由民航公安机关依照《中华人民共和国居民身份证法》有关规定予以处罚。”

六、对下列行政法规中引用法律、行政法规名称或者条文不对应的规定作出修改

（一）对下列行政法规中引用法律、行政法规名称作出修改。

72. 将《中华人民共和国海关船舶吨税

暂行办法》第十一条第五项中的“暂行海关法第二十七条规定”修改为“法律、行政法规规定”。

73. 将《中华人民共和国国境口岸卫生监督办法》第一条修改为：“为了加强国境口岸和国际航行交通工具的卫生监督工作，改善国境口岸和交通工具的卫生面貌，控制和消灭传染源，切断传播途径，防止传染病由国外传入和由国内传出，保障人民身体健康，制定本办法。”

74. 将《中华人民共和国中外合资经营企业法实施条例》第七十六条中的“《中华人民共和国外商投资企业和外国企业所得税法》”修改为“《中华人民共和国企业所得税法》”。

第九十一条中的“按照《外商投资企业清算办法》的规定”修改为“依法”。

75. 将《产品质量监督试行办法》第一条修改为：“为了加强对产品的质量监督，促使企业贯彻执行产品技术标准，提高产品质量和经济效益，以适应社会主义现代化建设和人民生活的需要，制定本办法。”

76. 将《中华人民共和国房产税暂行条例》第八条中的“《中华人民共和国税收征收管理暂行条例》”修改为“《中华人民共和国税收征收管理法》”。

77. 将《中华人民共和国海关总署关于外国驻中国使馆和使馆人员进出境物品的规定》第五条第四款中的“按照《中华人民共和国枪支管理办法》的规定办理”修改为“按照《中华人民共和国枪支管理法》的规定办理”。

78. 将《铁路货物运输合同实施细则》第一条修改为：“为了规范铁路货物运输合同，根据有关法律，制定本细则。”

79. 将《水路货物运输合同实施细则》第一条修改为：“为了规范水路货物运输合同，根据有关法律，制定本细则。”

80. 将《森林采伐更新管理办法》第六条第一款中的“按森林法及其实施细则的有关规定办理”修改为“按森林法及其实施条例的有关规定办理”。

81. 将《旅馆业治安管理办法》第三条中的“《中华人民共和国消防条例》”修改为“《中华人民共和国消防法》”。

82. 将《中华人民共和国印花税暂行条例》第十四条中的“《中华人民共和国税收征收管理暂行条例》”修改为“《中华人民共和国税收征收管理法》”。

83. 将《实验动物管理条例》第十七条中的“《家畜家禽防疫条例》”修改为“《中华人民共和国动物防疫法》”。

第二十五条中的“《中华人民共和国进出口动植物检疫条例》”修改为“《中华人民共和国进出境动植物检疫法》”。

84. 将《中华人民共和国乡村集体所有制企业条例》第三十一条中的“参照《国营企业劳动争议处理暂行规定》”修改为“依照《中华人民共和国劳动争议调解仲裁法》”。

85. 将《中华人民共和国固定资产投资方向调节税暂行条例》第十三条中的“《中华人民共和国税收征收管理暂行条例》”修改为“《中华人民共和国税收征收管理法》”。

86. 将《储蓄管理条例》第三十五条、第三十六条中的“《行政复议条例》”修改为“《中华人民共和国行政复议法》”。

87. 将《卖淫嫖娼人员收容教育办法》第二十条中的“可以依照《行政复议条例》的规定向上一级公安机关申请复议；对上一级公安机关的复议决定不服的，可以依照《中华人民共和国行政诉讼法》的规定向人民法院提起诉讼”修改为“可以依法申请行政复议；对行政复议决定不服的，可以依照《中华人民共和国行政诉讼法》的规定向人民法院提起诉讼”。

88. 将《种畜禽管理条例》第十九条中的“《家畜家禽防疫条例》”修改为“《中华人民共和国动物防疫法》”。

89. 将《外国公司船舶运输收入征税办法》第一条修改为："为了加强对外国公司以船舶从事国际海运业务从中国取得运输收入的税收管理，根据《中华人民共和国税收征收管理法》、《中华人民共和国营业税暂行条例》以及企业所得税相关法律的规定，制定本办法。"

90. 将《中华人民共和国海关稽查条例》第二十四条、第二十五条、第二十六条中的"海关法行政处罚实施细则"修改为"海关行政处罚实施条例"。

91. 将《保税区海关监管办法》第二十八条中的"《中华人民共和国海关法行政处罚实施细则》"修改为"《中华人民共和国海关行政处罚实施条例》"。

92. 将《生猪屠宰管理条例》第九条第二款中的"食品卫生法"修改为"食品安全法"。

93. 将《关于骗购外汇、非法套汇、逃汇、非法买卖外汇等违反外汇管理规定行为的行政处分或者纪律处分暂行规定》第一条修改为："为了维护国家外汇管理秩序，惩处违反外汇管理规定的行为，防范金融风险，制定本规定。"

94. 将《农业转基因生物安全管理条例》第四条第三款修改为："县级以上各级人民政府有关部门依照《中华人民共和国食品安全法》的有关规定，负责转基因食品安全的监督管理工作。"

95. 将《中华人民共和国海关对出口加工区监管的暂行办法》第四十三条中的"《中华人民共和国海关法行政处罚实施细则》"修改为"《中华人民共和国海关行政处罚实施条例》"。

96. 将《中央储备粮管理条例》第五十八条修改为："本条例规定的对国家机关工作人员的行政处分，依照《中华人民共和国公务员法》的规定执行；对中国储备粮管理总公司及其分支机构、承储企业、中国农业发展银行工作人员的纪律处分，依照国家有关规定执行。"

97. 将《中华人民共和国进出口关税条例》第六十六条中的"《中华人民共和国海关法行政处罚实施细则》"修改为"《中华人民共和国海关行政处罚实施条例》"。

98. 将《反兴奋剂条例》第四十五条中的"《中华人民共和国食品卫生法》"修改为"《中华人民共和国食品安全法》"。

99. 将《财政违法行为处罚处分条例》第三十二条第二款中的"《国家公务员暂行条例》"修改为"《中华人民共和国公务员法》"。

（二）对下列行政法规中引用的法律、行政法规条文序号作出修改。

100. 将《中华人民共和国海洋倾废管理条例》第十五条第一款中的"凡属《中华人民共和国海洋环境保护法》第四十三条规定的情形"修改为"凡属《中华人民共和国海洋环境保护法》第九十条、第九十二条规定的情形"。

101. 将《森林采伐更新管理办法》第五条中的"采伐林木按照森林法实施细则第十八条规定"修改为"采伐林木按照森林法实施条例第三十条规定"。

第十九条中的"依照森林法第三十四条和森林法实施细则第二十二条的规定处罚"修改为"依照森林法第三十九条和森林法实施条例的有关规定处罚"。

第二十条中的"根据森林法第三十四条规定的处罚原则"修改为"根据森林法第三十九条规定的处罚原则"。

第二十三条中的"依照森林法第三十八条和森林法实施细则第二十二条的规定处理"修改为"依照森林法第四十五条和森林法实施条例的有关规定处理"。

102. 将《渔业资源增殖保护费征收使用办法》第一条中的"根据《中华人民共和国渔业法》第十九条的规定"修改为"根据《中华人民共和国渔业法》的有关规定"。

103. 将《中国人民武装警察部队实行警官警衔制度的具体办法》第一段中的“根据第七届全国人民代表大会常务委员会第二次会议通过颁布的《中国人民解放军军官军衔条例》第三十二条规定”修改为“根据《中国人民解放军军官军衔条例》”。

104. 将《放射性药品管理办法》第十二条中的“必须具备《药品管理法》第五条规定的条件”修改为“必须具备《药品管理法》规定的条件”。

105. 将《海关工作人员使用武器和警械的规定》第一条中的“《中华人民共和国海关法》第四条的规定”修改为“《中华人民共和国海关法》第六条的规定”。

106. 将《中华人民共和国水下文物保护管理条例》第十条第一款中的“符合《中华人民共和国文物保护法》第二十九条各项规定情形的”修改为“符合《中华人民共和国文物保护法》规定情形的”；第二款中的“具有《中华人民共和国文物保护法》第三十条、第三十一条各项规定情形的”修改为“具有《中华人民共和国文物保护法》规定情形的”。

107. 将《中外合资经营企业合营期限暂行规定》第一条中的“根据《中华人民共和国中外合资经营企业法》（一九九〇年四月四日第七届全国人民代表大会第三次会议修正）第十二条的规定”修改为“根据《中华人民共和国中外合资经营企业法》的有关规定”。

108. 将《总会计师条例》第十条第二款中的“总会计师应当依照《中华人民共和国会计法》第十九条的规定执行”修改为“总会计师应当依照《中华人民共和国会计法》的有关规定执行”。

109. 将《中华人民共和国海关稽查条例》第二十三条第二款中的“依照海关法第三十七条第一款”修改为“依照海关法第六十条第一款、第二款”。

第二十八条中的“依照海关法第四十六条的规定办理”修改为“依照海关法第六十四条的规定办理”。

110. 将《票据管理实施办法》第三十条中的“有票据法第一百零三条所列行为之一”修改为“有票据法第一百零二条所列行为之一”。

111. 将《城市房地产开发经营管理条例》第二十条中的“应当符合《中华人民共和国城市房地产管理法》第三十八条、第三十九条规定的条件”修改为“应当符合《中华人民共和国城市房地产管理法》第三十九条、第四十条规定的条件”。

112. 将《证券交易所风险基金管理暂行办法》第一条中的“根据《中华人民共和国证券法》第一百一十一条、一百一十二条规定”修改为“根据《中华人民共和国证券法》的有关规定”。

113. 将《中华人民共和国技术进出口管理条例》第八条、第三十一条中的“有对外贸易法第十六条、第十七条规定情形之一的技术”修改为“有对外贸易法第十六条规定情形之一的技术”。

114. 将《计算机软件保护条例》第二十五条中的“依照《中华人民共和国著作权法》第四十八条的规定确定”修改为“依照《中华人民共和国著作权法》第四十九条的规定确定”。

第二十六条中的“可以依照《中华人民共和国著作权法》第四十九条的规定”修改为“可以依照《中华人民共和国著作权法》第五十条的规定”。

第二十七条中的“软件著作权人可以依照《中华人民共和国著作权法》第五十条的规定”修改为“软件著作权人可以依照《中华人民共和国著作权法》第五十一条的规定”。

115. 将《中华人民共和国著作权法实施条例》第二十二条、第三十二条中的“依照著作权法第二十三条、第三十二条第二款、第三十九条第三款的规定”修改为

"依照著作权法第二十三条、第三十三条第二款、第四十条第三款的规定"。

第二十九条中的"视为著作权法第三十一条所称图书脱销"修改为"视为著作权法第三十二条所称图书脱销"。

第三十条中的"著作权人依照著作权法第三十二条第二款声明"修改为"著作权人依照著作权法第三十三条第二款声明"。

第三十一条中的"著作权人依照著作权法第三十九条第三款声明"修改为"著作权人依照著作权法第四十条第三款声明"。

第三十六条、第三十七条第一款中的"有著作权法第四十七条所列侵权行为"修改为"有著作权法第四十八条所列侵权行为"。

116. 将《地震监测管理条例》第三十七条中的"依照《中华人民共和国防震减灾法》第四十三条的规定处以罚款"修改为"依照《中华人民共和国防震减灾法》第八十五条的规定处以罚款"。

117. 将《著作权集体管理条例》第二十五条中的"除著作权法第二十三条、第三十二条第二款、第三十九条第三款、第四十二条第二款和第四十三条规定应当支付的使用费外"修改为"除著作权法第二十三条、第三十三条第二款、第四十条第三款、第四十三条第二款和第四十四条规定应当支付的使用费外"。

第四十七条中的"依照著作权法第二十三条、第三十二条第二款、第三十九条第三款的规定使用他人作品"修改为"依照著作权法第二十三条、第三十三条第二款、第四十条第三款的规定使用他人作品"。

118. 将《广播电台电视台播放录音制品支付报酬暂行办法》第一条中的"根据《中华人民共和国著作权法》（以下称著作权法）第四十三条的规定"修改为"根据《中华人民共和国著作权法》（以下称著作权法）第四十四条的规定"。

第二条第三款中的"依照著作权法第四十三条的规定"修改为"依照著作权法第四十四条的规定"。

七、对下列行政法规的有关规定根据商业银行法作出修改

119. 将《中华人民共和国企业法人登记管理条例》第三十二条中的"通知其开户银行予以划拨"修改为"申请人民法院强制执行"。

120. 删去《现金管理暂行条例》第二十条、第二十一条、第二十二条。

121. 将《企业债券管理条例》第二十六条修改为："未经批准发行或者变相发行企业债券的，以及未通过证券经营机构发行企业债券的，责令停止发行活动，退还非法所筹资金，处以相当于非法所筹资金金额百分之五以下的罚款。"

第二十七条修改为："超过批准数额发行企业债券的，责令退还超额发行部分或者核减相当于超额发行金额的贷款额度，处以相当于超额发行部分百分之五以下的罚款。"

122. 删去《非法金融机构和非法金融业务活动取缔办法》第十三条第一款中的"任何单位和个人不得擅自动用有关资金。"

关于公布住房和城乡建设部规范性文件清理结果目录的公告

（2011 年 1 月 26 日 住房和城乡建设部公告第 894 号）

根据《国务院办公厅关于做好规章清理工作有关问题的通知》（国办发〔2010〕28 号）的要求，我部认真组织开展了规范性文件清理工作，确定废止或失效规范性文件 290 件，继续有效的规范性文件 877 件。现将《住房和城乡建设部规范性文件清理结果目录》予以公布。

废止或失效的规范性文件目录

序号	文　号	文件名称
1	（90）建办档字第41号	建设部办公厅关于认真学习贯彻国办发〔1989〕57号文件进一步加强城建档案工作的通知
2	建办〔1994〕590号	建设部关于加强工程档案资料保证金管理的通知
3	建办〔1995〕434号	建设部关于执行建设部《市政工程施工技术资料管理规定》的补充通知
4	建办〔1995〕637号	建设部关于城建档案保证金问题的复函
5	建办〔1995〕697号	建设部关于印发《城市建设档案案卷质量规定》的通知
6	建办〔1997〕194号	建设部关于印发《城市管线工程档案管理办法》的通知
7	建办宣〔1998〕57号	关于认真贯彻执行《高等学校学报管理办法》的通知
8	建办〔2002〕45号	关于印发《建设部政务信息工作管理办法》的通知
9	建法〔1990〕515号	关于印发《关于继续在部分城市建筑业进行行业管理试点的意见》的通知
10	建法〔1991〕788号	关于印发《建设法律体系规划方案》的通知
11	建法〔1991〕798号	关于印发《建筑市场管理规定》的通知
12	建法〔1991〕603号	关于取水许可证管理工作问题的复函
13	建法〔1993〕105号	关于印发《建设行政执法监督检查办法》的通知
14	建法〔1991〕99号	关于《城市规划法》的法律溯及力问题的通知
15	建法〔1992〕873号	关于印发《建设系统普法函授教育实施方案》的通知
16	建法〔1993〕133号	关于发布《全民所有制建筑安装企业转换经营机制实施办法》的通知

续　表

序号	文　号	文件名称
17	建法〔1993〕631 号	关于发布《全民所有制城市供水、供气、供热企业转换经营机制实施办法》的通知
18	建法〔1994〕193 号	关于印发《关于在全国大中城市推行建筑业行业管理的意见》的通知
19	建法〔1995〕249 号	关于印发《建设部建立现代企业制度试点工作程序》的通知
20	建法〔1995〕366 号	关于确定八家房地产企业作为建设部现代企业制度试点企业的通知
21	建法〔1995〕441 号	关于确定五家直属企业作为建设部现代企业制度试点企业的通知
22	建法〔1995〕563 号	关于确定建设部企业法律顾问工作联系单位的通知
23	建法〔1995〕584 号	关于严格管理建设部所属企业到海外上市发行股票的通知
24	建法〔1995〕721 号	关于印发《建筑业企业建立现代企业制度试点指导意见》的通知
25	建法〔1996〕38 号	关于印发《房地产企业建立现代企业制度试点指导意见》的通知
26	建法〔1996〕39 号	关于印发《勘查设计企业建立现代企业制度试点指导意见》的通知
27	建法〔1996〕442 号	关于印发《在建设系统加强企业法律顾问工作的意见》的通知
28	建法〔1997〕269 号	关于印发《建设部关于深入开展学邯钢经验抓企业管理的意见》的通知
29	建法〔1997〕345 号	关于印发《建设部开展企业集团试点工作指导意见》的通知
30	建法函〔1998〕116 号	关于城镇房屋所有权证书颁发问题的复函

续 表

序号	文　号	文件名称
31	建法〔1999〕97 号	关于印发《建设系统行业依法治理工作规则》、《建设系统企业依法治理工作规则》的通知
32	建法〔1999〕317 号	关于印发《关于进一步推进建设系统国有企业改革和发展的指导意见》的通知
33	建法〔1999〕423 号	关于增补八家企业集团为建设部试点企业的通知
34	建法函〔2000〕2 号	关于批准浙江广厦建设集团为试点企业集团的通知
35	建法〔2000〕88 号	关于加强建设系统政策研究工作的通知
36	建法〔2000〕156 号	《关于进一步搞好企业集团试点工作的若干意见》
37	建法〔2001〕54 号	关于建立重大行政处罚备案制度以及行政复议、行政应诉案件统计报告制度的通知
38	建法函〔2001〕68 号	关于增补三家企业集团为建设部试点企业集团的通知
39	建法函〔2001〕85 号	关于《城镇房屋所有权登记暂行办法》有关问题的复函
40	建法函〔2001〕161 号	对辽宁省建设厅《关于城市房屋拆迁有关问题的请示》的复函
41	建法函〔2001〕318 号	关于城市房屋拆迁有关问题的复函
42	建法函〔2001〕240 号	关于山东省建设厅请求解释《城市房屋拆迁管理条例》有关条款的复函
43	建办法函〔2002〕431 号	关于城市燃气资质管理有关问题的复函
44	建法〔2003〕233 号	关于在建设系统积极开展法律援助活动的通知
45	建办法函〔2003〕619 号	关于对《城市房屋权属登记管理办法》有关问题的复函
46	建法函〔2004〕229 号	关于印发《建设部关于在建设系统贯彻实施〈全面推进依法行政实施纲要〉的五年规划》的通知

续 表

序号	文 号	文件名称
47	建办法函〔2005〕540 号	关于对《关于要求对〈城市房屋权属登记管理办法〉第三十七条作出解释的函》的复函
48	建法函〔2006〕134 号	关于印发《建设部关于在建设系统开展法制宣传教育的第五个五年规划》的通知
49	建法〔2010〕37 号	关于印发住房城乡建设系统“五五”普法检查验收工作方案的通知
50	建房字〔1988〕373 号	建设部、国务院住房制度改革领导小组关于加强出售公有住房价格管理的通知
51	建住房〔2000〕196 号	关于进一步规范经济适用住房建设和销售行为的通知
52	建住房〔2005〕178 号	关于推进东北地区棚户区改造工作的指导意见
53	建保〔2008〕79 号	关于印发城市低收入家庭住房保障统计报表制度的通知
54	1980－12－16	国家建委关于颁发《城市规划定额指标暂行规定》的通知
55	建规〔1995〕288 号	关于印发《关于省域城镇体系规划报审工作的要求》的通知
56	建规〔1998〕6 号	关于贯彻国办发〔1998〕105 号文件加快高等院校筒子楼和危房改造工作的通知
57	建规〔1999〕135 号	关于改进和完善城市总体规划上报材料的通知
58	建规〔1999〕190 号	关于中小城市总体规划中规划人口与建设用地规模核定工作的补充通知
59	建规〔1999〕175 号	关于规范申请历史文化名城保护专项资金补助项目上报材料的通知
60	建规〔2001〕48 号	关于印发《城乡规划督察暂行办法》的通知
61	建规〔2002〕218 号	关于印发《近期建设规划工作暂行办法》、《城市规划强制性内容暂行规定》的通知
62	建规〔2005〕161 号	关于开展城乡规划效能检查的通知

续 表

序号	文 号	文件名称
63	建村〔1993〕252 号	关于颁发村镇规划设计单位专项工程设计证书的通知
64	建村〔1993〕690 号	关于印制和使用《村镇规划选址意见书》的通知
65	建标〔1995〕660 号	建设部关于加强工程建设强制性国家标准和全国统一的工程计价定额出版、发行管理的通知
66	建标〔1995〕250 号	关于依法推行建设工业产品质量认证的几点意见的通知
67	建标〔1997〕43 号	关于发布《关于在部分建设工业产品试行准用证的通知》的实施细则等三项管理细则的通知
68	建标〔2000〕248 号	关于加强《工程建设标准强制性条文》实施工作的通知
69	建标〔2002〕187 号	关于印发《〈造价工程师注册管理办法〉的实施意见》的通知
70	建房字〔1989〕408 号	建设部关于颁布城市综合开发公司资质等级标准的通知
71	(79) 城发房字 17 号	国家城市建设总局关于重申制止降低公有住宅租金标准的通知
72	(79) 建发办字 346 号	国家建委转发浙江省建委关于不得将房管部门统一管理的非住宅用房划给各系统自行管理的通知
73	1979 年 10 月	国家城市建设总局制定的各级房产管理员工作职责条例（试行）
74	(80) 城发房字 151 号	国家城市建设总局印发关于加强城市公房管理工作的意见的函
75	(82) 城发房字 77 号	国家城市建设总局关于加强城市（镇）房地产产权产籍管理工作的通知
76	(85) 城住字第 527 号	城乡建设环境保护部转发天津市单位自有房产管理办法的通知

续　表

序号	文　号	文件名称
77	（86）城办字第 579 号	城乡建设环境保护部印发《房管职工职业道德准则》（试行）
78	（87）城住字第 89 号	城乡建设环境保护部关于进一步加强城市私房管理工作的通知
79	（87）城住字第 198 号	城乡建设环境保护部转发福建省财政厅、建委《关于将县房管机构划归建委统一管理的通知》
80	（87）城住字第 242 号	城乡建设环境保护部关于印发《城镇房屋所有权登记暂行办法》的通知
81	（87）城住字第 246 号	城乡建设环境保护部关于加强城市房地产资料管理的通知
82	（87）城房公字第 31 号	建设部房地产业司对机关、团体、部队、企业事业单位私自购买城市私房的处理原则
83	（87）城房字第 422 号	城乡建设环境保护部关于落实城镇房屋所有权登记发证工作所需测绘保障任务的通知
84	（87）城房字第 57 号	建设部房地产业司关于加强房地产测绘工作的通知
85	（88）建房字第 15 号	建设部转发国务院机关事务管理局《关于开展中央国家机关房屋所有权登记、核发房屋所有权证工作的通知》的通知
86	（89）建房市字第 05 号	建设部房地产业司关于印发《加强房地产管理、深化改革房地产企业经营机制的若干意见》的通知
87	（89）建房字第 381 号	建设部关于严格执行房地产地籍测绘要求配制房屋所有权证附图的通知
88	（90）建房字第 212 号	建设部关于巩固房屋所有权登记工作成果，进一步加强房地产产权产籍管理的通知
89	建房字〔1990〕279 号	建设部关于贯彻国务院〔1990〕31 号文件精神，加强城市规划、房改和房地产业行业管理的通知

续 表

序号	文 号	文件名称
90	（91）建房管字第 23 号	建设部房地产业司关于在房地产管理中加快应用计算机的意见
91	建房〔1991〕584 号	关于加强城镇国有土地经营管理的通知
92	建房〔1992〕162 号	建设部关于加强城镇地产价格评估工作的通知
93	建房〔1992〕239 号	建设部关于加强商品房屋产权产籍登记管理的通知
94	建房管字〔1992〕34 号	建设部房地产业司关于成都市房屋产权登记发证权限问题请示的答复
95	建房〔1992〕579 号	建设部关于印发《城市房地产市场估价管理暂行办法》的通知
96	建房〔1993〕571 号	建设部关于加强《房屋所有权证》发放管理工作的通知
97	建房〔1994〕435 号	建设部关于认真宣传贯彻《中华人民共和国城市房地产管理法》的通知
98	建房产字〔1995〕第 02 号	关于转发广东省建委《关于严格办理房地产权抵押登记手续、防止伪造〈房屋所有权证〉诈骗的紧急通知》的通知
99	建房〔1995〕第 277 号	关于加快房地产市场流通，促进商品房销售的通知
100	〔95〕建房产字第 26 号	建设部关于《房屋他项权证》有关问题请示的答复
101	建办房〔1996〕61 号	建设部办公厅关于完善与加强房地产行政管理机构的函
102	建房函〔1998〕36 号	关于对中国建设银行《关于反映房地产抵押登记有关问题的函》的复函
103	建住房市〔1998〕017 号	关于印发《房地产二、三级市场管理工作研讨会会议纪要》的通知

续　表

序号	文　号	文件名称
104	建住房〔2000〕201号	关于印发《简化房地产交易与房屋权属登记程序的指导意见》的通知
105	2005-7-13	关于对企业事业单位购租私房有关问题的函
106	建办住房函〔2006〕374号	关于办理房屋权属登记有关问题的复函
107	建住房〔1998〕213号	建设部、财政部关于印发《住宅共用部位共用设施设备维修基金管理办法》的通知
108	建住房〔2003〕131号	建设部关于印发《业主大会规程》的通知
109	建住房〔2002〕66号	关于印发《房地产统计指标解释（试行）》的通知
110	建住房〔2002〕67号	关于印发《房地产统计报表制度（试行）》的通知
111	建住房综函〔2002〕016号	关于上报“房地产统计2001年年报和2002年定期报表”的函
112	建住房综函〔2002〕071号	关于上报《房地产统计2002年年报和2003年定期报表》的函
113	建住房综函〔2004〕002号	关于印发《房地产统计报表制度2003年统计年报和2004年定期报表》的函
114	建住房综函〔2005〕087号	关于印发《房地产统计报表制度》（2005年统计年报和2006年定期报表）的函
115	建住房综函〔2006〕124号	关于印发《房地产统计报表制度》（2006年统计年报和2007年定期报表）的函
116	建住房综函〔2007〕084号	关于继续执行《房地产统计报表制度》的函
117	建房综函〔2009〕088号	关于召开2008年度房地产统计年报会审会议的通知
118	建房综函〔2009〕061号	关于布置《房地产市场监管统计报表制度》和房屋概况统计报表制度》的函
119	（87）城住字第30号	城乡建设环境保护部关于禁止将房管部门统一经营管理的非住宅用房划拨给使用单位自管的通知

续 表

序号	文 号	文件名称
120	（88）城房字第95号	城乡建设环境保护部关于房屋所有权登记工作中对违章建筑处理的原则意见
121	1988-7-19	建设部关于建立和健全房地产交易所的通知
122	（88）建房管字第34号	建设部房地产业司关于盘江矿务局房产登记发证工作有关问题请示的批复
123	建房〔1991〕358号	建设部关于房产作价合资或以股份形式转让是否视为房产交易的复函
124	建房〔1991〕385号	建设部关于加强房产测量工作的通知
125	建房〔1992〕22号	建设部关于重申不得把房管部门直管公房中非住宅用房划归使用部门管理的通知
126	（93）建房管字第32号	建设部房地产业司对《关于确定直管国有房屋土地使用权问题的请示》的答复
127	建房〔1993〕739号	建设部关于国有直管公房的土地使用权登记有关问题的通知
128	建房〔1992〕462号	建设部关于申报土地使用权涉及国有房地产权问题的复函
129	建房函〔1996〕178号	建设部关于城市规划区房地产行政管理问题的复函
130	〔96〕建房产函第70号	建设部房地产业司《关于抵押届满抵押人未还清债务抵押人对抵押物是否丧失优先受偿权的请示》的复函
131	建住房市函〔1998〕006号	关于对《关于大庆市对临时性房屋能否继续进行产权登记的请示》的复函
132	建住房〔1999〕72号	关于加强房地产测量及房屋面积计算管理工作的通知
133	建办住房〔2000〕4号	建设部关于进一步加强房地产测量及房屋面积计算管理工作的通知
134	建住房市函〔2001〕058号	对《关于能否在商场内摊位办理权属登记的请示》的复函

续　表

序号	文　号	文件名称
135	建办住房函〔2003〕82号	关于对金融资产管理公司处置房地产所遇问题意见的复函
136	建房字〔1989〕625号	关于印发全国房地产开发企业升级实施办法（试行）的通知
137	建房字〔1990〕281号	关于加强城市综合开发公司资质管理的通知
138	建房〔1996〕181号	住宅产业现代化试点工作大纲
139	（85）城住公字第11号	城乡建设环境保护部城市住宅局关于全国城镇房屋普查中保密用房普查的原则说明
140	（85）城住公字第25号	城乡建设环境保护部城市住宅局关于印发《全国城镇房屋普查试行质量标准及验收办法》的通知
141	（86）城住字第51号	城乡建设环境保护部关于开展城镇房产产权登记、核发产权证工作的通知
142	（87）城住字第11号	城乡建设环境保护部关于颁发《房屋所有权证》式样及房屋所有权登记发证工作的通知
143	（93）建房管字第19号	建设部房地产业司关于印发房地产产权管理创先达标（标准）的通知
144	建房〔1996〕314号	建设部关于开展房屋产权验证和房屋登记工作的通知
145	〔97〕建房市字第010号	建设部房地产业司关于开展房地产价格评估机构资格等级评定工作有关问题的通知
146	〔97〕建房市字第013号	关于1996年房地产估价师执业资格考试合格人员注册登记的通知
147	〔97〕建房市字第38号	1998年全国房地产估价师执业资格考试有关问题的通知
148	建房〔1997〕302号	关于认真学习宣传贯彻《城市房屋权属登记管理办法》的通知
149	〔98〕建房市字第25号	1998年全国房地产执业资格考试有关问题的补充通知

续 表

序号	文　号	文件名称
150	建住房市〔1999〕021 号	关于 1999 年全国房地产估价师执业资格考试有关问题的补充通知
151	建住房市〔2000〕004 号	关于举办“开放、搞活房地产市场政策与实务研讨班”的通知
152	建住房市函〔2000〕016 号	关于开展《房产测量规范》培训的通知
153	建住房〔2001〕52 号	关于 2001 年房地产价格评估机构一级资质评定有关问题的通知
154	建住房市函〔2001〕010 号	关于 2001 年全国房地产估价师执业资格考试指定辅导教材征订的函
155	建住房开函〔2001〕0107 号	关于进一步开展销售“放心房”、提供“放心中介”联合宣言活动的通知
156	建住房〔2001〕202 号	关于表彰销售“放心房”，提供“放心中介”承诺活动先进单位的通知
157	建住房市函〔2002〕078 号	关于对住房置业担保业务开展情况进行调查的函
158	建住房函〔2003〕49 号	建设部关于对 2003 年评定一级房地产价格评估机构资格有关问题的通知
159	建办住房函〔2003〕502 号	关于召开房地产估价师执业资格制度建立十周年座谈暨房地产估价学术研讨会的通知
160	建住房函〔2004〕55 号	建设部关于评定 2004 年一级房地产价格评估机构资格有关问题的通知
161	建住房〔2006〕247 号	关于成立房地产交易秩序专项整治工作协调小组及办公室的通知
162	建住房市函〔2007〕039 号	关于举办“贯彻实施《物权法》完善房地产登记制度”培训班的函
163	建房〔1997〕62 号	关于整顿全国房屋所有权登记发证秩序的通知
164	建住房〔1999〕119 号	关于进一步转变工作作风切实加强和改善房屋权属登记发证工作的通知

续　表

序号	文　号	文件名称
165	建住房〔2001〕193 号	关于清理检查房屋权属证书印制发放工作的通知
166	建办住房〔2002〕54 号	关于进一步做好整顿和规范房地产市场秩序有关问题的通知
167	建办住房函〔2003〕85 号	关于中国银行办理有关房屋权属登记问题的函
168	建住房函〔2003〕263 号	对现有住房置业担保机构进行清理检查的通知
169	建住房函〔2004〕137 号	建设部关于对房地产估价行业进行全面检查的通知
170	建住房〔2006〕166 号	关于进一步整顿规范房地产交易秩序的通知
171	建住房市函〔2007〕049 号	关于开展房地产交易与权属登记规范化管理先进单位实地考核和复检的通知
172	建住房函〔2007〕362 号	关于 2007 年全国房地产交易与权属登记规范化管理工作的通报
173	建办房函〔2009〕431 号	关于开展房地产估价报告检查工作的通知
174	建房〔1995〕第 152 号	建设部、中国人民银行关于加强与银行贷款业务相关的房地产抵押和评估管理工作的通知
175	建房〔1995〕386 号	建设部、国家工商行政管理局关于印发《商品房购销合同示范文本》的通知
176	建房〔1988〕170 号	建设部、国家物价局、国家工商行政管理局关于加强房地产交易市场管理的通知
177	建房〔1991〕491 号	建设部 国家工商行政管理局关于严格控制审批新成立房地产开发公司的通知
178	建房〔1992〕500 号	建设部、国家工商行政管理局关于房地产开发企业管理的通知
179	建房〔1993〕818 号	建设部 国家工商行政管理局 国家税务总局 国家土地管理局关于房地产开发经营机构全面检查中有关问题处理意见的通知
180	建房〔1996〕453 号	建设部 国家建材局关于建设建材部门共同合作推进住宅产业现代化工作的通知

续 表

序号	文 号	文件名称
181	（84）城住字 391 号	城乡建设环境保护部、国家统计局关于开展全国城镇房屋普查的通知
182	建住房〔2002〕123 号	建设部 国家计委 国家经贸委 财政部 国土资源部 国家工商行政管理总局 监察部关于整顿和规范房地产市场秩序的通知
183	建设〔1996〕375 号	建设部关于实施注册建筑师制度有关建筑工程资格管理问题的通知
184	建设〔1998〕194 号	关于建立《建筑智能化系统工程设计和系统集成专项资质及开展试点工作》的通知
185	建设〔1999〕9 号	关于开展换发建筑工程设计资质证书工作的通知
186	建设〔2000〕126 号	关于印发《轻型房屋钢结构工程设计专项资质管理暂行办法》和《建筑幕墙工程设计专项资质管理暂行办法》的通知
187	建设〔2001〕9 号	关于印发《关于加强建筑装饰设计市场管理的意见》和《建筑装饰设计资质分级标准》的通知
188	建设〔2000〕67 号	关于国外独资工程设计咨询企业或机构申报专项工程设计资质有关问题的通知
189	建设〔1997〕118 号	关于印发《回国（来华）定居专家注册建筑师资格确认与执业注册的暂行规定》
190	建设〔2000〕285 号	关于印发《建筑工程设计事务所管理办法》的通知
191	建市〔2007〕131 号	工程监理企业资质标准
192	建城园函〔2003〕95 号	关于印发《国家园林城市遥感调查与测试要求（试行）》的通知
193	建城园函〔2009〕89 号	关于调整国家园林城市遥感调查与测试要求的通知
194	建城〔2004〕98 号	关于印发创建“生态园林城市”实施意见的通知

续　表

序号	文　号	文件名称
195	建城〔2005〕43 号	关于印发《国家园林城市申报与评审办法》、《国家园林城市标准》的通知
196	建城〔1991〕193 号	建设部关于加强古树名木保护和管理的通知
197	（87）城城字第 281 号	关于发布《风景名胜区管理暂行条例实施办法》的通知
198	〔1986〕城城字第 171 号	关于批准颁发《动物园动物管理技术规程》的通知
199	建城〔1992〕611 号	关于动物园饲养动物调出管理问题的通知
200	1982 -8 -21	关于颁布《市政工程设施管理条例》的通知
201	建办质〔2003〕23 号	关于加强建设系统重大质量安全事故快报工作的通知
202	建质函〔2005〕380 号	关于印发《建设部安全事故与自然灾害预防、接报与应急处置工作程序》的通知
203	建质函〔2006〕124 号	关于印发《建设部安全生产管理委员会工作规则》的通知
204	建办质〔2005〕7 号	关于建立全国地铁安全生产管理工作联络员制度和印发《全国地铁安全生产管理工作联络员工作办法》的通知
205	（84）城抗字第 267 号	城乡建设环境保护部关于印发《设备抗震加固暂行规定》、《地震基本烈度六度地区重要城市抗震设防和加固的暂行规定》、《抗震加固技术管理办法》的通知
206	（85）城抗字 44 号	城乡建设环境保护部关于印发《城市抗震防灾规划编制工作暂行规定》的通知
207	（87）城抗字第 524 号	城乡建设环境保护部关于印发《城市抗震防灾规划编制工作补充规定》的通知
208	（88）城城办字第 66 号	建设部城市建设管理局关于重点抗震城市供水、煤气、桥梁设施做好抗震防灾的通知

续 表

序号	文 号	文件名称
209	（89）建抗字第 426 号	建设部关于印发《地震基本烈度六度区现有建筑抗震加固暂行规定》和《地震基本烈度十度区建筑抗震设防暂行规定》的通知
210	（90）建抗字第 398 号	建设部关于城市抗震防灾规划编制和评审工作有关问题的通知
211	建抗〔1990〕377 号	关于印发《建筑地震破坏等级划分标准》的通知
212	建抗〔1991〕138 号	关于印发《企业抗震工作暂行规定》的通知
213	（91）建抗震字第 88 号	建设部抗震办公室关于印发《抗震办公室震时应急预案（试行）》的通知
214	建建〔1992〕144 号	关于印发《关于提高电梯质量的若干规定》的通知
215	建抗〔1993〕275 号	建设部关于地震基本烈度六度地区抗震设防和抗震加固问题的通知
216	建监〔1994〕第 392 号	住宅工程初装饰竣工验收办法
217	建抗〔1995〕22 号	关于印发《抗震设防区划编制工作暂行规定》（试行）的通知
218	建抗〔1995〕47 号	关于砖房超高建造若干问题的通知
219	建监〔1996〕208 号	印发《关于加强工程质量检测工作的若干意见》的通知
220	建建〔1997〕167 号	关于印发《加强建筑幕墙工程管理的暂行规定》的通知
221	建监〔1998〕30 号	关于进一步加强建筑幕墙工程质量管理工作的通知
222	建抗〔1998〕55 号	关于在抗震设防区采用隔震技术有关问题的通知
223	建设〔1999〕176 号	关于加强勘察设计质量工作的通知
224	建设〔1999〕304 号	关于印发《建筑工程隔震减震产品市场准入管理暂行规定》的通知

续　表

序号	文　号	文件名称
225	建设技〔2000〕21 号	关于印发《建筑工程施工图设计文件审查有关问题的指导意见》的通知
226	建建质〔2000〕38 号	关于印发《建设工程质量监督机构监督工作指南》的通知
227	建设〔2000〕41 号	关于印发《建设工程施工图设计文件审查暂行办法》的通知
228	建建〔2000〕151 号	关于印发《关于建设工程质量监督机构深化改革的指导意见》的通知
229	建设〔2000〕167 号	关于印发《建设工程勘察质量管理办法》的通知
230	建抗〔2000〕189 号	关于颁发《建筑工程隔震减震产品检测资质证书》的通知
231	建抗〔2002〕112 号	关于印发《建设部破坏性地震应急预案》的通知
232	建抗〔2002〕157 号	关于规范建设系统地震震情灾情信息报送、报道工作的通知
233	建质〔2003〕46 号	关于印发《超限高层建筑工程抗震设防专项审查技术要点》的通知
234	建办质函〔2005〕203 号	关于建立全国村镇建设工程质量联络员制度的通知
235	建质〔2006〕220 号	关于印发《超限高层建筑工程抗震设防专项审查技术要点》的通知
236	建质〔2003〕144 号	关于颁布《建筑工程勘察文件编制深度规定》（试行）的通知
237	建质〔2003〕162 号	关于印发《工程质量监督工作导则》的通知
238	建办质〔2005〕23 号	关于健全建设系统安全生产综合管理联系协调制度的通知

续 表

序号	文 号	文件名称
239	建质〔2005〕26号	关于进一步做好建筑业10项新技术推广应用的通知
240	建综〔1999〕179号	关于认真贯彻落实《中共中央办公厅、国务院办公厅关于转发“监察部、财政部、国家发展计划委员会、中国人民银行、审计署关于1999年落实行政事业性收费和罚没收入‘收支两条线’规定工作的意见”的通知》的通知
241	建综〔1999〕178号	关于印发《加强建设事业统计信息工作的意见》的通知
242	建综〔2000〕26号	关于印发《城市建设统计指标体系及制度方法修订工作方案》的通知
243	建综〔2000〕155号	关于认真做好城市基础设施国债项目建设情况清查工作的通知
244	建综〔2001〕1号	关于认真试行《城市、县城建设综合统计报表制度（试行）》的通知
245	建综〔2001〕121号	关于贯彻落实《国家统计局 监察部 司法部关于开展〈统计法〉和“两办通知”执行情况大检查的通知》的通知
246	建综〔2001〕257号	关于执行城市和县城建设统计报表制度的通知
247	建综函〔2006〕198号	建设部关于试点填报城乡建设统计报表制度的通知
248	建办综函〔2008〕226号	关于印发《住房和城乡建设部统计报表制度汇编》的通知
249	建办综〔2004〕80号	关于做好城市基础设施国债项目整改工作的紧急通知
250	建办综函〔2005〕62号	关于开展城市建设统计情况调查的通知
251	建办综〔2006〕18号	关于开展黄河流域城镇污水处理工程建设“十一五”规划编制工作的通知
252	建办综〔2006〕41号	关于编制《全国城市饮用水供水设施改造和建设规划》的通知

续　表

序号	文　号	文件名称
253	建办综〔2006〕52 号	关于编制《全国重点镇供水设施改造和建设规划》的通知
254	建办综函〔2006〕84 号	关于开展城市集中供热管网改造“十一五”规划编制工作的通知
255	建办综函〔2006〕694 号	关于请报送城市供水管网改造国债项目实施情况的通知
256	建办综函〔2006〕815 号	关于对填报城市（县城）和村镇建设统计报表制度有关问题补充说明的函
257	建计〔1994〕667 号	关于印发《关于加强电梯管理的暂行规定》的通知
258	建计〔1995〕167 号	关于印发《关于加强电梯管理的暂行规定实施细则》的通知
259	建计〔1995〕384 号	关于认真做好电梯管理工作的通知
260	建计〔1996〕31 号	关于进一步做好电梯管理工作的通知
261	建计〔1997〕1 号	关于认真贯彻执行《关于加强电梯管理的暂行规定》的通知
262	建综〔1999〕163 号	《关于加强城市市政公用设施建设利用日元贷款管理工作的通知》
263	建综〔2000〕118 号	关于印发《城市市政公用事业利用外资暂行规定》的通知
264	建综〔2000〕169 号	关于进一步落实“收支两条线”规定和抓好治乱减负工作的通知
265	建综〔2001〕138 号	关于进一步落实“收支两条线”规定抓好治乱减负工作的通知
266	（84）城劳字第 198 号	关于颁发《建筑安装企业百元产值工资含量包干实施办法》的通知
267	（90）建才字第 405 号	关于印发《关于房管所（站）长等五个岗位实行岗位培训制度的补充规定》的通知

续 表

序号	文 号	文件名称
268	建才〔1991〕139 号	关于对城市公共交通乘务员实行岗位培训制度的通知
269	建教〔1991〕522 号	关于印发《建设企事业单位关键岗位持证上岗管理规定》的通知
270	建教〔1991〕524 号	关于印发《贯彻〈建设企事业单位关键岗位持证上岗管理规定〉的实施意见》的通知
271	建教〔1992〕632 号	关于实行建设企事业单位审计员岗位培训制度的通知
272	建教〔1993〕273 号	关于实行村镇建设助理员岗位培训持证上岗制度的通知
273	建人〔1995〕602 号	关于印发《建设部所属企业实行新工时制度的实施意见》的通知
274	建人〔1995〕603 号	关于印发《建设部所属企业实行劳动合同制的实施意见》的通知
275	建教培〔1996〕41 号	关于实行物业管理企业经理、部门经理、管理员岗位培训持证上岗制度的通知
276	建教培〔1997〕11 号	关于实行城市客车保修检验员岗位培训持证上岗制度的通知
277	建教培〔1997〕34 号	关于实行城市建设档案馆长、城市档案管理员岗位培训持证上岗制度的通知
278	建教〔1998〕13 号	关于印发《建设类培训机构资质管理暂行规定》的通知
279	建人教专〔1998〕244 号	关于印发《全国物业管理从业人员岗位证书管理办法》及有关事项的通知
280	建人教专〔1999〕153 号	关于进一步规范物业管理从业人员岗位培训工作确保培训质量的通知
281	建人教〔2001〕162 号	关于印发《建设工程质量监督工程师资格管理暂行规定》的通知
282	（84）城环字第 351 号	关于印发《环境保护监测津贴试行办法》的通知
283	（85）城劳字第 5 号	关于印发《城市建设各行业编制定员试行标准》的通知

续　表

序号	文　号	文件名称
284	建人〔1992〕680号	关于印发《全民所有制大中型建筑安装企业岗位技能工资制试行方案》和《全民所有制大中型建筑安装企业试行岗位技能工资制有关问题的意见》的通知
285	建教〔1994〕20号	关于印发《中国房地产与建筑教育基金管理办法》的通知
286	建教〔1994〕60号	关于印发《建设部关于向在产学结合、支持教育工作中做出贡献的企业和个人授予荣誉称号的暂行规定》的通知
287	建教〔1997〕293号	关于印发《关于开展建筑业与房地产企业管理人员工商管理培训实施意见》的通知
288	建人教专〔2000〕199号	关于开展房地产产权产籍管理人员培训的通知
289	建科〔2004〕177号	关于印发《全国绿色建筑创新奖实施细则（试行）》的通知
290	建稽〔2007〕80号	关于印发《建设部城乡规划督察员（组）试点工作暂行规程》的通知

继续有效规范性文件目录

序号	文　号	文件名称
1	1980年12月9日颁发	国家建委、国家城建总局关于加强城市基本建设档案工作的通知
2	（82）建发办字21号	国家基本建设委员会、国家城市建设总局、国家档案局关于进一步加强城市基本建设档案工作的通知
3	1982年2月8日颁发	国家基本建设委员会关于编制基本建设工程竣工图的几项暂行规定
4	（88）城办字第29号	城乡建设环境保护部关于颁发《城乡建设档案密级划分暂行规定》和《城乡建设档案保管期限暂行规定》的通知
5	建办〔1992〕141号	建设部关于进一步加强城建档案工作的通知

续 表

序号	文 号	文件名称
6	建办档〔1993〕103号	建设部办公厅关于印发《城市建设档案分类大纲》（修订稿）的通知
7	建办〔1995〕267号	建设部关于做好开发区城建档案管理工作的通知
8	建办〔1997〕142号	建设部、国家统计局关于认真做好城市市政公用设施普查资料归档工作的通知
9	建办档〔1999〕10号	建设部办公厅关于进一步加强城建档案工作的通知
10	建办〔1999〕50号	建设部关于认真贯彻国务院办公厅（国办发〔1999〕16号）文件精神，做好城市基础设施建设档案工作的通知
11	建办档函〔1999〕80号	建设部办公厅关于对建设工程项目前期文件收集问题的复函
12	建办〔2001〕103号	建设部关于认真贯彻国务院第279号令和建设部第78号令切实加强工程档案管理工作的通知
13	建法函〔2002〕21号	建设部关于建设工程项目前期文件原件归档问题的复函
14	建办档〔2004〕39号	建设部办公厅关于印发《全国城建档案信息化建设规划与实施纲要》的通知
15	建办档〔2004〕42号	建设部办公厅关于加强地下管线档案信息管理的通知
16	建办档函〔2006〕321号	关于认真学习贯彻《中国人居环境奖申报和评选办法》等文件精神 做好建设档案工作的通知
17	建办档〔2006〕45号	建设部办公厅关于印发《全国城乡建设档案事业“十一五”规划》的通知
18	建办〔2007〕68号	建设部关于加强中小城市城乡建设档案工作的意见
19	建办档函〔2008〕353号	住房和城乡建设部办公厅关于对拟定的城建档案管理办法中有关问题的复函
20	建办档函〔2008〕490号	住房和城乡建设部办公厅关于进一步加强城建档案管理工作的意见

续 表

序号	文 号	文件名称
21	建办档〔2008〕39 号	住房城乡建设部办公厅关于积极防御地震等自然灾害充分发挥城建档案作用的通知
22	建办〔2009〕145 号	住房和城乡建设部关于印发《住房和城乡建设部政府信息公开实施办法》的通知
23	建办〔2007〕246 号	关于印发《建设部行政审批集中受理办公室工作规程》的通知
24	建办〔1992〕190 号	建设部关于印发组织记者采访团若干程序的暂行规定的通知
25	建办〔1993〕370 号	关于印发《建设部部属期刊管理暂行办法》的通知
26	建办宣〔1997〕40 号	关于严格新闻稿件送审制度的通知
27	建办宣〔1998〕16 号	关于加强编纂、出版图书音像资料管理的通知
28	建办宣〔1998〕36 号	关于加强新闻出版管理工作的通知
29	建办宣〔2002〕61 号	关于进一步加强宣传报道管理工作的通知
30	建办〔2003〕117 号	关于印发《建设部政务信息工作管理办法》的通知
31	建办厅函〔2009〕385 号	关于进一步加强和改进报刊出版经营管理工作 规范报刊主要负责人任职资格的通知
32	建法〔1992〕426 号	关于对《城市节约用水管理规定》有关条款解释的复函
33	建法〔1994〕668 号	关于对《中华人民共和国城市房地产管理法》有关条款的复函
34	建法〔1995〕245 号	关于城市抗震救灾规划审批工作有关问题的复函
35	建法函〔1997〕2 号	关于事业单位执法主体资格问题的复函
36	建法〔2000〕68 号	关于转发国务院法制办公室“对建设部《关于请求解释〈城市房地产法〉中房产管理部门的函》的复函”的通知
37	建法〔2000〕69 号	建设部关于加强青少年活动场所规划建设工作的通知
38	建法函〔2000〕204 号	关于对国企改革中职工提取住房公积金问题的复函

续 表

序号	文 号	文件名称
39	建法〔2001〕69 号	关于印发《关于建设系统依法行政的实施意见》的通知
40	建法函〔2001〕88 号	关于注销房产证是否属行政处罚问题的复函
41	建法〔2001〕91 号	关于在全国建设系统进一步执行仲裁法律制度的意见
42	建法函〔2001〕108 号	关于对《关于如何理顺设计方案招标与城市规划管理关系的请示》的复函
43	建法〔2001〕143 号	关于废止《建设工程质量监督管理规定》等 11 件规范性文件的通知
44	建法〔2001〕185 号	关于转发《关于严格执行国法函〔2000〕31 号文件进一步提高行政复议法律文书质量的通知》的通知
45	建法函〔2001〕347 号	关于《城市房地产开发经营管理条例》有关问题的复函
46	建法函〔2001〕393 号	关于对《〈关于城市出租汽车管理办法〉（建设部、公安部令 63 号）是否仍具有法律效力的请示》的复函
47	建法函〔2002〕99 号	关于运用《建设工程质量管理条例》第六十七条、第三十一条的复函
48	建法函〔2002〕172 号	关于对河南省人大常委会和安徽省法制办有关问题请示的意见的函
49	建法函〔2002〕220 号	关于贯彻《关于加强领导干部学法用法工作的若干意见》，切实推进建设系统普法工作的通知
50	建法〔2002〕223 号	关于印发《建设领域安全生产行政责任规定》的通知
51	建法函〔2002〕238 号	关于对城市房地产转让有关问题的复函
52	建办法函〔2002〕342 号	关于对城市出租汽车管理有关问题的复函
53	建办法函〔2002〕376 号	关于对《建设行政处罚程序暂行规定》有关问题的复函

续 表

序号	文 号	文件名称
54	建办法函〔2002〕592 号	关于如何界定拆迁项目适用新老条例的复函
55	建办法函〔2003〕7 号	关于监理单位审核工程预算资格和建设工程项目承包发包有关问题的复函
56	建法〔2003〕31 号	建设部关于贯彻《国务院关于进一步推进相对集中行政处罚权工作的决定》的意见
57	建办法函〔2003〕47 号	关于工程造价咨询单位及造价工程师经营和执业范围问题的复函
58	建法函〔2003〕89 号	关于对新疆建设兵团建设行政执法地位等问题的复函
59	建法〔2003〕114 号	关于印发《建设部关于全面推进建设行政执法责任制的意见》的通知
60	建法〔2003〕164 号	关于加强执法监督进一步规范行政处罚的通知
61	建办法函〔2003〕168 号	关于被拆迁人选择拆迁补偿方式的复函
62	建法函〔2003〕184 号	关于废止《城乡建设环境保护部关于颁发试行城市规划单位注册登记管理暂行办法的通知》等 9 件规范性文件的通知
63	建法〔2003〕201 号	关于印发《建设部行政复议工作规程》的通知
64	建法〔2003〕242 号	关于加强行政执法人员建设专业法律法规知识培训有关问题的通知
65	建办法函〔2003〕451 号	关于土地储备中涉及房屋拆迁有关问题的复函
66	建办法函〔2003〕474 号	关于风景名胜区建设项目规划与管理有关问题的批复
67	建办法函〔2003〕509 号	关于对《物业管理条例》有关条款理解造成问题的批复
68	建办法函〔2003〕524 号	关于对深圳市建设局《关于商品房主体结构质量重新核验有关问题的请示》的复函

续 表

序号	文 号	文件名称
69	建法〔2004〕108 号	关于印发《建设部行政许可听证工作规定》的通知
70	建法〔2004〕109 号	关于印发《建设部机关行政许可责任追究办法》的通知
71	建法〔2004〕110 号	关于印发《建设部机关对被许可人监督检查的规定》的通知
72	建法〔2004〕111 号	关于印发《建设部机关实施行政许可工作规程》的通知
73	建办法函〔2004〕128 号	关于对拆迁人未在法定期间提出拆迁延期申请问题的复函
74	建办法函〔2004〕129 号	关于对房屋拆迁管理部门能否作为拆迁人的函
75	建办法函〔2004〕385 号	关于执行《物业管理企业资质管理办法》有关问题的复函
76	建法函〔2005〕102 号	关于做好建设领域农民工法律知识学习培训工作的通知
77	建法〔2005〕143 号	关于进一步推行建设系统政务公开的指导意见
78	建法〔2005〕144 号	关于印发《建设部机关政务公开工作规程》的通知
79	建法函〔2005〕193 号	关于《城市危险房屋管理规定》第十四条中危险房屋鉴定执行标准问题的函
80	建办法函〔2005〕341 号	对“关于执行《住宅室内装饰装修管理办法》有关问题的请示”的复函
81	建办法函〔2005〕632 号	关于对《关于国务院 370 号令是否适用无证经营出租汽车行为的请示》的复函
82	建法函〔2006〕23 号	关于适用《建设工程质量管理条例》第 58 条有关问题的复函
83	建法函〔2006〕152 号	关于印发《建设行政执法责任制示范文本》的通知
84	建办法函〔2006〕241 号	关于对物业管理专业人员等问题的复函

续　表

序号	文　号	文件名称
85	建办法函〔2006〕323号	关于核定物业管理企业资质有关问题的复函
86	建办法函〔2007〕165号	关于对《房屋建筑和市政基础设施工程施工图设计文件审查管理办法》有关规定的复函
87	建法〔2007〕173号	关于印发《建设部机关推进行政执法责任制实施方案》的通知
88	建办法函〔2007〕178号	关于《关于风景名胜区管理有关问题的请示》的答复
89	建办法函〔2007〕311号	关于房屋拆除工程安全监管职责问题的复函
90	建办法函〔2007〕637号	关于对建筑幕墙施工是否需要领取工业产品生产许可证事宜的复函
91	建法〔2008〕151号	关于汶川地震灾区城镇居民住房重建的指导意见
92	建办法函〔2008〕222号	关于“装饰装修企业资质”和“燃气燃烧器具安装、维修企业资质”有关问题的复函
93	建法函〔2008〕288号	关于房屋建筑“承重结构”问题的复函
94	建法函〔2008〕326号	关于对河北省建设厅《关于提请解释“违法所得”具体含义的请示》的复函
95	建办法函〔2008〕351号	关于《注册建筑师条例实施细则》中有关岗位问题的复函
96	建办法函〔2008〕416号	关于对《住宅专项维修资金管理办法》有关条款意见的复函
97	建办法函〔2008〕417号	关于对城市房屋拆迁资格认定是否属于城市房屋拆迁主管部门行政审批项目的复函
98	建办法函〔2008〕428号	关于外籍公民在我国申请办理个人自建房屋有关问题的复函
99	建办法函〔2008〕430号	关于部分资质资格许可程序有关问题的复函

续 表

序号	文 号	文件名称
100	建法〔2009〕13 号	关于印发《住房和城乡建设法律法规框架》等文件的通知
101	建法〔2009〕74 号	关于印发住房和城乡建设部普法领导小组及其办公室组成人员的通知
102	建法函〔2009〕122 号	关于对《房屋登记办法》有关条款适用问题的复函
103	建法函〔2009〕143 号	关于对《关于储藏间（车库）按非住宅单独登记办证的请示》的复函
104	建法函〔2009〕278 号	关于人防工程施工图审查有关事项的复函
105	建法〔2009〕297 号	关于加强住房城乡建设行政复议工作的若干意见
106	建办法函〔2009〕421 号	关于对重新核发建设工程规划许可证和建筑工程施工许可证有关问题的复函
107	建办法函〔2009〕436 号	关于对收费还贷城市道路（含桥梁、隧道）有关问题的答复
108	建办法函〔2009〕626 号	关于对燃气行业安全监管过程中相关资质证书问题的复函
109	建办法函〔2009〕627 号	关于对《住宅室内装饰装修管理办法》有关问题的复函
110	建办法函〔2009〕664 号	关于对注册房地产估价师有关问题的复函
111	建办法函〔2009〕912 号	关于对施工图设计文件审查内容与出具审查合格书有关问题的复函
112	建法函〔2010〕2 号	关于私立学校、幼儿园、医院的教育设施、医疗卫生设施能否抵押的复函
113	建法函〔2010〕35 号	关于对私营盈利性医院房产能否抵押有关问题的复函
114	建法函〔2010〕56 号	关于对界定违法所得问题的复函
115	建法函〔2010〕128 号	关于建设工程造价鉴定报告合法性问题的复函

续　表

序号	文　号	文件名称
116	建办法函〔2010〕269 号	关于《住宅共同部位共同设施设备维修基金管理办法》有关问题的复函
117	建办法函〔2010〕243 号	关于对《城市供水水质管理规定》有关问题的复函
118	建房〔1992〕67 号	国务院住房制度改革领导小组、建设部、国家税务总局关于印发《城镇住宅合作社管理暂行办法》的通知
119	建房改〔1999〕43 号	建设部关于进一步搞好公有住房出售工作有关问题的通知
120	建住房〔1999〕209 号	建设部关于进一步推进现有公有住房改革的通知
121	建房改〔1999〕227 号	建设部关于加快推进住房分配货币化改革有关问题的通知
122	建房改〔2000〕105 号	建设部、财政部、国家经济贸易委员会、全国总工会关于进一步深化国有企业住房制度改革加快解决职工住房问题的通知
123	建住房〔2005〕122 号	建设部、民政部关于印发《城镇最低收入家庭廉租住房申请、审核及退出管理办法》的通知
124	建住房〔2006〕196 号	建设部、监察部、国土资源部关于制止违规集资合作建房的通知
125	建住房〔2006〕204 号	建设部关于印发《城镇廉租住房工作规范化管理实施办法》的通知
126	建住房〔2006〕205 号	建设部关于印发《城镇廉租住房档案管理办法》的通知
127	建住房〔2007〕109 号	关于开展旧住宅区整治改造的指导意见
128	建住房〔2007〕218 号	关于印发《解决城市低收入家庭住房困难发展规划和年度计划编制指导意见》的通知
129	建住房〔2007〕258 号	建设部、发展改革委、监察部、财政部、国土资源部、人民银行、税务总局关于印发《经济适用住房管理办法》的通知
130	建保〔2008〕62 号	关于加强廉租住房质量管理的通知

续 表

序号	文 号	文件名称
131	建保〔2009〕91号	关于印发2009～2011年廉租住房保障规划的通知
132	建保〔2009〕139号	关于印发《城市低收入家庭保障统计报表制度》的通知
133	建保〔2009〕293号	关于印发《保障性安居工程统计报表制度》的通知
134	建保〔2009〕295号	关于推进城市和国有工矿棚户区改造工作的指导意见
135	建保〔2010〕56号	关于中央投资支持国有工矿棚户区改造有关问题的通知
136	建保〔2010〕58号	关于做好城市和国有工矿棚户区改造规划编制工作的通知
137	建保〔2010〕59号	关于加强经济适用住房管理有关问题的通知
138	建保〔2010〕62号	关于加强廉租住房管理有关问题的通知
139	建保〔2010〕87号	关于加快发展公共租赁住房的指导意见
140	建保〔2010〕91号	关于做好住房保障规划编制工作的通知
141	建规〔1998〕84号	关于做好城市规划工作促进住宅和基础设施建设的通知
142	建规〔1998〕93号	关于做好城市无障碍设施建设的通知
143	建规〔1998〕108号	关于加强省域城镇体系规划工作的通知
144	建规〔1998〕145号	关于印发省域城镇体系规划审查办法的通知
145	建规〔1998〕161号	关于印发《城市总体规划审查工作规则》的通知
146	建规〔1998〕197号	关于印发《城市规划部际联席会工作办法》的通知
147	建规〔1999〕109号	建设部、国家文物局关于续聘增补全国历史文化名城保护专家委员会委员的通知
148	建规〔1999〕244号	建设部关于贯彻落实《城市总体规划审查工作规则》的通知
149	建规〔2000〕76号	关于贯彻落实《国务院办公厅关于加强和改进城乡规划工作的通知》的通知
150	建规〔2001〕142号	关于加强地质灾害防治的规划管理工作的通知

续　表

序号	文　号	文件名称
151	建规〔2002〕196 号	建设部、文化部关于进一步做好基层公共文化设施规划和建设工作的通知
152	建规〔2002〕204 号	关于贯彻落实《国务院关于加强城乡规划监督管理的通知》的通知
153	建规〔2003〕43 号	关于加强省域城镇体系规划实施工作的通知
154	建规〔2003〕47 号	关于印发《注册城市规划师注册登记办法》的通知
155	建规〔2004〕36 号	关于加强对城市优秀近现代建筑规划保护的指导意见
156	建规〔2004〕167 号	建设部关于进一步加强和改进未成年人活动场所规划建设工作的通知
157	建规〔2004〕185 号	关于贯彻《国务院关于深化改革严格土地管理的决定》的通知
158	建规〔2004〕197 号	关于清理和控制城市建设中脱离实际的宽马路、大广场建设的通知
159	建规〔2005〕81 号	建设部关于建立派驻城乡规划督察员制度的指导意见
160	建市〔2006〕81 号	关于加强区域重大项目选址工作、严格实施房屋建筑和市政工程施工许可制度的意见
161	建规〔2006〕124 号	关于进一步做好城市规划遥感动态监测工作的通知
162	建规〔2006〕183 号	县域村镇体系规划编制暂行办法
163	建办规〔2007〕65 号	关于印发《关于贯彻落实城市总体规划指标体系的指导意见》的通知
164	建规〔2007〕88 号	关于加强省域城镇体系规划调整和修编工作管理的通知
165	建规〔2008〕15 号	关于加强城中村整治改造工作的指导意见
166	建规〔2008〕21 号	关于贯彻实施《城乡规划法》的指导意见
167	建规〔2008〕46 号	关于做好住房建设规划与住房建设年度计划制定的指导意见

续 表

序号	文 号	文件名称
168	建规〔2008〕130号	关于汶川地震灾区城镇灾后恢复重建规划编制工作的指导意见
169	建规〔2008〕227号	住房和城乡建设部监察部关于加强建设用地容积率管理和监督检查的通知
170	建办规〔2009〕16号	住房和城乡建设部 监察部关于成立房地产开发领域违规变更规划调整容积率问题专项治理工作领导小组及其办公室的通知
171	建规〔2009〕53号	住房和城乡建设部 监察部关于对房地产开发中违规变更规划调整容积率问题开展专项治理的通知
172	建规〔2009〕59号	关于印发《城市总体规划实施评估办法（试行）》的通知
173	计标〔1986〕288号	国家计划委员会关于加强工程建设标准定额工作的意见
174	计标〔1988〕30号	国家计划委员会印发《关于控制建设工程造价的若干规定》的通知
175	建标〔1996〕626号	建设部关于印发《工程建设标准编写规定》和《工程建设标准出版印刷规定》的通知
176	建办标〔2000〕50号	建设部办公厅印发《关于贯彻〈关于工程造价咨询机构与政府部门实行脱钩改制意见的通知〉的若干意见》的通知
177	建标〔2000〕208号	建设部关于工程造价咨询机构与政府部门实行脱钩改制的通知
178	建标〔2002〕194号	建设部关于转发《国务院清理整顿经济鉴证类社会中介机构领导小组关于规范工程造价咨询行业管理的通知》的通知
179	建办标〔2003〕48号	关于贯彻执行《建设工程工程量清单计价规范》若干问题的通知
180	建标〔2005〕69号	建设部关于由中国建设工程造价管理协会归口做好建设工程概预算人员行业自律工作的通知
181	建标〔2009〕14号	关于进一步加强工程造价（定额）管理工作的意见

续　表

序号	文　号	文件名称
182	建标标函〔2009〕50号	关于学校医院等人员密集场所抗震设防的复函
183	建标标函〔2009〕83号	关于对《商店建筑设计规范》有关问题的复函
184	建办标函〔2009〕99号	关于《城镇燃气设计规范》有关条款问题的复函
185	建办标函〔2009〕151号	关于液化石油气供应基地全压力式储罐与铁路防火间距问题的答复
186	建标函〔2010〕122号	关于玉树地震灾后重建执行建筑抗震设防标准的复函
187	建标函〔2010〕298号	关于同意安徽省统一执行夏热冬冷地区节能设计标准的函
188	〔90〕建标字第408号	建设部关于调整我部标准管理单位和印发工作准则等四个文件的通知
189	〔90〕建标字第633号	建设部关于印发《保证技术标准出版质量的暂行规定》等两个文件的通知
190	建标〔1991〕274号	建设部关于印发“工程建设国家标准发布程序等问题的商谈纪要”的通知
191	建标〔1994〕219号	建设部关于印发《工程建设标准局部修订管理办法》的通知
192	建标〔1995〕352号	建设部关于印发《关于加强工程建设企业标准化工作的若干意见》的通知
193	建标〔2000〕34号	关于实行工程建设行业标准和地方标准备案制度的通知
194	建标〔2002〕212号	关于贯彻执行建筑工程勘察设计及施工质量验收规范若干问题的通知
195	建标〔2004〕20号	关于印发《工程建设地方标准化工作管理规定》通知

续 表

序号	文 号	文件名称
196	建标〔2005〕124 号	关于印发《“采用不符合工程建设强制性标准的新技术、新工艺、新材料核准”行政许可实施细则》的通知
197	建标〔2006〕221 号	关于印发《工程建设标准复审管理办法》的通知
198	建标〔2008〕104 号	关于发布工程建设标准复审结果的通知
199	建标〔2008〕123 号	关于印发《工程建设标准翻译出版工作管理办法》的通知
200	建标〔2008〕182 号	关于印发《工程建设标准编写规定》的通知
201	建办标〔2001〕33 号	关于组建《工程建设标准强制性条文》(房屋建筑部分)咨询委员会的通知
202	建标标〔2000〕87 号	关于印发《工程建设标准强制性条文》管理工作的暂行规定
203	建标标〔2008〕78 号	关于印发《工程建设标准英文版出版印刷规定》的通知
204	建标标〔2008〕79 号	关于印发《工程建设标准英文版翻译细则(试行)》的通知
205	建标〔2003〕206 号	建设部、财政部关于印发《建筑安装工程费用项目组成》的通知
206	计标〔1985〕352 号	国家计划委员会、中国人民建设银行印发《关于改进工程建设概预算定额管理工作的若干规定》等三个文件的通知
207	建标〔2002〕197 号	关于印发《建设工程造价咨询合同(示范文本)》的通知
208	计资〔1983〕116 号	关于建设项目进行可行性研究的实行管理办法
209	计标〔1987〕2323 号	关于印发《关于制定工程项目建设标准的几点意见》的通知
210	〔1987〕国土〔建〕字第 144 号	关于印发《关于编制建设项目用地定额指标的几点意见》的通知
211	〔1989〕国土〔建〕字第 169 号	关于印发《工程项目建设用地指标编制工作暂行办法》的通知

续 表

序号	文 号	文件名称
212	建标〔2003〕38 号	关于加强无障碍设施建设和管理工作的通知
213	建标〔2007〕144 号	建设部 国家发展和改革委员会关于印发《工程项目建设标准编制程序规定》和《工程项目建设标准编写规定》的通知
214	2010 年第 21 号	关于在建筑施工领域质量管理体系认证中应用《工程建设施工企业质量管理规范》的公告
215	建房〔1991〕432 号	关于加强住宅小区建设管理提高住宅建设质量的通知
216	建房〔1996〕48 号	建设部关于加强房地产开发管理提高商品房质量的通知
217	建房〔1998〕102 号	关于印发《商品住宅实行住宅质量保证书和住宅使用说明书制度的规定》的通知
218	建住房〔1998〕178 号	关于贯彻《城市房地产开发经营管理条例》的通知
219	建住房〔1999〕98 号	建设部关于印发《国家康居示范工程实施大纲》的通知
220	建住房〔1999〕114 号	关于印发《商品住宅性能认定管理办法》（试行）的通知
221	建住房〔1999〕295 号	关于在住宅建设中淘汰落后产品的通知
222	建住房〔2000〕87 号	关于贯彻《房地产开发企业资质管理规定》全面清理房地产开发企业、规范企业经营行为的通知
223	建住宅〔2000〕274 号	建设部关于印发《国家康居示范工程管理办法》的通知
224	建住房〔2002〕44 号	关于规范房地产开发企业开发建设行为的通知
225	建住房〔2002〕190 号	关于印发《商品住宅装修一次到位实施细则》的通知
226	建住房〔2002〕217 号	建设部 国家计委 财政部 国土资源部 中国人民银行 国家税务总局关于加强房地产市场宏观调控促进房地产市场健康发展的若干意见
227	建住房〔2003〕60 号	关于加强房地产开发统计工作的通知

续 表

序号	文 号	文件名称
228	建住房〔2004〕7号	关于加强协作共同做好房地产市场信息系统和预警预报体系有关工作的通知
229	建住房电〔2005〕33号	关于贯彻《国务院办公厅转发建设部等部门关于做好稳定住房价格工作意见的通知》的通知
230	建住房〔2006〕127号	关于加强房地产市场监测分析工作的通知
231	建住房电〔2006〕145号	关于进一步加强住房建设规划工作的通知
232	建住房〔2006〕150号	关于印发《国家住宅产业化基地试行办法》的通知
233	建住房〔2006〕165号	关于落实新建住房结构比例要求的若干意见
234	建住房〔2006〕189号	关于认真做好住房状况调查工作的通知
235	建住房函〔2007〕303号	关于做好《房地产市场信息系统技术规范》实施工作的通知
236	建房〔2008〕215号	关于住房城乡建设系统贯彻落实中央扩大内需促进经济增长重大决策有关问题的通知
237	建房〔2009〕101号	关于完善房地产开发企业一级资质核定工作的通知
238	建房〔2010〕83号	关于规范商业性个人住房贷款中第二套住房认定标准的通知
239	建房〔2010〕155号	关于进一步贯彻落实国发〔2010〕10号文件的通知
240	（88）建房管字第49号	中华人民共和国建设部房地产业司、中国人民解放军后勤部基建营房部关于城镇驻军营房产权登记、发证工作中有关问题的处理意见
241	（88）建房字第85号	中华人民共和国建设部、中国人民解放军总后勤部关于城镇驻军营房产权登记、发证工作的通知
242	（89）建房管字第19号	中华人民共和国建设部 房地产业司 中国人民解放军总后基建营房部 关于军队营房产权登记、发证中有关问题的通知
243	（89）建房管字第69号	建设部房地产业司关于中国人民武装警察部队在房屋所有权登记工作中执行中国人民解放军登记发证办法的通知

续　表

序号	文　号	文件名称
244	（89）建房管字第81号	建设部房地产业司关于人武部改军分区房屋所有权登记等问题的通知
245	（89）建房字第512号	建设部印发《关于城镇房屋所有权登记中几个涉及政策性问题的原则意见》的通知
246	〔1990〕 建房管字第12号	中华人民共和国建设部房地产业司、中国人民解放军总后勤部基建营房部关于纠正城镇驻军营房产权登记发证工作中几个问题的通知
247	〔1992〕 建房管字第18号	建设部房地产业司 中国人民解放军总后勤部关于印发《城镇驻军营房产权转移和房屋现状变更登记实施细则》的通知
248	建房〔1993〕598号	建设部 国家土地管理局 国家工商行政管理局 国家税务总局关于加强房地产市场宏观管理促进房地产业健康持续发展的意见
249	建房〔1993〕338号	建设部、人事部关于公布首批房地产估价师名单通知
250	（94）建房管字第09号	建设部关于不得给一个平方米单位产权颁发《房屋所有权证》的通知
251	建房〔1994〕493号	建设部关于贯彻《城市房地产管理法》若干意见的通知
252	建房〔1995〕147号	建设部人事部关于印发《房地产估价师执业资格制度暂行规定》和《房地产估价师执业资格考试实施办法》的通知
253	建房〔1995〕433号	建设部、国家国有资产管理局《关于做好行政事业单位国有资产产权登记中房产登记工作的通知》
254	建房〔1995〕472号	建设部关于房改售房权属登记发证若干规定的通知
255	建房〔1995〕572号	建设部关于城市规划部门审批房屋翻改扩建工程时须收验《房屋所有权证》的通知
256	建房〔1996〕401号	建设部关于不得擅自将直管公房无偿划转给使用单位的通知
257	建房〔1996〕420号	建设部关于重申房地产抵押登记必须由房地产行政主管部门办理的紧急通知

续 表

序号	文 号	文件名称
258	建房〔1997〕18 号	建设部 中国人民解放军总后勤部关于军队房改售房权属登记发证有关问题的通知
259	建房函〔1997〕233 号	中华人民共和国建设部关于陕西省人民政府无偿划转直管公房问题的函
260	〔1997〕 建房产字第 019 号	对《关于不得给一平方米单位产权颁发"房屋所有权证"的通知》的补充说明
261	建办房函〔1998〕号	建设部办公厅关于坚决制止擅自印制房屋权属证书的通知
262	建房〔1998〕136 号	关于中国人民武装警察部队营房产权登记发证工作有关问题的通知
263	建住房市 〔1999〕022 号	关于中国石油化工集团整体重组改制涉及房屋产权登记手续有关问题的紧急通知
264	建住房〔2000〕96 号	关于房地产价格评估机构脱钩改制的通知
265	建住房〔2000〕108 号	关于印发《住房置业担保管理试行办法》的通知
266	建住房〔2000〕166 号	关于认真贯彻执行《房产测量规范》加强房产测绘管理的通知
267	建住房〔2000〕200 号	关于印发《商品房买卖合同示范文本》的通知
268	建住房市函 〔2001〕057 号	对《关于〈房产测绘管理办法〉实施中有关问题的请示》的复函
269	建办住房函 〔2001〕402 号	关于公布 2001 年全国房地产估价师执业资格考试合格人员名单及注册等有关事宜的通知
270	建住房〔2002〕74 号	关于房屋建筑面积计算与房屋权属登记有关问题的通知
271	建住房〔2002〕158 号	建设部、新闻出版总署、公安部、国家工商行政管理总局关于印发《房屋权属证书印制管理办法》的通知
272	建办住房函 〔2002〕500 号	关于全国房地产经纪人执业资格认定考试合格标准及有关问题的通知

续　表

序号	文　号	文件名称
273	建住房〔2002〕251号	关于印发《房地产交易与权属登记规范化管理考核标准》和《房地产交易与权属登记规范化管理考核办法》的通知
274	建办住房〔2002〕73号	关于公布2002年全国房地产估价师执业资格考试合格人员名单及注册等有关问题的通知
275	建办住房〔2003〕4号	关于公布首次全国房地产经纪人执业资格考试合格人员名单及注册有关问题的通知
276	建住房函〔2003〕77号	关于贯彻《房地产交易与权属登记规范化管理考核标准》和《房地产交易与权属登记规范化管理考核办法》有关问题的通知
277	建办住房函〔2003〕658号	关于公布2003年全国房地产经纪人执业资格考试合格人员名单及注册有关问题的通知
278	建办住房函〔2003〕659号	关于公布2003年全国房地产估价师执业资格考试合格人员名单及注册等有关问题的通知
279	建办住房〔2004〕43号	关于改变房地产经纪人执业资格注册管理方式有关问题的通知
280	建办住房函〔2004〕733号	关于公布2004年全国房地产估价师、房地产经纪人执业资格考试合格人员名单及注册等有关问题的通知
281	建住房〔2005〕77号	关于个人住房抵押贷款证券化涉及的抵押权变更登记有关问题的试行通知
282	建办住房函〔2005〕284号	关于《关于房屋权属登记中如何界定不计算建筑面积的公共通道的请示》的复函
283	建办住房函〔2005〕790号	关于公布2005年度全国房地产估价师、房地产经纪人执业资格考试合格人员名单及注册等有关问题的通知
284	建住房〔2006〕8号	建设部　中国人民银行　中国银行业监督管理委员会关于规范与银行信贷业务相关的房地产抵押估价管理有关问题的通知
285	建办住房函〔2006〕315号	关于对湖南省建设厅房屋权属登记依据请示的复函

续 表

序号	文 号	文件名称
286	建住房〔2006〕171 号	关于规范房地产市场外资准入和管理的意见
287	建住房市函〔2006〕071 号	关于与银行信贷业务相关的房地产抵押估价管理有关问题的复函
288	建住房〔2006〕244 号	关于印发《房屋权属登记信息查询暂行办法》的通知
289	建住房〔2006〕294 号	关于加强房地产估价机构监管有关问题的通知
290	建住房市函〔2006〕121 号	关于对房地产营销员、师职业资格认证有关问题的复函
291	建办住房函〔2006〕827 号	关于公布2006年度全国房地产估价师房地产经纪人执业资格考试合格人员名单及注册等有关问题的通知
292	建住房〔2006〕321 号	建设部 中国人民银行关于加强房地产经纪管理规范交易结算资金账户管理有关问题的通知
293	建办住房〔2007〕8 号	关于转发最高人民法院办公厅《关于房地产管理部门协助人民法院执行造成转移登记错误，人民法院对当事人提起的行政诉讼的受理及赔偿责任问题的复函》的通知
294	建办住房函〔2007〕333 号	关于更正部分人员2006年全国房地产估价师/房地产经纪人执业资格考试结果的通知
295	建办住房函〔2007〕459 号	关于对《关于进一步加强和改进出租房屋管理工作有关问题的通知》有关条文具体含义的复函
296	建住房〔2007〕274 号	关于进一步加强房地产经纪管理的紧急通知
297	建办住房函〔2007〕798 号	关于公布2007年度全国房地产估价师房地产经纪人执业资格考试合格人员名单及注册等有关问题的通知
298	建住房〔2007〕284 号	关于在商业性房地产信贷过程中依托房屋登记信息系统查询家庭住房总面积情况有关问题的通知
299	建住房市函〔2008〕006 号	对广东省建设厅婚前财产申请共有登记有关问题的复函
300	建办住房函〔2008〕220 号	关于更正部分人员2007年度全国房地产估价师、房地产经纪人执业资格考试结果的通知

续　表

序号	文　号	文件名称
301	建房函〔2008〕337号	关于2008年全国房地产交易与权属登记规范化管理先进单位的通报
302	建房〔2009〕2号	关于修订《房地产交易与权属登记规范化管理考核标准》的通知
303	建房〔2009〕61号	关于做好房屋登记审核人员培训考核工作（试行）的通知
304	建住房市函〔2009〕041号	对上海市住房保障和房屋管理局有关房屋共有建筑面积分摊问题请示的复函
305	建办房函〔2009〕533号	关于做好房屋登记审核人员确认工作有关问题的通知
306	建办房函〔2009〕571号	关于对《住房置业担保管理试行办法》有关问题的复函
307	建房市函〔2009〕89号	全国部分城市房地产交易与权属登记有关问题研讨会会议纪要
308	建房市函〔2010〕7号	关于对南宁市房产管理局有关境外公司间借贷涉及境内房产抵押担保问题的批复
309	建办房函〔2010〕31	

住房和城乡建设部关于废止和修改部分规章的决定

（2011年1月26日住房和城乡建设部令第9号发布　自发布之日起施行）

经2010年12月31日第68次住房和城乡建设部常务会议审议，决定废止、修改下列规章，现予发布，自发布之日起生效。

一、废止下列规章

1.《城市房屋拆迁单位管理规定》（1991年7月8日建设部令第12号发布）

2.《城市地下水开发利用保护管理规定》（1993年12月4日建设部令第30号发布）

3.《开发区规划管理办法》（1995年6月1日建设部令第43号发布）

4.《城市异产毗连房屋管理规定》（1989年11月21日建设部令第5号发布，根据2001年8月15日建设部令第94号修正）

5.《城市房地产中介服务管理规定》（1996年1月8日建设部令第50号发布，根据2001年8月15日建设部令第97号修正）

二、修改下列规章

1. 将《城市公厕管理办法》（建设部令第9号）第十条第二款中的“征用”修改为“使用”，第十七条中的“《城市建设档案管理暂行规定》”修改为“《城市建设档案管理规定》”，第二十六条中的“《中华人民共和国治安管理处罚条例》”修改为“《中华人民共和国治安管理处罚法》”。

2. 将《城市国有土地使用权出让转让规划管理办法》（建设部令第22号）第一条中的“《中华人民共和国城市规划法》”修改为“《中华人民共和国城乡规划法》”。

3. 将《建制镇规划建设管理办法》（建设部令第44号）第一条中的“《城市规划法》”修改为“《城乡规划法》”，删除第三十二条中的“征用”，第四十七条中的“《治安管理处罚条例》”修改为“《治安管理处罚法》”。

4. 将《城建监察规定》（建设部令第55号）第七条第一项中的“《中华人民共和国城市规划法》”修改为“《中华人民共和国城乡规划法》”。

5. 将《城市建设档案管理规定》（建设部令第90号）第一条中的“《中华人民共和国城市规划法》”修改为“《中华人民共和国城乡规划法》”。

6. 将《城市地下空间开发利用管理规定》（建设部令第108号）第一条中的“《中华人民共和国城市规划法》”和第九条、第十二条中的“《城市规划法》”修改为“《中华人民共和国城乡规划法》”。

7. 将《住宅室内装饰装修管理办法》（建设部令第110号）第三十九条中的“《城市规划法》”修改为“《中华人民共和国城乡规划法》”。

8. 将《城市绿线管理办法》（建设部令第112号）第一条、第八条、第十二条、第十六条中的“《城市规划法》”修改为“《中华人民共和国城乡规划法》”。

9. 将《外商投资城市规划服务企业管理规定》（建设部令第116号）第一条中的“《中华人民共和国城市规划法》”修改为“《中华人民共和国城乡规划法》”。

10. 将《城市抗震防灾规划管理规定》（建设部令第117号）第一条、第二十三条中的“《中华人民共和国城市规划法》”修改为“《中华人民共和国城乡规划法》”。

11. 将《城市紫线管理办法》（建设部令第119号）第一条中的“《中华人民共和国城市规划法》和第二十条中的“《城市规划法》”修改为“《中华人民共和国城乡规划法》”。

12. 将《城市动物园管理规定》（建设部令第133号）第三十一条中的“《中华人民共和国治安管理处罚条例》”修改为“《中华人民共和国治安管理处罚法》”。

13. 将《建设部关于纳入国务院决定的十五项行政许可的条件的规定》（建设部令第135号）的第十五项行政许可删除。

14. 将《城市地下管线工程档案管理办法》（建设部令第136号）第一条中的“《中华人民共和国城市规划法》”修改为“《中华人民共和国城乡规划法》”。

15. 将《城市黄线管理办法》（建设部令第144号）第一条、第十七条中的“《城市规划法》”修改为“《中华人民共和国城乡规划法》”。

16. 将《城市蓝线管理办法》（建设部令第145号）第一条、第十四条中的“《中华人民共和国城市规划法》”修改为“《中华人民共和国城乡规划法》”。

国土资源部关于修改部分规范性文件的决定①

（2010年12月3日 国土资发〔2010〕190号）

为维护社会主义法制统一，进一步加强国土资源管理制度建设，根据《国务院办公厅关于做好规章清理工作有关问题的通知》（国办发〔2010〕28号）的有关要求，国土资源部决定对以下规范性文件作出如下修改：

一、将下列规范性文件中的“征用”修改为“征收”

1.《关于印发〈确定土地所有权和使用权的若干规定〉的通知》（〔1995〕国土〔籍〕字第26号）

2.《关于建立建设用地信息发布制度的通知》（国土资发〔1998〕222号）

3.《关于加强对“果园、庄园”等农林开发活动管理的通知》（国土资发〔1999〕40号）

4.《关于转发国务院对国土资源部〈报国务院批准的建设用地审查办法〉批复的通知》（国土资发〔1999〕384号）

5.《国土资源部关于加强征地管理工作的通知》（国土资发〔1999〕480号）

6.《关于确定土地所有权和使用权有关问题的复函》（国土资厅函〔1999〕112号）

7《关于报国务院批准的建设用地审查报批工作有关问题的通知》（国土资发〔2000〕201号）

8.《关于农业开发项目和土地整理能否征用土地的批复》（国土资函〔2000〕249号）

9.《关于三峡输变电工程建设用地有关问题的通知》（国土资发〔2001〕328号）

10.《关于水利水电工程建设用地有关问题的通知》（国土资发〔2001〕355号）

11.《关于切实做好征地补偿安置工作的通知》（国土资发〔2001〕358号）

12.《关于依法加快集体土地所有权登记发证工作的通知》（国土资发〔2001〕359号）

13.《关于进一步简化报国务院批准的建设用地审批工作程序有关问题的通知》（国土资厅发〔2001〕43号）

14.《关于切实维护被征地农民合法权益的通知》（国土资发〔2002〕225号）

15.《关于进一步规范建设用地审查报批工作有关问题的通知》（国土资发〔2002〕233号）

16.《关于供销合作社使用土地权属问题的复函》（国土资厅函〔2002〕328号）

17.《关于清理各类园区用地加强土地供应调控的紧急通知》（国土资发〔2003〕45号）

18.《关于依法做好退耕还林中土地变更调查和土地变更登记工作的通知》（国土资发〔2003〕302号）

---

① 本篇法规中“国土资源部关于建立建设用地信息发布制度的通知、国土资源部、司法部、中国人民银行、国家工商行政管理局关于加强对‘果园、庄园’等农林开发活动管理的通知、国土资源部关于加强征地管理工作的通知、国土资源部关于农业开发项目和土地整理能否征用土地的批复、国土资源部、国务院三峡工程建设委员会办公室关于三峡输变电工程建设用地有关问题的通知、国土资源部关于切实做好征地补偿安置工作的通知、国土资源部关于依法加快集体土地所有权登记发证工作的通知、国土资源部关于切实维护被征地农民合法权益的通知、国土资源部关于进一步规范建设用地审查报批工作有关问题的通知、国土资源部关于清理各类园区用地加强土地供应调控的紧急通知、”已被国土资源部公告2016年第10号——关于公布已废止或者失效的规范性文件目录的公告废止

19.《关于转发〈国务院办公厅关于清理整顿各类开发区加强建设用地管理的通知〉的通知》(国土资发〔2003〕330号)

20.《关于加强土地供应管理促进房地产市场持续健康发展的通知》(国土资发〔2003〕356号)

21.《关于进一步规范土地登记工作的通知》(国土资发〔2003〕383号)

22.《关于国有划拨土地使用权抵押登记有关问题的通知》(国土资发〔2004〕9号)

23.《关于印发〈关于加强农村宅基地管理的意见〉的通知》(国土资发〔2004〕234号)

24.《关于开展制订征地统一年产值标准和征地区片综合地价工作的通知》(国土资发〔2005〕144号)

25.《关于印发〈国土资源"十一五"规划纲要〉的通知》(国土资发〔2006〕79号)

26.《关于认真贯彻〈国务院关于解决城市低收入家庭住房困难的若干意见〉进一步加强土地供应调控的通知》(国土资发〔2007〕236号)

二、对以下规范性文件涉及"土地估价结果确认"的内容作相应修改

将《关于印发〈省级土地利用总体规划会审办法〉〈各类用地报批会审办法〉和〈土地估价结果确认及处置方案会审办法〉的通知》(国土资发〔1998〕145号)的名称修改为《关于印发〈省级土地利用总体规划会审办法〉和〈各类用地报批会审办法〉的通知》,并删去文件内容中的《土地估价结果确认及处置方案会审办法》。

三、对以下规范性文件涉及"探矿权采矿权使用费减免审批"的内容作相应修改

将《关于印发〈探矿权采矿权使用费减免办法〉的通知》(国土资发〔2000〕174号)中的"审批"修改为"核准",并将《探矿权采矿权使用费减免办法》第五条第四款中的"批准文件"修改为"核准文件"。

四、对以下规范性文件涉及"矿业权价款确认"的内容作相应修改

将《关于调整矿业权价款确认(备案)和储量评审备案管理权限的通知》(国土资发〔2006〕166号)名称和内容中的"确认(备案)"修改为"备案"。

本决定自发布之日起施行。以上文件根据本决定作相应修改后,重新公布。

国土资源部关于修改部分规章的决定

(2010年11月30日国土资源部令第49号公布　自公布之日起施行)

为了维护社会主义法制统一,进一步完善国土资源法律体系,决定对以下规章作出如下修改:

一、将《征用土地公告办法》(国土资源部令第10号)的名称修改为"征收土地公告办法"。

二、将下列规章有关规定中的"征用"修改为"征收"

1.《建设用地审查报批管理办法》(国土资源部令第3号)第六条、第七条、第八条、第十条、第十一条、第十二条、第十四条、第十六条、第十七条、第十九条

2.《征用土地公告办法》(国土资源部令第10号)第一条、第二条、第三条、第四条、第五条、第六条、第七条、第八条、第十条、第十三条、第十四条、第十五条

3.《土地权属争议调查处理办法》(国土资源部令第17号)第二十条

三、本决定自发布之日起施行。

《建设用地审查报批管理办法》、《征用土地公告办法》、《土地权属争议调查处理办法》根据本决定作相应修改后,重新公布。

图书在版编目（CIP）数据

最新建设工程法律政策全书／中国法制出版社编．—6版．—北京：中国法制出版社，2021.1
（最新法律政策全书系列；10）
ISBN 978－7－5216－1442－8

Ⅰ.①最… Ⅱ.①中… Ⅲ.①建筑法－汇编－中国 Ⅳ.①D922.297.9

中国版本图书馆CIP数据核字（2020）第219506号

责任编辑　谢雯　孙静　　封面设计　周黎明

最新建设工程法律政策全书（第六版）

ZUI XIN JIANSHE GONGCHENG FALÜ ZHENGCE QUANSHU（DI-LIU BAN）

编者／中国法制出版社
经销／新华书店
印刷／三河市国英印务有限公司
开本／880毫米×1230毫米　32开　　印张／19　字数／778千
版次／2021年1月第6版　　2021年1月第1次印刷

中国法制出版社出版
书号 ISBN 978－7－5216－1442－8　　定价：59.00元

北京西单横二条2号
邮政编码100031　　传真：010－66031119
网址：http://www.zgfzs.com　　编辑部电话：010－66070046
市场营销部电话：010－66033393　　邮购部电话：010－66033288

（如有印装质量问题，请与本社印务部联系调换。电话：010－66032926）